精品课
EXCELLENT COURSE

高等院校精品课程系列教材

陕西省研究生教育课程思政示范课程
西安交通大学研究生"十四五"规划精品系列教材

运营管理
新思维、新模式、新方法

OPERATIONS MANAGEMENT

王能民 史玮璇 何正文 编著

机械工业出版社
CHINA MACHINE PRESS

图书在版编目（CIP）数据

运营管理：新思维、新模式、新方法 / 王能民等编著 . —北京：机械工业出版社，2023.3
（2025.9重印）
高等院校精品课程系列教材
ISBN 978-7-111-72571-8

I. ①运… II. ①王… III. ①企业管理 - 运营管理 - 高等学校 - 教材 IV. ① F273

中国国家版本馆 CIP 数据核字（2023）第 010606 号

　　本书立足于运营管理领域的最新发展，结合当下运营管理的新思维、新模式、新方法，系统介绍了运营管理的基本概念，运营战略与竞争力，信息技术变革和运营管理，制造业与服务业的融合发展，供应链管理，精益生产和大规模定制，项目管理，产品设计，服务设计，产能规划与选址决策，生产运作系统与流程设计，生产过程组织，外包与采购管理，生产与运作计划，物料需求计划与企业资源计划，质量管理，库存管理，运营与财务等运营管理核心内容。

　　本书适合管理学类专业本科生、学术型硕士研究生，以及 MBA/EMBA、MEM 等专业学位研究生作为教材使用，还可供相关学科专业教学和企业培训使用。

出版发行：机械工业出版社（北京市西城区百万庄大街 22 号　邮政编码：100037）
策划编辑：吴亚军　　　　　　　　　　　　责任编辑：吴亚军
责任校对：贾海霞　陈　越　　　　　　　　责任印制：张　博
印　　刷：北京机工印刷厂有限公司
版　　次：2025 年 9 月第 1 版第 6 次印刷
开　　本：185mm×260mm　1/16
印　　张：26
书　　号：ISBN 978-7-111-72571-8
定　　价：59.00 元

客服电话：(010) 88361066　68326294

版权所有·侵权必究
封底无防伪标均为盗版

前言
PREFACE

运营管理是对企业生产和服务过程的计划、组织、实施和控制，是实现有效的生产和服务运作的各项管理工作的总称，是与市场营销、财务管理并列的企业三大职能之一。当前，企业面临着世界百年未有之大变局带来的全面而深刻变革，企业的运营环境呈现高度复杂、动态不确定性的特征，供给能力大于市场需求的情况加大了企业面临的竞争压力，信息技术的变革与新一代信息技术的应用催生了新的业态与新的模式，"五位一体"总体布局、碳达峰与碳中和等国家战略对企业运营管理提出了新的要求。企业所面临的环境、发展趋势、商业模式、竞争因素等呈现出新的特点和新的规律，并提出了新的要求，企业运营管理从观念到技术都产生了重大的变革，催生了一系列新的运营管理思想和方法。

至今，教材主编从事运营管理教学20年，先后为西安交通大学及其他兄弟院校的EMBA、MBA学员讲授这门课，其负责的"运营管理"入选陕西省首批研究生教育课程思政示范课程，所带团队入选陕西省首批研究生教育课程思政教学团队。目前，国内外知名专家编写了大量的运营管理经典教材，但与教学需要和业界发展的新需求存在一定的差距。国外教材的内容组织与逻辑体系大多是从国外企业运营实践中提炼出来的，而对中国情境和中国特色的管理模式、管理问题提炼得相对较少，不太符合中国管理情境的需求，国外学者的教材编写风格也不太适合中国学生，在教学过程中，学生普遍反映国外教材学习起来不顺畅，理解起来存在一定困难；按照中国学者的思维模式与逻辑方法，国内学者编写了很多优秀教材，但与业界运营管理的最新发展，以及回答新时代运营管理面临的新问题存在一定的差距。

对于这一特征和需求，主编结合自己多年的运营管理教学与科研积淀，将新时代对运营管理提出的新要求以及运营管理面临的新业态与新模式、呈现的新理念与新思维，在编写过程中合理引入，并与国内企业的运营管理实践相结合，力求反映运营管理新的研究成果和发展方向。本教材从概念篇、趋势篇和决策篇三个部分来组织相应的知识点与内容体系。概念篇包括第1～2章，主要介绍：运营管理的基本内容以及运营战略与竞争力等内容。趋势篇包括第 3～7 章，主要介绍：运营管理的新趋势、新思维与新模式，重点包括信息文明时代下运营管理的思维变革，制造业与服务业的融合发展，面向价值网络多行为主体合作的供应链管理模式，面向运作式的精益生产与大规模定制模式，以及面向项目式的项目管理模式。决策篇包括第 8～17 章，主要介绍：运营管理的具体运作和决策的内容、规律与方法。本教材特色包括如下几个方面。

（1）以课程思政为引领，融合课程思政知识元素。在编写教材的过程中，编写组系统地梳理了与本课程相关的知识重点，从运营管理所面临的技术发展趋势、制度变革趋势、模式创新趋势三个方面，将碳达峰与碳中和、"互联网＋"、大数据等国家战略作为知识重点融入课程教材体系，也将中国优秀企业的运营模式如海尔人单合一模式进行归纳、总结。通过课程学习，学生对运营管理的理论和方法将有新的认识；同时，学生在学习过程中会感受到祖国的快速发展，加深对国家重大战略部署的理解，坚定"中国道路、中国模式、中国方案"的道路自信、理论自信、制度自信、文化自信，夯实对中华民族伟大复兴的信心。

（2）与时俱进，更新知识。本教材充分考虑了新时代运营管理中体现出的新思维，以及业界实践中运营管理呈现的新模式，同时，以学术前沿为方向，结合课题组承担的国家自然科学基金和国家社会科学基金项目等课题研究成果，更新教材理论与方法。

（3）把握本质，突出重点。新时代给企业运营带来的变革是全方位的、深刻的，本教材从新时代对运营管理影响最大、最突出的方面入手，针对从思维、理念到具体运营决策中最为本质和典型的问题，更新现有的知识体系，引导学生思考、理解、把握运营管理的本质，为解决运营管理实践问题提供思维、理念和方法上的指导。

本教材注重通过企业运营管理案例来体现理论与实践的结合，尤其侧重使用基于中国情境的案例，并设计了不同类型的思考题来引导读者对实际情境进行思考，以更好地将理论应用于实践。同时也建议教师和读者结合自己遇到的实际问题和经验来使用本教材，从而深化对企业运营管理的理解，以达到更好的教学与学习效果。

本教材的内容体系由王能民构思、设计，全书由王能民、史玮璇、何正文统稿。其他团队成员参与了本教材编写过程中的大量工作，主要参与人员包括（按姓氏拼音排序）：何奇东、赖旭昕、李小翠、梁馨月、任贺松、孙舒宜、王梦丹、魏彬、张萌。

本教材得到了西安交通大学研究生"十四五"规划精品系列教材项目、西安交通大学课程思政项目，以及教育部产学合作协同育人项目的资助，感谢西安交通大学、深圳市中诺思科技股份有限公司和上海扬品信息科技有限公司的支持。在编写过程中，编写组学习和参考了国内外多位学者编写的《运营管理》《供应链管理》《项目管理》《精益生产》等教材，并引用了相关著作、教材、论文中的资料，这些作者的研究成果丰富了教材的内容；在本教材汇编成书之前，主编多次在政府部门、知名企业的管理人员中分享教材里的部分章节对应的专题，同时教材的内容也在西安交通大学、西北工业大学、郑州大学、云南财经大学等高校的 EMBA 和 MBA 课程中使用过，在上课过程中多位学员参与了讨论并提出了有价值的建议，在此向这些专家、学者和学员表示衷心的感谢。

由于编者的知识范围和学术水平有限，书中难免存在不妥之处，恳请各位读者批评指正，以便我们后期再版时完善。

王能民

2023 年 3 月 16 日

目 录
CONTENTS

前　言

概念篇

第 1 章　运营管理概述 ········· 2

1.1　运营管理的内涵 ············ 2
1.2　运营管理的发展历程 ········ 7
1.3　运营管理的发展趋势 ······· 11
1.4　本书内容安排 ············· 14
本章小结 ······················ 17
思考题 ························ 17
案例：红领集团的大规模定制道路 ····· 18
参考文献 ······················ 19

第 2 章　运营战略与竞争力 ···· 20

2.1　运营战略 ················· 20
2.2　竞争力 ··················· 27
2.3　运营战略与运营活动的匹配 ···· 32
本章小结 ······················ 35
思考题 ························ 35
案例：应对风险的精益生产战略：丰田
　　　的业务连续性计划 ········· 35
参考文献 ······················ 36

趋势篇

第 3 章　信息技术变革和运营管理 ······· 40

3.1　信息文明与新旧动能转换 ······ 40
3.2　物联网、"互联网＋"与大数据 ····· 48
3.3　信息技术变革对运营管理的影响 ···· 51
本章小结 ······················ 58
思考题 ························ 58
案例：互联网平台集并需求与供给：
　　　阿里巴巴 ················ 58
参考文献 ······················ 61

第 4 章　制造业与服务业的融合发展 ···· 62

4.1　制造业的发展趋势 ·········· 62
4.2　服务业的发展趋势 ·········· 65
4.3　制造业与服务业融合的
　　战略途径 ················· 69
本章小结 ······················ 79
思考题 ························ 79
案例：服务产品化：柳州螺蛳粉 ······ 80
参考文献 ······················ 81

第 5 章　供应链管理 … 82

5.1　供应链的产生 … 82
5.2　供应链管理的主要内容 … 90
5.3　供应链管理的发展趋势 … 99
本章小结 … 102
思考题 … 102
案例：宜家的供应链管理 … 103
参考文献 … 104

第 6 章　精益生产和大规模定制 … 105

6.1　精益生产 … 105
6.2　大规模定制 … 124
本章小结 … 130
思考题 … 130
案例：海尔人单合一模式 … 131
参考文献 … 132

第 7 章　项目管理 … 134

7.1　项目及项目管理 … 134
7.2　项目管理流程 … 138
7.3　项目管理知识领域 … 141
7.4　项目制造运作模式 … 147
7.5　PPP 项目运作模式 … 150
本章小结 … 152
思考题 … 152
案例：光大国际苏州市吴中静脉产业园
　　　垃圾焚烧发电 PPP 项目 … 152
参考文献 … 154

决策篇

第 8 章　产品设计 … 158

8.1　产品设计概述 … 158
8.2　设计组织 … 167
8.3　产品组合决策 … 176

本章小结 … 180
思考题 … 181
案例：众造模具云工厂的共享设计 … 181
参考文献 … 181

第 9 章　服务设计 … 183

9.1　服务设计概述 … 183
9.2　服务系统设计 … 186
9.3　服务质量与服务效率 … 191
本章小结 … 204
思考题 … 204
案例：共创服务设计：蚂蚁短租 +APK … 204
参考文献 … 205

第 10 章　产能规划与选址决策 … 207

10.1　生产能力规划 … 207
10.2　企业选址 … 216
10.3　供应链网络 … 223
本章小结 … 232
思考题 … 232
案例：理想汽车生产基地选址 … 232
参考文献 … 233

第 11 章　生产运作系统与流程设计 … 235

11.1　生产运作系统与流程 … 235
11.2　流程设计 … 243
11.3　流程分析 … 246
本章小结 … 250
思考题 … 251
案例：智慧口岸：基于 5G 网络的
　　　流程改善 … 251
参考文献 … 252

第 12 章　生产过程组织 … 254

12.1　生产过程的空间布置 … 254

12.2 生产过程的时间组织 ………… 265
12.3 生产过程选择 ………………… 273
本章小结 …………………………… 282
思考题 ……………………………… 282
案例：联想数字化与智能化生产 …… 283
参考文献 …………………………… 284

第 13 章 外包与采购管理 ………… 286

13.1 外包与采购 …………………… 286
13.2 总拥有成本 …………………… 298
13.3 采购绩效评估 ………………… 301
本章小结 …………………………… 303
思考题 ……………………………… 304
案例：奇瑞汽车的采购策略 ………… 304
参考文献 …………………………… 305

第 14 章 生产与运作计划、物料需求计划与企业资源计划 ……… 307

14.1 生产与运作计划体系、内容与策略 ……………………… 307
14.2 物料需求计划基础知识 ……… 315
14.3 物料需求计划的发展 ………… 321
14.4 ERP 与业务流程优化 ………… 325
本章小结 …………………………… 327
思考题 ……………………………… 328
案例：首钢集团的 ERP 实施与业务流程再造 …………………… 328

参考文献 …………………………… 330

第 15 章 质量管理 …………………… 332

15.1 质量管理概述 ………………… 332
15.2 统计质量管理七大手法 ……… 341
15.3 大数据与质量管理 …………… 351
本章小结 …………………………… 354
思考题 ……………………………… 354
案例：国机集团数据驱动的质量管理 … 354
参考文献 …………………………… 355

第 16 章 库存管理 …………………… 357

16.1 库存管理概述 ………………… 357
16.2 需求预测与订购决策 ………… 361
16.3 库存管理策略 ………………… 371
本章小结 …………………………… 381
思考题 ……………………………… 382
案例：美的库存管理 ………………… 382
参考文献 …………………………… 383

第 17 章 运营与财务 ………………… 384

17.1 财务报表 ……………………… 384
17.2 运营绩效改善分析工具 ……… 392
17.3 运营绩效与收益管理 ………… 397
本章小结 …………………………… 404
思考题 ……………………………… 404
案例：锦江国际集团的收益管理 …… 405
参考文献 …………………………… 406

概念篇

第1章 运营管理概述
第2章 运营战略与竞争力

第 1 章
CHAPTER 1

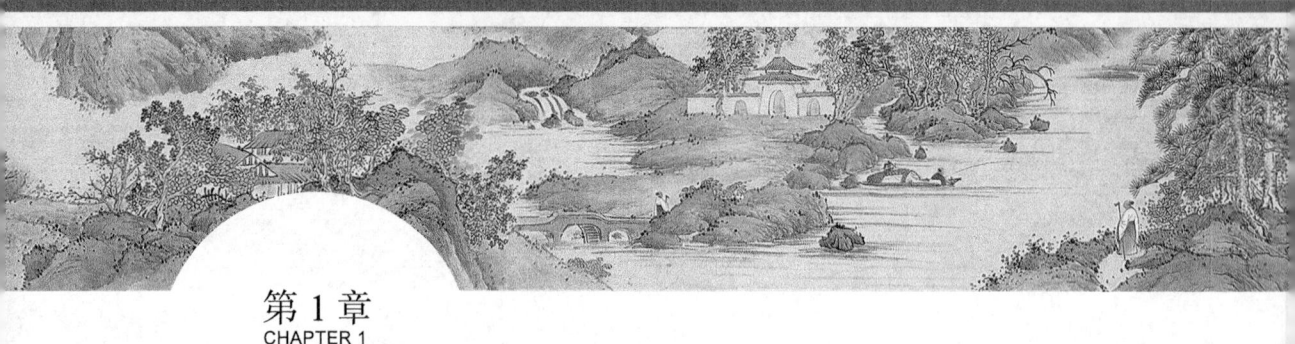

运营管理概述

核心要点

- 产品和服务的概念与区别
- 生产过程和运营管理的概念
- 运营管理的发展历程
- 运营管理的发展趋势

1.1 运营管理的内涵

1.1.1 产品和服务

广义的产品是指被人们使用和消费,并能满足人们某种需求的任何东西,包括有形的物品、无形的服务、组织、观念或它们的组合。狭义的产品是"一组将输入转化为输出的相互关联或相互作用的活动"的结果,即"过程"的结果。服务是具有无形特征却可给人们带来某种利益或满足感的可供有偿转让的一种或一系列活动,是在供方和顾客接触面上至少需要完成一项活动的结果。

1. 产品和服务的区别

除了有形性和无形性,产品和服务的区别还体现在以下方面。

(1)顾客接触程度。尽管像电子商务、电子邮箱、线上课程等服务的顾客接触程度不高,但在多数情况下,服务业企业的顾客接触程度都比较高。当顾客接触程度较高时,服务提供者与顾客之间的互动就构成了"真实瞬间",当服务发生时,其服务水平的高低由顾客来判定。而产品的生产和消费过程往往是分开的,顾客接触程度较低。

（2）劳动密集程度。除了一些自动化的服务外，与制造业相比，服务业的劳动密集程度较高。特别是在智能制造不断发展的背景下，制造业的大量工作被机器取代，服务行业的劳动密集特征则更明显。

（3）投入的一致性。相比于生产特定产品的运营过程，服务的投入变化比较大，每一个顾客的服务需求都呈现出一定程度的特殊性，需要对这些特殊性进行评价并确定其可控程度。相反，制造业运营管理可对投入的变化进行较好的控制，所要求的工作更具一致性。

（4）生产率的测评。由于服务投入的变化比较大，因此对服务的生产率测评更为困难。例如，不同的医生可能采取不同的流程来处理同一病例，进而得到不同的诊断结果，但是很难对不同的诊疗方案进行评价。相反，产品的生产率测评具有特定的指标和评价标准，测评难度较低。

（5）质量保证。因为服务的提供和服务需求的满足是同时进行的，所以服务业的质量保证具有更大的挑战性。在制造业中，产品制造与顾客使用产品是分开的，因而允许其中存在错误，并且企业还有时间和机会去纠正错误；但服务业企业很少有机会去发现错误而不让顾客察觉。

（6）库存水平。与制造业相比，很多服务业企业的库存水平较低，因而，持有库存的成本也相对较低。但与产品不同，服务不能储存，在有需求的时候企业才能提供服务，因此服务业无法实现类似产品生产中安全库存的对需求不确定性的管理。

（7）专利保护能力。产品设计更容易通过专利来保护，某些服务却不能，这就导致竞争对手更容易复制服务技能。

表 1-1 总结了产品和服务的区别。

表 1-1 产品和服务的区别

项目	产品	服务
产出	有形	无形
顾客接触程度	低	高
劳动密集程度	低	高
投入的一致性	高	低
生产率的测评	容易	困难
质量保证	程度高	程度低
库存水平	水平高	水平低
专利保护能力	大	小

2. 产品与服务的融合

产品与服务的融合具体体现在产品服务化和服务产品化。制造业服务化，以及新一代信息技术与传统产业的融合，使产品和服务融合的进展加快。为了实现差异化和获得更高的利润，企业将服务看作业务的重要组成部分，通常使纯产品中附加一定的服务或将服务嵌入产品中。这种服务包括维修、零件供应、培训，有时候还可能是整个系统的设计和研发，并且企业认为有形产品只是企业提供给客户的业务解决方案中的一小部分而已。产品与服务融合得最成功的企业会先将同一业务基础上的各个方面服务整合起来，以便创立一个综合性的服务组织。例如，沃尔沃公司推出了"Care by Volvo"汽车订阅服务，顾客只需按月支付订阅费用，就能使用沃尔沃的汽车和享受免费的维修保养服务，并且每年都能更换一辆新车。沃尔沃向消费者提供的不是汽车产品，而是汽车驾驶服务，汽车产品仅是这个服务方案的一部分。㊀

1.1.2 生产过程

生产过程（production process）指的是围绕着产品生产和服务运作的、一系列有组织的、

㊀ 资料来源：https://www.volvocars.com/us/care-by-volvo/。

将外部环境和内部环境投入转化为产出的增值过程。狭义的生产过程指的是从原材料到产品的一系列生产活动的运行过程，广义的生产过程则是指整个企业的生产过程。企业生产过程的直接目标是实现投入的增值；最终目标是满足顾客需求，将消费者价值转化为企业的经济效益。生产过程是动态的，分为自然过程和劳动过程，主要包括：生产准备过程、基本生产过程、辅助生产过程、生产服务过程和其他附属生产过程。

如图 1-1 所示，企业生产过程的外部环境包括关系密切的供应链成员（如供应商、经销商、客户和竞争对手），也包括劳动力市场、政府政策法规、经济整体趋势等宏观环境。内部环境则包括企业为了满足生产活动而在人力、设备、原料库存方面的投入，以及为了提高生产过程管理水平而在质量管理、生产计划管理方面的投入。

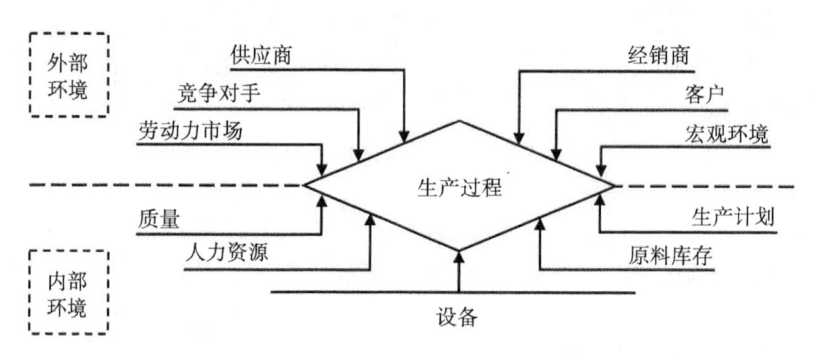

图 1-1　生产过程的内外部环境

我国的圆珠笔笔尖珠曾经一度完全依赖进口。2016 年 9 月，太原钢铁集团国产化了直径 2.3mm 的不锈钢钢丝的生产和球座体锻造工艺，实现了圆珠笔笔头零部件全面国产化的目标[⊖]。太原钢铁集团（以下简称太钢）组织攻坚圆珠笔笔芯生产工艺和组织大规模生产的过程，能很好地体现制造类企业的不同生产过程。为了生产精细的圆珠笔笔头的球珠和球座体，太钢前期进行了大量的科研攻关和试验工作，积累了足够的生产经验、熟练工人、技术专利资源（生产准备过程）。在此基础上，太钢开始从事原材料采购、人力安排工作（生产服务过程）。在一切准备就绪后，太钢通过切削、压铸、锻造工艺，实现从生铁块到球珠和球座体的精细零部件的转化（基本生产过程）。为了保证生产的稳定运行，太钢需要组织人员完成定期的高炉巡检、设备维修和动力保障工作（辅助生产过程）。而在钢铁冶锻的核心业务之外，出于集团整体效益最大化的考虑，太钢也通过不同形式参与到煤炭的采挖行业中，如成立晋煤太钢公司（附属生产过程）。通过所有生产过程的组合协调，最终实现了煤炭、铁矿石、水等原材料，向圆珠笔笔头零部件转化的生产过程。

1.1.3　运营管理的概念、目标与任务

运营管理（operations management，OM）是对企业生产和服务过程的计划、组织、实施和控制，是实现有效的生产和服务运作的各项管理工作的总称，是与市场营销、财务管理并列的企业三大职能之一。它将人力、物料、设备、技术、信息、能源等诸多投入转化成产品

⊖ 资料来源：http://www.xinhuanet.com/fortune/2017-01/10/c_1120276602.htm。

和服务，从而实现企业价值，是企业获得和维系持续竞争力的重要前提。运营管理的研究对象是运营过程和运营系统。运营过程是一个投入、转换、产出的过程，是价值增值的过程，管理者必须考虑如何对这样的生产运营活动进行计划、组织与控制。运营系统是指使上述变换过程得以实现的手段，它的构成与变换过程中的物质转换过程和管理过程相对应，包括物质系统和管理系统。

运营管理的目标是实现供给与需求的精准匹配，服务于支持和完成企业的总体战略目标。运营管理的实质可概括为三个方面：通过有效管理实现增值；在技术可行、经济合理的基础上实现资源集成；满足顾客对产品和服务的特定需求。

运营管理的任务是建立高效的产品制造和服务提供系统，主要包括三个方面：第一，为实现企业的经营目标，全面完成生产计划所规定的任务，包括完成产品的品种、质量、产量、成本和交货期等各项要求；第二，降低物耗、降低生产成本、缩短生产周期，减少在制品库存和占用的资金，提高企业的经济效益；第三，从系统机能上提高企业生产系统的核心竞争力（如柔性、敏捷性、弹性、鲁棒性等），以适应竞争需要。

从管理的角度可将运营活动分为生产产品和提供服务：生产产品是通过物理或化学作用将有形输入转化为输出的过程；提供服务是以提供劳务而不制造有形产品为特征的生产。为生产合格产品和提供满意服务，并实现成本水平的最优化，企业需要权衡产品和服务的质量、成本、时间、柔性和环保等方面的要求。运营管理包括企业内部运作的计划、组织、协调、指挥、控制，以及不同企业之间的协调管理（如供应链管理等）。

1.1.4 运营管理的价值

1. 企业三大职能之一

运营管理、财务管理和市场营销是企业的三大职能。财务管理是企业在一定的整体目标下，对资产的购置、资本的融通、经营中现金流量和利润分配的管理。市场营销是企业对产品和服务进行构思、定价、促销和分销的计划与实施过程，从而产生能满足个人和企业目标的交换。企业的三大职能相互依赖，运营管理支持了其他职能活动的开展。

首先，财务部门需要和运营部门密切配合，及时交流信息。例如，企业要想定期编制预算，对财务需求做出安排，就需要对预算的运营执行情况进行评估；对工厂和设备的投资备选方案的评估要由运营和财务人员共同参与；财务部门为运营部门提供及时的、必要的资金支持，细致的财务计划和运营计划，有助于防止企业出现现金流短缺的问题。

其次，营销部门要对顾客需求做出估计，并将需求信息传递给运营部门，运营部门要根据中短期顾客需求制订计划（如采购原料或安排工作进度），营销和运营部门只有密切配合，才能顺利生产出满足需求的产品。通过营销，企业可以了解市场竞争情况、掌握顾客偏好，从而按顾客所需的产品类型及特性进行设计；运营部门可提供生产能力方面的信息，并就营销方案的可行性做出判断。

最后，企业其他更为细化的管理活动，如人力资源管理、公共关系管理、法律事务管理、后勤保障管理、信息系统管理等，也是与企业的运营管理活动紧密结合的，运营管理对于企业来说具有显著的价值。

2. 提高盈利能力

运营环节成本占了企业直接成本的60%～80%，成功的运营管理可以显著提高企业的盈利能力。例如，Landrum公司为了购买新一代生产设备，需要提高盈利能力，否则就无法从银行得到贷款来购买新设备。如果无法添置新设备，该公司因旧设备所限，将无法保持其商业地位，也就无法向雇员提供工作或向顾客提供商品与服务。表1-2列出了该公司的简要收入状况和三种备选方案：第一种是营销方案，如果可以使销售收入增加50%，公司的利润将增加71%，然而，增加50%的销售收入几乎是不可能的；第二种是财务方案，公司可以通过良好的财务管理削减50%的财务费用，但即使这种方案能够成功实施，利润也仅增加21%，这种改善是不够的；第三种是运营方案，公司通过运营管理使制造成本下降20%，而利润则增加114%，在这种方案下，银行是愿意向该公司提供贷款的。

表1-2　Landrum公司提高收入的不同方案

项目	当前状况/美元	营销方案（增加销售收入50%）/美元	财务方案（削减财务费用50%）/美元	运营方案（降低制造成本20%）/美元
销售收入	100 000	150 000	100 000	100 000
商品成本	−80 000	−120 000	−80 000	−64 000
毛利	20 000	30 000	20 000	36 000
财务费用	−6 000	−6 000	−3 000	−6 000
利润	14 000	24 000	17 000	30 000

运营管理是提高盈利能力最佳途径之一。在供不应求的时期，卖方市场环境赋予了企业市场定价权，企业此时通常以"成本中心"来进行管理，即根据实际成本和期望利润来自主定价，其管理的重点在于大批量地生产出产品。当市场供给能力大于市场需求能力时，供给侧能力过剩使企业丧失定价权，价格则由需求市场决定，即买方市场，企业利润被动地由自身的成本和市场价格决定，为了实现更高的利润，部分企业开始转变为"利润中心"，即在市场价格被动降低的情况下通过精益生产（见第6章）等运营管理理论和方法提高生产率并降低成本，提升利润水平，其管理的重点在于如何降低成本以保证企业的利润空间。

3. 提高竞争力

运营管理的水平是影响企业竞争力的主要方面。产品的核心价值是顾客选择使用该产品的理由，也就是产品的差异化特征和企业的核心竞争力。运营管理要运用各种方法和渠道，将产品的核心价值凸显和放大，转变成顾客更容易理解和接受的形式，并将产品的核心价值通过运营手段传递给顾客，从而满足顾客的需求，获得市场份额和竞争力。

4. 实现个人价值

运营管理的理论和方法被广泛用于企业的生产过程和其他职能领域，创造了大量的就业岗位。例如，中国全部工作岗位的45%和美国的40%集中在运营管理领域。在制造行业中，运营管理工作具体体现在工厂生产经理、采购经理、供应链经理、物流管理经理、仓储管理经理等传统生产管理岗位中，也体现在专注于效率提升的工作岗位中，如IE（工业工程）部门经理、质量管理经理、精益生产经理和流程优化经理。在服务行业中，由于增值生产过程和服务提供过程是同步进行的，因而运营管理岗位存在于服务行业的方方面面，如互联网金融行业的运营经理。

1.2 运营管理的发展历程

1.2.1 工业革命阶段

第一次工业革命开始于18世纪70年代的英国，19世纪扩展到欧洲其他国家和美国。此前，产品大多是在手工作坊里生产出来的，通常由一个手工艺人自始至终负责制作一件产品，使用的工具也较为简单。1763—1776年期间，詹姆斯·瓦特（James Watt）改良了蒸汽机，为制造业提供了机械动力，实现了机器生产代替手工劳动，结束了手工作坊生产。同时期，珍妮纺纱机和电动织布机引发了纺织业革命，充足的煤和铁为发电及制造机器提供了原料，由铁制成的机器比先前简单的木制工具更高效和耐用。此后，由欧洲国家、美国、日本引导的19世纪中期的第二次工业革命带来了电器、内燃机和通信产业的发展，极大地推动了社会生产力的发展。尽管发生了这些巨大的变化，但这个时期的管理理论和实践仍然处于萌芽期，并没有获得长足的发展，企业迫切需要更系统、更切实可行的管理理论和方法来指导生产。

工业革命阶段的重要管理理论如下所述。1776年，亚当·斯密（Adam Smith）在其著作《国富论》中提出了劳动分工的概念，即让每个劳动者专门从事生产活动的某一部分工作，其旨在通过重复单项运作来提高熟练程度和工作效率，减少变换工作所损失的时间（即生产准备时间），促进工具和机器的改进。18世纪来，伊莱·惠特尼（Eli Whitney）提出了标准化生产方式，即为了在一定范围内获得最佳秩序，应对实际或潜在的问题制定共同且重复使用的规则，由此实现零件的可互换和标准化，才能实现快速的大规模批量生产。

1.2.2 工业文明阶段

20世纪初，以弗雷德里克·W.泰勒（Frederick W. Taylor）为代表的管理学家提出了科学管理原理，为工厂管理带来了巨大变化。泰勒被称为"科学管理之父"，他于1911年在《科学管理原理》一书中提出了企业运营的科学管理理念，即用科学的方法刻画企业某一项工作及其最佳方法，从而使管理由经验变为科学。泰勒的科学管理原理主要包含三个方面：第一，通过对工作方法的观察、测量和分析，得到好的工作方法；第二，通过挑选和培训工人，寻找做每项工作的最佳方法；第三，改进工具、研究工人运作、制定劳动定额，实行差别计件工资制度。科学管理的根本目的是谋求高劳动生产率，用科学化、标准化的管理方法代替经验管理。

科学管理阶段的其他重要的管理理论如下所述。基于泰勒的科学管理，工业工程师弗兰克·B.吉尔布雷斯（Frank B. Gilbreth）和心理学博士莉莲·M.吉尔布雷斯（Lillian M. Gilbreth）夫妇研究了工人疲劳方面的问题，提出了动作研究理论，明确了完成一个特定任务的最佳动作的个数及其组合方法，提出了节约动作的10个原则。1917年，亨利·甘特（Henry L. Gantt）基于非物质激励的价值开发了甘特图，使计划的编制更加快捷和直观。亨利·福特（Henry Ford）基于亚当·斯密的劳动分工论，充分运用惠特尼提出的标准化生产方式，通过泰勒的科学管理原理对他的福特汽车公司进行了运营优化，组建了T型汽车装配生产流水线，大幅提高了汽车产量。

科学管理十分强调工作设计的技术内容，而人际关系学说则强调在工作设计中人的因素的重要性。20世纪30年代，以乔治·E. 梅奥（George E. Mayo）为代表的第二代科学管理学家从行为科学和人际关系角度出发，在美国西方电气公司开展了著名的霍桑实验（包括照明实验、福利实验、访谈实验和群体实验），发现了人的社会属性和工人动机对生产效率的正面作用，提出了"社会人"假设：人不是仅认可金钱刺激的"经济人"，相反，人是具有社会属性的复杂个体，员工生产积极性的调动还应该考虑社会和心理因素。梅奥的霍桑实验及其研究成果对古典管理理论产生了较大的冲击，管理学进入行为科学管理理论阶段。

行为科学阶段的其他重要的管理理论如下。1954年，亚伯拉罕·马斯洛（Abraham Maslow）在《动机与人格》一书中系统性地阐述了"需求层次理论"，即人的需求是由生理、安全、社交、尊重和自我实现需求组成的。20世纪50年代，弗雷德里克·赫茨伯格（Frederick Herzberg）进一步推动了激励理论的发展，在《工作的激励》一书中提出了激励与保健的"双因素理论"。20世纪60年代，道格拉斯·麦格雷戈（Douglas McGregor）在《企业的人性面》一书中提出X理论和Y理论，阐述了两种相反的"人性"假设：X理论坚持消极的一面，假定工人都不喜欢工作，只有通过奖罚管制才能使他们干好工作；Y理论与X理论的观点相反，假定工人都很乐意工作，认为工作使他们的身心得到发展。到了20世纪70年代，威廉·大内（William Ouchi）提出了Z理论，在西方传统的短期雇用、专门人才和个人决策与职责等观点的基础上，集成了日本的终生雇用、关心雇员及协同一致等观点。

20世纪20～70年代出现了基于应用数学和运筹科学理论的管理科学，帮助企业定量分析生产和管理中出现的复杂问题。虽然运用应用数学理论来解决复杂问题的思路自古就有，但是将其系统性地进行汇总并整理出相关理论的工作则是从第二次世界大战才开始的。当时，参战各国为了实现有效防御部署、安全物资运输、高效反潜侦察和精确轰炸打击的目的，相继成立了部队运筹学小组。第二次世界大战结束后，军事运筹学理论开始转向民用，P. M. 莫尔斯（P. M. Morse）与G. E. 金博尔（G. E. Kimball）系统性地整理了运用于解决管理问题的数学工具，并于1951年出版了《运筹学方法》一书，标志着运筹学学科基本形成。到了20世纪50年代末期，世界大型企业纷纷在经营管理中大量应用运筹学，用于完成制订生产计划、物资储备、资源分配、设备更新、任务分派等工作，以提升生产效率。到了60年代中期，运筹学开始进入服务业。

早期管理科学的重要管理理论如下。1913年，F. W. 哈里斯（F. W. Harris）提出第一个库存管理数学模型。20世纪30年代，在贝尔电话实验室工作的H. F. 道奇（H. F. Dodge）、H. G. 罗米格（H. G. Romig）和W. A. 休哈特（W. A. Shewhart）提出了统计过程控制的质量管理理论，服务于抽样和质量控制的统计方法的产生。1935年，L. H. C. 蒂皮特（L. H. C. Tippett）提出了统计抽样理论。第二次世界大战期间，运筹学在美国发展起来，众多数学家、心理学家和经济学家相继提出了各种数量模型，如数学规划、博弈论、排队论等。战后，管理科学发展起来，通过建立模型、提出算法、开发软件实现了需求预测、库存控制、生产作业计划编制、项目管理等运营管理目标。

当代运筹学主要包含数学规划、图论、网络理论、排队论、存贮论、博弈论、决策论、搜索论、统筹论、凸优化等传统数学方法，还有启发式算法、计算机仿真、数据挖掘、预测学、软系统、认知映射等新方法。通过规定目标和明确问题、收集数据和建立模型、求解模型和优化方案、检验模型和评价解答，以及方案实施和不断优化这五个步骤，企业可以更清晰地认识运营环境、识别运营问题、发现解决方法和实现改进。相较于科学管理理论，当代的运筹学方法强调黑箱方法、数学模型和仿真运行，更适用于大规模复杂问题的处理，更能解释系统内外协调的问题。

福特汽车的流水线生产方法开创了企业的大批量生产模式，为消费者带来了更为廉价的商品，其关注重点是成本；而丰田模式降低了生产成本，提高了产品的可靠性，其关注重点是消费者对质量和个性化的需求。20世纪80年代，以丰田为代表的日本制造商推行或改进了一些管理方法，使企业的运营生产率和产品质量得到了提高，引起了管理学界的极大兴趣。美国管理学界通过"国际汽车计划"项目对日本企业开展调查和研究，美国麻省理工学院发现并总结了准时化生产（just-in-time, JIT）和人人参与的全面质量管理（total quality management, TQM）的生产方式。日本制造商的生产方式以库存管理为核心，追求柔性生产和全过程管理，极大地减少了企业浪费，降低了生产成本，提高了产品质量，提高了生产过程的协调度和生产效率，因此也被称为精益生产（lean production, LP）（详见第6章）。

1.2.3 信息革命阶段

1946年第一代现代计算机的出现标志着人类开始从工业文明向信息文明转变。近20年来，以物联网、"互联网+"与大数据为代表的新一代信息技术的兴起与应用，加快了信息文明的进程。信息技术的兴起和广泛应用推动了信息技术变革成果与工业革命、农耕文明成果的融合，正在改变以往配置资源和能力的方式，改变了农耕文明和工业文明时代的企业运营模式。自从以物联网、"互联网+"与大数据技术为代表的新一代信息技术改变了企业组织资源和能力的模式，对其运营产生了深刻而全面的影响，运营管理就需要变革已有思维以把握技术变革给企业带来的机会和应对其面临的挑战。

1970年，美国未来学家阿尔文·托夫勒（Alvin Toffler）在《未来的冲击》（*Future Shock*）一书中提出了大规模定制（mass customization）的科幻想象；1987年，斯坦·戴维斯（Stan Davis）在《完美未来》（*Future Perfect*）一书中对大规模定制进行了明确的定义；1993年，B. 约瑟夫·派恩（B. Joseph Pine II）在《大规模定制：企业竞争的新前沿》一书中描述了大规模定制的优势和实现路径。大规模定制基于信息技术、新材料技术、柔性制造技术等一系列高新科技、生产模式和管理方法，通过产品模块化设计和制造流程重构，将终产品分成两部分，即中性的原材料、中间件和零部件，个性化的终产品。前者满足的是消费者的共性需求，后者满足的是消费者的个性化需求。先利用标准化、模块化，实现中性的原材料、中间件和零部件的大规模采购、生产、运输等；再把个性化产品的生产过程转化为小批量生产。前者通过规模经济实现成本的节约，后者通过定制化实现消费者个性化需求的满足（详见第6章）。

全球化的发展使资源和能力配置全球化、市场竞争全球化，消费者在全球范围内选择其产品和服务成为可能，市场竞争从局部市场的竞争转变为全球市场的竞争；消费者个性化偏好兴起，顾客期望越来越高，市场供给能力大于市场需求；新一代信息技术的变革与应用催生了消费者互联网平台、工业互联网平台、物流互联网平台等新业态，共享制造、共享物流等使企业能敏捷地响应快速变化的市场需求。基于企业这一配置资源与能力的方式，由于其资源和能力分布在其所处供应链上的各环节,不能有效快速地调整资源与能力以适应市场的快速变化,因此,为了适应市场快速变化对配置资源和能力提出的新要求,形成了将纵向一体化(vertical integration)转变为横向一体化(horizontal integration),将企业行政控制资源和能力转变为以外包、重复交易、价值共创共享为特征的供应链模式。

供应链管理包含了顾客、预测、设计、生产能力计划、加工、库存、采购、供应商、选址和物流等要素(详见第5章)。其中,顾客是第一个要素,也是驱动要素,产品和服务设计要使运营能力与顾客需求相符。供应链上的供应环节由一个或多个供应商组成,需要对供应商与其供应链上所有需求部分之间的关系进行协调。供应商和设施的选址很重要,需要考虑是靠近市场,或靠近供应源,或两方面都靠近,运输时间和成本也常常受选址的影响。

2013年,维克托·迈尔-舍恩伯格(Viktor Mayer-Schönberger)在《大数据时代》一书中富有前瞻性地指出:大数据带来的信息风暴正在变革我们的生活、工作和思维,大数据开启了一次重大的时代转型,大数据的核心就是预测,大数据时代给人类带来了思维变革、商业变革和管理变革;大数据时代最大的转变就是,放弃对因果关系的渴求,取而代之地关注相关关系。也就是说,只要知道"是什么",而不需要知道"为什么";它在一定程度上颠覆了千百年来人类的思维惯例,对人类的认知和与世界交流的方式提出了全新的挑战。大数据将为人类的生活创造前所未有的可量化的维度,大数据已经成为新发明和新服务的源泉,而更多的改变正蓄势待发;运营管理需要适应大数据带来的新变化、新问题,需要改变思维模式,创新商业与管理模式。

表1-3总结了具有代表性的运营管理工具和理论及代表人物。

表1-3 运营管理发展年表

时间	运营管理工具和理论	代表人物
1776年	劳动分工	亚当·斯密
1790年	零件互换性	伊莱·惠特尼
1911年	科学管理理论	泰勒
	动作研究理论、工作心理学的应用	弗兰克·吉尔布雷斯和莉莲·吉尔布雷斯夫妇
1912年	活动进度图	甘特
1913年	移动装配线	福特
	库存管理的数学模型	哈里斯
1930年	关于工人动机的霍桑实验	梅奥
1935年	抽样和质量控制的统计程序	道奇、罗米格、休哈特
1940年	运营研究在战争上的运用	军事部门
1947年	线性规划	乔治·丹齐克
1951年	商务数字计算机	斯佩里·尤尼瓦克、IBM
20世纪50年代	自动化	—
20世纪60年代	定量工具的广泛发展	—
1975年	以制造战略为重点	斯金纳
20世纪80年代	强调质量、柔性、基于时间的竞争和精益生产	以丰田为代表的日本制造商
20世纪90年代	供应链管理	—
2010年	数据驱动的运营管理	维克托

1.3 运营管理的发展趋势

1.3.1 产业转移

根据区域经济学理论，一个国家或地区的各类产业及各种工业产品，都处于生命周期的不同发展阶段，会经历创新、发展、成熟、衰退这四个阶段。当某个工业品类或产业因区域内环境不再适应其继续发展时，会出现衰退现象，而基于全球化的发展历程，这部分衰退的产业会转移到更适宜发展的区域，即世界制造业基地出现转移。

从第一、二次工业革命开始，全世界共完成了四次产业大转移。第一次转移在18世纪末至19世纪上半叶，转移路径是从作为工业革命起点的英国向法、德等欧洲国家和美国转移，而英国则全面转向金融业。第二次转移在20世纪50年代至60年代，美国保留了本国的精密制造和芯片等高精尖产业，并向日本和德国转移钢铁及纺织等传统产业。第三次转移在20世纪60年代至70年代，日本把劳动密集型轻工业转移到韩国、中国台湾地区、中国香港地区和东南亚等地，并承接美国电子科技产业。第四次转移在20世纪90年代，中国大陆沿海地区借助人工、资源和物流成本优势，承接了"亚洲四小龙"的劳动密集型轻工业。

当前，世界正经历着第五次全球产业转移，即低端制造业（如纺织业和低端电子产品组装）开始由中国大陆沿海地区向南亚和东南亚（如印度、越南和印尼）转移，如图1-2所示。企业需要适时调整其运营管理策略来积极适应产业转移。例如，小米、OPPO等消费类电子企业开始在印度设厂，这些企业将中国大陆沿海地区的部分产能转移到人力成本更低的南亚和东南亚地区，以维持竞争优势。

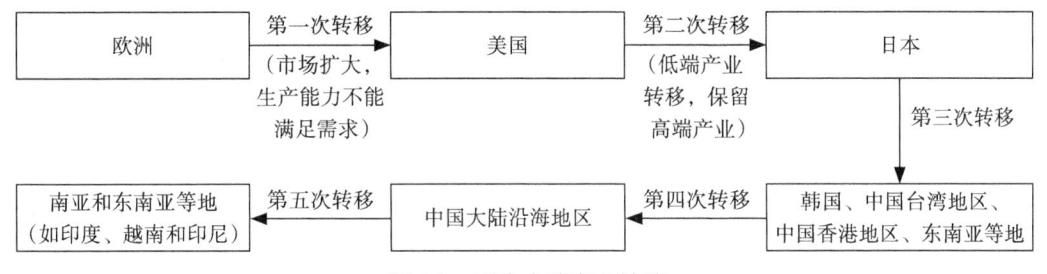

图 1-2 五次全球产业转移

为了解决第二、三次产业转移后美国制造业空心化的问题，奥巴马政府将其经济政策重心定为把"流失"的"美国制造"夺回去，将再工业化作为国家战略来推进，并通过一系列的税收改革来促进"美国制造"的回归。特朗普政府更是通过加征关税的方式试图强迫企业回流美国，全球贸易呈现逆全球化的趋势。2019年，美国对中国的制造业进口额减少17%，约900亿美元，对亚洲其他低成本国家或地区的制造业进口额增长了310亿美元（对越南的进口增长量最多），对墨西哥的制造业进口额增长了130亿美元。[○]

与此同时，2020年初开始的全球新冠疫情阻碍了经济全球化的发展。为控制新冠疫情，各国企业反复进入停工状态，全球供应链遭受较大的供应中断风险。为了保证供应顺畅，各国纷纷开始构建本国供应网络，逆全球化趋势更为明显。例如，疫情发生后，孟加拉国因国

○ http://magazine.caijing.com.cn/20210412/4754953.shtml。

际物流停运面临原材料短缺的问题，随后当地政府开始积极布局本土原材料供应体系。目前，当地服装企业已经能在本国采购所有的原材料，这对于原先的供应原材料的外国企业造成了不小的冲击。[⊖]

我国企业也面临着逆全球化给运营管理带来的深层次影响，如供应链短期内出现供货困难（如华为芯片断供事件），我国的供应链技术升级速度放缓、供应链韧性降低。企业需要不断提高运营管理的能力以应对逆全球化带来的冲击，并针对供应和需求不确定性提高的情况提出有效的风险管控方案。

1.3.2 供给能力大于市场需求

目前，市场上大多数产业已经实现从供不应求向供过于求的转变，顾客的需求也从单一物品的满足变为更加重视产品的个性化水平、服务能力和体验，全球化的发展也使顾客可以从全球范围内配置资源和选择产品。供需力量的变化，为企业业务范围的拓展提供了机遇，但同时也给企业的生产运营管理带来了巨大的压力，市场竞争重点依次从成本、质量、交货期、柔性、服务转变为体验。企业需要加快产品和服务的更新速度，转向多品种、中小批量生产模式。

在供给小于需求的市场环境中，企业运营管理工作关注于低成本高效率地生产出产品；如果此时市场的供给变得大于需求，传统企业生产缺乏柔性，对市场的反应能力低，企业的"多动力源的推进方式"会使库存大量增加，单一产品的"大而全""小而全"生产结构会使企业生产计划与作业计划相脱节，计划控制力弱，需要企业进行运营管理方式的转变。传统的大规模制造是现代企业提供相对廉价和快速的产品与服务的主要生产方式，但同时也带来了乏善可陈的产品形态和大同小异的产品功能，使市场竞争越发激烈，需求增长逐渐疲软。而如前文所说，大规模定制是一种能以较低成本和价格满足较高个性化需求的生产方式（详见第6章），能帮助企业寻找到新的需求增长点，将供需力量变化带来的挑战转变为新的竞争优势。

1.3.3 制造业与服务业相互融合

制造业与服务业相互融合是产业发展的趋势。制造业和服务业的融合，一方面是因为消费者强调个性化、体验等因素，对产品和服务的期望越来越高；另一方面是因为供给方希望通过产品服务化或服务产品化，更精准地满足顾客需求、实现增值；同时，新一代信息技术的变革与应用，为制造业和服务业的融合提供了技术支持和可能路径。2021年全球市值最高的十家企业中，有七家企业依托的是平台经济：苹果、微软、亚马逊、谷歌、阿里巴巴、Facebook（2021年末，Facebook集团更名为Meta）和腾讯。平台经济包括销售市场、工业供应市场、社群制造市场等多方利益群体，是利益相关者共创价值和共同演化的地方。平台模式的核心是建立和打造生态系统，形成参与主体相互协助、相互影响、相互制约的机制，并构成一段时间内一个相对稳定的整体，帮助平台企业能够依托于平台生态系统来发展自己、

⊖ MOSTAFIZ M I, MUSTEEN M, SAIYED A, et al. COVID-19 and the global value chain：immediate dynamics and long-term restructuring in the garment industry[J]. Journal of Business Research，2022，139：1588-1603.

实现价值的共创共享。具有吸引力的平台生态系统发展需要良好的平台设计和搭建能力，而越来越多的参与者加入平台生态系统中也能推动平台的升级和发展，产生显著的溢出效应。

1.3.4 新业态与新模式

以物联网、"互联网＋"与大数据为代表的新一代信息技术加快了信息文明的进程，信息文明与工业文明、农耕文明成果的融合，使信息技术、数字技术、网络技术和现代管理理论在运营管理中得到综合应用。同时，信息技术加快了产品的更新换代，为消费者提供了全新的高水平产品和服务，极大地拓展了需求的深度和范围。随着产品更新换代加快，近30年出现的新技术和新产品，已远远超过过去2000年的总和。

新一代信息技术催生的消费互联网平台、工业互联网平台、物流互联网平台等带来了制造、消费、物流等新模式。消费互联网平台使企业更容易了解并掌握消费者的行为偏好，精确洞察消费者需求。工业互联网平台使企业配置资源与能力时从过去的纵向一体化转变为在价值网络中快速敏捷组建响应市场需求的价值共同体，借助共享设计与共享制造可为市场需求提供敏捷的系统服务解决方案。物流互联网平台使企业在更大的范围内和更多的行为主体中实现物流托运与承运的集并，大幅度降低了配送时间，提高了配送效率。共享制造、电子商务、协同物流等借助互联网技术，在更大的范围内、更多的主体中汇总需求和供给能力，实现了从零碎化到规模化的转变，在一定程度上为解决工业时代的管理悖论提供了可能。例如，通过工业互联网平台将顾客零碎独立的个性化需求集并为场景化的规模需求，使企业能够敏捷、低成本、精准响应顾客的个性化需求；企业通过供应链上下游间的信息共享系统对市场需求进行集并，借助联合库存、越库作业、协同物流等新模式，降低了运输和库存成本。

新模式的出现对运营管理与决策提出了新问题，对消费者行为有更准确的分析和预测。这一变化使企业运营涉及的全过程与全要素，产品和服务的定位、设计、制造、分销、运输和服务等活动的组织方法及资源和能力的配置模式都发生了新的变化。线上和线下消费两者的整合成为主流，基于对消费者行为的预测可以制定合理的定价和促销策略，通过提供不同的个性化产品和服务来获得更大收益。"在线带货"和"在线购买，店内取货"等模式允许零售商跨渠道履行在线订单，需要通过大数据实现精准的需求预测来帮助制定合理的选址决策。

1.3.5 可持续运营

资源、环境和人口三者日益突出的矛盾，正对人类的生存与发展造成严重威胁。随着全球环境的日益恶化，人们越来越重视对环境问题的研究。传统的生产中，以自然资源的高投入、高消耗为特征的短期"规模速度型粗放增长"，即消耗大量的不可再生资源，引起环境恶化和生态系统失衡，已严重制约了社会和经济的可持续发展，甚至直接威胁到人类的生存。不合理的、粗放的运营模式也会导致严重的资源浪费和环境问题。

随着能源和环境问题日益突出，各国政府开始认识到地球生态环境的脆弱性，以及环境污染对人类可持续发展的严重威胁。保护地球环境、保持社会可持续发展已成为世界各国共同关心的问题。我国作为"世界工厂"，产业链日渐完善，国产制造加工能力与日俱增，同时碳排放量加速攀升：以 2021 年为例，我国的总碳排放量超过 119 亿 t，占全球总量的 33%，是世界上碳排放量最高的国家；我国的人均碳排放量约为 8.4t，超过发达国家的人均 8.2t[①]。党和国家高度重视绿色发展，绿色发展理念是习近平生态文明思想的重要内容。习近平总书记强调，中国坚持走生态优先、绿色低碳发展道路[②]。他指出，绿色发展是生态文明建设的必然要求，推动形成绿色发展方式和生活方式，是发展观的一场深刻革命。习近平总书记还强调，绿色发展是构建高质量现代化经济体系的必然要求，是解决污染问题的根本之策。他指出，要坚决摒弃以牺牲生态环境换取一时一地经济增长的做法，让良好生态环境成为人民生活的增长点、成为经济社会持续健康发展的支撑点、成为展现我国良好形象的发力点。习近平总书记关于绿色发展理念的一系列重要论述，深刻揭示了经济社会发展与生态环境保护的关系、绿色发展理念与生态文明建设的关系，为我国经济社会发展和生态文明建设提供了基本指导。2012 年，党的十八大报告首次提出"五位一体"总体布局，即全面推进经济建设、政治建设、文化建设、社会建设和生态文明建设[③]。2020 年 9 月 22 日，习近平总书记在联合国大会一般性辩论上向全世界宣布：中国将提高国家自主贡献力度，采取更加有力的政策和措施，二氧化碳排放力争于 2030 年前达到峰值，努力争取 2060 年前实现碳中和。[④]

建立绿色低碳循环发展产业体系是基于我国当前现实背景的必然要求。企业需要推动产业结构优化升级，需要从"规模速度型粗放增长"转向"质量效率型集约增长"，从"绿色"与"增长"对立转变为"绿色"与"增长"统一，需要实现可持续运营。可持续运营是指服务和生产流程以不破坏用于支持现在和未来人类生存的生态系统的方式利用资源。可持续性意味着企业在进行决策时，评判标准显著地区别于传统的环境和经济指标，需要综合考虑经济、环境和社会的协调发展。可持续运营管理分为企业内部运营管理和外部运营管理，其中，内部运营管理包括绿色设计和绿色生产等，外部运营管理涵盖供应链上下游，包括绿色供应链等；管理视角分为正向供应链和逆向供应链；管理主题包括环境可持续运营和社会可持续运营。

1.4 本书内容安排

本书共分为概念篇、趋势篇和决策篇三大部分，分别从运营管理的基本理念和定位、运营管理在信息技术变革下的发展趋势，以及细化到生产过程中不同活动的具体计划、组织、实施和控制过程，来详细介绍运营管理的内容。

1.4.1 概念篇

概念篇主要回答三个问题：什么是运营管理？为什么要进行运营管理？如何在战略层面

[①] 资料来源：https://www.iea.org/reports/global-energy-review-co2-emissions-in-2021-2。
[②] 资料来源：http://www.gov.cn/xinwen/2021-06/03/content_5615092.htm，http://www.xinhuanet.com/politics/2018-07/07/c-1123091148.htm。
[③] 资料来源：http://theory.people.com.cn/n1/2017/0906/c413700-29519343.html。
[④] 资料来源：http://cpc.people.com.cn/n1/2022/0605/c164113-32438470.html，http://www.gov.cn/xinwen/2020-10/12/content_5550452.htm。

定位运营管理的内容？概念篇希望能帮助读者了解运营管理的基本理论，识别企业生产过程中的运营管理问题，了解开展运营管理工作的方向。另外，概念篇概述了运营管理的发展历程和重要的运营管理理论，以及如何从竞争的视角来制定运营管理战略。

1.4.2 趋势篇

企业运营所面临的技术、环境、竞争呈现出一些新的变化和新的趋势。第一，技术变革尤其是新一代信息技术的应用推动人类社会进入信息文明社会，人类社会所依赖的动能发生了变化，以物联网、"互联网+"、大数据为代表的新一代信息技术对企业运营产生了全面而深刻的影响，催生了工业互联网平台、消费互联网平台、物流互联网平台等新业态。第二，逆全球化、新冠疫情等不确定性事件使企业运营环境呈现出高度复杂的动态的不确定性；管理不确定性成为运营管理关注的重点。第三，工业互联网平台、消费互联网平台、物流互联网平台等新业态催生的共享制造、共享设计、共享物流等新模式，使企业在全球范围内整合和配置资源与能力满足市场需求的速度越来越快。新一代信息技术催生的电子商务等新模式使消费者可选购的商品范围越来越大，消费者偏好更强调个性化、绿色和体验等新要求，市场供给大于需求，市场供应力量的变化加剧了竞争；实现供给与需求精准匹配是运营管理的根本目标。技术变革、环境变化、竞争加剧对企业开展运营管理活动提出了新要求，企业需要重新审视技术变革、环境变化、竞争加剧给企业带来的新变化，通过创新企业理念、商业思维、运营模式来应对技术、环境、市场带来的新问题。

在趋势篇将重点介绍：新一代信息技术变革对运营管理产生的影响以及如何应对的问题，制造业和服务业融合的趋势以及如何创新管理模式的问题，企业组织资源与能力的方式从纵向一体化转变为以重复交易建立信任为基础的供应链这一介于企业和市场的组织模式，以运作为管理对象的精益生产和大规模定制模式，以及以项目为管理对象的项目管理模式。这一部分内容重点帮助读者更清楚地认识和分析当前企业运营管理面临的趋势与挑战，并建立应对挑战的新思维与新模式。

1.4.3 决策篇

1. 产品设计与服务设计

产品和服务的设计与研发有利于精准、敏捷地响应顾客需求，同时有利于降低供应链整体物流成本与库存成本。产品可按照效用或创新活动进行进一步细分。产品的开发流程一般遵循一定的流程规范，企业按照合理的逻辑顺序安排产品开发相关的各个任务，包括产品构思、产品结构设计和产品工艺设计，同时产品的设计也需要考虑产品的更新换代，即产品生命周期。类似地，服务设计也具有一定的规范和可参考的设计方法，以及故障预防和服务质量测评方法。

2. 产能规划与选址决策

产能规划包括制造业的生产能力规划及服务业的能力规划。在产能规划确定后，需要在全球范围内综合考虑企业整体竞争战略与运营战略，选择合适的位置进行生产与销售，具体包括位置决策，以及相应的产能决策。供应链网络是为顾客提供产品生产和服务的物质基础。供应链网络设计需要确定供应链网络所涉及的各个设施的最佳位置，以及设施之间流动结构的决策，也需要考虑新一代信息技术催生的新模式，如在线销售等对供应链网络的影响。

3. 生产运作系统与流程设计

生产运作系统是将一定输入转化为特定输出的有机整体。流程是企业生产过程中将输入转化为输出的一个环节，是实现价值增值的具体活动。合理设计生产运作系统及流程是保障优质产品和服务的基础，选择合理的生产运作系统时要考虑与流程的匹配等因素，因为不同的生产运作系统具有各自的特征以及适应对象。要实现高效的流程设计，企业需要绘制流程图对流程进行分析，基于面向顾客、战略匹配和跨职能协调的原则，对流程进行优化，并对流程绩效进行评估。

4. 生产过程组织

制造业和服务业都是利用生产过程将其掌握的资源转化为目标顾客需要的产品或服务，实现供给与需求的精准匹配。生产过程组织包括生产过程的空间组织，以及生产过程的时间组织。对于制造业企业，根据不同的市场需求特征和企业资源能力水平，可以采用大量生产、批量生产、单件小批量生产等不同模式，并设计合理的作业排序来实现最大效率。对于服务业企业，提供服务的过程就是满足需求的过程，需要设计预约、预订和排队等待等方法来安排顾客需求，并合理安排服务人员来提供服务。选择合理的生产过程组织形式需要遵循一些基本原则，可以考虑加工路线和批量、品种和批量、生产费用、经营杠杆等因素来选择生产过程的组织形式。

5. 外包与采购管理

外包与采购是企业配置其资源与能力的方式，是运营管理的基础，也是提升企业核心竞争力的有效途径，具有获得规模经济、风险分担、减少资本投入、专注核心竞争力和提高灵活性的优势，但也为企业带来了竞争知识丧失和目标冲突的风险。企业需要根据其具备的生产能力和知识，结合其所需要提供的产品的特性（整体性产品或是模块化产品）决定是自制还是外包，并对决定外包的产品确定相应的采购策略，基于总拥有成本等方法来评价采购绩效。

6. 生产与运作计划、物料需求计划与企业资源计划系统

计划是管理的重要职能，分为长期、中期和短期计划，企业需要按照计划管理运营活动。企业需要基于明确的生产指标、生产进度安排和生产能力核算机制来制订综合生产计划和主生产计划。物料需求计划是一种存货控制、时间进度安排方法，解决了早期订货点法的盲目性、高库存和非均匀需求的问题，强调围绕物料和以销定产。企业资源计划系统是物料需求计划的进一步发展，把企业的物流、信息流、资金流、管理流、增值流等紧密地集成起来，实现了内部资源和外部资源的整合、优化和共享。供应链管理是实现跨组织界面配置资源与能力的方式，需要充分考虑供应链所面临的新一代信息技术给生产计划、物料需求计划，以及企业资源计划系统带来的变化。

7. 质量管理

质量指的是产品或服务满足规定或需要的特征和特性的总和，包括性能、可靠性、耐久性、一致性等方面，受到设计过程、制造过程、服务过程和使用过程的影响。质量管理涉及通过制定质量方针、质量控制、质量保证和质量改进来使其实现所有管理职能的全部活动，常用的质量管理工具包括查核表、分层法、帕累托图、特性要因图、散布图、直方图和管制图七大方法。同时，大数据技术的发展也给质量管理带来了变化，提高了质量监督效率、质量管理效率和风险预警效率。

8. 库存管理

库存是供给与需求不完全匹配的结果，包括原料库存、在制品库存和制成品库存三类，在企业采购、生产、运输和销售方面发挥着重要作用。为降低库存成本、提高服务能力，企业需要制定合理的库存管理策略（包含订货时机和订货量两方面的决策），实现有效的风险共担，通过联合库存管理、多级库存优化等方法实现供应链库存的有效管理，实现物流网络和库存管理的协同。

9. 运营与财务

企业运营活动的开展需要财务部门提供稳定的现金流，财务部门的报表反映了运营成果。企业基于运营指标与综合财务指标之间的关系，通过资产负债表和利润表来了解偿债能力、运营能力和盈利能力，进而分析运营管理中的问题，并采用投资回报树等方法来改善运营绩效。收益管理是在不同时期对具有不同需求的顾客采取产品或服务差异化定价的管理模式，通过调整保留水平和预订限额、超额预订等实现企业运营收益的最大化。

本章小结

运营管理是对企业生产和服务过程的计划、组织、实施和控制，是企业的三大职能之一。本章介绍了运营管理的内涵、起源发展，以及最新趋势。首先，介绍了运营管理和生产过程的定义，以及企业运营管理的价值、目标和任务，并介绍了产品和服务的区别。其次，从工业革命开始，介绍了运营管理的发展简史。最后，从产业转移、市场环境、技术变革、产业融合、可持续运营等方面介绍了运营管理发展趋势，并简述了本书的内容安排。

思考题

1. 企业的三大职能是什么？其相互关系是什么？
2. 什么是运营管理？企业为什么要重视运营管理？运营管理的目标和任务是什么？
3. 请简述运营管理的发展历程，列举经典的运营管理理论，并阐述这些理论的核心关注点。
4. 运营管理发展趋势受到哪些新模式、新业态影响？具体影响机理是什么？

案例

红领集团的大规模定制道路

青岛红领集团（简称红领）创立于1995年，主营业务是正装定制。从2003年起，为提高竞争力，红领通过流程再造、组织再造等实现持续改善，同时与互联网、物联网技术深度融合，形成了完整的物联网服务体系，从大批量生产模式转变为更加聚焦消费者的用户直连制造（customer to manufacturer，C2M）模式，建成个性化西服定制柔性生产线，打造了独特的正装大规模定制业务，实现了传统纺织企业的转型升级。

通过C2M平台，消费者可以在线定制面料、花色、纽扣等上百个衣服细节，并通过平台提交尺寸数据和定制信息，形成订单。这些个性化的需求将统一传输到红领自主研发的版型数据库、工艺数据库、款式数据库、原料数据库中进行自动处理，形成一人一个专属版型和款式的数字模型，突破了人工制作版型的瓶颈。生产过程中，每件定制产品都有专属芯片，计算机从工业云下载和读取芯片内的订单数据，并将其分解成一道道独立工序，通过控制面板及时下达给流水线上的工人，进行定制生产。

C2M平台是消费者的线上入口，也是大数据平台，从下单、支付到产品实现，全过程都是数字化和网络化运作的。大规模定制模式有效减少了企业资金占用、货品积压和成本，缩短了生产周期。传统正装服装定制的生产周期为20~50个工作日，价格昂贵，质量无法保证，实现不了量产。红领通过互联网将消费者和生产者、设计者直接连通，使个性化定制的服装1件起定制，将生产周期缩短至7个工作日内，实现了量产，大幅降低了定制西装的成本和价格。

在供应链管理方面，红领提出了纺织行业个性化产品的标准化解决方案，开始平台化运营，通过信息系统实现集成和协同，打破了企业边界，实现多个生产单元和上下游企业的数据共享和协同生产。红领通过继续升级C2M平台，注册成立了青岛酷特智能股份有限公司，专注于"互联网+工业"模式的实践和输出，推动牛仔服装、自行车、鞋帽、家具行业的40多家企业进行大规模定制流程改造，形成了以"定制"为核心的新的平台和产业体系。

在传统商业模式中，制造环节投入多、利润薄，为了争夺有限的市场，企业进行价格战，产品质量没有保障，制造行业处于"微笑曲线"的最底端。红领的大规模定制模式通过信息技术将设计、制造和销售整合在一起，实现了规模化生产和低成本协同，同时对接消费者的个性化需求，大大提升了产品价值。红领集团的大规模定制重塑了企业的研发、制造、物流和服务环节，颠覆了传统服装企业的商业规则和经营模式，优化了供给结构，加强了优质供给，是制造业和服务业深度融合的有效实践。

资料来源：

[1] http://dzsws.mofcom.gov.cn/anli15/detal_12.html。

[2] 宋丹霞，谭绮琦. 工业互联网时代C2M大规模定制实现路径研究：基于企业价值链重塑视角[J]. 现代管理科学，2021（6）：80-88.

讨论题：

1. 请简述红领集团的大规模定制模式是如何满足消费者需求的。

2. 请简述在服装行业中，传统大规模制造模式和大规模定制模式的区别。

3. 请讨论其他行业如何开展大规模定制。

参考文献

[1] 雅各布斯，蔡斯.运营管理：第15版 [M].苏强，霍佳震，邱灿华，译.北京：机械工业出版社，2020.

[2] 史蒂文森，张群，张杰，等.运营管理：第13版 [M].北京：机械工业出版社，2019.

[3] 马风才.运营管理 [M].6版.北京：机械工业出版社，2021.

[4] 泰勒.科学管理原理 [M].马风才，译.北京：机械工业出版社，2013.

[5] 卡桑，特维施.运营管理：第2版 [M].任建标，译.北京：中国人民大学出版社，2013.

[6] 斯密.国富论 [M].孙善春，李春长，译.郑州：河南大学出版社，2020.

[7] 梅奥.霍桑实验 [M].项文辉，译.上海：立信会计出版社，2017.

[8] 麦格雷戈.企业的人性面 [M].韩卉，译.杭州：浙江人民出版社，2017.

[9] AGRAWAL V V, ATASU A, VAN WASSENHOVE L N. OM Forum：new opportunities for operations management research in sustainability[J]. Manufacturing & service operations management，2019，21（1）：1-12.

[10] 刘军军，冯云婷，朱庆华.可持续运营管理研究趋势和展望 [J].系统工程理论与实践，2020，40（8）：1996-2007.

[11] MIŠIĆ V V, PERAKIS G. Data analytics in operations management：a review[J]. Manufacturing & service operations management，2020，22（1）：158-169.

[12] CHOI T M, WALLACE S W, WANG Y. Big data analytics in operations management[J]. Production and operations management，2018，27（10）：1868-1883.

[13] 欧纯智，贾康.疫情下全球化何去何从？：基于中国供应链配置的思考 [J].求是学刊，2020，47（4）：11-21，181.

[14] ZHANG F, WU X, TANG C S, et al. Evolution of operations management research：from managing flows to building capabilities[J]. Production and operations management，2020，29（10）：2219-2229.

[15] 王能民，王梦丹，任贺松，等.海尔人单合一模式：基于数据驱动的大规模定制 [J].工业工程，2022，25（1）：1-10，27.

[16] AGRAWAL V V, BELLOS I. The potential of servicizing as a green business model[J]. Management science，2017，63（5）：1 545-1 562.

第 2 章
CHAPTER 2

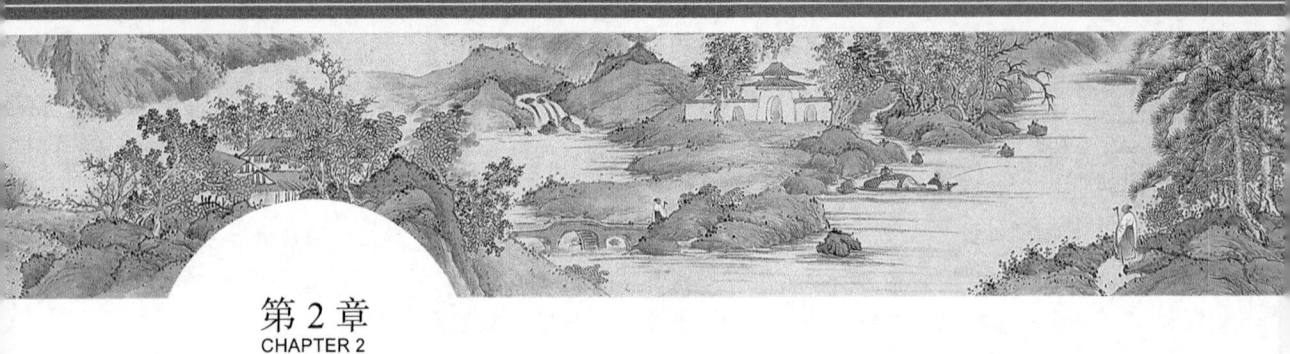

运营战略与竞争力

核心要点

- 企业使命、价值观、愿景和目标
- 企业发展战略、运营战略、策略与方案
- 战略分析工具和战略制定流程
- 企业竞争维度及竞争重点的演变
- 订单赢得要素和订单资格要素
- 运营战略和运营活动的匹配
- 产品功能目标体系决策、运营系统功能目标体系决策和运营系统结构决策

2.1 运营战略

2.1.1 使命、价值观、愿景与目标

1. 使命

使命（mission）是指由企业社会责任、所承担义务和自身发展要求所规定的任务，明确了企业的产品和服务生产任务，确定了企业形象、经营观念和存在意义，为企业确立目标和制定战略提供依据。企业是集中生产要素，实现投入向产出转化的组织，为消费者提供服务和产品。使命确定了企业存在的意义，回答了一个核心问题：企业应该提供什么样的产品和服务？如表 2-1 所示，不同企业的使命不同，需要经过组织上下反复讨论才能确定。

表 2-1　全球 10 家知名企业的使命

企业	使命
苹果	通过其创新的硬件、软件和服务为客户带来最佳的用户体验
谷歌	组织世界信息并使其普遍可用和有用
微软	予力全球每一人、每一组织，成就不凡
亚马逊	我们努力为我们的客户提供尽可能低的价格、最好的选择和最大的便利
Facebook	赋予人们分享的力量，让世界更加开放，联系更加紧密
伯克希尔-哈撒韦	我们将利用我们世界一流的专业团队和系统来指导人们做出伟大的房地产和金融决策，从而实现我们的愿景
强生	我们的信条源于消费者、员工和社区同等重要的信念
埃克森美孚	生产对现代生活、经济发展和提高生活水平至关重要的能源和化学产品
腾讯	一切以用户价值为依归，将社会责任融入产品及服务之中；推动科技创新与文化传承，助力各行各业升级，促进社会的可持续发展
阿里巴巴	让天下没有难做的生意

2. 价值观

价值观（values）是指企业所坚持和奉行的基本信念与准则，是企业对其经营理念的定位，是企业成员对企业是非观的判断，是企业生存与发展的精神支柱。例如，京东的价值观是"客户为先、诚信、协作、感恩、拼搏、担当"；腾讯的价值观是"正直、进取、协作、创造"；IBM 的价值观是"成就客户、创新为要、诚信负责"；微软的价值观是"尊重、诚信、责任"。使命决定价值观，价值观服从于使命，价值观明确了组织的行为伦理，描述了组织运营的规则。

要确定价值观，企业应该注意如下几个方面：第一，应充分考虑企业所处行业的特征，并在主流价值主张的基础上确定能区别于其他企业的个性化价值观；第二，企业的价值观应该是组织上下反复论证的结果，应获得绝大多数员工的认同；第三，避免将空洞或太普遍的口号作为价值观；第四，价值观一旦确立下来就应保持其稳定性，不能因为管理层的变动而随意改变，价值观的改变应获得绝大多数员工的认同。

3. 愿景

愿景是对企业未来的一种期望和描绘（见表 2-2）。愿景的英文"vision"一词原意为"视野"，即目光所及之处，象征着前行的方向和未来的路线。企业的愿景应该能清晰表述出企业未来要实现的最终目标，要求管理者反复思考"在未来希望成为怎样的企业"，是对企业组织长期发展和未来状况的设想，体现了企业管理者的追求、发展方向和战略定位。

表 2-2　全球 10 家知名企业的愿景

企业	愿景
苹果	我们相信，我们正在地球上制造伟大的产品，这一点不会改变
谷歌	一键提供对世界信息的访问
微软	帮助世界各地的人们和企业充分发挥潜力
亚马逊	成为地球上最以消费者为中心的公司，消费者可以在这里找到并发现他们可能想在线购买的任何商品
Facebook	人们使用 Facebook 与朋友和家人保持联系，了解世界上正在发生的事情，并分享和表达对他们来说重要的事情

(续)

企业	愿景
伯克希尔-哈撒韦	成为我们社区的综合房地产和金融解决方案的首选供应商
强生	让每个人一起利用他们独特的经历和背景——激发解决方案,创造一个更美好、更健康的世界
埃克森美孚	以安全和负责任的方式满足世界对能源和高质量化学产品日益增长的需求
腾讯	用户为本、科技向善
阿里巴巴	追求成为一家活102年的好公司。我们的愿景是让客户相会、工作和生活在阿里巴巴。到2036财年,服务全世界20亿消费者,帮助1000万中小企业盈利以及创造1亿就业机会

4. 目标

目标(goals)是企业为实现愿景和使命而要求各项活动达到的总体效果。企业将目标细化,明确了各项运营活动在不同阶段所要达到的具体效果,并且通过一系列定性或定量的指标来描述这些效果,以便后续的评估和回顾。目标可以根据时间长短分为短期目标、中期目标和长期目标,也可以根据业务层级分为企业发展目标和具体职能目标。企业通过实现短期和中期的职能层目标,进而完成总目标,逐渐靠近设定的使命、价值观和愿景。

2.1.2 企业的发展战略与运营战略

阿尔文·托夫勒指出:"对没有战略的企业来说,就像是在险恶气候中飞行的飞机,始终在气流中颠簸,在暴风雨中沉浮,最后很可能迷失方向,即使飞机不坠毁,也不无耗尽燃料之虞。"企业的战略按照业务层级可以分为发展战略和职能(财务、运营和营销)战略。在使命和价值观的基础上,企业基于对未来的设想确定企业的愿景和目标,根据内部资源和能力制定发展战略(development strategy)、运营战略(operation strategy)。

发展战略是企业根据内部条件和所处外部环境的发展趋势,对企业发展方向、发展目标、发展重点和发展能力制定的全局性、长远性和纲领性的规划。发展战略与愿景、价值观、使命的关系可概括为:通过实施所制定的发展战略来达到所确定的愿景,践行价值观,进而实现组织的使命。比起愿景中所表述的目标,发展战略中所确定的目标更为具体。如果某一企业的愿景中确定的目标是成为顶级高科技公司,那么发展战略所确定的目标就应该明确未来不同时间点需要实现的在世界科技公司中的排名。

运营战略是企业在其使命、价值观、愿景的引领下,围绕如何利用资源和能力支持企业长期竞争战略,确立各项政策和计划,包括对目标市场的定位、价值主张的确立、核心能力的培养、产品和服务的提供。在发展战略的指导下,企业需要根据不同职能的业务范围和特征制定运营、营销和财务三类职能战略。运营战略要与其他职能战略相互配合,共同支撑企业实现其发展战略,进而实现愿景、价值观和使命。尽管职能或业务各不相同,但所形成的职能战略都要指向发展战略,都要有利于发展战略的实施。运营战略属于职能战略,所涵盖和表述的内容要比企业发展战略更为具体。

运营战略包含了企业各类运营管理活动,可进一步细分为研发战略、制造战略、质量战略、供应链战略等。例如,服装公司的运营战略可能是"依靠企业的大规模定制平台和信息系统,为大众消费者提供廉价且具有一定个性化水平的正装产品";消费类电子产品的运营战略可能是"在旧机型模具的基础上升级SoC等计算机硬件配置,在不冲击高端市场的前提下,为下沉市场提供更廉价的手机产品"。企业通过制定和执行正确的运营战略及其他细分战略，来提高企业的竞争力和经营绩效，这体现在产量、质量、成本、交货期、柔性和服务等运营目标上。

2.1.3 策略与方案

策略（tactic）是指为实现某一运营战略而确定采用的技术、方法、路线和模式，是对运营战略的进一步细化。在职能战略的方向确定后，相关部门就可以根据市场环境、自身资源和优势，以及具体目标来制定职能层的策略。例如，要实现上文提到的"为大众消费者提供廉价且具有一定个性化水平的正装产品"差异化运营战略，企业就需要制定"具有吸引力的定价策略""具有一对一个性化量体、销售和售后服务的服务策略"和"包含不同领型等定制选项的产品策略"。

方案（plan）是指为执行运营策略而确定采用的具体行动和实施计划。例如，为执行"具有吸引力的定价策略"，企业可以制定"不高于传统定制正装和不低于成品正装，并按个性化水平提供不同选项"的价格方案；为执行"具有个性化的服务策略"，企业可以制定"按重点城市布局上门服务门店和人员，通过多媒体和社交软件实现一对一服务"的服务方案。方案是对基础性和指导性策略的具体实施，具有明确的绩效、质量、交付期、服务水平等目标要求。

企业根据自身产品和服务的生产任务、经营观念和社会责任等定位，确定企业的使命和价值观，并根据对未来的期望确定企业的愿景。为实现愿景，企业需要制定中长期发展战略，并由此确定财务、运营和营销三类职能战略来指导企业的经营活动。为进一步落实发展战略和职能战略，企业还需要制定对应的策略和具体的实施方案。如图 2-1 所示，从使命到方案的上下层级关系构成了企业的"战略金字塔"。

图 2-1 企业的"战略金字塔"

战略金字塔是企业管理活动从上到下的细化和落实，不同的职能战略、职能策略和职能方案需要相互协调合作，才能由下到上支撑起企业的发展战略、愿景、价值观和使命。例如，对于上文的差异化服装运营战略，需要对应的差异化营销战略的支持，营销的重点要从传统的价格或质量转移到个性化定制上来，同时也需要财务战略中融资和资产配置策略的配合，从而为企业实现大规模定制提供必要的资金和财务支持。

2.1.4 战略分析工具

为了正确地制定战略，企业需要关注运营的宏观环境、企业的自身能力和市场竞争关系，一般可借助 PEST 分析模型、SWOT 分析模型和波特五力模型来分析。

PEST 分析模型是针对企业宏观环境的分析工具，包含了企业所处宏观环境的政治（politics，P）、经济（economy，E）、社会（society，S）和技术（technology，T）四个因素，能帮助企业了解其面临的外部环境，是企业结合内外情况制定运营战略的基础。第一，政治因素包括政治环境的稳定性、政治制度、政府政策、国家的产业政策、相关法律及法规等。第二，经济因素包括经济发展水平、经济增长率、利率、政府收支、通货膨胀率等。第三，社会因素包括人口、宗教、语言、寿命、价值观念、道德水平等。第四，技术因素包括企业所处环境的高新技术水平、工艺技术水平、基础研究水平、科技成本、高科技市场潜力等。

在利用 PEST 分析模型确定企业所处环境的情况后，通过 SWOT 分析模型可以综合分析企业内部条件和外部环境，并由此得出企业利用自身条件来应对外部环境变化的运营战略（见图 2-2）：首先，对内部条件进行分析评估，明确自身的优势（strength，S）和劣势（weakness，W）；其次，根据 PEST 分析模型的结果，明确企业目前面临的外部环境的机会（opportunity，O）和威胁（threat，T）；最后，根据内部条件和外部环境制定相应的运营战略（WO、SO、WT、ST 战略）。

图 2-2 SWOT 分析模型

迈克尔·E. 波特（Michael E. Porter）于 1980 年在《竞争战略》一书中提出了波特五力模型，用于分析市场竞争关系，其中主要考虑了 5 个因素对企业竞争优势的影响：同行业内现有竞争者的竞争能力、潜在竞争者进入市场展开竞争的能力、替代品的替代能力、供应商的讨价还价能力与顾客的议价能力（见图 2-3）。波特五力模型可以综合分析企业面临的竞争压力，是企业制定竞争战略时经常使用的分析工具。

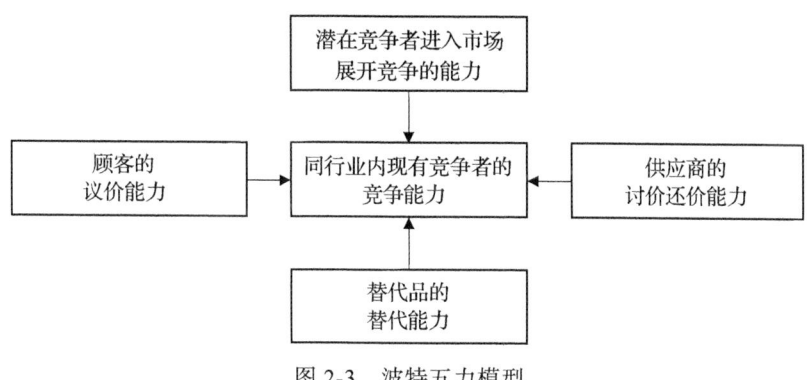

图 2-3　波特五力模型

2.1.5　制定运营战略

企业制定战略的一般过程包括：第一，确定目前的使命、目标和现有的战略；第二，分析企业的外部环境和内部条件，发现机会与威胁，识别自己的优势与劣势；第三，制定并实施战略；第四，评估战略的实施结果。

威克姆·斯金纳（Wickham Skinner）从 20 世纪 60 年代末期起开始建议企业开发运营战略，以此作为市场营销和财务战略的补充，并预防运营管理和企业整体战略脱节。进一步地，斯金纳提出了确定企业运营战略的过程模型，帮助企业制定运营战略。在该模型中，企业的运营战略受到四个方面的影响：外部的经济和技术环境、企业整体战略和职能目标（任务）、企业自身的资源和能力，以及企业现在的运营情况。企业制定和执行运营战略主要分为四个阶段：第一，分析企业内外部环境，形成发展战略；第二，根据发展战略和企业能力及约束形成运营战略；第三，实施运营战略；第四，运营战略的评估和反馈。

企业制定和执行运营战略可以遵循以下流程。

（1）分析企业内外部环境，形成发展战略。①分析企业外部的竞争态势；②分析企业内部条件，包括能力和资源；③形成企业发展战略。

（2）根据发展战略和企业能力及约束形成运营战略。①根据企业的发展战略确定运营职能任务；②分析产业经济因素对运营活动的约束；③分析产业技术因素对运营活动的约束；④结合企业内部条件，对企业内部的能力和资源仔细进行评估；⑤结合外部的技术和经济因素，以及内部的运营任务和能力，在企业发展战略的指导下形成完整的企业运营战略。

（3）实施运营战略。①由运营副总经理和运营管理部门按照运营战略的要求组织实施生产管理过程；②确定运营管理体系与程序；③开展运营系统的控制工作；④执行具体的运营操作。

（4）运营战略的评估和反馈。①根据运营结果，对运营战略的实施效果进行评估；②将运营结果反馈给企业战略部门，以支持企业内部条件的分析工作和企业外部竞争的分析工作，完善企业发展战略；③将运营结果反馈给企业运营部门，根据新的企业发展战略来完善企业运营战略，并指导企业的生产运营活动。

奈杰尔·斯莱克（Nigel Slack）和迈克尔·刘易斯（Michael Lewis）也强调运营战略的制定是一个持续和不断挑战的过程。奈杰尔和刘易斯的运营战略过程观点强调的是，运营战略的制定会同时受到企业上层战略（包括整体组织战略和可能有的事业部战略）的影响和基层实际操作经验的影响，是一个由上至下又由下至上的过程（见图 2-4）：企业高层管理者的职责是纵观全局，形成企业的发展战略方向，任何职能战略都不能与企业的发展战略相冲突，而应该是发展战略的基石；同时，发展战略的形成过程也会受到基层意见的影响，并做出修正和完善。这个观点可以在实现运营战略与整体战略匹配的前提下，充分考虑实际生产环境的条件和资源，防止出现过于宏大和不切实际的运营战略。

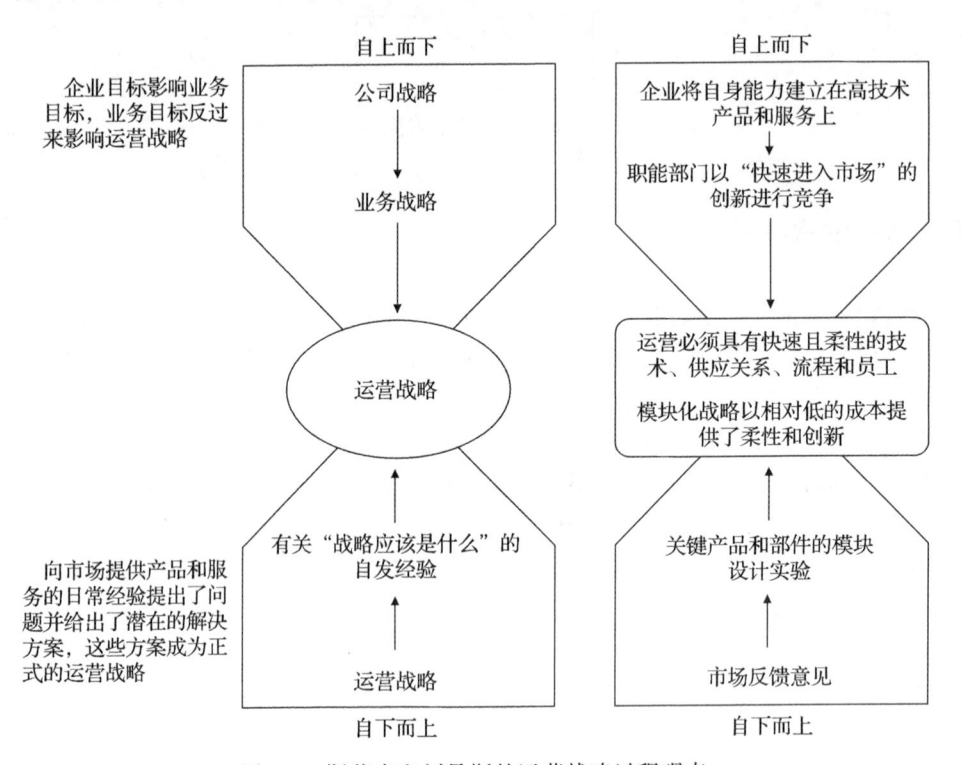

图 2-4 斯莱克和刘易斯的运营战略过程观点

2.1.6 产品和服务运营战略

制造业企业在制定其运营战略时，需要考虑三个框架性的因素：战略视角、生产能力和支持平台。第一，战略视角是指企业制定战略时的思维，凸显了一定的企业价值观特性。第二，生产能力反映了企业的内部生产能力，是在计划期内和既定的组织技术条件下所能生产的产品数量，或者能够处理的原材料数量。第三，支持平台反映了企业的外部生产能力，包括供应链、平台和生态系统在内的企业可以联系合作的外部资源。

企业在制定产品的运营战略时可以参考如下四个步骤：第一，根据产品组将市场细分，以此来明确具体的目标消费者，不同的消费者群体存在不同的特征；第二，明确产品要求、需求形式、每组产品的利润率；第三，确定每组产品的订单赢得要素和订单资格要素（见第 2.2.3 节），明确产品如何实现消费者的基本需求、期望需求和兴奋需求；第四，将订单赢得要素转化为特定的运营绩效要求，以此来推动企业生产过程，并实现计划、组织、领导和控制过程。

服务业的运营战略较为特殊，从消费者价值增值的角度来说，它是前店后厂或是店厂一体的需求满足模式。大多数服务企业的服务交付系统就是企业的全部业务，任何战略制定都要考虑运营的需要，而服务运营战略本身就是直接面向消费者需求来开展的。企业在制定服务行业的运营战略时也可以考虑四个步骤：第一，明确服务面对的细分市场和特定的目标消费者，并以此来确定服务的类型；第二，根据细分市场和目标消费者来确定具体的服务要求和服务定位等因素，并以此来确定服务的最终形态；第三，确定服务的订单赢得要素和订单资格要素；第四，根据服务的订单赢得要素来实施运营绩效管理。

2.2 竞争力

2.2.1 竞争维度

竞争维度是能够显著影响市场竞争结构的产品和服务特征，如成本和质量，这些特征是影响消费者购买决策的重要因素，是刻画一个企业所提供产品和服务的竞争能力的重要维度。在同一时期，消费者往往会关注某一特定的竞争维度，即竞争重点（或竞争优势要素），竞争重点也会随着不同时期市场供给和需求力量结构的改变而发生改变（见图2-5）。

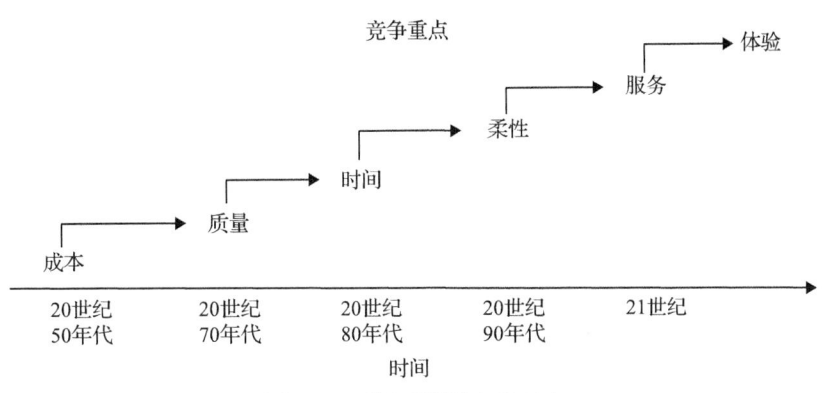

图 2-5 不同时期的竞争重点

企业通过有效配置其资源与能力，为顾客提供产品和服务，创造顾客价值和企业价值（见图2-6）。顾客关心的是：自身感知到的价值与其支付的价格之差，即顾客剩余。企业关心的是：顾客支付的价格与企业为实现产品和服务支付的成本，即企业利润。企业运营管理的关注点经历了从节流到开源的转变，具体表现为：从早期的借助大规模生产、质量管理等实现成本节约、减少浪费，转变为现在借助大规模定制、延迟制造等实现个性化需求和体验的满足，提升顾客价值，进而提高顾客愿意支付的价格，在提高顾客剩余的同时，实现利润的增加。

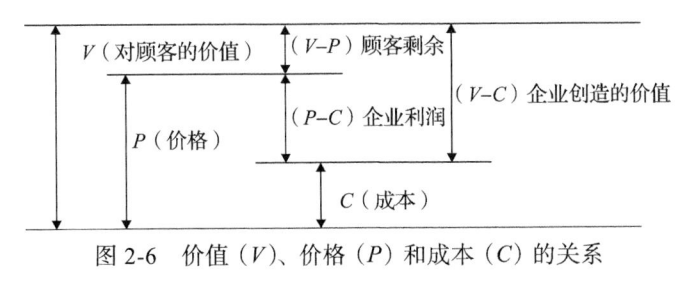

图 2-6 价值（V）、价格（P）和成本（C）的关系

影响价值、价格和成本之间关系的因素直接表现为企业竞争重点及其对应运营管理模式的变化；其竞争重点的演变是供需关系变化的结果。在供给小于需求时期，企业管理的重点是快速、低成本生产出满足质量要求的标准化产品；由于生产能力远小于市场需求，因而企业生产出来的达到质量要求的产品就能实现其市场价值，不存在库存贬值的风险，同时也因为供给小于需求，消费者更多强调价格和质量，而很少涉及个性化、服务、体验等要求，因此企业关注的重点是生产标准化产品；大批量生产通过实现规模经济来实现上述目标，管理的关键是使生产的每一个步骤规范化和简单化。在供给大于需求时期，消费能力的上升导致客户需求呈现多样化和快速变化的特点，技术更新速度加快使企业产品生命周期明显缩短，产品和服务可选择面扩大使产品品种日益增多，竞争从局部市场的竞争转变为全球市场的竞争，竞争重点从价格、质量转变为个性化、服务、体验等。

第二次世界大战后，旺盛的消费需求使企业意识到只要压缩成本、提高产量，便能获得高利润。到20世纪60年代，企业开始注重产品质量，全面质量管理理论初步形成。自20世纪80年代起，人们对产品的交货及时性、多样性提出了更高要求，企业逐渐开始在系统时间、柔性方面展开竞争。21世纪后，在斯金纳的4种竞争重点（成本、质量、快速交货和柔性）之外，服务成为新的竞争重点。到了21世纪20年代，新一代信息技术的应用使消费者在购买产品和服务之前，借助智能终端快速地实现与制造商的互动、参与产品的设计与开发，并对产品和服务进行体验，体验成为当前竞争的新要素。例如，海尔集团、IBM等企业通过"制造业服务化"，提高用户体验，创造超额价值，并形成特有的产品声誉和品牌商标，实现了由以生产制造为主到注重服务和用户体验增值的战略转型。竞争要素的演变情况及其依赖的技术基础如图2-7所示。

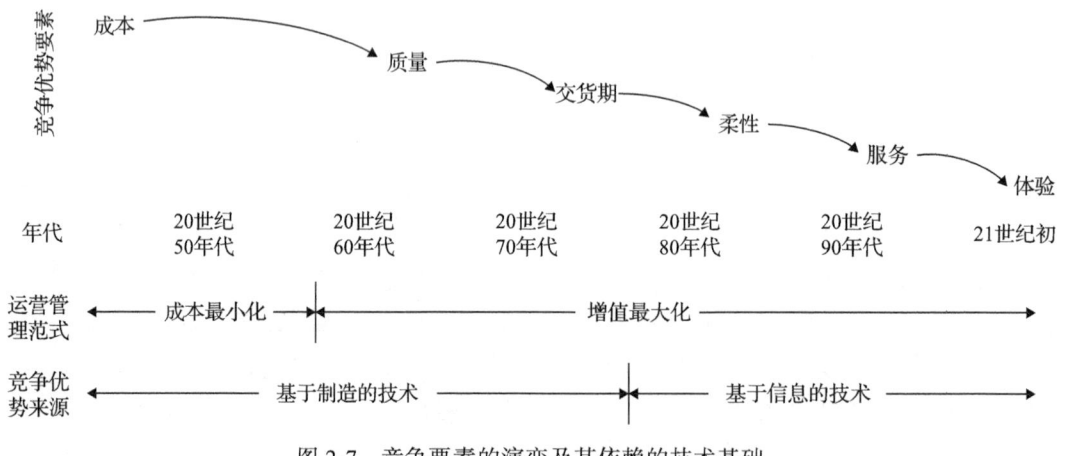

图2-7 竞争要素的演变及其依赖的技术基础

1. 成本

成本是企业为了生产商品和提供服务所消耗的资源总和，一般包括原材料、人力、设备投入、折旧等。生产成本越低，企业在价格上就越有竞争优势。第二次世界大战以后到20世纪50年代，美国等国家的战后消费品需求快速上升，市场上出现供不应求的情况，"成本最小化"成为企业运营管理的主要目标。价格是顾客对产品或服务支付的金额，总成本包含了制造成本和使用成本。在质量、功能相同的条件下，顾客会选择价格较低的产品或服务。价格竞争的实质是成本竞争，运营成本越低，企业在价格上就越有竞争优势。在这个时期，企业寻求通过制定和执行运营管理战略来优化企业的生产环节、降低企业的环节成本、提供更便宜的产品和服务，从而获得成本优势。

2. 质量

质量指的是一组固有特性满足要求的程度，包含了产品及其零部件和服务的质量、生产过程的质量，以及企业的信誉和体系的有效性。20世纪70年代后，当大规模生产模式满足了产品数量的要求后，质量取代成本成了新的竞争优势要素，竞争重点转为提供更优质的产品和服务。质量不仅包括产品质量，而且包括生产过程的质量。质量优势来源于运营系统的保证能力，即运营系统从工艺、技术、作业过程等方面来控制产品质量使其达到规定的标准并保证质量的稳定性。

3. 交货期

交货期是指从采购方开始下单订购到供应商交货所间隔的时间，包括产品从设计到生产、物流、销售的全过程所消耗的时间。20世纪80年代后，交货期成为企业实现增值最大化的主要关注点和新的竞争优势要素。交货期速度（包括维修、抱怨反应）和交货期可靠性共同影响库存或误工损失。企业开始通过高度整合、全程控制和压缩工序流程等改进方式，实现更短的产品交货期，更快速、更稳定地提供产品和服务，以应对消费者需求和竞争优势要素改变带来的挑战，提高企业生产运营环节对市场变化的反应速度。

4. 柔性

柔性是指企业灵活调整生产活动来响应市场需求的改变，实现按需生产的能力，向市场提供个性化和灵活变化的产品与服务。英国Molins公司在1965年首次提出柔性，但是限于当时信息技术的发展水平和市场环境的特点，柔性并不是企业的核心关注点。20世纪90年代后，美国政府于1988年成立了柔性产学研体系，并于1998年由里海大学和GM公司共同提出体系完备的柔性生产模式。从战略的观点看待企业的竞争力，柔性是由与企业运作过程的设计直接相关的两个方面构成的。第一，企业为客户提供多种产品和服务的能力。柔性意味着提供个性化的产品与服务的能力，以满足顾客的不同需求。第二，企业快速转换工艺生产新产品的能力或者快速转换服务流程提供新服务的能力。由于产品更新换代加快，生命周期缩短，这方面的柔性变得越来越重要。市场导向型的柔性生产进一步增强了企业的灵活性和应变能力，使企业能够缩短产品生产周期，提高设备利用率和员工劳动生产率，改善产品质量，从而提高竞争力。

5. 服务

服务是具有无形特征却可以给顾客带来某种利益或满足感的可供有偿转让的一种或一系列活动。在供过于求的市场条件下，服务成了新的竞争优势要素，企业开始以产品为基础向消费者提供附加服务，包括售前服务、售中服务和售后服务。企业的服务能力体现在服务项目、服务水平和服务形式这三个方面。服务的价值在于满足消费者的心理需求，价格往往不是消费者决定是否购买的唯一考虑因素，企业的服务承诺、服务态度和服务效率等都成了影响消费者购买行为的因素。此外，在很多服务中，时间是服务价值的重要组成部分，顾客会权衡时间和价格之间的关系。对于服务，企业还需要考虑一些特殊的竞争要素：要考虑顾客如何得到相关服务，即"可得性"，以及顾客接受服务的"方便性"；在旅游、医疗等特定行业中，"安全性"是顾客购买服务时考虑的重要因素；此外，"声誉"也是一个十分重要的服务要素。

6. 体验

体验是顾客针对使用或期望使用的产品、系统或者服务的认知印象和回应，包括顾客在使用一个产品或系统之前、使用期间和使用之后的全部感受。新一代信息技术尤其是物联网、移动互联网、人工智能、虚拟现实等减少了顾客与制造商接触的成本、时间和距离，能实现顾客低成本、快速地参与产品设计、制造、分销等各环节，因而体验成为新的竞争优势要素。体验具有强个人属性，表现为消费者个性化需求的满足程度，往往存在着分散、模糊、不直观和难以挖掘的特点。信息技术下互联网、物联网、平台经济等新技术和新业态的兴起，能帮助企业精准地洞察消费者需求，集并零散需求形成场景需求，低成本、敏捷地满足消费者体验。

2.2.2 运营权衡

1995 年 4 月，在波士顿生产与运营管理协会的早餐会上，斯金纳提出"权衡永远存在"的观点，即企业的运营战略不可能在所有的维度上都做到最好，管理者要确定哪些是企业成功的关键参数，并集中企业资源实现关键参数。不善加利用权衡观念的企业，将出现战略骑墙的现象，即战略摇摆、缺乏战略定力。更多的情况下，这会使企业失去竞争的优势领导地位，进而陷入跟随性的竞争陷阱中。企业应该根据自身的资源和能力，明确运营战略和市场竞争的重点，找到最能满足顾客需求和实现顾客价值的竞争优势，并由此来制定运营策略和方案，实现突围。

针对不同竞争重点的定位，对企业运营战略提出不同要求，有各自不同的优势，也有不同的风险；竞争成功的关键是明白顾客需要什么（即价值）。权衡考虑所有的竞争要素后，可以得到以提高顾客价值为目标的企业竞争力的表达式：

$$竞争力 = \frac{(质量 \otimes w_3) \oplus (交货期 \otimes w_4) \oplus (柔性 \otimes w_5) \oplus (服务 \otimes w_6) \oplus (体验 \otimes w_7)}{(生产成本 \otimes w_1) \oplus (顾客使用成本 \otimes w_2)}$$

式中，w_i（$i=1,\cdots,7$）分别代表生产成本、顾客使用成本、质量、交货期、柔性、服务和体验的权重，广义加号 $\oplus$ 和乘号 $\otimes$ 表示综合的意思。基于竞争优势要素演化理论，w_i 会随时间和市场环境发生改变，同时也会不断有新的竞争要求加入竞争力的表达式当中。竞争成功的关键是明白顾客价值是什么，即顾客关心维度的权重。

2.2.3 订单赢得要素和订单资格要素

特里·希尔（Terry Hill）教授于 2000 年提出了订单资格要素（order qualifier）和订单赢

得要素（order winner）的概念：订单资格要素是市场进入门槛，是允许一个企业参与市场竞争的最低条件或标准，是产品或服务值得购买所要具备的基本因素；订单赢得要素则是竞争优势，是组织的产品或服务优于其竞争对手，从而赢得订单所需具备的因素。订单赢得要素是可以向订单资格要素转变的（见图2-8）。当某一订单赢得要素的掌握者占竞争者的比例超过一定程度时，市场上能满足该要素的产品和服务激增，该要素逐渐变为订单资格要素。

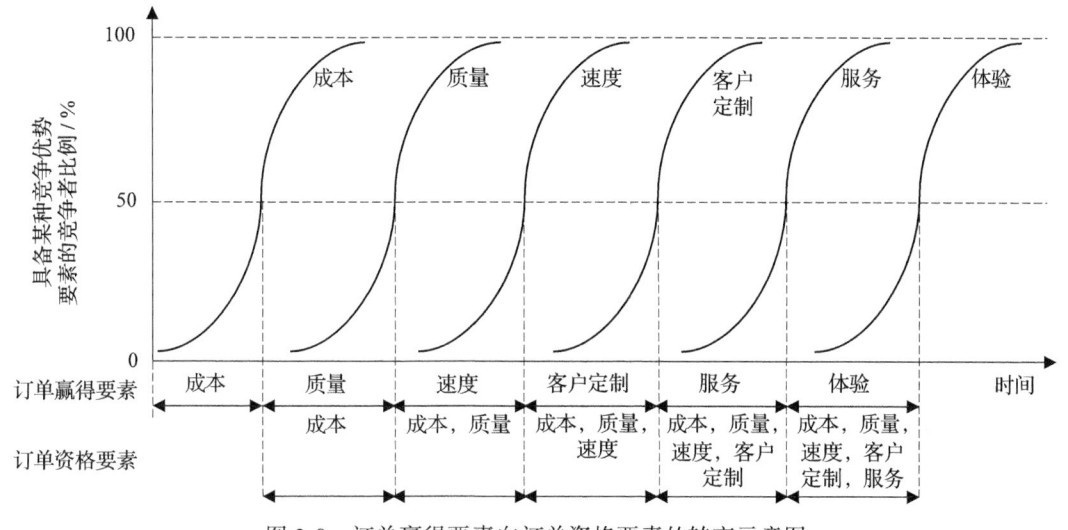

图2-8　订单赢得要素向订单资格要素的转变示意图

企业要塑造竞争力，就要正确识别要素，明确需要基本满足的订单资格要素，以及可以实现竞争优势的订单赢得要素，企业可以通过狩野纪昭（Noriaki Kano）在1979年提出的KANO模型来识别顾客需求。KANO模型把顾客需求分为基本型需求、期望型需求和兴奋型需求，并描述了每类需求与顾客满意之间的逻辑关系（见图2-9）。

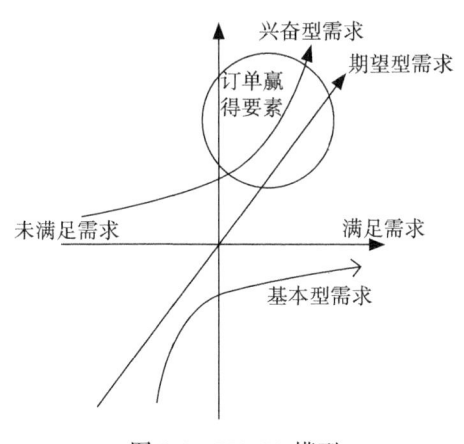

图2-9　KANO模型

第一，基本型需求是消费者认为产品拥有的基本属性或功能，当基本型需求无法实现时，消费者不满意；当其基本型需求被实现时，消费者无所谓满意，充其量是没有不满意。第二，期望型需求可以持续提高消费者的满意度，虽然不是必要的产品属性或服务行为，它却是消费者希望得到的；期望型需求在产品中实现得越多，消费者就越满意。第三，企业若要实现兴奋型需求，就要提供给消费者一些完全出乎意料的产品属性或服务行为，以取悦消费者。当兴奋型需求无法实现时，消费者不会不满意；当产品实现了兴奋型需求时，消费者的满意度和忠诚度会显著提高。

在制定运营战略时，企业需要在准确识别三种需求的基础上做到：第一，确保满足基本型需求，即确定订单资格要素；第二，把关注点集中在期望型需求和兴奋型需求上，以此来识别并培植订单赢得要素；第三，利用满足基本型需求的订单资格要素和满足期望型或兴奋型需求的订单赢得要素共同塑造企业的竞争力。

2.3 运营战略与运营活动的匹配

运营管理的目的是满足顾客对产品和服务的需求，即实现供给能力与市场需求的精准匹配。企业应该按照顾客需求，合理配置内部和外部资源，形成与需求匹配的生产和服务能力，在达到顾客所要求的服务水平的条件下，以最低的成本提供需方所需要的产品和服务，这个过程就是运营战略与运营活动的匹配。

2.3.1 需求、产品与运营

顾客需求偏好决定了顾客对产品的要求，产品的要求决定了运营系统的目标要求。运营战略与运营活动的匹配首先要考虑需求、产品与运营之间的对应和匹配。

1. 产品和运营系统功能目标体系

（1）顾客、产品和生产系统的关系。企业运营系统的功能是制造产品和提供服务，制造什么样的产品和提供什么样的服务决定了需要什么样的运营系统。首先，顾客对产品或服务的需求是多方面的，且会随着时间的变化而变化，主要集中在产品的款式/品种、质量、数量、价格、服务和交货期等方面，决定了产品的功能目标体系。其次，为了提供满足顾客需求的产品或服务，企业需要将产品的各项目标转化成对运营系统的具体要求（见表2-3），设计对应的运营系统功能目标体系，包括创新、质量保证、柔性、成本控制、响应性/继承性、速度/供应链管理等目标。

表 2-3 产品和运营系统功能目标体系的转化

产品功能目标体系 （顾客对产品的要求）	转化	运营系统功能目标体系 （产品对运营系统的要求）
款式/品种	↔	创新
质量	↔	质量保证
数量	↔	柔性
价格	↔	成本控制
服务	↔	响应性/继承性
交货期	↔	速度/供应链管理

不同的运营系统提供的产品与服务的特点不一样，运营系统应该完成的功能目标是由产品或服务的功能所决定的。例如，医院应提供及时的医疗服务；电话与数据系统公司应提

供稳定的通信服务；建筑公司应建造新居；制造工厂应提供产品；维修网点应提供良好的维修服务。也就是说，应该提供什么样的产品或服务，决定了需要什么样的运营系统，产品功能目标体系是顾客对产品的要求的集成，而运营系统功能目标体系是产品对运营系统的要求。

（2）两类功能目标体系的关系。顾客对产品的要求和产品对运营系统的要求之间具有很强的对应性，即将顾客对产品提出的有关产品款式/品种、质量、数量、价格、服务和交货期等要求转化成对运营系统提出的有关创新、质量保证、柔性、成本控制、响应性和速度的要求。由于不同顾客对产品功能要求的优先级是不同的，因此转化成对运营系统的要求和所强调的功能目标的优先级也是不同的，如强调成本的竞争战略（大规模生产）、强调柔性的竞争战略（多品种小批量生产）、强调质量的竞争战略（零缺陷质量管理）、强调时间的竞争战略（敏捷制造）和综合性的生产竞争战略（大规模定制）。

在做出运营系统功能目标决策时需要考虑两个方面。第一，企业要根据用户对产品的需求和企业竞争战略的需要来定义产品的功能。例如，手机应具有更好的拍照素质（产品性能）等功能。第二，根据产品的功能进一步转化成运营系统的功能目标，即创新、质量保证、柔性、成本控制、响应性及速度等。例如，手机拍照素质的产品功能需要企业产品设计部门的研发创新。运营系统功能目标决策是企业运营环节和营销环节的"翻译官"，实现了抽象的产品功能向具体的生产流程的转变，确定了最终产品功能。

2. 运营系统结构

运营系统结构是运营系统的构成要素及要素之间的组合关系相互作用的结果。1984年，罗伯特·H.哈耶斯（Robert H. Hayes）和史蒂文·C.惠尔赖特（Steven C. Wheelwright）将运营系统的要素分为结构化要素和基础要素：结构化要素构成了运营系统的硬件部分，是企业长期投资决策的事项，涉及企业运营系统的设计、建设与改造，包括生产技术、生产设施、生产能力和生产系统的集成；基础要素构成了运营系统的软件部分，又称生产系统的非结构化要素，指的是生产系统建设完成交付使用之后的计划、运行与控制事项，包括人员组织、生产计划、生产库存和质量管理。

企业要实现运营系统结构与功能的匹配，需要保证结构化要素、非结构化要素和它们的组合关系适应具体生产系统功能的要求。例如，要实现高质量产品功能和运营系统中质量保证的生产系统功能，企业就要采用更加成熟的生产技术和更加稳定的生产设施，并实现高质量生产能力和生产系统的集成，这些组成了质量保证的硬件结构要素。同时，更合适的岗位设置、更合理的排班排程、更高水平的库存管理和质量管理，是质量保证的软件基础要素。当然，结构化要素与非结构化要素之间也要匹配，从而实现硬件和软件资源的合理协调。例如，企业在引进新的设备时，也要考虑人力技术的提升来与之匹配。

2.3.2 运营战略和运营活动的匹配

1. 运营决策和运营战略的匹配

在确定了与企业发展战略匹配的运营战略和企业的竞争力之后，企业需要制定匹配运营战略的三类运营决策：产品功能目标体系决策、运营系统功能目标体系决策和运营系统结构决策（见图 2-10）。这些运营决策支撑了运营战略，同时通过满足市场需求和培植订单赢得要素来获得市场竞争力。

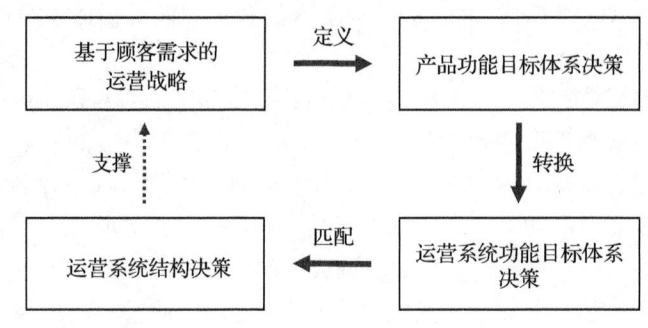

图 2-10　运营决策与运营战略的匹配过程

（1）基于顾客需求的运营战略定义了产品功能目标体系决策。运营战略可以看作企业从内部发展视角和外部竞争视角出发，所确定的企业可以给予顾客的产品或服务承诺。但是对于产品的功能，不仅仅应该关注企业能做什么，还应该关注顾客需要什么。顾客需求和企业的运营战略从需求和供给两方面，确定了企业产品和服务的功能与最终形态，定义了产品功能决策。例如，顾客对于稳定的通信服务的需求，以及中国联通拥有的通信技术和基站资源，共同决定了联通 5G 通信服务产品的速度、覆盖率、套餐容量等功能信息。

（2）将产品功能目标体系转化为运营系统功能目标体系。产品功能通常是由顾客偏好决定的，需要被转化为不同的运营系统功能决策。当然，一个生产系统的功能也可能满足多种产品和服务的功能。企业实现产品和运营系统功能决策的转化，是为了更好地实现符合需求和运营战略的产品的生产。

（3）制定匹配运营系统功能目标体系的运营系统结构。企业应该制定匹配的运营系统结构来实现运营系统功能，其中包括结构化要素和基础要素。企业将市场需求、企业竞争和运营战略，通过形成满足顾客需求的产品和服务，转变为对企业运营系统的不同功能的要求。企业可以根据自身的资源和能力，从硬件和软件两部分来协调开展实际的生产工作。

2. 市场需求与运营资源能力水平的匹配

市场需求与运营资源能力水平之间需要实现有效的动态匹配，即实现市场需求增长与运营资源能力水平提升的动态匹配，如图 2-11 所示。市场需求的扩张，对企业而言既是机会也可能是风险：随着市场需求的扩张，企业既面临着回报的增加，也面临着风险的增长。在面临市场需求扩张时，企业需要审慎地评估自身运营资源能力水平提升的可能性，合理选择运营战略。

当面临市场需求增长带来的机会时，企业需要通过持续创新和改善提升其运营资源能力水平。如果企业具备或通过持续创新能达到与市场需求规模相匹配的运营资源能力水平，那么采用积极的扩张战略既能保证运营收益增加，又能对市场扩张带来的风险进行有效的管理，即实现运营战略与市场需求的匹配。相反，如果企业不具备或不太可能通过创新实现其自身运营资源能力水平的提升，则扩张战略下的市场扩张所带来的潜在风险会远大于其产生的可能回报，即运营战略与市场需求出现了不匹配的情况。在此情景下，企业需要审慎地选择扩张战略，以保证运营资源能力水平与市场需求匹配。

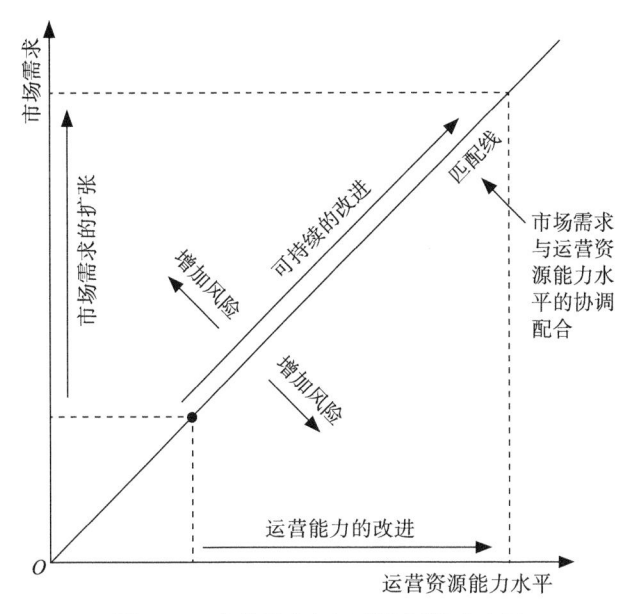

图 2-11 市场需求与运营资源能力水平

本章小结

合理的运营战略是企业获得市场竞争力的重要条件，运营战略的顺利实施需要与企业各类运营活动相匹配。首先，本章介绍了企业的战略金字塔，阐述了各层级的概念和其相互之间的逻辑关系，以及如何通过不同的战略分析工具来制定企业的运营战略。其次，介绍了不同竞争维度和竞争重点的演变过程，提出了权衡思维下的企业竞争力，以及企业如何通过 KANO 模型来培植订单赢得要素。最后，介绍了运营战略和三类运营决策的匹配过程、由产品需求到运营系统的转化过程、不同运营决策对运营战略的支撑过程。

思考题

1. 企业应该如何制定运营战略？
2. 请简述不同时期的竞争维度，以及竞争重点的演化历程和原因。
3. 选择一个你熟悉的行业，用 KANO 模型分析不同的需求类型，讨论如何获得订单资格要素和培植订单赢得要素。
4. 如何实现运营战略与企业整体战略、运营活动的匹配？

案例

应对风险的精益生产战略：丰田的业务连续性计划

2021 年上半年，受全球新冠疫情的影响，全球的汽车制造商都面临着芯片供应中断的问题，许多公司被迫减产乃至停产。然而，日本丰田汽车公司却似乎并未受到太大影响，并在 2021 年登上了美国汽车销量第一的宝座。这要得益于丰田在十年前建立的"业务连续性计划"（business continuity planning，BCP）。

2011年，日本"3·11"福岛核事故重挫了日本制造业，为应对供应链中断风险，丰田开始反思极限的低库存管理对于重大风险事件应对的负面作用，由此建立并开始执行BCP。当时的运营危机让丰田意识到，不同的零部件由于其制造特征的不同，具有迥异的生产周期。例如，相较于汽车外壳，汽车内半导体零部件的生产周期过长，且无法应对自然灾害等毁灭性冲击的影响。

为此，丰田决定对不同的零部件采取不同的库存管理策略，灵活化精益生产模式，定期囤积汽车的关键零部件。按照丰田的新库存计划，供应商需要根据订货准备期长短，储存2~6个月的丰田预期消耗的芯片量。地震发生后，丰田估计1 200多种零部件和材料的采购可能会受到影响，为此起草了一份500种未来需要确保供应的优先项目清单。丰田认识到精益生产的核心不完全是低库存，而是精准把控与改善生产过程中低效、高风险和最具潜在破坏性的瓶颈环节。

丰田根据自身情况和宏观环境对精益生产战略进行了更新、补充和升级，丰田的BCP就是新的精益解决方案。除此以外，丰田抛弃了太过依赖供应链的"供应商黑匣子"模式，要求供应商提供生产技术细节，避免企业为了提高开发效率反而失去对关键技术和供应的控制。并且丰田每年都会向芯片供应商返还部分成本削减额，以支付与芯片供应商签署的库存安排协议。

但是，丰田的BCP也无法完全消除疫情带来的供应链中断风险。曾在2021年上半年芯片供应不足问题上"独善其身"的丰田，也在2021年8月19日被迫宣布同年9月全球产量将大幅削减40%。2022年4月18日，受部分地区半导体等零部件采购陷入停滞的影响，丰田汽车宣布当年5月日本本土工厂生产将再度停工，包括高冈工厂和田原工厂等在内的日本国内9座工厂的10条生产线将最长停工6天。丰田运营战略的改变似乎依然跟不上经营环境的改变速度，丰田还在为延续生产和应对供应链中断风险做最大的努力。

资料来源：http://user.guancha.cn/main/content?id=474582。

讨论题：

1. 请简述从传统精益生产到业务连续性计划，丰田的运营战略、策略和方案的改变原因和动机。

2. 请简述在全球新冠疫情的大环境下，丰田新的运营战略如何支持其使命、价值观、愿景和目标。

3. 请简述丰田的业务连续性计划实现的竞争重点，以及当前汽车市场的订单赢得要素、订单资格要素和消费者需求。

4. 请分析丰田的决策活动如何匹配其业务连续性计划。

参考文献

[1] DAVID FRED R，DAVID FOREST R，DAVID M E. Strategic management：a competitive advantage approach，concepts and cases[M]. 17th ed. Upper Saddle River，USA：Pearson，2013.

[2] 波特. 竞争优势 [M]. 陈丽芳，译. 北京：中信出版社，2014.

[3] JOHNSON G，SCHOLES K，WHITTINGTON R. Exploring corporate strategy：text and cases[M]. New York，USA：Pearson，2008.

[4] 斯莱克，刘易斯. 运营战略 [M]. 刘晋，李军，向佐春，译. 北京：人民邮电出版社，2004.

[5] 秦勇，李东进.管理学：理论、方法与实践[M].北京：北京交通大学出版社，2013.
[6] 徐丽群.运营战略：目标、路径与措施[M].上海：上海交通大学出版社，2019.
[7] HILL A. Manufacturing operations strategy：texts and cases[M]. London：Bloomsbury Publishing，2020.
[8] SLACK N，LEWIS M. Operations strategy[M]. London：Pearson，2019.
[9] 戴维 FRED R，戴维 FOREST R，戴维 M E.战略管理：建立持续竞争优势：第 17 版[M].徐飞，译.北京：中国人民大学出版社，2021.
[10] 希特，爱尔兰，霍斯基森.战略管理：概念与案例：第 13 版[M].刘刚，张泠然，梁晗，等译.北京：中国人民大学出版社，2021.
[11] BOYER K K，LEWIS M W. Competitive priorities：investigating the need for trade-offs in operations strategy[J]. Production and operations management，2002，11（1）：9-20.
[12] 孙道银，纪雪洪.竞争优先权与供应链战略匹配关系研究[J].管理学报，2012，9（4）：587-593.
[13] 李震.谁创造了体验：体验创造的三种模式及其运行机制研究[J].南开管理评论，2019，22（5）：178-191.

趋势篇

第 3 章　信息技术变革和运营管理
第 4 章　制造业与服务业的融合发展
第 5 章　供应链管理
第 6 章　精益生产和大规模定制
第 7 章　项目管理

第 3 章
CHAPTER 3

信息技术变革和运营管理

核心要点

- 信息文明与新旧动能转换
- 物联网、"互联网+"与大数据
- 信息技术变革对运营管理的影响
- 互联网思维

3.1 信息文明与新旧动能转换

3.1.1 人类文明的演变及新旧动能转换

1. 人类文明的演变

文明是指人类社会脱离野蛮的进步状态。以"人与自然的关系"为基本判据或标准，可以把迄今为止的人类文明史分为三个大的历史阶段：原始文明时代、农业文明时代和工业文明时代。

原始文明时代的生产生活方式以个人打猎、捉鱼和采摘植物的果实为主。在自然界中生存是唯一的追求与目标，弓箭、刀具等工具的发明和应用使狩猎效率大幅提高，增加了人类生存和繁衍的机会。

大约在公元前 8 000 年，农业文明开始形成。农作物种植技术和家禽、家畜蓄养技术及其相关工具的发明与普及，使人类赖以生存的食物可以大规模生产及长时间储存，并且可以建立一个相对稳定的生存环境，这使人类可以有更多的时间来繁衍后代，同时传承对人类发展来说最为重要的工具知识。随着人类开始开展物品交换活动，财富观开始形成，保障人类生存空间的城市也逐渐出现。

自第一次工业革命开始，蒸汽机改变了人类生产所依赖的动力，很大程度上解放了人力和畜力。机械化大规模的生产推动人类社会进入工业文明时代，大规模生产替代了作坊式手工生产。各种机器的发明和大规模应用，大幅度地解放了人类的体力、提升了生产效率，使生产力得到长足的发展，人类社会物质财富得以快速增长。大规模生产催生了以提升效率为目标的科学管理理论等，运营管理的理论、方法在制造业和服务业中得到快速的发展和广泛的应用。

1946 年，第一代现代电子计算机的出现标志着人类开始从工业文明向信息文明转变。1947 年，赫伯特·西蒙（Herbert Simon）预测："在后工业时代，也就是信息时代，人类社会面临的中心问题将从如何提高生产率转变为如何更好地利用信息来辅助决策。"1963 年，日本学者梅棹忠夫在《论信息产业》中提出"信息化"的概念。1980 年，法国学者让 – 雅克·塞尔旺 – 施赖贝尔（J. J. Servan-Schreiber）在《世界面临挑战》中明确提出了"信息社会"的概念，指出：信息和物质、能量一样，是构成自然界和人类活动的基本要素之一，微电子技术的兴起将使世界经历信息化而步入信息社会。信息技术的兴起和广泛应用改变了农耕文明和工业文明时代的企业运营模式。

技术的变革改变了企业运营的模式，以制造业为例。第一次工业革命与第二次工业革命分别以蒸汽机和电力的发明与应用为动力，极大地提高了制造业生产力，人类社会进入了现代工业社会。第三次工业革命以计算、通信、控制等信息技术的创新与应用为标志，持续推动制造业发展。第四次工业革命以数字化、网络化、智能化制造的创新与应用为标志；新一代人工智能的突破与应用进一步提升了制造业数字化、网络化、智能化的水平，提高了工业知识产生和利用的效率，极大地解放了人的体能和脑力，使创新的速度大大加快，应用的范围不断扩展，推动制造业发展步入"新一代智能制造"的新阶段；新一代智能制造的突破与广泛应用推动了第四次工业革命的发展，重塑制造业的技术体系、生产模式、产业形态，并将引领真正意义上的"工业 4.0"。

2. 新旧动能转换

动能的概念起源于物理学，原意是物体由于机械运动而产生的能量。而在经济学中，它主要是指推动经济发展的能量，也就是推动经济增长的动力源泉。动能转换是先进生产力对落后生产力或淘汰、或改造升级、或替代的多重接续发展过程。马克思阐述了生产力和生产关系的关系："人们在自己生活的社会生产中发生一定的、必然的、不以他们的意志为转移的关系，即同他们的物质生产力的一定发展阶段相适合的生产关系。这些生产关系的总和构成社会的经济结构，即有法律的和政治的上层建筑竖立其上并有一定的社会意识形式与之相适应的现实基础。""各个人借以进行生产的社会关系，即社会生产关系，是随着物质生产资料、生产力的变化和发展而变化和改变的。"生产关系需要配合生产力的发展适当地调整，技术变革要求企业运营创新管理思维和管理模式，抓住新旧动能转换带来的机会，提升其竞争力。

"新旧动能转换"强调：通过新模式代替旧模式、新业态代替旧业态、新技术代替旧技术、新材料新能源代替旧材料旧能源，实现产业升级，实现数量增长型向质量增长型、外延增长型向内涵增长型、劳动密集型向知识密集型经济增长方式转变。2016 年，李克强总理指出，一些国家已经在利用颠覆性技术进行新一轮技术革命，我们也要紧紧跟上这一潮流，推动中国制造智能化和网络化，增强实体经济新动能。他指出，我们必须进一步增强培育新动能的紧迫感，攻坚克难，加快新旧动能转换步伐。⊖

⊖ 资料来源：http://politics.people.com.cn/n1/2016/0810/c1001-28627091.html。

原始文明时代重要的动能是石器与火。人类依凭着粗陋简单的打制石器来进行狩猎和采集活动。在最后一次冰期中，人类已经较普遍地掌握了使用和保存火的技术，用火来御寒、烤熟猎物、照明、驱赶野兽。

农业文明时代重要的动能是土地、人力、畜力。靠近河流的土地适宜常年种植庄稼。灌溉土壤、耕种谷物、运输货物都需要大量的人力，而畜力能帮助人类开展繁重的农业活动，因此畜力在农耕中的使用一定程度上解放了人力。

工业文明时代重要的动能是机器、能源、资本。18世纪60年代，蒸汽机作为动力机被广泛使用。第二次工业革命以电力、内燃机、飞机、汽车为代表，标志着人类进入电气时代。此时，能源多为煤炭、石油、天然气等不可再生能源，科学和技术在生产力中的作用日益凸显。资本能够配置资源、推动技术的发展，资本的支持让大批工业企业有机会生存发展。

信息文明时代重要的动能是数据、技术与思维。互联网、智能手机、智能芯片等的广泛应用，为下一阶段的"互联网+"奠定了坚实的基础。新一轮科技革命与产业变革的影响将持续深入，跨界融合渗透成为常态，新产业、新业态、新技术和新模式持续涌现。新一代信息技术催生了消费互联网平台、工业互联网平台、物流互联网平台、金融互联网平台等新业态，新业态推动和加快了新消费、新零售、新制造、新物流、新金融等新模式的发展，也推动了跨组织界面各行为主体的协同、价值共享，企业运营所依赖的核心要素从机器、能源、资本转变为数据、技术与思维。

企业运营的终极目标是供给与需求的精准匹配，实现这一目标的前提是要解决供给侧与需求侧存在的信息不对称问题。信息不对称问题的有效解决途径在于：预测与信息共享。数据、技术与思维为实现供给与需求的精准匹配提供了更为有效的路径，同时为解决工业文明时代企业运营面临的二元悖论，如库存成本与服务水平的矛盾等提供了可行的方案。大数据的核心在于洞察与预测，例如：通过深入分析消费互联网平台的消费者数据，企业能洞察与预测消费者的偏好和潜在需求；通过深入分析工业互联网平台的供给侧数据，企业能在价值网络里寻找与配置资源和能力。不管是消费互联网平台、工业互联网平台，还是物流互联网平台与金融互联网平台，都为供给侧与需求侧双方打破原有的时间、空间、成本的限制，实现供给与需求信息的匹配提供了基础，比如，物流互联网平台基于地理位置的信息共享，能即时帮承运方和托运方实现供给与需求的匹配，同时平台上众多参与成员的服务点评机制等使价格、服务等信息更为透明，在一定程度上解决了信息不对称的问题。大数据采集、处理与应用需要技术的支持，基于小数据的处理技术、方法不能适应多源异构、复杂类型、海量数据的大数据，因此，需要有新的技术、方法来处理大数据。信息时代具有新的特征，企业运营需要新的思维：如同工业文明时代的大批量生产替代农业文明时代的小作坊手工生产模式，工业变革催生了新的管理思维，大批量生产模式催生了科学管理一样，信息文明时代出现的智能制造、在线消费、共享设计、协同物流等新制造、新零售、新设计、新物流等模式正在替代工业文明时代的运营模式，信息文明时代的新模式也需要新的管理思维，智能制造、在线消费、共享设计、协同物流等催生了互联网思维。

为实现新旧动能转换：一方面，要加快培育新动能，推动供给侧结构性改革，结合实施"中国制造2025""互联网+国家行动计划"，推动技术创新、生产模式创新和管理创新，创造新的有效供给，更好地适应需求结构升级；另一方面，要改造、提升传统动能，抓住化解过剩产能、消化不合理库存、促进企业降本增效等方面的难点问题的机遇，带动扩大有效需求，增强持续增长动力。"互联网+"是信息时代新旧动能转换的有效路径之一,"互联网+"就是"互联网+各个传统行业",是指利用信息通信技术及互联网平台,让互联网与传统行业进行深度融合,创造新的发展生态,优化生产要素、更新业务体系、重构商业模式。

2021年《财富》世界500强榜单中,美的集团连续六年居中国家电企业之首。从2016年首度上榜以来,美的集团已从最初的第481位跃升至第288位,上升了193位。美的从2016年开始打造M.IoT工业互联网开放平台,建立的工业互联网平台为其增长提供了新动能。2017年,美的成为"一家横跨消费电器、暖通空调、机器人及自动化系统的全球化科技集团"。2018年,美的业务板块中增加了智能供应链(物流)板块。2020年年初,"数字化业务"替代智能供应链(物流)成为美的集团第四大业务板块。目前,除了家电、暖通等仍是龙头业务外,机器人与自动化年产值达250亿元,包括芯片等产业在内的机电事业群年产值达300亿元。M.IoT已实现软件、硬件和工业知识体系三位一体,形成了美的特色的工业互联网体系。M.IoT以美的先进智能制造为基础,形成了跨行业、跨领域的工业互联网生态系统。M.IoT通过紧密融合智慧医疗、智慧物流、产业金融、精密模具、自动化工厂和供应链协同,以国家工业互联网标识解析和M.IoT应用平台为基础,形成了工业云生态,并对企业赋能,推动生态内各领域的企业向数字化、智慧化转型,推动工业全面数字化升级,使工业经济各要素实现高效共享。2020年11月,美的发布了M.IoT工业互联网2.0架构和美的工业互联网品牌"美擎",M.IoT全价值链如图3-1所示[⊖]。以信息技术及大数据等为重要代表的新型动能正在逐渐成为企业甚至经济发展的主要动能,为传统制造企业向数据化、智能化、可视化转型奠定了基础。

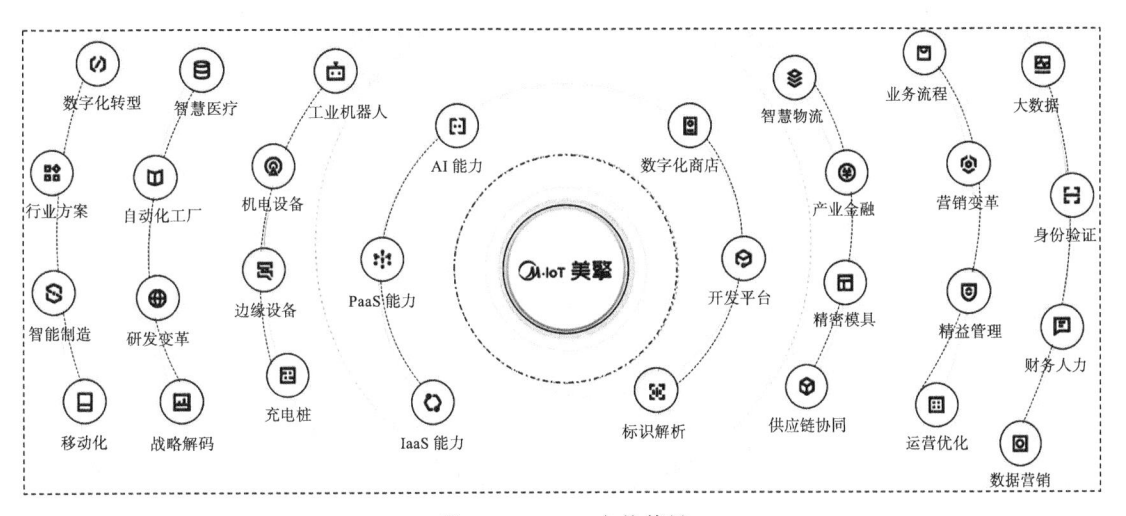

图3-1 M.IoT全价值链

3.1.2 运营管理的新特征和新趋势

以物联网、"互联网+"、大数据技术为代表的新一代信息技术催生了新的业态与模式,企业呈现出数字化、智能化的趋势。以物联网、"互联网+"、大数据为代表的新一代信息技

⊖ 资料来源:http://miot.midea.com/。

术不断取得突破和应用创新，催生的新兴产业快速发展，同时通过与传统产业的融合渗透，助推产业转型升级，给人类的生产生活方式带来了深刻变革。智能制造、在线消费、共享设计、协同物流等新模式正在构建新的竞争优势，新制造、新零售、新设计、新物流等加速了价值链重构。

物联网、"互联网+"、大数据技术等通过减少企业间信息交流成本，大幅度降低了交易成本，价值链上活动主体的交流更接近于无缝化，组织结构更趋于扁平化，运营管理呈现出新的特征和新的趋势。

1. 数据化

2013年，维克托·迈尔-舍恩伯格在《大数据时代》一书中提出了数据化的概念，认为通过构建数据表的方式实现部分信息从计算机不可分析到可分析的"量化过程"即是数据化。各行业产生的海量数据只有通过技术手段进行存储、分析、挖掘，才能创造出价值。企业可以采集产品研发、投放、销售、购买、评论等全流程数据，在融合内外部数据的基础上建立用户画像，让用户需求成为产品设计导向，使新产品更符合用户习惯和期望，实现基于数据驱动的大规模定制的产销模式。

2. 智能化

智能化是指使对象具备灵敏准确的感知能力、精准的判断决策能力及行之有效的执行能力，能够根据感知信息进行智能分析、决策与执行，并具备自学习与自优化的功能。在大数据的支持下，运营管理中的诸多要素具备一定的自主性，能够动态调整自己的状态以更好地服务于外部系统。在制造业企业中，设备运行与维护也实现了智能化，即管理系统通过分析传感器收集的数据监测设备的运行状态，一旦发现异常数据即可在问题发生之前及时采取措施，从而实现了成本的降低。数字化工厂、智能制造、工业互联网也要求运营管理实现智能化。

3. 可视化

可视化是利用人眼的感知能力对数据进行交互的可视表达，以增强认知的技术。运营管理可视化的基础是使各环节各要素的数据、支持数据实时传输到信息系统中的互联网技术和处理数据的智能算法。海尔的智慧工厂通过集成PDM（product data management）、ERP（enterprise resource planning）、MES（manufacturing execution system）、AGV（automated guided vehicle）、WMS（warehouse management system），能将数据通过虚拟现实软件展现出来，不仅直观、清晰地展示出海尔工厂的运作模式，还创造了身临其境的交互式用户体验。

3.1.3 信息技术与管理悖论

管理的本质是权衡，重点在于权衡存在利益与目标冲突的多个行为主体与业务活动，在满足顾客服务水平的条件下实现成本的最小化。二元悖论的现象在运营管理中经常出现，如个性化需求与高成本、物流成本与库存成本、服务水平与库存成本之间的悖论。信息技术能为平衡原来存在冲突的主体、活动、目标，解决管理悖论提供可能。

1. 个性化需求与高成本之间的悖论

在市场需求能力大于市场供给能力的条件下，企业运营管理的重点是：低成本提供标准化产品或服务来满足市场需求，即通过大规模生产的方式，借助规模经济降低企业的生产成本。在市场需求能力小于市场供给能力的条件下，消费者的期望越来越高、企业面临的竞争越来越大，原有的价格、质量等订单赢得要素变成了订单资格要素，消费者希望在获得低价的同时还能满足其个性化需求，企业运营管理的重点是：如何低成本满足顾客的个性化需求。大规模生产的方式满足了顾客对于低价的要求，但所提供的产品是标准化的产品，定制生产的模式满足了顾客的个性化需求，但其成本高昂，个性化需求与低成本两者难以兼得。

以丰田为代表的精益生产借助信息化手段创新配置资源和能力的方式，实现了大规模定制和延迟制造，构建了推拉混合式供应链系统，对满足顾客共性需求的标准化零部件等采用大规模生产的模式降低生产成本，对差别化的顾客需求采用定制化生产模式以满足其个性化偏好。海尔在丰田的基础上，进一步发展大规模定制模式，提炼出实现供给与需求精准匹配的人单合一模式（Rendanheyi philosophy），其实质是充分借助新一代信息技术，搭建工业互联网平台，建立基于数据驱动的大规模定制模式，在一定程度上实现了低成本满足个性化需求的目标：借助物联网、"互联网+"和大数据技术为创造顾客体验提供平台和条件，以精准把握需求；通过创新赋能平台将零碎独立的需求集并为场景需求；在平台上集成供给侧的能力、知识、资源，为场景需求提供敏捷、低成本的系统服务解决方案，实现需求从零碎化到规模化，再到平台化，最后到生态系统的演变，使企业能够敏捷、低成本、精准地响应用户个性化需求、获得竞争优势，如图 3-2 所示。

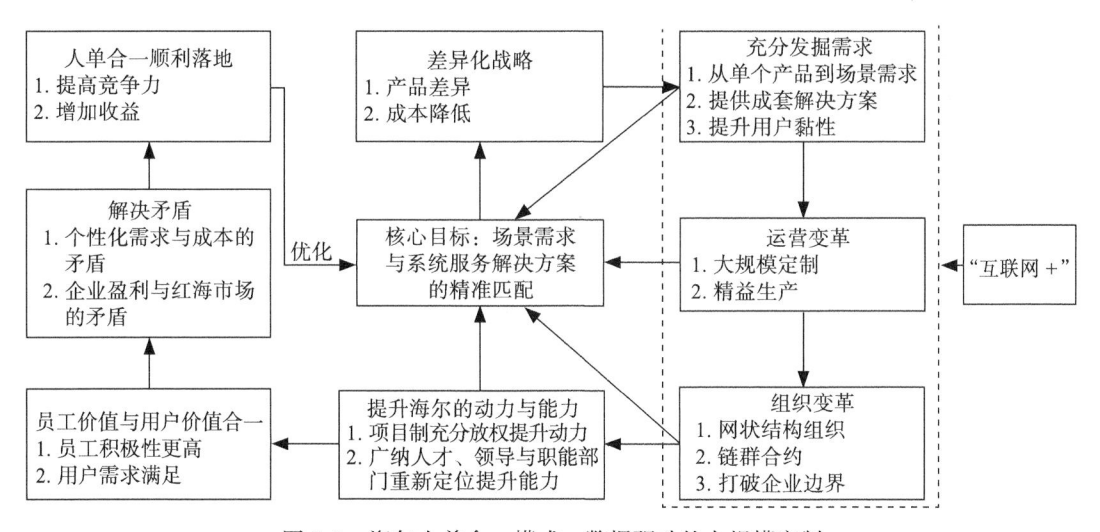

图 3-2 海尔人单合一模式：数据驱动的大规模定制

2. 物流成本与库存成本之间的悖论

降低物流成本的方式是通过规模化运输，实现运输环节的规模经济；但规模化运输导致企业持有的库存水平上升，进而导致运输成本上升。信息技术的应用为解决物流成本与库存成本之间的冲突提供了新的可能，借助信息技术搭建的消费互联网平台和物流互联网平台等，物流、库存两者涉及的活动主体在更大的物理空间、更多的行为主体和应用场景里实现了物流和库存的集并与汇总，通过越库作业和协同物流等方式，在实现物流的规模化运输的同时降低了各行为主体持有的库存水平。一般配送与越库作业流程对比如图3-3所示[一]。

越库作业是指物品在物流环节中，不经过中间仓库或站点存储，直接从一个运输工具换载到另一个运输工具的物流衔接方式，也称直接转运。越库作业最先在沃尔玛得到应用，沃尔玛利用信息技术实现了物流、库存等活动在其价值网络中各业务流程上的融合，同时降低了物流成本和库存成本，满足了其天天低价和一站式采购的战略目标。在沃尔玛的越库作业系统中，供应商按照混装整担的形式将产品运到配送中心后，配送中心根据销售门店的需求，将从不同的供应商处运来的产品进行分拣配装，再以整车的形式送到目的地。在这种模式下，产品在配送中心停留的时间一般不会超过24小时。

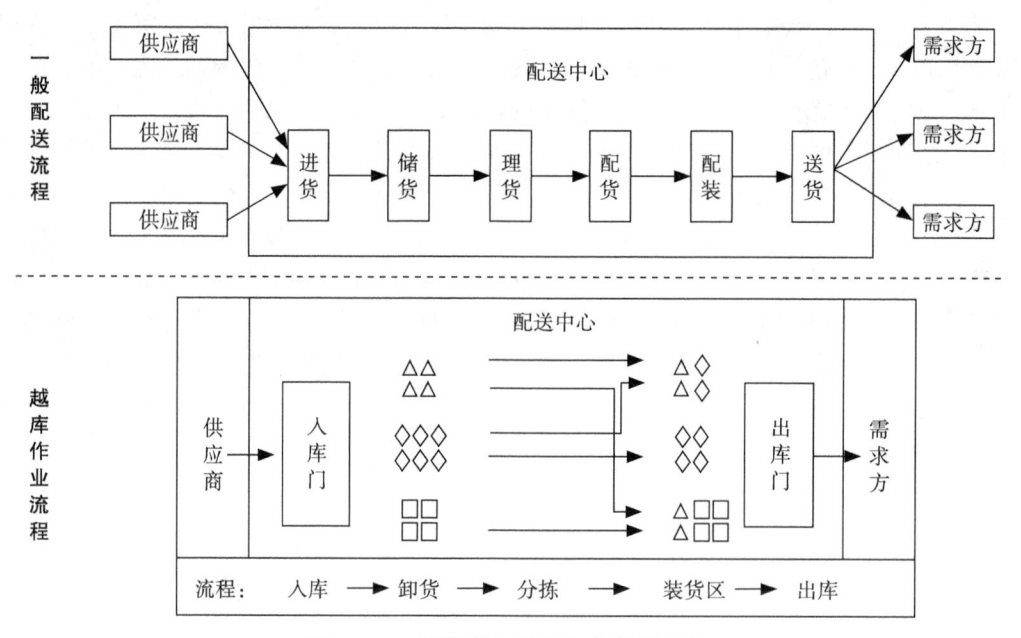

图 3-3　一般配送与越库作业流程对比

协同物流是指各企业通过信息技术手段提供服务并协调物流相关的所有商务活动，以提高整体绩效的方式，它创造协同环境使各企业共享信息和资源。协同物流将物流相关的行为主体进行集并，实现了从零碎的包裹运输到批量的规模运输的转变。在协同物流中，客户之间的订单可以互相交换运输以实现更多的互补，减少空车运输现象，缩短了货物在仓库中的等待时间，使库存成本相应降低，从而增强了竞争力。菜鸟网络是典型的协同物流，以菜鸟网络为代表的第四方物流服务商，在并不实际承担具体的物流运作活动的情况下，专门为制造商、零售商或顾客，以及独立的物流承运商（如中通和圆通）提供社会化仓储、物流网络规划、数据共享与应用平台、零售订单管理、市场预测等优质的供应链集中管理服务，减少了货物在仓库的周转时间，大幅度提高了物流效率，降低了社会物流成本。

3. 服务水平与库存成本之间的悖论

在供给大于需求的市场上，顾客对服务水平的要求越来越高，在传统的管理思维与运营模式下，企业通过提高其库存水平来应对顾客越来越高的服务要求，比如：顾客对交货期的要

[一] 资料来源：高晶. 越库作业模式下的配送中心车辆调度优化研究[D]. 天津：天津大学，2012.

求越来越严格，导致更多企业选择在邻近顾客的市场上保持更高的库存水平以满足严格的交货期要求；个性化的需求导致企业选择产品品种、花色、款式等的多样化，产品的多样化同样导致库存的增加。库存水平的提高在增加其持有库存相应占有的资金成本的同时，也使企业面临着市场不确定性所带来的市场风险，其持有库存可能会因为不能精准满足顾客的需求而实现不了市场价值，也有可能会因为产品存在时间窗，如生鲜产品有其保鲜期，而存在过期的风险。

信息技术使供应商管理库存、联合库存、集中库存等模式得以广泛应用。借助信息技术，供应商可以对价值链各环节的库存、需求等信息进行全过程的可视化管理，将原有的存在于分布式库存设施里的库存进行汇总，通过风险共担和汇总提高预测准确性的原理降低库存水平，同时借助信息系统实现对顾客需求的敏捷和精准响应。

集中库存是指把多个分散仓库的库存集中存放到一个或几个集中点，由集中点对其负责仓库进行需求信息汇总和库存管理等工作。集中库存通过对各仓库需求信息的集中处理，使来自某一位顾客的低需求可能被另一位顾客的高需求弥补，从而降低了需求波动的影响。此外，还可以通过集中库存降低整体的库存水平，提高库存周转率，从而降低总成本，增加企业的盈利，如图 3-4 所示。

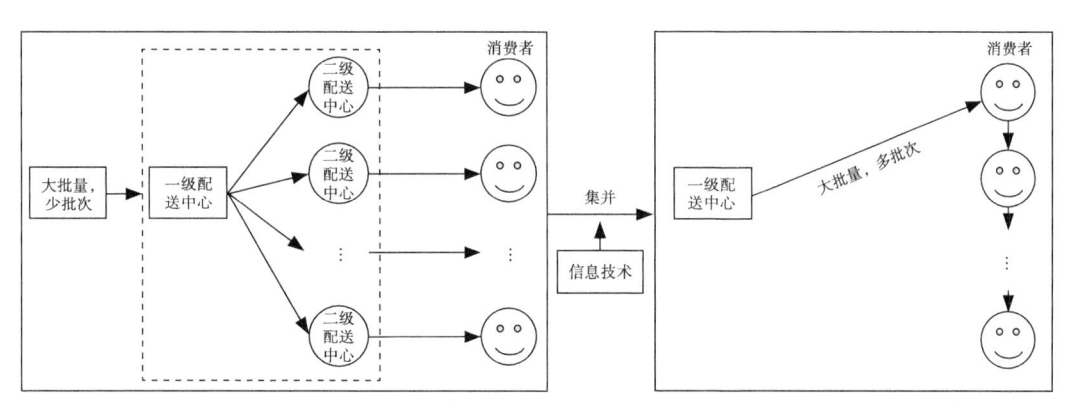

图 3-4　利用信息技术解决服务水平与库存成本之间的悖论

对于顾客需求呈现高度不确定性的产品，即产品的变异系数较高的产品，集中库存这种模式就更有价值。以原产地为阳澄湖的高端大闸蟹为例，单个产品的较高价值导致其面临的顾客需求具有较高的不确定性，作为生鲜产品，保鲜期有限，从而导致其面临的库存风险比较大。如果将高端大闸蟹采用分布式库存的方式存放于接近顾客的各个门店，在增加其库存量的同时，也会由于其是高端产品而面临市场不确定性带来的卖不出去的风险，同时因为它是生鲜产品，存在时间窗要求，一旦在保鲜期内卖不出去，则会面临因大闸蟹死亡而导致产品价值折损的风险。信息技术的应用为供应商解决服务水平与库存成本之间的矛盾提供了可能性。采用集中库存的模式将大闸蟹集并在原产地，降低了库存水平，同时在一定程度上打破了生鲜产品的时间窗限制，基于新一代信息技术搭建的消费互联网平台将消费者对高端大闸蟹的需求在全网范围内实现汇总与集并，降低了将库存放在各个门店所面临的不确定性，消费者下单后，供应商从原产地将大闸蟹直接送到其手中，尽可能减少从原产地到消费者之前的时间。相较于分布式库存模式，基于信息技术的集中库存管理模式，在同样的安全库存水平条件下，在更大的物理范围内汇总和集并了需求，降低了供应商面临的市场不确定性，在降低库存水平的同时，提高了对顾客的服务水平。

3.2 物联网、"互联网+"与大数据

3.2.1 物联网与"互联网+"

物联网（internet of things，IoT）狭义上是指连接物品与物品的网络，实现物品的智能化识别和管理；广义上可以看作信息空间与物理空间的融合，将一切事物数字化、网络化，在物品之间、物品与人之间、人与现实环境之间实现高效信息交互，并通过新的服务模式使各种信息技术融入社会行为，是信息化在人类社会综合应用所达到的更高境界。

互联网（internet）是全球性的网络，是一种公用信息的载体，是大众传媒中的一种，具有快捷性、普及性，是现今最流行、最受欢迎的传媒之一。"互联网+"是指把互联网的创新成果与经济社会各领域深度融合，推动技术进步、效率提升和组织变革，提升实体经济的创新力和生产力，形成更广泛的以互联网为基础设施和创新要素的经济社会发展新形态。虽然"互联网+"就是"互联网+各个传统行业"，但这并不是简单的两者相加，而是利用信息技术，以及互联网平台，使互联网与传统行业进行深度融合，创造新的发展生态，即充分发挥互联网在生产要素配置中的优化和集成作用，将互联网的创新成果深度融合于经济社会各领域之中。"互联网+"的本质是传统产业的在线化、数据化。这种业务模式改变了以往仅仅封闭在某个部门或企业内部的传统模式，使资源可以随时在产业上下游、协作主体之间以最低的成本流动和交换。

从 1989 年蒂姆·伯纳斯·李（Tim Berners-Lee）提出万维网的概念开始到现在，互联网已经经历了萌芽期、Web 1.0、Web 2.0、Web 3.0。在萌芽期，人们慢慢发现，互联网的应用只是局限在少数人，而它的潜力却不仅仅如此，因此，互联网开始出现在普通人的视线中。互联网进入了 Web 1.0 时代。Web 1.0 是互联网发展的第一阶段，时间是大约从 1991 年到 2004 年。在 Web 1.0 阶段，内容的创作者很少，绝大多数用户只是内容的消费者。Web 2.0 由达西·迪努奇（Darcy DiNucci）在 1999 年首次提出。Web 2.0 网站允许用户在虚拟社区中创新内容，并通过社交媒体的对话进行交互和协作，包括社交媒体、视频分享网站、电子商务网站等。以太坊联合创始人加文·伍德（Gavin Wood）在 2014 年提出与区块链有关的 Web 3.0 概念。Web 3.0 描述了互联网发展潜在的下一阶段：一个运行在"区块链"技术之上的"去中心化"的互联网。互联网的发展阶段如图 3-5 所示○。

图 3-5 互联网的发展阶段

○ 资料来源：https://m.jinse.com/news/blockchain/1134822.html。

罗纳德·科斯（Ronald Coase）认为交易成本是签订契约和完成契约规定的前中后期必需的经济支出。物联网与"互联网+"技术在降低交易成本的同时，提升了交易效率。第一，降低搜寻信息的成本。互联网在一定程度上打破传统的信息不对称的困局，使消费者能便捷地接收市场的多种产品信息，从而选择最心仪的产品。第二，降低协商与决策的成本。互联网经济带来的充分市场竞争让企业在定价时紧跟市场，这也是消费者愿意接受的价格，双方达成交易所经历的议价、协商、谈判环节也会相应减少。第三，降低契约成本。在平台经济中，平台担保打消了供需双方对对方的疑虑，成熟的交易机制代替了买卖双方之间的契约签订，因此大大降低了契约成本。第四，降低监督成本。平台经济中的评价机制让整个交易过程形成闭环，消费者的监督作用被直接放大，再加上平台的监督作用，大大降低了传统市场中的监督成本。平台经济打破了时间和空间的限制，拓宽了供需市场的范围。供需两端的距离被缩短，厂商能直面更多的消费者，消费者也有更多的选择。物联网与"互联网+"技术减少了交易的流程，提升了交易的效率。

各国高度重视新一代信息技术带来的机遇和挑战，发达国家纷纷鼓励信息技术变革和应用模式创新，美国的"先进制造伙伴关系计划"及《网络空间国际战略》、英国的《信息经济战略2013》等一系列行动计划和战略的提出与实施，旨在充分发挥信息技术领域的领先优势，加强在新兴科技领域的前瞻布局，以谋求抢占制高点、强化新优势。

面对移动互联网、云计算、大数据等新一代信息技术蓬勃发展的新时代，以互联网为代表的信息技术加速各行各业渗透、融合、发展的新形势，我国经济社会发展进入新常态的新机遇和新挑战，我国政府在2015年提出了"互联网+"行动计划，旨在利用互联网加快促进传统产业转型升级和提质增效，并通过融合发展培育新业态和新的增长点，将互联网与传统经济的融合作为适应新常态、谋求新发展、塑造新优势、打造中国经济升级版的新动力。

2015年3月5日上午，在第十二届全国人大第三次会议上，李克强总理在政府工作报告中首次提出"互联网+"行动计划[⊖]。"互联网+"行动计划将重点促进以互联网、云计算、大数据、物联网为代表的新一代信息技术与现代制造业、生产性服务业等的融合创新，发展壮大新兴业态，打造新的产业增长点，为大众创业、万众创新提供环境，为产业智能化提供支撑，增强新的经济发展动力，促进国民经济体制的增效升级。2015年，国务院发布《国务院关于积极推进"互联网+"行动的指导意见》（国发〔2015〕40号），提出了创业创新、协同制造、现代农业、智慧能源、普惠金融、益民服务、高效物流、电子商务、便捷交通、绿色生态和人工智能11个重点领域。

3.2.2 大数据

物联网与"互联网+"提升了信息交流的效率，推动了存储设备的发展，为大数据的产生创造了条件。2021年，全球互联网用户有48.8亿，我国有超过10亿人使用互联网。2020年的每分钟，Facebook用户上传147 000张照片，Netflix用户流媒体播放404 444小时的视频，Zoom主持208 333人参加的会议，YouTube上传500小时的视频，1 388 889人进行视频/语

⊖ 资料来源：http://www.gov.cn/guowuyuan/2015-03/16/content_2835101.htm。

音通话，TikTok 被安装 2 704 次。存储设备的同步发展让大数据产生成为可能，如今人类社会数据量的增速超过摩尔定律。预计到 2030 年，物联网将遍布世界各地，有超过 7 万亿个传感器为用户提供服务。随着智能传感器和网络技术的不断发展，物联网与移动互联网正成为大数据的重要信息源。

大数据（big data），或称巨量资料，指的是所涉及的资料量规模巨大到无法通过工业文明时代的主流软件工具，在合理时间内达到获取、管理、处理并整理成为帮助企业经营决策的更积极目的的资讯。移动互联、社交网络、电子商务等极大地拓展了互联网的边界和应用范围，催生了海量且类型复杂的数据，即大数据。大数据正在改变人们的生活，如传统媒体的影响力逐步被新媒体取代。《中国传媒产业发展报告（2021）》指出，我国报刊市场仍然在持续萎缩，2020 年，报纸、期刊广告刊例花费分别下降 28.2%、30.0%，报刊经营收入继续大幅收缩。2021 年 1 月，微信日活跃用户达到 10.9 亿；有 7.8 亿人每天翻看朋友圈，其中的 1.2 亿人还会发朋友圈；3.6 亿人每天浏览公众号来获取对外界的认知。

大数据具有五方面的特征。第一，大量化（volume），即采集、存储和计算的量都非常大；第二，多样化（variety），即种类和来源多样化，包括结构化、半结构化和非结构化数据，具体表现为网络日志、音频、视频、图片、地理位置信息等；第三，快速化（velocity），数据增长速度快，数据的采集、存储和计算速度也快；第四，价值密度低（value），一方面，很多数据集本身就有可能存在一定的不准确性，另一方面，在大数据应用中，数据集蕴含的规律难以评估；第五，真实性（veracity），互联网上留下的都是人类行为的真实电子踪迹，都能真实地反映或折射人们的行为乃至思想和心态。

洞察和预测是大数据的核心，通过把数学算法运用到海量的数据上来预测事情发生的可能性。过去，人们需要先有想法，之后才能收集数据来测试这个想法的可行性。如今，海量的数据和高效的工具便于更快、更容易地找到相关关系。相关关系有助于捕捉现在并预测未来。如果两种现象经常一起发生，只需要注意其中一种现象，就可以预测另一种现象的发生。因此，如果要预测某种现象的发生，不需要直接测量或观察到此现象，而是捕捉与其相关的现象即可。

大数据预测的第一阶段以数据为中心，包括数据采集、数据整合、数据集成。第二阶段将数据变成有用的信息，包括对数据进行统计分析，实现数据的可视化，做出直观的报表，为用户提供数据服务，以及将数据分析结果与相关结论做成报告。第三阶段是利用机器学习和数据挖掘更快、更准确地处理大数据，将大数据变成知识。第四阶段是预测分析，帮助人类实现更具智慧的决策，如图 3-6 所示。

大数据预测如今已在各个领域中得到广泛应用，并在推动商业变革、推进绿色环保、降低运营成本等方面发挥重要作用。Google 搜索可以根据人们的搜索关键词预测流感的发生；穿戴设备能收集人体的心率、体重、血脂、血糖、运动量、睡眠量等数据，通过可视化手段，报告身体的健康情况，还能利用机器学习技术预测身体健康状况，为人们及时调整身体状态提供参考；物联网收集实时天气信息并结合历史数据预测自然灾害的发生，人们可以提前采取应对措施以减少损失；智能交通系统通过整合包括公共交通系统、出租车系统、高速监控系统、道路信息管理系统、车内导航系统等在内的数据预测未来路况，减少拥堵时间。

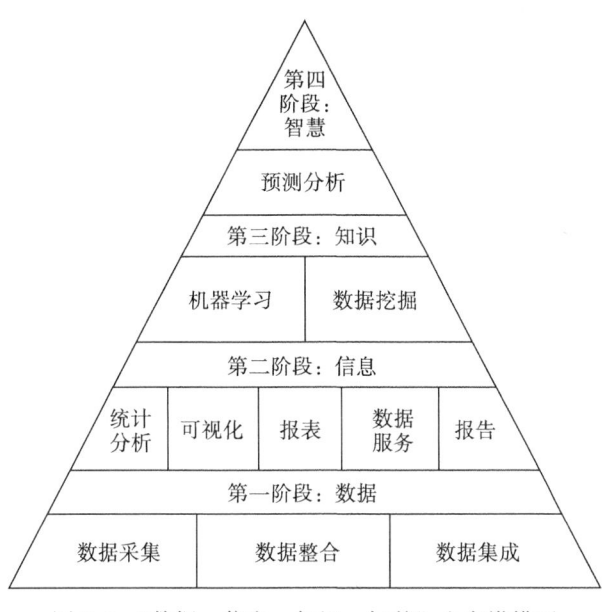

图 3-6 "数据－信息－知识－智慧"金字塔模型

3.3 信息技术变革对运营管理的影响

3.3.1 新一代信息技术为运营管理创新提供了可能性

新一代信息技术对企业的影响是全面而深刻的，对企业所依赖的动能和竞争要素提出了新的要求，同时也为企业解决其面临的新问题、实现管理创新提供了新的路径。企业运营管理的终极目标是实现供给与需求的精准匹配，在精准满足顾客需求的服务水平条件下实现供给侧成本的最小化。新一代信息技术为更精准、更便捷地满足顾客需求提供了新途径和新方法：数据化让需求预测更精确，智能化让供需匹配更准确，可视化让运营过程更绿色。

1. 数据化让需求预测更精确

在大数据时代，包括文字、位置、沟通在内的一切事物均可数据化，运营管理的数据化为企业预测提供了更多维度的数据，这是提升预测精准度的重要方式。"双 11"购物节中，订单激增会导致支付界面卡顿、商家缺货、物流时效性降低等问题。为了解决这些问题，购物平台利用数据化带来的海量数据对总需求进行预测，并依据预测结果提前布局网络服务器数量以应对增加的网络服务需求，卖家也利用数据化积累的历史数据对产品销售进行预测，根据结果调整产能，确保供应充足的货物，电商平台的第三方物流企业也根据预测的需求提前制定策略，布置运力，以应对急速增长的物流需求。

基于大数据的需求预测能更精确地满足顾客个性化需求。在工业文明时代，提升顾客体验的方式之一是保证产品数量充足并且能将产品快速送达顾客，因此企业需要提前准备充足的货物，这就导致库存成本过高。个性化需求呈现出长尾效应，表现出零散多变的特点，难以预测，如采用订单驱动的拉式生产模式会增加产品送达顾客的时间，影响消费者体验。在信息文明时代，基于大数据的需求预测与顾客交互数据，可以更精准地将顾客对终产品的需求细分为共性需求和个性化需求，为实现大规模定制与延迟制造提供决策支持。

2. 智能化让供需匹配更准确

当市场需求能力小于供给能力时，企业面临更强的竞争，智能化的互联网平台极大地拉近了消费者与生产厂商的距离。消费者能敏捷、低成本地与企业互动，参与产品的设计；企业能更便捷地收集消费者的需求信息，以及洞察消费者的需求偏好，让供需匹配更准确。如腾讯公司推出了 MIND 3.0 系统，通过对用户行为数据的洞察、分析和挖掘，利用不同算法描绘出消费者图谱，全面深入地了解消费者需求。亚马逊拥有海量数据，包括每个用户购买的产品、规格、数量，也包括用户页面停留时间、是否查看评论、搜索关键词、浏览商品等所有行为，通过对这些海量历史数据的分析来预测顾客未来的需求；亚马逊约 30% 的销售额来自其个性化的推荐系统。

基于物联网、"互联网+"和大数据技术的智能化信息技术，一方面能精准把握需求，将零碎独立的需求集并为场景需求；另一方面能在平台上集成供给侧的能力、知识、资源，为场景需求提供敏捷、低成本的系统化服务解决方案。智能化信息技术能实现需求从零碎化到规模化，再到平台化，最后到生态系统的转变，解决企业运营中的多种悖论，使企业在降低库存、物流等成本的同时，提高服务水平，实现供需的准确匹配。

3. 可视化让运营过程更绿色

企业运营的可视化将繁杂的数据及文字以清晰易懂的图表甚至 3D 图像直观地展示出来，为企业高管做出决策提供更直观、具体、准确的参考，便于他们发现企业存在的潜在问题，通过事前控制降低损失，助力企业实现节能减排的绿色目标。企业在环保信息化系统建设中，通过可视化让运营过程更绿色。大屏看板可使企业各类环保管理数据可视化，灵活展现企业各项日常环保管理数据，如连续达标排放时间，环保设备运行统计，环境监测超标情况，环保问题统计，产品的产能、原辅料、污染物排放量和监测进度等同排污许可要求的对比情况，并可对环保问题整改进度进行快速查询。通过绘制在线监测的浓度变化趋势图，可及时展示超标信息。地理信息系统（geographic information system，GIS）"环保地图"可实现对企业风险源、环保设备、"三废"排口和雨污水管网等基于地理信息分布的信息分类监控；视频监控可远程监管企业重点区域和重要环保作业环节，实时查询企业环保作业情况，便于企业对突发的环境事件做出快速反应，并有效解决问题。

3.3.2　数据、技术与思维

互联网颠覆了以往的商业模式，而这些变化主要体现在：第一，社群平台替代技术研发成为企业的主要隔绝机制；第二，社群成为企业的异质性资源，并对产品设计起到决定性影响；第三，跨界协作成为商业新常态。行业转型速度加快，口碑、消费者忠诚度也不断变化。

数据驱动的价值链有三大构成要素：数据、技术与思维。首先，数据：企业要成为数据的掌握者。掌握数据不代表自己拥有一手数据，但企业要拥有那些能接触到数据、有权使用数据或有权转让数据的人，海量的数据就是财富。其次，技术：企业要拥有数据处理技术。

这不要求自身拥有数据,但需要掌握从海量数据中分析出有用信息的技术或者工具,企业也可以选择将大数据移交给拥有技术和专业工具的公司来处理。最后,思维:企业要拥有利用大数据实现创新的管理思维。这要求企业管理者具备大数据敏感性,同时对如何挖掘数据新价值有独特的想法。拥有大数据思维的公司或个人,具有优先发现机遇的优势。大数据对企业运营提出了新的要求。

第一,要成为数据的掌控者。首先要收集数据,通过大数据采集可以获取海量的种类不同的数据,这是大数据处理技术的基础。其次要处理数据,包括数据存储、联机分析、可视化处理等。最后要应用数据,这是为用户提供决策辅助,发掘潜在价值的过程。

第二,要实现运营思维变革。大数据条件下,运营思维和决策需要考虑更多的因素:不是随机样本,而是全体数据;不是精确性,而是混杂性;不是因果关系,而是相关关系。首先,要提升对大数据的敏感性。数据敏感性就是在大脑中建立数据与现实业务之间的联系。较高的数据敏感性代表着能迅速从数据背后看到真相或快速分析数据出现问题的原因等。其次,要挖掘大数据的价值。数据挖掘可以挖掘出数据之间的潜在关系,为数据应用创造更多价值。最后,要掌握挖掘方法。在实际数据挖掘过程中,需根据数据特点来确定挖掘方法,主要有神经网络法、聚类分析法、决策树法等。

第三,要实现数据驱动的运营决策模式。一方面,要提升将万物量化为数据的能力。现有的大数据处理技术已经可以对文本进行分析,并为运营管理决策提供支持。例如,地理位置已经数据化,通过全球定位系统,人类的位置已经成为一组组坐标。人类的沟通和社交也能变成数据,社交软件让人们轻松记录想法,而文字能让他们的情绪数据化,社交软件也能分析用户的历史数据,推荐不同类型的网友或者推送个性化的广告。另一方面,要掌握分析数据的技术或工具。人工智能技术主要研究用机器来模仿和实现人类的智能行为,经过几十年的发展,人工智能在不少领域得到应用:智能感知能实现模式识别和自然语言理解;智能推理包括问题求解、逻辑推理与定理证明、专家系统、自动程序设计。云计算具有便捷性、灵活性等特征,能以低成本方便快捷地获取数据,不仅能为用户处理数据节省时间,还能提升数据处理的效率;云计算也提供灵活的服务与方式,用户可根据需求选择合适的计算方法,获得有针对性的服务,从而实现用户满意度的提升。

大数据对企业的思维层面、组织层面、运作层面、经营层面和技术层面都产生了重大影响,从而导致了企业经营管理和商业模式的巨大变革,如表3-1所示。

表3-1 企业变革内容

企业管理的各个方面	变革内容
组织结构	大数据和互联网等信息技术使组织层级减少、各层级管理的范围扩大,决策速度加快
人力	大数据人才需求剧增,人力资源管理方式的改变表明了这个时代的需求
流程	依据大数据的流程再造使生产运作发生彻底的、根本的改变,能真正实现科学管理
制造	用数据可视化实现对全过程的控制,使生产运作过程做到实时在线控制,从而提高生产效率,减少资源浪费
市场	基于大数据分析的市场决策、产品决策及产品设计等把消费者、供应商与生产者紧密联系起来,实现三者的无缝对接。大数据使市场的概念和范围扩大,B2C、M2C、C2M将从区域范围转变为全球化、国际化
客服	以消费者为中心的企业经营依托大数据将更加真实可行,个性化需求的实现、消费者参与的产品设计制造,从更深的层次实现了这一理念

大数据的应用推动了制造方式从批量生产向敏捷制造、智能制造模式的转型。具体表现为：大数据为企业全过程设计、创新、生产、经营、管理、决策服务，为企业发展战略和目标的实现服务；大数据有利于供应链的优化、产业链的完善、生态链的形成和优化；大数据能预测行业和宏观调控的实际需求，提高行业和宏观经济管理决策的质量；大数据为企业及行业的装备、工艺、生产线、供应链的转型升级服务。

3.3.3 互联网思维

随着互联网技术作为工具的逐步发展，越来越多的商业形态受到互联网的冲击。当这种冲击和变革不断加深的时候，互联网就不再仅仅是一种技术，而是逐渐演变成一种思维范式。互联网思维的最早提及者是百度的 CEO 李彦宏，他对其有过碎片化的描述："优卡网把很多时尚杂志的内容集成到网站上，我跟优卡网的 CEO 聊天时问过他，'为什么这些时尚杂志不自己做一个网站，而是让你们去做呢？'其实最主要的是他们没有互联网的思维。这不是一个个案，这是在任何传统领域都存在的一个现象或者规律。"⊖小米的 CEO 雷军提到了"互联网思想"，试图用互联网思想总结互联网企业的与众不同，并进行结构性的分析。马化腾在 2013 年"道农沙龙"上也发言称："互联网改变了音乐、游戏、媒体、零售和金融等行业，未来互联网将改变每一个行业，传统企业即使还想不出怎么去结合互联网，但一定要具备互联网思维。"⊖

互联网思维是指在"互联网+"、大数据、云计算等科技不断发展的背景下，对市场、用户、产品、企业价值链乃至整个商业生态进行重新审视的思考方式。具备互联网思维是传统企业转型的关键。

（1）用户思维，指对经营理念和消费者的理解，表明在价值链各个环节中都要"以用户为中心"去考虑问题。

首先，用户思维强调长尾效应。在工业文明时代，更多强调的是帕累托法则（Pareto Principle）。维尔弗雷多·帕累托提出了关于意大利社会财富分配的研究结论：20%的人口掌握了80%的社会财富，故该法则又被称为80/20法则。该法则提出后应用在市场营销、质量管理等多个领域，在工业文明时代，运营环节更多强调的是对畅销主导产品的大批量生产、实现规模经济，营销环节更多强调的是对大客户的营销、服务与管理。"互联网+"催生的新零售与新消费模式，降低了供应链上各行为主体参与的门槛，互联网使长尾效应越发明显，克里斯·安德森（Chris Anderson，2004）在他的文章中第一次提出长尾理论，认为：商业和文化的未来不在热门产品，不在传统需求曲线的头部，而在需求曲线中那条无穷长的尾巴。长尾效应更多强调的是"个性化""客户力量"和"小利润大市场"，即借助消费互联网平台和工业互联网平台等新业态，打破时间和物理空间的约束，在更大范围内汇总个性化的需求，从而形成规模化的需求与生产，赢得与头部市场抗衡的需求与供给。以图书为例，巴诺书店（Barnes & Noble）的平均上架书目为 13 万种，亚马逊（Amazon）有超过一半的销售量来自在它的排行榜上位于 13 万名开外的图书。如果以亚马逊的统计数据为依据的话，就意味着那些

⊖ 资料来源：http://it.people.com.cn/n/2014/0415/c1009-24897016.html。

⊖ 资料来源：http://finance.ce.cn/rolling/201312/31/t20131231_2024247.shtml?_t=t。

不在一般书店里出售的图书形成的市场要比那些摆在书店书架上的图书的更大。

其次，强调顾客体验与顾客参与。随着物联网、移动互联，以及智能终端的普及，信息交互和虚拟现实的成本大幅度降低，使顾客与供应链上的制造商、供应商、销售商等实现有效的界面连接，使低成本参与产品与服务的设计以及产品与服务的完成、交付使用与回收处理的全过程成为可能；个性化、体验等顾客偏好的兴起，使供应链有必要快速、精准地按需设计、按需制造，以实现供应与需求的匹配；同时信息的交互能加强顾客的黏性，以及顾客体验感的分享，顾客的体验与点评则使顾客成为供应链的营销者，让具有相同偏好的顾客成为供应链潜在的消费者群体。如海尔通过其工业互联网平台，让顾客深度参与产品的设计，对顾客提出的偏好经过多次迭代提炼共性需求及个性化需求，利用大规模定制提供定制化产品。

（2）简约思维，指对品牌和产品规划的理解。在信息文明时代，产品和服务的可选择范围越来越大，实现供给与需求的精准匹配需要从工业文明时代的推式生产范式向满足顾客需要的拉式生产范式转变，在信息爆炸、可选择的产品和服务众多的市场环境中，如何快速精准地吸引顾客关注是品牌规划和产品设计需要解决的问题。

首先，简约思维强调品牌、产品和服务的专业化。专业化更多强调的是在一个行业和细分市场领域里，品牌、产品和服务要专注于某一特定的顾客群体、特定的市场，而不是像工业文明时代那样以多样化的方式来满足顾客个性化需求，即有所为有所不为，不为是为了更好地有所为。例如，比亚迪汽车从开始发展至今，一直基于对顾客群体偏好的细分与定义，为市场提供有限的产品系列，聚焦于特定顾客群体并将产品与服务做到极致，这是比亚迪汽车成功的关键因素之一。

其次，简约思维强调产品和服务的友好性。信息文明时代的一个重要特征是：人的物化、物的人化。人工智能等技术的应用使产品和服务越来越智能化，移动互联网使消费者的时间碎片化、内容碎片化，顾客在购买产品和服务时越来越注重其友好性，尤其是注重其学习成本和学习时间的节约，因此产品和服务的设计要尽量简约，以便顾客能以很短的学习时间和很低的学习成本消费产品和服务。

（3）极致思维，指对产品和服务体验的理解。极致思维，就是把产品、服务和顾客体验做到极致，超越顾客预期。抓住顾客的痛点和痒点、给顾客带来的体验足够好，所提供的产品和服务才可能真正赢得人心，这就是一种极致思维的体现。

首先，极致思维强调期望型需求和兴奋型需求。在准确识别基本型需求、期望型需求和兴奋型需求这三种需求的基础上，企业首先应确保满足基本型需求，即确定订单资格要素；再把关注点集中在期望型需求和兴奋型需求上，以此来识别并培植订单赢得要素；最终形成现实竞争力。

其次，极致思维强调顾客满意。20 世纪 80 年代末，A. 帕拉休拉曼（A. Parasuraman）等人依据全面质量管理理论在服务行业中提出了一种新的服务质量评价体系，其理论核心是"服务质量差距模型"，即服务质量取决于顾客所感知的服务水平与顾客所期望的服务水平之间的差别程度（又称为"期望–感知"模型）。所谓服务质量差距，是指顾客感知的服务水平（perception service，PS）与顾客期望的服务水平（exception service，ES）之间的差距。当顾客感知水平接近顾客期望水平时，顾客才会满意；越接近，顾客就越满意。当然，如果顾客感知水平超过顾客期望水平，将会出现令人惊喜的结果。顾客的期望是开展优质服务的先决条件，提供优质服务的关键就是要超过顾客的期望值。信息文明时代的新消费和新零售模式为顾客点评产品和服务提供了便利，顾客满意更容易实现在顾客群体之间及其利益相关者主体之间的传播。极致思维强调当供应链为顾客提供超出顾客期望水平的产品或服务时，其点评等机制和途径会对供应链的产品或服务营销提供有效支持，反之则亦然。

（4）迭代思维，指对创新流程的理解。新一代信息技术催生了共享设计、供应商及顾客参与等新的合作研发模式，加快了创新的速度，缩短了创新的周期。敏捷开发是互联网产品开发的典型方法论，是一种以人为核心、迭代、循序渐进的开发方式，允许有所不足，不断试错，在持续迭代中完善产品。

首先，迭代思维强调微创新。"微"，要从用户的细微需求入手，贴近用户心理，在用户参与和反馈中逐步改进。企业觉得不起眼的因素，用户可能觉得很重要。迭代思维强调的是微创新，而不是颠覆式创新，更多的是指：从顾客的需求出发，持续发现顾客的新需求，在已有产品和服务的基础上进行创新。微创新的优势在于：可以减少顾客学习使用产品和服务的成本，增强顾客黏性和忠诚度。例如，微软的视窗操作系统虽然持续微创新，但其一直保持对消费者使用和操作的友好性，顾客使用其新一代产品和服务的学习成本很低，这也是微软视窗操作系统占有市场的重要因素之一。

其次，迭代思维强调快速持续迭代。在信息文明时代，顾客可以选择的产品和服务范围越来越大，同时供给侧借助工业互联网平台、消费互联网平台快速整合，进入与响应市场的速度越来越快。只有快速地对消费者需求做出反应，产品才更容易贴近消费者。微软的视窗操作系统，以及腾讯的微信等产品都采用了快速持续迭代的策略，一方面是为了满足顾客不断提出的新需求，如软件产品和服务的安全升级；另一方面也是为了维持竞争力的需要，如在阿里推出支付宝之后，微信推出了微信支付服务。对传统企业而言，它们更侧重迭代的意识，这意味着要及时乃至实时关注消费者需求，把握消费者需求的变化。

（5）流量思维，指对业务运营的理解。在市场供给能力大于市场需求的条件下，如何吸引消费者购买其产品和服务，是企业和其所在供应链得以生存与发展的前提。乔治·吉尔德（George Gilder，1993）最先提出了关于网络价值和网络技术发展的定律，即梅特卡夫定律（Metcalfe's Law）。这一定律用计算机网络先驱、3Com公司的创始人罗伯特·梅特卡夫（Robert Metcalfe）的姓氏命名，以表彰他在以太网领域的贡献。其内容是：一个网络的价值等于该网络内的节点数的平方，而且该网络的价值与联网的用户数的平方成正比。该定律指出，一个网络的用户数目越多，那么整个网络和该网络内的每台计算机的价值也就越大。流量思维强调的是短期与长期、局部与整体利益的平衡。对于某一类产品和服务，在其导入期，企业更多关注的是培养顾客的消费习惯，进而形成稳定的顾客群体，当某一类产品和服务的顾客群体达到一定的规模后，才考虑其利润回报。如互联网行业的很多平台型企业在其产品和服务的导入期，免费甚至付费提供给平台上的供给侧和需求侧的行为主体。大多数出行平台企业都经历过这一阶段，导入期的免费或付费是为了后期等到平台的流量足够大时更好地收费。对于制造业企业而言，也需要有同样的思维，即在产品的导入期，进入新的目标市场时，可以对某一类产品线的利润率控制得比较低，而对另外一类产品线的利润率则定得相对较高，前者的目标是吸引消费者接受新的产品或服务，后者的目标则是保证企业的利润空间。

（6）社会化思维，指对传播链、关系链的理解。社会化商业的核心是网，公司面对的客户以网的形式存在，这将改变企业生产、销售、营销等整个形态。新一代信息技术的兴起与应用为产品和服务的体验、设计、制造和服务提供了新的手段和渠道：自媒体与社交媒体的应用改变了工业文明时代营销过程中的信息传播的渠道，以及传播的效率。自媒体与社交媒体更强调信息交互的黏性、实时性和快速性，实现了信息沟通与交流的即时性和互动性。社会化思维来自消费者的"小众的社会认同效应"：独立的消费者群体往往会因为相同观点聚集在一起，通过消息转发、评论机制，迅速扩散，在短时间内形成类似"飓风"的传播效应，从而形成广泛的影响力。这颠覆了传统的信息传播路径，由单向传播向多中心、网状裂变的方式转变。对企业而言，不管是主动拥抱还是被动接受，都宣告了一个时代的大幕在开启，消费者站在了舞台的中间。想利用好社会化媒体，就要注重搭建人脉网络，建设链式传播，构建信任营销体系，同时在设计、制造等环节强调众包协作。众包是以"蜂群思维"和层级架构为核心的互联网协作模式，如海尔的卡奥斯平台（COSMOPlat），其实质是基于工业互联网平台，在更大范围内整合价值网络各环节上的各行为主体的资源和能力，为精准、快速、高质量、低成本满足顾客需求提供系统解决方案。

（7）大数据思维，指对企业资产、核心竞争力的理解。消费者行为数字化，使企业要去收集、分析、跟踪用户在互联网上的"足迹"。这是大数据时代的一个核心命题。大数据成为企业的核心资产，数据挖掘与分析成了企业的关键竞争力乃至核心竞争力。用户在网络上一般会产生信息、行为、关系三个层面的数据，对这些数据的收集、分析、挖掘与利用，能帮助企业对消费者偏好、市场竞争状态等形成预判和做出有效决策。一切皆可被数据化，企业需要构建自己的大数据平台，小企业也要有大数据。在互联网和大数据时代，企业的营销策略应该是针对个性化用户做精准营销。用户在线的每一次点击，每一次评论，每一次视频点播，都是大数据的典型来源。互联网企业之所以能取得令人瞩目的成绩，其核心就是对用户网络操作的大数据进行记录和分析，形成用户"行为指纹"，从而洞悉用户潜在的、真实的需求，并形成预判。

（8）平台思维，指对商业模式、组织形态的理解。互联网的平台思维就是开放、共享、共赢的思维。平台商业模式最有可能成就产业巨头。全球最大的100家企业里，有60家企业的主要收入来自平台商业模式，包括苹果、谷歌等。平台思维的核心在于打造多方共赢的生态圈。

首先，平台思维强调打造一个多主体共赢互利的生态圈。将来的平台之争，一定是生态圈之间的竞争。百度、阿里、腾讯三大互联网巨头围绕搜索、电商、社交各自构筑了强大的产业生态，海尔借助供应链上各行为主体的价值共创共享机制，打造了基于海尔品牌的生态圈。

其次，平台思维强调善用现有平台。当小微企业或者跟随型企业进入市场时，其规模不足以打造独立的生态圈，即当不具备构建生态型平台的实力时，就需要利用现有平台。共享自行车在其初创阶段，大多数采用自己创造流量构建平台的模式，且大多数平台都没有坚持到其流量达到一定规模进而实现赢利的阶段。目前的共享自行车服务大多是利用腾讯或阿里两大流量平台，进入了良性循环的阶段。

最后，平台思维强调让企业成为员工的平台。新一代信息技术使组织扁平化、平台化。新一代信息技术使内部平台化，就是指要变成自组织而不是他组织，他组织的驱动力来自别人，自组织则是自己来创新。例如，海尔将8万多人分为2 000个自主经营体，让员工成为真正的"创业者"，让每个人成为自己的CEO。

（9）跨界思维，指的是对产业边界、创新的理解。随着互联网和新科技的发展，纯物理经济与纯虚拟经济开始融合，很多产业的边界变得模糊。跨界思维的实质是信息文化与农耕文明、工业文明成果的融合。跨界思维的具体实现路径即"互联网+"。"互联网+"具体包括两条途径：第一，"互联网+"即互联网企业向其他行业的主动融合，如互联网金融，是互联网企业实现互联网业务与金融业务的整合；第二，"+互联网"即其他行业的互联网化，如手机银行是银行业的互联网化，以其他行业的既有业务为基础，利用互联网技术和思维实现已有业务的互联网化，能提高为用户服务的效率和质量，从而实现供给与需求精准匹配，4.2.5 节将会对此做进一步阐述。

本章小结

数据、技术、思维作为信息文明时代的动能，为解决运营管理悖论提供了可能，也为运营管理带来了深刻而全面的影响：运营管理的数据化让需求预测更准确、运营管理的智能化让供需匹配更准确、运营管理的可视化让运营过程更绿色。物联网、移动互联每时每刻都在产生大数据，企业需要变革其运营管理的思维。互联网思维能帮助企业从价值链、产业层、战略、商业模式和组织形态、产品研发、生产和服务、销售等业务活动层面对运营管理实现思维变革与创新。

思考题

1. 请简述信息文明给运营管理带来的改变。
2. 请简述大数据特征和互联网思维的内涵。

案例

互联网平台集并需求与供给：阿里巴巴

阿里巴巴集团（简称阿里巴巴）创立于 1999 年，经过 20 余年的发展，已经成长为涵盖消费者、品牌商家、零售商、第三方服务提供商、战略合作伙伴及其他企业的数字经济体。围绕商品、服务、娱乐等消费需求，阿里巴巴搭建了中国第一电商平台（淘宝+天猫）、本地生活平台（饿了么+口碑网）和长视频网站（优酷）。围绕交易中的营销、物流、金融、技术，阿里巴巴搭建了阿里妈妈、菜鸟、阿里云等基础设施。阿里巴巴于 2019 年在港交所二次上市，融资规模达到 1 000 亿港元。2021 财年阿里生态商品交易额达到了 8.119 万亿元。

1. "互联网+"和大数据集并了零散的商品供给与需求：淘宝

消费互联网平台解决了企业运营中的信息不对称导致的供给与需求难以精准匹配的问题。淘宝以"互联网+"和大数据技术作为支撑，打破了交易的物理限制，拓宽了交易的边界，这让供需双方的交易不再受限于位置与时间，实现了零散商品供给与需求的集并，在提升消费体验的同时，充分挖掘了市场需求，由此带动了上游供给产业链的发展。传统市场中，人们只能在有限时间、有限空间交易有限品类的商品，这只能满足基本需求，对于个性化需求，尤其是小众的个性化需求，很难予以满足。而淘宝利用互联网的优势，创造了"支付宝"，解决了买卖双方难以互信的问题，即买方在网上下单付款之后，卖方发货，但此时货款暂存在支付宝平台上，等买方收到货后，支付宝再将货款打到卖方账户，与此同时买卖双方还可以对对方做出评价,并最终以分数的形式向对方展示。在支付宝的担保以及信用机制下,买卖双方都打消了对交易的顾虑,因此便会有大批量的商家在淘宝上开店铺卖商品,这使淘宝上的商品品类远超线下,消费者便倾向于在淘宝上选取更加合适的商品,这也带动了淘宝上需求量的增加,吸引更多商家入驻淘宝。积极的正向反馈循环让淘宝自创立之后就得到了迅速发展。

淘宝在集并供需的同时,精准预测了用户的需求,实现了供需的精准、快速匹配,挖掘了市场潜在需求,将"长尾效应"转化为"长尾经济"。淘宝靠集并市场需求,吸引了大量用户,也由此产生了海量用户行为数据。淘宝对未来的预测,是建立在对用户行为分析的基础上的。通常而言,买方在采购商品前,会比较多家供应商的产品,反映到阿里巴巴网站统计数据中,就是查询点击的数量和购买点击的数量会保持一个相对的数值,综合各个维度的数据可建立用户行为模型的巨大数据样本,能够保证用户行为模型的准确性。此外,淘宝还会根据用户的习惯和偏好,实施个性化推荐,这种精准营销也在一定程度上降低了市场的不确定性。淘宝根据需求预测结果,将商品提前布局到离客户最近的配送中心,减少了配送时间,提升了用户体验。另外,长尾效应中的"小众需求"线下很难满足。互联网将"小众需求"集并之后,让"小众需求"也有大市场,这使潜在需求得到释放,最终扩大了市场需求。

2. "互联网+"和大数据集并了零散的物流承运与托运:菜鸟物流

物流互联网平台扩大了商品交易的经济半径。经济半径是指商品交易最大的物流距离,当商品的运输成本等于商品自身价值时,其经济半径达到最大值。物流互联网平台通过集并承运方和托运方的物流量,实现运输的规模经济,从而扩大了商品交易的经济半径。

2013年5月23日,菜鸟网络科技有限公司成立,以推动物流体系的发展。2021年6月,菜鸟裹裹用户数已突破3亿名,菜鸟裹裹日均单量约为500万件。菜鸟物流通过整合商品资源和物流资源,实现了承运与托运的集并,提升了物流时效性,减少了资源的浪费,让物流环节与购物环节有效衔接,提升了用户体验。菜鸟物流利用大数据建立物流平台,作为第四方物流,专注于打造中国智能物流骨干网,与各个快递公司合作,在国内各处建立配送中心和仓库,根据数据对各地进行指挥分配,从而缩短配送时间。菜鸟物流为了实现上述目标,建立了以"天网、地网、人网"为三大组成部分的物流系统。"天网"是指用户的大数据,利用大数据对商品进行预测,菜鸟平台通过与多个物流公司合作,已经有充足的中转站、网点,从而实现了商品提前就近布局。同时根据大数据预测交通情况,协调调度各个物流公司选择合适的路线和发货方式。"地网"是指仓储,菜鸟通过在全国各地拿地建仓,使合作的商家将货物送到附近的菜鸟仓库,由菜鸟统一发货。菜鸟仓储系统会根据数据将货物数量和储存位置等进行调控,实现合理的分配。"人网"是指"最后一公里"的配送,即常见的"菜鸟驿站"。菜鸟驿站通过与个体户、连锁超市、物业和学校合作,利用代收代发的方式使三方同时获益。这种形式减少了快递员等待客户或者因客户不在家而浪费的时间,同时便于客户就近取件,进而提升了物流体验。菜鸟物流的运营模式如图3-7所示[⊖]。

⊖ 资料来源:http://www.logclub.com/m/articleInfo/MzUyMjc=。

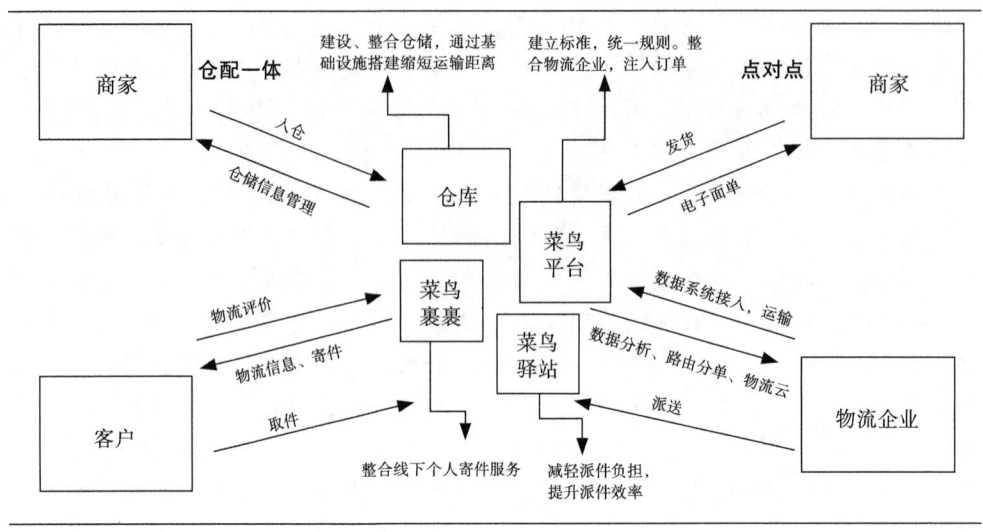

图 3-7　菜鸟物流的运营模式

3. "互联网+"和大数据集并了零散的资金供给与需求：支付宝

2013年6月，阿里巴巴集团推出了"余额宝"。余额宝是由第三方支付平台支付宝为个人用户打造的一项余额增值服务。余额宝的出现推动了利率市场化进程，促进了金融业的创新与发展。其参与人数的广泛性、增长速度的爆发性，以及对社会经济的巨大影响力引起了整个金融业甚至全社会的高度关注。余额宝让互联网金融走进人们的视野。

在余额宝出现之前，用户放在支付宝账户中的钱是没有收益的；由于资金量小，又没有理财的必要，因此用户只能将其当作零钱花。理财产品一般最低起售点为5万元，而余额宝上线同期就推出"1元起购，定期也能理财"业务，把集并后的大量资金用于购买理财产品，从而间接提高了用户的收益，相当于帮助用户理财。余额宝因门槛低、收益高，在短期内吸引了大量用户，上线仅一天，用户就超过了100万名，推出一个月，用户超过了400万名，半年后用户突破8 100万名。2013年支付宝用户已经超1亿名。如果将庞大规模群体的零钱加起来，其资金规模巨大，基于这一商业思维创新，阿里巴巴推出余额宝，以极低的门槛迅速将用户的钱集并起来。余额宝推出1个月，其规模已经超过100亿元。截止到2013年年底，余额宝人均持有金额为4 307元。

同时，阿里巴巴拥有了淘宝和支付宝的交易数据，能对用户的信用进行有效评级，洞察用户资金需求。对于小微企业，阿里金融不仅推出了支付宝的支付功能和余额宝的理财功能，还基于大数据的信用评级与思维创新，推出了小微贷服务，满足了零碎资金集并的供方理财需求，也解决了小微企业贷款难的问题。阿里金融对其店铺只要求满足以下两个条件即可享受低利率贷款：店铺注册人年满18周岁且具有完全民事行为能力；淘宝店铺最近两个月持续有效经营，每个月都有有效交易数量，信用良好。由于贷款门槛低，流程简单，因此很多商家在短期内会选择在支付宝上贷款，如商家在支付宝的"小微贷"上最低可享受日利率万分之五的贷款。支付宝可以根据商家数据准确判断其是否具备贷款资质，同时集并了它们对资金的需求，这便于支付宝对贷款资金进行更加高效的管理，也降低了出现不良贷款的风险。

讨论题：

1. 相较于传统的线下交易市场，淘宝有什么优势？
2. 第三方物流加入菜鸟物流的动力是什么？
3. 请分析阿里金融的优势与面临的风险。

参考文献

[1] 迈尔-舍恩伯格,库克耶.大数据时代[M].盛阳燕,周涛,译.杭州：浙江人民出版社,2013.

[2] 徐斌,王晓东,林丽.大数据管理：企业转型升级与竞争力重塑之道[M].北京：人民邮电出版社,2016.

[3] 赵大伟.互联网思维独孤九剑[M].北京：机械工业出版社,2014.

[4] CORLOSQUET-HABART M, JANSSEN J. Big data for insurance companies[M]. Hoboken, USA: John Wiley & Sons, 2018.

[5] ALDRIDGE I, AVELLANEDA M. Big data science in finance[M]. Hoboken, USA: John Wiley & Sons, 2021.

[6] 王能民,王梦丹,任贺松等.海尔人单合一模式：基于数据驱动的大规模定制[J].工业工程,2022,25(1):1-10;27.

[7] CHOI T M, WALLACE S W, WANG Y L. Big data analytics in operations management[J]. Production and operations management, 2018, 27(10): 1868-1883.

[8] CHOI T M, KUMAR S, YUE X H, et al. Disruptive technologies and operations management in the Industry 4.0 era and beyond[J]. Production and operations management, 2021, 31(1): 9-31.

[9] SANDERS N R, GANESHAN R. Big data in supply chain management[J]. Production and operations management, 2018, 27(10): 1745-1748.

[10] JUN S P, YOO H S, CHOI S. Ten years of research change using Google Trends: from the perspective of big data utilizations and applications[J]. Technological forecasting and social change, 2018, 130: 69-87.

[11] AZEEM M, HALEEM A, BAHL S, et al. Big data applications to take up major challenges across manufacturing industries: a brief review[J]. Materials today: proceedings, 2022, 49(2): 339-348.

[12] CHEN Y, ELENEE ARGENTINIS JD, WEBER G. IBM Watson: how cognitive computing can be applied to big data challenges in life sciences research[J]. Clinical therapeutics, 2016, 38(4): 688-701.

[13] LEE I, MANGALARAJ G. Big data analytics in supply chain management: a systematic literature review and research directions[J]. Big data and cognitive computing, 2022, 6(1): 17-35.

第 4 章
CHAPTER 4

制造业与服务业的融合发展

核心要点

- 制造业的发展趋势
- 服务业的发展趋势
- 制造业与服务业融合的战略途径

4.1 制造业的发展趋势

4.1.1 全球化

国际货币基金组织从经济学角度对全球化进行了界定：全球化是指跨国商品与服务交易及国际资本流通规模和形式的增加，以及技术的广泛迅速传播使世界各国经济的相互依赖性加强。1978 年—2006 年，中国对外贸易依存度呈现快速上升趋势，之后下降并保持在 30%～40%，如图 4-1 所示[⊖]。自 1978 年起，中国的进出口总额呈平稳上升趋势，2021 年中国外贸进出口总额为 60 514.9 亿美元，同比增长 30%。2021 年前 10 个月，中国进口铁矿砂及其精矿 93 348.4 万吨，进口钢材 1 184.3 万吨，出口钢材 5 751.8 万吨，中国制造业已经融入全球经济体系中。

跨国公司日益成为生产、投资、贸易全球化的主角。跨国公司通过建立独资或合资企业、战略联盟，以及其他合作形式，几乎渗透到各个国家和地区的所有产业领域与部门中，其影响已遍及全球生产、流通和消费等各个领域。跨国公司因全球范围内生产经营的内部专业化分工而产生的国际贸易在全球国际贸易总额中的比重和规模呈显著增加的趋势。华为在制造业全球化的趋势下不断发展壮大，

⊖ 资料来源：徐凤，常裕琦，朱家明，等.基于组合预测模型对中国经济外贸依存度的预测 [J]. 安徽大学学报（自然科学版），2021，45（5）：37-44.

2021年，华为以129 183.5百万美元的营收，以及9 361.6百万美元的利润，位居世界500强第44名，排名较2020年提升5名。根据华为披露的现有的供应链体系，核心供应商有92家，中国供应商有22家，占比仅约为24%，美国供应商有33家，占比约为36%，主要领域包括集成电路、半导体、软件和光通信。美国的前五大采购商包括伟创力（代工）、博通（模拟芯片）、高通（芯片）、希捷（硬盘）、美光（存储）。手机器件的全球供应商如表4-1所示。

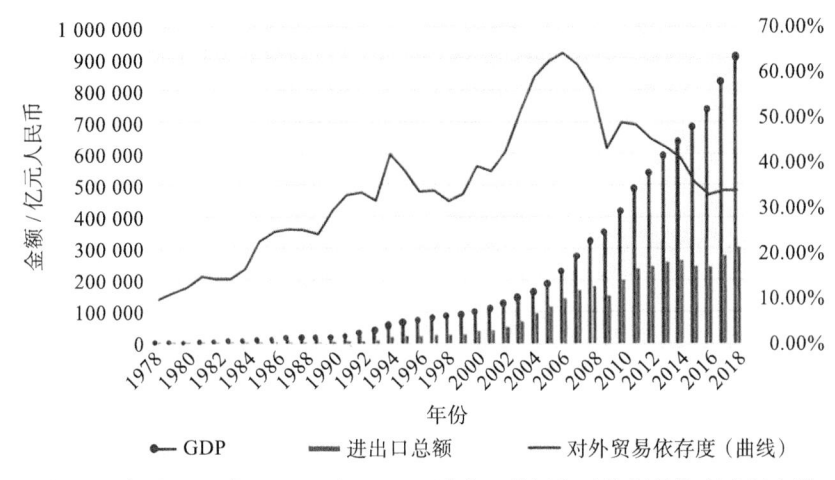

图4-1 中国1978年—2018年GDP、进出口总额和对外贸易依存度组合图

表4-1 华为手机器件全球供应商

芯片器件	全球主力供应商	替代供应商
射频前端芯片	Skyworks、高通、Qorvo、村田、Avago等	村田、联发科、展锐、无锡好达、卓胜微等
基带芯片	高通、三星、海思、联发科、展讯等	三星、联发科、展锐、海思等
处理芯片	高通、海思、联发科等	海思、联发科
图像传感器	索尼、三星、安森美等	索尼、三星等
存储芯片	三星、SK海力士、美光、东芝、西部数据等	三星、SK海力士、东芝
模拟/传感/分立	意法半导体、英飞凌、TI、ADI、安森美、NXP等	意法半导体、英飞凌、NXP、安世半导体
FPGA	赛灵思、英特尔、MicroChip、Lattice等	紫光国微、安路信息、高云半导体、复旦微电

4.1.2 专业化

专业化是指在分工的基础上，把一些生产过程、产品制造或工艺加工过程等从原来的企业和部门中独立出来，形成专门的生产单位或部门的过程，是现代工业生产的一种组织形式。专业化意味着制造业企业的运营模式从"大而全"向"专而精"的方向发展，利用核心竞争力和优势资源，可以实现利润和附加值最大化。专业化对企业提升核心竞争力、锁定用户有重要作用。自20世纪90年代以来，国际分工由产品层面逐步深入到工序层面，很多产品的生产过程被拆分为不同的增值环节，分散到不同的国家或地区进行，并以跨国界的垂直贸易相互连接。

宝洁在制造业专业化的发展趋势下，不断调整自身业务。自2014年开始，宝洁缩减了100多个品牌，品牌数量从200多个下降到如今的65个。2016年，宝洁旗下的几个洗发护发品牌被打包卖给了德国日化公司汉高（施华蔻的母公司）。2018年11月，宝洁公司宣布重组公司结构，按行业划分，把10个业务部门收缩至6个。新公布的组织架构分设6个业务部门，包括纺织品和家居护理、婴幼儿和女性护理、家庭护理和新事业、理容、保健，以及美妆。宝洁在2017年—2021年实现了连续四年营收增长。

美的集团董事长方洪波在上任伊始就着手实施了一系列精简业务的减员瘦身举措，提出"回归专业，精简产品线"，将产品型号数迅速降至1.5万个，推向市场的产品最小存货单位削减50%之多。2022年，美的继续把握专业化趋势，将精力集中在核心业务上，削减了剃须刀、电子鞋柜等项目。专业化推动和支持美的实现了持续的高质量发展。

4.1.3 精益化

精益化源于丰田的精益生产，精益管理思想反对浪费，其核心内容就是最大限度地细化工作流程、消除浪费和一切非增值活动，以最小的投入获得最大的产出，向市场提供成本最低、质量最好的产品，以满足市场的需求。传统粗放式经营模式已经无法满足企业低成本、高效率应对市场变化的需求，企业需要向高效精益的运营模式转变。

精益化发展趋势体现在企业纷纷引入精益化管理方式。海尔结合自身实际实施精益生产。一方面，海尔提出了全方位优化（overall every control and clear，OEC）管理法。OEC是指每天对每人每件事进行全方位的控制和清理。在海尔也通俗地称为"事事有人管，人人都管事"。如果用一个字概括OEC管理法的特点，那就是"细"，是对全员的管理，所有事务、所有人都受控。也正是有如此扎实的基础管理，海尔才能稳步推进精益生产。另一方面，海尔提出了战略业务单元（strategical business unit，SBU）战略。SBU对员工而言意味着自己要成为创新的主体，应该在为用户创造价值的过程中体现自己的价值，在没有成为SBU之前，员工只是被动执行上级任务，成为SBU后则是主动经营业务。SBU使组织里员工的素质满足精益的要求。海尔不仅引入精益生产方式，更重要的是为此不惜打破原有的固守多年的组织架构，重新整合业务流程。此外，海尔还引入了6S现场管理、生产计划管理、JIT等精益生产的具体措施，以减少浪费，提升效率。

精益化发展趋势还体现在市场中开始出现为制造业提供第三方精益服务的企业。如海智在线帮助我国制造加工企业获取更好的利润空间和生存环境，助力企业识别"七大浪费"，改善和升级企业运营流程，实现精益生产。目前，海智在线已经帮助包括电子消费品制造业等行业在内的多家企业实现精益化升级，极大地提升了企业的生产效率与市场竞争力。

4.1.4 服务化

服务化是由范德默维（Vandermerwe）和拉达（Rada）在1988年揭示的一个制造环境下的服务化现象，是通过为产品添加服务来创造价值的过程。随着经济的发展，越来越多的顾客不再满足于企业提供的产品，而是需要更多、更加个性化的服务，需要与物品相伴随的服务。传统的主要通过核心业务活动满足顾客需求的做法不再适用，企业的着眼点越来越多地放在建立和维持与顾客的关系上。一个明显的趋势就是制造企业通过服务活动向分销链延伸。如海尔围绕产品为客户提供场景服务，即以产品为中心，充分挖掘客户在产品使用过程中的需求，并为客户提供成套的解决方案，这改变了传统家电企业只卖产品的模式，利用"产品+服务"的模式，提升了客户体验，增强了企业竞争力。李宁将衣服打造成时尚品，李宁的运动时尚品类通过产品联名、原创故事IP等方式，先后推出"日进斗金""樱花""地球日"等原创IP，还与迪士尼和LINE FRIENDS推出联名产品，突破穿着场景，拓宽产品线风格，覆盖更广的受众群体。李宁持续与年轻消费群体进行深度沟通，充分挖掘消费者的个性化需求。消费者穿着李宁的衣服不仅能保暖，还可以张扬自己的个性。

4.1.5 绿色化

绿色化是指构建科技含量高、资源消耗低、环境污染少的产业结构和生产方式。2015年，中共中央政治局审议通过了《中共中央国务院关于加快推进生态文明建设的意见》，首次提出"绿色化"的概念，并将其与新型工业化、城镇化、信息化、农业现代化并列。绿色化已成为新常态下经济发展的新任务、推进生态文明建设的新要求。同时，绿色消费理念的普及，促使生产者更加注重节能环保，推行绿色生产方式。消费者对绿色产品的偏好，是制造业主动顺应绿色化趋势的动力。2011年—2020年，我国新能源汽车销量由0.82万辆增长到136.7万辆，年均增长76.6%。数据显示，2010年—2020年我国电动汽车累计销量占世界总量的44%，形成了全球最大的电动汽车消费市场，同时我国也是全球最大的电动汽车生产国。

4.2 服务业的发展趋势

4.2.1 现代服务业趋于持续快速增长

现代服务业是以现代科学技术特别是信息网络技术为主要支撑，建立在新的商业模式、服务方式和管理方法基础上的服务产业。它既包括随着技术发展而产生的新兴服务业态，也包括运用现代技术对传统服务业的改造和提升。自2013年起，我国服务业增加值增速在三次产业中每年均处于领先状态。自2015年起，我国服务业增加值占GDP比重开始超过50%，服务业对经济增长的拉动率和贡献率均高于第二产业，2021年，我国服务业增加值占GDP比重达到53.3%，服务业逐渐成为我国经济增长的重要动力。

基于互联网的现代服务产业在全球范围内迅猛发展，2020年与2021年月度互联网业务收入实现了较快增长，如图4-2所示[一]。根据艾瑞咨询《2020年中国AI基础数据服务行业研究报告》，2019年中国基础数据服务行业的市场规模达到30.9亿元，预计2025年将突破100亿元，复合年增长率达到21.8%。基于互联网的现代服务产业在全球范围内迅猛发展，由此诞生了一批规模大、竞争力强的现代服务企业，如Google、百度、腾讯、阿里巴巴等。2021年，我国规模以上互联网和相关服务企业完成业务收入15 500亿元，同比增长21.2%，增速比2020年提高8.7个百分点，两年平均增速为16.8%。我国互联网服务收入快速增长，网络销售、生活服务等平台经营活跃态势向好，互联网数据服务持续快速发展。

[一] 资料来源：https://www.miit.gov.cn/gxsj/tjfx/hlw/art/2022/art_b0299e5b207946f9b7206e752e727e66.html。

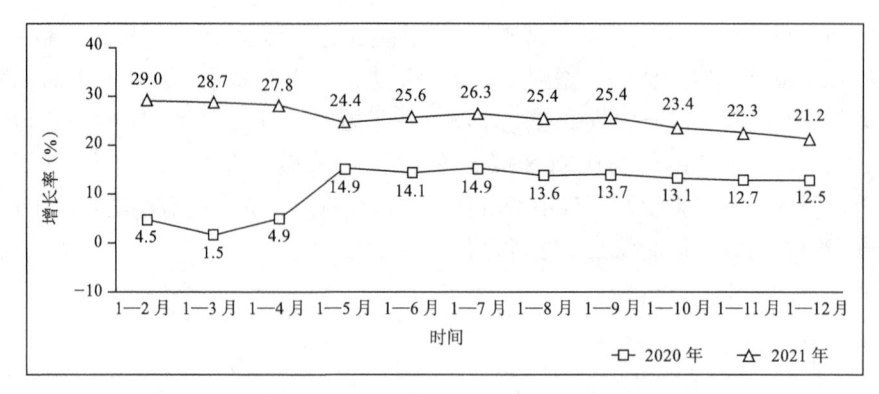

图 4-2　2020 年与 2021 年月度互联网业务收入累计增长情况

4.2.2　商业模式创新日益成为现代服务业竞争的核心

　　商业模式创新是以顾客为源头和出发点，采取主动型市场导向，面向双边市场，在价值模式、运营模式、营销模式和盈利模式等多个商业模式的关键环节进行系统性创新，最终实现顾客价值的跳跃式增长、创造出新市场或重构已有产业结构、改变竞争规则和性质，并使企业获得超额利润和实现快速成长的过程。商业模式创新日益成为现代服务业竞争的核心，如现代服务产业与传统产业融合越来越明显，改造提升了传统产业；基于互联网的电子商务、内容服务等新兴服务产业已成为全球经济重要的新增长点。生产市场服务业持续增长，个人消费服务在服务形式和内容上不断创新，社会化公共服务水平逐步提升。

　　阿里巴巴通过模式创新不断提升竞争力。建立初期，阿里巴巴以免费会员制吸引想获取信息的潜在用户。免费会员制为淘宝积累了大量的买家与卖家，以此为基础，淘宝从广告与数据服务等业务中获得收入。互联网流量红利的逐渐消失让流量成本不断攀升，线上线下经历了一次成本的再平衡，2017 年阿里巴巴提出，由过去的以商品交易总额为导向的策略转变为以品牌、商家和客户的综合价值为导向的策略，过去更注重平台在电商市场的占有率，而未来将判断的基准转变为基于阿里对于线上线下业务的生产、销售、物流、营销、用户服务等综合价值的提供，从全价值链赋能品牌方。阿里巴巴不仅赋能商家的线上数字化建设，还拓展到为线下门店创造价值：一方面，借助天猫智慧门店的系统，品牌方打通线上线下会员、商品和服务，以居然之家为例，仅 2018 年"双十一"期间，其门店销售额就接近全年的 1/5，1/4 的流量从线上转化而来；另一方面，阿里巴巴全价值链支持品牌方发掘新价值，如阿里巴巴为星巴克会员提供线上入口，饿了么为星巴克升级配送体系，星巴克与阿里巴巴打造的"外送星厨"，进驻盒马的品牌外送厨房，延展了星巴克外送体验和覆盖范围。随着流量红利的减少，阿里巴巴淘工厂联手制造业进一步挖掘市场潜力，开启了淘工厂供应链改造模式。新模式颠覆了从工厂到用户的传统零售思维，由用户需求驱动生产制造，通过电子商务平台反向订购，用户订多少，工厂生产多少，从而消灭工厂的库存成本，工厂的成本降低，用户购买产品的成本自然也随之下降。随着电商市场竞争强度的增大，为了进一步增强用户黏性，阿里巴巴在 2018 年 8 月推出了"88VIP"，将淘气值超过 1 000 的用户认定为超级会员，其能以 88 元 / 年的价格成为"88VIP"，而普通会员则需要 888 元 / 年。"88VIP"除拥有超级会员的权益外，更具有折上折、专属折扣等多项福利。此前淘宝、天猫会员体系松散，感知程度低，而全新的会员体系整合集团内资源，打通消费端资源，使用户感知程度明显提升，多项产品会员体系的整合解决了消费者注册烦琐的烦恼。阿里巴巴作为互联网服务企业，通过商业模式创新，升级传统产业，优化消费者体验，使企业竞争力得到了增强。

4.2.3 基于网络的第三方服务模式成为主流模式

第三方服务是指由独立提供服务的专业服务商，以第三方的角色为客户提供一系列的专业性服务过程，该过程以合同的形式来界定供需二者之间的职责。信息资源、信息技术及信息网络运行平台已经成为现代服务业的主导要素。未来社会中的主要角色，即政府、企业、个人将依靠智能化与数字化终端，通过电子信息网络完成所有经济与社会活动。电子支付是基于网络的第三方服务，随着网络支付用户规模的增加，我国网络业务量在近几年也不断增加，2021 年我国网上支付业务量达 1 022.78 亿笔，较 2020 年增加了 143.47 亿笔，同比增长 16.32%。网上零售额在社会消费品零售总额中的占比从 2014 年的 10.6% 升至 2021 年的 24.5%，基于网络的第三方电子商务已经成为重要的消费模式。京东开展基于网络的电子商务、电子金融等第三方服务，助力企业实现了多年的持续增长，具体如图 4-3 所示[○]。

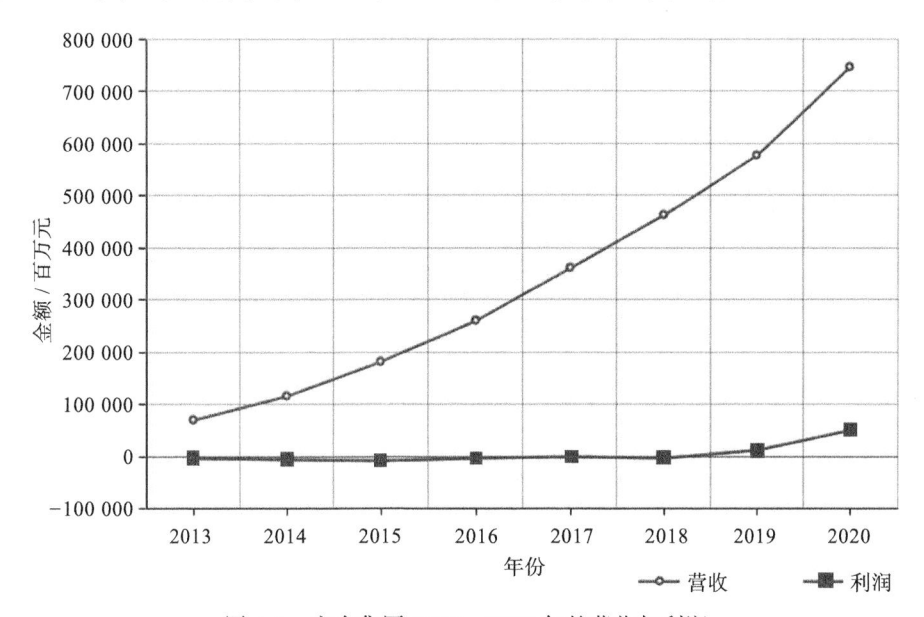

图 4-3 京东集团 2013—2020 年的营收与利润

基于网络的第三方电子政务服务已经成为政务服务的重要组成部分。《2020 联合国电子政务调查报告》的数据显示，我国电子政务发展指数从 2018 年的 0.681 1 提高到 2020 年的 0.794 8，2020 年排名比 2018 年提升了 20 位，位列全球第 45 位，取得历史新高，达到全球电子政务发展"非常高"的水平。其中，作为衡量国家电子政务发展水平核心指标的在线服务指数上升为 0.905 9，指数排名大幅提升至全球第 9 位，在线服务达到全球"非常高"的水平。如今，基于网络的多种第三方服务模式逐渐成为主流模式，表 4-2 详细展示了不同服务业门类基于网络的不同的第三方服务模式。

○ 资料来源：https://www.fortunechina.com/china500/657/2021。

表 4-2　不同服务业门类对第三方信息技术的实际应用

服务业门类	第三方信息技术的实际应用
政府服务	电子报税、电子政务、信息公开服务、问政互动服务、在线调查征集系统、智慧党建系统、交通违章处理系统
金融保险证券	证券交易转账清算系统、自动记账和支付处理系统、自动提款机、电话银行、网络银行、信用卡支付系统
物流	电子数据交换（EDI）、销售时点信息管理系统（POS）、企业管理系统（ERP）、条形码与识别系统、无线通信（WAP）、互联网技术（WEB）、电子订货系统（EOS）、供应链管理系统（SCM）、全球卫星定位系统（GPS）、地理信息系统（GIS）、射频标签技术（RFID）
运输、仓储	铁路智能终端控制技术、自动装载和卸货技术、仓库计算机控制技术、通信技术支持下的大规模门对门集装箱服务系统、自动记录的条形码技术、JIT 技术、供应链管理技术、射频标签技术、电子分拣系统
餐饮	电子订餐系统、自助餐厅旋转流水线服务系统、营养配餐专家系统
传播、媒体	电子出版系统、电视电话会议系统、电子邮件
休闲、娱乐	计算机游戏机、网络游戏
批发、零售	条形码、POS 系统、仓库管理系统、自动收款机、网上销售、结算系统、电子商务付款
旅游业	电子登记、结账系统、电子门锁、语言翻译机、触摸式指示系统
教育	计算机辅助教学、多媒体教学、远程网络教学、图书馆检索系统
医疗保健	重症患者监护系统、在线医疗信息系统、自动检测分析、专家诊断系统
公共服务	社区在线医疗系统、社区就业服务与老人服务系统

4.2.4　现代服务市场呈现垄断化

网络效应、锁定效应、平台效应使互联网经济具备了垄断的特征。网络效应是指一种产品对用户的效用随着采用相同产品或可兼容产品的用户数量增加而增大且所获得的用户总效用呈现几何级增长的现象。互联网用户会随着网络的扩张而倍增，表现为互联网经营者强者越强、弱者恒弱。锁定效应指最初做出的选择或许不是最好的，但是一旦选择之后，由于对该行为或条件已经形成了潜移默化的依赖，所以很难再改变或者改变需要很大的成本，即路径依赖成本。平台效应由双边市场产生，即两组参与者需要通过中间层或平台进行交易，而且一组参与者加入平台的收益取决于加入该平台的另一组参与者的数量。因此企业可以利用最初的用户流量优势，进一步吸引更多用户，逐渐形成垄断。由于信息产品的边际成本几乎等于零，所以互联网企业一旦在前期获得巨大的流量，就可以复制其他企业的商业模式，并依靠原有的流量击败竞争对手，进一步加强垄断。

互联网服务行业表现出一定程度的垄断：2020 年 12 月，市场监督管理总局依据《中华人民共和国反垄断法》对阿里巴巴在中国境内网络零售平台服务市场滥用市场支配地位行为立案调查；2021 年 4 月，市场监督管理总局依据《中华人民共和国反垄断法》对美团在中国境内网络餐饮外卖平台服务市场滥用市场支配地位行为立案调查；2022 年 5 月，市场监督管理总局对知网涉嫌实施垄断行为立案调查。

4.2.5　与传统产业融合

传统产业一般是指工业化进程中或前期保留下来的一些产业，主要以投入大量的自然资源、劳动力和资本来促进自身发展，多以传统技术为主，对资源具有严重的依赖性。工业互联网是互联网与传统产业融合的成果之一，发展规模不断壮大。GE 与 IBM、思科、英特尔、AT&T 组建的工业互联网联盟认为工业互联网就是将关键资产、先进的预测性和规范性分析，以及现代产业工人聚集在一起，它是由通信技术连接的众多工业设备组成的网络，形成能以全新的方式监控、收集、交换、分析数据和提供有价值见解的系统，以帮助工业企业做出更智能、更快速的业务决策。目前工业互联网应用已经覆盖国民经济 40 个大类，具有一定行业和区域影响力的重点平台超过 100 个，连接设备数超过 7 000 万台（套），工业 App 超过 59 万个。2021 年 4 月，工业和信息化部印发的《"十四五"智能制造发展规划》（征求意见稿）提出，到 2025 年，建成 120 个以上具有行业和区域影响力的工业互联网平台。

互联网与传统产业融合的方式有两种。第一，互联网主动与传统企业融合。互联网主动与传统企业融合是"互联网+"的体现。"互联网+"强调"逆袭创新"，即互联网主动与其他行业融合，并超越其他行业的原有模式。另外，互联网技术让产品价格更便宜、操作更便捷、体验更舒适，足以赢得巨量消费者，如电子商务是互联网向工业文明时代实体零售行业的逆袭，互联网金融是互联网向金融业的逆袭，互联网传媒是互联网向传媒业的逆袭。第二，传统企业主动与互联网融合。传统企业主动与互联网融合是"+互联网"的体现。"+互联网"强调"顺势而为"，传统企业主动与互联网融合，即传统企业在外部互联网企业竞争与内部问题的双重压力下，以既有业务为基础，利用互联网技术和理念，将现有产业的存量优势、行业标准优势与公信力优势发挥到最大，来提高用户服务的效率和质量，如工业互联网、金融互联网等。

4.3 制造业与服务业融合的战略途径

制造业与服务业是我国经济的支柱。我国要构建强大的现代产业体系，须依靠先进制造业和现代服务业作为支撑，并且实现二者有机结合、互促互进和融合发展。《中华人民共和国国民经济和社会发展第十四个五年规划和 2035 年远景目标纲要》提出：坚持把发展经济着力点放在实体经济上，加快推进制造强国、质量强国建设，促进先进制造业和现代服务业深度融合。

由于制造业企业面临着成本压力上升、盈利下降、节能环保要求提高等诸多压力，因此，制造业企业依靠市场份额领先已无法保证利润来源，价值增长的潜力已转移到下游服务和融资活动中，于是制造业企业从以制造产品为核心的商业模式向制造服务化或"制造+服务"的新商业模式转型，从而挖掘价值链上更多的增值机会，保持和提升自身的竞争优势。通用汽车、上汽集团和上海通用汽车合资建立上海安吉安星信息服务有限公司[⊖]，通过在汽车产业链上不断拓展新的需求，为用户提供更多有价值的生产性服务。该公司为上海通用汽车旗下的用户提供广泛的汽车安全信息服务，包括撞车自动报警、道路援助、远程车辆诊断等。可以看出，汽车制造厂商在努力提高产品质量的同时，也在不断拓展新的汽车服务市场，并通

⊖ 资料来源：童洁，张旭梅，但斌. 制造业与生产性服务业融合发展的模式与策略研究 [J]. 软科学，2010，24（2）：75-78.

过生产性服务来提升其竞争优势。

同样，以服务为主的企业则结合有形产品，呈现服务制造化的趋势。产品与服务的捆绑（product-service bundling）是指企业为其客户将服务嵌入产品中。借助先进的数字化管理网络，服务业企业可以充分发挥自己在存量客户、渠道资源和市场感知度方面的独特优势，大力拓展自己的产业链，将触角向制造环节延伸。服务制造化在我国较为突出的表现是以电商为例的服务业头部企业[⊖]，开始涉足上游的制造环节，拓展自己的利润空间，如表4-3所示。

表4-3 服务制造化的典型案例

企业	内容
京东京造	依托京东大数据，由用户需求驱动，通过服务平台连接厂商和消费者
网易严选	建立柔性供应链，利用大数据帮助制造商更快速、灵活地感知市场
小米有品	有设计、制造、销售、物流、售后等完整产业链条能力的第三方品牌产品
淘宝心选	2C电商业务，让设计与市场衔接，赋能平面设计师、工业设计师等做大增量市场
苏宁极物	利用先进工业的剩余产能，通过压缩供应链降低成本，以用户直连制造（C2M）形式生产和销售

服务业与制造业融合互动的新业态已不断出现，数字技术出现之后，"两业"正在经历数字化、智能化的融合重构，大数据、云计算、人工智能、区块链、5G等正在深刻地改变着传统认知。企业应该明确将"两业"融合作为下一代制造业发展的方向，不断延伸制造业的产业链，从而通过"两业"融合，不断挖掘制造业和服务业增长的内生动力。

4.3.1 制造业服务化

1. 制造业服务化的概念与阶段

制造业服务化是指制造业企业从制造这一低增值的环节向研发与服务这些高增值的环节转变。制造业服务化具有两层含义。其一是内部服务的效率对制造业企业的竞争力来说日趋重要，已超过了传统的决定因素，如企业技术质量、人力资源质量、运作效率、资产数量。这些内部服务不仅包括产品和流程开发、设计及价值链管理，还包括组织开发和协调、人力资源管理，以及会计、法律及金融服务，此过程是"投入的服务化"。其二是对顾客来说，与物品相关的外部服务的复杂性和重要性日益增加。"物品–服务包"不仅包括维护和修理，还包括购买融资、运输、安装、系统集成和技术支持，通过提供全面的服务来实现"产出的服务化"。围绕制造业的服务从显性与潜在两个角度创造价值，具体如图4-4所示。

奥利瓦（Oliva）和卡伦贝格（Kallenberg）认为从单纯的制造向服务转变是一个动态的过程，称为连续统一体，这个转变过程分为4个阶段：第1阶段是巩固产品相关服务，此阶段的服务是免费的，目的是提高销售量与缩短交货时间；第2阶段是进入基础服务市场，目的是建立完善的服务组织，此阶段的顾客满意度和员工满意度成为企业成功的度量标准；第3阶段是扩张基础服务供应，目标是增加服务设施的应用及扩张系统集成能力；第4阶段是掌握终端用户的运营，这一步骤需要建立在服务组织和专业服务的基础上。范德默维和拉达

⊖ 资料来源：于洋，杨明月，肖宇. 生产性服务业与制造业融合发展：沿革、趋势与国际比较[J]. 国际贸易，2021（1）：24-31.

提出服务化转型需经历3个阶段：从产品到产品和附加服务，再到产品服务包。怀特（White）提出4阶段理论：前3个阶段与范德默维和拉达的划分基本相同，第4阶段为基于物品的功能和服务。

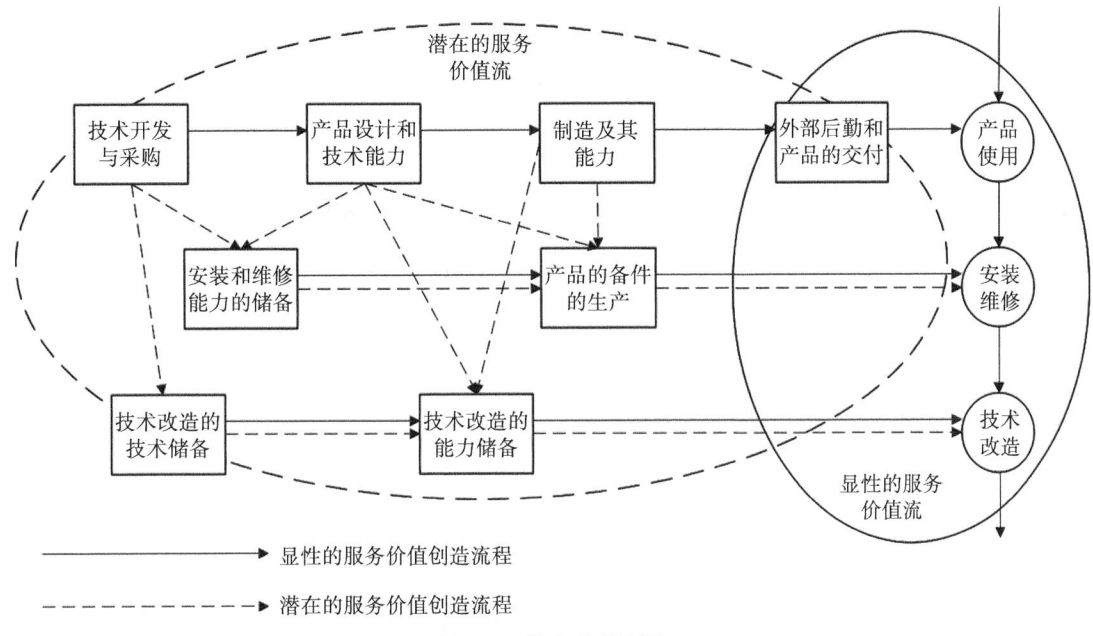

图 4-4　服务价值创造

苹果公司推出的焕新计划，使消费者每年在升级换购最新款 iPhone 时，可享受原设备零售价格 50% 的折抵优惠，换购期为计划生效之日后第 10 个月到第 13 个月。消费者还可以享受硬件与软件的维修服务，具体项目包括屏幕损坏、意外掉落造成的损坏、浸液损坏等。虽然此计划在形式上是手机的一种换购策略，但核心是以用户体验为中心的策略，手机已经变成感受体验的实体工具，从第一部手机到最新款手机，用户本质上只拥有"使用权"，而并不拥有"所有权"。因此用户从未真正拥有过苹果手机，只是享受不同版本手机带来的体验，但这正是用户真正的需求。在电子产业高速发展的今天，卖硬件利润较低且硬件只能卖一次，内容和服务却可以无限延伸。苹果公司将硬件与服务结合在一起，在提升用户满意度的同时获得了更高的利润。

2. 微笑曲线

目前在国际分工比较发达的制造业中，产品在生产过程中停留的时间不到全部循环过程的 5%，而处在流通领域的时间要占到 95% 以上；产品在制造过程中的增值部分不到产品价格的 40%，60% 以上的增值发生在服务领域。商品价值实现的关键和利润增值空间日益向产业价值链两端的服务环节转移，世界市场的竞争手段也由传统的价格竞争日益转向由金融、技术、运输、通信、信息等服务构成的非价格竞争。如苹果公司 128 GB iPhone 13 Pro Max 的价值链中，屏幕成本约为 105 美元，相机模组成本约为 77 美元，处理器的成本约为 45 美元，其他组件成本约为 211 美元，所有组件总成本为 438 美元，首发价为 1 099 美元，组件成本仅占约 40%，如表 4-4 所示。

表 4-4　苹果公司 128 GB iPhone 13 Pro Max 售价和各组件成本

项目	金额
售价	1 099 美元
组件总成本	438 美元
屏幕成本	105 美元
相机模组成本	77 美元
处理器的成本	45 美元
其他组件成本	211 美元

随着技术的不断进步，以及产业分工更加细化，产业价值链的增值环节变得越来越多，一种产品从开发、生产到营销、配送、维护所形成的价值链开始分解并重新整合。从产业价值链来看，能够决定产品异质化程度的环节往往是获利最丰厚的环节，这些环节往往在产业价值链的两端：一端是产业价值链的上游环节，例如研发设计；另一端是产业价值链的下游环节，例如售后服务。于是，制造业企业纷纷打服务战，进入产业价值链的不同环节，进行产业价值链的重构，将产品和服务进行捆绑销售，以便在满足消费者需求的同时实现产业价值链多环节的利润。产业价值链的中心正在发生转移，转移到能带来更多利润的服务环节，其结果是价值链产业结构出现了"微笑曲线"，价值链两端的附加价值和盈利率高，而中端的附加价值和盈利率低。

施振荣提出了"微笑曲线"，其初始目的是描述生产个人计算机的各个工序的附加价值特征，进一步细化不同环节产生价值的差异。在整个个人计算机的产业链里，上游的 CPU、操作系统研发和下游的售后服务等工序具有较高的附加价值，而处在中游的组装生产等工序的利润空间最小，因价值曲线呈现出"两边高、中间低"的微笑状，故人们形象地称其为"微笑曲线"，如图 4-5 所示。微笑曲线后来在行业内得到了广泛的应用，企业通过微笑曲线分析每个环节产生的价值，通过与标准的微笑曲线对比便可直观地定位企业处于哪个环节，还可以通过分析企业实际情况与目标曲线的差异来制定改进的策略。

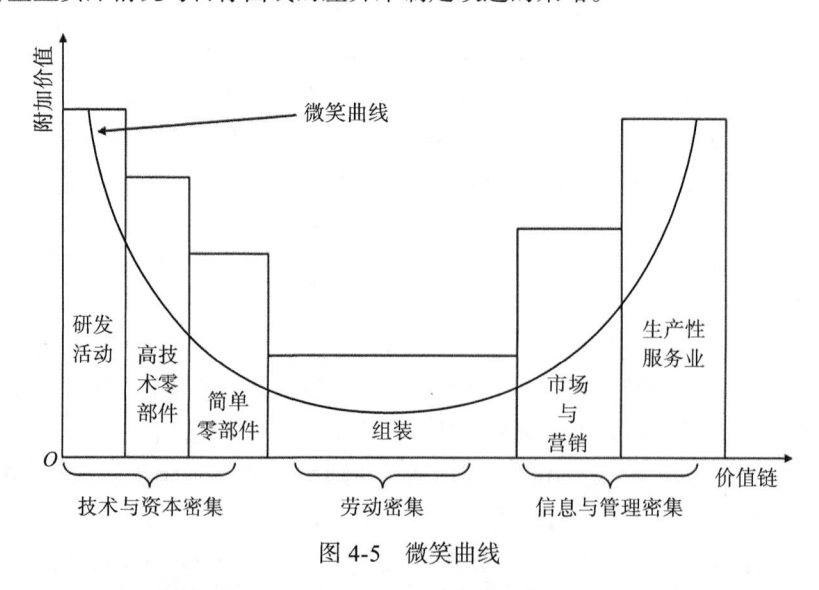

图 4-5　微笑曲线

不同产业的微笑曲线价值不同，如图 4-6 所示，其中曲线 AA' 表示一般制造业，曲线 BB' 表示中等技术密集型产业，曲线 CC' 表示高新技术产业，随着产业技术含量的不断提高，相应微笑曲线的位置也越来越高,即价值越高,微笑曲线的位置就越靠上。微笑曲线中位于价值链中游的任意动点 a_2、b_2、c_2 的附加价值最低,而上游的动点 a_1、b_1、c_1 与下游的动点 a_3、b_3、c_3 具有较高的附加价值。"产业微笑曲线簇"就是不同行业附加值的体现。一般来说,资本-技术密集度越高的产业,其微笑曲线的位置越高、微笑曲线的弯曲度也越大。

通过比较不同产业的微笑曲线,可以看到企业要想创造更多价值,一方面可以通过技术升级使上下游各环节提高附加价值,另一方面则是以生产组装为中心,进一步加强上游研发活动和高价值零部件的生产,同时在产品营销时,通过嵌入更多服务来提升客户体验,从而进一步提升下游环节的附加价值。无论采用何种方式,目的都是以产品为中心,增加设计、零部件生产、组装、营销、回收等环节的技术投入,最终提升产品生命周期各环节的附加价值。

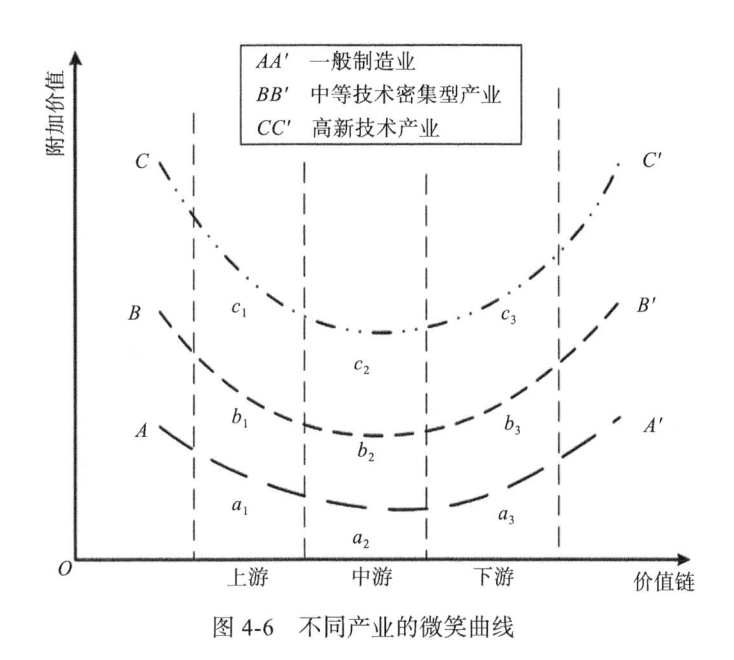

图 4-6 不同产业的微笑曲线

3. 制造业服务化的途径

(1) 提升制造业内部服务效率。

企业往往十分重视对外部客户的服务,但没有满意的员工很难有满意的服务,因此应加强企业内部服务效率,避免出现因员工内部服务意识不强、技巧匮乏而导致互相推诿、效率低下、内部关系紧张、各自为政等问题。提升企业内部服务效率减少了员工在非核心业务上投入的精力,进而让他们专心投入到核心工作上,最终为企业创造更多价值。

施耐德电气为了提高运营效率,从产品的实际情况出发,设计了服务运营平台,包括调度中心、销售部、订单部门、服务部等。调度中心是服务运营平台的核心,其高效合理的运营,能保证整个服务运营平台平稳运营。服务运营平台还可辅助流程部门、质量部门、培训部门、技术部门和维修中心等外围部门。服务运营平台包含企业的多种服务业务,在保证外部服务质量的前提下,最终提升了内部服务效率,让员工更加高效地创造价值。

(2) 增强产品服务。

产品服务系统是为了满足顾客的个性化需求、提高自身竞争力而提供的一种产品与服务紧密结合的集成系统。产品服务系统是为市场提供的一套满足消费者需求的产品及服务的组合，企业以提供功能服务的方式取代有形产品或与有形产品互补。基于产品的制造业企业转型的途径包括产品效能提升、产品交易便捷化、产品整合、基于产品的服务到基于需求的服务，四种服务化的模式分类如表4-5所示。

表4-5 制造业企业服务化的模式、途径及服务类型

服务化的模式	途径	服务类型
基于产品效能提升的增值服务	个性化的产品设计	顾客参与、个性化客户体验
	实时化在线支持	远程诊断服务、维修服务
	动态化个性体验	个人娱乐服务、基于位置的服务
基于产品交易便捷化的增值服务	多元化融资租赁	消费信贷服务、融资租赁服务
	精准化的供应链管理	实时补货、零部件管理、供应商库存管理
	便捷化的电子商务	期货电子采购、现货电子采购
基于产品整合的增值服务	整套安装服务	方案咨询、工程承包
	集成化的专业运营维护	设备管理维护、基础安装服务
基于产品的服务到基于需求的服务	基于动态需求的一体化解决方案	专业化服务

例如，陕鼓集团增强产品外部服务的具体方式主要有三种：首先是基于产品效能提升的增值服务，包括为客户企业提供设备远程诊断服务，以及专业维修服务；其次是基于产品交易便捷化的增值服务，包括为客户提供备品备件管理服务，以及为客户提供融资服务；最后是基于产品整合的增值服务，即为客户提供工程成套服务。

（3）构建脱离产品的专业服务模式。

此服务模式是指制造业企业将领先于市场的研发、供应链、销售等运营能力向外延展为服务，提供给其他企业。这种服务表现为企业服务团队的项目实施，其价值包括提供独特的运营能力，如高新技术转让服务；或提升客户企业的运营效率及降低运营成本，如各种外包服务。该模式的收入来源于服务的项目佣金而非产品销售所得。

保时捷公司是世界著名跑车生产企业，其创始人是享誉车坛的著名设计师费迪南德·保时捷，保时捷设计如今已经成为高端的代表。为了进一步挖掘保时捷设计的价值，企业成立了保时捷设计公司，专门用于与其他企业合作共同设计产品，如今已经涉及多个领域，如手表、眼镜等穿戴用品，外套、T恤等服装，音响等数码产品，行李箱等日用品，这些产品的特点是都有保时捷汽车的影子，而且价格都显著高于同类产品。如保时捷设计与华为Mate系列旗舰手机合作的Mate 40"保时捷设计典藏版"，售价为13 999元，而同样性能的普通Mate 40的价格为8 999元。保时捷通过提供脱离产品的设计服务，不断创造价值。

（4）提供服务导向解决方案。

此时企业已不再是产品提供商而成为解决方案提供商。企业开始挖掘客户潜在需求，利用强大的服务体系帮助客户解决难题，为客户创造更多的价值。海尔发布了"4+7+N"全场景定制化智慧成套方案，基于厨房、卧室等4个持续迭代的物理空间，以及空气、用水等7大全屋解决方案，让用户实现了N种智慧生活全场景的定制，展示了在物联网时代的平台品牌战略成果。华为利用自身的服务能力，开始为用户提供互联网数据中心解决方案，致力于降低行业运营成本、助力其他企业灵活应对海量业务，利用云计算、大数据和AI等新科技实现服务效率提升和商业创新，如图4-7所示。

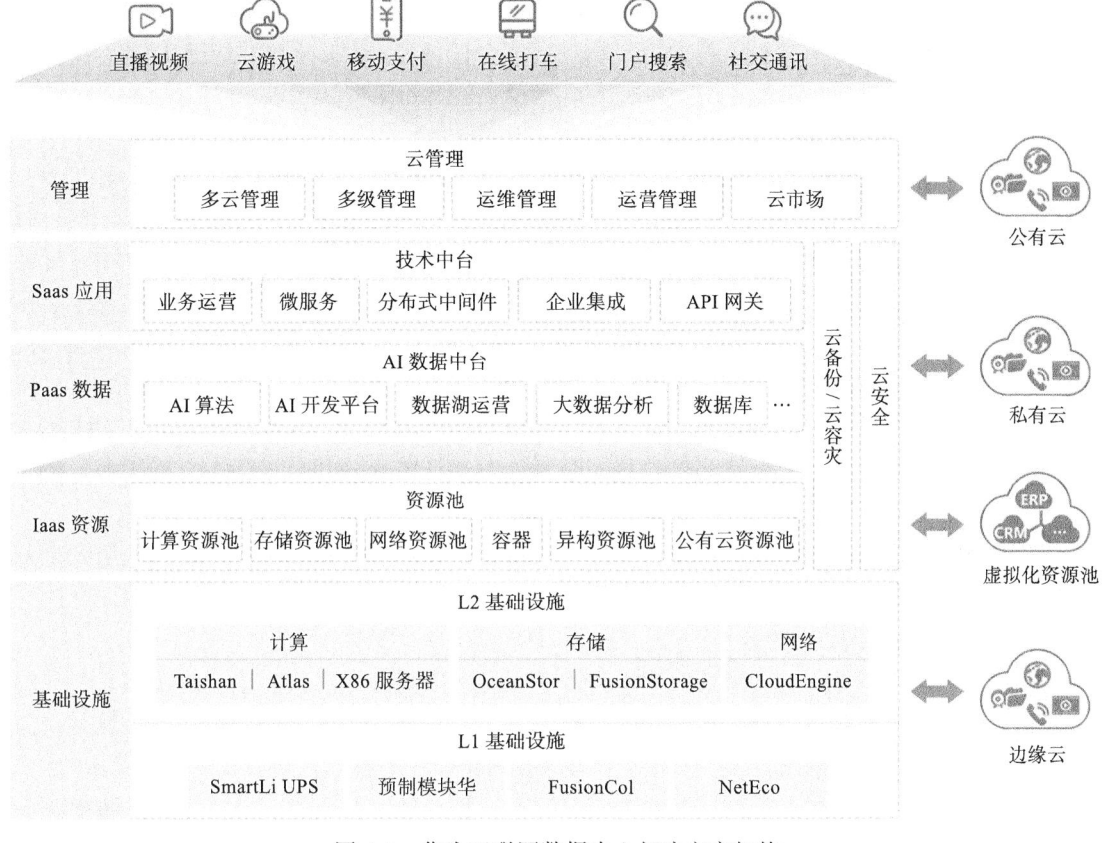

图 4-7　华为互联网数据中心解决方案架构

4.3.2　信息化与工业化融合

工业企业"信息化与工业化融合"是指工业企业围绕战略目标，把信息化作为企业发展的内生要素，在信息技术和工业技术紧密结合的环境下，大力推进企业产品设计、生产制造、经营管理和营销服务的优化，实现企业业务系统综合集成、企业间业务协同，以及发展模式创新，以提升企业创新能力、优化资源配置、变革生产方式、提高能源资源利用效率，推进工业企业创新发展、智能发展和绿色发展，形成可持续发展的企业竞争能力。

"十三五"期间，"两化"融合管理体系持续推进，信息技术在制造业研发设计、生产制造、经营管理、运维服务等关键业务环节广泛应用，全国工业企业关键工序数控化率、经营管理数字化普及率和数字化研发设计工具普及率分别达到 52.1%、68.1% 和 73.0%，五年内分别增加 6.7%、13.2% 和 11%，制造业数字化转型不断加速。

南京钢铁股份有限公司（以下简称"南钢"）先后开发 MES、ERP、JIT+ C2M、5G 技术的应用等，充分利用信息技术优势改进企业活动。近年来，南钢在现有信息系统的基础上，借助物联网、"互联网+"、大数据、云计算，以及智能优化模型等技术，面向钢铁产品全生命周期，以提质增效、高效协同为中心，构建集智能装备、智能工厂、智能决策、智能互联于一体的智能制造体系，将用户个性化需求与大规模生产精准对接，实现产品规模化生产与定制式制造相融合的钢铁智能化制造，协同上下游供应链信息的交互、协同设计以及产品的终端加工，满足客户个性化定制需求，提升品种高效研发、稳定产品质量、柔性化组织生产、成本综合控制、快速分析决策，产业链资源整合、个性化加工配送等能力，提升南钢核心竞争力，实现了智能制造、绿色制造。2021 年，南京钢铁股份有限公司以 531 亿元营收，28 亿元利润，在中国 500 强企业中排名第 216 位。

1. 升级制造业信息技术

升级制造业信息技术是从信息集成、过程集成向综合集成、网络化协作升级，同时与全业务过程融合并向构建数字化企业方向转型。目前大部分企业进入了信息化初级阶段，具备了利用信息技术在线办公、收集数据、监控数据等的能力，但各个环节之间是脱离联系的，这就难以最大化信息技术的价值。信息技术的综合集成等大大提升了信息化应用的效果，涉及跨部门整合运用、从单一产业链向上下游协同应用的跨越发展、从被动应对市场威胁到主动满足市场需求等。通过采用适当的数据、技术、方法、工具等升级之后的信息技术，来优化企业设计、制造、服务等活动过程，提升企业的服务能力，提升服务对象的满意度。

培育具有竞争力的工业互联网平台企业是升级制造业信息技术的重要方式。强化工业大数据开发、制造资源配置和解决方案汇聚能力，加快工业知识的沉淀、传播和复用，有助于打造基于平台的制造业新生态。

第一，发展跨行业、跨领域综合型平台：建设覆盖原材料、装备制造、消费品、电子信息等多个行业，以及研发设计、生产制造、运维服务等多个领域的综合型平台，提供工业资源集聚共享、工业数据集成利用、工业生产与服务优化创新等服务。

第二，建设面向重点行业和区域的特色型平台：聚焦数字基础好、带动效应强的重点行业，面向制造资源集聚程度高、产业转型需求迫切的区域，发挥平台的知识沉淀转化和资源协同配置作用，带动行业转型升级和区域协调发展。

第三，培育特定技术领域的专业型平台：围绕特定工业场景，聚焦云仿真、"设备上云"、大数据建模等特定技术领域建设专业型平台，开展前沿技术与工业机理模型融合创新应用。

2. 加强信息技术与业务融合

信息技术与业务融合是企业采用信息技术的高级阶段。基于系统层次观，可将信息技术与业务融合划分为基础架构融合、业务流程融合和战略融合三个层次，该融合有助于企业进行商业模式创新，挖掘潜在的商业价值。

从基础架构层面来看，信息技术基础设施和软件系统的配置与调整有助于企业架构间的衔接与联系。换言之，企业可以借助融合了先进信息技术的基础设施和软件系统对业务加以处理，发挥信息技术的优势，完善企业开展商业模式创新所需的设施，提升组织结构的适应性与灵活性。

从业务流程层面来看，企业信息技术与业务流程的匹配能够帮助企业解决业务流程方面的痛点，通过优化业务流程找寻更具优势的价值创造空间，如信息技术资源能够促进组织的业务流程再造并推动产品的持续改进，或推动企业采用全新的技术、工艺流程或管理形式等向顾客提供具有全新价值的创新服务。

从战略层面来看，信息技术与业务的深度融合在潜移默化中使企业价值观和行为发生变革，能够帮助企业形成新的思维模式，为价值创造提供新的解决思路。

3. IT 企业向提供信息集成服务转变

信息集成服务是指根据某一特定的主题,将来自不同信息源的相关信息(无论其地理位置、数据结构和通信要求如何)有机地连接成一个整体,借助于网络技术和应用软件的支持,提供用户访问。人们对信息系统的需求不仅仅停留在将所有元素整合起来,实现各元素之间的高效沟通,更重要的是挖掘信息系统中数据的价值,而用户很难实现这一过程,要交给专业的机构处理,因此系统集成商提供信息集成服务不仅能满足市场需要,还能通过提升服务水平来获取更多收益。信息集成服务具有广泛的适用性。用户使用信息集成服务时,在前台面对的是计算机界面,而后台则是整体化的信息资源保障体系,用户通过计算机界面能得到动态的、在时间和空间上一致的、面向主体的信息服务。

航天信息公司是国内知名的 IT 企业和系统集成商,在税务、公安、电子政务、粮食等细分行业市场稳居前两位,2018 年它也开始向"系统集成商+大数据运营商和服务商"转型,一方面是因为通过传统手段为用户提供 IT 解决方案已经不能满足行业用户的需求,而航天信息未来的增长引擎是"智能";另一方面是因为航天信息积累了海量数据,包括 9 000 万用户的工商数据,近 1 100 万户企业的纳税服务数据,以及 20 亿份电子发票的数据等,转型升级能进一步挖掘海量数据的价值。

4. 发挥信息平台提供专业服务的作用

企业通过建立某个领域内的信息平台,将产业链中的供应商、制造商等集成在平台上,并为它们提供业务活动相关的服务。随着平台中用户数量增加,平台的信息服务能力也越强,专业的服务让制造业企业更好地与外部商家合作。

4.3.3 发展生产性服务业

"十三五"以来,我国服务业比重进一步提高,生产性服务业加速迈向专业化,并不断向高品质延伸。优质高效的服务业助推产业改造升级,提升百姓生活品质。全国多地加大对生产性服务业发展的推进力度,将其作为优化产业结构、促进产业转型升级的重要举措。在浙江杭州,以企业为主体,以数字化为主线,从"机器换人""工厂物联网"到"工业大脑""企业上云",先进制造业和现代服务业相融相长的路径正在加速推进。以供应链管理延伸为例,菜鸟网络、传化智联、百世物流等通过发展现代物流融合制造,一方面推动物流全流程数字化发展,另一方面积极搭建制造业企业和物流企业的对接平台,创新供应链协同模式,推进物流设施和制造服务全流程绿色化、智能化、一体化提升改造。

生产性服务业(producer service),又称"生产者服务",是指用于满足中间生产需求,通过市场化模式向生产企业和其他组织的生产活动提供中间投入服务的产业,主要用作生产其他有形产品或者提供无形服务所需的中间投入类型服务。这类服务的专业性程度比较高,以知识元素密集为其重要特点。生产性服务业具有以下特征。第一,产出的无形性:作为服务业的一类,它带来的是一种非物质的无形产出,能够体现出产业结构的软化程度。第二,中间投入特征:生产性服务是一种中间投入,体现为制造企业或服务企业的生产成本。第三,生产性服务具有人力资本和知识资本密集的特征:生产性服务业的投入以人力资本和知识资本为主。第四，与服务对象的知识空间可分性：提供生产性服务不受空间限制，可以进行跨地区、跨国转移。

现阶段，服务业在我国 GDP 中占比刚超过 50%，相较于发达国家 70% 以上的比例还相去甚远。为了推动我国服务业持续发展，让服务业创造更多价值，我国从多层次、多角度、多产业制定了一系列服务业发展战略，其中生产与市场主要围绕生产性服务业展开，通过电子商务、现代物流、研发设计等让制造业推动服务业发展，进而促进二者的融合。除此之外，与个人消费、公共服务相关的战略性产业也与制造业有一定联系，如数字家庭等生产性服务业使家电制造业与内容管理融合，相辅相成，促进二者的共同发展。

1. 为生产性服务业生产经营提供支持

为了促进生产性服务业发展，要为生产服务的服务业提供与生产经营活动及其过程相关的支持性服务活动，包括保险、物流、金融和其他商业服务业，如广告和市场研究，以及职业和科学服务，如会计、法律服务、研究和开发等。要大力挖掘与生产制造和加工组装等核心业务相关的企业活动，让服务融入各个环节之中，在提升制造业效率的同时，创造更多生产性服务。企业可以从供应链管理、提供服务解决方案、开展电子商务等多方面开展活动。

第一，生产性服务业可以解决供应链各成员缺乏信任的问题，通过应用区块链技术创新信息管理系统来提高交易效率，从原材料采购到销售与回收，都能嵌入生产性服务，从而实现厂商与服务提供商的多赢。

第二，企业生产活动中还涉及超出企业知识范围的业务，服务提供商便可以为其提供诸如法律咨询等高效、专业的第三方知识服务；此外，咨询机构也可以为企业提供问题的成套解决方案等。

第三，电子商务已经成为制造业产品销售的重要渠道，对于信息化能力弱、不能开展电子商务的企业来说，生产性服务也可以为其提供一体化电子商务销售等解决方案。

2. 考虑生产性服务业的不同发展阶段

生产性服务业的发展存在着一个规律性趋势，即由"内部化"或"非市场化"向"外部化"或"市场化"演进。在经济发展水平与市场化程度较低、市场交易成本较高时，生产性服务通常由企业自身来提供；随着经济的发展、市场化程度的提升，以及市场交易成本的降低，经济系统中开始涌现出专门提供诸如财会、营销、咨询、物流等服务的独立市场主体，服务需求者可以通过市场来购买所需的各类服务，而无须进行自我服务，如图 4-8 所示。

生产性服务又可以分为企业内部自我提供的生产性服务与通过市场交易而获得的生产性服务。前者可以反映企业内部专业化分工，以及以企业内部计划为基础的资源配置效率和内部产业链状况，而后者则反映市场之中企业与企业之间的专业化分工，以及以市场竞争为基础的资源配置效率和产业分工体系。生产性服务的外部化、市场化与产业化发展是专业化分工和资源配置从企业内部扩展到市场之中的必然趋势。伴随这一趋势，一方面企业内部的价值链和产业链得到优化，核心竞争力得以提升；另一方面企业乃至整体经济的资源配置和利用效率得以提高，产业分工与产业结构更趋合理，整体经济的创新力与竞争力随之提升。

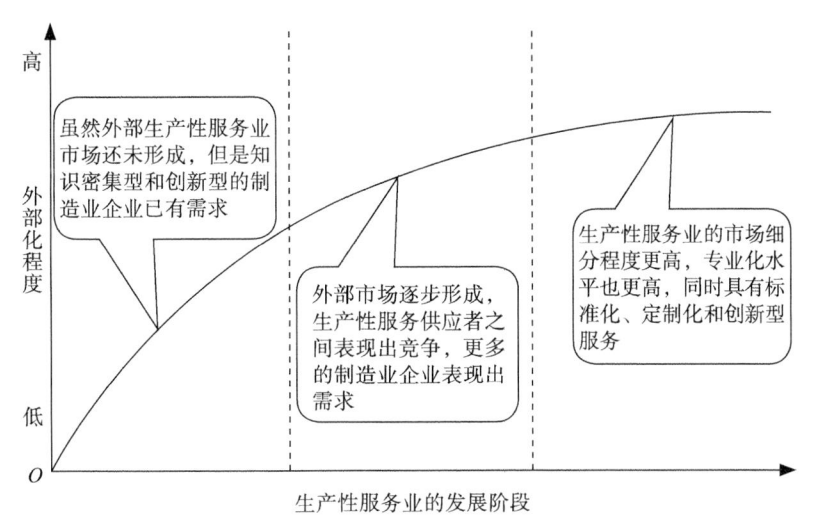

图 4-8 生产性服务业的发展阶段

服务企业在制定发展战略时，应考虑自己所处的阶段，如今大部分细分领域市场都表现出高度竞争的状态，因此企业自身应具有较高的专业化水平，同时朝着提供标准化、定制化和创新型服务策略发展。此外，还要着手解决基础、共性、支柱性服务的模式创新、服务产品研究开发、关键标准规范制定、人才培养等关键问题，以发展现代服务业核心能力为切入点，面向农业、制造业、民生服务领域，重点发展研究开发及产品设计服务、电子商务服务、现代物流服务、在线支付与金融服务、信息系统外包服务、科技信息与知识服务、在线专业服务、在线数字内容服务等。

本章小结

制造业呈现出全球化、专业化、精益化、服务化、绿色化的发展趋势，服务业呈现出服务市场高价值化、服务模式创新化、服务业主导要素信息化、现代服务市场垄断化、与传统产业融合化等重要的趋势。制造业与服务业融合的主要战略途径包括制造业服务化、"两化"融合、发展生产性服务业。企业在进行制造业服务化时，要根据"微笑曲线"判断自身所处阶段，并努力提升所在阶段的附加价值，同时还要根据所处制造业服务化的不同阶段采取不同措施。"两化"融合的重点包括升级制造业信息技术、加强信息技术与业务融合、IT企业向提供信息集成服务转变，以及发挥信息平台提供专业服务的作用。发展生产性服务业时，企业不仅要为生产性服务生产经营提供支持，还要考虑所处生产性服务业的不同发展阶段。

思考题

1. 请简述制造业与服务业的发展趋势。
2. 请简述"微笑曲线"的含义与作用。
3. 请简述制造业服务化转型的途径。

案例

服务产品化：柳州螺蛳粉

螺蛳粉是广西柳州著名的原创米粉小吃，近年来，柳州螺蛳粉在全国迅速蹿红，已经跃升为名副其实的"国民小吃"。2018年预包装螺蛳粉产值超40亿元，生产企业达58家，网店超过1.2万家，日均销量超100万袋，2021年预包装螺蛳粉产业突破150亿元，如图4-9所示。

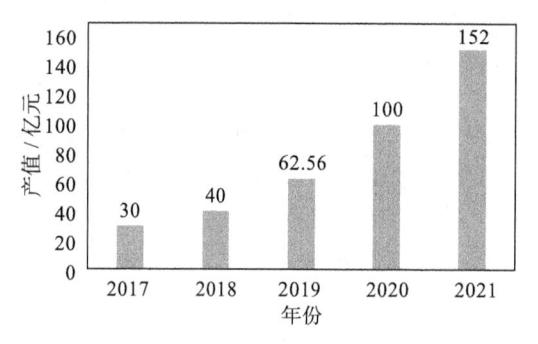

图4-9 柳州预包装螺蛳粉产值

（2017：30；2018：40；2019：62.56；2020：100；2021：152）

螺蛳粉成功的原因既在于其风味独具特色，也依靠服务业与制造业的融合。螺蛳粉传统的做法需要提前准备多种食材，而且要现熬现煮，复杂的制作方式及只能堂食的特点极大地削弱了其流通性。2012年，纪录片《舌尖上的中国》对螺蛳粉的制作过程进行了拍摄，这让其开始小有名气，后来随着多方的宣传，螺蛳粉已经开始向"网红"小吃发展，但只能到柳州当地才能吃到。2014年，柳州第一家预包装螺蛳粉企业注册成立，标志着广西柳州螺蛳粉开始走工业化生产之路。预包装螺蛳粉通过改良烹饪方式，降低了消费者的制作难度与食用门槛，解决了消费者因距离柳州遥远而对螺蛳粉"望而却步"的痛点。工厂与餐厅制作螺蛳粉的流程有所差异，工厂一边熬煮汤料，一边将酸笋、酸豆角、花生分装到小包装里，最终将所有原材料打包，做成预包装食品，用户只需煮熟米粉即可食用。而餐厅制作的螺蛳粉只能即食。

广西螺霸王食品有限公司董事长姚汉霖说："毕竟由第三产业转为第二产业，得用工业化的思路。"传统的螺蛳粉是餐饮行业的产业，属于服务业，而预包装螺蛳粉则是流水线上生产出来的产品，已化身为制造业的产物，因此螺蛳粉实现了从服务业向制造业的转型。此外，通过实际烹饪技术不断改进预包装螺蛳粉的味道，让产品更加热销，也是提供生产性服务的表现。

随着螺蛳粉的市场需求的扩大，消费者对螺蛳粉的质量要求更高了，因此衍生出不同口味的个性化需求。为了提升消费者体验，作为制造业的螺蛳粉产业不断提升其服务水平。首先，为了提升产品质量，市场陆续淘汰了不达标的企业；其次，企业还制定了袋装螺蛳粉标准、申请"柳州螺蛳粉"国家地理标志产品、建立螺蛳粉产品质量检测中心和螺蛳粉原材料基地、引进了原材料可溯源技术，让消费者不再担心食品安全问题；最后，为了满足不同消费者对口味的个性化需求，螺蛳粉推出香辣味、麻辣味、番茄味、海鲜味、酸辣味、牛肉味、骨汤味、酸菜味、混合口味等，利用信息技术对市场需求进行预测，为产品生产提供依据，实现不缺货又不大量积压货物。螺蛳粉在生产过程中，也通过模块化方式实现了大规模定制，即同样的米粉与不同料包搭配就成为不同类型的产品。

从餐厅走向生产线，根据螺蛳粉做法不断改进生产线，不仅实现了服务制造化的转型，同时也发展了生产性服务业。在此基础上，通过多种方式实现了制造业服务化，进一步提升消费者对预包装螺蛳粉的体验。"服务业—服务制造化—制造业服务化"的过程让螺蛳粉在市场化的过程中不断克服困难，最终取得了优异的市场成绩。

资料来源：http://gx.people.com.cn/n2/2021/0202/c400231-34561158.html。

讨论题：

1. 传统螺蛳粉无法走出柳州的原因是什么？
2. 螺蛳粉能够实现工业化大批量生产的基础是什么？
3. 预包装螺蛳粉提升消费者体验的方式有哪些？

参考文献

[1] 王晶，贾国柱，张人千，等.制造业服务化案例研究[M].北京：机械工业出版社，2015.
[2] 安筱鹏.制造业服务化路线图：机理、模式与选择[M].北京：商务印书馆，2012.
[3] 高娜，赵嵩正.制造业服务化、服务知识管理及应用[M].北京：机械工业出版社，2019.
[4] DAL PONT J P, AZZARO-PANTEL C. New appoaches to the process industries: the manufacturing plant of the future[M]. Hoboken, USA: John Wiley & Sons, 2014.
[5] HILLIS D R, DUVALL J B. Improving profitability through green manufacturing: creating a profitable and environmentally compliant manufacturing facility[M]. Hoboken, USA: John Wiley & Sons, 2012.
[6] 工业和信息化部.关于印发"十四五"信息化和工业化深度融合发展规划的通知：工信部规〔2021〕182号[A/OL].（2021-11-17）[2021-12-25]. http://www.gov.cn/zhengce/zhengceku/2021-12/01/content_5655208.htm.
[7] 徐振鑫，莫长炜，陈其林.制造业服务化：我国制造业升级的一个现实性选择[J].经济学家，2016（9）：59-67.
[8] 张翔，赵群.低碳经济引领下的我国制造业绿色化发展综述[J].机械制造，2013，51（10）：1-6.
[9] 李松庆，梁碧云.制造业服务化概念和演进阶段的研究综述与展望[J].商业时代，2012（35）：116-117.
[10] 赵振."互联网+"跨界经营：创造性破坏视角[J].中国工业经济，2015，（10）：146-160.
[11] PASCHOU T, RAPACCINI M, ADRODEGARI F, et al. Digital servitization in manufacturing: a systematic literature review and research agenda[J]. Industrial marketing management, 2020, 89: 278-292.
[12] LEE J, SHIN H D, HONG S. Servitization of global manufacturing business[J]. Journal of industry, competition and trade, 2021, 21（4）: 565-584.
[13] JIANG Z Z, FENG G, YI ZL, et al. Service-oriented manufacturing: a literature review and future research directions[J]. Frontiers of engineering management, 2021, 9: 71-88.
[14] KAMAL M M, SIVARAJAH U, BIGDELI A Z, et al. Servitization implementation in the manufacturing organisations: classification of strategies, definitions, benefits and challenges[J]. International journal of information management, 2020, 55: 102-206.

第 5 章
CHAPTER 5

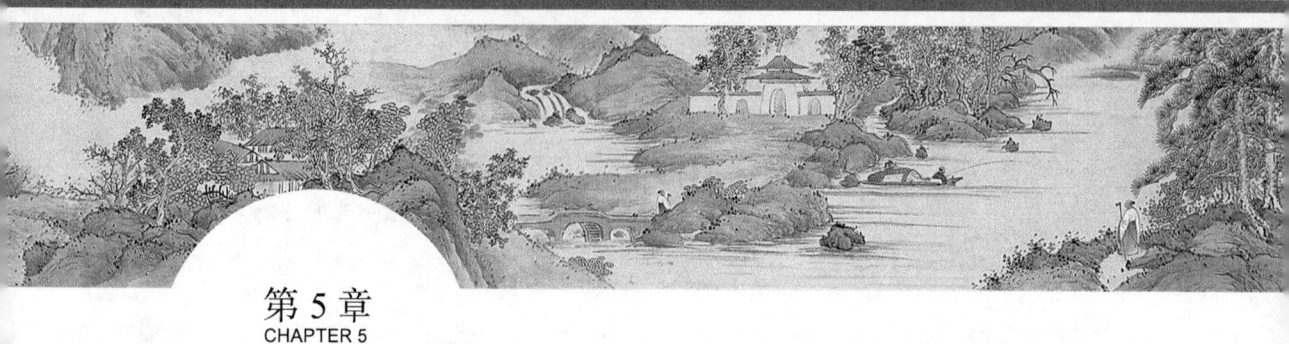

供应链管理

核心要点

- 供应链产生的逻辑
- 供应链管理的主要内容
- 供应链管理的发展趋势

5.1 供应链的产生

5.1.1 运营环境的变化

当前,逆全球化与新冠肺炎疫情等致使市场运营环境呈现出高度复杂的动态不确定性,导致企业面临供给中断等风险;技术创新速度加快,导致产品更新换代速度快、生命周期变短;消费者消费能力的提升,导致消费者越来越强调个性化需求、响应速度、绿色消费和服务。随着电子交易模式的应用,消费者可选择的范围从局部市场转变为全球市场,导致企业面临全球范围内的竞争;市场供需关系由供不应求转变为供大于求,企业需要精准快速地调整自身资源与能力以适应市场变化。新的市场环境突出的特征在于其呈现出高度复杂的动态不确定性,要求企业快速组织价值网络中各环节的资源和能力,以响应和应对市场不确定性。不确定性具体体现在以下几个方面。

1. 供需力量变化

在供不应求的情况下,卖方市场环境赋予了供给侧定价权,企业占据了市场主导地位,拥有更大的话语权。企业管理理念强调"成本中心",管理的重点是对其生产所涉及的企业资源与能力进行有效控制,通过大规模生产模式低成本地生产出标准化产品。竞争的核心是尽可能低成本、高质量地满足需求，企业采用纵向一体化策略控制价值链上各环节的资源和能力，关注焦点在于通过企业组织行政控制的方式来配置资源和能力。

自20世纪90年代开始，全球市场环境由供小于求变为供大于求，供给侧能力过剩使企业丧失定价权，从而进入由消费者决定价格的买方市场。在供给大于需求的环境下，企业的利润被动地由自身的成本和市场价格决定，为了实现更高的利润，管理理念从"成本中心"转为"利润中心"，其管理的重点在于：如何降低成本以保证企业的利润空间，在价格由消费者主导的情况下通过精益生产等运营管理创新降低成本，提升利润水平。

随着市场竞争加剧，企业若仅在供给侧降低成本，则只能保证有限的利润空间。创新供给侧和需求侧的各参与行为主体的价值创造和共享机制，即采用"价值中心"的管理理念，是企业实现持续竞争力的关键。"价值中心"管理的重点在于：如何在供给侧与需求侧内实现价值共创与共享并实现精准匹配。供给侧通过大规模定制，实现制造部件和生产过程的标准化、模块化、系列化，集并零碎需求以实现大规模生产，借助工业互联网平台集并供给侧行为主体的能力、知识与资源，在更大范围内降低了成本，增加了供给侧行为主体的价值；同时借助数据驱动的技术洞察需求、为消费者提供体验，通过工业互联网平台为消费者提供个性化、敏捷、精准的系统服务解决方案，增加消费者价值，使消费者愿意为个性化支付更高价格，最终实现供给方的增值；实现了从零碎化需求与供给匹配到规模化、平台化、生态化的转变，精准匹配需求与供给，实现了供需双方的价值增值。

市场环境的变化要求企业实现从"成本中心""利润中心"到"价值中心"的转变，同时企业对价值网络中各环节资源和能力的控制模式从纵向一体化模式向供应链管理模式转变，从而实现供需精准匹配与价值共创共享。

2. 技术变革推动

以物联网、"互联网+"、大数据为代表的新一代信息技术的迅猛发展和快速普及，为企业的经营和发展带来了革命性的变化。

第一，产品所依赖的技术创新和产品换代越来越快，导致产品生命周期越来越短。技术进步和消费者需求的个性化使产品生命周期不断缩短，产品生命周期的缩短要求企业不断提高敏捷响应市场新需求的能力。中国移动发布的《2020年第二期5G终端消费趋势报告》显示，七大手机品牌国内用户的平均换机周期是25.3个月的时间，最短换机周期是22.8个月。产品生命周期缩短、更新换代速度加快，使产品在市场上存留的时间大大缩短，要求企业在很短的时间内实现产品开发和上市。在这种环境下，企业的竞争优势在于对市场的变化做出快速反应，迅速将新产品推向市场，以最快的速度满足消费者的需求。纵向一体化模式由于投入的沉没成本过高而很难实现迅速转变，但供应链管理模式能够快速组织价值网络中各环节的资源和能力，敏捷响应需求变化。

第二，技术变革对供需双方产生了全面而深刻的影响。一方面，新一代信息技术催生的新业态和新模式导致电子商务等模式的兴起，消费者可选择的产品范围越来越大，由区域市场变成了全球市场，企业面临的竞争也从局部市场转变为全球市场，这要求企业精准、快速、低成本、高质量地响应市场需求，而原有的纵向一体化组织资源和能力的方式不能满足这一要求。另一方面，互联网使企业之间合作的交易成本大幅度降低，企业可以在更大范围内配置资源和能力，原来的纵向一体化配置资源和能力的方式丧失了优势，企业可借助互联网平台，以培养核心竞争力为目标，将其在价值网络中不具备竞争力的环节外包出去，以市场交易的方式对其涉及的价值网络中各环节的行为主体进行协调，从而实现对资源和能力的组织。

3. 消费者期望越来越高

消费者收入水平提升、可供消费者选择的产品和服务范围扩大等原因，使消费者关心的要素在价格、质量等因素的基础上，强调及时化、便利化、个性化和绿色化，交货期、服务、个性化和绿色成为消费者关注的重点。这要求企业快速在全球范围内组织资源与能力来满足和利用市场的快速转换带来的市场需求和市场机会。

乔治·斯托克（George Stock，1998）指出："时间"要素是企业下一个竞争优势源泉。嘉思明咨询公司（Kurt Salmon Associates）联合零售商、服装制造商，以及纺织品供应商基于时间竞争开发了快速响应（quick response，QR）模式，目的是减少从原材料到销售点的时间和整个供应链上的库存。在激烈的市场竞争环境下，消费者期望的交货期越来越短，这要求企业能对不断变化的市场做出快速反应，不断地开发出满足消费者需求的产品，去抢先占领市场以赢得竞争，即尽可能提高对消费者需求的响应速度。单个企业通过对自有业务流程进行优化很难实现快速响应，企业需要通过供应链模式与上下游合作协调，使供应链各行为主体及各业务活动从序贯决策转变为全局优化，以缩短提前期、提高响应速度，敏捷精准地实现供给与需求匹配。

在发达国家，普遍存在"两个70%"现象，即服务业产值占GDP比重的70%，制造服务业占整个服务业比重的70%。上海生产性服务业促进会发布的《2018年上海生产性服务业发展报告》显示，上海生产性服务业增加值已从2008年的4 188亿元增长到2018年的13 707亿元，服务业占GDP比重达到69.9%，生产性服务业占服务业比重达到60.01%。单个企业若要引入增值服务，可能要从事不擅长的业务活动，难以发挥其核心竞争力。企业需要与供应链上下游合作，组建所需流程的专业化模块，以更好发挥各个企业的核心竞争力，构建供应链的整体竞争优势。

此外，消费者已不满足于从市场上买到标准化生产的产品，希望得到按照自身要求定制的产品或服务，即个性化需求逐渐兴起，如家电品类的细分成为当下主要趋势之一。小家电产品中需求黏性最强的电饭煲产品，近两年逐步细分出以电磁加热技术为代表的升级化产品，而这些细分化产品也往往表现出更高的溢价能力。吸尘器产品则逐渐细分出手持式、卧式、微型、机器人、除螨仪等品类，以满足不同用户家庭的需求。企业为了能在新的环境下继续保持发展，纷纷转变生产管理模式，从大规模生产转向大规模定制。虽然大规模定制能高质量、低成本、快速地响应消费者需求，但是对企业的运作模式提出了更高的要求：企业需要进行模块化改造，转变为高度专业化分工的企业，各个企业或者部门生产自己具有核心优势的功能模块，随后组合成市场需求的产品，从而对复杂多变的市场需求做出快速反应。采用纵向一体化模式的企业往往在其上下游环节投入较多资源，难以迅速地退出或转变，而供应链模式使企业可以灵活组建业务模块，具有高度的生产柔性和制造敏捷性，可以有效组织大规模定制，快速满足消费者的个性化需求。

同时，消费者对绿色产品的需求日趋增强。随着环保理念逐步深入人心，越来越多的消费者青睐具有健康、节能、无污染等特点的绿色产品。阿里研究院报告显示：2018年，从天猫、淘宝上购买绿色商品的消费者数超过 3.8 亿人。2020 年，我国新能源汽车销量比上年增长 10.9%[①]。拼多多统计数据显示，2020 年，平台上节能类大家电的消费人群、消费金额同比增长 35%、41%；节水类大家电的消费人群、消费金额同比增长 115%、89%[②]。单个企业无法实现绿色低碳目标，企业需要与供应链上下游合作，要求价值网络上各环节都实施绿色理念，实现行为主体的合作与业务流程的协同，才能有效实现绿色低碳目标。

4. 竞争维度变化

如第 2 章所述，同一时期消费者往往会关注某一特定的竞争维度，即竞争重点；竞争重点也会发生改变，即随着市场的供给和需求力量结构从供不应求变为供过于求，企业的核心竞争因素已由成本、质量逐步变为服务、体验，这对企业提出了更高挑战：企业不仅要具备成本、质量、交货期等订单资格要素，还要具备体验、服务等订单赢得要素，本书第 2 章对其进行了详细介绍。订单赢得要素和订单资格要素的变化，要求企业对资源进行快速有效配置，而传统的纵向一体化模式难以实现，这促使企业寻求新的管理模式即供应链模式来应对运营环境的变化。

5.1.2 传统管理模式与供应链

1. 传统管理模式的特点与不足

当需求大于供给时，企业面临的是以规模化需求和区域性为主的卖方市场。市场较为稳定，即一个产品能卖很长时间、产品生命周期很长，企业不需要快速调整其资源和能力。消费者关心更多的是价格和质量，而不是个性化和服务水平、交货期等，此时企业往往采用大规模制造的生产模式。其管理重点是：快速、低成本地生产出标准化的产品，企业专注于少品种、大批量生产，其产品流水生产线是刚性的、专用的，通过大规模生产获取规模经济，实现成本节约；企业的组织结构也通常采用直线职能制，其特点在于多级递阶控制，表现为管理跨度小、层次多的组织框架，企业通过这种层级控制的方式来组织和配置资源与能力。正是基于这样的组织结构，企业的管理思想和制度也以集权式为主要特征，追求高效率、稳定和控制。企业往往考虑采用纵向一体化的生产模式来实现从原材料到产成品的增值过程，严格要求各环节进行配合，通过行政控制的手段来保证配置资源和能力的有效性。

纵向一体化也称纵向集成战略，分为向前集成和向后集成，并有其相应的策略。纵向集成采用的策略是：或扩大自身规模，或参股上下游企业。它直接决定了企业生产运营职能所涉及的范围，即企业活动的边界。纵向集成的战略决策分为三类：第一，方向决策，指的是企业选择或是后向集成（朝原材料方向延伸，被看作降低成本或提高供应保证程度的防御型战略），或是前向集成（企业接近市场，被看作扩展市场的进攻型战略）；第二，范围决策，指的是在前向或后向一体化中走多远；第三，平衡决策，指的是企业所在供应链中某一环节各阶段的能力是否完全平衡。

[①] 资料来源：http://zw.china.com.cn/2021-03/01/content_77259138.html。

[②] 资料来源：https://www.zgswcn.com/mobile_h5/wapArticleDetail.do?article_id=202108241600311155&contentType=article。

企业制定纵向集成战略的三类决策时，主要考虑两个因素的影响。第一，成本因素。企业通过集成扩大业务范围，增加新创造的价值，可以降低成本，但盈利增加与投资增加相联系，且自制、自销的效率往往低于专业制造、专业经营的企业。第二，加强控制因素。企业在集成过程中要避免前后向的变动造成生产大幅度波动，减少前后向的竞争压力，保障信息畅通，供应链上下游企业之间要相互合作、协调，并对内部供应产品的质量、交货期、价格等加强控制。

当企业处于市场供给能力小于市场需求、相对稳定的市场环境中时，纵向一体化模式这一配置资源和能力的模式是有效的。但是在科技迅速发展、世界竞争日益激烈、消费者需求不断变化、供大于求的新形势下，市场环境呈现出复杂动态变化和高度不确定性，这就要求企业敏捷应对多元化和动态化的消费需求，具备及时改变、调整和配置其资源的能力，而纵向一体化模式无法满足市场变革提出的新要求。在新的市场特征及要求下，纵向一体化模式存在以下不足之处。

其一，将所有的产品增值过程纳入企业业务范围增加了企业的投资负担，提高了企业的财务风险，过高的沉没成本让企业承担丧失市场时机的风险，因为在供应链上下游投入的资源和能力过多，其退出成本会过高；同时，纵向一体化模式下的行政层级太多，导致行政成本过高、管理效能过低。

其二，企业过大的业务范围会让企业同时在价值网络中各个环节上都面临竞争，纵向一体化模式迫使企业从事不擅长的业务活动，难以发挥核心竞争优势，同时也无法快速响应市场带来的变化。

其三，纵向一体化模式增大了企业的行业风险。如果整个行业不景气，采用纵向一体化模式的企业不仅会在最终用户市场上遭受损失，而且会在各个纵向发展的市场上遭受损失，面临整个产业的市场风险。前述的因素将导致企业需要很长时间才能调整其资源和能力，难以快速组织资源和能力来响应市场变化，丢失市场机会，在这种情况下，企业不能适应当前高度复杂的动态不确定性环境带来的挑战和提出的竞争要求。

2. 供应链可应对新要求

近年来，供给能力逐渐超过市场需求，市场竞争趋势发生了显著的改变：市场产品的生命周期越来越短，产品品种飞速膨胀；消费者对交货期、对产品和服务的期望，以及个性化产品需求越来越高。这使企业寻求应对消费者需求多样化和变化快速性的方法。企业逐渐开始从纵向一体化向横向一体化转化，即企业将非核心业务外包给合作企业，自己集中资源和能力发展核心竞争能力；生产模式从"大而全、小而全"向"分散网络化制造"转化；设计、开发与生产环境从"封闭式"向"开放式"转化。以中国的芯片制造商台积电为代表的横向一体化的企业，通过与业务伙伴结成战略联盟占据竞争中的主动地位，有效地实现了扩大生产规模、降低成本、提高企业竞争优势的目标。

企业为了应对新的市场竞争环境和减少机会成本，开始选择将非核心业务外包的生产模式，从纵向一体化转为横向一体化。横向一体化和业务外包虽然能凸显企业的核心竞争优势，但其配置资源与能力的方式是基于市场交易的，对应的交易成本为市场交易成本。业务外包后的企业在摆脱了非核心业务的约束后，也要面临与其上游供应商交易的情况，增加了谈判和履约环节的成本；市场交易的不确定性会给企业的生产制造带来新的影响，不同供应商的供应能力不同、供应稳定性不同、交货方式不同，横向一体化也要面临供应不确定性的风险成本，即其资源和能力供应存在不确定性。

为了解决横向一体化的市场交易成本增加，以及管理不确定性，使企业能以较低的成本实现专注于核心竞争能力的发展模式、敏捷地实现对快速变化市场需求的响应，企业间通过重复交易建立信任、节约市场交易成本，并推动供应网络上各行为主体形成长期稳定的合作和联盟，即供应链。供应链这种介于市场与企业两者之间的组织资源和能力的模式，可使价值网络上的各行为主体专注于不同的核心竞争能力，同时在价值网络中找到合作伙伴并形成业务互补的企业价值共同体，适应运营环境变化对企业提出的新要求。

5.1.3 供应链的产生逻辑

单纯考虑企业内部资源优化不能适应激烈竞争的需要，企业需要充分利用外部资源，与供应链上下游合作伙伴协同运作，才能真正提高企业竞争力。供应链管理强调的是各个企业专注于自己最擅长的核心业务，将其他非核心业务委托给具有优势的合作伙伴，通过供应链的组织和协调，形成更强的竞争力。下面基于交易成本理论，简述供应链产生的逻辑。

1. 供应链的内涵

供应链（supply chain，SC）最早来源于彼得·德鲁克（Peter F. Drucker）提出的"经济链"，而后经由迈克尔·波特发展成为"价值链"，最终演变为"供应链"，埃森哲咨询公司优化传播了这一理念。供应链是围绕核心企业，通过对信息流、物流、资金流和工作流的控制，从采购原材料开始，制成中间产品及最终产品，最后由销售网络把产品送到用户手中，将供应商、制造商、分销商、零售商直到最终用户连成一个整体的功能网链模式。供应链包含了从原材料到产品的所有节点企业，是各价值活动增值并传递价值的过程，提供满足用户需求的产品和服务。供应链从广义的角度来看，其实质是价值网络上各行为主体为满足市场需求而组织的跨企业界面的价值共同体，其活动主体包括为满足某一需求涉及的原材料供应商、零部件供应商、制造商、分销商、零售商、物流商、顾客等，其业务活动包括为实现某一产品或服务所涉及的设计、采购、制造、分销、运输、仓储、回收等。

供应链中存在一个核心企业。对于核心企业，供应链是连接其供应商、供应商的供应商，以及用户、用户的用户的网链。核心企业有可能是制造商如格力，也有可能是品牌生态运营商如海尔。如图5-1所示，以制造商为核心企业的供应链，是一个跨企业结构模式，它包含所有加盟的节点企业，从原材料的供应开始，经过链中不同企业的制造加工、组装、分销等过程，直至最终用户。它不仅是一条从供应商到用户的物流链、信息链、资金链，而且是一条价值增值链，给相关企业都带来收益。通过用户需求的驱动，供应链以最优的价值增值流程，满足用户需求，其核心思想是传递价值并增值。

供应链的每一个环节都存在供方与需方的对应关系，供应链涉及多个相互关联，但是在法律上又相对独立的企业与组织，是以某个企业为核心的满足用户需求、规避供应链参与企业的风险、提升供应链参与企业价值的增值网络。伴随着物流、资金流和信息流在这个网络中的流动，核心企业同供应链上的其他企业一起，共同承担着与一类或多类产品相关的采购、生产并最终将产品送达用户等各项活动。供应链具有如下特征。

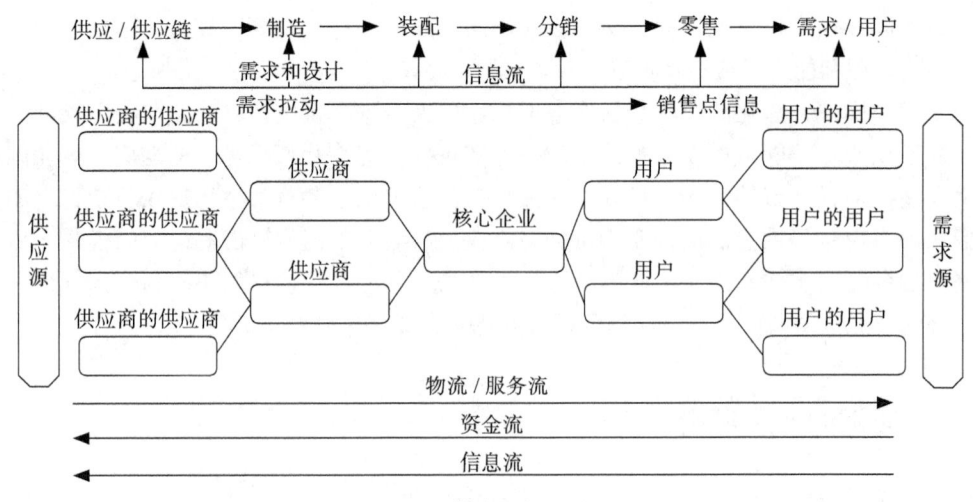

图 5-1 供应链结构模型

首先，需求驱动。供应链的形成、存在、重构，都是基于某一特定市场需求而发生的，并且在供应链的运作过程中，用户的需求拉动是供应链中信息流、物流和资金流运作的驱动源。

其次，复杂系统。供应链是网状结构的，企业可存在于多个供应链中，供应链的结构模式比一般的单个企业的结构模式更为复杂。受不同外部经济环境、行业、生产技术和产品的影响，会产生不同形态结构、不同行为主体构成和采用不同控制方式的供应链。

再次，动态网络。供应链因企业战略和适应市场需求变化的需要，其中的节点企业需要动态地更新，这就使供应链具有明显的动态性。

最后，价值共同体。供应链是为了满足市场需求而形成的价值共同体，需要实现价值的共创共享、实现增值并传递价值。

2. 交易成本

1937年，罗纳德·哈里·科斯（Ronald H. Coase）在《企业的性质》（*The Nature of The Firm*）一文中首次提出"交易成本"的思想。市场和企业是两种不同的资源配置方式，市场通过价格机制来配置资源，而企业则通过行政命令来组织和配置内部资源。企业是否应该存在也就取决于对市场交易成本与内部组织成本的衡量，当市场交易成本高于内部组织成本时，就应该从市场退出，采用企业的方式提高资源使用效率。1977年，奥利弗·伊顿·威廉森（Oliver Eaton Williamson）指出：交易成本分为事前成本和事后成本，其中事前成本包括谈判、信息搜寻和签约成本等，事后成本包括合约执行和监督成本等。交易成本的大小取决于交易的三个维度：交易资产的专用性程度、交易不确定性程度、交易发生的频率。传统的供应商关系和供应链合作关系的对比如表5-1所示。供应链合作关系的核心是通过长期、稳定、紧密合作，以及重复交易构建信任，进而节约交易成本和应对及管理不确定性。

表 5-1 传统的供应商关系与供应链合作关系的对比

项目	传统的供应商关系	供应链合作关系
相互交换的主体	物料	物料、服务
供应商选择标准	单一强调价格	多标准并行考虑（交货质量和交货期等）
稳定性	变化频繁	长期、稳定、紧密合作

(续)

项目	传统的供应商关系	供应链合作关系
合同性质	单一	长期合同，具有开放性
供应批量	小	大
供应商数量	多	少（少而精，长期、紧密合作）
供应商规模	小	大
信息交流	信息专有	信息共享（电子化连接、共享各种信息）
质量控制	输入检查控制	质量保证（供应商对产品质量负全部责任）
选择范围	当地投标评估	在国内外广泛评估可增值的供应商

与一次性市场交易相比，供应链有利于节约市场交易成本，具体体现在以下四个方面。第一，供应链各行为主体之间通过重复交易可降低交易成本，主要原因是链内企业间重复交易可节约市场交易方式中重新签约引起的交易成本，且重复交易可抑制机会主义行为的成本、降低讨价还价的成本。第二，供应链中稳定且较少的成员之间交易能产生规模效应，从而降低交易成本。一方面，交易对象数量较少，可降低总的信息搜集成本；另一方面，与每个伙伴的交易数量较大，可实现生产、制造、物流等活动的规模经济。第三，供应链组织间信息共享降低了由信息不对称引起的交易成本，且在长期交易中，交易双方行为更加自律，道德风险出现的概率也降低。第四，供应链组织间的信任机制可长时间约束交易双方，从而降低交易成本。供应链内信任机制的出现减少了法律契约实施和行为监督，降低了合作的履约成本及考核成本。相比于通过简单的法律契约来抑制机会主义行为，信任机制是基于重复交易建立的可置信威胁，即一旦供应链上下游中任何成员有机会主义行为，则会丢失其后续可能的订单；其一旦建立只需相对低的维持成本，这些自我保护措施可以在很长时间内控制机会主义行为。

与纵向一体化相比，供应链有利于节约企业内部通过行政方式配置资源和能力的成本。具体体现在以下四个方面。第一，供应链减少了由于资源与能力的无效率使用而产生的费用。供应链可对资源与能力的僵化因素进行不断剥离，积极吸收不同路径的知识和技能，重新调配与运用知识、诀窍和专有的互补资产，以便对新需求、新问题做出响应。第二，供应链可以节约信息交流成本。纵向一体化层次多、信息传递链条长、管理体制效率低，导致信息传递渠道不通畅，且随着生产与技术复杂性的增加，有效信息交流矛盾越发突出。第三，供应链可以节约大量的资源闲置费用。纵向一体化往往缺乏与其他企业的协作，因此缺乏与之配套、互补的资源，从而导致大量的闲置资源造成相关浪费。供应链成员企业可通过合作使资源有机会相互匹配，形成协同效应和价值增值，提高资源的使用效益。第四，供应链减少了机会主义行为，降低了监督成本。在纵向一体化中，信息不对称使企业代理人在追求自身利益最大化的过程中，会出现机会主义行为，从而产生道德风险。而要减少机会主义行为，需要通过强化监督与管理来实现，进而产生高额的监督成本。供应链组织是一种动态组织形式，其不具有固定的结构和模式，成员企业主要以契约为联系纽带、以价值共创共享为行为宗旨；因为不是一家企业，所以不会形成行政机制，也不会形成高额的监督成本。

3. 资源和能力配置模式的演变：从纵向一体化到供应链

在供给能力小于市场需求的市场环境中，资源和能力的配置往往通过纵向一体化，将上下游企业兼并为企业的一部分，通过企业行政控制的手段实现对资源和能力的配置。这种产业纵向一体化整合实现了产业内的有序化，企业通过内部控制协调能够有效降低市场的交易费用，而交易成本的节约提高了资源配置绩效。纵向一体化的主要目标是适应稳定、局部的市场，在纵向一体化的初期存在交易成本的节约。

但随着纵向一体化程度的增加，其会导致企业管理的幅度越来越大，与此同时，随着企业自身规模的扩大，企业内部的组织协调成本会快速上升，企业这一资源配置模式的交易成本会越来越高。具体体现如下。一方面，当企业规模扩大时，通过行政指令所带来的收益会减少，所需的协调成本会增加：如果企业的规模不断扩大，企业的组织层级会不断增加，获取企业内部信息的成本就会增加；而企业的决策要得以实现，也需要将信息逐级向下传达，每一次传递都有可能使信息失真，从而降低信息的正确性。另一方面，由于信息不对称，企业不一定会把生产要素配置在最佳用途之上；且基于信息不对称问题的存在，上级会对下级进行监督，企业的层级越多，需要投入的监督成本就越高。

为应对纵向一体化导致的交易成本的上升，企业选择外包模式。外包导致配置资源的模式从企业转变为市场，而一次性交易的市场模式由于交易成本过高，所以转变为重复交易。重复交易能建立供应链上下游成员间的信任、降低市场交易成本，建立长期合作的联盟。首先，从资产专用性来看，企业间以供应链联盟替代市场机制可稳定交易关系，降低交易费用；其次，从交易的不确定性来看，可充分利用更大的价值网络组织适应市场需求的供应链，从而在一定程度上对外部市场环境中的不确定性进行有效管理，减少由不确定性带来的交易费用；最后，从交易频率来看，供应链常常产生在有纵向联系的制造商和分销商、制造商和供应商之间，由于其间存在较高的交易频率，因而这些处于上下游的企业愿意建立供应链联盟来稳定交易关系，节约交易费用。

综上所述，供应链中交易双方的契约关系是：建立在相互信任和长期合作的基础上的配置资源和能力的方式。供应链这一介于企业和市场之间的中间组织，既能实现长期稳定的合作关系，又可以避免企业内部协调成本的增加，从而有效应对复杂多变的运营环境。

5.2 供应链管理的主要内容

5.2.1 供应链管理概述

在企业间重复交易的驱动下，供应链管理（supply chain management，SCM）是在满足产品和服务水平需求的同时，为了使系统成本最小化而采用的把供应商、制造商、分销商、运输商、仓储商和顾客有效地结合成一体来生产产品和提供服务，并把正确数量的产品和服务在正确的时间配送到正确地点的一套方法。供应链管理的核心是通过价值网络上各行为主体的合作实现价值的共创共享。供应链管理的目标在于通过各行为主体的合作与业务流程的协同，实现供给与需求的精准匹配、供应链整体的全局优化。

供应链管理强调：第一，成员合作建立价值共同体以实现利润增值共享与风险共担；第二，依赖战略管理与整体优化以实现服务水平的提高和成本的优化；第三，供应链是物流、信息流、资金流、工作流的集成。供应链管理需要考虑系统内的每一个成员（包括供应商的供应商和用户的用户），需要实现系统的整体效率与成本的优化，包括战略、战术和运营三个层面的内容。

供应链管理的总体目标为实现供给与需求精准匹配，即以最小的成本来满足顾客的需求。供应链管理以满足顾客需求为核心，供不应求即出现短缺会导致顾客流失，供过于求则会导致无效库存。供应链管理的具体目标为全局优化、管理不确定性。供应链由于涉及多个行为主体，且个体的理性决策往往会导致局部最优但不是全局最优，即存在奥尔森困境，故其决策需要从序贯决策向全局决策转变，即实现全局优化；同时供应链中的所有行为主体应该尽量减少生产冗余并避免生产不足的问题，也应该对影响供应链稳定性的可预期问题进行提前预防，并制定可靠的风险管理措施，即管理不确定性。

1. 全局优化

全局优化是有难度的。首先，供应链的网络复杂，上下游企业的设施在地理上布局分散，很难实现统一的管理和优化。其次，供应链的不同环节和主体的目标不同甚至冲突。例如：供应商希望采购需求量稳定、交货时间灵活；制造商希望长期的生产过程稳定、高质量、高生产率、低成本；配送中心希望低库存、低运输成本、具备快速补货的能力；而顾客希望短提前期、高库存，以保证采购时可以有现货、产品可选择范围大、低价格。最后，供应链是一个动态系统，供应链成员间的关系动态变化，顾客需求动态变化，市场竞争与环境动态变化，供应链刚刚实现的全局优化很可能会被下一次的系统变化改变，因此建立稳定的供应链网络是十分困难的。

为了实现全局优化，在新一代信息技术的支持下，业界涌现出了支持实现全局优化的方法与路径，如供应链网络的设计与优化，开发链的优化，供应链相关流程的优化，以及优化的流程与策略（如战略伙伴关系、供应合同、激励机制等）。

2. 管理不确定性

不确定指事先不能准确知道某个事件或某种决策的现象，不确定性是特定事件对于企业未来的收益和损失造成的不确定影响。不确定性给企业带来的影响有大有小，小到生产工厂中一次小小的生产节拍波动，大到如近年来的新冠疫情。正是由于规模和影响结果的未知，供应链管理者在管理不确定性时会面临一定的困难。供应链的不确定性是供应链的变异所带来的，从运营管理的角度来看，变异可以大致分为以下三类：需求变异、生产变异和供应变异。大部分变异事件，如交货提前期、制造产品环节、运输时间、部件可得性的改变，以及自然灾害和社会安全事件的发生等，都会通过这三个方面来影响供应链的稳定性。

虽然有效的预测可以降低不确定性，但是预测很难准确。首先，预测永远是"错的"。供应链管理者手中的数据不可能涵盖供应链的所有方面，所掌握的外部环境信息也不可能充分体现市场环境的演进方向，更难以预测自然灾害，因此，预测失准是大概率（甚至必然）会发生的。其次，预测周期越长，预测错误的可能性越大。因为越遥远的预测事件在将来发展的过程中包含了越多未知的信息，预测难度越大。最后，供应链管理者对于产成品的预测误差越大，对预测产成品所依赖的中间产品的预测误差就越大。

除了预测供应链变异具有难度外，管理不确定性也有难度。首先，供应与需求匹配本身就是一个困难的过程，在稳定的供应链中，即使顾客对特定产品的需求变化不大，供应链中库存和缺货水平的波动也会很大，供应链变异进一步提升了管理的难度。其次，预测不一定能解决实际的问题，预测结果的实效性和预测的准确度是影响预测可靠性的主要因素。最后，企业除了具有预测的能力之外，还应该具有根据预测来实施供应链不确定性管理的能力。

供应链不确定性管理可以考虑的策略有拉式系统、风险共担、集中化、延迟制造、战略联盟和协同预测等。供应链管理者需要根据供应链上下游企业的技术、资金、生产能力和合作意愿，基于供应链所处的市场、社会和政策环境，来明确需要使用的管理策略。风险共担和集中化的策略适用于合作程度较高的供应链体系，而延迟制造则需要供应链核心企业具备极强的供应链管理能力。表 5-2 归纳了供应链管理的关键问题和供应链管理目标的关系。

表 5-2　供应链管理的关键问题和供应链管理目标的关系

关键项目	全局优化	管理不确定性
网络设计	√	
库存管理		√
供应合同	√	√
物流配送管理	√	√
战略伙伴	√	
外包与采购	√	
产品设计		√
顾客价值	√	
信息技术	√	√

5.2.2　供应链整合类型及选择

1. 供应链整合类型

供应链管理应当能有效地将供应商、制造商、仓库和商店整合起来。进行供应链整合的最大挑战就是将贯穿供应链的所有活动联系起来，从而使企业获得绩效的提升，如降低成本、提高服务水平、减少牛鞭效应、提高资源利用率，以及有效地对市场变化做出反应。应对这些挑战不仅需要对产品、运输和库存决策进行统一管理，还要涉及更广泛的范围，对供应链的前端即客户需求和供应链的后端，即供应链上的设计、采购、制造、物流和销售等各业务活动进行组织协调，以实现供应链上下游各行为主体的业务活动的融合与协同。

供应链运营模式常被划分为推式和拉式两种。这种划分来自制造系统，即面向库存的制造和面向订单的制造。但相当一部分公司集成了这两种供应链，形成了第三种供应链系统：推－拉混合式供应链。

（1）推式供应链。

在市场供给能力小于市场需求时，供应链整合是通过面向生产库存的推式驱动来整合上下游的业务活动，采取推式供应链（push supply chain）可实现大批量生产与运输等，获得规模经济以节约成本。在一个推式供应链中，生产和分销的决策都是根据长期预测的结果做出的。通常，制造商利用从零售商处获得的历史需求信息，对下一个计划周期的需求进行预测。推式供应链对市场变化做出反应需要较长的时间。

推式供应链的模式如图 5-2 所示。从图 5-2 中可以看到，它是以产品为导向的推式管理，供应链上各企业之间只存在交易关系，原材料采购、零部件制造、成品组装、分销、零售等功能性活动相互分割，节点企业的供应链系统都有各自的预测方法和标准。在这种推式供应链管理模式下，制造企业通过利用下级用户的历史需求信息进行预测来安排其生产计划，并将产品通过其分销渠道，如分销商、零售商等，逐级向供应链的下游推移，而用户处于被动接受的末端。推式供应链侧重于供应链的效率，强调供应链各成员企业按基于预测的计划运行。

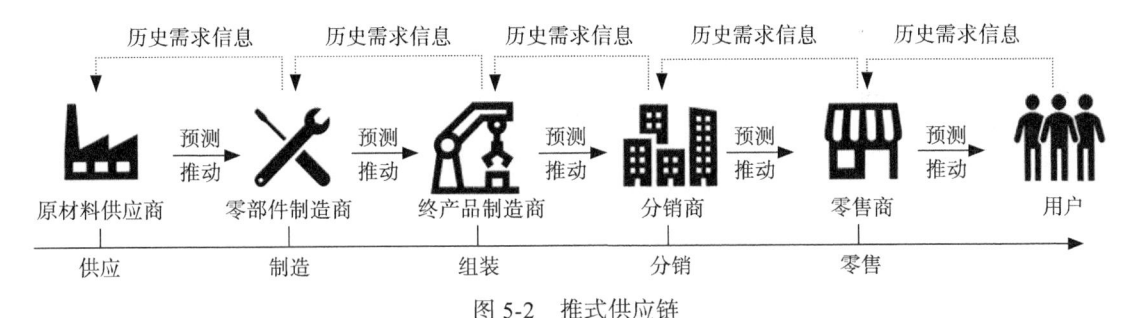

图 5-2 推式供应链

在这种由供应商、制造商、分销商、零售商和用户依次连接的供应链中，牛鞭效应可能导致服务水平低、产品过时、生产批量更大和更容易变动，同时因为整条供应链的响应周期长，所以导致制造商和零售商必须备有大量缓冲库存。牛鞭效应将导致资源无效利用，因为在这种情况下计划和管理工作变得很困难。例如，制造商不清楚应当如何确定它的生产能力：如果根据最大需求确定生产能力，就意味着大多数时间里制造商必须承担高昂的资源闲置成本；如果根据历史平均需求确定生产能力，就需要在需求高峰时期寻找昂贵的补充资源。同样，对运输能力的确定也面临这样的问题：以最大需求还是平均需求为准。通常可以发现运输成本提高、库存水平上升或制造成本提高，都是由紧急的生产转换所导致的。

（2）拉式供应链。

当市场供给能力远大于市场需求时，市场环境的变化要求供应链上下游业务的整合由面向生产库存的推式驱动转变为面向需求的拉式驱动。拉式供应链（pull supply chain）强调对顾客需求的敏捷响应，通过对顾客需求尤其是个性化需求的满足实现价值的增值，以顾客需求为驱动来组织供应链上的各业务活动。拉式供应链的生产和分销是在接到确定的订单后再组织相应的生产、采购、运输等活动的，是以订单驱动为导向，而非基于历史需求数据，以下一个计划周期的预测值为依据组织生产、采购、运输等活动。拉式供应链的模式如图 5-3 所示。

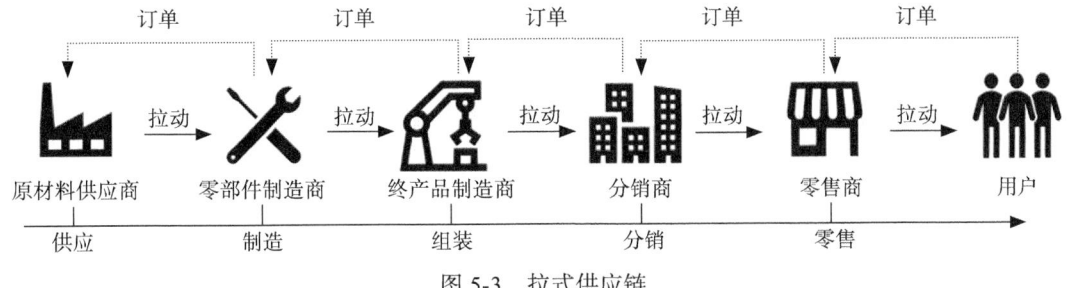

图 5-3 拉式供应链

在拉式供应链中，产品生产和交货是根据当期订单而不是基于历史需求信息预测值进行协调的，这样生产和销售就能基于真正的市场需求而不是预测需求进行协调。拉式供应链以消费端的客户需求为起点，通过尽可能提高生产和市场需求的协调一致性，来减少供应链上的库存积压，实现对顾客需求的精准敏捷响应，从而获利。在拉式供应链管理模式下，依据消费市场或消费者的当期实际需求，沿供应链向上游层来组织采购、制造、组装，以及分销等业务活动。为达到上述目的，供应链中需要采用快速信息流动机制来将顾客需求传输给供应链中的不同成员（如POS资料）。拉式供应链策略可缩短提前期、降低零售商和制造商的库存水平、降低系统变动性，以及提升市场响应水平。

在一个基于拉式的供应链中，与一个对等的基于推式的系统相比，通常存在系统库存水平的大幅下降、管理资源能力的增强，以及系统成本的下降。但是当提前期（在接到订单后，从组织采购、制造、组装、运输等活动到最后完成交货的时间）大于顾客愿意等待的时间时，拉式供应链则很难实现。此外，在拉式供应链中，企业也比较难以利用生产和运输的规模优势。

（3）推–拉混合式供应链。

虽然单纯的推式或拉式供应链具有各自的优势，但也存在着种种局限，因此在现实中，许多企业都采用推–拉混合式供应链，供应链上的某些活动采用推式运营方式，其余的活动采用拉式运营方式。

在推–拉混合式供应链运营模式中，供应链的某些层次，如上游的几层以推动的形式运营，而其余的层次采用拉式模式。根据预测生产的模式（推式）向根据订单生产的模式（拉式）转换的邻接点称为"推拉边界"，如图5-4所示。为了更好地理解这一战略，我们进一步观察供应链的时间线，即从采购原材料开始，到将订单货物送至顾客手中的一段时间。推拉边界必定在这条时间线上的某个地方。在这个边界上，企业的运营策略会从推式转换为拉式。图5-5总结了几种不同生产模式下的推拉边界。

图 5-4　推–拉混合式供应链

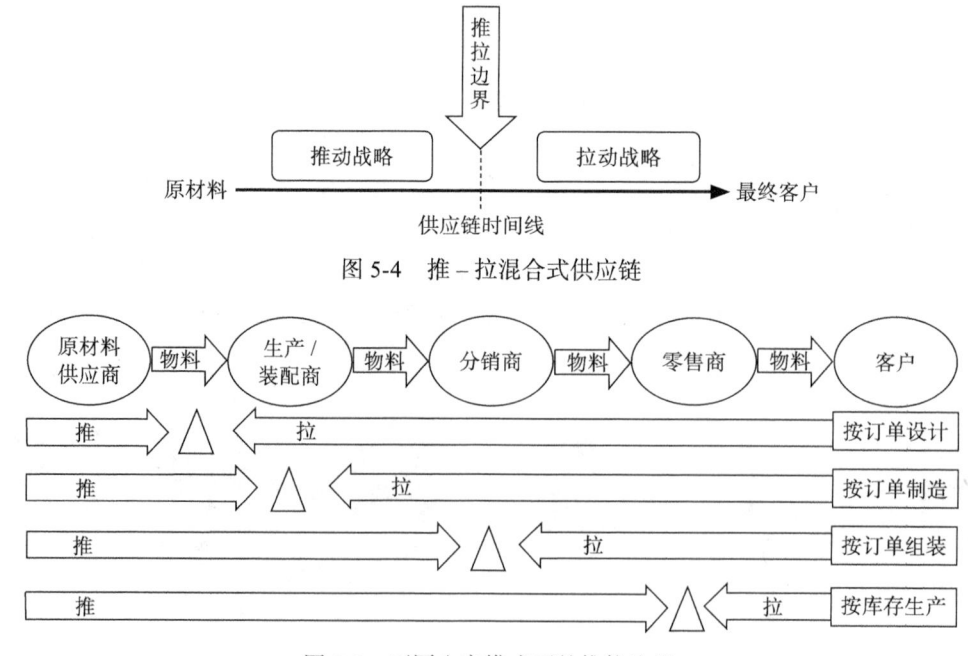

图 5-5　不同生产模式下的推拉边界

以个人计算机设备生产为例，传统的运营方式是采取按库存生产（build to stock）策略组织供应链上的各业务活动，即先根据历史订单数据预测进行生产品种和数量决策，再以较长订货提前期进行分销配送，将生产的产品不断补充其成品库存，然后根据对市场需求的反应进行分销配送。在激烈竞争的市场环境下,单位产品的市场盈利率不断下滑,但市场的个性化需求却越来越强烈,导致交货成本居高不下,部分制造商采取了按订单生产(build to order)与按库存生产两者融合的运营模式。组件库存水平是依据预测数据进行管理,之后再依据顾客特定要求进行装配作业。制造商在装配作业前的供应链系统属于推式策略,根据顾客实际需求进行装配作业则属于供应链的拉式策略,所以推拉边界就在装配的起始点。

虽然计算机的配置、规格、型号不同,但主要是由一些共用零部件和少量个性化组件组装而成的,生产商充分利用共用零部件的总体需求更为准确的特点,从而降低了库存成本。戴尔计算机就非常成功地运用了推-拉混合式供应链。图5-6展示了传统计算机生产模式和戴尔计算机生产模式的区别。戴尔计算机制造商对所有产品都会用到的中间件、零部件进行汇总预测,其预测更为全面、准确,对这一部分的生产采用按库存生产的模式,通过大批量生产获得规模经济、节约生产成本;同时由于其预测准确程度高,具有通用性、标准化等特征,故其库存风险较低。而对于终产品,由于消费者具有个性化偏好、其预测准确性低,通过多样化来满足消费者个性化偏好会增加库存成本和无效库存,同时也很难实现标准化生产而获得规模经济,故采用按订单生产的模式来整合相应的业务活动,这样可以解决个性化需求带来的不确定性与库存成本之间的悖论,通过灵活满足个性化的需求来实现增值。

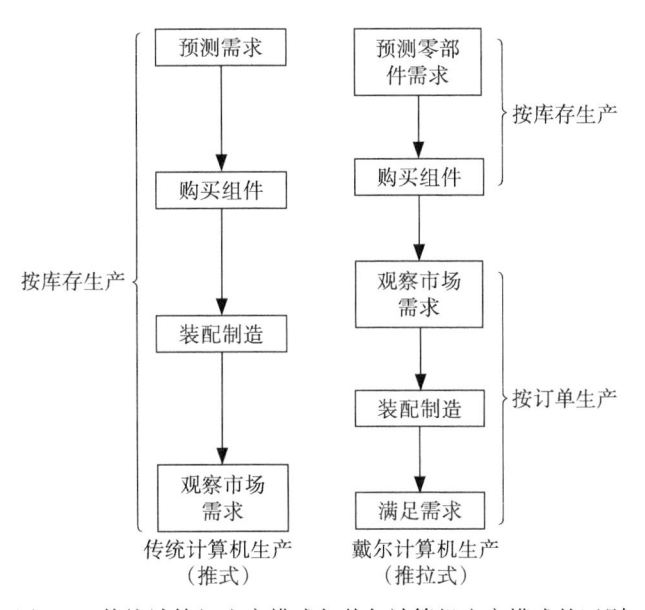

图 5-6 传统计算机生产模式与戴尔计算机生产模式的区别

延迟制造或延迟产品设计或延迟差异化是推-拉混合式供应链具体的实现路径。在延迟策略中,公司延迟产品设计与制造作业的程序,以便尽可能延迟产品特定差异化部分的制造。生产中性产品或族系产品的制造流程采用推式的模式,之后当终产品的需求订单产生时,再采用拉式的模式生产差异化的特定终产品。在制造产品差异化之前的供应链作业是基于推式策略的,通用产品的生产和运输是依据长期的预测进行的。因为对通用产品的需求相当于对所有终端产品的组合需求,能使预测更加准确而降低库存水平,与此对应的是,客户对不同的最终产品的需求具有相当高的不确定性,所以应当在实际需求发生即客户下了订单后再进行相应的制造、组装和运输等活动,这样供应链中差异化时间点以后的阶段则以拉式为基础。

2. 供应链整合战略的选择

对一个特定产品而言，应当采用什么样的供应链整合战略呢？图 5-7 提供了将供应链整合战略与产品和行业相匹配的框架，其中纵轴提供关于客户需求不确定性的信息，而横轴表示生产或分销中规模经济的重要性。

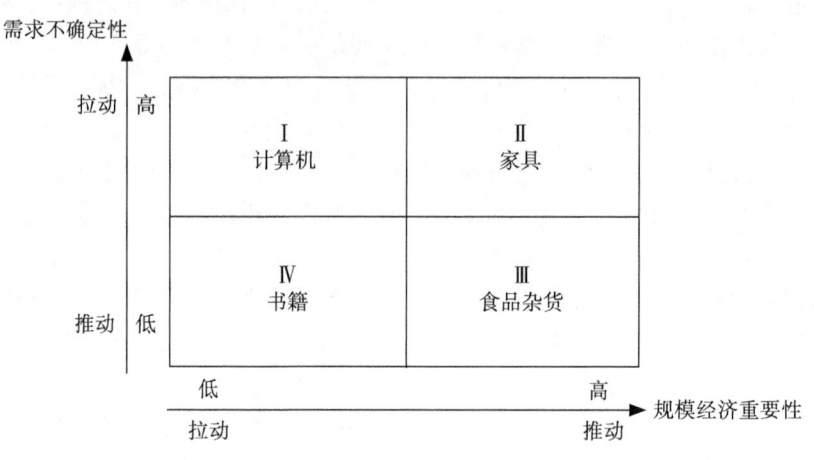

```
需求不确定性
  ↑
拉动│高  ┌─────────┬─────────┐
     │    │    I    │    II   │
     │    │  计算机  │   家具  │
     │    ├─────────┼─────────┤
     │    │   IV    │   III   │
推动│低  │   书籍  │ 食品杂货 │
     │    └─────────┴─────────┘
     │      低           高     → 规模经济重要性
            拉动         推动
```

图 5-7　与产品和行业相匹配的供应链整合战略

在其他条件相同的情况下，需求不确定性越高，就越应当采用拉式供应链来整合业务活动；相反，需求不确定性越低，就越应该采用根据长期需求预测管理供应链的模式即推式供应链来整合业务活动。同样，在其他条件相同的情况下，规模经济对降低成本越重要，意味着市场端更强调的是标准化产品和服务，而不是个性化产品和服务，因此可以通过设计、采购、制造等环节的标准化实现规模化，故越应当采用推式供应链来整合业务活动，根据长期需求预测管理供应链。如果规模经济不那么重要，那么就应当采用拉式供应链来整合业务活动。

在图 5-7 中，二维变量把一个区域划分为四个部分，区域 I 表示该行业（或者产品）的特点是具有较高的需求不确定性，同时生产、装配或分销的规模经济不十分重要，如计算机行业。对这种行业或产品采用拉式供应链。区域 III 表示的是需求不确定性较低而且规模经济较重要的产品，例如啤酒、粮食、调料等食品杂货行业的产品。由于对这类产品的需求相当稳定，所以通过满载运输来降低运输成本，对整个供应链成本控制而言十分重要。在这种情况下，采用拉式供应链就不太合适，而推式供应链更有利。

区域 I 和 III 表示的情况比较容易选择有效的整合供应链的模式。然而在其他两个区域中，用需求不确定性和规模经济重要性这两个维度提出的整合供应链业务活动就存在一定的矛盾。在这两个区域内，需求不确定性将供应链"拉"向一个战略，而规模经济重要性则将供应链"推"向另一个战略。区域 IV 表示的产品具有较低的需求不确定性，表明应采用推式供应链，但同时它的规模经济重要性也低，表明应采用拉式供应链。图书就属于这一类，企业需要考虑更多的因素来确定其供应链整合的模式，如考虑采用二八法则，对头部产品即畅销图书采用推式供应链的模式；而对尾部的产品则强调长尾效应，即采用拉式供应链的模式。

区域 II 表示的是需求不确定性高而且在生产和运输过程中规模经济十分明显的产品和行业。家具行业是这种情况的最典型的例子，此时需要考虑更多的因素，比如产品的价值：对于产品价值高的家具如红木家具，更多的是采取拉式供应链，当顾客确定品种、款式、花色之后，即顾客订单确定，供应链上的各环节才去制造；对于产品价值低的家具，则更多的是采取推式供应链，通过运输和生产成本的规模经济来实现成本的节约。

上述讨论的框架更倾向于为不同的产品确定更合适的推动或拉动水平，要利用推式或拉式或推–拉混合式供应链系统来整合业务活动，还需要考虑许多因素，包括产品的复杂程度、生产提前期，以及与供应商的关系等。同样，要实施一个推–拉混合式供应链系统也要首先确定推拉边界的位置。例如，戴尔将推拉边界放在了装配点上，而家具制造商则把推拉边界放在生产甚至是设计环节上。一般来说，用推式供应链的模式来整合业务活动比较适合于供应链中需求不确定性相对较低，能用长期需求预测进行管理的产品或中间产品或零部件。用拉式供应链的模式来整合业务活动比较适合于供应链中需求不确定性高，需要按实际订单进行管理的产品。

因为供应链推动部分的需求不确定性相对较低，服务水平不是最主要的问题，所以重点应当放到成本最小化上。另外，供应链的这个部分除了具备需求不确定性低、生产或运输过程中能实现规模经济的特点，还有较长的提前期和复杂的供应链结构，如产品装配层次较多等。这样，通过对诸如生产和分销能力的有效管理，实现库存、运输和生产成本的最小化，就能达到总成本最小化的目标。

供应链拉动部分面对的需求具有较高的不确定性、简单的供应链结构和较短的循环周期。因此，这部分的重点是提高服务水平。一般要达到高的服务水平，需要使供应链更加灵活和敏捷，供应链要能对顾客需求的变化做出快速响应。服务水平是供应链拉动部分的核心目标，其重点是订单满足及完美履约。成本和资源利用率是推动部分的核心，要用供应链计划流程来为后面几个星期或几个月制定高效率的策略。表 5-3 总结了供应链的推、拉部分的一些特点并对其进行比较。

表 5-3 供应链的推、拉部分比较

阶段	推动部分	拉动部分
目标	最小化成本	最大化服务水平
复杂程度	高	低
重点	资源配置	快速反应
提前期	长	短
流程	供应链计划	订单满足

供应链的推动部分和拉动部分只有在推拉边界才会相交。这就是在整个供应链时间线上需要协调两种战略的节点，一般会通过设置缓冲库存的方法来解决这个问题。这种库存在不同的部分扮演着不同的角色。在推动部分，推拉边界的缓冲库存是实施计划产出的一部分，而在拉动部分，这是生产流程的一项输入。所以，供应链推动和拉动部分的接口就是需求预测点。这个预测是根据拉动部分的历史数据做出的，通常被用来驱动供应链计划流程和确定缓冲库存。

5.2.3 供应链整合的影响因素

1. 提前期的影响

提前期越长，用推式供应链的模式来整合业务活动就显得越重要，因为提前期长，企业很难对顾客的订单做出及时响应，所以用拉式供应链的模式来整合业务活动必然很困难——没有办法在顾客愿意等待的时间内为顾客提供其所需要的产品和服务。提前期与需求不确定性对供应链整合模式选择的影响如图 5-8 所示。

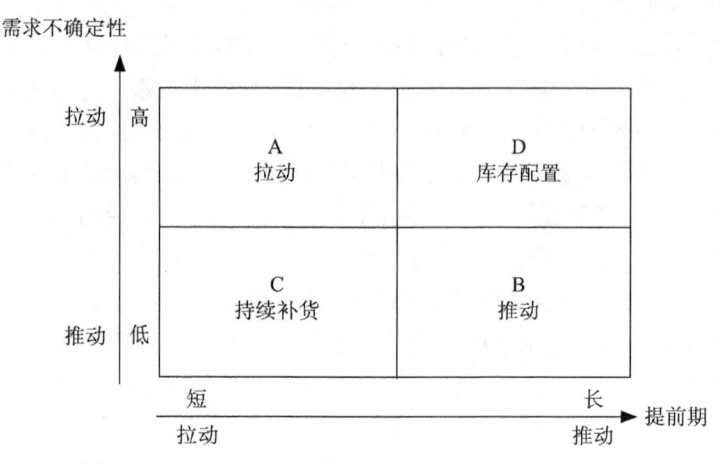

```
需求不确定性
  ↑
拉动│高        A              D
   │        拉动           库存配置
   │
   ├─────────────────────────────
   │
推动│低        C              B
   │       持续补货          推动
   │
   └────短──────────────长──────→ 提前期
           拉动            推动
```

图 5-8　提前期与需求不确定性对供应链整合模式选择的影响

A 区域代表具有短提前期和高需求不确定性的产品，例如个人计算机等产品建议对该区域尽可能采用拉式供应链的模式来整合业务活动。

B 区域代表具有较长的供应提前期和低需求不确定性的产品，例如日用品，在该情况下，采用推式供应链的模式来整合业务活动比较合适。

C 区域表示的产品具有较短的供应提前期和较高的需求可预测性，例如面包、牛奶等食品行业产品。实践中，零售店和超市采用的就是"持续补货"的战略，供应商从销售点获取数据，并且利用这些数据决定为维持特定库存水平而需采购的产品数量。在这条供应链中，由于客户需求驱动生产和分销决策，所以在生产和分销阶段采取的是用拉式供应链的模式来整合业务活动，在零售阶段则是用推式供应链的模式来整合业务活动。

D 区域的产品提前期长，需求难以预测，在这种情况下，库存策略尤为关键，企业运营中需要进行合理的库存配置。例如，在汽车制造中，区域配送中心通过将很多下一级配送中心的需求进行整合，实现了风险分担，并且由于正确地配置了库存，因而能提高供应链的库存周转率。

2. 需求驱动的影响

推式或拉式或推-拉混合式供应链都需要将需求信息整合到供应链计划流程中去。这需要经过两个步骤：首先是需求预测，即用历史数据对未来需求进行估计或预测；其次是需求调节，即公司确定促销、价格折扣、新品发布与产品召回等不同营销计划对需求的影响。

在任何情况下，预测都不会完全准确，因此需求预测和流程调整的重要结果是对预测准确度的估计，即所谓的预测偏差，一般用标准差来衡量。较高的需求预测偏差会对供应链绩效产生不好的影响，如库存过少则会错过销售机会，库存过多则使库存成本过高或库存因卖不出去而失去价值。利用供应链整合战略来提高预测准确性并降低预测误差主要有以下几种方法：第一，选择推拉边界，使需求能按照产品、地理区域、时间等不同层次进行组合；第二，使用市场分析、人口统计学及经济学工具改善预测的准确性；第三，决定各商店最佳产品组合，以便减少在同一市场竞争的商品种类；第四，与顾客协作制定计划与预测程序，以便更好了解市场需求，以及促销、定价与广告产生的影响。

在需求计划过程的最后，企业应该能得到按地域和单品库存单位完成的需求预测结果。下一步是分析供应链运营是否能够支持这个预测结果。这个流程叫作供需管理，目的是确定一个能实现供需平衡的战略，使总的生产、运输和库存成本最小化或者利润最大化。与此同时，企业还要确定在供应链范围内控制需求不确定性和其他风险的最佳方式。

5.3 供应链管理的发展趋势

5.3.1 智能化

供应链管理智能化是一个复杂、动态、多变的过程，未来将更多地应用物联网、"互联网+"、人工智能、大数据等新一代信息技术，更倾向于使用可视化的手段来显示数据，采用移动化的手段来访问数据；也更重视人机系统的协调性，实现人性化的技术和管理系统。在供应链智能化建设过程中需要重点关注个性化的智能战略。就企业而言，不同的企业有不同的产品、服务方式和客户，体现不同的核心竞争力，所以，它们需要具有个性化的供应链发展方向，比如确定智能化等级、优化的重心、产品的流转效率设计、客户服务的响应等级、不同环节的数据敏感度设定等。所以，不可能让所有的企业都盲目追求"一样的供应链智能化"。也就是说，未来的供应链智能化只有趋势，没有定式。随着产品和服务的个性化需求的不断具体化，不同产品具有不同的制造、流转方式，其经历的智能化环节也有所不同，企业要分析消费者需求、市场竞争的变化，从而建立企业需要的智能供应链的差异化竞争能力。从技术层面来看，实现供应链管理的智能化需要利用如下技术。

1. 利用大数据技术构建智能供应链平台

供应链管理的生态平台系统和供应链执行系统，包括运输、仓储、贸易、订单等会产生大量的结构化和非结构化数据。大数据技术将利用这些数据提供管理端到端的可见性，使供应链的工作人员实时了解发生了什么。它还通过对这些数据的分析，发现管理中的问题如运输路线设计不当造成的成本上升，从而给出路线优化的决策方案。

传统的供应链平台大部分都是链式、断点、分散的，没有强调端到端的服务机制，无法保证有效的"订单到交付"（order to delivery，OTD）；在广度上没有思考合作伙伴的横向联系，所以订单也是单纯地以单个交付为目的，信息是零散的、单向的，没有考虑多个订单的协同排序，以及资源的同步利用和分配。智能供应链平台需要将产品、客户、供应商、技术、服务、订单、物料、工厂、产能、库存、仓库、门店、计划等都整合到一起，服从和服务于供应链大数据的逻辑要求，从而保证供应链在运营过程中能够适时抓取标准 – 计划 – 执行之间的数据差异，然后进行自我反馈、自我补偿、自我优化和自我调整，形成智能的行动。

2. 利用自动化技术实现智能供应链转型

传统的供应链管理自动化程度低，存在许多人工或半人工操作，如货物包装、装车、仓库管理等，不仅工人劳动强度大，而且效率低、常出错误。应用自动化技术是促进供应链管理智能化转型的必由之路。《哈佛商业评论》于 2017 年提出了推动业务和流程转型的"三驾马车":机器人流程自动化（robotic process automation，RPA）、智能分析和人工智能。这"三驾马车"的合力形成了实现智能供应链执行的关键驱动因素。我国 2016 年之后在物流自动化方面增长非常快。在全球 15 个工业机器人销售市场中，我国居首位，全球市场份额占比达 40%。我国的无人搬运车（automated guided vehicle，AGV）需求旺盛，其中电商仓储物流中的应用占 15%。随着智能自动化程度的提高，我国的电商物流和快递已进入世界先进行列。

3. 利用云计算技术赋能智能供应链联结

云计算技术是联结智能数字化供应链所有要素的基础和支柱，它可成为使供应链各方相互沟通的引擎。云计算技术能够加速并优化数据集成，支持企业按需调整规模大小。例如，华为云覆盖了运营、运维、供应链、研发，包括合作伙伴管理、运营交易管理、开放网关、运营数据分析、运行保障、内容管理等多个领域。采用云计算技术提供的即用型数字化服务和其他软硬件服务将减少大量供应链组织及物流企业对数字基础设施的使用，节省后台管理人员的成本。"云赋能"能够加速供应链管理的智能化转型。

4. 利用物联网技术建设智能物流系统

智能供应链体系下的智能物流系统是智能化的物流装备、信息系统与生产工艺、制造技术与装备的紧密结合。目前来看，制造企业的物流系统建设落后于生产装备建设，物流作业仍处于手工或机械化阶段，物流信息化水平不高，距离物流自动化、智能化还有很长的路程。面对这些情况，需要不断强化智能物流系统建设，加强物联网技术在物流系统中的应用，提高物流信息化水平，实现整个物流流程的自动化与智能化，为智能制造和智能供应链建设提供强有力的支撑。

5. 搭建智能数字化供应链生态系统

在竞争激烈的商业环境中，供应链组织及物流企业需要和上下游合作伙伴协同合作，共享功能、数据、客户和行业知识，通过物联网、云计算等实现信息计算与生产技术融合。一方面，要实现供应链内的纵向信息共享，在供应链内部各个层级间达成协同关系；另一方面，要实现物流企业内的横向信息共享，在企业内不同的职能部门间达成协同关系，优化内部资源的配置，降低运营成本。要实现与上下游企业的软硬件制造资源的全系统、全生命周期、全方位的联动，进而实现人、机、物、信息的集成与共享，最终形成智能供应链生态圈。国内许多企业已经开始走生态发展的道路，以推动供应链管理的转型。例如，2019 年 3 月 30 日易流同菜鸟、阿里云、博世、壳牌等多家生态伙伴联合发起成立了数字化供应链生态联盟，联盟横跨智慧物流、智能制造、技术服务等多个领域。

5.3.2　可视化

逆全球化、新冠疫情等导致制造业企业的经营环境呈现出复杂动态的高度不确定性的特征，供应链的可视化是抵御供应中断风险、实现供应链柔性和可靠性的有效途径，其目标是实现对全过程的预测、监管、应对。从实践中看，多种现代供应链形态的实现都需要具备可视化的基础。以本次新冠疫情期间发挥关键作用的快速响应供应链和柔性供应链为例：一方面，为了及时、准确地满足急剧变化的各类抗疫物资需求，供应链需要做到端到端实时可视；另一方面，要实现在疫情冲击之后的快速恢复，供应链各环节的参与者需要加强合作、实现协同。此外，可视化是实现供应链智能化的必要条件，如果没有对供应链各环节关键信息的掌握，所谓的供应链智能化将无法落地。

供应链可视化不仅适用于内部业务操作，还适用于外部合作伙伴。它跟踪原材料，从生产和组装到成品，一直到客户的门口。在这个扩张的网络中，透明度可以改善客户和供应商的关系，提高供应链效率，增加利润率。随着企业将供应链的更多部分外包出去，它们发现保持对业务的控制越来越困难。供应链可视化通过提高企业对供应商和制造商在整个供应链过程中提供的所有原材料和零部件进行充分、一致的管理和记录的能力，跟踪所有产品进出工厂的情况，使供应链上下游业务的透明度增加。

虽然传统的供应链过程也提倡可视化，但主要表现在现场打印、书写表单和指标标识，主要还是人工输入相关数据。这种可视化体现的数据是静态的，或者说是滞后的，无法实时显示供应链过程的动态变化，更无法体现数据之间的逻辑关系和联动、协同关系，其中很多还是无效数据。基于新一代信息技术的供应链可视化，能更好地帮助企业建立仿真能力、实现供应链预警、改善管理效能。

供应链的可视化可帮助供应链采用仿真模式，针对特定的订单，率先使用虚拟订单流程在供应链平台系统中运行一遍，在运行过程中快速发现瓶颈，提出预警，解决瓶颈问题，保证供应链过程稳定、可靠。供应链的可视化可对提升管理效率提供支持：基于可视化分析的结果，可以发现业务活动和流程效率低下的原因，以及可能的风险点如供应中断等，实现供应链优化，改善管理效能。可视化不但将所有的有效数据显示出来，而且是同时、同一频率、同一事件、同一逻辑、可追溯地显示出来，除了提供给管理者监控，更多的是形成自我分析、自我反馈、自我调整、自我优化的过程；它对于改善内部业务流程也很有用，如针对工作效率低下对员工做出提醒，如果没有这些数据，企业将面临业绩下滑的重大风险，并因不准确的产品可用性和不一致或不存在的订单跟踪信息而令客户失望。

5.3.3 绿色化

随着环保理念逐步深入人心，越来越多的消费者青睐具有健康、节能、无污染等特点的绿色产品；随着消费者议价能力的提升，供给大于需求导致的竞争加剧，"互联网＋"与大数据技术的应用使市场的可选择范围与透明度加大，"绿色"已成为消费者做出决策的重要准则。供应链管理需要绿色化。

1996年，美国密歇根州立大学在一项名为"环境负责制造"（environmentally responsible manufacturing，ERM）的研究中第一次提出"绿色供应链"的概念。绿色供应链是在整个供应链中综合考虑环境影响和资源效率的现代管理模式，它以绿色制造理论和供应链管理技术为基础，涉及供应商、生产厂、销售商和用户，其目的是使产品从物料获取、加工、包装、仓储、运输、使用到报废处理的整个过程，对环境的影响（负面作用）最小，资源利用效率最高。企业需要通过供应链上下游合作，使价值网络上各环节，从产品的原材料获取到生产、销售、回收等全生命周期都贯穿环境保护和资源节约的理念，才能实现绿色发展。供应链管理绿色化的实施具体可从以下几个方面着手。

第一，产品设计绿色化。这意味着在设计产品时，需要关注产品生命周期中的基本功能，以及使用寿命、经济性、质量及环境属性。产品设计绿色化的设计目标是提升自然资源的利用效率、环境影响、可移动性和可回收性。产品设计绿色化是供应链管理绿色化的重要组成部分。

第二，供应绿色化。原材料选择与采购位于供应链的开端，企业在这个环节要引进绿色原材料，为实现绿色供应链打下基础。对于同样的产品，企业可以选择不同类型的原材料进行生产与制作。绿色原材料指在产品消耗及回收过程中能源消耗不高、不会产生有害物质、资源浪费率低、对环境影响小的原材料。企业与原材料供应商需要在合作过程中推行统一的绿色标准体系。

第三，生产绿色化。生产绿色化是在生产过程和产品使用中整体的预防性环境策略，可减少对人和环境造成伤害的风险，包括两个方面：生产过程绿色化和产品绿色化。其主要关注制造过程并研究产品制造过程中的相关技术，例如在生产过程中，要处理制造过程产生的废气、污水，达到无害标准之后再排放。

第四，营销绿色化。绿色营销是指企业将环保意识渗透到市场调研、产品设计、价格制定、企业销售等诸多环节中，在促进自身产品销售的同时，实现资源的充分利用与优化配置，并尽量降低营销过程给环境带来的不利影响。绿色营销是对传统营销方式的优化升级，能够提高企业的可持续发展能力，并促进环境保护，提高经济发展的社会效益。

第五，物流绿色化。绿色物流是指以降低对环境的污染、减少资源消耗为目标，利用先进物流技术规划和实施运输、储存、包装、装卸、流通加工等物流活动。同时，绿色物流也能抑制物流活动对环境的污染，减少资源消耗。与传统物流相比，绿色物流的行为主体更多，不仅包括专业的物流企业，也包括产品供应链上的制造企业和分销企业，同时还包括不同级别的政府和物流行政主管部门等；绿色物流的活动范围更宽，包括物流管理全过程的绿色化。

第六，回收绿色化。其核心强调产品从设计、制造、销售、使用到废弃或回收利用过程要实现环境友好，形成闭环。闭环供应链将前向供应链及其末端顾客的产品作为起点，经过退回、直接再利用或维修、再制造、再利用，然后再循环回收或者废弃处理等逆向运作，形成物流、资金流和信息流的闭环系统。闭环供应链管理的战略重点是：如何保证供应链内成员在其活动过程中实现活动与环境的相容性，以及如何在遵守现有法律法规的前提下最大化企业收益。

本章小结

随着经济全球化的发展，企业面临的环境发生了变化，从而导致市场竞争特点也发生了变化。与以往的市场竞争的特点不同的是，产品的生命周期日益缩短、产品的种类繁多、消费者对产品及其服务的品质更加重视、对产品交货期提出更高要求等。这些市场环境和竞争的变化增加了企业管理的复杂性，同时也给企业带来了经营与发展的不确定性。供应链管理是企业应对多变市场需求和激烈行业竞争、提升竞争力的有效手段。

思考题

1. 如何理解供应链？供应链有哪些特点？
2. 供应链管理思想的产生与运营环境变化的关系是什么？
3. 在推-拉混合式供应链中，确定推拉边界时需要考虑哪些因素？
4. 供应链管理的核心问题是什么？要如何解决？

案例

宜家的供应链管理

宜家（IKEA）作为当今全世界最大的家具和家居用品跨国零售企业之一，以低廉的价格提供了种类繁多的家居用品。低廉的价格背后是有效的成本控制，这正是靠着庞大而高效的供应链管理来维系和支撑的。宜家的供应链管理致力于在一个供应商、制造商、零售商和顾客组成的网络中进行高效集成和有序控制。

为了控制产品的成本、取得最初定价权，宜家一直坚持自己设计所有产品并拥有专利。首先，由产品战略委员会根据对顾客消费习惯的分析结果，为宜家的产品开发团队指定开发方向。其次，由产品经理使用宜家的"价格矩阵"方法来确认在市场上有竞争力的未来产品线，确定新产品的价格。在确定价格后，宜家利用内部竞争方式挑选设计师，为产品找到最佳设计方案。最后，确定哪些供应商可以在成本最低而又保证质量的情况下生产这些产品，以确保实现低价目标。

宜家采用模块化家具研发与设计方法，基本上每一种设计都具有生产的可行性，不会因为大量的设计方案不具备可实施性而造成设计成本增加，从而降低了研发与设计成本。模块化也意味着大规模生产和大规模物流，使产品的成本也大大降低。另外，宜家在生产环节中，综合考虑产品制造过程的输入、输出和资源消耗，以及对环境的影响，提高工艺简捷化程度，节约能源，减少消耗，降低工艺成本和污染处理费用等。

宜家采用全球化采购模式。其采购理念及对供应商的评估主要包括四个方面：持续的价格改进；严格的供货表现/服务水平；质量好且健康化的产品；环保及社会责任。此外，宜家与供应商通过深度合作达成双赢，具体包括：与供应商签订长期产能合约；帮助供应商对原材料议价；帮助供应商提高生产率；给予供应商财务支持；提供更有效、稳定的采购订单操作系统，以及物流选择。

在物流环节中，宜家从时间、空间、包装等各个方面严格控制成本。例如宜家特色的"平板包装"，即拆解组合家具，使其成为扁平状，从而一次性载运更多的产品。其不仅可以实现商品储运过程中的集装单元化，降低运输成本，而且在物流中心现场作业时也大大提高了装卸效率，使自动化存储成为可能。此外，无论是订货、退货，还是库存管理、订单分配，宜家都采用了网络数据库技术，需要订货的商店可以通过自动订货系统进行订货，如果订单确认，系统会把相应的信息传递到仓库的数据管理系统，仓库的计算机控制系统就会自动按订单完成取货，整个订货过程不需要人工参与，大大提高了物流效率，节省了人力、物力。

在销售环节，宜家为每一件产品制定了细致的导购信息，顾客可以自行了解每一件产品的信息。商店还设立了各式样板间，将各种产品进行组合。另外，顾客体验过程无形中帮助宜家进行产品测试。许多样品在展览时，宜家通过电子检测仪器测试并记录这些产品的抗疲劳能力，比如抽屉开关的次数、沙发的承载受力情况等。

资料来源：https://zhuanlan.zhihu.com/p/412770038。

讨论题：

1. 宜家供应链管理的优势是什么？
2. 宜家的供应链还可能从哪些方面进行改进？

参考文献

[1] KUSI-SARPONG S, GUPTA H, SARKIS J. A supply chain sustainability innovation framework and evaluation methodology[J]. International journal of production research, 2018, 57（7）: 1990-2008.

[2] 马士华, 林勇, 等. 供应链管理[M]. 6版. 北京: 机械工业出版社, 2020.

[3] 聂辉华. 交易费用经济学: 过去、现在和未来: 兼评威廉姆森: 资本主义经济制度[J]. 管理世界, 2004, 12: 146-153.

[4] 乔普拉. 供应链管理: 第7版[M]. 杨依依, 译. 北京: 中国人民大学出版社, 2021.

[5] 王洪涛. 威廉姆森交易费用理论述评[J]. 经济经纬, 2004（4）: 11-14.

[6] WILLIAMSON O. Transaction cost economics: how it works; where it is headed[J]. De economist, 1995, 146（1）: 23-58.

[7] STADTLER H. Supply chain management and advanced planning: basics, overview and challenges[J]. European journal of operational research, 2005, 163（3）: 575-588.

[8] 辛奇-利维 D, 卡明斯基, 辛奇-利维 E. 供应链设计与管理: 概念、战略与案例研究: 第3版[M]. 季建华, 邵晓峰, 译. 北京: 中国人民大学出版社, 2010.

[9] 威斯纳, 陈加存, 梁源强. 供应链管理: 第3版[M]. 刘学元, 译. 北京: 机械工业出版社, 2014.

[10] FAHIMNIA B, POURNADER M, SIEMSEN E, et al. Behavioral operations and supply chain management: a review and literature mapping[J]. Decision sciences, 2019, 50（6）: 1127-1183.

[11] KOUVELIS P, CHAMBERS C, WANG HY. Supply chain management research and production and operations management[J]. Production and operations management, 2009, 15（3）: 449-469.

[12] 吴群. 物流与供应链管理[M]. 北京: 北京大学出版社, 2015.

[13] COPACINO W C. Supply chain management: the basics and beyond[M]. London: Routledge, 2019.

[14] 杨建华, 王为人. 供应链物流管理教程[M]. 北京: 清华大学出版社, 2016.

[15] LANGLEY C J, NOVACK R, GIBSON BJ, et al. Supply chain management: a logistics perspective[M].11th ed. Stamford, USA: Cengage Learning, 2020.

[16] 乔普拉, 迈因德尔. 供应链管理: 第6版[M]. 陈荣秋, 等译. 北京: 中国人民大学出版社, 2017.

[17] 唐隆基, 潘永刚. 数字化供应链: 转型升级路线与价值再造实践[M]. 北京: 人民邮电出版社, 2021.

[18] 文丹枫, 周鹏辉. 智慧供应链: 智能化时代的供应链管理与变革[M]. 北京: 电子工业出版社, 2019.

第 6 章
CHAPTER 6

精益生产和大规模定制

核心要点

- 精益生产的产生和发展
- 精益生产的核心思想
- 精益生产的支柱及实施
- 大规模定制的产生和发展
- 大规模定制的原则及载体
- 大规模定制的支柱及实施

6.1 精益生产

6.1.1 精益生产的发展历程

1. 精益生产的提出

精益生产由美国麻省理工学院在"国际汽车计划"研究报告中提出。学者们通过对日本企业的大量调查、对比发现，日本丰田汽车公司的准时生产组织、管理方式是最适合现代制造的一种生产方式，并将这种生产方式进行提炼总结，提出"精益生产"一词。精，即少而精，不投入多余的生产要素，只是在适当的时间生产必要数量的市场急需产品（或下道工序急需的产品）；益，即所有经营活动都要有益、有效，具有经济性。精益生产就是运用精益思想对生产制造企业进行优化提升，以消除浪费，最大限度地节约成本，准确地满足用户的需求。精益生产的核心是追求消灭包括库存在内的一切"浪费"，并围绕此目标发展了一系列具体方法，逐渐形成了一套独具特色的生产经营管理体系。

2. 精益生产的产生和发展

精益生产源于日本丰田公司的丰田生产方式（toyota production system，TPS）。工业制造生产方式的发展主要经历了三个阶段，即单件生产方式、大批量生产方式和精益生产方式。由于不同时期的生产主导力量不同，故三种生产方式的内容也各不相同。其中，从单件生产方式向大批量生产方式的转变称为工业界的第一次革命，从大批量生产方式再到精益生产方式的转变称为工业界的第二次革命。三种生产方式的比较见表 6-1。

表 6-1 单件、大批量、精益生产方式的比较

项目	生产方式		
	单件生产方式	大批量生产方式	精益生产方式
产品特点	完全按照顾客要求	标准化，品种单一	品种规格多样化、系列化
加工设备和工艺装备	通用、灵活、便宜	专业、高效、昂贵	柔性高，效率高
分工与工作内容	粗略、丰富、多样	细致、简单、重复	较粗、多技能、丰富
操作工人	懂设计制造，具有较高的操作技艺	不需要专门技能	多技能
库存水平	高	高	低
制造成本	高	低	更低
产品质量	低	高	更高
权力与职责分配	分散	集中	分散

工业革命初期，制造业的生产方式以手工单件生产为主。这种生产方式主要以小批量和定制生产形式为主，生产效率低、生产周期长，导致产品价格居高不下且质量难以持续保证。20 世纪初，美国福特汽车公司创立了第一条流水生产线，其 T 型车就是最先通过使用可交换的部件在装配线上大批量生产的汽车。使用可交换的部件使福特公司实现了标准化装配，其具有两大优势：第一，该方法大大降低了变动性，进而提高了质量；第二，该方法精简了生产流程，能够更有效地完成手工和自动装配任务。在这之后的几年时间里，福特将其生产线限定在一种车型上，通过生产和流程标准化实现效率的最大化和成本的最小化。随后，福特公司以突出的成本优势使美国中产阶级都买得起汽车。这个巨大的市场很好地迎合了大规模生产，以其为代表的大批量生产方式逐步取代了以欧洲企业为代表的单件生产方式。

第二次世界大战后，日本国内对产品的需求量小，但需要的品种多。经济的萧条使其不可能花大量外汇去购买美国的技术和装备，劳工法的保护使日本老板不能随时解雇工人，因此，日本不可能采用大批量生产方式，而是要尽可能减少价值链上的浪费。丰田英二和大野耐一根据日本国情进行了一系列探索和试验，最终形成了丰田生产方式，即詹姆斯 P.·沃麦克（James P. Womack）等在其《改变世界的机器》一书中所称的精益生产方式。精益生产方式作为多品种、小批量混合生产条件下的高质量、低消耗生产方式是"精益"的；与大批量生产方式相比，它只需要用原来一半的人力、一半的制造空间、一半的投资、一半的生产周期、一半的产品开发周期和少得多的库存，就能生产出质量更高、品种更多的产品。

丰田汽车公司在汽车领域的卓越表现使丰田生产方式和精益生产方式受到了全世界制造业的关注和推广。精益生产方式逐渐从一种生产方式发展为一种企业的经营方式，从生产制造领域扩展到产品开发、销售服务、财务管理等领域，以至贯穿于生产经营的全过程。为了推进精益生产的发展，詹姆斯·沃麦克和丹尼尔·琼斯（Daniel T. Jones）出版了《精益思想》一书，并提出企业开展精益生产的五项原则。

第一，从客户角度确定价值：价值只有在由具有特定价格、能在特定时间内满足客户需求的特定产品来表达时才有意义。第二，识别价值流并消除浪费：确定每件产品的全部价值流，发现浪费并重新制定企业活动流程以消除浪费。第三，流动：要使保留下来的、创造价值的各个步骤流动起来，但是这一步骤要求企业完全更新自己的思想，重新思考传统的企业、职能、职业，重新考虑精益战略的发展。第四，拉动：让客户按需要拉动企业的产品，而不是把客户常常不想要的产品硬推给客户，企业按客户的需求投入和产出，使客户精确地在他们需要的时间得到需要的东西。第五，追求卓越：当各种组织开始精确地定义价值、识别出整个价值流、使为特定产品创造价值的各个步骤连续流动起来，并且让客户拉动企业的价值时，其结果必然是价值流动速度显著加快。通过不断地用价值流分析方法找出更隐藏的浪费并进一步改进，可以使过程趋于追求卓越。虽然追求卓越是难以达到的，但持续地追求卓越，将造就一个永远充满活力、不断进步的企业。

丰田模式并非只是一套提升效率与改善企业的工具，更是一种文化。如果员工不了解丰田模式背后的文化基础，他们就不会对生产制度的持续改善做出贡献，或者他们本身不会得到改善。丰田模式必须依靠员工减少存货，找出隐藏的问题并予以解决。在丰田，因实行精益生产而表现卓越的公司员工能够积极主动地提出改善建议，丰田模式鼓励、支持，且实际上是要求员工投入、参与。杰弗瑞·莱克（Jeffrey Liker）在其《丰田模式：精益制造的14项管理原则》一书中概述了构成丰田模式的14项原则，并认为这14项原则正是丰田模式背后的文化基础。杰弗瑞·莱克将这些原则分为四大类。

第一类，长期理念。包括：原则1，管理决策以长期理念为基础，即使因此牺牲短期财务目标也在所不惜。

第二类，正确的流程方能产生优异的结果。包括：原则2，建立无间断的操作流程以使问题浮现；原则3，实施拉式生产制度，以避免生产过剩；原则4，使各制造流程工作负荷水准稳定（生产均衡化），工作应该像龟兔赛跑中的乌龟一样；原则5，建立立即暂停（自动化）以解决问题、从一开始就重视品质管理的文化；原则6，工作标准化是持续改进与授权员工的基础；原则7，通过可视化管理使问题无所隐藏；原则8，使用可靠的、已经过充分测试的技术以协助员工及生产流程。

第三类，借助员工与合作伙伴的发展，为组织创造价值。包括：原则9，把彻底了解且拥护公司理念的员工培养成领导者，使他们能教导其他员工；原则10，培养与发展信奉公司理念的杰出人才与团队；原则11，重视事业伙伴与供应商网络，激励并助其改进。

第四类，持续解决根本问题是学习型组织的驱动力，包括：原则12，亲临现场，彻底了解情况（现地现物）；原则13，不急于做决策，以共识为基础，彻底考虑所有可能的选择，并快速执行决策；原则14，通过不断反省与持续改进使企业变成学习型组织。

以上14项原则也是丰田在其全球各地工厂实施的丰田生产方式的基础。结合丰田公司本身提出的其内部版本的丰田模式，杰弗瑞·莱克构建出丰田模式的4P模型，即14项原则的四大分类：理念（philosophy）、流程（process）、员工/合作伙伴（people/partners）、问题解决（problem solving），如图6-1所示。

丰田公司通过精益生产获得了持续竞争力。表6-2和表6-3分别显示了2008年和2018年《财富》500强的前20榜单。2008年，尽管受到全球金融危机冲击，丰田汽车的营业收入和利润依然保持在较高水平，并远远高于通用汽车、福特汽车及大众汽车公司。2018年，丰田汽车公司在汽车制造领域仍稳居第一，盈利能力远高于大众汽车公司和戴姆勒股份公司。精益生产模式支持了丰田公司在全球汽车制造业里的领先地位，其具有的优越性也使其成为当前工业界最佳的生产组织体系和方式，业界认为丰田生产方式是21世纪的主导生产模式。

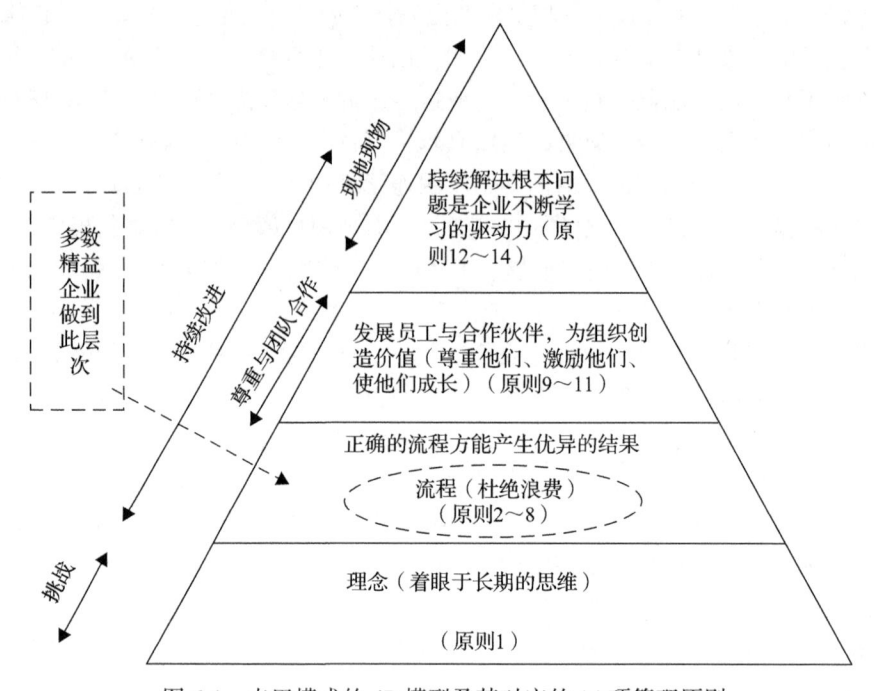

图 6-1 丰田模式的 4P 模型及其对应的 14 项管理原则

表 6-2　2008 年《财富》500 强排行榜　　　　　　　　　　单位：百万美元

排名	公司中文名称	营业收入	利润	排名	公司中文名称	营业收入	利润
1	沃尔玛	378 799	12 731	11	戴姆勒	177 167	5 446
2	埃克森美孚	372 824	40 610	12	通用电气	176 656	22 208
3	荷兰皇家壳牌石油公司	355 782	31 331	13	福特汽车	172 468	-2 723
4	英国石油	291 438	20 845	14	富通集团	164 877	5 467
5	丰田汽车	230 201	15 042	15	法国安盛集团	162 762	7 755
6	雪佛龙	210 783	18 688	16	中国石油化工	159 260	4 166
7	荷兰国际	201 516	12 649	17	花旗集团	159 229	3 617
8	道达尔	187 280	18 042	18	大众汽车公司	149 054	5 639
9	通用汽车	182 347	-38 732	19	德克夏银行	147 648	3 467
10	康菲石油	178 558	11 891	20	汇丰集团	146 500	19 133

表 6-3　2018 年《财富》500 强排行榜　　　　　　　　　　单位：百万美元

排名	公司中文名称	营业收入	利润	排名	公司中文名称	营业收入	利润
1	沃尔玛	500 343	9 862	7	大众汽车公司	260 028	13 107
2	国家电网公司	348 903	9 533	8	英国石油公司	244 582	3 389
3	中国石油化工	326 953	1 538	9	埃克森美孚	244 363	19 710
4	中国石油天然气	326 008	-691	10	伯克希尔－哈撒韦公司	242 137	44 940
5	荷兰皇家壳牌石油公司	311 870	12 977	11	苹果公司	229 234	48 351
6	丰田汽车	265 172	22 510	12	三星电子	211 940	36 575

(续)

排名	公司中文名称	营业收入	利润	排名	公司中文名称	营业收入	利润
13	麦克森公司	208 357	67	17	CVS Health 公司	184 765	6 622
14	嘉能可	205 476	5 777	18	亚马逊	177 866	3 033
15	联合健康集团	201 159	10 558	19	EXOR 集团	161 677	1 569
16	戴姆勒	185 235	11 837	20	美国电话电报公司	160 546	29 450

6.1.2 精益生产的核心思想

丰田生产方式以最大限度地减少企业所占用的资源、降低企业管理和运营成本为主要目标，以消除浪费、持续改善为核心。丰田公司通过不断地识别浪费、消灭浪费，围绕该过程形成了包括以下四个方面的核心管理思想。

1. 营利方式

技术变革、环境变化和顾客偏好的改变，驱动了企业运营管理思想的演变。在供不应求的时期，供给侧有定价权，企业此时通常以"成本中心"来进行管理（详见本书第 1 章 1.1.4 节）。随着市场向供过于求转变，供给侧能力过剩使企业丧失定价权，从而进入由市场决定价格的买方市场，企业的利润被动地由自身的成本和市场价格决定，进入"售价中心"，即利润＝售价－成本。其管理的重点在于：如何把生产出来的产品卖出去。"售价中心"思想完全是消极适应市场，利润根据售价变动，经营理念过于被动。为了实现更高的利润，一些企业开始逐渐适应新市场并自我变革为"利润中心"，即成本＝售价－利润，在市场价格被动降低的情况下，通过运营管理创新降低成本，提升利润水平。其管理的重点在于：通过自身资源与能力配置的创新，实现成本节约。丰田正是基于这一情景，采取一切手段降低成本，杜绝一切无效劳动和浪费，以保证其利润空间。

精益管理认为成本会因制造方法而异。这是因为供大于求时，企业生产所需的材料、能源、零部件、劳务等的费用是由市场决定的。如果企业生产相似的产品，各公司在这些要素的单价、构成比方面不会有大的差异。但是，对于同样的产品，即使使用同样的设计、同样的材料，也会因物流等因素不同而改变成本，生产方法的不同会造成成本的较大差异。实施精益生产时，首先必须从顾客（包括生产线上后面阶段的内部顾客，以及最终产品的外部顾客）的角度来审视制造流程，把创造价值的活动与步骤和未能创造价值的活动区分开来，并且把未能创造价值的作业时间和成本降至最低。

2. 消灭浪费

企业的基本活动可分为增值活动和非增值活动。增值活动是客户所愿意支付的，指那些将原材料或信息转化为客户所需的活动；非增值活动是客户不愿意支付的，这些活动需要时间、空间和材料，但是没有为客户增加价值。非增值活动不为顾客创造价值却消耗资源，会造成浪费。浪费只是增加时间和成本，而不增加价值。浪费可分为两种：一是虽然不创造价值，但是在现有技术与生产条件下不可避免的步骤；二是不创造价值而且可以立即去掉的步骤。为达到消除浪费的目的，需消除异常和不必要的非增值部分，减少必要的非增值部分，使增值的部分尽快流向顾客。企业管理不仅在于通过封闭性的管理活动最大限度地减少不增值劳动和资源投入以消除浪费，还在于通过创造性的管理活动提高产品或服务的附加价值，使价值最大化。丰田公司在制造成本与生产结构中消除浪费，并找到了生产流程中七大类未能创造价值的浪费。下面介绍这七大浪费的产生原因和消除对策。

（1）生产过剩的浪费：生产出尚未有订单的项目，因过多人员和过多存货导致的储存与输送等成本的浪费。丰田生产方式认为生产过剩是最不应该做的事。生产过剩浪费的危害有两点：一是会使问题即改善点被隐藏起来；二是还会造成新的浪费（连锁性浪费）。这些新的浪费包括材料、零部件的过早消耗，电、气等能源的浪费，载货托盘、空箱等的增加，搬运车、叉车等的增加。其结果是会造成人员的增加和在库品存放场地的增加，即仓库的增加。生产过剩的浪费发生的原因是：①对机械设备发生故障、出现异常及对工人缺勤的担心；②为了适应后工序领取物料时的不均衡；③错误地提高运转率或表面的生产效率；④认为停止生产线是一种罪恶；⑤作业者过多；⑥生产系统有问题。

精益生产的一个基本原则就是按顾客需求节拍生产，即根据顾客需求时间和需求数量生产。过量生产是最大的浪费，为了消灭生产过剩的浪费，改善现场是第一步，包括调整生产流程，制定不能过剩生产的规定，或设置机械设备方面的制约条件。丰田生产方式消除生产过剩浪费的对策有：①与顾客充分沟通；②均衡计划生产；③拉动式生产；④小批量（或单件流）生产；⑤灵活运用看板；⑥快速切换；⑦引进节拍生产。

（2）等待浪费：由于两个相关的变量（工序、作业、流程等）不完全同步而产生的浪费。比如，员工只是在一旁监看自动化机器，或站在一旁等候下一个处理步骤、工具、供应、零部件等，或是因为存货用完、整批处理延迟、机器设备停工、产能瓶颈等造成员工暂时没有工作可做。等待浪费经常出现的情景包括：①人员等候机器；②机器等候人员；③一个人等候另一个人；④不平衡的操作（工作）；⑤计划外停机。等待浪费是生产现场最常见的浪费。其发生的原因包括：①工作方法的不一致；②机器设置时间长；③人员/机器效率不高；④缺乏合适的机器；⑤缺乏设备资源等。

为消除等待浪费，精益生产遵循的原则是从以机器为中心转换到以操作者为中心，改进机器和生产过程以支持操作者。丰田生产方式消除等待浪费的对策有：①进行均衡化生产，通过生产节拍调节生产节奏；②使生产流程合理化、拉动式生产；③按U字形布置生产线；④缩短换型时间；⑤频繁送料；⑥标准化作业，改进工作分配；⑦禁止停工等活儿时的补偿作业；⑧生产线平衡分析；⑨认清表面作业；⑩安装能够自动检测到异常状况并且自动通知异常状况的装置。

（3）搬运浪费：物料搬运并不增值，任何不直接支持一个精益系统的材料移动都会造成搬运浪费。搬运浪费的特点是：①额外的叉车；②多处储存地点；③额外的设施空间；④不正确的存货清点；⑤存在损坏/丢失物品的可能。搬运浪费产生的原因有：①计划安排不平衡；②更换品种时间长；③工作场地缺乏组织；④设备布局不当；⑤缓冲区库存过大。

搬运不创造价值，丰田生产方式消除搬运浪费的对策有：①培养不要搬运的观念；②确定最佳搬运路线、距离、次数、数量；③U字形设备配置；④小容量化；⑤活用各种搬运方式（如豉虫搬运方式等）；⑥成套搬运零件；⑦拉动、单件流。

（4）过度加工浪费：把与工程的进展状况和产品质量没有任何关系的加工当作必要的加工而进行操作所产生的浪费。从客户需求或标准作业角度出发，过度加工过程对终产品或服务不增加任何价值，这是吃力不讨好的事。过度加工浪费的特点是：①工作过程出现瓶颈；

②缺乏边界样品或明晰的客户规格要求；③没完没了地修饰；④过多的批准程序；⑤额外的复印件/过多的信息。过度加工浪费产生的原因是：①工艺过程没有随着工程的更改而改变；②在其他工艺过程中使用了新技术；③在不适当的层次上制定决策；④无效的政策和程序；⑤对客户的有关要求缺乏了解。

丰田生产方式消除过度加工浪费的原则是，要真正了解客户需求或制定标准作业，以消除不增值的质量成本。丰田生产方式消除过度加工浪费的对策有：①改进以往习惯的操作方式，贯彻标准作业；②改进产品设计；③设计合理的生产工序；④运用有效的夹具、工具；⑤人工智能化、生产自働化；⑥解决现场问题。

（5）库存浪费：以单件流为基准，任何超过产品生产过程需要的供应都被称为库存浪费。库存浪费包括：①成品、半成品库存积压；②因库存浪费而增加的库存管理费用，包括仓库和搬运设备的折旧费、维修费、搬运费、税金、保险费、投资利息、损耗费、老化费等；③因掩盖问题而失去改善机会，从而产生库存，这是掩饰过多问题的结果。库存浪费产生的原因有：①均衡化生产体制不健全；②错误地认为多准备些库存是交货期管理（出货准备）所必需的；③设备配置不合理；④大批量生产；⑤提前生产；⑥在等活儿时产生富余的生产人员。

精益生产强调库存是万恶之源，库存是其他浪费的一个表现症状，如果允许库存会将其他浪费遮掩，消除浪费会使库存变得不再被需要。消除库存浪费的对策有：①与顾客充分沟通；②培养针对库存的意识（只生产能销售的产品）；③生产工序流程化；④贯彻看板体制；⑤物品运送和信息传递并行；⑥使生产工序中的问题无限接近于零。

（6）动作浪费：任何对生产和服务没有价值却带来时间和资源消耗的人员或机器的运动都是动作浪费，如转身、弯腰、寻找、前往取得，或是堆放零部件、工具等，此外，不必要的走动也是浪费。动作浪费的特点是：①寻找工具；②过度伸展/弯腰；③机器/材料距离过远；④零件在设备间传送带上来回传送；⑤等候期间的额外"忙乱"动作。动作浪费产生的原因有：①设备、办公室和工厂的布局不当；②工作场所缺乏组织；③人员/机器效率不高；④人机工程方面设计得不好；⑤不一致的工作方法；⑥加工批量过大。

动作浪费是最没有价值的工作，消除动作浪费的关注点在操作者身上，核心在于消除操作者一系列不增值的多余动作。丰田生产方式消除动作浪费的对策有：①生产工序流程化；②压缩设备布局（U字形设备配置）和零件呈送造成的浪费（减小转运箱尺寸）；③设立/标识生产线旁的储存区域；④设计工位；⑤培训经济动作且坚持一贯性；⑥善于发现和消除表面作业；⑦活用标准作业组合表；⑧根据是否会产生附加价值来研究相应对策。

（7）制造不良的浪费：为满足客户的要求，对在生产过程中出现的废品、次品进行检查、返工、修理所造成的浪费，包括原材料、零部件的浪费。以一次性合格为基准，由于制造不良而返工返修、改正纠错、重复检验、检查验收等都会产生额外成本。制造不良浪费的特点是：①工人需要额外的时间来检查、返工、修理；②错过了装运和交货时间；③组织变得被动。制造不良浪费产生的原因有：①过程能力低下；②操作者控制失误；③缺少足够的培训。

精益生产认为制造不良浪费是最无效的工作，缺陷必须追溯到根因并采取永久改进措施。丰田生产方式消除制造不良浪费制造的对策有：①供应商质量保证；②加强在线检验；③坚持自働化与"三即三现"原则（在现场管理过程中，生产现场一旦发生异常，相关人员需要立即赶到现场、立即看到现物、立即掌握现况）；④制订并进行质量意识培训；⑤5 why；⑥引进预防机制——防错技术；⑦标准化——减少变差；⑧改善活动。

不只是生产线，包括产品研发流程、订单接受流程及办公室流程等，都可以区别出以上七类浪费情形。根据以上分析可知，现场浪费产生的综合原因有：布局不合理、制程能力不足、工作方法不对、员工训练不够、制度坚持不久、监督作用不大、考核无关业绩、生产计划无效、工序凌乱不堪、供应料品质差等。消灭浪费是个持续改进的过程，通常可概括为四步：第一步，了解什么是浪费；第二步，认识工序中哪里存在浪费；第三步，使用合适的工具来消除已识别的特定浪费；第四步，实施持续改进措施，重复实施上述步骤。

3. 提高效率

生产效率是生产系统产出与投入比较的结果，是评价生产线效果的尺度。提高效率的目的在于以更低的成本生产优良的产品。在实际工作中，不是所有的高效率都会带来高效益，提高效率与降低成本相结合才有意义。在提高效率的同时，要力求消除其中的浪费，以实现真正的效率。精益生产特别强调真效率和整体效率。

（1）假效率和真效率。

假效率：一般是指企业不顾市场需求，投入更多的资源，致使在同样的时间内产出更多的产品。真效率：建立在客户需求的基础上，企业只生产市场所需要的产品及其数量，以达到在实现成本最低时的最大效率，即建立在有效需求基础上的效率。

例如，在某条生产线上，10 个人每天生产 1 000 个零件。改善后，10 个人每天生产 1 200 个零件，生产效率提高了 20%。如果生产计划为每天生产 1 200 个，则不需要增加人就使效率提高了 20%。但是假如生产计划仍是每天生产 1 000 个，实际还是每天平均生产 1 200 个，那么，平均每天就多生产了 200 个零件，造成生产过量的浪费。这样的效率提高，不但没有增加利润，反而导致成本上升，这样的效率就称为假效率。如果产量需求不变，将人员减少到 8 人，同样使得效率提高了 20%，还能够降低成本，这才是真效率。

通过固定人员生产出更多的产品与用最少的人员生产出仅需的产品都是能力提升带动效率提升的表现。但仅仅"生产出更多的产品"的能力提升是效率提升的假象，其不创造效益甚至造成库存，是假效率。效率提升应建立在有效需求的基础上，以"是否创造利润"为标准，这样的效率提升才是真效率。管理者的责任就是在能力提升的基础上，将假效率转化成真效率。

当实际需求量一定时，"省人化"是提高真效率的关键。"省人化"是在生产实际需求量的基础上，通过作业改善，减少操作人员数量，将剩余的人力投入别的工作（如改善），用更少的人员进行生产活动。"省人化"根据市场需求变化弹性配备工作人员数量，为了用更少的人员完成生产任务、减少人员浪费，"省人化"采用两种形式：①正式工 + 季节工或者临时工（变动用工）的形式，即用正式工满足日常的生产需要，但正式工可能会在生产高峰期忙不过来，此时，可以考虑短期聘请季节工或临时工，通过使用或遣散季节工或临时工可以控制投入的成本；②固定人员 + 公用人员（弹性作业人员），即用固定人员满足需求稳定时的生产需要，当需求变化，需要更多的操作人员时，公司内部其他操作工序上的员工能够参与到该生产中。丰田拥有大量的公用人员和 20% 的临时工。

（2）个体效率和整体效率。

当某个工序或设备效率提高时，生产线或车间、工厂等整体效率没有提高，这种效率称为个体效率。当个体效率提高时，生产线或车间、工厂等整体效率也提高，这种效率称为整体效率。例如，某生产线由四道工序组成，表 6-4 为生产线各项指标。其中工序 1 效率最高，工序 3 效率最低。现生产线能力需求为 100 件/小时，此时整条生产线不会因为工序 1 的个体效率高而使产出变成 125 件/小时，相反，应以瓶颈工序 3 的产量为准。

表 6-4　生产线各项指标

项目	工序 1	工序 2	工序 3	工序 4
能力	125 件/小时	100 件/小时	80 件/小时	100 件/小时
达成率	125%	100%	80%	80%
奖金	125% 奖金	标准产量奖金	0	0
效率	个体效率高	个体效率合格	个体效率低	个体效率低

个体效率高并不代表整体效率高。专业化作业有利于提高个体效率，不少企业因此实行计件工资制。但是，追求效率的重点应该是关注整体效率，这对企业创造利润才有实际意义。企业需要以提高整体效率为目标，以生产节拍为指挥棒，改善生产线的布局，完成个体间或工序间的协调互补；需要从工序个体效率的绩效管理模式转变为业务单元整体效率的绩效管理模式，有必要从奖励个体效率的企业转变为奖励整体效率的企业，如计件工资以完成品（而非半成品）为标准，实行团队计件制。

（3）稼动率与可动率。

稼动率（activation / utilization）：指设备在所能提供的时间内为了创造价值而占用的时间所占的比重，也就是针对定时条件下设备满负荷开工能力，生产出必要生产量所需的必要时间所占的比例。丰田生产方式中，也可称为"开动率"，就是设备目前的实际生产开动能力在设备全部开动的生产能力中所占的比率。

可动率（movable rate）：指在工作时间内，设备实际开动时间和应该开动时间的比值，而应该开动时间是指客户需要的时间。可动率也可以理解为"希望开动设备时，设备能够正常开动运转的时间的比例"，是想开动时随时能够开动的状态。可动率与设备的保养状态息息相关。设备故障、设备调整、机型切换、效率低等都将降低设备的可动率。所以，有必要减少设备故障和调整时间，以提高设备的可动率，可动率越高越好，以 100% 为目标。但是稼动率并非越高越好。

例如，市场需求为 1 000 件/天，设备满负荷运转能力为 1 500 件/天，设备的可动率为 81.25%。如果稼动率为 100%，则每天生产 1 500×100%×81.25%=1 218 件产品，那么有 218 件是浪费性运转的结果。如果以 1 000/1 218=82.1% 的稼动率运转，每天即可生产 1 000 件产品，不产生浪费，这是有效运转。

不论就每一个工作人员来看，还是就整个生产线来看，丰田生产方式只把真正需要做的活儿看作工作，而把此外的一切事情都视作浪费，用公式可表示为：作业＝工作+浪费。精益生产认为提高效率的重点是劳动改善，而非劳动强化，改善的重点就是增加会赚钱的动作的分量，将动作浪费改善为有效劳动（作业），而不是一味提高工人的劳动强度。只有将浪费降至零而使工作所占的比率接近百分之百，才是真正提高效率。从生产流程看，精益生产效率改善的着眼点是增加增值时间在总生产时间中所占的比率。一般企业物料从进厂到出厂，只有不到 10% 的时间是增值的，因此，通过识别并消除浪费改善生产流程，以缩短制造周期、尽可能减少非增值活动是提高流程效率的关键。

4. 问题解决

丰田公司将问题定义为现状（实际情况）与理想状态之间存在的差距，只要有差距，就有问题。问题主要有两种类型,即发生型问题和设定型问题。现实情况与既定的理想状态(基准值、目标)之间的差距为发生型问题,通过解决发生型问题,企业可从现状到达目前的理想状态。重新设定更高的理想状态,有意识地创造出来的差距为设定型问题,通过改进设定型问题,企业可达到更高的理想状态。

丰田认为:问题是改善的机会,出现问题是系统中存在缺陷所导致的,所以要敢于正视问题。通过不断地发现、分析并解决问题来使系统达到更好的状态[⊖]。当问题发生时,在很大程度上是管理者的责任。威廉·爱德华兹·戴明(William Edwards Deming)认为:对于问题,员工负责 15%,系统和管理者负责 85%。这是因为大部分工人是在他们自己无法控制的系统下工作的,而系统中的制度和流程是由管理层制定的,所以在系统已经确定的情况下,无论怎样对工人进行惩罚和奖励都是无用的。同样,问题的固化更大程度上也是管理者的责任。当有一个问题发生时,如果中间管理层回避问题,不愿深究,只是给出一个没办法情况下的临时对策,如通过暂时增加库存掩盖其余浪费,上层领导也无法及时发现问题,错误地认为应该保持库存,就会带来搬运的增加、临时检查工位的增加、管理部门的壮大等问题。可能会有人专门为这些工作制定一些不成文的惯例规定,长期下去就会形成制度,甚至干脆把它标准化,长期存在。谁也不认为其有不合理的地方,浪费就被固化下来,并形成了很多人赖以生存的"饭碗"。

精益生产中,问题的解决非常重要,解决问题的前提是建立标准。因为标准作业是改善的依据,没有标准的地方就没有异常,没有异常的地方就没有改善。由于发生型问题和设定型问题处于系统的不同阶段,因此,丰田公司通常以问题导向解决发生型问题,以使命导向解决设定型问题。具体来说,对于发生型问题,要找出其与当前标准作业不同的根本原因,为此,可以使用 5 Why 分析法,即对一个问题点连续以 5 个"为什么"来自问,以追究其根本原因。虽为 5 个"为什么",但使用时不限定只做"5 次为什么的探讨",要找到根本原因,有时可能只要几次,有时也许要十几次。找出根本原因后,企业要制定并执行解决问题的对策,评估对策的执行结果,若对策有效,便能变成新标准化方法的一部分。对于设定型问题,其体现了丰田公司以长期理念为导向的强烈使命感,是丰田公司不断追求卓越的现实表现。丰田致力于做有益于公司、员工、顾客,以及整个社会的事,致力于追求为企业界提供一个能将精益境界做到卓越的范例,这样的使命感和责任感使丰田公司不仅会关注既定的发生型问题,还会有意识地寻找其与更高"理想状态"的差距,通过不断改善标准作业,主动设定更高的"理想状态"的标准作业,一步步缩小与"理想状态"的差距,从而达到更高的"理想状态"。

6.1.3 精益生产的支柱

1. 准时化生产

准时化生产(JIT)是丰田生产方式的两大支柱之一。在准时生产系统里,物料的移动和服务的提供都是按准确的时间来安排的,以使它们在需要的时间提供到过程中的每一步,因此人们才称之为"准时"。最初,JIT 针对的是生产系统中的物料、零部件和半成品,后来,JIT 的含义被不断延伸,该术语开始与精益生产联系起来。

⊖ 资料来源:野地秩嘉. 丰田传 [M]. 朱悦玮,译. 北京:北京时代华文书局,2019.

JIT 以拉动生产为基础，以平准化为条件。所谓拉动生产是以看板管理为手段，采用"取料制"即后道工序根据"市场"需要进行生产，按照本工序在制品短缺的量从前道工序中取相同的在制品量，从而形成全过程的拉动控制系统，绝不多生产一件产品。平准化是指工件被拉动到生产系统之前要按照加工时间、数量和品种进行合理的搭配与排序，使拉动到生产系统中的工件流具有加工工时上的平稳性，从而保证均衡生产。如果不实现生产量的平准化，则需要拥有过剩的在库、人员、设备，导致产生多余的成本，造成浪费。均衡生产是拉动式生产的前提，均衡不仅是数量均衡，而且包括品种、工时、设备负荷的全部均衡。设备、工装始终处于良好状态，材料、毛坯供应准时，工人技术水平良好和出勤率稳定等都是实现均衡生产的前提和保证。表 6-5 是准时化生产的技术体系。

表 6-5 准时化生产的技术体系

	实施前提	基本原则	实施的工具 / 方针	目的
JIT 准时化	平准化（均衡化）	工序的流畅化	物："一个流"、同期化 人：多工序作业、多能工化 设备：按工序顺序配置、整流化	缩短生产周期 减少停滞 在全生产过程中确保生产的同期化
		以需要数量决定节拍时间	标准化作业	备注：根据不同的工序来确定，有的工序不得不进行批量生产、小批量生产、快速换型
		后工序领取	看板方式	控制生产过剩 正确、迅速地传递生产信息

下面围绕准时化生产的三个基本原则：工序的流畅化、以需要数量决定节拍时间及后工序领取来介绍准时化生产的实现方式。

（1）工序的流畅化。

由于平准化生产是一个接一个地生产不同种类的产品，故要求人员、设备迅速地行动。采用"一个流"的生产方法，可以把不同种类的零部件一个一个地或以一箱为单位传送下去，即实现"工序的流畅化"。整理和整顿是实现工序流畅化的根本。整理是指区分要和不要的物品，并将不要的物品废弃；整顿是指将需要的物品依规定定位、定方法摆放整齐，明确数量、明确标识，以消除无谓的寻找，缩短准备时间，随时保持立即可取的状态。为了做到工序的流畅化，需要从物的方面、人的方面和设备的方面入手。平准化生产与不均衡生产的比较如表 6-6 所示。

表 6-6 平准化生产与不均衡生产的比较

区分	平准化生产的好处	不均衡生产的问题
前工序	可以按照后工序的领取时间进行生产，以合理的在库、人员、设备进行生产	因为不清楚什么时候、需要什么、需要多少，所以会拥有过剩的在库、人员、设备
后工序	可以进行标准作业（可以根据所需的节拍时间安排人员）	由于以消耗最多工时的产品为基准批量生产，因而导致保持过剩的在库、人员、设备
总体	可以实施各工序的同期化，暴露出待改善的问题	被生产过剩的浪费掩盖，待改善的问题暴露不出来

第一，在物的方面，生产的零部件不是整批地传送（不是批量生产），而应该是一个一个地传送，即一个流生产，而且要推行各工序的同期化，以消灭在制品的停滞，缩短生产周期。在一个流生产中，各工序只有一个工件在流动，使工序从毛坯到成品的加工过程始终处于不停滞、不堆积、不超越的流动状态，这是一种工序间在制品向零挑战的生产管理方式，其思想是改善型的。

第二，在人的方面，要使作业者承担多工序的工作，为此作业者应该是多能工。另外，手工作业应采用站立操作，这样可以使工人承担多功能工序的作业成为可能，同时能够使相邻的作业者相互帮助。在一个流生产中，如果采取多工序操作，将原材料一次次加工后制成成品，作业人员要沿着加工顺序走动下去。如果设备按照直线型排布，那么作业人员就会有空手走回原点的动作浪费和时间浪费。因此，要求使生产的投入点（input），即材料的放置点与完成品的取出点（output）的位置尽可能靠近，这就是"IO 一致"原则。为了符合"IO 一致"原则，生产线应该合理布置，排成像英文字母的 U 形，一般称为 U 字形生产线。

第三，在设备方面，按精益生产的理念，设备布局要遵守逆时针排布和"IO 一致"两个基本原则，避免孤岛式和鸟笼式布局。精益生产布局追求使物料搬运成本最小化，提高空间的有效利用率，提高对劳动力的有效利用率，便于员工之间、员工与管理者之间、员工与用户之间的信息沟通，因此，将设备布局成 U 字形有利于实现一个流生产。

图 6-2 是设备配置的三个基本类型。

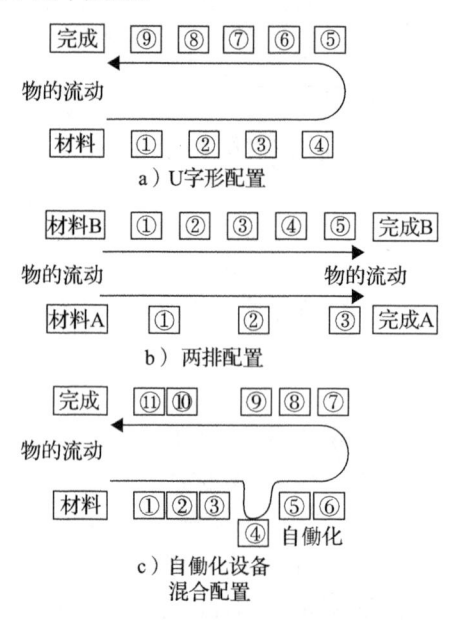

图 6-2 设备配置的三个基本类型

表 6-7 介绍了设备配置三个基本类型的优点。

表 6-7 设备配置三个基本类型的优点

基本型	特点	设备配置类型的优点
U 字形配置	材料、成品横向排列，物的流动和设备配置呈 U 字形	① 供给材料和领取成品可在一处进行； ② 作业者的动作可没有空步返回第一工序
两排配置	这种类型是两种零部件向同一方向流动，由两条生产线组成	当后工序是组装生产线时，将设备配置成两排的话，加工的完成品向同一方向流动，因此可以直接连接组装生产线。但是，这时应注意下述事项： ① 两条生产线的节拍时间应该一致； ② 对于工序流动和作业者的作业顺序相反的设备，应该将加工后的零部件自动排出，向下一个工序传送（若不实施零部件的排出，则传送时会导致作业者处理加工零部件的次数增加）
自働化设备混合配置	这是自働化（无人化）设备与手动设备相分离的类型	将作业者的作业区域与自働化区域分开，可以缩短作业者的步行距离，也可以按照工序顺序配置设备进行整流化

对于一个工厂来说，生产线不会只有一条，并且它们具有前后流程上的关联，传统生产通常按照功能区分加工单元，工序中的多方汇合会导致众多的产品到处滞留，各工序间物料交接混乱，需交货产品的完工时间无法把握且容易出现质量问题。当企业放弃传统生产方式，转为拉式一个流生产方式时，生产布局必须进行相应调整，设备采用按产品原则布置的方式进行流程化生产，工厂的布置要考虑整体流程化，从提高整体效率的目的出发，将前后关联的生产线集中布置，各生产线实行 U 字形布局，整体实现一笔画布局，使场内物流最经济。要进行一笔画的整体工厂布置，具体可以参照下列步骤。

步骤 1：由水平布置改为垂直布置，如图 6-3 所示。将原来依据不同工艺形成的孤岛式或鸟笼式的水平布置的生产线，改为依据不同产品的加工顺序所需要的机器设备进行垂直布置。同时，尽可能设立更多的生产线。每一条生产线的产量虽然较少，但是每一个产品在每一条生产线上都能很快地加工完成，这样可以使流程时间缩短，也更能满足多样少量、交货期短的市场需求。相反，若生产线少，每一条生产线的产量就多，流速就会慢下来，不但无法满足市场需求，而且隐藏了很多问题。

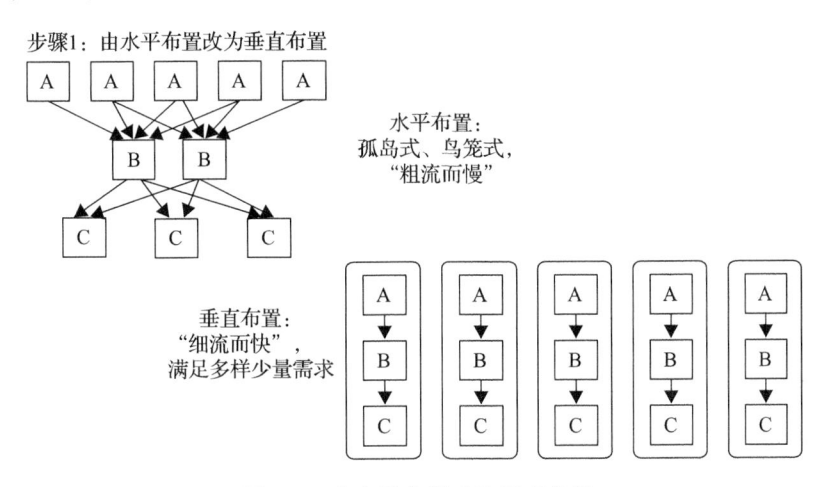

图 6-3　由水平布置改为垂直布置

步骤 2：采用 U 字形生产线，如图 6-4 所示。以 U 字形，依逆时针方向按工艺流程排列生产。U 字形生产线的好处是：入口和出口由同一作业者负责，能够以产距时间按标准数量进行生产及管理，也便于补充生产；便于作业者相互协作，出现异常时能停线，及时发现问题并改善；步行最短，可单件流动，人员可增可减。

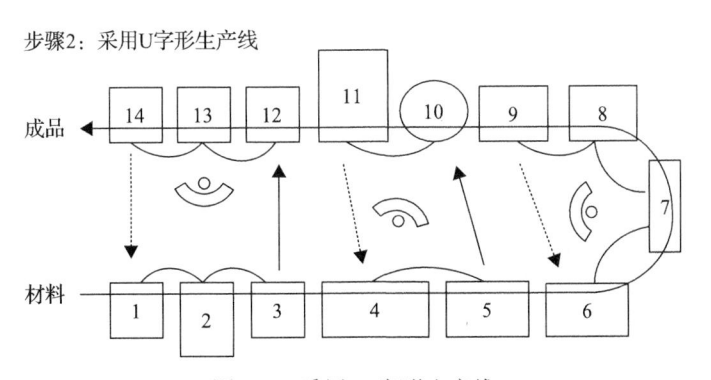

图 6-4　采用 U 字形生产线

步骤 3：将长屋式改为大通铺式，如图 6-5 所示。为了有效利用空间，及时发现问题，便于相互合作，可将长屋式生产线（单独隔离生产线）改为大通铺式生产线（生产线集中布置）。大通铺式布置能有效利用空间，便于线与线之间相互协作；根据各生产线产距时间调整作业分配和人员安排，达到少人化目的；容易暴露整体上的问题，能促进问题解决，从而提高整体效率。

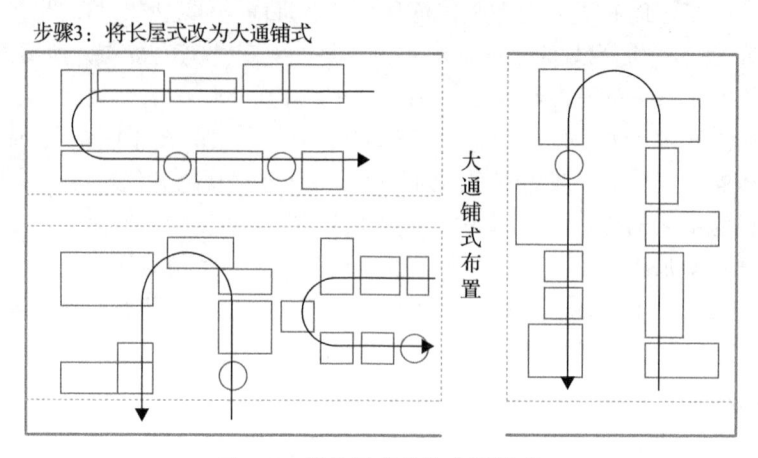

图 6-5　将长屋式改为大通铺式

步骤 4：整体上呈一笔画布置，如图 6-6 所示。在形成大通铺化之后，就可以朝整体流程化努力。整个车间内仅有一人有"零头"作业，各个不同产距时间的生产线将连成一体，形成一个总体的 U 字形生产线，全部设备将形成一笔画的布置。

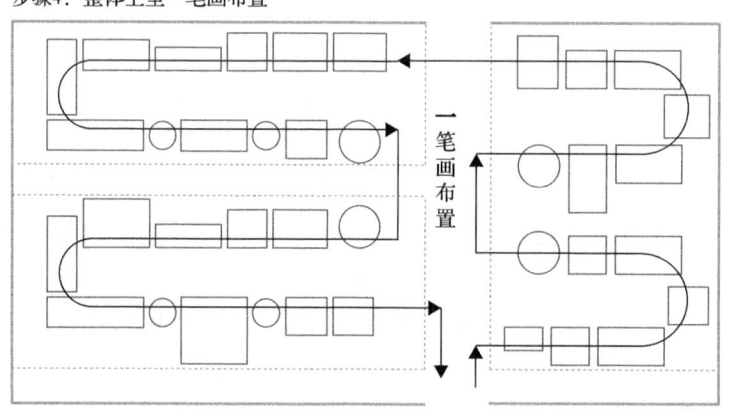

图 6-6　整体上呈一笔画布置

最后，需要说明的是，为实现工序的流畅化，生产线需要具备快速切换的能力。快速切换是指用最短的时间完成在同一条生产线或同一台设备生产的前一种产品的最后一件良品与下一种产品的第一件良品之间的换型过程。快速切换的主要目的和效益是减少工作操作的时间浪费和在制品数量，通过增加切换次数实现小批量生产，提高流速和缩短生产周期，同时可以在不需要额外库存的情况下满足客户要求。

（2）以需要数量决定节拍时间。

节拍时间（takt time，T.T）又称客户需求周期、产距时间，是指在一定时间长度内，总有效生产时间与客户需求数量的比值,是客户需求一件产品的市场必要时间,是生产的指挥棒。不过量生产、不建立库存是准时化生产的基本目标。生产节拍根据市场需求量确定,各生产线按照生产节拍组织生产,能避免过量生产及由此造成的种种浪费。

$$节拍时间(T.T) = \frac{1日可工作时数(不加班,可动率100\%)}{市场1日需求数量}$$

第一,节拍时间可以用于计算生产线的最佳人员配置数量,实现少人化目标。必需生产量每月会发生变化,应该认为节拍时间是每月变动的。所以,必须设立这样一种即使节拍时间发生变动,也可以不降低效率的、几个人都能够完成生产的生产线,实现生产线的少人化配置。生产线的作业人员数量的最佳安排满足下式:

$$配员 = \frac{\sum CT}{T.T}$$

式中,CT 表示周期时间(循环时间、标准工时),指作业者进行标准作业时,毫不困难的、最快的、一个循环的实际作业时间(包括步行时间),但不包括空手等待时间。$\sum CT$ 表示所有周期时间的总和。

第二,节拍时间是标准作业的组成要素之一,是推进精益系统进行改善的一个工具。节拍时间、标准作业顺序和标准手持构成了标准作业的三要素。标准作业是以人的动作为中心,按照没有浪费的程序有效地生产的作业方法。制定标准作业的目的有:①明确生产的方法,它是产品制造方法和现场管理的根本,是在考虑了品质、数量、成本、安全的基础上,规定作业方法的规则;②用作改善的工具,没有标准的地方就不会有改善,按照标准作业将现场标准化,开展改善活动,可以查出并消除浪费。节拍时间可以视为价值流中所有作业的共同生产节奏,通过比较有关生产作业时间和节拍时间的差距,可以对瓶颈工序进行作业改善。

(3) 后工序领取。

按准时化生产要求,后工序在需要的时候,只按照需要的数量到前工序去领取相应的物品。前工序拥有该工序最少的完成品在库,按照被后工序领取的零部件的数量、种类进行生产,补充完成品在库。后工序领取的工具是看板。看板(kanban)一词源于日语,主要功能是传递生产和运送的指令。它可以是某种"板",如卡片、揭示牌、电子显示屏等,也可以是能表示某种信息的任何其他形式,如彩色乒乓球、容器位置、方格标识、信号灯等,它通过看板信号授权给工厂车间生产,是一种可视化管理工具。看板管理是一种生产运作现场物流控制系统,是实现准时化生产的管理工具和手段,也是精益生产中的重要子系统。看板管理的工作原理如图 6-7 所示,它属于拉式生产系统。表 6-8 介绍了看板的作用。表 6-9 列举了看板的使用规则,企业应该通过贯彻看板的使用规则,建立自律、通畅的生产现场。

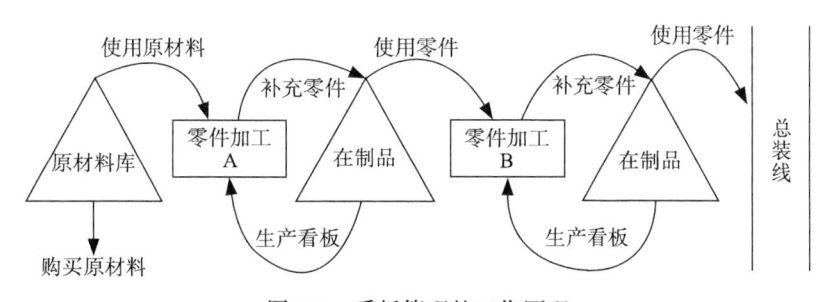

图 6-7 看板管理的工作原理

表 6-8 看板的作用

序号	作用	内容
1	指示搬运、生产的信息	根据现场的实际进度,指示"何时"生产、搬运,生产、搬运"什么",生产、搬运"多少"的信息
		可以明确生产的优先顺序(按照看板被摘下的顺序着手安排生产)
2	看得见的管理工具	控制生产、搬运过剩(看板的张数如果能得到合理的控制,生产量、搬运量自然会控制在适当的数量范围之内)
		检验工序进展的快慢(掌握本工序的能力和在库情况,掌握本工序人员配置是否合适,掌握后工序的作业进展情况,掌握后工序的紧急程度,即生产的优先顺序)
3	改善生产线、作业的工具	暴露问题的工具(工序中的标准手持越少,问题越容易暴露出来)
		这种措施会使出现残次品的工序暴露出来

表 6-9 看板的使用规则

序号	规则	解读
1	后工序只有在必要的时候,才向前工序领取必要的零部件和必要的数量	看板只能来自后工序。后工序如果无视这个规则,随便去领取,会导致前工序生产的不稳定
2	前工序按照被领取的顺序,只生产被领取的零部件和被领取的数量	前工序只生产后工序所需的零部件,包括型号、质量和数量。前工序如果无视这个规则,随便生产,会导致大量库存
3	没有看板,不生产、不搬运	看板是防止生产过剩和搬运过剩的工具。生产和搬运必须按照看板的流动进行,作业者不能随意判断行动
4	看板一定要附在零部件或空箱上	看板一定要和零部件一起流动。看板的流动是指示生产、搬运的信息流动
5	看板上填写的数量应和实物数量一致	如果出现"零头"(不足一箱的完成品),应标明零头
6	不良品不送往后工序	后工序用看板去前工序领取的零部件应是 100% 合格的。后工序没有库存。后工序一旦发现次品必须立即停止生产,找到此产品并送回前工序
7	看板的使用数量应该尽量减少	看板的数量代表零部件的最大库存量
8	通过使用看板,适应小幅度需求的变动	计划的变更依据看板取下的数目自然产生,可有效地应对市场需求和生产的紧急状况

2. 自働化生产

自働化并不是单纯的自动化,是"带人字旁的自动化",它指的是一种自动异常检测控制系统,即以生产 100% 合格产品为前提,在机械设备、品质发生异常或作业拖延及其他异常发生时,机械设备本身可检测出异常,并自动停止和报警等一连串的措施和思想。自动化与自働化的区别如表 6-10 所示。

表 6-10 自动化与自働化的区别

自动化	自働化
用机器来代替人工,人们按动开关,机器就会自动转动起来,完成预定的工作,但没有对质量缺陷的识别能力	具有人类判断力的自动化,是一种发现异常或质量缺陷的技术手段
异常发生时,如果没人按动停止开关,机器会不停地运转	异常发生时,机械设备本身能检测出异常并自动停止
出现大量的残次品,发现迟缓(有损坏机械、磨具、夹具的危险)	不会出现残次品(机械、磨具、夹具的故障可防患于未然)
早期不能发现异常产生的原因,防止再发生很困难	容易掌握发生异常的原因,可防止异常再发生
省力化	省人化

丰田公司的"包括人的因素的自动机器"就是指"带自动停止装置的机器"。在丰田公司的任何一个工厂里，几乎所有的机器设备（包括新的和旧的）都装有自动停止装置。例如，固定位置停止系统、安灯制度（Andon）、质量保险装置之类的安全装置。总而言之，就是让机械具有人的智慧，能够检测异常并自动停止。自働化的基本原则及实施工具和目的如表6-11所示。

表6-11 自働化的基本原则、实施工具和目的

	基本原则	实施工具	目的
自働化	在工序内造就品质	·自动检测 ·出现异常时停机/停止作业 ·显示异常（安灯、显示屏） ·临时对策和再发生防止对策的制定及实施 ·加工完成立即停止	·防止残次品流出 ·明确异常所在，防止异常再发生 ·不过量生产，使"在工序内造就品质"变为可能
	省人化	将人和机械的工作分开	即使异常发生，因为机器可以自动停止，所以不必有人守在旁边监视机器，从而实现"省人化"

下面介绍自働化的基本原则及其具体实施方法。

（1）在工序内造就品质。

丰田生产采用后工序领取方式，后工序的质量问题会影响整条生产线，导致各个工序出现质量问题，也可以认为产品质量是由各个工序创造的。通过自働化可以达到将质量控制和质量保证完全融入生产过程的理想境界，消除一个或多个生产者不停地对设备进行监视的需要，将生产者从机器的统治下解放出来，并让他们集中精力在那些锻炼自身技巧和能力的工作上。为了通过自働化实现在工序内造就品质，需要将自动识别装置、自动停止装置、自动报警装置编入设备和生产线，在检测出残次品的同时让机器停下来。当机器正常运转的时候不需要人，人只是在机器发生异常情况、停止运转的时候去处理。这样可以对工艺流程内的异常状况立即做出响应，避免残次品传到下道工序。

此外，自働化也可以通过有效防错提高产品品质，减少浪费。防错法又称愚巧法、防呆法，是指在过程失误发生之前即加以防止，是一种在作业过程中采用自动作用、报警、标识、分类等手段，使作业人员即使不特别注意，也不会失误的方法，其目标是追求零缺陷。防错分为四个等级：开发设计消除潜在失误；在失误发生前发现并阻止；在失误发生地检测出并返修；失误发生后在检验区检测出，此时浪费已形成。如果检验只有85%有效，一个区域配有3个检验员，则总体正确率是85%×85%×85%=61%，检验效率低，容易造成失误，形成浪费。自働化生产通过安装防错装置，自动提示，实现成本和人员的最大节约及质量的最大保证。

（2）少人化生产。

自働化有助于实现省人化，这是因为：①通过自働化，解放了监视设备的人员，即"人机分离"；②通过防止异常再发生的活动，提高生产效率，即对现场的所有管理项目彻底实行标准化。大野耐一认为"少人化"比"省人化"更能抓住事务的本质。"省人化"，只是意味着节省人员，通过作业改善减少人数，降低成本。而"少人化"对应于一定的生产量，是制造工厂经过详细的产能分析评估后，绘制人机搭配作业组合图，依此指派适当的作业员人数，用来从事需要数量的产品的生产活动，主要是让每位作业员均发挥100%的人员工作效率，杜绝"闲人、闲时、闲事"等各项浪费的发生，能够用最少的人数、最低的成本生产市

场需要的产品数量。为了实现从"省人化"到"少人化"生产，充分发挥人员效率，企业需要：①联合 U 字形布局；②安排员工进行轮换工作，培养出多能工；③制定标准作业，并按标准作业生产；④一个流生产；⑤自动化生产。

6.1.4 精益生产方式的实施

1. 精益生产的实施条件

（1）合理设计产品。在精益生产方式中，通过产品的合理设计，使产品易生产、易装配，当产品范围扩大时，要力求不增加工艺过程。具体方法有：提高产品系列化、标准化和通用化水平，充分利用现有的典型工艺过程和工序来实现加工与装配；加强产品模块化设计工作，减少产品结构复杂性；利用积累的丰富经验和资料，设计出优异定型产品。

（2）生产同步化。生产同步化，即工序间不设置仓库，前一工序的加工结束后，加工件立即转入下一工序，装配与机械加工平行进行，产品被连续生产出来。生产同步化一般采用 U 字形设计。

（3）生产均衡化。生产均衡化是指企业采购、制造及送货的整个过程都与市场需求相适应。通过均衡化生产，任何生产线都不再大批量地制造单一种类的产品。相反，各生产线每天同时生产多种类型的产品，以满足市场需要。

（4）缩短作业转换时间。缩短作业转换时间的方法有：①尽可能在机器运行时进行准备调整；②尽可能消除停机的调整时间；③进行人员培训；④对设备和工艺装备进行改造。

（5）弹性配备人员。精益生产方式创造了一种全新的"少人化"技术，来实现随生产量而变化的作业人数调整。这里的"少人化"有两层含义：①生产工人数量随生产工作量而变动；②通过作业改进不断减少作业人数，以达到提高效率、降低成本的目的。

（6）质量保证。在精益生产方式中，通过将质量管理贯穿于每一工序之中来提高质量与降低成本，具体方法有：①使设备或生产线能够自动检测不良产品，建立一旦发现异常或不良产品可以自动停止设备运行的机制；②建立生产第一线的设备操作工人发现产品或设备的问题时，有权自行停止生产的管理机制。

2. 精益生产的管理工具

精益生产是实操性很强的生产管理技术，形成了从思想到原则与方法的运营管理模式，图 6-8 对精益生产进行了总结。在其实施的过程中主要运用以下管理工具。

（1）价值流分析：精益生产始终围绕着价值这个核心。关于价值有两个层面：一是客户需要支付的价值；二是客户愿意多付的价值（增值部分）。精益生产的价值更趋向于第二层面。价值流分析就是通过价值的两个层面对产品生产流程中的要素进行界定，首先消除浪费，进而缩减客户不愿意多付的要素，实现设备和员工有效时间最大化和价值最大化。

（2）标准化作业：标准化是高效率和高质量生产的最有效的管理工具。生产流程经过价值流分析后，根据科学的工艺流程和操作程序形成文本化标准。标准不仅是判定产品质量的依据，还是培养员工规范操作的依据。这些标准包括现场目视化标准、设备管理标准、产品生产标准及产品质量标准。精益生产要求的是"一切都要标准化"。

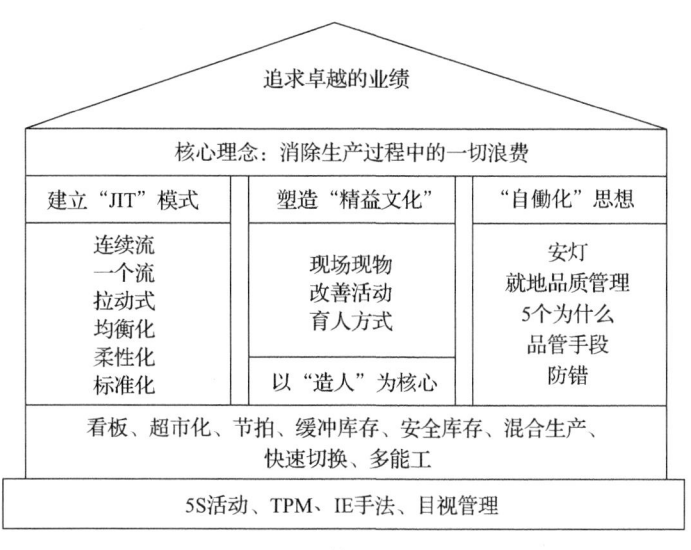

```
                    追求卓越的业绩
        ┌─────────────────────────────────────┐
        │  核心理念：消除生产过程中的一切浪费  │
        ├──────────┬──────────┬───────────────┤
        │建立"JIT"模式│塑造"精益文化"│"自働化"思想│
        │  连续流   │          │   安灯        │
        │  一个流   │ 现场现物 │ 就地品质管理  │
        │  拉动式   │ 改善活动 │  5个为什么    │
        │  均衡化   │ 育人方式 │   品管手段    │
        │  柔性化   ├──────────┤    防错       │
        │  标准化   │以"造人"为核心│           │
        ├──────────┴──────────┴───────────────┤
        │看板、超市化、节拍、缓冲库存、安全库存、混合生产、│
        │         快速切换、多能工              │
        ├─────────────────────────────────────┤
        │    5S活动、TPM、IE手法、目视管理      │
        └─────────────────────────────────────┘
```

图 6-8 精益生产屋

（3）5S 与目视化管理：5S（整理 seiri、整顿 seiton、清扫 seiso、清洁 seiketsu、素养 shitsuke）是现场目视化管理的有效工具，是企业管理的基础。5S 成功的关键是标准化，通过细化的现场标准和明晰的责任，让员工首先做到维持现场的整洁，同时暴露问题，进而解决现场和设备的问题，逐渐养成规范的职业习惯和良好的职业素养。

（4）全员设备维护（total productive maintenance，TPM）：这是准时化生产的必要条件，目的是通过全员的参与实现设备相关的过程控制和问题预防。TPM 的推行首先要具备设备的相关标准，如日常维护标准、部件更换标准等，随后就是员工对标准的把握和执行。TPM 推行的目的是事前预防和发现问题，通过细致到位的全面维护确保设备的"零故障"，为均衡化生产和准时化生产提供保障。

（5）精益质量管理：精益质量管理更关注的是产品的过程质量控制，尤其是对于流程型产品，在制品质量不合格和返工会直接导致价值流停滞和过程积压，因此更需要产品的过程质量控制标准，确保每个工序产出的都是合格品，坚决消除前工序的质量问题。

（6）瓶颈管理技术与均衡化生产：均衡化生产是准时化生产的前提，也是消除过程积压和价值流停滞的有效工具。对离散型产品而言，瓶颈管理技术是实现均衡化生产的最有效技术，瓶颈管理的核心就是识别生产流程的瓶颈并解决，做到工序与产能匹配，提升整个流程的产能。瓶颈工序决定了整个流程的产能，系统中的要素不断变化，流程中的瓶颈也永远存在，需要持续改善。

（7）拉动式计划：拉动是精益生产的核心理念，拉动式计划就是生产计划只下达到最终（成品）工序，后工序通过展示板的形式给前工序下达指令并拉动前工序，这样就避免了统一指挥可能造成的混乱，同时也实现了各工序的自我管理。

（8）快速切换：快速切换的理论依据是运筹技术和并行工程，目的是通过团队协作最大限度地减少设备停机时间。在产品换线和设备调整时，能够最大限度地压缩前置时间。

（9）准时化生产：JIT 是精益生产的最终目的，标准化作业、全员设备维护、精益质量管理、拉动式计划和快速切换等均是 JIT 的必要条件，JIT 是应对多品种小批量、订单频繁变化，以及降低库存的最有效工具。

（10）全员革新管理：全员革新是精益生产的循环和持续改进，通过全员革新不断发现浪费，不断消除浪费，是持续改善的源泉，是全员智慧的发挥，通过改善的实施过程也满足了员工自我价值实现的心理需求，进而进一步激发员工的自豪感和积极性。该工具的实施需要相关的考核和激励措施。

3. 精益组织

精益组织在实施精益生产方式时，需要注意以下三点。

（1）解决与供应商的关系问题。在精益生产方式下，企业不仅将供应商作为价值流的起点和利益相关者，而且把其发展成企业的外延。尽管丰田已经在全球汽车行业居重要地位，但它依然维持早期的伙伴关系原则。丰田对新供应商采取谨慎观察评估的态度，一开始只会下非常少量的订单，新供应商必须证明它们值得信任。新供应商若能在初期订单中展现高标准绩效，就能获得更多的订单，丰田也会教导它们丰田模式，并将其纳入丰田公司的大家族，建立长期合作关系。丰田对待供应商的态度一如其对待自身的员工，它将持续改善作为对员工的挑战，也以此对供应商进行挑战，丰田对供应商的要求包括一系列相当高的目标，并帮助供应商达成这些目标。供应商也希望和丰田合作，因为它们知道可以因此改善自身，赢得同业及其他客户的敬重。

（2）解决成本增加问题。精益生产的精益思想基础来源于利润主义，即保持利润不变，降低成本。降低成本的起点是进行价值流分析，区分增值部分和非增值部分，从产品级到作业级都要不断加强对重要增值部分的管理，降低甚至消除非增值部分，从而更合理地分配资源，实现资源的有效配置，改进企业的生产流程，达到精益制造成本管理目的。

（3）企业领导对精益生产方式要有深刻的认识。首先，公司实施精益生产需要高层领导的指引。精益变革的先决条件是公司高层必须了解并致力于应用丰田模式，以使公司变成一个"精益的学习型组织"，这样的了解与承诺进一步延伸至建立精益制度与文化，并持续不断地改善此制度；精益改善的顺利完成需要公司高层领导去校准企业核心竞争力、把握精益改善的实施重点、催化精益改善成果的落实，以及定期进行严格评审。总之，项目的顺利完成离不开领导的指引和支持。其次，实施精益生产还需要获得公司各层级的支持，需要高层领导的承诺和投入，需要中基层管理者主动学习、坚决执行、快速行动、落实想法，并去影响下属员工，从而使精益思想逐渐深入员工内心，不断追求改善。此外，企业外部的供应商也要参与其中，贯彻、落实企业对其提出的标准要求。

6.2 大规模定制

6.2.1 大规模定制的发展历程

1970年，阿尔文·托夫勒提出了一种全新的生产方式的设想：以类似于标准化和大规模生产的成本与时间，提供满足客户特定需求的产品和服务；1987年，斯坦·戴维斯首次将这种生产方式称为大规模定制；1993年，B.约瑟夫·派恩指出：大规模定制的核心是产品品种的多样化和定制化急剧增加，而不相应增加成本；其范畴是个性化定制产品的大规模生产；其最大优点是提供战略优势和经济价值。

大规模定制是从20世纪盛行的两种生产模式——单件定制和大规模生产中演化而来的。大规模生产（mass production）是指对少量产品有效地进行大批量生产。这种形式的组织能够被严密地控制并具有可预测性，趋向高效率运作，生产成本相对较低，便于企业在价格方面竞争。其管理方式为层级官僚制，着重于自动化与任务评估的管理方式，具有非常官僚的管理架构，包含严格以功能划分的团体和工作、受到严密监督的员工。单件生产（craft production）涉及高技术性且具有柔性的工人，通常为制造环境中的工匠，并且他们对创造独一无二、有趣的产品或服务有极高的欲望。其管理方式为有机组织，在这种公司中的工人通过学徒制与经验接受训练，而组织则具有柔性并可以持续改进。这种形式的组织虽然能生产差异化和特殊的产品，但却难以规范及控制，通常生产成本也更高。

大规模定制集成了大规模生产及单件定制两者的优点。大规模定制汇总能提高预测的准确性，同时预测最终产品的误差要远高于预测最终产品所依赖的中性中间件、零部件等。大规模定制充分利用这一规律，通过风险共担，实现成本的节约与个性化需求的满足。利用分离的思想为顾客提供终产品或服务、分离顾客的需求，即分解成个性需求和共性需求两部分，对其个性需求对应的生产或服务的业务活动（如制造、组装、服务）采用单件生产模式，以实现顾客需求的精准响应，对其共性需求对应的生产或服务的业务活动（如设计、采购、配送）采用大规模生产模式，以实现生产成本的节约。

大规模定制通过推－拉混合式供应链来实现供应链上下游各行为主体的业务活动的整合，即某些层次（如产品研发，或中性中间产品与零部件的生产）以推动的形式经营，基于长期预测进行生产、采购决策、库存管理，其余的层次采用拉动战略（如组装环节是在接到顾客订单后才开始的）。对于消费者的共性需求即中间件及零部件采用大规模生产，同时也通过面向库存的推式生产来组织其生产活动；对于消费者的个性需求即不同偏好的最终产品则采用单件生产，同时也通过面向顾客订单的拉式生产来组织其生产活动。

大规模定制的基本思想是通过产品结构和制造过程的重组，在现代设计方法学、信息技术、柔性制造技术等的共同支持下，把产品的定制生产问题全部或部分地转化为批量生产，根据客户的个性化需求，以接近大批量生产的成本和速度，为单个用户或小规模多品种市场定制任意数量的产品。

表6-12比较了大规模生产和大规模定制。

表6-12　大规模生产和大规模定制

项目	大规模生产	大规模定制
管理导向	以产品生产为中心	以顾客需求为中心
生产驱动模式	根据市场预测安排生产推动式的生产方式	根据客户订单安排生产拉动式的生产方式
战略	成本领先战略 通过降低成本、提高生产效率获取竞争优势	差异化战略 通过快速反应、提供个性化的产品获取竞争优势
主要特征	产品单一 产品开发周期长 产品生命周期长 机器设备专用、设备调整时间长、调整费用高	产品随客户需求而变化 产品开发周期短 产品生命周期短 柔性的机器设备、设备调整时间短、调整费用低
适用范围	需求稳定 统一市场	需求动态变化 离散市场

模块化设计和延迟策略是实现大规模定制的关键途径。延迟策略体现了大规模定制充分利用规模经济效应的思想。在延迟策略中，公司延迟产品设计与制造作业的程序，以便尽可能延迟特定产品的制造。模块化设计为延迟策略提供了基础，没有标准化的模块和零部件，企业很难把顾客的定制要求延迟到供应链下游，也难以对顾客需求做出快速响应。此外，大规模定制要求对企业进行模块化改造，转向"模块化企业"，确保模块是兼容的。6.2.2 节和 6.2.3 节分别对模块化和延迟策略进行详细介绍。

6.2.2　大规模定制的原则及载体

1. 大规模定制的原则：构建模块化

模块（module）就是系统中结构独立、彼此之间存在定义好的标准接口，且具有一些功能的零件、组件或部件。按照模块可以实现的具体功能，可分为基本模块（实现必不可少功能的模块）、辅助模块（把各种基本模块连接起来，使系统可以正常工作的模块）及可选模块（根据客户的需求而特别增加的模块）。

模块化是系统的一种"语言"，包括两个方面：一是指模块分解化，即将一个复杂的系统或过程按照一定的联系规则分解为可进行独立设计的半自律性子系统的行为；二是指模块集中化，即按照某种联系规则将可进行独立设计的子系统（模块）统一起来，构成更加复杂的系统或过程的行为。

模块化系列产品是由一组特定的模块，在一定范围内组成的多种不同功能或同功能不同性能的产品。模块化为产品创新多样化提供了方便，在产品架构允许的基础上，通过共享基本模块生产标准化产品，将可选模块转接到其他产品结构中，快速实现定制化产品的生产。模块化制造系统或生产线可以有效降低产品族的装配和管理成本，并且易于产品在全生命周期中的维护及更新。当产品类型变化时，通过更换相应的工艺模块，可改善系统的适应能力，以及提升其可重组性及可扩展性。

乌尔里希（Ulrich）（1995）研究了模块化拓扑形式以区别不同的模块化产品的组成结构，通过对不同结构的划分，有利于识别最终组合成的具体定制产品的结构形式。

图 6-9 列出了六种主要的模块化结构类型。

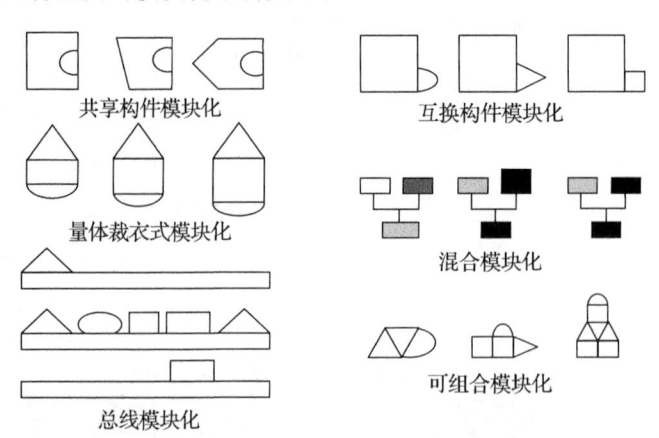

图 6-9　面向产品和服务的大规模定制的六种模块化结构类型

（1）共享构件模块化：同一部件被用于多个产品，在增加多样性和个性化的同时实现了范围经济。利用共享构件模块化可以大大降低产品成本，同时提供更多的产品，其产品开发速度更快，从而能够及时地满足用户的个性化需求。这种模块化可以减少零部件数量，从而降低现有产品系列的成本。

（2）互换构件模块化：是共享构件模块化的补充，用不同部件与基本部件组合，形成与互换部件相同数量的最终产品。利用互换构件模块化的关键是发现产品或者服务中最易定制的部分，并将其分解为可以方便地重新整合的部件。为了最大化发挥其效能，被分离的部件应该有三个特点：①它应该为客户提供高价值；②部件一旦被分离，它应该能方便地与基本产品无缝整合；③部件应该有很多品种以适应顾客的个性化要求。这种模块化只有当部件品种较多时，才能实现真正意义上的个性化定制。

（3）量体裁衣式模块化：与前两种模块化类型相似，只不过在这种技术中，可以通过更改模块的尺寸来满足客户对产品的多元化需求。从统计结果来看，大多数客户对产品某些性能的要求是连续而非离散的，因此客户对于这些产品的估价很大程度上依赖于为适应个性化需求而可以连续变化的构件。如对于裤子的长度，当顾客在商店购买时再根据顾客的身高来定制等。这种类型的模块化特别适合于服装业的大规模定制。

（4）混合模块化：可以使用上述任何一种模块化类型，它与其他模块化的主要区别在于部件混合在一起后形成了完全不同的产品。

（5）总线模块化：采用可以附加大量不同种类部件的标准结构。该模块化的关键是总线的存在。首先要确定每个客户都真正需要的产品体系结构或服务基础设施，其次把其余的部分模块化成可以插入标准结构的构件。这种模块化与其他模块化的最大区别在于，其标准结构允许在插入其上的模块的数量、类型和位置等方面有所变化。

（6）可组合模块化：提供了最大限度的多样化和定制化，允许任何数量的不同部件按任何需要的方式进行配置，只要每一部件与另一部件以标准接口进行连接。这种模块化的关键是开发可使不同类型的对象或者部分相互连接的接口。

2. 大规模定制的载体：模块化企业、动态网络

模块化企业是一种高度专业化分工的企业。各个企业或者部门生产自己具有核心优势的功能模块，随后组合成市场需求的产品。这样的企业可以对复杂多变的市场需求做出快速反应，具有高度的生产柔性和制造敏捷性，既有利于满足消费者多样化、个性化需求，又有利于降低企业的产品生产成本和库存成本。模块化企业又可称为插头兼容式企业，具有"即插即用"的特征。企业不必把所有的生产过程都集中于本企业内部进行，可以将整个产品系统按照模块化原理进行系统的分解和模块化设计，通过外包模块或从市场上购买别的企业的模块来及时满足市场多样化需求。

使大规模定制发挥功效的关键在于高度技术性和自治的员工、流程与模块化单元，以便管理者协调与重设模块，以满足特定消费者的需求。而管理者的责任在于如何使这些能力有效地搭配在一起。为成功实现大规模定制，企业需要拥有以下四个关键特性。第一，即时性：模块和流程能快速联结起来，从而能够快速响应不同消费者的需求。第二，低成本：如果要付出成本，这些联结要以极小的成本加诸流程上，从而保证大规模定制的低成本化。第三，无缝集成：联结点和模块不能被顾客观察出来，以保证顾客服务水平不受影响。第四，无摩擦：网络或模块集合要以极低的间接费用创建，沟通要迅速完成，不能花费过多时间在建立团队上。

在供应链管理中，尤其是当部件的生产需要跨越几个公司时，为有效实现大规模定制，需要注意以下几点。首先，要提高供应链管理中的信息化水平，提升在供应链这一动态网络下协调不同模块的能力，从而确保有效满足顾客需求。其次，要注重战略伙伴关系和供应商集成，因为在许多情况下，动态网络中的模块需要跨越不同的企业，战略伙伴或供应商集成是定制化成功的关键之一。最后，要实施地区差异化的延迟策略，延迟在大规模定制时扮演十分重要的角色，例如延迟差异化直到接到订单，可以达成为特定顾客定制化的目的。

6.2.3 大规模定制的支柱

1. 延迟策略

大规模定制生产方式面临的最大挑战是成本和个性化服务两者之间的矛盾。首先，客户定制要求增加了产品的复杂性，增大了设计、制造和管理的难度，从而增加了产品的定制成本。如何在满足客户个性化需求的同时，保持较低的定制成本，这是大规模定制企业需要解决的第一个问题。其次，在大规模定制生产中，定制是在客户提出需求之后才开始进行的。如何快速地响应客户定制的需求，及时提供定制化的产品或服务，这是大规模定制企业需要解决的第二个问题。对于成本和速度，两者之间存在着"效益悖反"的矛盾，即如果要快速响应客户定制的需求，就有可能增加定制成本；而如果不增加定制成本，则又有可能影响到定制的速度。如何协调大规模定制生产中的成本和速度的矛盾，充分发挥大规模定制生产的优势，这是决定大规模定制生产方式能否实施的关键。

延迟策略正是为解决这种矛盾并顺应大规模定制的要求而采用的一种策略，它把延迟的概念运用到大规模定制生产方式中，通过寻找不同产品的差异点，尽可能延迟产品差异点的生产、组装、配送等时间，使不同产品需求中的相同程序制作过程尽可能最大化，而定制需求（体现个性化需求的部分）的差异化过程尽可能被延迟，尽最大可能解决大规模定制生产中成本和个性化需求这两大问题，从而使总成本受控的同时，快速地满足客户的个性化需求。延迟策略增加了企业应对来自不同细分市场需求变化的灵活性，减少并控制了需求的不确定性，在保持企业成本竞争力的同时增强了企业在时间上竞争的能力。

2. 客户订单分离点

供应链运作的业务流程可以分为两类：推式流程与拉式流程。这取决于流程的运作是对客户订单的预测还是对客户订单的响应。在推式流程中，企业根据对客户订单的预测制订出生产计划，将产品分销给各级经销商，最终推向市场。在这种运作方式下，供应链中的分销商和零售商处于被动接受的地位，企业间信息沟通少、协调性差、库存量高、提前期长，忽视了客户真实的需求，容易导致存货数量逐级放大的"牛鞭效应"，快速响应市场能力差，但它能充分发挥规模经济的作用。拉式流程充分弥补了推式流程的缺点，它从响应客户订单开始，以订单需求为依据进行设计、生产、装配等，由客户的需求来激发产品的供给。在这种运作方式下，供应链运作的业务是由客户需求所驱动的，供应链运作企业根据客户的需求提供定制化的产品或服务，降低了库存量，缩短了提前期，减轻了"牛鞭效应"，从而既可以满足客户的个性化需求，又使供应链中企业间的协调性得以增强。但相应地，拉式流程生产批量小，作业更换频繁，设备利用率不高，难以形成规模经济。随着社会经济的快速发展，客户对个性化要求越来越高，产品生命周期不断缩短，更新换代快，对企业来说，既要满足客户的个性化需求，又要努力降低产品的成本。在这种趋势下，单独的推式流程与拉式流程都无法满足这种要求。延迟策略则将上述两类流程有机地整合在一起，通过推-拉混合式供应链整合业务活动，弥补了单独的推式或拉式供应链的不足。运用延迟策略在供应链中将产品的生产运作过程分为推动阶段（通用化过程）和拉动阶段（定制化过程），两个阶段的转换点称为客户订单分离点（customer order discoupling point，CODP）。

客户订单分离点是企业生产运作活动由基于预测的计划生产运作转向响应客户需求的定制生产运作的转换点，如图6-10所示。在CODP之前，企业根据预测按计划驱动的方式组织大规模生产，在CODP之后，是由客户订单驱动的定制生产，CODP是延迟制造活动中大规模生产与定制化生产的分界点。通过延迟CODP，可以降低制造过程的复杂程度，减少供应链的不确定性，以及降低成品库存，缩短定制时间。如海尔沈阳冰箱工厂设计的供应链网络是在面向库存生产和按订单生产之间的某一点上进行运作的，剩下的定制化步骤是在收到客户订单后才进行的，这样可以快速生产出顾客所需的产品，也可以有效减少企业成本[⊖]。所以，延迟策略的基本思想是：延迟实质上是为了更快速地对市场需求做出反应，即通过定制需求或个性化需求在时间和空间上的延迟，实现供应链的低生产成本、高反应速度和高顾客价值。

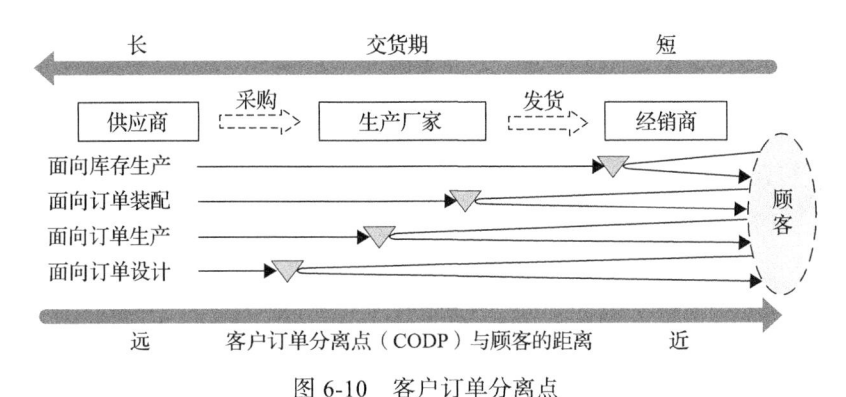

图6-10 客户订单分离点

6.2.4 大规模定制的实施

1. 大规模定制的类型

企业的生产过程一般可分为设计、制造、装配和销售，根据定制活动在这个过程中开始的阶段，可以把大规模定制分为以下4种类型。

（1）设计定制化。设计定制化是指根据客户的具体要求，设计能够满足客户特殊要求的产品。在这种定制方式中，开发设计及其下游的活动完全是由客户订单所驱动的。这种定制方式适用于大型机电设备和船舶等产品的制造。

（2）制造定制化。制造阶段的定制是指接到客户订单后，在已有的零部件、模块的基础

⊖ 资料来源：http://xkzj.mofcom.gov.cn/article/myszh/szhzx/202203/20220303297583.shtml。

上进行变型设计、制造和装配，最终向客户提供定制产品的生产方式。在这种定制方式中，产品的结构设计是固定的，变型设计及其下游活动由客户订单所驱动。大部分机械产品采用此类定制方式。一些软件系统如 MRP Ⅱ、ERP 等也采用这类定制方式，软件商根据客户的具体要求，在标准化的模块上进行二次开发。

（3）装配定制化。装配阶段的定制是指接到客户订单后，通过对现有的标准化的零部件和模块进行组合装配，向客户提供定制产品的生产方式。在这种定制方式中，产品的设计和制造都是固定的，装配活动及其下游活动是由客户订单驱动的。个人计算机是典型的装配定制化的例子。

（4）自定制化。自定制化是指在销售阶段前，根据客户的个性化需求定制化生产。自定制化中的产品虽然完全是标准化的产品，但产品是"可客户化"的，客户可从产品所提供的众多选项中，选择当前最符合其需要的一个选项。因此，在自定制化方式中，产品的设计、制造和装配都是固定的，不受客户订单的影响。常见的自定制化产品是计算机应用程序，客户可通过工具条、优选菜单、功能模块对软件进行自定制化。

2. 大规模定制实施的方法

实施大规模定制的关键因素有如下几点：产品能够被定制化；市场条件适合，顾客有个性化定制的产品需求；供应链准备就绪，上下游企业之间能快速组建供应链；先进制造技术和信息技术可得。大规模定制的实施方法如下。第一，面向产品簇的设计：对已有的大量顾客需求，结合预测的需求分析，不再仅仅考虑一种产品的设计实现，而是结合产品簇中拟采用的定制方法提取变型参数，同时对一簇产品进行设计。其设计结果形成可变型的产品模型，在快速变型设计阶段进行配置。第二，模块化设计：在功能分析的基础上，对一定范围内的不同功能或相同功能而不同性能、不同规格的产品进行划分并设计出一系列功能模块，通过模块的选择和组合构成不同的产品，以满足市场的不同需求。第三，零部件的标准化与通用化。第四，延迟设计。第五，产品开发与快速设计。

本章小结

技术变革、市场供需和竞争维度的变化，促进了生产方式从手工生产方式、大规模生产方式到精益生产方式和大规模定制方式的转变。本章首先介绍了精益生产的起源，市场需求向多品种、小批量发展，要求企业以柔性、高效率系统向市场提供品种丰富的产品。然后介绍了精益生产的核心思想与实施方法，精益生产围绕消除浪费和获得持续改善的核心思想，以准时化生产和自働化生产为两大支柱，以期获得一个平衡、平稳的作业流，从而在系统运作过程中消除系统中断，使精益系统具备柔性并增加价值、消除浪费，在循环中不断改进，追求卓越。最后介绍了在现代先进技术的支持下，以大规模生产的效率为用户提供个性化定制产品的大规模定制生产方式。

思考题

1. 精益生产的核心思想是什么？
2. 为什么说准时化生产和自働化生产是精益生产的两大支柱？
3. 精益生产的实施条件是什么？
4. 为什么构建模块化是大规模定制的原则？
5. 大规模定制的支柱是什么？请详细论述。

案例

海尔人单合一模式

1. 案例背景

海尔集团创立于1984年，已从一家电冰箱生产商转型成为全球领先的美好生活解决方案的服务商，发展成为引领物联网时代的生态型企业。目前，海尔集团已在全球设立10大研发中心、25个工业园、122个制造中心。在日趋激烈的竞争中，海尔仍能发展扩大、保持利润空间的关键是其能踏准时代节拍，始终以用户体验为中心进行组织和商业模式变革。人单合一模式就是海尔在互联网时代创新的重要产物。人单合一模式的主要落地形式是由数据驱动的大规模定制，其实质在本书第3章3.1.3节已详细论述。

2. 海尔人单合一模式产生的驱动力

（1）供需平衡变化。

当前，供给与需求平衡由供给小于需求转变为供给大于需求，过剩经济时代的来临带来了一系列的变化。首先，顾客可以选择的范围扩大，这使顾客对供给方提出了新的更高的要求，在价格、质量、时间、服务、绿色等因素的基础上，更强调产品和服务的个性化偏好与价值主张，即顾客体验。其次，顾客可选择范围的扩大使具有不同支付能力的顾客群体对产品和服务提出了不同的要求，顾客在强调个性化的同时也要求企业能够敏捷与低成本地满足其体验。

（2）物联网、"互联网+"和大数据等技术的发展。

基于对用户需求、消费、反馈，以及供应链上各行为主体多方数据的积累形成的大数据，企业能更有效地分析顾客行为，预测顾客需求。基于物联网、"互联网+"和大数据等技术对顾客需求和体验进行敏捷、低成本的多次迭代，企业能精准地洞察顾客需求，集并零碎独立需求形成场景需求。同时，基于在平台上敏捷集成各行为主体的能力、知识和资源，企业能不断优化用户体验，提供系统服务解决方案，实现对用户需求的精准预测，以及快速满足。

（3）企业制度的创新。

随着社会高质量人才的增多，以及员工实现自我价值需求的凸显，其追求的不再是生理、安全等基本需求，而是成为自我实现的"自主人"，即员工的主人翁意识不断加强，更具有自我价值实现的自主意识。海尔人单合一模式下的对赌机制是对激励制度的创新，员工与企业的关系逐步从"雇用"变为"共创"，即员工以"创客"身份，在海尔的平台上以"小微企业"的方式，与海尔确定投资持股、期权和跟投等股权交易模式。权责分明以及自主控制的模式提升了员工的自我价值，激发了员工的责任心，进一步形成了价值共同体，为人单合一模式的实施提供了激励保证。

3. 海尔人单合一模式的主要实践

（1）战略转变。

近年，海尔开始推动企业多元化经营战略，人单合一是实现这一目标的行动路径。由海尔打造的卡奥斯工业互联网平台（COSMOPlat）是在海尔人单合一模式指引下产生的不断孕育新品类的生态共创平台。目前，卡奥斯已经孕育出职业教育、房车、建陶等15个行业生态，并通过持续为企业赋能在全国建立了7大中心。海尔利用人单合一模式建立差异化竞争战略，从顾客的场景需求出发，深入触及用户，作为"首端拉动看板"来拉动企业的所有业务活动，实现了从家电行业红海竞争中的战略突围。例如，海尔食联网最初首发于冰箱某事业部探索智慧冰箱的"小微"尝试，该项目发起人根据市场用户对"智慧"需求的探索，制作了首台配备智慧大屏的冰箱，并基于此探索打造出智慧厨房场景。食联网在为家庭提供成套智慧厨房解决方案的同时，也为用户提供个性化健康膳食。

（2）充分发掘用户需求。

人单合一的主要驱动力是满足用户的个性化需求，海尔以物联网、"互联网+"等技术为抓手主动与用户交流，在互联网上开展调研，建立了用户需求收集和分析的渠道，为洞察需求提供基础；将单个产品需求集并为场景需求并提供系统服务解决方案；借助物联网、"互联网+"和大数据技术，从产品设计到售后服务全过程加强用户黏性、增加顾客价值，最终实现对用户场景需求的精准掌握。

（3）物联网、"互联网+"和大数据等技术赋能。

人单合一的重点是基于数据驱动的大规模定制。海尔卡奥斯连接着3.3亿用户和4.3万家企业，并由此创造了一个大规模定制的生态体系，这个平台可实现以用户为中心，从设计到生产的全过程协同。按需高效配置最佳资源，是卡奥斯赋能企业的独有优势之一。如依靠卡奥斯海织云平台，山东最大的牛仔服饰生产企业山东尚牛的生产效率提高了28%，交货周期从45天缩短至7个工作日，服装起订量从1 000件降低至1件，库存降低了35%，定制产品毛利率从12.5%提高到40%以上，实现了柔性化生产能力和生产效率的提升，真正做到了"一衣一款，一人一版"。

资料来源：

[1] 王能民，王梦丹，任贺松，等．海尔人单合一模式：基于数据驱动的大规模定制[J]．工业工程，2022，25(01)：1-10，27．

[2] http://gongyi.people.com.cn/n1/2021/1216/c441596-32310142.html．

[3] https://www.qingdaonews.com/app/content/2021-02/27/content_22596679.htm．

讨论题：

1. 怎样理解海尔人单合一模式的本质？

2. 促进海尔人单合一模式产生的因素有哪些？

3. 人单合一模式为什么能帮助海尔提高企业竞争力？

参考文献

[1] MIKHAILOVSKY P, PLAKHIN A, OGORODNIKOVA E, et al. Lean management tools to improve the production system[J]. Quality-access to success, 2020, 21（176）: 65-68.

[2] ROSSINI M, COSTA F, TORTORELLA GL, et al. Lean production and industry 4.0 integration: how lean automation is emerging in manufacturing industry[J]. International journal of production research, 2022, 60（21）: 6430-6450.

[3] WICKRAMASINGHE V, WICKRAMASINGHE G. Effects of HRM practices, lean production practices and lean duration on performance[J]. The international journal of human resource management, 2020, 31（11）: 1467-1512.

[4] 沃麦克，琼斯，鲁斯，等．改变世界的机器：精益生产之道[M]．余锋，张冬，陶建刚，译．北京：机械工业出版社，2015．

[5] 沃麦克，琼斯．精益思想：白金版[M]．沈希瑾，张文杰，李京生，译．北京：机械工业出版社，2015．

[6] BISWAS P, SARKER B. Operational planning of supply chains in a production and

distribution center with just-in-time delivery[J]. Journal of industrial engineering and management, 2020, 13（2）: 332-351.

[7] YILMAZ O F, DEMIREL O F, ZAIM S, et al. Assembly line balancing by using axiomatic design principles: an application from cooler manufacturing industry[J]. International journal of production management and engineering, 2020, 8（1）: 31-43.

[8] 莱克. 丰田模式: 精益制造的14项管理原则: 珍藏版 [M]. 李芳龄, 译. 北京: 机械工业出版社, 2016.

[9] 大野耐一. 丰田生产方式: 平装版 [M]. 谢克俭, 李颖秋, 译. 北京: 中国铁道出版社, 2016.

[10] TORTORELLA GL, SAWHNEY R, JURBURG D, et al. Towards the proposition of a lean automation framework: integrating industry 4.0 into lean production[J]. Journal of manufacturing technology management, 2020, 32（3）: 593-620.

[11] LEKSIC I, STEFANIC N, VEZA I. The impact of using different lean manufacturing tools on waste reduction[J]. Advances in production engineering & management, 2020, 15（1）: 81-92.

[12] WANG GX, HU XJ. A fuzzy programming model for positioning customer order decoupling point based on QFD in logistics service with mass customization[J]. Discrete dynamics in nature and society, 2020（1）: 1-19.

[13] 张余华. 面向客户需求的大规模定制策略 [M]. 北京: 清华大学出版社, 2010.

[14] 派恩. 大规模定制: 企业竞争的新前沿 [M]. 操云甫, 等译. 北京: 中国人民大学出版社, 2000.

[15] 托夫勒. 未来的冲击 [M]. 黄明坚, 译. 北京: 中信出版社, 2018.

[16] DAVIS S M. From "future perfect": mass customizing[J]. Strategy and leadership, 1989, 17（2）: 16-21.

[17] 祁国宁, 顾新建, 谭建荣, 等. 大批量定制技术及其应用 [M]. 北京: 机械工业出版社, 2003.

[18] ULRICH K. The role of product architecture in the manufacturing firm[J]. Research policy, 1995, 24（3）: 419-440.

[19] 王能民, 王梦丹, 任贺松, 等. 海尔人单合一模式: 基于数据驱动的大规模定制 [J]. 工业工程, 2022, 25（1）: 1-10, 27.

第 7 章
CHAPTER 7

项目管理

核心要点

- 项目及项目管理的概念与内涵
- 项目管理的基本流程
- 项目管理的知识体系
- 项目制造运作模式与 PPP 项目运作模式

7.1 项目及项目管理

7.1.1 项目的定义及特征

项目是指在给定时间及资源约束条件下具有明确目标的一次性任务。国际项目管理协会（international project management association, IPMA）对项目的定义是：项目是一个特殊的将被完成的有限任务，它是在一定时间内，满足一系列特定目标的多项相关活动的总称。美国项目管理协会（project management institute，PMI）对项目的定义是：项目是为创造独特的产品、服务或成果而进行的临时性工作。中国项目管理研究委员会（project management research committee，China；PMRC）对项目的定义则是：在规定时间内，由专门组织起来的人员共同完成的、有明确目标的、一次性的特定工作。关于项目的定义，项目管理专家哈罗德·科兹纳认为，项目是满足以下条件的活动或任务的序列，它们具有特定的技术指标和目标要求，有确定的开始和结束日期，受经费限制，需要消耗资源。R.J·格雷厄姆则认为，项目是为了达到特定目标而调集到一起的资源组合，它与常规任务之间的关键区别是，项目通常是一次性的，是一项独特的工作或努力。综上所述，尽管不同的组织或个人对项目的定义有所不同，但这些定义均在一定程度上揭示了项目的本质特征，并具有一定的共性，即项目有明确的起止时间，有预定的目标，受到经费和人力的限制，要消耗资源，要为实现目标而付出努力，是临时性、一次性的活动等。

为了更为清晰、准确地界定项目的概念，通常可用"运作"（operation）作为参照对比。与项目的"一次性"相反，运作是人类社会连续不断的、周而复始的重复性活动，如企业的大规模批量生产，人们每天的日常工作等。项目与运作的详细比较见表7-1。从表7-1中的对比内容，我们可以归纳出项目的如下几个基本特征。

第一，一次性。这是项目与日常运作的最大区别，项目有明确的开始时间和结束时间，在此之前从来没有发生过，而且将来也不会在同样的条件下再次发生；而日常运作则是重复性的活动。

第二，独特性。项目实施所产生的产品、服务或完成的任务，与已有的相似产品、服务或任务在某些方面会有明显的差别；项目自身有具体的时间期限、费用和性能质量等方面的特殊要求。因此，每个项目都有自己的特殊之处，其执行过程及结果都具有自身的独特性。

第三，临时性和开放性。项目开始时需要建立项目组织，项目组织中的成员及其职能在项目的执行过程中可能会发生变化，项目结束时项目组织将会解散，因此，项目组织具有临时性和开放性。

表 7-1 项目与运作的比较

比较内容	项目	运作
目的	特定的	日常的
责任人	项目经理	部门经理
时间	有限的	相对无限的
管理方法	风险型	确定型
实施过程	一次性	重复性
组织机构	项目组织	职能部门
考核要求	以目标为导向	效率和有效性
资源需求	多变性	稳定性

7.1.2 项目管理的概念及内容

项目管理即以项目为对象的管理活动，是指项目管理者在有限的资源约束下，运用系统的观点、方法和理论，对项目涉及的全部工作进行有效的管理，即针对从项目投资决策开始到项目结束的全过程，进行计划、组织、指挥、协调、控制和评价，以实现项目的目标。项目管理概念的内涵主要包括如下三个方面。

第一，项目管理需识别相关利益主体对项目的要求和期望。项目相关利益主体对项目均存在着特定的要求和期望，例如，对项目目标、范围及质量的界定，对项目工期的具体要求，对项目成本预算的限制等。项目管理者应当首先对此进行识别。

第二，项目管理的目的是实现相关利益主体的要求和期望。项目的实施涉及不同的利益主体：投资者期望以最少的投资获得最大的收益，供应商期望获得更高的销售利润，承包商期望以最低的成本完成项目等。项目管理的目的即是完成项目以实现不同利益主体的要求和期望。

第三，项目管理的内容是对所涉及工作进行有效的管理。为了最大限度地满足相关利益主体的要求和期望，项目管理者必须运用各种知识、技能、工具和方法，将以往成功经验与科学手段相结合，对项目所涉及工作进行有效的计划、组织、指挥、协调和控制，进而高效地完成项目工作并实现项目目标。

项目管理的主要内容可以概括为两个层次、四个阶段、五个流程、九个知识领域和多个相关利益主体：两个层次是指企业层次与项目层次；四个阶段包括启动阶段、计划阶段、实施阶段和收尾阶段；五个流程为启动流程、计划流程、实施流程、控制流程及收尾流程；九个知识领域则由项目综合管理、项目范围管理、项目时间管理、项目成本管理、项目质量管理、项目人力资源管理、项目沟通管理、项目风险管理和项目采购管理组成；多个相关利益主体通常涉及业主、承包商（设计、施工、供应等）、监理、客户、政府等。项目管理的核心目标包括质量、时间和成本，即项目管理的目的是追求质量高、进度快和成本低的有机统一体。由于项目的实施是在有限的资源条件下进行的，因此，项目管理者往往要在上述三个核心目标之间进行权衡，而科学的项目管理工具和方法可以为该权衡提供直接的支持。在项目管理中，管理主体、管理职能、依据的客观规律、管理客体、管理目标及资源限制等要素及其之间的关系，如图7-1所示。

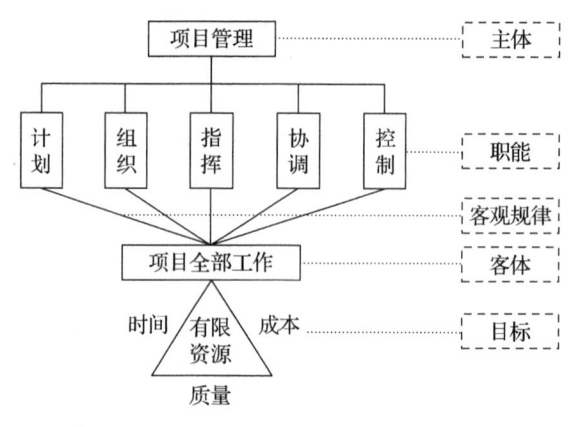

图 7-1　项目管理要素关系

7.1.3　项目生命周期

项目生命周期是指任何一个项目，按照自身发展的客观规律，从项目立项决策、规划设计、建设实施、投产运营、收回投资，直到报废终止的全过程。按照项目的实施规律，项目的生命周期通常划分为如下四个阶段进行管理。

第一，启动阶段。项目启动阶段是确立项目并定义最终可交付成果的阶段，主要工作包括项目识别、组建项目团队、根据客户需求提出建议书、项目立项等，形成的文字资料主要包括项目任务书或可行性研究报告。

第二，计划阶段。项目计划阶段是对项目的实施过程进行规划，从各种备选方案中选择最佳方案以实现项目目标的阶段，主要工作包括制订项目计划书、确定项目工作范围、进行项目工作结构分解、估算各个活动所需的时间和费用、做好进度及资源安排、建立质量保证体系等。

第三，实施阶段。项目实施阶段是合理地调配项目资源以高效地完成项目计划的阶段，主要工作包括执行项目计划、跟踪项目计划执行过程、采购调配项目资源、合同管理、进度控制、成本控制、质量控制等。

第四，收尾阶段。项目收尾阶段是项目完成之后的验收交付和总结评价阶段，主要工作包括可交付成果交接、质量验收、费用决算和审计、项目资料整理与验收、项目交接与清算等。

项目生命周期的四个阶段及其包括的主要工作汇总见表 7-2。需要特别说明的是，项目生命周期的阶段划分并不是唯一的，根据项目性质和内容的不同，从实际项目的管理需要出发，可以有不同的划分方式。

表 7-2 典型的项目生命周期阶段划分及主要内容

名称	主要内容
启动阶段	确定需求目标，项目立项，可行性研究，项目批准，建立项目组织，任命项目经理等
计划阶段	初步设计，估算费用，订立合同，详细规划和设计等
实施阶段	资源调配，项目调度，项目监理，项目控制等
收尾阶段	项目收尾，文档整理，项目交接，项目结算，项目后评价等

在项目生命周期中，存在一些内在的基本规律，依据这些规律可以对项目进行科学的管理，以高效地达成项目的目标。在这些规律中，最为常见的有如下几个。

第一，资源需求的变化。在项目的启动阶段，对资源的需求相对较少，而后在计划阶段逐渐增加，进入实施阶段后对资源的需求达到顶峰，而在收尾阶段对资源的需求又会急剧下降。上述规律可为项目的资源投入控制提供直接的依据和支持。

第二，相关人员的影响。在项目的启动阶段，由于项目的思路和规划尚未完全定型，故相关人员对项目的影响较大。随着时间的推移，项目逐渐由构思变成现实，相关人员的影响会逐渐减弱。这一规律要求项目前期的工作必须充分可靠，以免因决策失误而给项目造成重大损失。

第三，项目风险的高低。在项目的启动阶段，项目只是一个初步的构思和想法，管理者掌握的数据资料有限，因此对未来的各种负面因素的把握能力较低，项目的风险较高。随着项目内容的不断实现，管理者积累的数据资料和知识经验不断增加，因而项目风险会逐步下降。该规律要求在项目的立项论证及规划设计阶段，必须重视对于项目风险的识别估计和分析评价工作，尽可能准确地预测风险并提前采取应对措施，进而有效地减轻风险因素对项目实施的影响。

上述规律如图 7-2 所示。

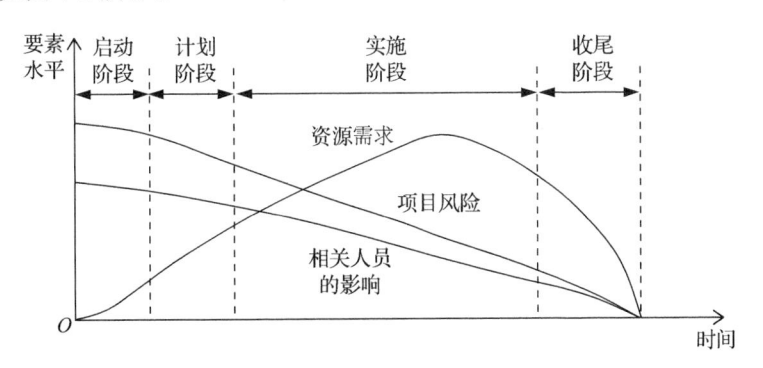

图 7-2 项目生命周期中相关要素变化规律

7.2 项目管理流程

项目管理是由若干相互关联与相互作用的管理工作和活动构成的，通常，按照这些管理工作和活动的前后逻辑及相互关系，可以将它们划分为启动、计划、实施、控制和收尾五个基本流程，如图7-3所示。首先是项目的启动流程，该流程中包括项目的启动及前期工作；随后是计划流程，在该流程中，需要为项目的实施制订总体及各种分项计划；接下来是实施流程，以及与之相连的控制流程，实施流程中的工作和活动是落实计划流程的结果，而控制流程则是对实施流程的执行结果进行监督检查和纠偏，同时，控制流程也会对计划流程和收尾流程产生作用；最后是收尾流程，这一流程中主要包括项目收尾的相关工作。

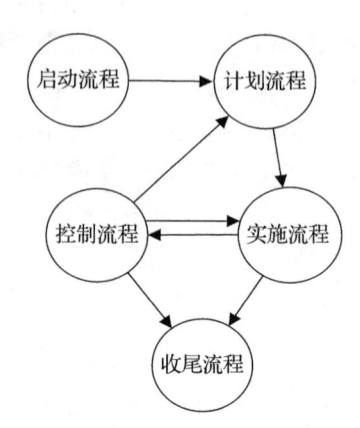

图 7-3 项目管理包含的工作流程

7.2.1 启动流程

启动流程的主要任务就是明确项目目标，基于项目的可行性进行立项决策，建立项目团队并正式启动项目。项目的启动首先源自项目发起人的项目立项愿望，以及基于立项意愿所设定的项目目标。项目发起人通常应编写一份能体现立项意愿的项目任务书，用来说明项目产品的具体要求，以及项目对实现组织经营目标和战略目标的意义。在编写并发布项目任务书后，相关利益主体便对项目的目标及前景有了清晰的了解和认识。

在完成项目任务书的编写后，项目发起人接下来的工作是召集或委托相关专业人员对项目开展可行性研究，编制可行性研究报告，对项目进行财务评价和国民经济评价，论证项目商业价值及社会价值。在进行可行性研究的过程中，需要进行项目的总体方案设计，明确项目应达到的技术指标、主要验收标准并初步确定项目的范围，应识别项目面临的主要风险、项目的主要假设条件和制约因素。同时，还应该考虑项目生命周期的阶段划分，即基于业界同类项目的经验、项目所在组织的政策和制度，以及本项目的具体情况如工期长短、复杂性大小等，把项目全过程划分成便于管理及控制的几个阶段，并基于项目阶段划分的结果设置里程碑（控制节点）。

在启动流程中，项目发起人还必须确立项目的组织结构，为项目组织配备团队成员及其他资源，指定项目经理并明确项目经理的权力和责任。项目经理及其管理团队的首要工作便是接受项目发起人委托，根据项目任务书及可行性研究的结果，起草项目章程及配套管理制度，上报项目发起人审批。在项目章程审批发布前，项目的启动工作仍由项目发起人领导；在项目章程审批发布后，项目经理及其管理团队便正式接手项目的具体实施工作。此时，项目经理应依据项目章程及管理制度推进各项工作，识别项目的相关利益主体并梳理他们与项目实施的关系，进而高效有序地实施并完成项目活动。

7.2.2 计划流程

计划流程旨在为实现项目目标确定具体的方法和路径，并将其以计划的形式呈现出来，从而为随后的项目实施提供指导。通常，由于项目计划的制订必须遵守企业的相关规定，因此，在编制项目计划之前，首先应明确项目计划的管理制度和流程，然后由相关人员根据实际情况编制项目计划。由于项目的实施涉及内容繁杂，因此，项目计划通常可分为项目范围计划（由项目范围说明书和工作分解结构等构成）、项目进度计划（由项目各活动执行模式和开始时间等构成）、项目成本计划（由项目成本预算及其在项目各项工作上的分解结果等构成）、项目质量计划（由项目质量目标及质量检查、质量保证手段等构成）、项目风险计划（由项目风险识别、评估结果及相应的应对策略措施等构成）和项目采购计划（由项目采购对象、方法、批量及时间等构成）等分项计划。

在编制项目计划时，通常先不考虑风险和变化性，按最可能的情况编制各分项计划；然后将风险因素考虑在内，在风险识别和评估的基础上，通过适当地添加缓冲区域对项目计划进行调整，以使其更符合现实情况。当编制出项目计划后，要分析完成计划所需要的资源种类和数量，并进一步核实本企业所拥有的资源，由此确定需要从外部获取的资源，将其落实到项目采购计划中。由于项目实施过程中的不确定性，项目计划的编制及执行通常是一个反复迭代的过程，在项目的执行过程中，如果需调整的计划是已经过批准的，那么就必须走正式的变更流程，经过同样的审批程序后，调整才能正式生效。

由于在项目的实施过程中，各方面工作必须相互协调和配合，因此，要对项目各分项计划进行有机整合，从而形成一个系统的项目综合计划，并由此发挥对项目活动执行的科学指导作用。当项目综合计划及各分项计划编制完成并批准通过后，项目经理及其管理团队应召开专门的会议，将项目计划通知项目的相关利益主体，从而使他们充分了解项目的计划安排，并为项目计划的实施提供支持。与此同时，项目管理团队应在项目组织内部正式公布项目计划，落实各分项计划的责任人和责任部门，确保计划的顺利实施。

7.2.3 实施流程

实施流程旨在根据预定的项目计划有序地开展项目工作，按进度完成项目可交付成果，实现项目目标。为了确保项目实施的科学高效，所有的工作必须严格按计划进行，任何违背计划的偏离都是不允许的。项目经理及其管理团队首先应该严格按计划办事，其次应该要求项目团队成员严格按计划完成工作，切忌以主观意志代替计划或者随意调整计划，破坏项目计划的稳定性和权威性。这是因为，鉴于项目工作本身的复杂性及实施环境的不确定性，项目管理者通常仅凭主观判断不可能将项目各方面因素考虑周全，因此，任何违背计划的行为都会损害项目管理的整体性和系统性，进而对企业的全局利益造成损害。

在实施流程中开展的主要工作包括：获取和分配项目资源，包括人力、物力和财力等；管理和激励项目团队成员，提高团队成员的工作绩效；与相关利益主体沟通，确保他们了解项目进展并引导其合理地参与项目；按计划开展项目工作，逐步完成可交付成果；收集项目工作绩效数据，为监督控制提供依据；对项目工作质量进行检查，保证达到合同要求；对项目变更进行控制，实施项目风险应对措施；开展项目采购工作，确保项目实施的资源供应。需要注意的是，实施流程中的所有工作及成果都必须经过控制流程的检查和确认，才能提交给收尾流程使用，不能从实施过程直接过渡到收尾流程。

项目实施流程的各项工作管理应强调以结果为导向，因此，要特别注意和重视对各分项工作实施情况的跟踪检查。在完成项目可交付成果的过程中，必须实时地把相应工作绩效数据收集起来，并提交给相应层级的管理者进行对比控制，由此与控制流程相配合，确保项目的实施按预定计划进行，从而平稳顺利地达成项目的目标。

7.2.4 控制流程

控制流程是将项目实施情况与项目计划要求进行对比，发现偏差、分析偏差产生的原因并采取针对性措施纠正偏差，从而使项目的执行情况与预定计划保持一致。由于项目管理者自身能力和认知的有限性，以及项目执行内外部环境的高度变化性，项目在实施中不可避免地会与计划产生偏差，所以，必须对项目的执行情况进行监督和控制：监督是实时动态地检查了解项目执行的实际情况，把反映项目进展的相关数据及时地收集上来，据此分析判断实际情况与计划要求是否出现偏差；控制是在对出现的偏差进行分析、找准偏差发生原因的基础上，决定是否需要调整计划或对执行情况进行纠偏，确保项目的执行沿着正确的方向往前推进，并把偏差控制在可以接受的范围之内。

与项目的分项和综合计划相对应，项目的监控也可分为局部和整体两个层面进行：局部监控是指分别开展的对项目范围、进度、成本和质量等方面的监控，通过这些监控来发现项目实施中各方面的偏差，分析偏差产生的原因并采取措施进行纠偏，或者在不影响综合计划的情况下，在局部范围内对分项计划进行有限度的调整；整体监控则是基于局部监控所得到的工作绩效信息，在整个项目的层面上对这些信息做综合分析，形成针对项目进展情况的总体报告，由此对项目的整体进展情况进行判断，发现整体偏差并进行综合分析，在此基础上就下一阶段的工作做出部署和安排，或者基于整体形势对综合计划进行调整。

在控制流程中，应尽可能避免项目计划的变更调整，以保持项目实施过程的平稳有序；当由于内外部环境变化必须对计划进行调整时，应严格按照规定的流程进行审批，切忌随意频繁变更项目计划。对项目计划变更的决策应从全局的角度做出，以防为追求局部利益损害项目的总体利益。例如，负责项目进度的管理人员会只从进度控制的视角出发，提出对项目进度计划的变更请求。如果只考虑进度方面的利益，那么这个变更请求是可以批准的；但是，如果综合考虑进度变更对项目成本和质量的影响，那么这个变更请求也许就不能批准。

7.2.5 收尾流程

收尾流程旨在对项目的实施进行收尾终结、验收交付和总结评价。其主要工作包括：对可交付成果进行验收并办理移交手续；完成项目采购合同并结束当事人的合同关系；完成项目的财务结算与决算；向相关利益主体报告项目最终绩效；收集、整理项目数据并进行总结评价；依据工作业绩对项目团队成员进行奖励或惩罚；释放项目资源、解散项目团队。虽然收尾流程位于项目执行的最后一个环节，是对已完成工作的总结回顾，但它是形成项目管理闭环的重要手段，因此，项目管理者必须高度重视收尾流程，确保在项目管理工作中能够不断积累经验、改进不足，进而持续提升企业的项目管理绩效和水平。

需要特别指出的是，由于项目实施的阶段性特征，对已经完成的可交付成果的实质性验收,是控制流程而不是收尾流程的工作。虽然在收尾流程也需要进行验收,但这种验收通常是对前面可交付成果验收的汇总,由此完成项目的法定验收程序。因此,在项目执行过程中,对可交付成果的验收要及时,而不要拖到项目收尾时再进行,以便于及时解决可交付成果中可能存在的问题,实现项目执行过程的中间控制,进而提高项目成功的可能性。

最后,需要说明的是,虽然项目管理流程中有四个基本流程的名称和项目生命周期阶段的名称是相同的,但它们的含义却是不同的。项目生命周期所包括的四个阶段没有重合,它们是从项目实施全过程的角度来划分的;而项目管理的五个流程并不是独立的一次性过程,它们贯穿于项目生命周期的每一个阶段。项目的任何一个阶段都可能包含一个或几个"启动→计划→实施→控制→收尾"的管理流程。此外,项目管理流程在项目执行的每个阶段,也是按照不同的强度和层次而发生的相互重叠的活动。图 7-4 从资源投入的角度,展示了在一个项目的执行过程中,各个管理流程之间是如何重叠和变化的。

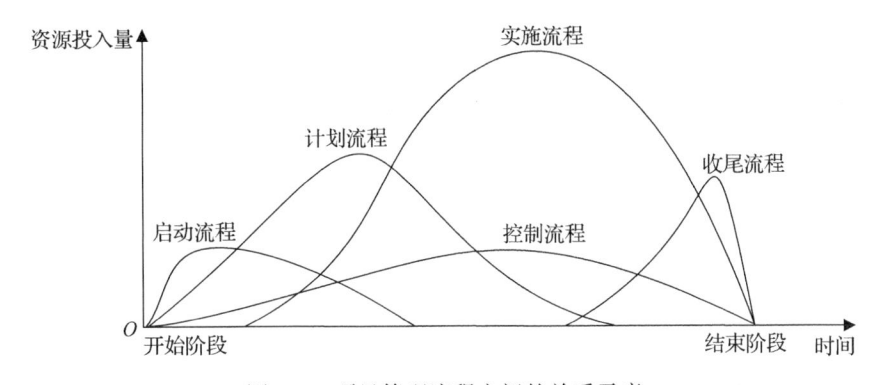

图 7-4 项目管理流程之间的关系示意

7.3 项目管理知识领域

项目管理理论由综合管理、范围管理、时间管理、成本管理、质量管理、人力资源管理、沟通管理、风险管理和采购管理等九大知识领域构成。它们之间的关系示意如图 7-5 所示。即以项目目标为导向,通过项目综合管理将其他八个领域的工作进行综合,实现项目相关利益主体的期望,取得项目的成功。下面分别对九大知识领域所涉及的工作内容做简要介绍。

图 7-5 项目管理知识领域示意

7.3.1 项目综合管理

项目综合管理是指在项目的生命周期内,对项目所有单项计划进行整合、执行及控制,以实现项目各要素相互协调及全局最优的所有工作和活动。项目综合管理从全局的、整体的观点出发，通过在相互影响的项目的各项具体目标和方案中进行权衡与选择，尽可能地消除项目各单项管理的局限性，从而最大限度地满足项目各相关利益主体的需求和期望。与项目单项管理相比，项目综合管理具有如下特点。

第一，综合性。项目单项管理是针对项目某个特定的方面所进行的管理工作，而项目综合管理则是汇总项目管理的所有方面，对它们的目标、工作和过程进行权衡、协调和集成，进而实现项目实施的综合最优，因此，综合性是项目综合管理的基本特征。

第二，全局性。项目综合管理为了实现项目总体目标，从全局出发协调和控制项目的各个方面，从而消除项目各单项管理的局限性，达到协调统一项目各单项管理的目的，并由此实现项目管理的全局最优，因此，项目综合管理具有全局性特点。

第三，系统性。在进行项目综合管理时，需要把项目作为一个系统来考虑，对项目的内外部影响因素进行统筹，在对项目组织内部相关因素进行管理和控制的同时，兼顾对来自外部环境的影响因素和问题的处理，因此，系统性也是项目综合管理的重要特征。

项目经理是项目综合管理的责任者，也是项目的综合协调者。项目经理要领导项目团队根据项目目标进行决策，负责协调所有团队成员之间的工作，并解决他们之间的冲突，同时还应与所有的项目相关利益主体进行良好的沟通。正如图7-5所展示的，项目经理在进行综合管理时，应以项目目标为导向，对项目范围管理、时间管理、成本管理、质量管理、人力资源管理、沟通管理、风险管理和采购管理等进行有机的整合与集成，以取得项目的成功。

7.3.2　项目范围管理

项目范围是指为了成功地实现项目目标，所必须完成的全部的且最少的工作：全部的是指实现该项目目标所进行的"所有工作"，任何工作都不能遗漏，否则将会导致项目范围"萎缩"；最少的是指完成该项目目标所规定的"必要的、最少量"的工作，不进行此项工作就无法最终完成项目，工作范围不包括那些超出项目可交付成果需求的多余工作，否则将导致项目范围"蔓延"。项目范围与产品范围有一定的关联，但又有明显的区别。项目范围最终是以产品范围为基础而确定的，产品范围的完成情况是参照客户的要求来衡量的，而项目范围的完成情况则是参照计划来检验的，产品范围决定了项目范围的深度和广度。

项目范围管理是指对项目所要完成工作的范围进行管理和控制的过程与活动。项目范围管理主要包括如下具体工作。

第一，范围管理规划，即制订项目范围管理计划和客户需求管理计划，并用文字表述项目范围如何进行定义、确认和控制。

第二，客户需求确定，即为实现项目目标，确定客户需求和预期的项目或产品的特性及功能，并将其编写成书面文件。

第三，范围定义，即对项目和产品进行详细说明，通过工作结构分解将项目可交付成果和项目工作细分为更小的、可操作的单元。

第四，范围变更控制，即监督项目范围的实际变化状况，并将其与项目范围管理计划进行对比，控制偏差并进行合理的变更。

7.3.3 项目时间管理

项目时间管理是指在项目的实施过程中，为了确保能够在规定的时间内实现项目的目标，对项目活动进度及日程安排所进行的管理和控制。具体来说，项目时间管理就是在项目实施前，制订出合理且经济的进度计划，然后在该计划的执行过程中，检查实际进度是否与进度计划相符，若出现偏差，要及时找出原因，采取必要措施进行纠偏，从而保证项目能够按时完成。

项目时间管理主要包括如下具体工作。

第一，项目活动定义，即根据项目时间管理的需要对工作结构分解结果进行进一步的细化和明确，清晰定义项目活动的内容。

第二，项目活动排序，即根据项目实施的技术要求，明确各活动执行的优先次序，以及它们之间的逻辑关系。

第三，活动资源估算，即根据企业资源消耗定额，估算项目活动执行时所需的资源类型和数量。

第四，活动时间估算，即根据企业时间定额，估算在标准作业条件下，完成各活动所需的时间。

第五，进度计划制订，即通过分析活动顺序、资源需求、持续时间和进度制约因素，制订项目的进度计划。

第六，进度监督控制，即监督项目进度计划的执行情况，及时发现偏差并采取针对性措施纠偏，在必要时对项目进度计划进行适当调整。

7.3.4 项目成本管理

项目成本是在完成项目过程中的各种人工、材料、机械等消耗的货币表现。影响项目成本的因素很多，主要包括如下五个方面。

第一，项目范围。项目范围是影响项目成本的最根本因素，因为项目范围决定了项目需要完成的活动，以及完成的程度，项目需要完成的活动越多、完成的程度要求越高，项目成本就越高。

第二，项目工期。项目成本与项目工期直接相关，并随着项目工期的变化而变化。当项目工期缩短时，项目成本会随之增加；但当项目工期拖延超过一定的限度时，项目成本也会增加。

第三，项目质量要求。项目成本与项目质量要求成正比关系，项目质量要求越高，项目成本也就越高；项目质量要求越低，项目成本也就越低。

第四，资源价格及耗用数量。项目成本与项目所消耗资源的价格及数量成正比关系，项目所消耗资源的数量依赖于项目活动的执行方式，在一定程度上属于项目内部可控因素，而资源的价格则受市场供求的影响而变化，项目组织无法对其进行控制。

第五，管理水平。项目组织的管理水平对项目成本的影响是全方位的，科学精细的管理能够有效减少浪费、提高效率，进而节约项目成本；反之，则会造成资源浪费，导致项目成本增加。

项目成本管理是指为保证项目实际发生的成本不超过项目预算成本而进行的管理活动，通过项目成本管理，项目团队可以及时发现并处理项目执行中出现的成本方面的问题，以达到节约资源投入、降低成本的目的。项目成本管理主要包括如下具体工作。

第一，成本管理规划，即对项目成本管理工作进行统筹规划，包括制定成本管理制度及程序、选择具体的工具和方法、形成成本管理文件等。

第二，成本需求估算，即根据活动的资源消耗和各类资源的市场价格，对完成项目需要使用的资金进行估算。

第三，成本预算编制，即在估算成本的基础上，将成本估算的结果分配到各活动或工作包上，形成项目的成本计划。

第四，成本监督控制，即按照预先确定的项目成本计划监督项目的实施过程，及时发现并纠正成本偏差，并在必要时调整成本计划。

7.3.5　项目质量管理

项目质量是指项目的可交付成果，包括产品、过程和活动等能够满足项目客户明确的和隐含的需求能力特性的程度。项目质量管理是针对项目实施过程所进行的质量目标制定、质量管理体系建立、质量管理活动策划、质量检查控制、质量保证和质量改进活动。由于项目实施的一次性特性，项目质量管理与通常的产品质量管理相比，具有许多不同之处。例如，在产品质量管理中，有时会采用破坏性的测试，测试之后产品就会报废。但在项目质量管理中，由于只有一次机会去完成项目，无法进行上述破坏性测试，因此，必须在项目的早期强调质量保证和质量控制。此外，由于项目的实施通常会涉及多个相关利益主体，因此项目质量管理需要所有项目相关利益主体的共同努力。

项目质量管理不仅包括项目产品的质量管理，还包括项目实施过程的工作质量管理，而后者是质量管理的重点。项目质量管理工作主要包括如下内容。

第一，质量管理规划，即确定项目及其可交付成果的质量要求或标准，并将如何达到这些质量要求整理成书面文档。

第二，质量保证实施，即完善质量管理制度，落实相关人员的质量责任，形成质量持续提升的闭环，保证项目实施过程及结果的质量。

第三，质量监督控制，即对项目活动的质量进行监督检查，记录活动质量的结果，并针对偏差提出具体的纠偏建议。

需要特别强调的是，项目质量管理必须坚持全员和全过程两条基本原则：全员是指任何一个项目成员的工作都会在一定程度上影响可交付成果的质量，项目的全体成员都必须参与到质量管理中；全过程是指必须对项目质量形成过程中的各个环节工作进行全面的管理，把可能使项目质量下降的因素和造成不合格项目产品的因素消灭在质量形成的过程中。

7.3.6　项目人力资源管理

项目人力资源管理是指项目经理对项目团队成员所开展的科学计划、适当培训、合理配置、准确考评和有效激励等一系列管理工作。项目人力资源管理的目的在于充分发挥项目团队成员的主观能动性，使他们各尽所能、努力工作，从而保证项目目标的顺利完成。项目人力资源管理通常具有以下几个特点。

第一，团队性。由于项目工作是以团队作业的方式开展的，只有项目团队成员团结合作、协调一致，才能保证在规定的时间内，以较低的成本高效地完成项目目标，因此，项目人力资源管理首先具有团队性的特点。

第二，临时性。由于项目的实施具有一次性的特点，因此，项目团队及其人力资源管理必然具有临时性的特征。在项目开始前组建项目团队，而在项目完成后，项目团队就会解散。

第三，阶段性。由于项目所处生命周期的阶段不同，其需要的人力资源数量和类别都会有所不同，所以，项目人力资源管理又具有阶段性的特点，即项目团队人员数量及类别会随着项目的推进而发生变化。

项目人力资源管理主要包括如下内容。

第一，制定项目人力资源管理规划，即通过预测未来人力资源的需求，确定完成项目所需人力资源的数量和质量，以及项目团队成员之间相互关系的过程，它能确保在适当的时候，为相应的职位配备合适数量和类型的工作人员，使他们能够有效地完成任务、达到预定的目标。

第二，项目团队组建，即根据项目人力资源计划的要求，从项目组织内部或外部获取所需人力资源，并根据这些人员的能力、知识和经验对他们进行合理安排的过程。项目团队组建是人力资源管理规划的具体实施过程，是提高项目团队绩效、充分利用项目人力资源的有效手段。

第三，项目团队建设，即通过对人力资源进行培训、绩效考核和激励等方式，来提高项目团队成员个人的能力，以及整个项目团队绩效的工作。项目团队建设需要培训项目团队成员，并建立一套科学、合理、可行的工作业绩考核体系，以便激励所有团队成员努力完成其所承担的任务。

第四，项目团队管理，即跟踪团队成员绩效、提供反馈信息、解决存在的问题并协调各种变更，其目的是提高项目的业绩。项目团队管理的手段主要有观察和访谈、项目绩效考核、冲突管理、人际沟通等。

7.3.7　项目沟通管理

项目沟通就是项目团队成员之间、项目相关利益主体之间所进行的，项目信息的发送和接收的双向、互动的反馈和理解的过程。项目沟通管理是指为了确保项目信息的合理收集和传递，对项目信息的内容、信息传递的方式及过程等所进行的全面管理活动。沟通管理是其他各方面管理的纽带：项目团队与客户的沟通，可以保证项目团队得到最大的支持；项目团队与供应商的沟通，能使项目实施所需资源得到更好的保障；项目团队内部的相互沟通，可以增强项目团队的凝聚力，使成员保持较高的士气。因此，项目沟通管理是项目管理的一个重要组成部分，也是影响项目成败的重要因素之一。

项目沟通管理主要包括如下工作内容。

第一，沟通管理规划，即针对项目相关利益主体的沟通需求及项目组织内部信息传递的需要进行分析,在此基础上制订项目沟通计划。

第二,沟通管理实施,即根据沟通管理计划,生成、收集、分发、储存、检索及最终处置项目信息,确保项目内外的良好沟通。

第三,沟通管理控制,即在项目整个生命周期内对项目相关利益主体及团队成员的沟通进行监督和控制,确保信息传递最优化。

为了科学有效地开展项目沟通管理,通常需遵守如下基本原则。

第一,准确性原则。在沟通管理的过程中所传递的信息必须是准确的,而不能是似是而非或模棱两可的信息,所使用的语言和信息传递方式必须能为信息接收者所理解,以便其能够获得准确的信息。

第二,完整性原则。发送与接收的信息必须是完整的,不应有信息遗漏和缺失,沟通管理必须按照一定的流程进行,以确保人们都能够适时全面地获得管理所需的信息。

第三,及时性原则。应确保信息的时效性和有效期,沟通管理应确保相关人员能够及时获得必要的信息,进而据此做出正确的决策。

第四,强制性原则。相关人员在获得必要的信息后,必须立刻进行决策并采取正确的行动,以免沟通陷入无休止和无价值的争论中。

第五,非正式渠道原则。管理者在不便使用正式或官方渠道沟通时,可以适当地使用非正式组织或非官方的渠道来进行沟通。

7.3.8 项目风险管理

项目风险是指由于项目所处环境的不确定性,以及项目管理者受到主观认知局限性对管理控制的影响,使项目的最终结果与相关利益主体的期望产生偏离,并给项目实施主体带来损失的可能性。项目风险通常可进行如下分类。

第一,按项目风险的影响范围,将其分为总体风险和局部风险。总体风险是指其结果产生的影响涉及项目全局的风险;局部风险是指那些仅仅会影响到项目某个局部的风险。

第二,按项目风险的后果,将其分为纯粹风险和投机风险。纯粹风险是指那些只能带来损失的风险,它往往由外部的不确定因素如战乱、自然灾害等引起;投机风险是指那些既可能带来损失,又可能带来利益的风险,如市场状况的变化、汇率利率的波动等。

第三,按项目风险的来源,将其分为自然风险和人为风险。自然风险是指由于自然力的作用,造成人员伤亡或财产毁损的风险,如洪水、地震、火灾等造成的损害;人为风险是指由于人们的活动所带来的风险,它可进一步细分为行为风险、经济风险、技术风险、政治风险和组织风险等。

第四,按项目风险的预警特性,将其分为无预警信息风险和有预警信息风险。无预警信息风险是指没有任何预警信息而突然发生的风险,人们很难对这类风险进行事前预防;有预警信息风险是指风险的发生存在一定的渐进性和阶段性,即随着环境、条件变化和自身固有的规律,逐渐产生、分阶段发展形成的。

项目风险管理是以风险管理规划为前提,进行系统的风险识别、风险估计和风险评价,并以此为基础合理地使用各种风险应对措施、管理方法、技术和手段,对项目风险实行有效的监督和控制,妥善处理风险事件所造成的不利后果,提高积极事件的概率和影响力,以最小的成本保证项目总体目标的实现。项目风险管理通常包括如下内容。

第一，风险管理规划，即规划和设计如何进行项目风险管理活动的工作过程，这是项目风险管理的第一步。

第二，风险识别，即识别出哪些风险可能影响项目，对这些风险进行科学的分类，并将它们的属性特点整理成文档。

第三，风险评估，即估计各风险因素发生概率和负面影响，在此基础上对风险估计结果进行综合，评价风险的整体水平并与可接受基准进行对比。

第四，风险应对，即基于项目目标，结合风险识别与风险评估的结果，制定增加机会、减少威胁的风险应对措施。

第五，风险控制，即实施风险应对计划并对结果进行检查，跟踪已识别风险、监督剩余风险、识别新风险，根据需要对计划进行动态调整。

7.3.9 项目采购管理

项目采购是指为实现项目目标，从项目组织的外部获取货物、工程和服务的采办过程；项目采购管理即指为使项目采购过程高效、有序、合规而进行的管理活动。项目采购管理的总目标是以最低的成本，及时地为项目提供满足其实施需要的货物、工程和服务。项目采购管理是项目管理的重要组成部分，因为任何项目的实施都需要投入包括人力、材料、设备等在内的各类资源。项目的采购支出通常会占到项目投资总额的 50% 以上，如果采购工作环节出现失误，不仅会导致项目支出增加，而且会影响项目的顺利进行，严重时甚至会导致项目失败。

项目采购管理通常包括如下主要工作。

第一，项目采购规划。这是项目采购管理的第一个阶段，主要任务是明确需要采购的货物、工程和服务的要求，以及实施这些采购的具体方法，并将这些内容编写成项目采购计划。

第二，项目采购实施。这是指按照项目采购计划实施采购活动，包括寻找、筛选、确定潜在的供应商、承包商、咨询服务提供商，综合各方面因素，通过规定的方法选定其中的最优者并与之签订合同。

第三，项目采购控制。这是指监控项目采购及项目合同的执行过程，确保采购工作按照预定的采购计划进行，避免错误采购的发生；当情况发生较大变化时，根据实际需要对采购计划进行适当的调整。

第四，项目采购收尾。这是指在项目采购活动全部履行完毕或采购因故终止时所进行的一系列收尾或善后工作，包括按合同进行验收结算，向责任方进行索赔，索取保险赔偿金等。

7.4 项目制造运作模式

7.4.1 项目制造的概念、特点及挑战

项目制造是一类制造企业以满足客户的个性化需求为目标，以项目管理为中心，为制造

客户定制的单件或极小批量的大型复杂产品，所从事的寻找市场机遇、项目投标、产品开发设计、产品生产、产品安装调试、产品生命周期内的服务与支持等项目全过程中的生产、管理活动的总称。近年来，在快速发展的大数据和"互联网+"的支撑下，以项目制造形式呈现的共享制造、服务型制造、云制造等，从根本上改变了企业资源的配置模式，实现了制造和服务的有机集成，并极大地提升了企业运营效率和经营业绩。从根本上讲，这些新型的制造模式都是面向客户的定制化需求的，是具有独特要求的一次性任务，因而不同于一般的产品制造，具有显著的项目化特征。

项目制造是一种面向订单设计的生产类型，其产品包括飞机、舰艇、运载火箭、高速列车等大型复杂装备，其生产经营活动是由一个个项目组成的，以大型复杂产品的开发和生产为主体，以项目管理为中心，产品生产的重复性很低，非通用件多。因此，与一般企业的生产过程相比，项目制造企业的生产经营管理具有以下特点。

第一，它是由一系列紧密相连的任务组成的一次性生产过程。项目制造包括项目投标、产品设计、工装制造、产品生产、安装调试、服务支持等整个项目生命周期过程。对于任何一件项目制造产品来说，由于造价高并且客户有着特殊的要求，因而只能是在接到客户订单后，组织一次性生产。

第二，客户化设计工作量大、不确定因素多。传统的企业为不同的客户提供相同的产品，而项目制造企业的产品都是客户定制的，每个客户对产品都有着比较独特的个性化需求。因此，项目制造产品的可重复性很低，客户化设计工作量大，制造过程中不可预测的因素多。

第三，投标报价是获得项目的决定性因素。对于项目制造企业，项目订单的获得往往是通过投标竞标来实现的。在项目投标中，项目报价过高会使企业失去中标机会；项目报价过低会给企业造成损失，无利可图。因此，快速准确地估算项目成本，报出既有竞争力又有盈利空间的价格，对于客户订单的获得与企业的发展具有极其重要的意义。

第四，生产过程有明确的时间和成本限制。在签订项目合同时，常常明确地规定了严格的项目交货时间和项目的合同价格，如果企业延期交货，就必须要支付违约金。由于项目的价格事先已确定，因此，项目成本控制的好坏直接决定项目利润的多少。

第五，完成项目需要多家企业共同协作。项目制造往往涉及各项技术与不同的知识领域，产品的研制与生产不可能由单个企业独立完成，而是由总承包商、分承包商、子承包商、供应商所组成的企业联盟共同协作完成的，产品研制、产品生产、产品整合与项目管理都非常复杂。

项目制造在运营管理上的上述特点，使企业在生产运营管理方面临如下挑战。

第一，项目报价难度大。因为项目制造不同于一般的产品制造，通常有着独特的个性化要求，其生产经常是一次性的，产品结构不固定，没有标准的物料清单和工艺路线，因此，当市场机遇来临时，企业必须在产品结构设计、工艺路线设计、工具模具设计均未完成，实际成本还未发生的情况下进行投标报价，成本估算的准确性与及时性往往较低，导致项目报价的难度较大。

第二，项目进度和成本控制困难。项目制造在完成产品的设计和工艺后，才能编制出合理的采购计划、生产计划，以及相应的项目进度和成本计划，因此，设计、采购、销售、制造与财务之间的信息，会在一定程度上存在相互脱节、统计口径不一致的问题，这将影响项目生产与项目进度，造成项目进度和成本控制困难。

第三，生产技术准备周期长。项目制造企业完全按客户要求生产，产品设计、工艺设计及工装制造工作量大、周期长；同时，由于项目制造大多采用顺序工程的设计方法，由设计各部门分阶段进行设计，设计工作主要以人工方式进行协调，因此设计周期长、设计出错机会多。所有这些都会延长生产技术准备周期，使其在整个产品的生产周期中占比增加。

第四，生产计划不平衡。由于项目制造产品为大型复杂产品，生产过程是多工种混合型立体作业，而且生产受外界条件影响大，计划变动多，因此难以做出较为优化的能力负荷计划，生产负荷不均衡程度高，人员设备闲置与冲突可能同时发生，企业的生产能力难以得到充分发挥。

第五，数据的及时性、准确性和集成度差。由于项目制造绝大多数为一次性生产，项目制造产品设计周期长，而且一旦设计图样完成就要立即安排生产，这可能会导致设计、采购、销售、制造与财务之间的数据相互脱节，产品数据变化大，及时性、准确性和集成度差，很难全面反映中间产品的目标成本、采购成本、制造成本等信息，并由此给项目的组织实施和管理控制带来困难。

7.4.2 项目制造的计划控制

项目制造的对象属于一个典型的项目，因此，其计划控制可以使用通常的项目网络计划的方法。但是，项目制造本身又与传统的工程项目有很大的不同，所以，其本身的计划控制又呈现出新的特点。例如，项目制造过程中不同阶段对应着不同类型的计划，技术准备阶段对应产品设计计划、工艺设计计划、工具/工装设计计划等，生产准备及生产阶段对应主生产计划、物料需求计划和能力需求计划等。由于项目制造过程周期长，涉及诸多技术领域和多个企业等，因此，如何对制造过程中所对应的计划进行管理、控制是一个重要的问题。事实上，该问题截至目前尚无较为成熟的解决方法，仍处于探索研究阶段。

吴炎太（2003）针对项目制造企业经验管理中存在的生产技术准备周期长、生产计划不平衡、生产组织困难等问题，提出了基于项目制造的敏捷 ERP 系统功能模型，可以有效地为项目制造的生产组织提供支持。顾小慧等（2008）从关键节点控制的角度出发，分析节点行为对项目制造目标的影响，根据项目制造过程控制原理构建了一种关键节点控制模型，基于关键节点行为影响对项目制造过程子目标进行调整，从而实现了对整个项目制造目标的控制。刘群亭等（2008）针对项目制造产品生产过程的特点，以及项目管理与 ERP 的互补性，给出了采用项目管理与 ERP 复合生产模式的，项目制造综合集成计划、控制流程模型，并针对项目制造工作分解结构、项目间相似任务聚类分析等关键问题进行了探讨和分析。徐建萍（2011）则根据大型装备面向订单设计生产过程的复杂性和不确定性，同时结合装备制造企业生产过程计划与控制的特点，提出了一种可以实现项目计划与生产过程物料集成管理的分级生产计划管理模型。考虑到项目制造过程中不同类型计划往往由不同的部门或组织管理，而项目制造周期长、过程管理复杂等特点，使企业很难对所有的设计、工艺、采购、生产等任务统一管理，孙清超等（2012）对不同类型计划信息的协同优化问题进行了研究，提出了一种项目制造环境下项目计划的协同优化方法。卜建国等（2013）为解决项目制造企业一直以来面临的生产计划管理难题，提出了一种新的生产计划方法。该方法包括四级生产计划模式，涉及网络计划、主生产计划、物料需求计划及车间作业计划等。

由于项目制造产品具有结构复杂、资源投入繁多、生产周期漫长等特点，其生产过程由于受内外部环境的影响，会存在诸多的不确定因素，如客户要求的变更、资源供应的不及时、机器设备故障等，因此，为了应对不确定因素的干扰，确保生产过程的平稳进行，项目制造的计划调度必须具有鲁棒性。项目计划调度的鲁棒性通常是通过添加时间和资源缓冲来实现的，而缓冲的添加必然会导致计划的冗余和效率的下降，即企业需要为应对不确定性付出代价。为了在鲁棒性和效率之间取得一个合理的平衡，在编制计划之前，需要对可能的不确定因素进行识别分析，进而精准地添加时间和资源缓冲，制订出一个具有较高鲁棒性的计划，以高效地应对不确定性因素带来的干扰，确保项目的顺利实施。

鉴于所有不确定性的影响最终都会体现在活动工期的变化性上这一事实，何正文等研究了随机活动工期下的资源约束项目鲁棒性调度问题，目标是在可更新资源和项目工期的约束下，安排活动的开始时间以实现时间缓冲的合理分配，进而保证项目进度计划鲁棒性的最大化。现实中一些项目的执行或制造过程会涉及柔性资源，与传统资源具有专一功能的情况不同，柔性资源具有多种能力并且可以进行能力的切换，以处理不同的任务。基于这一事实，马咏等（2020）考虑到柔性资源可以提高制订进度计划时的灵活性，指出通过更加合理地安排活动开始时间和分配时间缓冲，可以得到一个鲁棒性较高的进度计划，以应对项目可能面对的不确定性。崔晓等基于活动工期的不确定性，研究了资源约束多模式项目反应性调度优化问题，目标是最小化反应性计划与基准计划中各活动开始时间的加权绝对偏差之和。为了尽可能降低或消除某些不确定性因素的影响，模型还考虑了信息投入对项目进度安排的影响，通过历史数据、专家咨询及实际调研等方式搜集不确定性因素的相关信息，并对信息进行整理和分析，在项目执行过程中监控不确定性因素的变化趋势，进而采取措施降低项目的不确定性。

7.5 PPP 项目运作模式

7.5.1 PPP 模式的定义

PPP（public-private partnership）模式，是在公共基础设施和公共服务领域中，政府和社会资本合作的一种项目运作模式，即政府与私人之间，以提供公共产品和公共服务为出发点，通过协商谈判或招投标达成特许权协议，形成"利益共享、风险共担、全程合作"的伙伴合作关系，使合作各方达到比彼此单独行动的预期更为有利的结果：政府的财政支出更少，企业的投资风险更低，提供产品和服务的效率更高。PPP 模式作为有别于传统意义上政府负责的公共产品和服务供给方式，不是单纯地引进社会资本，而是提供综合性的公共事业市场化解决方案。

广义的 PPP 模式包含了设计、投融资、建设、运营、维护、移交等项目全生命周期各个环节的合作。在权利归属方面，包含了介于私营与全部国有之间的多种权利形态；在具体表现形式上，有 BOT（build-operate-transfer，建造–运营–移交）、BOOT（build-own-operate-transfer，建造–拥有–运营–移交）、BOO（build-own-operate，建造–拥有–运营）、BT（build-transfer，建造–移交）、TOT（transfer-operate-transfer，转让–经营–转让）、ROT（rehabilitateoperate-transfer，修复–运营–移交）、DBFO（design-build-finance-operate，设计–建造–融资–运营）、O&M（operations & maintenance，委托运营）和 MC（management contract，管理合同）等多种合作方式；在功能上，不是局限于项目的融资，而是覆盖了从项目识别至项目移交的全生命周期的项目实施及运营管理。在实际中，PPP 项目具体模式的选择，应当根据项目的相关利益主体、收费定价机制、投资收益水平、风险分配基本框架、投融资需求、改扩建规模和合作期限设置等因素决定。

7.5.2 PPP 项目运作过程

PPP 项目的运作过程如图 7-6 所示，通常包括项目识别、项目准备、项目采购、项目执行、项目移交五大步骤，具体说明如下。

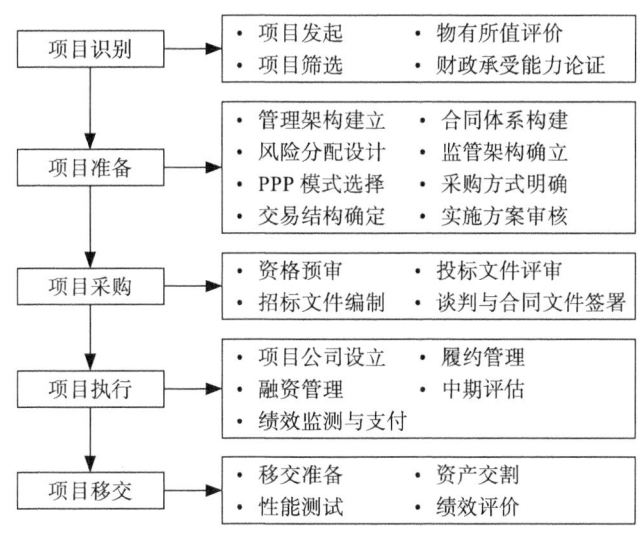

```
项目识别 → • 项目发起      • 物有所值评价
          • 项目筛选      • 财政承受能力论证

项目准备 → • 管理架构建立  • 合同体系构建
          • 风险分配设计  • 监管架构确立
          • PPP 模式选择  • 采购方式明确
          • 交易结构确定  • 实施方案审核

项目采购 → • 资格预审      • 投标文件评审
          • 招标文件编制  • 谈判与合同文件签署

项目执行 → • 项目公司设立  • 履约管理
          • 融资管理      • 中期评估
          • 绩效监测与支付

项目移交 → • 移交准备      • 资产交割
          • 性能测试      • 绩效评价
```

图 7-6　PPP 项目运作过程示意

第一，项目识别，即指政府面对社会已识别的需求，从多个备选的项目方案中，选出一种可能满足这种社会需求的方案的过程。项目识别过程主要包括以下四步：项目发起，即由政府财政部门或者社会资本征集或推荐潜在的 PPP 项目；项目筛选，即政府部门对备选 PPP 项目按照一定的标准进行评价，挑选出最符合要求的项目；物有所值评价，即为提供满足社会需求的产品或服务，对 PPP 项目进行全生命周期的成本和质量组合评价；财政承受能力论证，即识别、测算 PPP 项目的各项财政支出责任，科学评估项目实施对财政支出的影响。

第二，项目准备，即在 PPP 项目实施前，为确保项目顺利推进所做的一系列准备工作，主要包括如下八步：管理架构建立，即为规划、协调和推进 PPP 项目而建立协调组织及制度安排；风险分配设计，即基于政府和社会资本在 PPP 项目中所扮演的角色，寻求一个合理的风险分配方案；PPP 模式选择，即根据项目的实际需要选择适当的 PPP 项目运作模式；交易结构确定，即确定 PPP 项目的投融资结构、回报机制及相关配套安排；合同体系构建，即构建 PPP 项目的合同体系；监管架构确立，即从授权关系和监管方式上确定政府的监管职责；采购方式明确，即选定项目建设所需资源的采购方式；实施方案审核，即政府财政部门对实施方案进行物有所值和财政承受能力审核。

第三，项目采购，即制定 PPP 项目实施采购应遵守的相关流程和规定，主要包括如下四个方面：资格预审，即在发布采购公告前对相关主体的资格进行初步审查；招标文件编制，即组织采购专家编制 PPP 项目的招标采购文件；投标文件评审，即项目采购专家小组对投标文件进行评审以确定中标投标人；谈判与合同文件签署，即项目实施机构与候选供应商进行谈判，或直接与中标投标人签署合同。

第四，项目执行，即按照政府相关规定及项目相关利益主体的合同约定执行和实施 PPP 项目，主要包括如下五个方面的工作：项目公司设立，即由相关利益主体设立负责项目实施的项目公司；融资管理，即筹集项目建设所需资金并对融资进行统筹规划和管理；绩效监测与支付，即监测 PPP 项目绩效并按照约定向相关利益主体支付其应得收益；履约管理，即监督相关利益主体在项目实施中对项目合同的履约情况；中期评估，即项目实施机构对项目进行周期为三到五年的评估。

第五，项目移交，即依据合同约定，项目公司向政府移交项目，主要包括如下四步：移交准备，即在项目移交前所进行的移交工作小组组建等各项准备工作；性能测试，即项目移交工作小组按照预定测试方案和移交标准对移交资产进行性能测试；资产交割，即项目公司将性能测试达到要求的资产及连带文件移交给政府指定机构；绩效评价，即项目移交完成后，财政部门对项目产出、成本效益、监管成效、可持续性、PPP 应用等进行绩效评价。

本章小结

个性化需求的兴起使项目化管理方式在运营管理中发挥着越来越重要的作用。本章首先介绍项目及项目管理的相关概念和特征；随后，论述项目管理的启动、计划、实施、控制和收尾等五个基本流程，以及项目综合管理、项目范围管理、项目时间管理、项目成本管理、项目质量管理、项目人力资源管理、项目沟通管理、项目风险管理、项目采购管理等九大知识领域；最后，探讨新型的项目制造运作模式的概念、特点及挑战，并总结了当前 PPP 项目运作模式的各种表现形式及其运作过程。

思考题

1. 项目的特征是什么？项目的流程与项目管理的主要内容包括哪些？
2. 项目制造运作模式与 PPP 项目运作模式适用于哪些项目？其运作与一般项目运作的区别有哪些？

案例

光大国际苏州市吴中静脉产业园垃圾焚烧发电 PPP 项目

1. 项目概况及运作模式

进入 21 世纪后，苏州市城市化进程全面加快，但越来越多的城市生活垃圾与日益恶化的环境等如影随形而来，解决垃圾围城问题迫在眉睫。市政府在对多个国内垃圾处理的投资商进行全面考察后，基于当时的内外部环境及垃圾处置本身的特殊性，最终选择与光大国际合作推进固体废弃物处置方面的首个PPP项目，正式拉开了苏州市与社会资本在垃圾处理行业的合作序幕。

项目合作双方分别为苏州市政府和光大国际，选择光大国际作为合作者的主要考虑因素是其"中央企业、外资企业、上市公司、实业公司"的四重身份，其具备较强的项目实施能力。项目由苏州市市政公用局代表市政府签约；光大国际方面由江苏苏能垃圾发电有限公司[后更名为光大环保能源（苏州）有限公司]签约。由苏州市市政公用局代表市政府授权该公司负责项目的投资、建设、运营、维护和移交。双方经协商谈判，签订了《苏州市垃圾处理服务特许权协议》，并于2006年、2007年、2009年等年度分别据其中具体条款变更事项签订补充协议。

项目分三期采用PPP方式建设，其中一期工程项目特许经营期为25.5年（含建设期），二期工程特许经营期为23年，三期工程设定建设期2年，并将整体项目合作期延长3年，至2032年。在此合作模式下，市政府充分发挥其监管作用并建立较为完善的监管体系，主要包括地方监管、在线监管和环保监管三方面，确保项目的实施不会损害国家、社会及周围居民的利益。光大国际依靠项目公司经营净现金流收回投资、获得收益，项目收入主要由如下两部分构成：垃圾处理收入，双方约定项目基期每吨垃圾处理费为90元，当年垃圾处理费在基期处理费基础上，按照江苏省统计局公布的居民消费品价格指数（累计变动3%的情况下）进行调整；项目发电收入，上网电价部分执行国家和苏州市有关标准，一期工程为0.575元/kW·h，二期、三期工程为0.636元/kW·h。

2. 实施效果及示范效应

2006年7月，苏州垃圾焚烧发电一期项目建成并正式投运，苏州市生活垃圾处置由传统的、单一的填埋处置形式，转变为"填埋为主、焚烧为辅"的形式。2008年2月，垃圾焚烧二期项目开工建设，并于2009年5月建成投运。二期项目建成后，苏州市生活垃圾处理实现了"焚烧为主、填埋为辅"。为了最大限度地保护环境，提高环境承载能力，更好地实现可持续发展和循环经济建设，苏州市政府与光大国际决定在原有成功合作的基础上，继续采用PPP合作方式，于2011年9月进行焚烧三期工程建设，并于2013年1月投入商业运行。至此，苏州市生活垃圾基本实现"全焚烧、零填埋"。截至2014年年底，苏州垃圾焚烧发电项目累计已处理生活垃圾761.91万t，上网电量19.39亿kW·h，相当于节约标煤111.97万t，减排二氧化碳255万t。

本项目实质上是围绕城市垃圾处理的一个项目群（见图7-7），由于各个子项内容具有较强的关联性，因此，通过整合实施，可以达到优于各子项单独实施的规模经济效益。同时，在项目实施过程中，坚持以人为本、严格项目监督，较好地实现了各方的合作共赢，在如下四个方面为后续类似项目起到了示范效应。

其一：整合实施项目。垃圾处理包括多个相对独立的环节，吴中静脉产业园以垃圾焚烧发电项目为核心，将各种垃圾的集中处理，炉渣、渗滤液、飞灰等危险废物处理等环节有效整合，形成了一体化的项目群，有效提高了项目推进效率，同时实现了对不同项目收益的综合平衡，达到了整体效果最优。

其二：坚持以人为本。项目积极打造花园式环境，加大环保处理设施投入，严防二次污染，并与周边居民进行交流互动，在接受监督的同时，从当地居民对环境质量的要求出发，进行生态修复以提高区域内的环境友好性。自园区建设以来，原有的脏乱差现象有了极大的改善，区域内的宜居程度得到了大幅度的提高，体现了造福于民的宗旨。

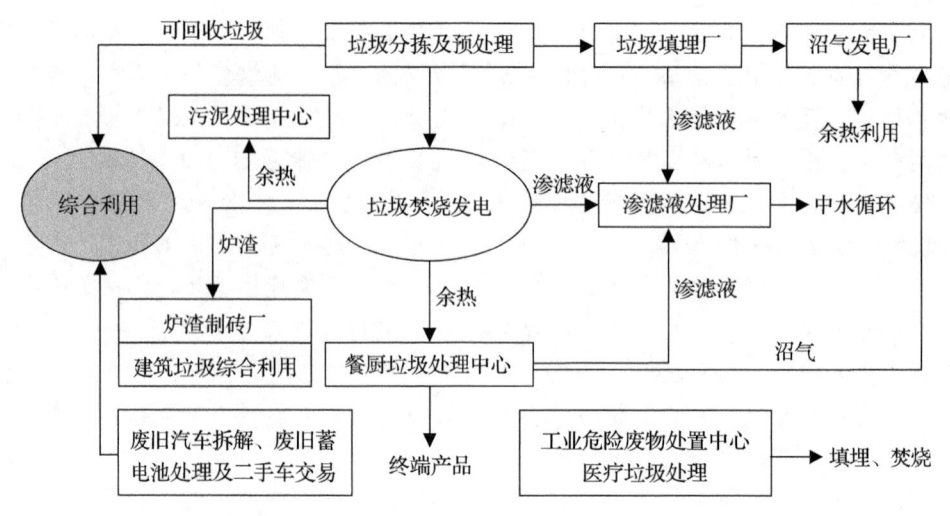

图 7-7　苏州市吴中静脉产业园垃圾焚烧发电 PPP 项目关系耦合图

其三：严密的项目监督体系。项目建立了较为严格的监督制度，所在地镇政府对产业园相关项目进行长期驻厂监管、专人 24 小时联网监督重要生产数据；所有烟气排放均已实现在线公众公示；除了政府实时监管，项目还引入第三方对环境各项指标进行检测，确保项目运行中的环境安全，如由省环境监测站对二噁英每年共检测四次等。

其四：各方利益统筹兼顾。项目建设本着优化废物综合利用网络的目的，从废物产生、收集、输送到转化处理各个技术环节进行全过程优化，以实现经济、社会、环境效益的最大化为目标，制定两个兼顾原则：在时间上，兼顾近期和远期；在空间上，兼顾当地和周边地区，以吴中区为核心，辐射范围至苏州大市乃至长三角地区。

资料来源：案例资料来源于本教材编写组承担的光大国际（现光大环境）科研课题研究成果。

讨论题：

垃圾焚烧发电项目有什么特征？为什么适合采用 PPP 项目模式来运作？其如何保证投资回报？

参考文献

[1] KERZNER H. Project management：a systems approach to planning, scheduling, and controlling [M]. New York: John Wiley & Sons，2001.

[2] 格雷厄姆．项目管理与组织行为 [M]．王亚禧，罗东坤，译．青岛：石油大学出版社，1988.

[3] APILIOĞULLARI L. Digital transformation in project-based manufacturing: developing the ISA-95 model for vertical integration[J]. International journal of production economics，2022，245（1）：108-413.

[4] 马智亮，李松阳．"互联网＋"环境下项目管理新模式 [J]．同济大学学报：自然科学版，2018，46（7）：991-995.

[5] 陈俊龙，宋心悦．中国共享制造的功能、内容与模式研究 [J]．改革与战略，2021，37（8）：57-68.

[6] 吴炎太.项目制造成本管理研究[D].南京:南京理工大学,2003.

[7] 顾小慧,刘颖,周川,等.项目制造过程关键节点控制模型研究[J].管理技术,2008(7):134-137.

[8] 刘群亭,江志斌,张志英,等.项目制造计划控制流程模型及关键问题[J].工业工程与管理,2008(4):83-87.

[9] 徐建萍.大型机械装备基于项目制造的生产计划模式[J].现代制造工程,2011(11):42-48.

[10] 孙清超,魏静,孙伟,等.项目制造环境下项目计划协同优化方法[J].大连理工大学学报,2012,52(3):367-372.

[11] 卜建国,乔运华,侯佳佳.基于项目制造型企业的生产计划方法探究[J].制造业自动化,2013,35(3):32-33,38.

[12] 何正文,刘人境,徐渝.基于随机活动工期的资源约束项目鲁棒性调度优化[J].系统工程理论与实践,2013,33(3):650-659.

[13] 马咏,何正文,郑维博.基于柔性资源约束的前摄性项目调度优化研究[J].中国管理科学,2020,28(7):220-230.

[14] 崔晓,何正文,王能民.考虑信息处理成本的反应性项目调度优化[J].系统工程理论与实践,2021,41(10):2581-2592.

决 策 篇

第 8 章　产品设计
第 9 章　服务设计
第 10 章　产能规划与选址决策
第 11 章　生产运作系统与流程设计
第 12 章　生产过程组织
第 13 章　外包与采购管理
第 14 章　生产与运作计划、物料需求计划与企业资源计划
第 15 章　质量管理
第 16 章　库存管理
第 17 章　运营与财务

第 8 章
CHAPTER 8

产品设计

核心要点

- 产品的定义及其五层次
- 产品生命周期与新产品设计
- 新产品开发的动力与压力、战略及其对生产过程成本的影响
- 产品设计与开发过程、产品设计的原则和绩效评价
- 组织进行产品设计的设计理念和方法
- 产品组合决策的概念、产品组合的评价指标和策略

8.1 产品设计概述

8.1.1 产品及其五层次

产品是指经过加工、制作，用于销售的有形和无形物。产品是一个动态过程的概念，其所产生的价值和利益，以及对价值和利益的判断是不断变化的。1997年，菲利普·科特勒（Philip Kotler）在《营销管理：分析、计划、执行和控制》一书中，基于产品价值和利益将产品分为五个层级结构，即核心产品、形式产品、期望产品、延伸产品和潜在产品。

（1）核心产品。

核心产品是指在一定的社会环境条件下，顾客要购买的基本效用或利益。它强调的是产品在消费过程中给顾客带来的心理满足或利益，是顾客希望得到的主要价值。例如，洗衣机的主要和基本应用是衣物清洗。

（2）形式产品。

形式产品是核心利益（核心产品）的具体表现形式，是产品的自然特征、人性化特征和社会特征的总和。其具体的表现形式和特征受顾客需求的影响，如海尔的智能家居，在保证顾客基本的使用需求的基础上，进一步满足其个性化需求。

（3）期望产品。

期望产品是指顾客在购买时期望得到的与产品密切相关的一组属性和条件，简称产品特征集。产品特征集与顾客的心理预期相符合程度越高，顾客越满意；当期望的承诺没有得到满足时，会不同程度地影响顾客的满意度和重购率。

（4）延伸产品。

延伸产品是指产品销售者为顾客价值增值所进行的各种活动，是各种附加利益的总和。当产品能让顾客付出较少的成本，且解决较大难题时，它就能在竞争中胜出。延伸产品既是锁定顾客的过程，也是企业核心竞争力所在。

（5）潜在产品。

潜在产品是指包括现有产品及其所有附加产品在内的，在未来可能会成为最终产品的潜在状态的产品。潜在产品指出了现有产品可能的演变趋势和前景。

8.1.2 产品设计与运营管理

1. 产品生命周期与新产品设计

产品生命周期（product life cycle，PLC）理论由雷蒙德·弗农（Raymond Vernon）于1966年提出，是指产品从开始投入市场到被淘汰退出市场的整个过程。典型的产品生命周期可分为四个阶段：进入期、成长期、成熟期和衰退期。在产品生命周期的不同阶段，产品设计将表现出不同的研发要求，如图8-1所示。

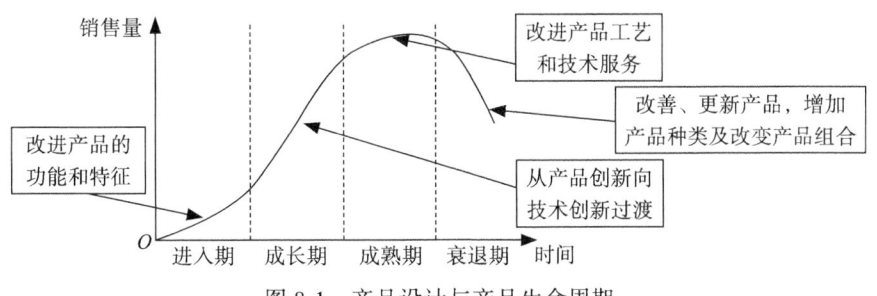

图 8-1　产品设计与产品生命周期

在进入期，产品设计的主要任务是改进产品的功能和特征。在该阶段产品尚未完全成型，技术上也未完善，因此，此阶段的主要任务是改进产品本身的功能。

在成长期，产品设计的主要任务为从产品创新向技术创新过渡。企业需要制定战略规划，形成必要的生产能力以满足扩大市场的需求，如增加新的功能，改变产品的款式，发展新的型号等。

在成熟期，产品设计的主要任务是对产品工艺和技术服务做必要的调整和创新，以改进产品质量，降低成本，从而延长产品的生命周期。该阶段的产品研发不是调整产品本身，而是发现产品的新用途，改进产品的服务方式等，以延长产品的成熟期。

在成熟期的后期和衰退期，企业产品研发的主要任务是不断改善、更新产品，或者增加产品种类及改变产品组合。这些新型或改型产品的出现，使产品再次进入进入期。

2. 新产品开发的动力与压力

新产品开发是筑固或改变企业战略方向、提高生产和经营资源的利用效率、为企业投资提供长期的财务收益，并提升品牌权益、公司形象和竞争优势的重要源泉。这些潜在的利益是促进企业实施新产品开发的主要动力因素。

（1）市场利益。

市场利益的驱动作用是指与市场有关的先动优势。包括：第一，作为市场的开拓者或领导者的声誉有利于吸引新客户和培养客户忠诚度；第二，作为市场的开拓者或领导者还可以获得抢占有利市场的优先权；第三，高转换成本有助于限制早期客户的再选择；第四，网络外部性有助于吸引和锁定客户。

（2）技术及战略利益。

技术及战略利益的驱动作用是指与技术相关的先动优势。包括：第一，基于专有学习曲线的成本或歧异性方面的优势；第二，技术标准的领导权；第三，以专利为代表的制度壁垒。

（3）财务及资源利益。

财务及资源利益的驱动作用是指与资源获取相关的先动优势。包括：第一，销售渠道的优先选择和设施、投入品及其他稀有资源的来源优势；第二，早期的超额利润。

（4）企业资源支持。

企业资源支持的驱动作用主要体现为两个方面：第一，拥有一套包括营销能力、设备制造和服务能力在内的完整的互补性资源，以及声誉、成本和资本的优势，将有助于公司较早进入市场，并取得先动利益；第二，在先前产品的开发、生产和销售等过程中总是会积累一些未被充分利用的资源，这些资源的利用本身也常常成为新产品开发的动力。

（5）外部环境支持。

外部环境支持的驱动作用主要体现为外部环境中的自然资源、人口、文化价值观、科学技术、经济制度、法律法规等因素和以政府为代表的环境调节者对新产品加速开发的积极影响。例如，5G网络技术的发展和我国关于5G技术应用的政策支持，推动了国内"智慧口岸"的建设和发展。新产品开发的动力发挥作用的过程，实际上是富于企业家精神的领导者，提前认识到技术的优越性，以及潜在的商业利益并构建商业模式，以此争取资源保障，整合团队力量，协调合作伙伴，积极推动新产品开发的过程。

新产品开发项目通常面临着来自竞争者的压力。在严格的知识产权保护制度下，如果创新者具有不可攻破的专利保护，或者产品的性质决定了其中的商业秘密能有效杜绝模仿者进行快速模仿，则创新者有相对充足的时间将创新转化为市场价值，竞争压力相对较小。但是，在知识产权保护较弱的情况下，核心技术易于被模仿者模仿，此时，商业的成功极大地取决于互补性资产所处的环境和条件，所涉及的显著不可逆性的专用性资产会变得极为重要。控制专用性资产的厂商明显比创新者处于更有利的地位。因此，与新产品相关的专利、争夺专利的研发能力、与新产品商业化相关的互补性资产等关键资源和能力的拥有者，都可能变成强有力的竞争对手。当组织资源的柔性程度较高，且战略变化幅度比较小时，战略变化的实施非常容易，这意味着在新产品相关领域，资源柔性化程度较高的厂商也可能成为潜在的竞争对手。

企业产品开发的压力还可能来自政府、客户，以及其他利益相关者。比如，我国在"双碳"目标下，要求纺织、钢铁等行业的企业进行绿色转型，不达标者将被处以高额罚金。

3. 新产品开发的战略

企业关于新产品开发的战略主要有产品模仿战略和产品创新战略两种。企业是选择模仿还是创新，主要取决于对企业的市场情况、生产运作宗旨、特有能力运作、生产运作策略、营销策略和财务策略等的分析，如表 8-1 所示。

表 8-1 产品模仿战略和产品创新战略的对比

因素	战略 A：产品模仿	战略 B：产品创新
市场情况	价格敏感、成熟市场、高容量、标准化	产品具有特色、敏感新兴市场、低容量、消费者市场个性化特征明显
生产运作宗旨	强调成熟产品的低成本	强调引进新产品的灵活性
特有能力运作	通过先进工艺技术和纵向一体化实现低成本	通过产品团队和灵活的自动化技术快速引进可靠的产品
生产运作策略	先进工艺、刚性自动化、对变化反应慢、强调规模经济、劳动力参与	优良产品、柔性自动化、对变化反应迅速、强调产品设计、代理销售
营销策略	大众销售、重复销售、销售机会最大化、全国设有销售人员	选择性销售、新市场开发、产品设计、代理销售
财务策略	低风险、低边际利润	高风险、较高的边际利润

产品模仿战略和产品创新战略对应的创新战略为模仿创新与自主创新两类创新战略。这两类创新战略都有其合理性，也有各自的优劣势，企业需要审慎地考虑自身的运营战略，以实现有效的战略匹配。

（1）模仿创新。

模仿创新即通过模仿而进行的创新活动。依据模仿的方式和模仿过程中改进的程度不同，可以将这种战略分为反应性模仿战略和创造性模仿战略。反应性模仿战略通常是指中小企业由于资金有限，从而选择模仿市场上已有的成熟技术、产品或生产管理方法，模仿会帮助它们避免完全创新带来的巨大风险。创造性模仿战略是指利用他人的成功来发展自己，发掘新兴市场中的产品或服务存在的缺陷，以改进完善后的产品或服务获得成功的战略模式。反应性模仿战略与创造性模仿战略两者都是在已有市场上通过对现有厂商的学习、模仿来实现突破的。不同的是，创造性模仿对企业提出了较高的要求：要求企业有一定的创造力，要能够完善产品的一部分功能，而这部分功能是企业能够在市场上立足的基础。两种战略可以进行不同的组合：在初创阶段，企业各种资源相对缺乏，技术能力有限，可以直接模仿其他企业的技术、产品、营销等；经过一段时间的发展，具备相当的研发能力以后，可以在原有产品的基础上选择新的目标市场或新产品，通过创新提高附加值、扩大市场。例如，比亚迪汽车在其进入市场初期，采用的是模仿创新战略。比亚迪通过模仿创新战略，建立了自己的市场营销渠道并在市场中有比较高的市场占有率，同时也培养了自身的创新能力，并于 2010 年开始进军新能源汽车这一新的目标市场。

模仿创新战略的合理性与优势在于两方面。第一，转移风险、节约成本。将推出一个未经认可的观念或产品的风险转移给其他人可以节省研发成本，同时也可以把与一个产品相关的特殊的技能转移到类似的产品中。第二，后发优势。通过学习和分析技术领先者的战略及其得失，寻求更好地满足市场需要的技术战略，有可能获得"后来居上"的差异化竞争优势。

模仿创新战略的劣势主要包括两方面。第一，由于模仿创新者不做研究开发方面的广泛探索和超前投资，而是做先进技术的跟进者，因此在技术方面有时只能被动适应，在技术积累方面难以进行长远的规划。在市场方面，被动跟随和市场定位经常性变化也不利于营销渠道的巩固和发展，因此，采用模仿战略的企业需要在模仿的基础上结合市场需求进行改进和创新。第二，模仿创新战略有时会受到进入壁垒的制约而影响实施的效果。这种壁垒可能是自然壁垒和法律保护壁垒。自然壁垒如核心技术信息被封锁，采用模仿战略需要有必要的学习和技术准备，为模仿战略的实施打下基础，并应通过模仿培育企业自主开发的能力。法律保护壁垒则指模仿创新有时会和自主创新企业的知识产权发生矛盾，产品技术受专利保护的自主创新企业会通过法律形式保护自身的利益，阻碍模仿创新的发生。模仿创新战略应在法律的规范下进行，避免侵权行为，这是模仿者必须遵循的准则。

模仿创新战略适合资源有限的公司。模仿创新企业要注意强化对企业模仿创新能力的培养。实施该战略的企业需要注意以下几点。第一，企业须拥有很强的技术情报能力，能够随时了解其他企业的研究动向和成果，同时要把握好模仿创新启动的时机。第二，企业须具备并在实践中不断提高自身的模仿创新能力，如快速反应能力、学习吸收能力、技术改进能力和大批量生产能力，以及市场营销能力，能够巧妙地对别人的研究成果加以利用、改进和提高，迅速研制出更具有市场吸引力的新产品。第三，企业要具有较强的管理能力，不但可以高效动员企业所有资源集中进行新出现产品的开发与研究，而且在产品质量、成本、性能、功能、外观设计等方面要优于已有产品。

模仿创新战略也适用于防御。由于对现有产品的信心，企业在其竞争对手推出新产品时可能会忽视了新发展给企业带来的挑战，但当竞争对手推出的新产品竞争优势越来越明显时，其新产品给企业造成了越来越大的竞争压力，在此情景下企业可能被迫模仿新产品以求生存。例如，腾讯推出的新产品中有部分产品是基于其对竞争对手产品的模仿，并因为其基于社交软件的足够大的流量，因此，其产品模仿战略取得了成功，如腾讯的微信支付对其他支付系统的模仿。

（2）自主创新。

自主创新是指企业通过自身的努力和探索，产生技术突破，攻破技术难关，并在此基础上依靠自身的能力推动创新的后续环节，完成技术的商品化，获取市场的创新收益。自主创新要求企业在研究开发中的核心技术必须是企业依靠自身力量独立研究开发而获得的。

自主创新的优势主要包括两方面。第一，壁垒优势。自主创新的企业较其他企业先掌握了产品的核心技术秘密，能够形成自然壁垒。由于模仿者的时滞和反求的不完全性，自主创新者在开辟新市场之初能获得垄断地位；即使现有技术被赶上，自主创新者也可能早就走在了前面，开始了下一代产品的开发与创新。另外，壁垒优势来自法律或标准，前者为自主创新者申请的专利等，后者则为其确定的技术或其他各种活动的标准。第二，信誉优势。一个率先开拓某一技术的企业可以建立行业开拓者或领先者的信誉。上述两方面让自主创新的企业所拥有的产品在一段时间内成为其订单赢得要素，使企业的新产品具有极高的附加价值。

实施自主创新战略的企业也要承担一定的风险，主要集中在：巨大的研发成本和可能面临的市场风险；技术的不连续性会使自主创新者在已发展起来的技术上的投资变得无用。技术的不连续性对不承担很高的自主创新研发成本的快速追随者有利。只有当技术的演变沿着相对连续的路线前进时，自主创新者的时间领先才是一种优势。这使它能把从老技术上学到的东西转移到新技术上去，从而具有了优势，如比亚迪新能源汽车刀片电池的优势来源于其创业初期的电池研发优势，其重要原因在于比亚迪研发是沿着相对连续的路线进行的。

对于自主创新企业来说，要充分利用专利制度保护知识产权，尤其是对于一些较为直观、易于复制的自主创新成果,更应该加以注意。同时,自主创新企业需要注意自身产品的自我完善,注意突破性创新之后的渐进性创新,对产品的质量、工艺和性能加以完善,保持自身的领先地位,还要重视对创新后续环节的投入。自主创新企业还需要灵活恰当地在适当的时候,向适当的对象进行适度的技术转让,确保自身在行业中的领先优势和核心地位。例如,刀片电池是比亚迪新能源汽车的自主创新产品,但其制造的产品除了给企业自身的新能源汽车使用之外,还提供给其他品牌的汽车制造商。

4. 产品开发对生产过程成本的影响

产品设计和工艺设计在产品开发阶段发挥着重要作用。企业加强新产品开发,有利于增强企业的市场竞争力和扩大市场份额;同时,也是适应个性化定制生产和产品更新换代的需要。据统计,产品设计时间占产品总开发时间的60%,缩短产品设计时间能有效缩短产品上市时间。除时间外,对于企业更为重要的便是成本,而产品设计阶段是控制产品整个生命周期成本的关键。以福特汽车公司为例,尽管其产品设计和工艺费用只占整个产品费用的5%,却决定了70%以上的总成本构成。因此,产品开发阶段是企业快速响应客户要求和提高企业竞争力的关键。如波音公司的飞机制造数据显示:整个飞机83%以上的成本在设计阶段就已被确定,而这一阶段的设计费用仅占全部成本的7%以下。研究表明,制造过程中生产率的70%~80%是由设计和工艺阶段决定的,所有质量问题的40%可以归因于低劣的设计和工艺。

8.1.3 产品设计与开发过程

顾客需求的多样化和个性化,使市场演变和产品更新的速度越来越快,产品的生命周期越来越短。一方面,企业按顾客需求设计产品的工作大量增加;另一方面,为了在激烈的竞争中取胜,企业还需要不断研究和开发新产品,主动占领市场。为了保证新产品开发的效率,企业的产品开发活动需遵循一定的开发过程。一般产品开发过程由产品构思、结构设计(总体设计、技术设计、工作图设计等)和工艺设计几个阶段构成,如图8-2所示。

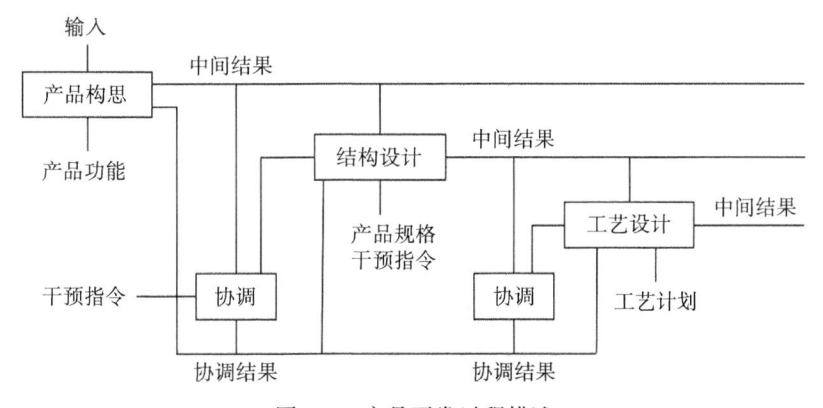

图 8-2 产品开发过程描述

1. 产品构思

产品开发过程开始于产品构思。从产品概念构思到产品选定的过程受到很多因素的影响。

第一，用户对产品特性的需求；第二，目标市场的需求量；第三，目标消费者的购买力水平；第四，目标市场竞争对手的产品情况；第五，资源供应情况；第六，销售渠道情况；第七，目标市场的社会环境；第八，企业自身的实力等。

产品构思来源于对市场需求所进行的分析，或者来源于技术推动，也可能来源于竞争对手的产品和服务等。产品构思来源可分为内部来源和外部来源。内部来源主要为对市场需求的分析、与顾客进行直接接触的员工的建议，以及研发部门的想法。外部来源主要为顾客的意见和建议、在产品维修及维护过程中的想法和竞争对手的产品与服务。此外，在供应链管理的背景下，作为合作伙伴的供应商的意见和建议也是产品构思的重要来源，如图8-3所示。

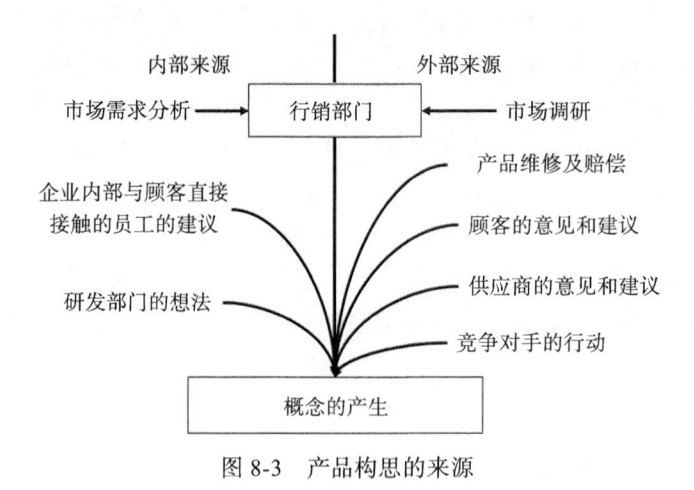

图 8-3　产品构思的来源

2. 结构设计

产品结构设计对不同企业来说有不同的内容。对制造型企业来说，产品结构设计过程包括从明确设计任务开始，到确定产品的具体结构为止的一系列活动；对服务型企业来说，产品结构设计实际上就是服务内容和服务过程设计。无论是新产品开发、老产品改进或外来产品仿制，还是顾客产品定制，产品结构设计始终是企业生产活动的重要环节。产品结构设计阶段决定了产品或服务的性能、质量、成本。因此，为了保证设计质量，缩短设计周期，减少设计费用，产品结构设计需要遵循科学的设计过程。产品结构设计一般分为总体设计、技术设计、工作图设计三个阶段，如图8-4所示。

（1）总体设计。

总体设计是指通过市场需求分析，确定产品的性能、设计原则、技术参数，概略计算产品的技术经济指标和进行产品设计方案的经济效果分析。

（2）技术设计。

技术设计是指将技术任务书中确定的基本结构和主要参数具体化，根据技术任务书所规定的原则，进一步确定产品结构和技术经济指标，以总图、系统图、明细表、说明书等总括形式表现出来。

（3）工作图设计。

工作图设计是指根据技术设计阶段确定的结构布置和主要尺寸，进一步做结构的细节设计，逐步修改和完善，绘制全套工作图样，编制必要的技术文件，为产品制造和装配提供确定的依据。

产品结构设计是一个递阶、渐进的过程。产品结构设计是从产品要实现的总体功能出发，从系统层构思产品方案，然后逐步细化，划分成不同的子系统、组件、部件、零件，最后确定设计参数。

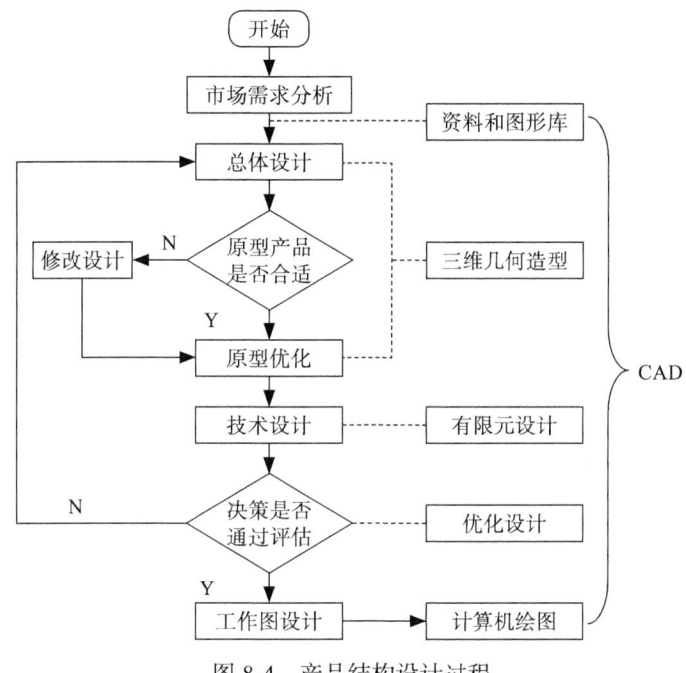

图 8-4 产品结构设计过程

3. 工艺设计

（1）工艺设计的内容。

工艺设计是指按照产品设计要求，对将原材料加工成产品所需要的一系列加工过程、工时消耗、设备和工艺装备需求等的说明做出安排或规划。工艺过程是结构设计过程和制造过程之间的桥梁，它把产品的结构数据转化为面向制造的指令性数据。工艺设计的结果，一方面可以反馈给产品设计用以改进产品设计；另一方面可以作为生产实施的依据。工艺设计的主要任务是确定产品的制造工艺及其相应的后勤支持过程。图 8-5 描述了工艺设计过程的内容。工艺设计过程是工艺路线和工艺方法的总和，前者解决原材料、半成品按照什么路线、经过哪些工序转变为产成品；后者解决用什么生产运作手段和操作方法来实现各工序的功能。

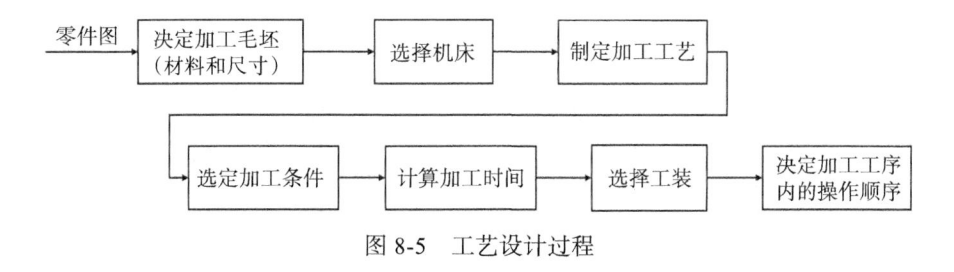

图 8-5 工艺设计过程

工艺设计过程难度较大，是技术系统中的瓶颈环节。它涉及的范围广，用到的数据和信息量相当庞大，又与生产现场和个人经验水平密切相关。因此，在进行工艺设计时有以下要求：第一，优先采用先进的工艺；第二，从企业的实际情况出发；第三，控制工艺路线倒流；第四，突出经济性；第五，注意人－机协调。工艺设计过程程序的具体内容主要分为以下四部分。

第一，产品图样的工艺分析和审查。产品图样的工艺分析和审查是保证产品结构工艺性的重要措施。产品图样的工艺分析和审查的主要内容有：产品结构是否与生产类型相适应，是否充分利用已有的工艺标准；零件的形状尺寸和配合是否合适，所选用的材料是否适宜，以及在企业现有设备、技术能力等条件下的加工可行性和方便程度。

第二，拟定工艺方案。工艺方案是工艺计划的总纲。在工艺方案中，要明确产品制造过程中会存在哪些主要问题，关键用什么方法加工，工艺路线怎样安排，工艺装备的原则和系数如何确定等重大问题。

第三，编制工艺规程。工艺规程是主要的工艺文件，是安排生产作业计划、生产调度、质量控制、原材料供应、工具供应、劳动组织的基础数据，是具体指导工人进行加工制造操作的文件。

第四，工艺装备的设计与制造。为实现工艺过程所需要的各种工具等，统称为工艺装备，简称工装。工装的设计与制造对贯彻工艺规程、保证加工质量和提高生产效率具有重要作用。

（2）工艺设计的程序。

工艺设计的程序主要分为以下几个步骤。第一，进行产品分析，产品分析是指从产品的装配图入手，明确产品的零部件组成及其相互关系，明确零部件何时、何地、以何种方式结合到整个产品中去。第二，根据产品分析的结果，拟定各个零部件的工艺方法。第三，对零部件生产运作进行分析，即决定自行加工哪些零部件，外协、外购哪些零部件。第四，拟定各个零部件的工艺路线。工艺路线的拟定是指将有关工作归结为工序。第五，工序设计，即形成工艺规程等。第六，工艺过程分析，是指确定产品工艺路线。第七，工艺过程优化。

工艺规程是指指导工人操作的技术文件，也是生产运作过程组织的主要技术依据，包括过程卡、工艺卡和工序卡。过程卡包括零件名称及编号、加工路线、经过的车间、工段、工序、使用的设备和主要工艺装备、加工内容、材料消耗定额等。工艺卡包括零部件在某车间内经过的工序、使用的设备和工艺装备、加工内容、工时定额、工艺参数等。工序卡比工艺卡详尽，规定了每道工序的详细操作方法、技术要求、注意事项等。

（3）工艺过程的选择与分析。

工艺过程的选择与分析主要依据工艺成本。工艺成本是指实现工艺过程或个别工序的费用总额，分为可变费用和不变费用。计算公式如下

$$Ct = Q \times D + B$$
$$C = D + B/Q$$

式中，Ct 代表年度工艺成本；C 代表单位产品工艺成本；Q 代表产品年产量；D 代表单位产品的可变费用；B 代表年度不变费用总额。

当年产量很小时，固定费用 B 对单位产品工艺成本 C 的影响很大；当年产量很大时，固定费用 B 对单位产品工艺成本 C 的影响很小。因此，在单件小批生产运作条件下，应避免采用专用设备和工装，以免增大不变费用，提高成本；而在大量大批生产运作条件下，应尽量采用专用设备和工装，以减少单位产品的可变费用，降低成本。当产量达到一定水平时，单位

产品工艺成本中不变费用的比重已经很小，该产量可作为大批量的起点；而当产量低于一定水平时，单位产品工艺成本中不变费用的比重将急剧增长，应按单件小批生产运作来选择工艺。

8.1.4 产品设计的原则和绩效评价

产品设计和选择应遵循以下几条原则：第一，设计用户需要的产品；第二，设计可制造性强的产品；第三，设计鲁棒性强的产品；第四，设计绿色产品，即考虑环保要求。

为了使企业保持长久的竞争力，企业需要不断地向市场推出新的产品。基于顾客需求和产品功能等要求，在产品设计阶段，会产生多种在技术上等效、在经济上不等价的产品开发方案。因此，要通过对产品设计方案的技术和经济绩效分析，进行最佳方案的评价和选择。根据企业在市场上的竞争要素，通常用表 8-2 所列出的指标来度量产品开发绩效。

表 8-2 产品开发绩效评价指标

绩效指标	度量	对竞争力的影响
上市时间	新产品引入频率 新产品从构思到上市的时间 构思数量和最终成功数量 实际效果与计划效果的差异 来自新产品的销售比例	顾客/竞争对手的响应时间 设计的质量——接近市场的程度 项目的频率——模型的寿命
生产率	每一个项目的研究开发周期 每一个项目的材料及工具费用 实际与计划的差异	项目的数量——新产品设计与开发的频率 项目的频率——开发的经济性
质量	舒适度——使用的可靠性 设计质量——绩效和用户的满意度 生产质量——工厂和车间反映的情况	信誉——用户的忠诚度 对用户的相对吸引力——市场份额 利润率

8.2 设计组织

8.2.1 设计理论

1. 公理化设计理论

公理化设计是南·P. 徐（Nam P. Suh）教授于1990年在《设计原则》(The Principles of Design) 一书中正式提出的。公理化设计理论是设计领域内的科学准则，能指导设计者在设计过程中做出正确的决策，为创新设计或改善已有的设计提供良好的思维方法。域是不同设计活动的界限。公理化设计将设计过程分为四个域，即用户域、功能域、结构域和工艺域。域的结构及域间的关系如图 8-6 所示。相邻的两个域中，左边的域是"要达到什么目标"，右边的域是"选择什么方法来实现左边域的要求"。

用户域 ⇒ 功能域 ⇄ 结构域 ⇄ 工艺域

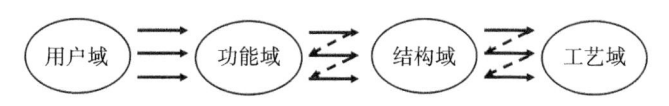

图 8-6 公理化设计理论模型

用户域是根据用户对产品的需求来描述的,即用户需求的产品属性;功能域是根据用户需求而确定的产品功能要求和约束;结构域是为满足功能要求而决定的设计参数;工艺域是根据结构域的设计参数而制定的工艺过程变量。在不同的设计领域中,不同的设计任务都可由这四个域来描述,它们适用于所有的设计活动,无论是硬件设计、软件设计、过程设计,还是系统设计,都可用相同的原理来概括。

2. 发明问题解决理论

发明问题解决理论是由根里奇·阿奇舒勒(G.S.Altshuller)等于1984年提出的,简称为TRIZ,由俄文首字母大写得来。TRIZ是基于各种技术发展进化的模式和解决各种技术矛盾与物理矛盾的方法,建立起的一个实现创新开发的各种方法和算法组成的综合理论体系。该方法旨在提出一个构建方法的框架,以识别和解决技术系统发展过程中出现的问题。TRIZ的核心是技术系统进化理论,TRIZ的核心思想主要包括三方面。

(1)技术系统具有一定的演化规律。无论是一个简单产品还是复杂的技术系统,其核心技术的发展都是遵循着客观的规律发展演变的,即具有客观的进化规律和模式。

(2)系统中存在矛盾。各种技术难题、冲突和矛盾的不断解决是推动这种进化过程的动力。

(3)具体要求。技术系统发展的理想状态是用尽量少的资源实现尽量多的功能。

这一理论提出,技术系统一直处于进化之中,解决冲突是其进化的推动力,进化速度随技术系统一般冲突的解决而降低,使其产生突变的唯一方法是解决阻碍其进化的深层次冲突,解决问题的发明是分等级的,按照产生发明所需要的反复尝试的次数,可以把发明分为五个等级(5级发明等级最高,一般都是基于新的科学发现;1级发明等级最低,只是对产品的一般改进),在技术发展的不同阶段,产生的发明级别是不同的。

阿奇舒勒依据世界上著名的发明,进一步研究了消除冲突的方法,提出了消除冲突的发明原理,建立了消除冲突的基于知识的逻辑方法,这些方法包括发明原理、发明问题解决算法及标准解。

在利用TRIZ解决问题的过程中,如图8-7所示,设计者首先将待设计产品中的特定问题表达成TRIZ中的一般问题,然后利用TRIZ中的工具,如发明原理、标准解等,求出该TRIZ问题的普适解或称模拟解,最后把该解转化为领域解或特解。

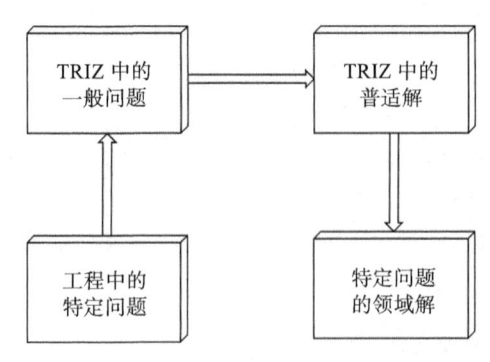

图8-7 利用TRIZ解决问题的一般过程

这种创造性设计问题解决方法的流程如图8-8所示。

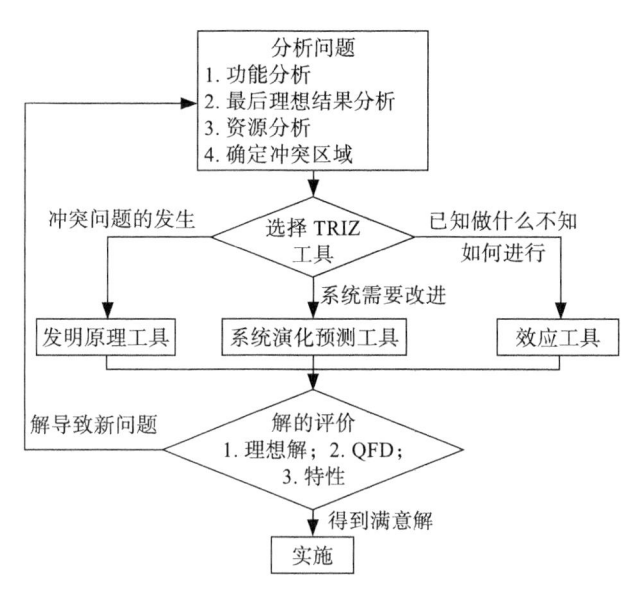

图 8-8　创造性设计问题解决方法的流程

TRIZ 认为技术创新产生于技术的概念设计阶段，即必须在概念设计阶段产生新的原理解。TRIZ 已建立了一系列的普适性工具以帮助设计者尽快获得满意的领域解，并在很多企业特别是大企业，如波音、通用、克莱斯勒等公司的新产品开发中得到了应用，创造了可观的经济效益。TRIZ 将产品创新的核心，即产生新的工作原理的过程进行了具体化，并提出了规则、算法与发明原理供设计人员使用。

8.2.2　面向顾客设计

1. 质量功能展开

质量功能展开（quality function deployment，QFD）是指将顾客的需求转化为设计要求、零部件特征、工艺要求、生产要求的多层次演绎分析方法。QFD 由一系列逻辑结构化的映射矩阵所组成，将顾客需求按照产品实现的阶段逻辑逐步转化为最终产品。该模式由美国供应商协会提出，主要分为四个阶段展开，如图 8-9 所示。首先通过关联度矩阵 1 将顾客需求关联转化为产品技术参数的设计要求，然后通过关联度矩阵 2，将产品技术参数的设计要求转化为产品的关键零件特性，接着通过关联度矩阵 3 将关键零件特性转化为关键工艺的要求，最后利用关联度矩阵 4 将关键工艺的要求转化为生产要求。

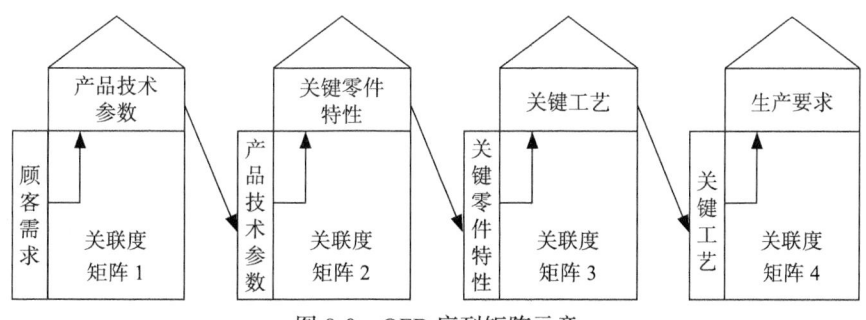

图 8-9　QFD 序列矩阵示意

QFD 成功的要素有如下几点：第一，让客户决定问题；第二，好的 QFD 设计团队包括来自不同客户群的客户；第三，具有收集客户数据的资源和软件；第四，具有把数据转化成信息的方法；第五，具有客户反馈表。

QFD 采用一定的规范化方法将顾客所需特性转化为一系列工程特性。每一阶段的实施，实际上都包括核心矩阵及辅助部分构成的形似房屋的信息分析过程，因此它被形象地称为"质量屋"（house of quality，HOQ），如图 8-10 所示。以第一个关联度矩阵的构建为例，完整的质量屋由七部分组成，分别为顾客需求、顾客需求的优先级、产品技术参数、技术参数间的相关关系矩阵、顾客需求与技术参数间的关联度核心矩阵、产品竞争力评估的计划矩阵，以及技术参数的目标规格。

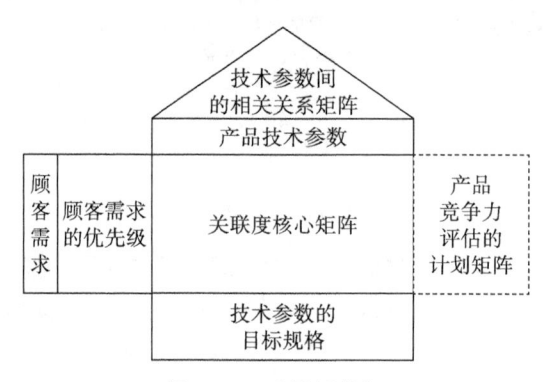

图 8-10　质量屋分解

QFD 是在产品策划和设计阶段就实施质量保证与改进的一种有效办法，目的是以最快的速度、最低的成本和优良的质量去满足顾客的最大需求。由于强调在产品设计的初期就同时考虑质量保证与改进的要求及实施措施，QFD 被认为是在先进生产模式及并行工程环境下实施质量保证与改进的有效办法，对企业提高产品质量、缩短开发周期、降低生产成本和增加顾客满意度有显著的影响。

2. 价值工程与价值分析

（1）价值工程简介。

价值工程法起源于 20 世纪 40 年代，由美国的劳伦斯·戴罗斯·麦尔斯（Lawrence Davis Miles）正式提出。第二次世界大战期间，美国原材料市场供应十分紧张，通用电气公司急需石棉板，但该产品的货源不稳定，且价格昂贵。时任通用电气工程师的劳伦斯·戴罗斯·麦尔斯开始针对这一问题研究替代材料，通过对公司使用的石棉板的功能进行分析，发现其用途是铺设在给产品喷漆的车间的地板上，以避免涂料沾污地板引起火灾。后来，麦尔斯在市场上找到了一种防火纸，这种纸同样可以起到上述作用，并且成本低，容易买到，因此取得了很好的经济效益，这是最早的价值工程应用案例。

价值工程法（value engineering，VE），又称为价值分析（value analysis，VA），是指对产品进行功能分析，使目标以最低的总成本或生命周期成本，可靠地实现产品的必要功能，从而提高产品的价值。价值工程的主要思想是通过对选定研究对象的功能及费用分析，提高对象的价值。这里的价值，指的是获得与费用支出之间的比例，用数学比例式表达如下：

$$价值 = 功能 / 成本$$

（2）提高价值的途径。

在产品开发的过程中，对每一种原材料、零部件和作业都应该充分评估其必要性、经济性和时效性。价值工程涉及价值、功能和生命周期成本三个基本要素。

基于此提出提高价值的五种基本途径。第一，提高功能，降低成本，可大幅度提高价值。第二，功能不变，降低成本，可提高价值。第三，功能有所提高，成本不变，可提高价值。第四，功能略有下降，成本大幅度降低，可提高价值。第五，适当提高成本，大幅度提高功能，从而提高价值。

（3）开展价值工作的原则。

麦尔斯在长期实践的过程中，总结了一套开展价值工作的原则，用于指导价值工程活动。这些原则如下。

第一，分析问题时要避免一般化、概念化，要做具体分析。第二，收集一切可用的成本资料。第三，使用最好、最可靠的情报。第四，打破现有框架，进行创新和提高。第五，发挥真正的独创性。第六，找出障碍，克服障碍。第七，充分利用有关专家，扩大专业知识面。第八，对于重要的公差，要换算成加工费用来认真考虑。第九，尽量采用专业化工厂的现成产品。第十，利用和购买专业化工厂的生产技术。第十一，采用专门的生产工艺。第十二，尽量采用标准。第十三，将"我是否这样花自己的钱"作为判断标准。

这十三条原则中，第一至第五条是思想方法和精神状态的要求，提出要实事求是，要有创新精神；第六至第十二条是组织方法和技术方法的要求，提出要重专家、重专业化、重标准化；第十三条则提出了价值分析的判断标准。

（4）价值工程的实施。

价值工程已发展成为一项比较完善的管理技术，在实践中已形成了一套科学的实施程序。这套实施程序实际上是发展矛盾、分析矛盾和解决矛盾的过程，通常是围绕以下七个合乎逻辑程序的问题展开的。

第一，这是什么？第二，这是干什么用的？第三，它的成本是多少？第四，它的价值是多少？第五，有其他方法能实现这个功能吗？第六，采用新的方案的成本是多少？功能如何？第七，有新的方案能满足要求吗？

按照顺序回答和解决这七个问题的过程，就是价值工程的工作程序和步骤，即选定对象，收集情报资料，进行功能分析，提出改进方案，分析和评价方案，实施方案，评价活动成果。

8.2.3 面向制造与装配设计

考虑企业内部的生产制造条件是否能实现设计要求、是否可制造、加工是否方便且可行、能否装配等问题，这些问题就是面向制造设计（design for manufacture，DFM）和面向装配设计（design for assemble，DFA），合并起来就是面向制造与装配设计（design for manufacture and assemble，DFMA）。DFMA 的设计原理包含两方面：第一，产品和零件功能的独立性；第二，产品和零件的信息量最少。DFMA 是 DFX（design for X）技术的另一种统称，该技术是并行工程技术的重要组成部分，其思想已贯穿企业开发过程的始终。它涵盖的内容很多，涉及产品开发的制造、装配、检测、维护、报废处理等各个阶段。

DFMA 带来的最大改进是通过减少部件数目进而简化产品。通过确认部件在产品使用中与其他已装配的部件间是否有相对运动、是否必须使用不同的原材料或与已装配的部件分离，以及在调整与维修时，部件是否与其他部件相分离等问题，对产品和部件进行设计及改进。

8.2.4 并行工程

1. 串行的产品设计方法

按照过程分析的方法，产品开发由许多过程组成，如需求分析、结构分析、工艺设计等。传统的产品开发方式为串行的方法，如图 8-11 所示，即从需求分析、产品结构设计、产品工艺设计一直到制造和装配，一步步在各部门间按顺序进行。产品开发的工作流程为：首先由熟悉顾客需求的市场人员提出产品构想，再由产品设计人员完成产品的精确定义，之后交由制造工程师确定工艺工程计划，确定产品总费用和生产周期，再由质量控制人员做出相应的质量保证计划。

| 需求分析 | 产品结构设计 | 产品工艺设计 | 制造和装配 |

图 8-11 串行过程

串行的产品开发过程存在着许多弊端：第一，以部门为基础的组织机构严重地制约了产品开发的速度和质量；第二，各部门之间缺乏协调，且对其他部门的需求和能力缺乏理解；第三，产品设计人员在设计过程中难以考虑到顾客需求、制造工程、质量控制等约束因素，易造成设计和制造的脱节，导致所设计产品的可制造性、可装配性较差，使产品的开发过程变成了设计、加工、试验、修改的多重循环，从而导致设计改动量大，产品开发周期长，产品成本高；第四，各下游开发部门所具有的知识难以加入早期设计，而加入设计的阶段越早，降低费用的机会越大，发现问题的时间越晚，修改费用越高，且费用随时间呈指数增加。要进一步提高产品质量、减低产品成本、缩短产品上市时间，需要采用新的产品开发策略，改进新产品开发过程，消除部门间的隔阂，集中企业的所有资源，并在产品设计时同步考虑产品生命周期中的所有因素，以保证新产品开发一次成功。

2. 并行的产品设计方法

（1）并行工程的产生。

1988 年，美国国家防御分析研究所完整地提出了并行工程（concurrent engineering，CE）的概念，它也称同步工程、并行设计或同时工程。CE 是指对产品设计及相关过程，包括制造和支持过程，进行并行、一体化的一种系统化方法，如图 8-12 所示。

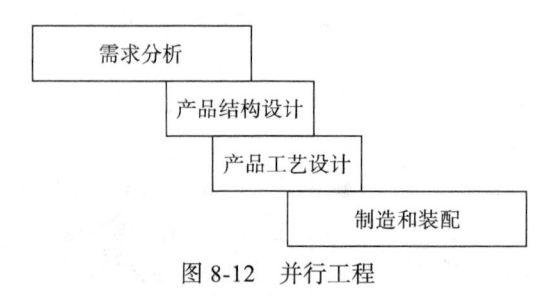

图 8-12 并行工程

并行工程的产品设计方法力图使产品开发者从一开始就考虑到产品生命周期，即从概念形成到产品报废的所有因素，包括质量、成本、进度和用户需求。其目的在于对产品的设计和产品的可制造性、质量保证等问题同时加以考虑，以减少产品早期设计阶段的盲目性，尽可能早地预防和避免因产品设计阶段的不合理因素而对产品生命周期后续阶段造成不良影响，缩短研制周期，见表 8-3。

表 8-3 产品设计各阶段要考虑的因素

阶段	应考虑的因素
需求阶段	顾客需求，产品功能
设计阶段	降低成本，提高效率
制造阶段	易制造，易装配
营销阶段	竞争力，即低成本和标新立异
使用阶段	可靠性，可维护性，操作简便
终止阶段	环境保护

（2）并行工程的主要思想。

第一，设计时同时考虑产品生命周期的所有因素，如用户需求、可靠性、可制造性、成本等，作为设计结果，同时产生产品设计规格和相应的制造工艺及生产准备文件。

第二，产品设计过程中各项活动并行。由于各部门的工作同步进行，所以各种相关的生产制造问题和用户的不满意问题，在项目研发准备阶段便能得到及时沟通和解决。

第三，不同领域技术人员全面参与和协同工作，实现产品生命周期中所有因素在设计阶段的集成，实现技术、资源、过程在设计中的集成。

第四，高效率的组织结构。产品的开发过程是涉及所有职能部门的活动。通过建立跨职能产品开发小组，能够打破部门间的壁垒，降低产品开发过程中各职能部门之间的协调难度。

（3）并行工程的产品开发流程及其特点。

并行工程的产品开发流程是：当初步的需求规格确定后，以产品设计人员为主，其他专业领域的人员为辅，共同进行产品的概念设计，概念设计方案作为中间结果由所有开发人员共享，开发人员以此作为基础展开对应的概念设计，如结构概念方案、工艺概念方案等。每一专业领域输出的中间结果既包括方案，又包括修改意见。所有的中间结果经协调后，形成一致的认识，并据此修改意见完善概念设计方案，然后逐步进入初步设计阶段、详细设计阶段，如图 8-13 所示。其特点包括如下几个。

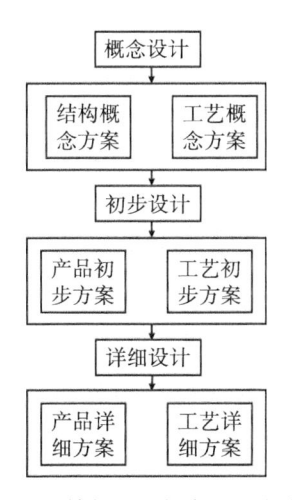

图 8-13 并行工程的产品开发流程

注：每一步的输出都包括对之前步骤的反馈意见。

第一，产品设计的各阶段是一个递阶渐进的连续过程，概念设计、初步设计、详细设计等设计阶段的划分只标志着产品和设计的粒度和清晰度。粒度是设计人员在设计过程中所考虑和处理问题要素的大小;清晰度是指表明设计对象在相应粒度水平上的确定程度的度量。

第二,产品设计过程和产品信息模型经历着从定性到定量、从模糊到清晰的渐进演化。设计每前进一步,过程每循环一次,设计的粒度便减小一些,信息的清晰度便增加一些,不确定性便减少一些,并行程度便增加一些。

第三,产品设计过程和工艺设计过程不是顺序进行的,而是并行展开、同时进行的。

在设计的早期阶段,必须从总体上着眼,设计的粒度大;随着设计工作的进展,要处理的问题越来越细,粒度越来越小,清晰度越来越高;至粒度最小时,产品和过程的设计也将结束,清晰度最高。针对产品设计不同阶段要考虑的因素,应采取相应的措施。

(4)并行工程的应用及主要内容。

在实施并行工程时,需要做相应的变革以适应这种工作模式。具体变革内容如下。第一,过程重构:建立集成的、并行的产品开发过程。第二,组织重构:建立跨部门、跨专业的开发小组。第三,在产品设计的各阶段采取必要的措施,如表 8-4 所示。

表 8-4 产品设计各阶段采取的必要措施

阶段	措施
需求阶段	顾客参与,质量功能部署
设计阶段	CAD/CAPP、VRP、GT
制造阶段	DFM/DFA
营销阶段	价值工程
使用阶段	工业工程
终止阶段	绿色制造

3. 并行工程技术

(1)虚拟设计。

第一,面向并行工程的 DFX 设计模式体现了开发过程的集成。DFX 同时考虑制造、质量、环境等方面的约束,已超越了设计与制造间简单的信息共享,引起了广泛的关注。目前研究的关键技术包括:计算机辅助概念设计、集成产品信息模型、产品可制造性模型及其评价方法、并行设计过程分析等,已有面向制造设计(DFM)的商品化软件推出。

第二,产品数据管理(product data management,PDM)发展成为 CAD/CAPP/CAM(计算机辅助设计/过程/制造)系统的集成平台。PDM 确保了整个企业中的人员在适当时间以适当形式得到所需的产品数据,使集成水平达到了更高阶段。

第三,互联网技术使设计集成的范围更加广泛。互联网技术为世界范围的信息共享提供了一个很好的平台。CAD 软件已经面向互联网发展,例如 SDRC 公司的 I-DEAS 软件已经能够调用 Web 浏览器。

第四,产品模型数据交互规范(standard for the exchange of product model data,STEP)标准成为设计开发集成的标准接口。STEP 克服了 I-DEAS 的局限性,已经发展到了实用阶段。自 1995 年年初,许多著名的 CAD/CAM 系统供应商就已开始推出商品化的 STEP 转换器,一些公司利用 STEP 描述语言和参考模型开发它们的集成系统。

(2)产品数据管理。

产品数据管理技术是在数据库基础上发展起来的一门面向工程应用的信息管理技术。它管理着所有与产品有关的信息和所有与产品有关的过程，是支持企业重构、并行工程、虚拟制造、计算机集成制造、ISO 9000 认证的使能技术。PDM 系统继承了数据库的基本功能，但与它又有本质的不同。在 PDM 中，用户对文件的操作和对数据库的操作达到了形式上的统一；应用系统与 PDM 系统中被操作的对象形成了更紧密的关系；工程知识和数据管理功能紧密结合。目前，PDM 技术发展有如下特点。

第一，基于 Internet 平台的 PDM 系统，支持全球化虚拟企业的信息管理。

第二，面向对象技术的应用及信息模型的标准化。

第三，PDM 和 ERP（企业资源计划）的功能相渗透。

第四，流程管理、项目管理和配置管理功能越来越强。

（3）产品系列化，零部件标准化、通用化。

为扩大产品结构继承性，提高产品设计质量，减轻设计工作量，缩短设计周期，在设计阶段推行产品系列化，零部件标准化，通用化。产品系列化是对相同的设计依据、相同结构性和相同使用条件的产品，将其基本尺寸和参数按一定的规律编排，建立产品系列型谱，以减少产品品种，简化设计。零部件标准化是在产品系列化的基础上，在企业内不同型号的产品之间更多使用相同的通用零部件。零部件通用化是按国家标准生产零部件。当标准化水平提高后，会减少设计的工作量，相应地缩短设计周期。在产品品种数相同的情况下，就可以大大地减少零部件的种类。

标准化技术通过制定标准、选择使用标准件，使小批量生产获得大批量生产的规模效益，可以很大限度地减少单个零部件的制造成本。但过多选择或一味追求使用标准件必然造成零部件的某些功能的冗余和浪费，就实现某一功能而言，往往会造成成本的增加。

（4）成组技术。

成组技术（group technology，GT）是一种利用零件的相似性来组织生产的原理和方法。从设计属性和工艺属性考虑，许多零件具有相似性，将相似零件归并为一组，就可以采用相同或相近的设计和工艺编制方法，从而减少重复工作，节省时间，提高效率，改进工作质量和产品质量。

（5）变化减少方案。

在 20 世纪 80 年代后期，日本学者 Toshio Suzue 和 Akira Kohdate 提出了"变化减少方案"。变化减少方案（variety reduction program，VRP）是一种面向多品种生产的有效方法，其核心思想是将产品的多品种变为零部件的少变化，从而达到简化生产和管理、降低成本的目的。它提出了"变化是成本增加的根源"，从产品的变化性入手，分析了产品结构变化性和制造结构变化性对产品制造成本的影响，创造性地将产品成本分为功能成本、变化成本和控制成本加以考虑，通过三种成本间的均衡来达到控制产品成本、生产多样化产品的目的。

VRP 以产品系列为研究对象，系统地归纳了减少变化的五项技术：固定或可变技术、模块化技术、功能复合和集成技术、范围划分技术、趋势分析技术。

第一，固定或可变技术，是指将零部件划分成固定零部件和可变零部件。用固定零部件来满足产品系列中不同型号产品的某些基本功能，提高零件、工艺的通用性和效率。使用可变零部件来满足市场多样化的需求。

第二，模块化技术，是指按功能将产品分解成若干模块，通过模块的不同组合得到不同品种、不同规格的产品。

第三，功能复合和集成技术。利用组合、删除和交换等方法，将多个功能的零件复合集成于一个零件，以减少零件的数目和加工工序数，降低成本。例如，集成电路。

第四，范围划分技术。对零件的各项数值尺寸、设计参数进行分析，使之在尽可能多的产品中适用。

第五，趋势分析技术。对由品种带来的规格和尺寸的变化进行数据分析，得出产品发展趋势的统计规律，设计和开发符合这一规律的产品系列，保证现有零件在未来产品中的适应性和继承性。

并行工程的实施可以降低产品设计中出现错误的概率，节省修补失误所消耗的时间，从而缩短了开发周期，提高了响应速度。

8.2.5　计算机辅助设计

计算机辅助设计（computer aided design，CAD）是指运用计算机图表进行产品设计。CAD 的主要功能是设计计算（机械设计计算、性能参数和优化计算）和制图（利用人机对话图形处理系统进行绘图、缩放图、组合图、储存图、三维立体化等），附带功能是管理零件和估算成本。广义的 CAD 是指对开发、设计、制造等全部生产过程的辅助。狭义的 CAD 是指在计算机上应用有限元素法等方法进行强度解析、流体力学解析、振动解析、热解析等力学或机械工程学的数值计算或模拟计算。有些 CAD 系统允许设计者对已提出的设计进行工程和成本分析。例如，计算机既能确定一个零件的重量和体积，又能做压力分析。如果有许多可供选择的设计，计算机就能按照设计者的要求迅速检索并选择出最优的设计。

CAD 的一个优点是提高了设计者的生产率，使他们不必再为准备产品或零件的机械图而费神，也不必再为修改错误或吸收新观点而重复手工绘制或修改机械图。据可靠估计，CAD 将设计者的生产率提高了 3 至 10 倍。CAD 的另一个优点是它建立的数据库能为制造部门提供产品的几何图形和尺寸、荷载力、材料规格等必要信息。但是，制作这种数据库需要投入大量的精力。

8.3　产品组合决策

8.3.1　产品组合的概念

产品组合（product mix）是指企业生产并提供给市场的全部产品线和产品项目的组合或结构，用于描述企业的业务经营范围。

产品线（product line）是指在技术上和结构上密切相关，具有相同使用功能，但规格不同而满足同类需求的一组产品，如海尔集团的居室家电系列有冰箱、空调、滚筒洗衣机、波轮洗衣机和冰柜 5 条产品线。

产品项目（product item）是指产品线内不同品种、规格、质量和价格的特定产品。无论是国内还是国外，很多企业都拥有众多的产品项目，如雅芳化妆品公司有 1 303 个以上的产品项目，而通用电气公司的产品项目多达 25 万个。产品组合、产品线及产品项目的关系如图 8-14 所示。

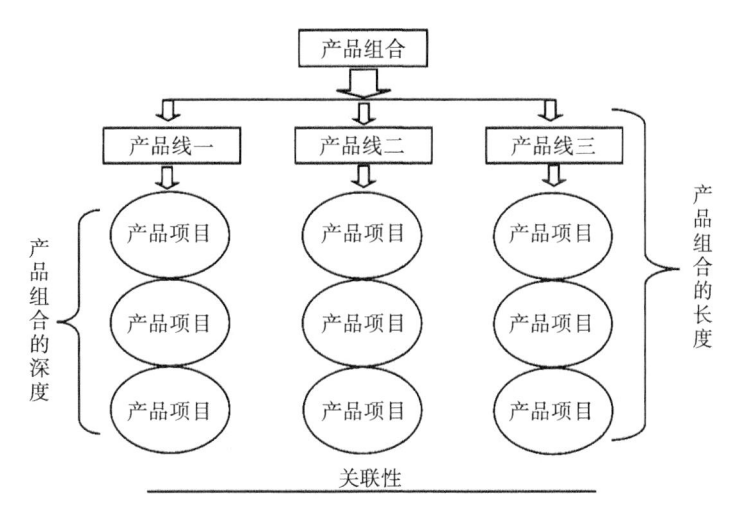

图 8-14　产品组合、产品线及产品项目的关系

产品线是密切相关的一组产品。因此，同一产品线内的一组产品具有如下特征：第一，这些产品使用相同的生产技术进行生产；第二，这些产品以类似的方式发挥作用；第三，由于产品会销售给同类的顾客群，因此，可以通过同类的销售渠道销售；第四，售价在一定幅度内变动。

8.3.2　产品组合的评价指标

生产或经营多种产品是现代企业扩大销售、分散风险的有效手段之一。但是，随着产品及种类的增加，企业需要进行产品结构分析，并依据企业资源和市场环境特征确定最佳产品组合，以满足顾客需求和获得稳定的经济效益。产品组合的评价指标为宽度、长度、深度和关联性。产品组合的宽度是指企业拥有不同的产品线的数量。产品组合的长度是指产品组合中的产品项目总数。产品组合的深度是指企业产品线上所含的不同花色、规格、质量等产品项目的类别。产品组合的关联性是指各条产品线在最终用途、生产条件、分销渠道或者其他方面相互关联的程度。

以小米公司为例，小米公司的产品组合主要分为三大部分，即硬件、互联网和新零售，这三项的有机整合形成了小米的"铁人三项"[一]，如图 8-15 所示。其产品组合见表 8-5[二]。

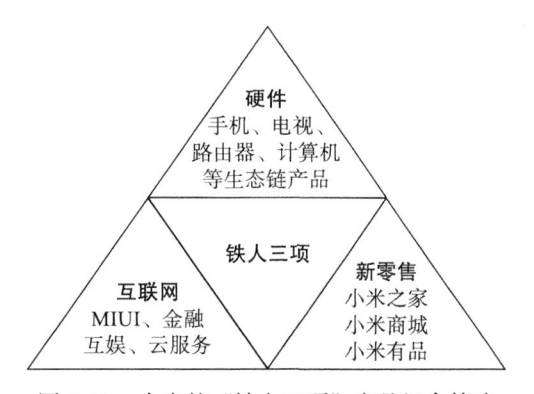

图 8-15　小米的"铁人三项"产品组合策略

[一] 资料来源：雷军.小米的"铁人三项"[J].经理人，2017(12)：12-15.
[二] 资料来源：https://www.mi.com/buy/detail?product_id=10000330。

表 8-5　小米公司的产品组合

项目	产品组合		
	硬件	互联网	新零售
产品组合的深度	手机、电视、路由器、计算机等生态链产品	MIUI、金融、互娱、云服务	小米之家、小米商城、小米有品

由表 8-5 中小米公司的产品组合可知，其总的产品组合宽度为 3 条产品线，产品线的总长度为 11 个大类，而每条大类产品线又可以继续进行细分。以小米手机 Redmi Note 11 系列为例，对其产品组合进行分析，如表 8-6 所示。小米手机 Redmi Note 11 的产品线的总长度为 20，以 Redmi Note 11 4G 为例，其产品的颜色有 3 种，内存规格有 2 种，意外保护方案有 3 种，保修服务有 2 种，云空间服务有 5 种，因此其产品的深度为 108。

由上述产品组合的分析可知，产品组合的各类指标极大地影响了企业的营销活动。第一，增加产品组合的宽度可以扩大企业的经营范围，使企业获得更多新的发展机遇，从而可以更充分地利用企业的各种资源。第二，增加产品组合的长度和深度可以使企业提供更多种类的产品，进而更好地满足消费者的不同需要和偏好。第三，增加产品组合的关联度可以发挥企业在其擅长领域的资源优势，避免进入不熟悉行业可能带来的经营风险。

表 8-6　小米手机 Redmi Note 11 系列的产品组合

项目	产品组合			
	Note 11 4G	Note 11 5G	Note 11 Pro	Note 11 Pro+
产品组合的深度	颜色（3） 内存规格（2） 意外保护方案（3） 保修服务（2） 云空间服务（5）	颜色（4） 内存规格（4） 意外保护方案（3） 保修服务（2） 云空间服务（5）	颜色（4） 内存规格（3） 意外保护方案（3） 保修服务（2） 云空间服务（5）	颜色（4） 内存规格（3） 意外保护方案（3） 保修服务（2） 云空间服务（5）

8.3.3　产品组合策略

产品组合策略是指企业针对目标市场，对产品组合的宽度、深度和关联性进行决策，以达到产品组合的最优化。通常企业采用的产品组合策略有以下几种。

1. 扩大产品组合策略

扩大产品组合策略包括拓宽产品组合的宽度和增加产品组合的深度。前者是指在原有产品组合中增加产品线，扩大产品经营范围；后者是指在原有产品线内增加新的产品项目，发展系列产品。一般来说，扩大产品组合，能够使企业更充分、更合理地利用人、财、物等资源，挖掘企业潜力，减少经营风险，充分利用企业的现有声誉，增强竞争力。

2. 缩减产品组合策略

通常情况下，企业的产品种类有不断增加的趋势。其原因主要有：第一，生产能力过剩迫使产品大类经理开发新的产品项目；第二，经销商和销售人员要求增加产品项目，以满足消费者的需要；第三，产品经理为了追求更高的销售量和利润而增加产品项目。

但是，随着产品大类的增加，设计、仓储、运输、促销等市场营销费用也随之增加，最终会减少企业的利润。在这种情况下，需要对产品大类的发展进行相应的限制，删除那些得不偿失的产品项目，使产品大类缩减，提高经济效益。

缩减产品组合策略的优点是：

（1）有利于集中技术资源改进现有的产品线，便于降低成本，提高竞争力；

（2）有利于实现生产经营的专业化，提高生产效率，降低成本，使企业向纵深发展，寻求合适的目标市场；

（3）减少资金占用率，加速资金周转。

但是，缩减产品组合策略也有其局限性。缩减产品组合具有较大风险，一旦目标消费者的消费需求发生转移或市场上出现强有力的竞争者，企业很可能受到严重的损失，甚至破产。

3. 产品线延伸策略

产品线延伸是指部分或全部改变企业现有产品线的市场定位，即将企业的产品线延长，超出现有的范围。产品线延伸策略可分为向上延伸策略、向下延伸策略和双向延伸策略。

（1）向上延伸策略，即原来定位于低档产品的企业，在原有产品线内增加中高档产品项目。这一策略适用于下述几种情况：第一，该中高档产品有较高的销售增长率和毛利率；第二，为了追求高中低档齐备的完整的产品线；第三，以某些较高档的产品来提高整条产品线的档次。

向上延伸同样使企业面临以下风险：第一，发展中高档产品可能促使原来生产经销中高档产品的企业采取向下延伸策略，从而增加了自己的竞争压力；第二，顾客可能对企业生产中高档产品的能力缺乏信任；第三，原有的推销人员和经销商可能没有推销中高档产品的足够的技能和经验。采用这一策略的最大风险在于，低档产品在消费者心目中的地位比较难以改变，因而需要大量营销努力，经过一段时间才能奏效。

（2）向下延伸策略，即企业把原来定位于高档市场的产品线向下延伸，在高档产品线中增加中低档产品项目。这一策略的使用条件为：第一，利用高档名牌产品的声誉可以吸引不同层次的顾客，从而增加产品销量，扩大市场份额，充分利用原有的物质技术力量；第二，高档产品销售增长缓慢，企业的市场范围有限，资源设备没有得到充分利用，为赢得更多的顾客，企业将产品线向下伸展；第三，企业最初进入高档产品市场的目的是建立品牌信誉，然后进入中低档市场，以提高市场占有率，补充企业的产品线空白。

但是，向下延伸会使企业面临以下风险：第一，推出较低档的产品可能会使原来高档产品的市场缩小，如果处理不当，低档产品会对企业原有产品的市场形象和声誉造成不利的影响；第二，推出较低档产品可能迫使竞争者转向高档产品和新产品的开发；第三，经销商可能不愿经营低档产品。

（3）双向延伸策略，是指企业原来定位于中档市场的产品线，掌握了一定的市场优势后，决定向产品线的上下两个方向延伸，一方面增加高档产品，另一方面增加低档产品，力求全方位占领某一市场。采取这一策略的主要问题是，随着产品项目的增加，企业的营销费用和管理费用会相应增加，因此，企业对高低档产品的市场要有准确的预测，以使企业的产品销售在抵补费用的增加后仍有利可图。

4. 产品线现代化策略

如果产品线长度适宜，但其产品已经老化，造成销量和利润不断下降，这时就必须更新产品线,即重新设计、采用新技术和设备来更新现有的产品线,以保持和增强自己的竞争力,吸引顾客转而购买升级换代的系列产品。

下面以小米产品组合策略为例进行具体说明[⊖]。

北京小米科技有限责任公司于2010年3月3日成立,是一家从事智能硬件和电子产品研发的移动互联网公司,是主要专注于高端智能手机、互联网电视,以及智能家居生态链建设的创新型科技企业。目前,它已建成了全球最大消费类IoT物联网平台,连接超过1亿台智能设备,MIUI月活跃用户达到1.9亿名。

随着MIUI操作系统的不断迭代完善,以及小米手机市场占有率的持续上升,小米实施了扩大产品组合策略,以手机为核心,逐步扩大至电视、电视盒子、路由器、智能手环、净水机等多个领域,形成了小米生态链产品;此外,基于互联网技术积极发展新零售和互联网服务,并形成硬件、互联网和新零售的"铁三角"。图8-15为小米的"铁人三项"产品组合策略。

下面就小米公司在硬件部分的扩大产品组合策略进行策略分析。

1. 扩大产品组合策略一:抢占家庭核心——勇夺第一的小米电视

小米继2010年成立时推出MIUI操作系统,2011年成功推出小米手机后,在2012年推出小米电视盒子,为小米电视的推出做准备,并于2013年正式推出小米电视,抢占另一家庭数字娱乐核心。与电视盒子相比,智能电视的利润空间更大,定价空间更宽,软硬件集成度更强,更易于形成用户黏性,因此在电视盒子的市场打开后,快速推出智能电视,对于小米而言是必然的选择。

小米电视盒子1代是小米在手机外推出的首个智能硬件产品,主要作用是为小米品牌进行产品拓展,并为随后推出的小米电视打开市场。这与MIUI为小米手机开拓用户人群,进而延伸出小米电视盒子的扩大策略一致。

2. 扩大产品组合策略二:围绕核心产品——小米手环系列产品

小米手环是小米于2014年发布的智能硬件产品,也是小米生态链从投资手机配件,如移动充电宝,向与手机强关联的智能硬件拓展的关键一步。小米手环产品定义的成功之处在于,践行了小米的"8080原则"。这是小米总结的特有的产品定义方法论,即满足80%潜在用户的80%需求,以减少满足小众需求带来的成本增加,以做到极致的成本体验带来超出用户预期的产品体验。例如,小米手环第1代聚焦测步数、监测睡眠和来电提醒三个功能,舍弃了作为智能硬件必需的显示屏,使用手机App来监测数据,极大地节省了成本。同时这也得益于小米快速增长的手机用户的转化。

本章小结

围绕产品与服务设计及产品组合决策,本章首先介绍了产品及其五层次、产品设计与运营管理和开发过程,探讨了产品设计的原则和绩效评价指标。其次,介绍了产品设

[⊖] 资料来源:郭飞,向乐静,于畅.公司创业投资如何影响价值创造?:基于小米生态链构建的研究[J].财务管理研究,2022(2):1-14.

计的理论与方法，如公理化设计理论、TRIZ、面向顾客设计、面向制造和装配设计、并行工程和计算机辅助设计等。最后，介绍了产品组合的相关概念和评价指标，探讨了产品组合的四种策略，为企业高效合理地组织产品组合提供了决策依据。

思考题

1. 什么是产品及其五层次？
2. 新产品开发的动力和压力有哪些？
3. 新产品开发的战略有哪些？简要说明一般产品开发的过程。
4. 什么是并行工程？其主要思想和特点是什么？
5. 什么是产品组合？产品组合的策略有哪些？

案例

众造模具云工厂的共享设计

众造模具云工厂成立于2018年，是基于人工智能、大数据、物联网等"互联网+"和大数据技术实施共享设计与制造的现代化设计和制造工厂。众造模具云工厂开启了"共享设计"时代，使共享模式从消费领域向设计与制造领域加速渗透，其实质是工业互联网平台在产品设计阶段的延伸，通过共享信息技术和平台实现高效的产品设计。

第一，调节模具设计资源。众造模具云工厂致力于模具产业设计资源的协同共享，以众模联模具工业互联网平台为基础，以共享设计师平台为载体，突破地域和时间的限制，汇集整合模具设计全要素，科学配置分散的设计资源和设计能力，构建了国内首个设计资源无边界集散中心，成为调节模具设计资源的公共蓄水池。

第二，提高模具设计创新能力。众造模具云工厂通过整合产业链资源，针对模具设计、加工等共性技术要素环节进行创新，并以技术赋能中小规模的模具企业，帮助其实现轻资产、高效化设计与运营。目前，众造模具云工厂已经集聚了大量的模具产业链上下游资源，约100家模具加工厂的近300台设备实现了联网，并实现了每个月在线设计交易模具量超过百套。

第三，降低出错率和成本。众造模具云工厂通过线上协同化，积累了大量的设计加工数据，通过对大数据计算和分析，提高模具设计可靠性，大幅度降低产品出错率和成本，使其综合效率提升10%。在确保产品质量的同时，有效提升设计效率和降低设计生产成本。随着人工智能、大数据、物联网等技术在产品设计领域的不断应用，云设计及共享设计作为一种全新的设计理念，逐渐成为成功进行产品设计的关键。

资料来源：姚颖超. 迈向共享经济发展新征程[J]. 宁波通讯，2019(13)：41-43.

讨论题：

结合产品设计的理论与方法，简要说明如何进一步提高众造模具云工厂的设计效率。

参考文献

[1] ALLSHULLER G. And suddenly the inventor appeared：TRIZ, the theory of inventive problem solving[M]. 2nd ed. Worcester, MA：Technical Innovation Center, 1996.

[2] KIM N, MIN S, CHAIY S. Why do firms enter a new product market?: a two-dimensional framework for market entry motivation and behavior[J]. Journal of product innovation management, 2015, 32（2）: 263-278.

[3] KOTLER P. Marketing management: analysis, planning, implementation, and control[M]. Upper Saddle River, USA: Prentice-Hall, 1997.

[4] TEPLOV R, CHECHURIN L, PODMETINA D. TRIZ as innovation management tool: insights from academic literature[J]. International journal of technology marketing, 2017, 12（3）: 207-229.

[5] SUH N P. The principles of design[M]. London: Oxford University Press, 1990.

[6] VERNON R. International investment and international trade in the product cycle[J]. The quarterly journal of economics, 1966, 80（2）: 190-207.

[7] 陈荣秋, 马士华. 生产与运作管理[M]. 5版. 北京: 高等教育出版社, 2021.

[8] 曹旭平, 黄湘萌, 汪浩, 等. 市场营销学[M]. 北京: 人民邮电出版社, 2017.

[9] 雅各布斯, 蔡斯. 运营管理: 第15版[M]. 苏强, 霍佳震, 邱灿华, 译. 北京: 机械工业出版社, 2020.

[10] 郭飞, 向乐静, 于畅. 公司创业投资如何影响价值创造: 基于小米生态链构建的研究[J]. 财务管理研究, 2022（02）: 1-14.

[11] 马风才. 运营管理[M]. 6版. 北京: 机械工业出版社, 2021.

[12] 任建标. 生产与运作管理[M]. 4版. 北京: 电子工业出版社, 2020.

[13] 王海军. 运营管理[M]. 北京: 中国人民大学出版社, 2013.

[14] 史蒂文森, 张群, 张杰, 等. 运营管理: 第13版[M]. 北京: 机械工业出版社, 2019.

[15] 朱煜明, 郭鹏, 潘泉. 基于产品生命周期的产品研发及其技术范例选择[J]. 科学学与科学技术管理, 2005（02）: 130-132.

第 9 章
CHAPTER 9

服 务 设 计

核心要点

- 服务设计的概念、服务设计和产品设计的区别,以及服务活动的分类
- 服务系统设计的概念、服务系统分类及服务系统设计方法
- 服务质量的概念及服务质量控制和评价方法

9.1 服务设计概述

9.1.1 服务和服务设计的概念

服务是在供方和顾客接触面上至少需要完成具有无形性特征的一项活动的结果。服务是由服务提供系统带来的,该系统包括提供该项服务所需要的人、技术、设施、流程和共享信息等,为顾客和服务提供者创造并传递价值。佛朗西丝·X. 弗赖(Frances X. Frei)在 2008 年指出,现代服务应以顾客为中心,服务组织是基于服务顾客而存在的。其观点的主要内容为:第一,顾客是服务组织所有决策和行动的着眼点;第二,顾客是所有服务策略、服务系统,以及服务人员的中心;第三,服务组织为服务顾客而存在,服务系统及服务人员为服务过程的实施而存在;第四,服务组织为服务全体员工而存在,因为员工的服务决定了顾客对组织所提供的服务的看法。

服务设计是指服务企业根据顾客的需要所进行的对员工的培训与培养、工作分派与组织,以及设施的规划和配置,即以顾客为中心、协同多方利益相关者,通过人员、环境、设施、信息等要素创新的综合集成,实现服务提供、流程、触点的系统创新,从而提升服务体验、效率和价值的设计活动。设计的宗旨为在服务设计流程中围绕用户需求和满意度,及时获得服务接收方的反馈,不断改进服务设计,直到满足顾客的需求。

9.1.2 服务设计和产品设计的区别

服务设计和产品设计之间有许多相似之处。然而，由于本质不同，二者之间也有一些重大差别，一个重要的差别是在制造业中的生产与供货通常在时间上是分开的，而服务的形成与提供通常是同时进行的。服务设计和产品设计的区别如下所述。

（1）一般情况下，产品可以触摸，但服务不可触摸。因此，服务设计通常比产品设计更注重不可触摸因素，如有关思维的清醒程度、气氛等方面的考虑和设计。

（2）服务的创造和传递总是同时发生的，如理发、洗车等服务活动。在这种情况下，抢在顾客之前发现和改正服务中的错误更加困难。因此，员工培训、流程设计，以及与顾客的关系就变得特别重要。

（3）服务不能有存货，因此限制了服务的柔性，并使生产能力设计变得非常重要。

（4）服务对于顾客来说是高度可见的，因此给流程设计增加了额外的要求，这点在产品设计中通常不存在。

（5）有些服务业进入、退出的阻碍很小，因而给服务设计添加了额外的压力，使其需要进行创新和考虑成本因素。

（6）便利性是服务设计的一个主要因素，选址通常对服务设计有重要作用。因此，服务设计和位置的选择通常是紧密联系的。

（7）服务系统从顾客接触程度的角度来看差异很大。有的服务系统很少或根本不与顾客接触，有的服务系统与顾客高度接触。

（8）需求的周期性变化造成了等候和闲置的服务资源，当需求变量作为一个因素时，设计者在设计时需要考虑多因素的权衡，如成本和效率的权衡，顾客参与与否的权衡。

9.1.3 服务活动的分类

服务依据不同的划分标准可以有不同的分类方式，常见的分类方式有以下三种：服务推广顾客参与程度分类法、综合因素分类法和拉夫朗克分类法。服务推广顾客参与程度分类法是依据顾客对服务活动的参与程度，将服务分为高接触程度服务、中接触程度服务和低接触程度服务三类。这种分类方式的优点是便于将高接触程度服务从中低接触程度服务中分离，以便采取多样化的服务营销策略；缺点是这种划分总体上过于笼统。综合因素分类法是指通过考虑综合因素，从不同的侧面对服务进行分类，分别为依据提供服务工具的不同、顾客出现在服务现场的必要性的大小、顾客个人需要和企业需要的不同、服务组织的目的与所有制类型这四个方面。虽然这种分类方式综合考虑了各种因素，依据客观状态，且包容性强，但是未能从管理角度做出充分考虑。拉夫朗克分类法吸收了前两种分类法的优点，并重点结合服务业的管理过程进行分类，主要分为五类。

1. 按服务活动的本质分类

按服务活动的本质分类，主要从服务活动和服务活动的直接接受者两个方面进行考虑。服务活动分为有形活动和无形活动，服务活动的直接接受者分为人和物，因此可分为以下四类。第一，作用于人的有形活动，如健康护理、客运、美容、健身等。第二，作用于物品或者其他实体财产的有形活动，如货运、修理和维护、洗衣和干洗、兽医服务等。第三，作用于人的无形活动，如教育、广播、信息服务、剧院表演、博物馆展览等。第四，作用于物的无形活动，如银行服务、法律服务、会计、保卫和保险等。

2. 按顾客与服务组织的联系状态分类

按顾客与服务组织的联系状态分类，主要从顾客与组织的联系和组织传递活动的连续性两个方面进行考虑。顾客与组织的联系状态分为正式会员关系和非正式会员关系，组织传递活动的连续性分为持续传递活动和间断传递活动，因此可分为以下四类。第一，正式会员关系的持续传递活动，如保险、电话登记、电力供应和银行服务等。第二，非正式会员关系的持续传递活动，如电台广播、灯塔和公路服务等。第三，正式会员关系的间断传递活动，如长途电话、剧场套票预订、批发俱乐部和航空公司会员服务等。第四，非正式会员关系的间断传递活动，如收费高速公路、付费电话、电影院、公共交通和餐馆服务等。

3. 按定制与判断分类

按定制与判断分类，主要从服务特征定制的程度和服务人员为满足顾客需求行使判断的程度进行分类。第一，定制程度高和判断程度高的活动，如外科诊断、出租车和特色餐厅服务等。第二，定制程度低和判断程度高的活动，如预防性健康计划、餐馆服务等。第三，定制程度高和判断程度低的活动，如电话、宾馆、银行和自助餐厅服务等。第四，定制程度低和判断程度低的活动，如公共交通、电影院、吸引众多观众的体育比赛和公共食品服务等。

4. 按服务供求关系分类

按服务供求关系分类，可从需求随时间波动的程度和供给受限制的程度进行分类。第一，需求波动大和最高需求经常能被满足的活动，如电力、电话、医院妇产科、火警和匪警服务等。第二，需求波动小和最高需求经常能被满足的活动，如保险、法律、银行、洗衣和干洗服务等。第三，需求波动大和最高需求经常超过能力的活动，如税收准备、客运、酒店住宿服务等。第四，需求波动小和最高需求经常超过能力的活动，如快餐馆、电影院和加油站服务等。

5. 按服务传递方式分类

按服务传递方式分类，主要从服务的可获取性和顾客与服务企业交互的性质两方面分类。服务的可获取性分为单一场所获取和多个场所获取，根据顾客与服务企业交互情况分为顾客去服务场所、上门服务和远程交易，因此可分为以下六类。第一，单一场所和顾客去服务场所的活动，如剧院和理发店等。第二，多个场所和顾客去服务场所的活动，如公共汽车和快餐连锁店等。第三，单一场所和上门服务的活动，如灭虫服务和出租车等。第四，多个场所和上门服务的活动，如上门取件和家政服务等。第五，单一场所和远程交易的活动，如信用卡公司和地方电视台等。第六，多个场所和远程交易的活动，如国家电视网络。

9.2 服务系统设计

9.2.1 服务系统设计的概述

1. 服务系统设计的定义

服务系统设计主要包括服务系统中的流程设计、工作设计与人员安排，以及服务系统规划、设施选址与布置、设备的选用与规划等，其本质是服务传递系统的设计。詹姆斯·L.赫斯克特（James L. Heskett）认为服务设计是指服务业企业根据顾客的需要所进行的对员工的培训与培养、工作分派与组织，以及设施的规划和配置，并强调了服务系统与制造系统在设计上的共同点与区别，服务概念在系统设计中的应用，以及由于服务业固有的特征而形成的顾客在系统设计中的重要地位。

1982年，G.林恩·肖斯塔克（G. Lynn Shostack）首次将"服务"与"设计"相结合，提出服务设计的概念，并强调了服务业运营流程和工作设计与制造业的区别。服务系统设计主要由以下四个基本步骤组成：第一步，确认服务过程，确定服务的输入、流程与产出，描绘蓝图，划分流程步骤；第二步，识别容易失误的环节，找出服务过程中可能由于人员、设备，以及其他特有因素导致的容易出现失误的环节，以便进行监测、控制和修正；第三步，建立时间标准，依据顾客所能接受的标准，确定每个环节的时间标准；第四步，分析成本收益，对每一环节，以及整个服务系统的成本与收益进行分析，并加以改进，以提高效率。此外，森吉兹·哈克塞弗（Cengiz Haksever）和巴里·伦德尔（Barry Render）也强调，在为顾客创造价值并提高他们的满意度的过程中，服务的设计与开发是非常重要的一环。服务企业的成功源于对服务的精心设计，由于顾客的需求总是变化莫测的，因此，企业必须完善现有的服务或增加新的服务。同时，他们还提出，服务的设计包括提出一种服务理念，以及设计一种服务传递系统。服务的设计与开发就是指服务概念和服务传递系统的设计与开发，二者是密不可分的。

对服务系统进行设计时应遵循以下原则：第一，服务设施地点应尽量接近顾客；第二，服务设施布置应重点考虑顾客的心理、生理需要和期望；第三，服务产品设计应考虑环境因素的影响；第四，制订作业计划时应与顾客的日程和时间安排相协调；第五，服务人员应具有专业技能与人事技能；第六，服务系统生产能力配置应以需求高峰为标准。

2. 良好的服务系统的特点

良好的服务系统有许多特征，它们可以作为设计服务系统的指导方针。这些特征如下。

（1）与组织的使命相一致。服务系统的每一个要素都与企业运作核心相一致。

（2）对用户友好。系统对于用户是友好的，有明确的标志、可理解的形式、逻辑化的过程，以及咨询和解答顾客疑问的服务人员，顾客容易与系统进行交流。

（3）具有稳健性。系统的稳健设计使其可以适应情况的多变性。

（4）具有可持续性。系统能够有效地应付需求和资源的变化，并具有有效的备用系统，以保证服务不被中断。

（5）节约成本。系统所耗费的都是有效成本，在交付服务的过程中，良好的服务系统会严格控制服务时间和资源消耗，否则，即使服务本身令顾客满意，但由于效率低，顾客还是会离开。

（6）在顾客看来服务具有明显的价值。

（7）后端运营和前端运营之间存在有效的联系，即与顾客有接触和无接触的部门之间沟通及时顺畅。

（8）系统具有简单、统一的主题，如便利性或速度。

3. 四种典型的服务系统

（1）流水线模式。

流水线模式，也称为生产线方法，是一种服务业流水作业的运作模式。这种模式受制造业中流水线生产方式的启发，吸收了流水作业的优点，将服务的过程按流水线的方式组织运营。流水线模式的具体内容包括：第一，将提供产品视为制造程序，而非服务程序；第二，关注生产结果的效率，而非个人；第三，服务标准化，其环境和品质具有一致性；第四，使用设备代替人力。如现在的餐饮行业所提供的食物就是按照流水线的方式生产的，在这种服务系统中，服务员唯一可能的选择就是严格按设计者的意图去操作，因为制造的核心在于事物而不是人。

下列特征是这种方法成功的关键所在。第一，个人有限的自主权。标准化和质量即技术条件的稳定性，是生产线的优势所在。对于标准化的常规服务，服务行为的一致性受到顾客的关注。第二，劳动分工。流水线模式建议将总的工作分为一组简单的工作。这种工作分类方法使员工可以发展专门化的劳动技能，并在劳动分工的同时实行按劳取酬。第三，用技术代替人力。服务业正逐步运用设备代替人力，大量的业务可以通过系统的软技术来完成。第四，服务标准化。限制服务项目数量为预测和事先规划创造了机会，服务变成了事先已经设定好的常规工作，这便于顾客有序流动。此外，标准化使服务过程变得容易控制，从而有助于稳定服务质量。特许服务方式充分利用了标准化的好处，有利于建立全国性的组织，克服了服务半径有限带来的需求受限的问题。

（2）顾客参与模式。

顾客参与模式，也称为自助服务方法，是一种依赖于技术装备的服务系统模式。对大多数服务系统而言，当顾客出现时，服务才能开始。与流水线模式不同，顾客参与模式是通过让顾客在服务生产中发挥较大作用来改善服务过程的方式，这种方式需要服务组织在销售中使顾客相信自助服务能帮助其消费。在这种运作模式中，顾客被看成服务过程中的一个组成部分，通过发挥顾客在提供服务过程中的作用来提高服务效率，从而使企业获利。

顾客参与模式的具体内容包括：第一，顾客参与服务过程，强化作业，提高生产率；第二，使用不同程度的定制来降低成本；第三，使用防护措施，确保服务顺利进行。如ATM（自动柜员机）让顾客参与交易服务过程，在确保交易安全性和便捷性的同时，降低了企业的服务成本。此外，还有一种是不依赖或主要不依赖于技术装备的服务系统，如自助餐，这种自助服务将顾客转变为"部分雇员"。通过建立顾客信任、降低成本、提升速度和便利性、确保有关程序的可靠有效等，可以有效提高顾客参与程度。顾客参与模式的优势如下。

第一，用顾客的劳动代替员工的劳动来降低成本。现代的顾客已经成为合作生产者，并从低成本中得到好处。顾客并不是一个被动的旁观者，当需要的时候，顾客也可以成为积极的参与者，这样就有可能通过将某些服务活动转移给顾客而提高生产率。此外，顾客参与也可以提高服务定制的程度。如果一家公司把目标集中于愿意进行自我服务的人群，那么，让顾客参与到服务过程中便可以以某种程度的定制来支持成本领先竞争策略。

第二，精准洞察服务需求。精准洞察服务需求能提高服务的效率和服务的质量，如能对顾客的需求变化进行精准洞察，就可降低需要的服务生产能力，更有效地利用一些服务设施，最终使服务生产率得以提高。顾客参与有利于实现服务需求与服务能力的精准匹配策略，如调整顾客的需求时间，使其与可获得的服务相匹配，典型的方式是预约，以减少顾客的等待时间，也可在服务需求低谷期通过价格刺激吸引顾客消费。要作为服务过程的积极参与者来承担新的、更具独立性的角色，顾客需要"培训"，服务提供者应该扮演"教育者"角色，这在服务业还是一个全新的概念。随着服务日益专门化，顾客也要承担"诊断者"角色。总之，服务效率的提高需要依靠有知识和自信的顾客。

第三，提高顾客忠诚度。让顾客参与到企业的服务过程中是培养忠诚顾客的一种途径。如今，顾客可以很容易地找到许多在外形、价格、品质和功能等方面相似的产品，而顾客辨认产品之间的差异时不仅仅是看产品本身，还注重顾客服务体验的差异。如果说顾客满意是一种理性行为的体现，那么顾客的美好体验则意味着比理性行为更高层次的快乐，这种体验是培养忠诚顾客的基础。

（3）面对面的直接接触模式。

面对面的直接接触模式，也称为个体维护方法，是指服务员和顾客以面对面直接接触的形式进行服务活动的经营模式。面对面的直接接触模式的具体内容包括：第一，个体销售人员和顾客之间关系的发展，是一种面对面的定制服务；第二，组织中广泛应用信息系统来处理顾客反应和满意程度，信息包括现有顾客个人偏好的资料、无缺陷的产品或服务数目和质量得以改进的机会。如百货商店的柜台售货员采用这种面对面的服务方式能否成功销售，取决于和顾客交流发展的结果。

在这种运作模式中，服务过程相当松散，是非结构化的过程，依赖于个体销售人员与顾客之间关系的发展，即服务不存在固定的模式。其理念为"信任顾客""顾客是我们的老板"和"提供没有问题的服务"。为了达到这种理念，可以通过每天发展一位顾客；不论顾客带回任何东西要求退货，都不拒绝；引导和帮助顾客消费；建立收集和处理顾客反应和满意程度的信息系统等方式实现。

（4）信息授权模式。

信息授权模式是指通过允许顾客参与公司服务，共享公司信息，提升公司的服务质量。企业通过该功能可授权企业员工和顾客查看本企业所提供的服务种类等相关信息，并可对授权进行查询，提出建议等。信息授权具体包括员工授权和顾客授权两个方面。

第一，员工授权。IT技术使员工在授权的情况下共享组织信息。IT技术最早应用于保存记录，但各分离的数据库使采购人员、现场服务人员、生产人员不能集中考虑问题，只有高层决策者进行这方面的综合工作。但是，相关数据库的发展改变了这一切。关系或整合数据库意味着每个人都可以使用一项业务的方方面面的信息。通过员工授权，员工可以通过接口互相影响，甚至可以与其他公司实时联系，从而更灵活地处理业务。

第二，顾客授权。IT技术使顾客可以自由选择合适的服务提供商，也可参与服务，通过网络查询服务过程。IT技术使顾客有更大的自由来选择一个自己认为合适的服务提供商，甚至不局限于本国；而且可以参与到服务过程中，通过网络查询自己的服务过程。如淘宝等购物App，不仅给顾客极大的自由来选择供应商，而且整个购买、使用和售后过程顾客都可自行服务。

9.2.2 服务传递系统

1. 服务传递系统设计

服务传递系统是将服务从后台传递到前台并提供给顾客的系统。它决定将服务传递给顾客的地点、时间和方式,包括硬件要素和软件要素,前者主要指服务设施、布局、技术和设备等,后者主要指服务传递流程、员工培训,以及对服务中员工及客户的作用的描述。服务传递系统必须最大限度地使顾客满意,同时能够有效提高服务组织的运营效率和控制运营成本。虽然许多服务的观念是可以被竞争者效仿的,但是一个设计合理的服务传递系统却无法被简单抄袭,因此,服务传递系统就成为潜在竞争者的一道障碍,成为服务组织的核心竞争优势。

企业服务传递系统的竞争定位是通过衡量系统结构差异的复杂程度及其多样性来完成的。企业设计服务传递系统会涉及地点、使工作流程更加有效的设计和布局、服务人员的工作程序和工作内容、质量保证措施、顾客参与程度、设备的选择和足够的服务生产能力等方面的内容,在条件允许的情况下,服务传递系统开始运转后,企业还需不断地对其修正,以实现系统的良性运转。

服务传递系统设计的基本方法主要有三种,即工业化方法、顾客化方法和技术核分离方法。

(1)工业化方法。

工业化方法的基本思路是将制造业的生产技术和管理方法用于标准化、大批量的服务类型。这种服务类型所需的服务技术通常较简单、规范,而且要求服务过程对所有顾客有一致性。其主要管理问题是提高服务效率、提高服务质量的稳定性,而这正是制造业企业管理方法的优势所在。工业化方法一般应用在一些技术密集型、标准化、大规模的服务业行业,如餐饮、零售、银行、酒店、航空等行业。采用这种设计方法时要考虑的主要问题是:建立明确的劳动分工,使服务人员的行为规范化、服务程序标准化;应用各种硬技术和软技术(管理技术)来取代个人劳动。

(2)顾客化方法。

顾客化方法是在设计过程中充分考虑顾客的个性化需求,使系统为顾客提供一种非标准化的、差异化的服务。一般来说,顾客在其中的参与程度较高,所需使用的服务技术也较复杂、不规范。这种服务类型的特点是顾客的被动或主动参与会给服务结果带来一定影响;服务人员需要在服务过程中进行自主判断和自主决策。随着经济的发展和人们收入水平的提高,要求提供个性化服务的人群越来越多,因此这种基于顾客要求的服务设计方法应运而生。

采用这种设计方法时要考虑的主要问题是:把握顾客的需求偏好和心理特点;引导顾客在服务过程中的参与行为;授予服务人员必要的决策权力,让他们自己处理服务过程中可能出现的各种问题。

(3)技术核分离方法。

技术核分离方法综合了前两种方法。对于某些服务类型来说,服务可分为与顾客的高接触部分和低接触部分,即前台服务和后台服务。在后台,服务运作可如同工厂一样进行,即可考虑采用工业化方法,以充分利用现代技术的优势;在前台,与顾客的接触程度较高,可采用以顾客为中心的方法,根据顾客的要求和喜好提供较为个性化的服务。基于这种思路的服务设计方法就称为技术核分离方法。采用这种设计方法时要考虑的主要问题是:前台运作和后台运作之间的衔接;与顾客接触程度的划分和两种方法的结合使用;新技术的利用及其导致的前后台划分的变化。

2. 服务蓝图

简·金曼-布伦戴奇（Jane Kingm-Brundage）等人将工业设计、决策学、物流学和计算机图形学等学科的有关技术应用到服务产品设计方面，为服务蓝图法的发展做出了开创性的贡献。G. 林恩·肖斯塔克认为，服务传递系统可以用一个可视图来描述，并可进行服务设计，即服务传递系统可以用服务蓝图表示。服务蓝图又称为服务流程图，是一种有效描述服务传递过程的可视技术。它是一个示意图，涵盖了服务传递系统的全部处理过程。企业的服务传递系统分为前台区域和后台区域两个部分。前台区域是指直接与顾客接触的区域，而后台区域是指不与顾客接触、只提供间接服务的区域。设计一个高效率的流程是后台区域的工作目标。有时，对于决定服务效果的要素的关键性操作，还应当确定一个标准的执行时间。例如，有些银行贷款的审核要求在申请被批准后的 6 天内完成等。

服务蓝图是指用箭头线把服务过程中的各项作业（用矩形或菱形表示），按其先后顺序连接起来的作业顺序图。服务蓝图是对服务过程的细化和扩展，能准确地描述服务过程的各个程序，使员工、顾客及管理者都能清楚地认识自己在服务过程中承担的角色，从而完成服务过程。从横向上可以把服务蓝图分为四个层次，即顾客层、前台、后台和支持层。第一层次描述顾客的活动，第二层次描述前台服务人员的活动，第三层次描述后台服务人员的活动，第四层次描述支持单位或其他部门的活动。从纵向上可以根据特定的服务项目，划分为若干阶段。

图 9-1 是典型的饭店聚餐服务蓝图，从四个层次描述了聚餐过程。同时，把整个聚餐过程分为界限比较清晰的四个阶段，即顾客到达、顾客候餐、顾客就餐和顾客离开。下面结合饭店聚餐案例，说明绘制服务蓝图的基本步骤。

（1）站在顾客的角度，把从顾客接触服务系统到完全离开服务系统的整个过程分为若干步骤。例如，饭店聚餐就可分为 15 个步骤。

（2）根据每个步骤的先后顺序，用箭头把每个步骤连起来。

（3）判断每个步骤的主导者，是顾客层、前台、后台，还是支持层。

例如，顾客订餐、顾客到达和配餐要求等的主导者是顾客，预订包房、迎接顾客和菜品配送等的主导者是前台服务人员，厨房配菜的主导者是后台员工，而食材供应和后勤保障的主导者是支持层的员工。然后，把相应的服务步骤放在对应的层次。

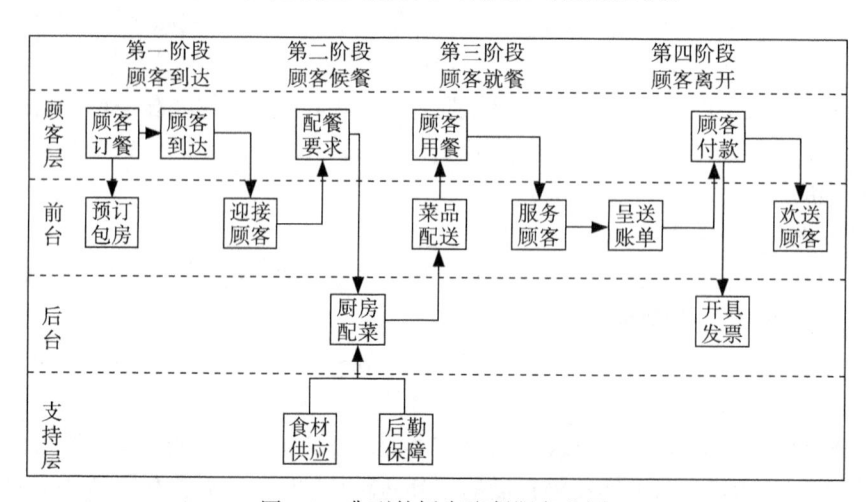

图 9-1 典型的饭店聚餐服务蓝图

9.3 服务质量与服务效率

企业在服务业应用现代生产管理技术的初期更多强调的是实现服务的标准化与规范化。但随着消费者需求偏好的改变，需要权衡服务质量与服务效率，服务质量更多强调个性化需求的满足，服务效率更多强调低成本提供服务。例如，20世纪90年代初，麦当劳750页的操作手册涵盖了方方面面的细节。但是，服务的标准化与规范化带来了新的挑战，麦当劳作为工业化大生产的产物，目前碰到了新问题——个性化消费。赛百味和汉堡王则为顾客提供了一定程度的个性化定制选择，如额外添加肉饼和蔬菜、选择不同的酱汁等，考虑了更多的顾客个性化消费需求。因此，企业需要设计合理的服务系统来平衡服务的个性化和标准化要求。图9-2对比展示了麦当劳和汉堡王的汉堡包制作过程。

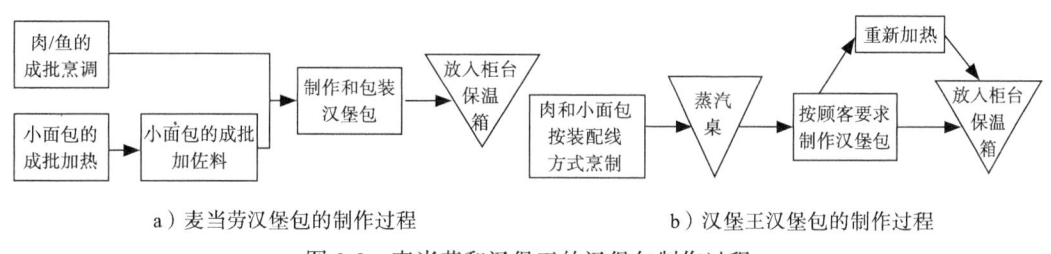

a）麦当劳汉堡包的制作过程　　　　　　b）汉堡王汉堡包的制作过程

图 9-2　麦当劳和汉堡王的汉堡包制作过程

9.3.1　服务质量

1. 提高服务质量的重要性

服务质量是指服务能够满足现有及潜在需求的特征和特性的总和，是企业为使目标客户满意而提供的最低服务水平，也是企业保持这一预定服务水平的连贯性程度。传统的观点仅将服务局限在服务业中。然而，随着市场环境的改变，服务已融入各行各业并起着越来越重要的作用，成为企业增加产品附加值、实施差别化战略，进而获得竞争优势的最佳途径。因此，提高服务质量对企业的发展至关重要。

（1）服务是现代企业培育核心竞争力与形成差异化的重要手段。

在现代企业标准化程度增强、差异逐渐消失、附加价值较小的情况下，企业可通过加入服务要素寻求更大的差异化，并增加自身的产品附加值，服务业务在很多企业中创造的价值日益增加。目前像汽车、计算机和软件等制造业与信息技术产业也已认识到进行全球竞争需要提供优质的服务。同时，这些企业也意识到其大部分的利润来自服务。如海尔集团将服务作为其核心竞争力的重要组成部分，在更大程度上满足顾客和市场的个性化需求，并实现由"生产经营型"向"服务经营型"转变。

（2）良好的服务是降低顾客流失率和赢得更多的新顾客的有效途径。

现代营销观念认为，满足顾客需求是企业经营和营销活动的出发点和落脚点。因此，降低顾客流失率和赢得更多的新顾客对企业的持续发展显得尤为重要，而提供良好的服务是实现这一目的的有效途径。

（3）提供良好的服务能促进企业利润持续增长。

如前所述，良好的服务能够有效巩固现有的顾客，赢得更多的新顾客，提高顾客忠诚度，从而促进企业的销售额不断增长。此外，良好的服务质量还可以减少因顾客不满和投诉而导致的成本增加和利润损失。

（4）提供良好的服务有助于企业获取反馈信息，指导决策。

在服务过程中，消费者所提供的不仅仅是抱怨，还有对企业的发展有积极促进作用的忠告和其他市场信息，企业要及时发现产品在质量、性能等方面的缺点或不足，从而为进一步的产品开发、服务创新、市场竞争等提供决策上的指导。尤其是良好的售后服务，有助于企业了解客户对产品和服务的真实意见，包括客户的潜在需求，从而为企业的产品开发和服务创新提供指导。

2. 服务三角形

服务的基本特征是顾客的参与性。佛朗西丝·X.弗赖指出，现代服务应以顾客为中心。一方面，服务战略的制定需要有相应的目标顾客的支持，这是服务企业成功的前提；另一方面，在服务战略的指导下，服务的系统、员工素质与技能应相互匹配，保证服务战略能够得到切实有效的贯彻落实，并能得到顾客的认可，即服务系统、员工和服务策略都应以顾客为中心。

图9-3描述了服务四个要素之间的动态交互关系，称为服务三角形。顾客是服务组织所有决策和行动的着眼点，是服务策略、服务系统和员工的核心。这个动态交互关系既描述了服务系统的冲突和矛盾，又为服务管理提供了基本指导。只有妥善地处理这些动态交互关系，服务才会有竞争力，企业才能获得满意的绩效。

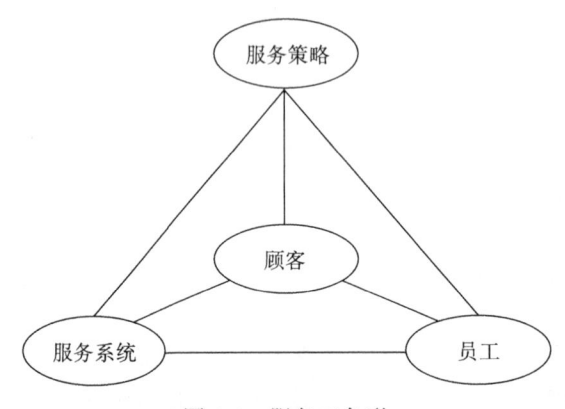

图 9-3　服务三角形

服务三角形中的主要活动是运作。运作对服务系统的程序、设备、设施和服务人员的工作负责，而服务人员构成了服务组织中员工的主体。顾客得到良好的服务就是服务管理应得的回报，即管理者如何对待员工，员工也将如何对待顾客。如果员工受到良好的训练并感受到来自管理部门的强大动力，他们就会为顾客提供良好的服务。

基于此，提高服务质量的方法有以下几种。第一，运用"who、what、how"来分析我们需要服务的对象，即目标顾客是谁，目标顾客要什么，以及怎样满足目标顾客。从顾客的角度出发，确定做什么、怎么做能提高顾客参与的质量。第二，运用工具性手段和方法，如进行打折和收费。例如，网约车的优惠券使顾客在享受出行便利的同时，可以节省打车费。第三，运用规范性手段和方法，如一些可以让顾客代劳的自助式服务，或者可以让顾客自主点单的服务系统，这种系统在提高顾客服务质量的同时，还能有效降低企业的成本。

3. 员工能力循环

员工能力循环代表着一种观点，即为了让一线员工更好地完成工作，应当给予他们尽可能多的权限，并且相应地运用能力循环中的要素提供支持。员工所做的任何事情都必须与企业的性质和一线工作要求，以及为了落实此类政策而安排的中层管理者的领导风格保持一致。

服务企业的竞争优势来源于由满意、忠诚和富有效率的员工创造的服务价值，来源于一个能使员工有效服务于顾客的高质量的服务支持体系和相应的政策。为了提高企业经营服务管理能力，给企业带来超常的利润空间，需要结合服务企业的实际情况，从构建员工能力循环入手，努力提高企业的内在服务质量，积极打造一条朝着服务企业良好循环方向运转的优质的服务利润链，如图9-4所示。

图 9-4　员工能力循环及与员工能力循环有关的问题

（1）在选择员工时，按照"态度第一，技能第二"的原则招聘员工。与顾客直接接触的员工应该具有良好的态度，具有对顾客言行的宽容心态，以及根据情境监督并改变行为的能力，尤其要具备设身处地为顾客着想的个人品质。除了精心选择员工外，还要选择顾客，为那些符合条件的顾客提供服务，即顾客如果想得到相应的服务，需要符合某些条件。例如，在提供室内驱虫服务之前，顾客需要确保在服务人员服务期间对屋内空间暂且不使用，并在某些情况下，同意增加清洁次数、调整垃圾处理程序等条件。

（2）将培训作为目的和手段进行设计。高质量的培训不仅可以让员工更好地完成他们的工作，而且在某些情况下，可以提高员工的自信心、自豪感，提高员工与顾客交流和应对问题的能力。

（3）支持系统的构成要素对一线员工非常重要，包括信息与通信技术、设施、方法与材料、一线质量控制"安全网"和服务保证等。这些要素的支持有助于员工及时反映服务中遇到的问题，并获得及时的支持。此外，服务保证等要素是控制服务质量，以及获得顾客需求信息的重要途径。这些信息也可作为改进服务方法和效果的基础。

（4）给予员工一定的权限。例如，在一些企业中，一线员工有权"开除"顾客，但是要遵循明确规定的流程，要有中层管理者的参与并达成一致。

（5）明确员工的权限范围。为了提高服务质量，企业一般会给予员工一定的权限。但是在某些情况下，过度授权会导致管理者无法控制员工，甚至会出现员工不负责任的行为。为此，在给予员工权限的同时，也要告诉他们行使的范围，以及超过范围所带来的惩罚等。

此外，管理者还需重点关注与能力循环要素有关的问题，如图 9-4 所示，即管理者应当问的首要问题。

（1）我们应当在一线具备多大的能力？这个问题的答案取决于许多其他问题的答案，包括：为顾客提供的个人服务有多重要？在购买产品－服务组合时，顾客认为有哪些风险？在顾客购买服务时，必须在多大程度上提供个性化服务？在生产并提供产品－服务组合时保持完全一致有多重要？让一线员工创立新的思想和方法有多重要？一线员工在多大程度上可以真正对业务数量产生影响？

我们的讨论表明有时有许多其他问题值得研究，其中包括以下几个。

（2）最后一次审查为发展一线员工能力而制定的战略所具有的内部一致性及其对企业总体战略的支持程度是何时？

（3）在选拔新员工方面，组织是否投入了足够的精力和时间？

（4）能否让自我选拔或者非传统的选拔方法具有更好的用途？

（5）在选拔与顾客接触的员工时，是否把态度放在第一位，而把技能放在第二位？

（6）在实现高能力战略的各个因素时，比如，在选拔重要的、与顾客接触的一线员工时，顾客的参与程度有多大？

（7）为了利用顾客和潜在员工取得竞争优势，企业对员工的培训是否既反映了一线工作岗位的需要，又反映了填补这个岗位的员工的需要？

（8）一线服务人员有没有兑现管理者对顾客和组织做出的承诺所必需的权限？

（9）对于可以向一线服务人员提供的各种形式的支持，有没有根据他们工作岗位的权限进行审查？

（10）考虑到总体战略中所确定的目标市场，有没有主动对那些能够吸引并满足"合适"的顾客（即符合这种战略的顾客）的组织员工进行奖励？

员工服务不佳的原因往往在于系统，所以首先要重视人力资源管理流程；其次确定员工提供好的服务所应具备的能力和动力将如何取得；最后在制度方面要重视相关激励和惩罚制度的制定，重点在于通过制度和流程来激励员工而非通过个人事迹来引导员工。

4. 服务质量控制

为确保向顾客提供更好的服务，需要对整个服务质量进行控制。为此，可在绘制服务蓝图的基础上，用图表形式表明整个服务过程中容易出现的差错并给出预防措施。必要时，就出现的差错给顾客以相应的承诺。通常，把容易出现差错的地方叫"质量控制点"。为了最大限度地提高顾客的满意度，可采用防差错设计（Poka-Yoke）来避免差错的发生。

防差错设计是一种在作业过程中采用自动作用、报警、提醒等手段，使作业人员不需注意或不需特别注意也不会出错的方法。如 ATM（自动柜员机）提醒顾客取卡的声光信号装置等。以饭店聚餐过程为例来分析该服务过程中最容易出现的差错，以及相应的预防措施和就出现的差错对顾客的承诺，如表 9-1 所示。

表 9-1 饭店聚餐过程中最容易出现的差错、预防措施以及就出现的差错对顾客的承诺

最容易出现的差错	预防措施	就出现的差错对顾客的承诺
房间不满足基本要求	电话回访，并保留电话录音	由顾客任意选择房间或免除包间费
没注意到顾客到达	增加礼宾员，确保每个入口有一位礼宾员在候客	给予顾客 10 元人民币补偿
点菜错误	点菜后复述菜单，交服务员时核对菜单	错误的菜品，以及补上的正确菜品均免费
配餐错误	复验菜品，交服务员时核对菜单	错误的菜品，以及补上的正确菜品均免费
菜品配送错误	对餐桌和菜品编号，关联餐桌和菜品编号	错误的菜品，以及补上的正确菜品均免费

5. 服务质量差距模型

SERVQUAL 理论最早于 20 世纪 80 年代末，由帕拉休拉曼等人提出，是对服务质量差距管控的服务质量管理办法。所谓服务质量差距，是顾客感知的服务水平与顾客期望的服务水平之间的差距。当顾客感知水平接近顾客期望水平时，顾客才会满意；越接近，顾客越满意。当然，如果顾客感知水平超过顾客期望水平，将会出现令人惊喜的结果。此外，在 20 世纪 90 年代初，埃默里大学商学院的决策与信息分析学教授理查德·麦特斯（Richard Metters）将消费者效用模型运用在服务设计中。他认为在设计新服务的过程中，经理必须知道哪些方面是顾客重视的，服务的过程设计能否将服务理念传递给顾客而满足他们的期望，达到不同的顾客满意度所要付出的成本，以及顾客对得到的服务的感知和满意度。

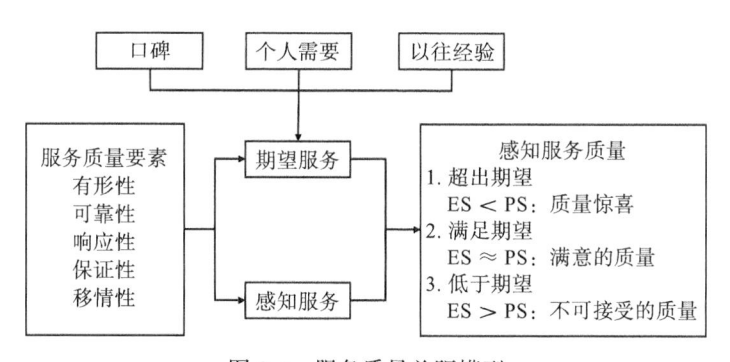

分析服务质量的有效方式为服务质量差距模型。服务质量差距模型将服务质量分为有形性、可靠性、响应性、保证性、移情性五个维度，并分别测评其感知服务水平（PS）与顾客期望水平（ES）之间的差距，如图 9-5 所示。

图 9-5 服务质量差距模型

五个维度所包含的调查项目共 22 个，如表 9-2 所示。通过调查问卷的方式，让顾客就每个调查项目的期望值、实际感受值及最低可接受值进行评分。通常服务不同，调查项目的权重也会不同，通过综合计算可得出服务质量的分数。

表 9-2 五个维度所包含的调查项目

维度	所包含的调查项目
有形性	1.有现代化的服务设施；2.服务设施具有吸引力；3.员工有整洁的服装和外套；4.公司的设施与其所提供的服务相匹配

(续)

维度	所包含的调查项目
可靠性	5.公司向顾客承诺的事情都能及时完成；6.当顾客遇到困难时，能表达出关心并提供帮助；7.公司是可靠的；8.能准时地提供所承诺的服务；9.正确地记录相关事项
响应性	10.告知顾客提供服务的准确时间；11.提供及时的服务；12.员工总是愿意帮助顾客；13.员工不会因太忙而一直无法立即提供服务，满足顾客的需求
保证性	14.员工是值得信赖的；15.在从事交易时，顾客会感到放心；16.员工是礼貌的；17.员工可以从公司得到适当的支持，以提供更好的服务
移情性	18.公司针对顾客提供个性化服务；19.员工会给予顾客个别的关心；20.员工了解顾客的需求；21.公司优先考虑顾客的利益；22.公司提供的服务时间符合顾客的需求

服务质量5GAP模型是指对调研、设计、一致性和沟通四个方面的差距进行测评来最终评价顾客感知与顾客期望之间差距的一种服务质量管理办法，如图9-6所示。首先，在调研阶段，对顾客的了解就可能已存在差距，即没有识别出顾客的真正需求。其次，在设计阶段也可能存在差距，即在设计方案中并没有把所识别出来的顾客需求完全体现出来。再次，在把设计方案转化为服务时，也可能存在差距，即并没有完全根据所设计的服务标准来提供服务。然后，在顾客对服务感知方面存在差距，即服务提供者针对顾客对服务满意程度的判断与顾客的真实满意程度存在差距。最后，顾客感知质量与预期质量存在差距，即PS与ES之间存在差距。

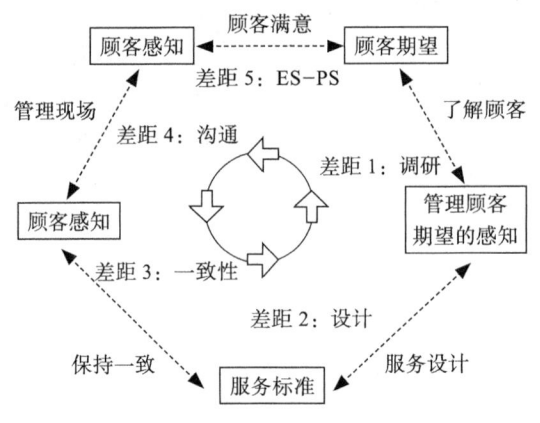

图9-6 服务质量5GAP模型

9.3.2 服务效率

1. 影响服务效率的因素

服务设计与产品设计的主要区别在于服务设计中的顾客参与，因此影响服务效率的主要因素为顾客的参与程度，以及与顾客的接触程度。

（1）顾客的参与程度。

顾客参与对服务效率的影响主要体现在以下几个方面：第一，顾客参与影响服务运作实现标准化，从而影响服务效率；第二，在服务过程中，为了提高顾客对服务感知的舒适、方便和愉快，也会造成服务能力的浪费；第三，服务质量的感觉是主观的，服务质量不像产品质量一样，可以用标准的方式测量，具有一定的主观性。因此，服务中顾客参与的程度越深，对服务效率的影响就越大。

（2）高度接触作业与低度接触作业。

除了顾客的参与程度，与顾客接触的程度也是影响服务效率的关键。20世纪70年代初，学者们开始吸收制造企业的经验，尝试把制造业的营运方法应用于服务业。这使自动化设计，以及制造业的管理思想被各种类型的服务业广泛应用，也使当时的服务业生产率水准提升，并促进了对服务营运管理和服务设计的研究。西奥多·莱维特（Theodore Levitt）的"服务工业化"观点是服务设计中工业化设计方法的主要基础，其中心思想是应用制造业经验来管理服务业的营运。

为了满足顾客对服务的多样化需求，同时又能利用工业化方法所带来的高效益，理查德·B.蔡斯（Richard B. Chase）按照服务过程中与顾客接触程度的高低，把服务分为"高接触服务"和"低接触服务"，服务传递系统可以分为高度顾客接触和低度顾客接触两种类型。同时他指出，服务传递系统的营运效率主要和顾客接触时间与服务总消耗时间之比相关，这个比值越小，与顾客接触的时间相对越少，其所能达到的营运效率越高。约翰·C.基列亚（John C. Killeya）也提出过类似的观点，即服务可分为"软服务"和"硬服务"。"软服务"强调人与人之间的互动，而"硬服务"提供过程，强调机器与机器之间，以及人机之间的互动。这种方法的成功取决于服务生产过程中需要的顾客接触程度，以及在低度接触作业中的分离核心技术能力。

顾客接触程度可以用顾客出现在服务活动中的时间与服务总时间的百分比表示。将服务系统分为高度与低度接触之后，每一个领域都可以单独设计以达到服务改进的目的。表9-3为常见的设计思想中，高度接触作业与低度接触作业的对比。

表9-3 高度接触作业与低度接触作业的对比

设计内容	高度接触作业	低度接触作业
选址	接近顾客	接近供货和运输地点
设施布置	考虑顾客的生理和心理需求	提高生产力
产品设计	环境和实体决定了服务的质量	顾客在服务环境之外
过程设计	生产环节对顾客有直接影响	顾客不参与主要的处理过程
进度表	将顾客包括在内，需要满足其需要	顾客主要关心完成时间
生产计划	订货不可存储，均衡生产会导致生意损失	完成交货或均衡生产都可以
工人技能	员工需要很好地与公众接触	一线员工只需掌握技术、技能
质量控制	质量标准取决于评价者，是可变的	质量标准可测量，是固定的
时间标准	取决于顾客需求，时间定额宽松	时间标准严格
工资	易变的产出，要求计时工资	固定的产出，允许计件工资
能力计划	为避免销售损失，能力按尖峰负荷考虑	通过库存调节，能力可平衡
预测	短期的，时间导向的	长期的，产出导向的

高度接触作业为顾客提供个性化服务，在服务系统设计中称之为前场。美国学者弗雷德里克F.赖克赫尔德（Frederick F. Reichheld）和W.厄尔·萨瑟（W. Earl Sasser Jr.）估计，忠诚顾客增加5%，企业的利润可提高25%～85%。而前场部分与顾客的接触和互动是决定顾客感受的关键，这些工作决定了服务的价值和现代服务业的竞争优势。在设计的思考上，应倡导以顾客为中心、以前场为中心，即以顾客为中心设计前场的服务，以提升服务质量。在高度接触的服务中，顾客通过直接接触服务过程来决定需求的时机和服务的性质。服务感知质量在很大程度上由顾客的感知决定。在高度接触区域，要让顾客感受到个性化服务，在设施选址上要接近目标顾客，在设施布局上要考虑顾客的生理和心理需求及期望，在编制生产

进度表时需要考虑顾客且必须满足其需要，对服务过程的设计要考虑到生产环节对顾客的直接影响及顾客服务体验的需求，适当允许顾客参与。高度接触的活动要求雇员具有较高的人际交往技能。在这些活动中，服务的水平和任务是不确定的，因为顾客决定服务需求并在一定程度上决定服务本身。通过应用工业化的设计方法、充分利用现代技术的优势，可以提升服务效率。

低度接触区域则通过批量生产来实现规模经济，在服务系统设计中称之为后场，其关注的重点为：应用工业化的设计方法、充分利用现代技术的优势以提升服务效率。在低度接触区域，因为顾客不直接出现在生产过程中而不会产生直接影响，其生产经营观念和自动化设施均可应用工厂运作模式。而在低度接触区域或后台办公室，如同工厂一样运行，可以使用所有的生产经营观念和自动化设施；同时要注意的是，低度接触作业可以和高度接触作业在实体上完全分离。不过，其中仍然有沟通的必要。

（3）销售机会和服务传递选择。

由于企业是一个信息处理系统，所以要把信息内容当作服务工作设计中的可变因素来考虑。理查德·B.蔡斯提出了一个服务系统设计矩阵，表明了生产率和销售机会的关系，如图9-7所示。服务传递选择从左到右排列，转移的信息量逐步增加。生产率与顾客接触核心服务作业运作的程度有关。销售机会反映从每个顾客身上增加销售额的可能性。从该矩阵中可以看出，在选择服务传递方式时要在营销和生产之间进行权衡，并不局限于只选择一种服务方式，有时为了防止舍掉一定的细分市场，要应用多种服务渠道。例如，加油站提供全面服务和自动服务两种加油方式。

图9-7的最上端表示顾客与服务接触的程度，其中，缓冲表示服务实际上与顾客是分离的，可渗透系统表示与顾客的接触是利用电话或面对面地沟通，反应系统既要接受又要回应顾客的要求；图9-7的左边表示一个符合逻辑的市场规律，也就是说，与顾客接触的机会越多，卖出商品的机会越多；图9-7的右边表示随着顾客对运营施加影响的增加，生产率的变化情况。

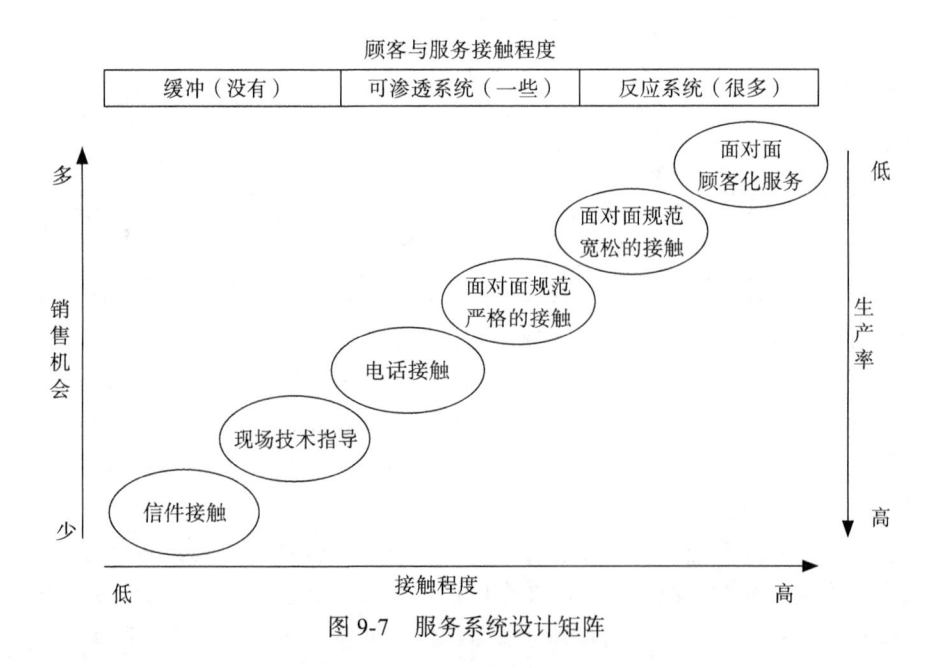

图9-7　服务系统设计矩阵

生产率随着顾客接触的增多（因而施加更多的影响）而降低。面对面的接触会提供更多的销售机会，从而可以卖出更多的产品，弥补生产率降低的影响。反之，较少的接触使顾客不能对员工施加明显的影响（或不干扰），可以让生产体系更有效率，但是卖出额外产品的机会减少。因此，服务系统的设计目标决定了服务方式的特点：要根据具体的运营目标，如高生产率或高销售机会，来设计服务系统和匹配服务的运营战略。

矩阵内部是服务过程的6种方式，如表9-4所示。在一端，服务可以通过信件接触来完成，顾客与这一系统的交流很少；在另一端，通过面对面接触，顾客按照自己的要求获得服务。除了常见的信件接触、现场技术指导和电话接触外，服务方式还包括面对面规范严格的接触、面对面规范宽松的接触和面对面顾客化服务。

第一，面对面规范严格的接触（face-to-face tight specs）。这类服务方式适用于那些在服务过程中很少有变化的情况，即在创造服务的过程中顾客和服务者都没有太多的随意性，如快餐店、游乐园等。

第二，面对面规范宽松的接触（face-to-face loose specs）。这类服务方式通常是固定的，但是，在如何完成该过程或作为服务过程的一部分的物质商品方面，是可以选择的，如饭店、汽车销售代理商等。

第三，面对面顾客化服务（face-to-face total customization）。这类服务方式适用于需要通过顾客与服务者之间的相互交流来建立服务规格的服务接触，如律师事务所、医疗服务、广告公司等。同时，服务系统资源的集中程度决定了该系统是反应系统还是可渗透系统。

表9-4 常见的6种服务方式

不同的服务方式	具体业务
信件接触	银行每月发出的对账单
现场技术指导	ATM、自动服务加油站、自动卖报站、自动咖啡机
电话接触	电话查询账户
面对面规范严格的接触	从银行取钱、快餐店服务
面对面规范宽松的接触	银行保险、全天候点菜
面对面顾客化服务	律师事务所、咨询公司提供的服务

服务系统设计矩阵与管理的对应关系是：不同矩阵位置对员工、技术和运营管理的重点不同，不同的服务方式决定了管理的特点和内容。例如，不同服务方式对员工的要求不同；不同服务方式对设计生产流程的要求不同，在理发店中，顾客成为生产流程设计的中心，而在银行和快餐店中，生产流程设计应追求标准化、简洁高效。表9-5介绍了工人、运营及技术革新和顾客与服务接触程度的关系。

表9-5 工人、运营及技术革新和顾客与服务接触程度的关系

	顾客与服务接触程度					
	低 ──────────────────────────────────► 高					
工人要求	书写技能	辅助技能	口头（表达）技能	程序技能	交易技能	判断技能
运营焦点	文件处理	需求管理	记录电话内容	流程控制	管理能力	综合委托人意见
技术革新	办公自动化	常规方法	计算机数据处理	辅助系统	自助服务	委托人与员工队伍建设

2. 提高服务效率的策略

提高服务效率的根本出发点是降低与顾客接触的程度，以减少顾客参与带来的能力浪费

和效率降低。具体的服务系统设计策略如下。

（1）标准化服务策略或生产线法。通过提供标准化的服务来限制顾客的选择范围，减少顾客提出特殊要求的机会，从而有效地减少顾客参与对服务过程造成的影响。

（2）技术内核分离策略。在分解服务过程、划分需要和不需要顾客参与两类服务活动的基础上，对不需要顾客参与的服务活动，将技术内核加以分离和封闭，使技术内核保持相对独立运行。

（3）自动化服务策略。用自动化服务设备或其他合适的方式来替代服务人员完成服务工作，以简化服务过程中人与人之间的关系，提高服务效率。

（4）个体维护策略。通过对特殊的个体开展面对面个性化服务，以及对顾客信息进行搜集与整理，强化服务个体与顾客之间的关系。

9.3.3　顾客需求调节与服务能力管理

服务运营管理的终极目标是：实现供给与需求的精准匹配，对顾客需求与服务能力进行有效管理。两者往往处在不匹配的状态：或者顾客需求在时间分布上与服务能力不匹配，或者服务能力过剩或短缺。顾客需求调节与服务能力管理能在一定程度上解决这一问题。

1. 顾客需求调节

第一，通过价格杠杆转移需求。通过价格差别使高峰需求转移到低峰时期。例如，白天乘飞机票价高，晚间飞行票价低；影剧院工作日票价低，周末票价高。这些都是通过价差转移需求的例子。这种方法在服务业用得多，且对需求价格弹性大的产品和服务最有效。

第二，推迟交货。由于服务能力有限，因此，无论采用什么策略，都会有一些顾客的要求得不到及时满足，这就出现了推迟交货的情况。如家用电器突然出现故障需要修理，是难以预约的。如果维修站无任务排队，则可及时修理；如果有很多任务排队，则要按一定的优先顺序修理，某些修理任务就要推迟。能否成功应用这种策略取决于顾客的态度，推迟交货有失去销售机会的损失和失去顾客的危险。

第三，按需求来源不同转移需求。顾客来源不同，需求也有差异。航空公司有商务乘客和旅游乘客，旅店客人和医院患者有按预约到达的和随机到达的。商务乘客对出行时间要求高，对票价不太计较，应该尽量保证他们要求的航班；旅游乘客要求尽可能低的票价，但出行时间较为灵活，应该尽可能利用有剩余能力的航班，并提供较低的票价。为了转移需求高峰，对有预约的客人和患者应尽量安排在一周或一个月的需求低谷期。

第四，刺激低谷需求。低谷需求导致能力浪费，如冬季的避暑胜地，淡季的宾馆、酒店，夜间的电话，可以通过低价格刺激需求。

第五，供不应求时适当限制需求。当资源短缺、供不应求时，要限制需求总量。城市交通拥堵、电力供应紧张，以及水资源短缺，是当前和今后一段时间面临的大问题相关部门，可以根据用量制定等级收费标准。例如，电力供应部门按用量和用电时间实行不同电价；水资源管理部门对城市用水实行定额管理，对超额用水实行累进加价等。

第六，开发预约或预订系统。通过预约或者预订，不仅可以使高峰需求转移到低峰时期，还能使服务能力利用最大化。

第七，调节上下班时间。对于大城市的市内交通，在上下班时间出现拥堵是普遍现象。例如，北京市从 2010 年 4 月 12 日起，市属各级党政机关、社会团体、事业单位、国有企业和城镇集体企业开始实行错峰上下班，上班时间从早 8 点 30 分调整为 9 点，下班时间由 17 点 30 分调整为 18 点；学校、医院、大型商场与在京中央国家机关及所属社会团体和企事业单位上下班时间不变。通过合理调整上下班时间，缓解了市内交通的拥堵情况。

第八，固定时间表。如果完全按照顾客的需要来安排服务，会造成巨大的浪费。例如，随时都有顾客要出门旅行，如果满足顾客随时旅行的要求，则需要无数班次的航班、汽车和火车。采用固定时间表来满足顾客的需要，使顾客按固定时间表行动，既可以满足绝大多数顾客的需求，又可以减少服务能力的浪费。如火车、轮船和飞机按固定时间表运行。采用固定时间表策略就像采用产品系列化策略一样，可以兼顾顾客的需要和企业的生产能力。

2. 处理非均匀需求的策略

各种转移需求的办法只能缓解需求的不均匀性，不能完全消除不均匀性，因此，需要采取各种处理非均匀需求的策略。

第一，改善人员班次安排。很多服务是每周 7 天、每天 24 小时进行的。其中，有些时间是负荷高峰，有些时间是负荷低峰。完全按高峰负荷安排人员，会造成人力资源的浪费；完全按低峰负荷安排人员，又会造成供不应求，从而失去顾客。因此，要对每周和每天的负荷进行预测，在不同的班次或时间段安排数量不同的服务人员。这样既保证了服务水平，又减少了人员数量。

第二，利用钟点工作人员。在不能利用库存调节的情况下，可以采用钟点工作人员制度，雇用钟点工作人员可以减少全时工作的固定人员的数量。对一天内需求变化大的服务业或者季节性波动大的服务业企业来说，都可以雇用钟点工作人员。在服务业雇用钟点工作人员来适应服务负荷的变化，就像在制造业利用库存调节生产一样。

第三，让顾客自己选择服务水平。设置不同的服务水平供顾客选择，既可满足顾客的不同需求，又可使不同水平的服务得到不同的收入。如邮寄包裹，可采用普通或特快。顾客如果希望缩短时间，就要多花邮费。

第四，利用外单位的设施和设备。为了减少设施和设备的投资，可以租用其他单位的设施和设备，或者采用外包方式使用其他单位的设施和设备，如机场可以将运输货物的任务交给运输公司去做。

第五，雇用多技能员工。相对于单技能员工，多技能员工具有更大的柔性。当负荷不均匀时，多技能员工可以到任何高负荷的地方工作，从而较容易地实现负荷能力平衡。

第六，顾客自我服务。如果能做到顾客自我服务，则需求一旦出现，能力也就有了，不会出现能力与需求的不平衡。顾客自己加油和洗车、超市自助购物、自助餐等，都是顾客自我服务的例子。

第七，采用生产线方法。一些标准制造式的服务业如麦当劳，采用生产线方法来满足顾客需求。在前台，顾客仍可按菜单点他们所需的食品。在后台，则采用流水线生产方式加工不同的元件（食品），然后按订货型生产方式，将不同的元件组合起来，供顾客消费。采用这种方式生产效率非常高，从而实现低成本、高效率和及时服务。麦当劳是将制造业方法用于服务业的一个成功的例子。

3. 服务能力管理

服务能力管理的基本思想是根据需求的波动来调节能力，使之与不断变化的需求相平衡。对于制造业来说，即使需求的波动很大，企业仍然可以通过持有库存用不变的生产能力来应对。而很多服务业企业却无法利用库存。因此，可以通过增加弹性的方式来调节服务能力。以下是一些可供参考的基本途径。

（1）增加顾客主动参与。

在一些服务提供过程中，顾客有可能是有价值的人力资源，有的服务组织积极地利用了这一资源。例如，有的餐馆由顾客自己在沙拉间准备沙拉，服务员仅将食物摆放到桌上等。这样等于顾客参与了沙拉制作的一部分。一般来说，增加顾客的参与程度既能减少服务组织的人力输入，又能提高服务速度，从而增强服务能力。但是增加顾客参与也存在一定风险，如果顾客操作不熟练，可能反而会减慢服务过程并导致能力的下降。

（2）丰富服务人员技能。

大多数服务包括多项任务，每一项任务的需求水平在不同时间可能不同。因此，将员工培训成多面手，使他们掌握执行多项工作任务的技能并赋予他们相应的权力，就可以在出现瓶颈时迅速做出相应的人员调整，从而提高需求高峰时的服务能力。例如，在超市，当收银台的队伍排得太长时，管理者可以调配理货员到收银台结账；而当结账的顾客变少时，可以调配收银员去帮助理货员摆放货物。培训员工拥有多项技能还可以帮助员工提高自身的能力，以及减少每天重复工作导致的枯燥感。

（3）制订灵活的日程计划。

通过制订更好的服务人员日程安排及其工作任务安排也可以大幅提高服务能力。许多管理科学技术可以用来优化服务人员的安排，如医院护士的排班、航空公司飞行员的日程安排，以及紧急医疗服务的设施布置和排班。在需求低谷时间里完成不紧急的任务，如清洁和保养工作，也是增加服务能力的一种简单而有效的途径。

（4）改进服务提供系统的设计与布置。

安排和调整能力本身的弹性可以通过布置设施进行简单的改变。例如，面对飞机制造业和航空服务业激烈的竞争，波音公司在设计新的777型号飞机时，接受了航空公司的灵活布置要求。航空公司要求飞机里的座椅、厨房、卫生间，以及排水设施等所有地方，能在数小时内重新布置。波音公司接受并满足了这个要求，而航空公司提出这种要求的起因是为了使服务的能力拥有一定弹性。此外，餐馆也可以通过增加桌椅来使服务能力具有一定的弹性。有的酒店在房间之间安装一道门，当这道门锁上时，可以提供两个卧室；而当这道门打开时，就可以成为套间，以此调整服务能力。

（5）实现服务业的外包。

当企业的能力不够时，可以将某些非核心服务进行外包。企业在做出决定时，通常需要考虑以下因素：第一，企业已有的设备、技术和时间；第二，外包企业提供的产品质量和自制质量的比较；第三，顾客对服务的需求是否稳定；第四，外包的成本问题；第五，外包面临的风险等。

9.3.4 服务利润链

服务利润链是表明利润、顾客、员工、企业四者之间关系并由若干链环组成的链。服务利润链由詹姆斯·L.赫斯克特教授于1994年提出，是服务组织设计的四个因素的"策略服务图像"，他于1997年在《服务利润链》中提出了"服务收益链"模型，即服务利润链模型。该模型指出利润和增长都与顾客的忠诚度相关，顾客忠诚度取决于顾客的满意度，顾客的满意度来源于服务价值，而服务价值与雇员的生产力相联系，雇员的生产力又与雇员的满意度相联系，雇员的忠诚度，以及工作环境的内在质量决定了雇员的满意度。其关系如图9-8所示。

企业的盈利能力和收入增长主要来自其顾客忠诚，顾客忠诚是顾客满意的直接结果，顾客满意在很大程度上受提供给顾客的服务价值的影响，价值通过满意、忠诚、有能力和高效的员工来创造，而员工的忠诚、满意和能力的充分发挥，则主要来源于企业内高质量的服务支持体系和能激励员工向顾客提供有价值服务的公司政策。

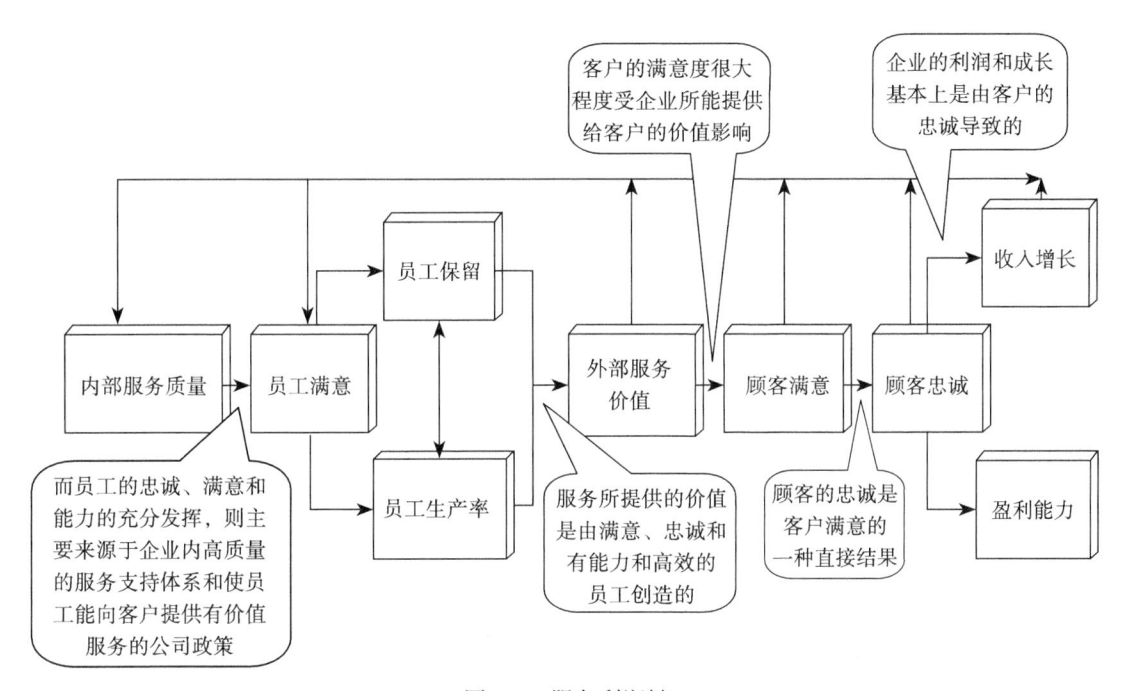

图9-8 服务利润链

在分析和绘制服务利润链之前，需要确定以下四项内容：第一，确认目标市场，即谁是我们的顾客；第二，确定服务概念，即怎样做才能使我们的服务在市场中与众不同；第三，确定服务策略，即我们的全套服务是什么、我们的服务运作着眼点在哪里；第四，确定服务过程系统，即我们将采取什么样的过程、使用什么样的雇员和设施来完成服务。

图9-9为服务利润链结构，主要包括三大部分：运营战略与服务传递系统、服务概念和目标市场。服务利润链结构图的中心是外部服务价值。外部服务价值主要通过顾客价值体现，以下是顾客价值等式。

顾客价值＝（为顾客创造的服务效用＋服务过程质量）/（服务的价格＋获得服务的成本）

服务利润链显示，服务的过程也就是外部服务价值直接影响服务结果的过程，所以，服务的过程和结果同样重要。服务过程的关键在于设计让员工第一次就能做好的运营战略与服务传递系统。虽然服务过程对服务质量至关重要，但是如果产品或服务不符合顾客的需求，那么再好的服务过程也无济于事，如豪华大巴司机的微笑永远不能替代汽车运输服务本身。

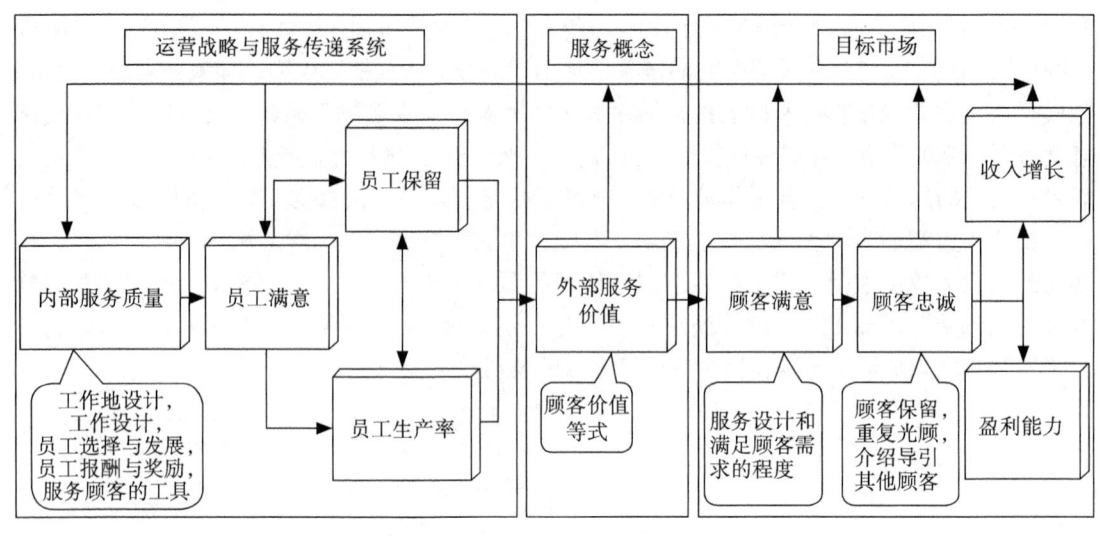

图 9-9　服务利润链结构

本章小结

本章围绕如何进行服务系统设计及服务质量管理展开。首先对服务设计进行概述，探讨了服务设计与产品设计的区别及服务活动的分类；其次，介绍了服务系统设计的概念，探讨了设计良好的服务系统的特点、服务系统的分类及服务系统的设计方法；最后，介绍了服务质量的概念及提高服务质量的重要性，探讨了提高服务质量、控制和评价服务质量的方法，影响服务效率的因素，提高服务效率的策略，管理顾客需求及服务能力的方法，以及提高企业利润的方法。

思考题

1. 什么是服务及服务设计？服务设计和产品设计的区别是什么？
2. 设计良好的服务系统有哪些特征？服务系统可分为哪四类？
3. 服务质量如何测量？简要说明服务质量 5GAP 模型。
4. 影响服务效率的因素有哪些？简要说明提高服务效率的策略。

案例

共创服务设计：蚂蚁短租 +APK

蚂蚁短租是我国互联网短租平台及民宿行业的先行者，其短租平台于 2011 年上线，致力于为家庭出游提供一种全新的、高性价比和"个性化"的住宿。在上线初期，由于其独立的服务设计过程使平台、C 端用户（个人用户）与房东成了各自独立的服务环节，导致平台服务质量差。

2016 年年底，蚂蚁短租与 ARK 创新咨询合作，ARK 是专注于服务设计与产品策略的知识型创新咨询公司，其总部位于上海，已为肯德基、腾讯、招商银行、小牛电动等知名企业提供过服务设计。ARK运用服务设计思维帮助蚂蚁短租对旅行路径进行优化设计，以用户和服务提供者接触的每一个环节作为触点进行思考，考虑了平台、C端用户与房东的服务生态，将割裂的环节与体验串成一条完整的流程线，使平台、C端用户与房东共创服务设计。

1. 房东参与服务设计

蚂蚁短租注重提供本地化、多样化的服务，通过为房东免费发布房源信息等措施，激励房东参与服务设计过程。如根据租客的需求，房东及家人为租客烹饪美食，或向租客推荐具有本土特色的餐馆、度假景区，提供城市周边游信息、美食攻略、旅行达人干货分享等旅行信息，以及景点门票优惠及代买、接送机、租车等服务，为租客提供个性化的服务。

2. 顾客参与服务设计

在入住前，租客填写愿望清单、计划等，房东根据其真实需求提供服务。如果租客对服务不满意，可以通过线上平台及时向房东及平台反映，平台会及时改进和优化服务流程。通过允许顾客参与服务设计，不仅可以提高服务质量，还有助于搜集顾客的真实需求，提供差异化服务。例如，大部分酒店不会让租客自己在房中烹饪，而蚂蚁短租不但可以让租客在房中烹饪，而且房东还可以提供当地的特产等。

资料来源：陈坤.基于互联网短租平台的服务设计与创新研究[J].设计，2021，34(24)：127-129.

讨论题：

请根据服务质量差距模型，简要说明蚂蚁短租如何提高服务质量。除了以上两种方式，你认为蚂蚁短租还可以怎样推动共创服务设计？

参考文献

[1] CHASE R B, AQUILANC N J. Production and operations management: a life cycle approach [M]. 5th ed. Homewood, IL: Irwin, 1989.

[2] FREI F. The four things a service business must get right[J]. Harvard business review, 2008, 86（4）: 70-80, 136.

[3] HESKETT J L, JONES T O, LOVEMAN G W, et al. Putting the service: profit chain to work[J]. Harvard business review, 1994, 72（2）: 164-174.

[4] KINGMAN-BRUNDAGE J, GEORGE W R, BOWEN D E. Service logic: achieving service system integration[J]. International journal of service industry management, 1995, 6（4）: 20-39.

[5] LEVITT T.The industrialization service [J]. Harvard business review, 1976, 54: 63-74.

[6] SHOSTACK G L. How to design a service[J]. European journal of marketing, 1982, 16（1）: 49-63.

[7] PARASURAMAN AP, ZEITHAML V A, BERRY L L. SERVQUAL a multiple-item scale for measuring consumer perceptions of service quality[J]. Journal of retailing, 1988, 64（1）: 12-40.

[8] REICHHELD F F, SASSER W E, Jr Zero defections: quality comes to services[J]. Harvard business review, 1990, 68（5）: 105-111.

[9] CHASE R B, TANSIKD. The customer contact model of organization design[J]. Management

science, 1983, 29 (7): 10371050.

[10] HAKSEVER C, RENDER B. Service and operations management[M]. World Scientific Publishing Company, 2018.

[11] 曹旭平, 黄湘萌, 汪浩, 等. 市场营销学 [M]. 北京: 人民邮电出版社, 2017.

[12] 陈荣秋, 马士华. 生产与运作管理 [M]. 5 版. 北京: 高等教育出版社, 2021.

[13] 雅各布斯, 蔡斯. 运营管理: 第 15 版 [M]. 苏强, 霍佳震, 邱灿华, 译. 北京: 机械工业出版社, 2020.

[14] 赫斯克特, 萨塞, 施莱辛格. 服务利润链 [M]. 牛海鹏, 等译. 北京: 华夏出版社, 2001.

[15] 胡飞, 李顽强. 定义"服务设计" [J]. 包装工程, 2019, 40 (10): 37-51.

[16] 刘津邑. 服务质量差距模型在网红餐饮业中的应用机制研究 [J]. 现代商业, 2020 (19): 5-7.

[17] 麦特斯, 金-麦特斯, 普尔曼. 服务运营管理 [M]. 金马, 译. 北京: 清华大学出版社, 2004.

[18] 潘春跃, 杨晓宇. 运营管理 [M]. 2 版. 北京: 清华大学出版社, 2017.

[19] 王海军. 运营管理 [M]. 北京: 中国人民大学出版社, 2013.

[20] 史蒂文森, 张群, 张杰, 等. 运营管理: 第 13 版 [M]. 北京: 机械工业出版社, 2019.

[21] 叶万春. 服务营销管理 [M]. 北京: 中国人民大学出版社, 2003.

[22] 朱煜明, 郭鹏, 潘泉. 基于产品生命周期的产品研发及其技术范例选择 [J]. 科学学与科学技术管理, 2005 (02): 130-132.

第 10 章
CHAPTER 10

产能规划与选址决策

核心要点

- 生产能力规划的相关概念和方法
- 企业选址的影响因素、基本原则，以及决策方法
- 供应链网络设计的类型、数据汇总，以及求解技术
- 在线销售对供应链网络的影响

10.1 生产能力规划

10.1.1 生产能力概述

1. 生产能力的定义

对制造业企业来说，生产能力是指一定时期内，在合理的技术组织条件下，组织生产的产品数量或有效产出量。对服务业企业来说，生产能力可以表现为某一时间内能够服务的顾客的人数。因此，生产能力指的是一个系统的最大产出率。这里所谓的系统，可以是一个工序、一台设备或整个企业组织。

2. 生产能力的分类

在实际运用中，生产能力有许多种不同的表示方法，国内学者主要将生产能力分为以下三种。

（1）设计生产能力，是指工业企业进行基本建设时，设计任务书与设计文件中所规定的生产能力。它是按照工厂设计文件规定的产品方案、技术工艺和设备，通过计算得到的最大年产量，有时也称为理想能力。

（2）核定能力，是指企业生产了一段时间以后，重新调查核定的生产能力。

企业的产品方向、固定资产、协作关系、资源条件、劳动状况等发生了重大变化，在这种新的条件下可能实现的最大生产能力。

（3）现实能力，又称为计划能力，是指企业在年度内依据现有的生产技术组织条件，实际能够达到的生产能力。它是依据现有生产条件，并考虑到在年度内能够实现的各种技术的、组织的、措施的效果来确定的。

企业在制定长远规划时，一般以设计生产能力或核定能力为依据，在编制年度生产计划或生产作业计划时，则以现实能力为依据。

3. 生产能力计算单位

生产能力计算单位的确定主要有产出度量法和投入度量法。此外，还可以产品为计算单位，具体分为以下三类。

（1）具体产品。

在产品品种单一的大规模生产企业中，计算生产能力时的生产率定额用该具体产品的时间定额或生产该产品的产量定额。企业的生产能力即以该具体产品的产量表示。

（2）代表产品。

在多品种生产的企业中，在结构、工艺和劳动量构成相似的产品中选出代表产品，以生产代表产品的时间定额和产量定额来计算生产能力，则生产能力的计算单位即为代表产品。代表产品一般应能代表企业专业方向，在结构工艺相似的产品中，应选择产量与劳动量乘积最大的产品。

（3）假定产品。

在产品品种数较多，各种产品的结构、工艺和劳动量构成差别较大的情况下，不能用代表产品来计算生产能力，此时，可用假定产品作为计算单位。假定产品是由各种产品按其产量比重构成的一种假想产品。

4. 最佳运行水平

最佳运行水平指企业的生产线在完全实现其设计生产能力时所达到的生产水平。也就是说，当生产达到这样一个最佳水平时，产品的单位生产成本最低。当生产系统的产量低于最佳运行水平时，平均成本将随着产量上升而下降；当产量高于最佳运行水平时，由于加班、设备磨损、废品率增加，或者服务质量和工作效率下降等因素，平均成本会上升，如图10-1所示。

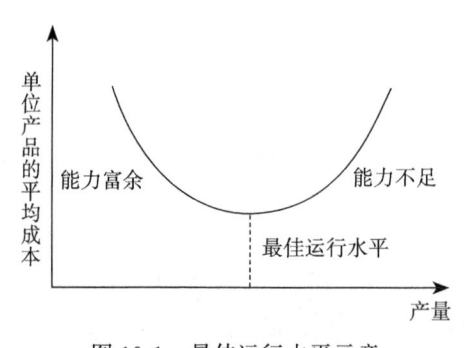

图10-1　最佳运行水平示意

（1）生产能力利用率。

生产能力利用率指的是实际产出占设计生产能力的比例，用公式表示为：

$$生产能力利用率 = 实际产出 / 设计生产能力$$

生产能力利用率反映了企业的实际生产状况与最佳生产水平之间的差异。

（2）生产效率。

由于受到机器故障、缺工、材料短缺、出现不合格品等预期之外问题的影响，实际产出通常小于有效生产能力。生产效率是衡量对有效生产能力的利用情况的指标。生产效率实际考核的是现场管理水平。其计算公式为：

$$生产效率 = 实际产出 / 有效生产能力$$

在衡量企业的生产能力时，还需要分清最高能力与持久能力之间的差别。最高能力只能维持较短的时间，例如，一个月中的几天或者一天中的几个小时。最高能力考虑了加班时间、额外的人力和特殊的激励政策。例如，当企业的服务需求突然增加时，短期内可使用最高能力满足需求，但这种能力无法持久。

服务的最高能力的计算可参考全局效率（Overall Equipment Efficiency，O.E.E）的计算，公式为：

$$O.E.E = 质量合格率 \times 设备效率 \times 工人工作效率$$

一个生产系统可能会出现效率很高而生产能力利用率很低的情况，这时虽然效率很高，但成本无法降低。所以，企业应当先提高有效生产能力，再努力提高效率。

10.1.2　生产能力提高方法

1. 规模经济与规模不经济

规模经济是经济学中的一个基本原理。企业的生产规模是指企业生产系统的产出总数量或资源占有总量，一般用产量、收入或资源投入数量表示企业的生产规模。例如，年产20万辆的汽车厂、年产100万台的电视机厂、有20架飞机的航空公司和有80张床位的医院等。从这些表述中可以看到，规模与产能的一致性有密切的关系，所以在配置或调整生产能力时，必然会有一个规模是否经济合理的问题。

在一定的条件下，企业生产规模越大，产品的平均成本会越低，这就是规模经济原理的基本含义。这是因为生产规模越大，固定成本和最初的投资费用就可分摊到越多的产品中，从而使单位产品成本降低。此外，大规模生产在制造工艺、运营过程等方面有很多可降低成本的机会，例如，扩大规模、提高专业化程度、细致分工、提高作业过程中的学习效率，同时还可以减少作业交换时间、采用高效专用设备、减少中间库存等。

但是当规模扩大到一定程度时，因系统内管理和协调的复杂性急剧增加，从而引起间接成本急剧增加、组织的注意力分散等，生产效率也有可能降低（如部门之间的摩擦、信息传递耗时增加等），进而会使总成本升高，导致规模不经济。此外，企业规模越大，对于外界的反应越不灵活，因此，需要有一个适度的生产规模。具体多大规模最合理，是一个很难计算的数据，但不同行业一般会有一个基于经验分析的数据。例如汽车产业中的乘用车生产，原来一般认为 15 万辆是一个最小的经济规模,如果低于这个数值就会出现规模不经济。但是这个数据会因技术、工艺的进步,以及各种资源的价值变化等因素而不断变化,因此需要不断分析确定。

2. 经验曲线

(1)经验曲线概述。

经验曲线也称为学习曲线(learning curve),是指当一个人或一个组织重复地完成某一项产品的生产任务时,完成单位产品所需的时间会随着产品生产数量的增加而逐渐减少,然后趋于稳定。根据统计分析,单位产品的消耗时间与累积产量之间成指数关系,可用一段曲线描述,如图 10-2 所示。此曲线包括两个阶段:一是学习阶段,单位产品的生产时间随产品数量的增加而减少;二是标准阶段,学习效应可忽略不计,可用标准时间进行生产。这条曲线就称为经验曲线或学习曲线,它表示单位产品的直接劳动时间与累积产量之间的关系。对于不同产品或不同企业,学习效率有可能不同。

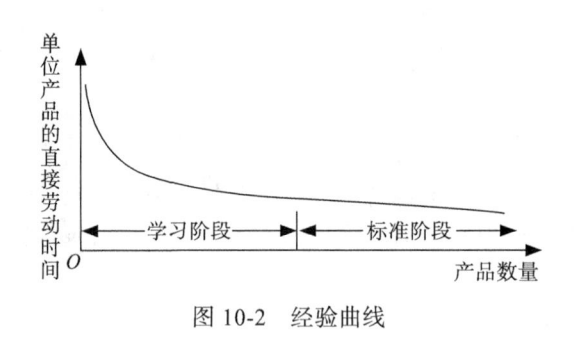

图 10-2 经验曲线

学习效率越低,其对应的经验曲线的下降幅度越小,也就是单位产品的直接工时或单位成本随规模下降的幅度越小,或者说规模效应越不明显;反之,学习效率越高,则其单位产品的直接工时或单位成本随规模下降的幅度越大,或者说规模效应越明显。

(2)规模经济与经验曲线的结合。

通过对规模经济和经验曲线的分析,可以得出大型企业比起小型企业有两大竞争优势:既可以获得规模经济带来的成本降低,也可以通过大批量生产从经验曲线中获得成本优势。企业通常会建立起规模较大的工厂,通过规模经济得到较低的单位成本,从而通过比竞争对手低的产品价格来获得更大的市场份额,继而扩大生产规模,在此基础上获得经验效应带来的成本降低,并进一步降低价格,扩大市场份额。

但是,如果想获得这两种优势,必须满足以下两大条件:第一,产品必须满足市场的需求;第二,需求量必须足够大,以维持生产。

3. 生产能力聚焦

当生产设施集中为相对有限的生产目标服务时,该设施的运作状况达到最佳。具体来说,企业不必要求自己在生产领域的各个方面,如成本、质量、生产柔性、新产品开发、可靠性、缩短提前期、削减投资等都力求完美;企业可以有选择性地在有限几个最重要的方面集中发展,力求为实现企业的总体目标做出最大的贡献。但是,一旦生产技术上有了重大突破,企业目标就存在着往各个方面力求完美的方向发展的倾向。企业希望在各个方面都有所改善，力求在所有方面都做到最好。在实际的生产中，如果企业没有足够的能力同时实现多个目标，那么针对一个重点目标并努力去实现，是一种明智的选择。

生产能力聚焦（capacity focus）可以用"厂中厂"这一定义表示。一家工厂里可以有很多个"厂中厂"，甚至可能出现在同一个生产车间中。但每个"厂中厂"都有各自独立的内部组织结构、生产设备、工艺流程、员工管理制度、生产控制方法，当然，生产的产品也不相同。这样做的目的是使整个生产系统的各个部门都可以找出最佳的运营水平，从而真正在生产一线上实现生产能力聚焦的目的。

4. 增加系统柔性

生产能力柔性指能力的可变性与适应性：当市场需求大幅波动时，企业所拥有的生产能力是否具有迅速增加或减少的能力；或者生产能力从生产一种产品或服务迅速转移到生产另一种产品或服务的能力。这种柔性的实现主要依赖于企业的柔性工厂、柔性生产过程、柔性员工等方面的柔性措施的实现。

理想状态的柔性工厂转换产品的调整时间为零。通过使用可移动的设备、可装卸内墙，以及易于装配和重组的生产线，这样的工厂可以实现快速转换。

柔性生产过程也具有快速转换的特性。生产线可以从制造一种零件，低成本、敏捷地调整到制造另一种零件，并且这种调整成本非常低。有时把具有这种特点的生产能力称为范围经济，即多种产品被组合起来生产可以有更低的成本。

柔性工人是指生产工人掌握多种技能和能力，以便能轻松地从一种工作调换到另一种工作中。与专业化的工人相比，柔性工人需要得到更广泛的技能培训。

10.1.3 生产能力变动

在扩大或缩减生产能力时，需要考虑三个重要问题：维持系统平衡、产能变动的频率，以及外部能力的利用。

1. 维持系统平衡

解决生产系统不平衡问题有很多方法。第一种方法是提高瓶颈阶段的生产能力，可通过加班、租用设备、外包等临时措施来实现。第二种方法是在瓶颈阶段前设置缓冲库存，以确保瓶颈时期能够持续工作，不出现等待，从而提高瓶颈阶段的产出率。第三种方法是提高关键部门的设施能力。

企业的产能虽然是相对稳定的，但市场的需求是不断变化的，因此从长期来看，仍要根据市场需求的变化不断地调整产能水平。在决策调整、产能扩大时，应考虑两类成本：能力扩大过于超前造成的闲置成本，以及能力升级滞后造成的机会成本。企业通常运用积极策略和消极策略这两种极端的策略来维持产能平衡。

积极策略的特点是，能力扩大的时间超前于需求，每次扩大的规模较大，但两次扩大之间的时间间隔较长，如图 10-3a 所示。这样能带来较大的能力缓冲，投资较大，能力闲置成本会上升。但是，它可以减少由于能力不足而带来的机会成本。

消极策略的特点是，能力的扩大时间滞后于需求，每次扩大的规模较小，但扩大次数较多，即两次扩大之间的时间间隔较短，如图 10-3b 所示。因此每次投资较少，设备闲置较少，平时对能力不足的部分通过加班、任务外包等措施来弥补，但这些措施都增加了相应的成本，且会带来相应的机会成本，造成产能的负缓冲，即宁愿承担失去销售机会的风险，也不承担因产能过剩而形成的投资增加、利润率下降的风险。

由于两种策略各有利弊，所以也可以选择位于两者之间的中间策略，如图 10-3c 所示。

能力扩大的时间和规模实际上是相关联的，当需求增长稳定时，扩大的时间间隔若长，每次的扩大量也必然大；反之亦然。选择什么样的策略来扩大能力，需要根据企业的市场地位、技术发展、需求变化等具体情况来定。

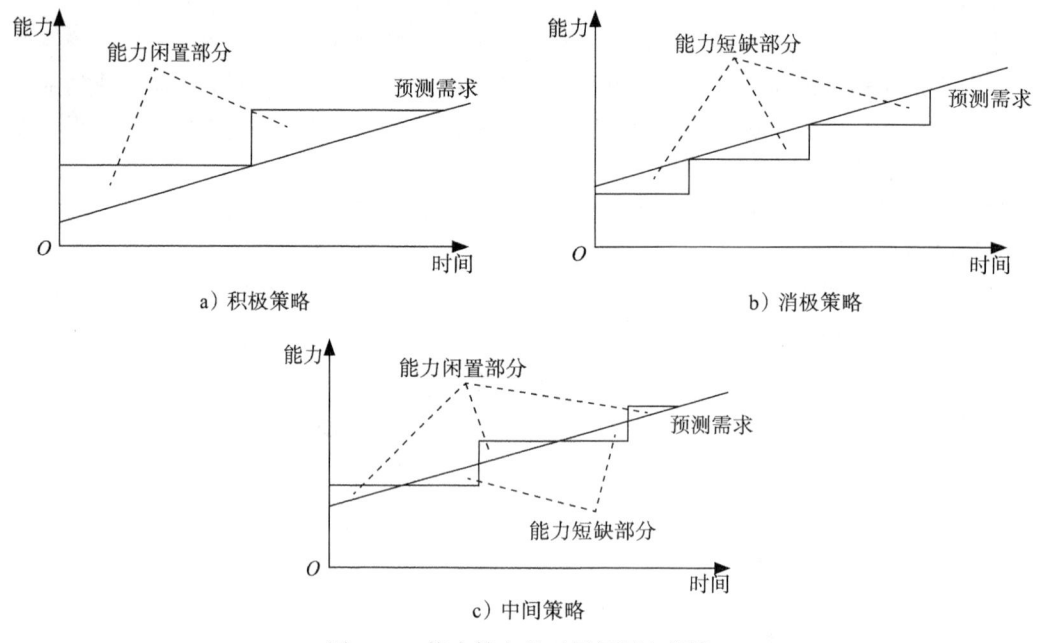

图 10-3 能力扩大的时间间隔和规模

能力缓冲的决策主要依据缓冲系数，其计算公式如下：

$$r=(C_s-C_x)/C_s$$

式中，C_s 为当产能不足时，每一能力单位的年机会成本；C_x 为当产能过剩时，每一能力单位发生的年费用。当 $r>0.5$ 时为正缓冲；当 $r<0.5$ 时为负缓冲。

2. 产能变动的频率

在扩大产能时需要考虑两种成本：产能扩充过于频繁引起的成本和产能扩充过慢引起的成本。扩充产能涉及的直接成本包括旧设备的拆卸与更换，以及工人使用新设备的培训费用。新设备的购置费用往往远高于处理旧设备回收的资金量。在设备更换期，生产或服务不能正常进行还会产生机会成本，造成损失。这些成本随产能扩充频率上升而上升。相反，当产能扩充频率过低时，同样也会引起成本上升。扩充频率过低意味着一次增加的产能过大，可能造成部分产能闲置。对这些闲置的产能的投资将作为管理费用计入成本，造成资金占用和投资浪费。

3. 外部能力的利用

在有些情况下，利用外部现有生产能力是一种更为经济有效的方法。常用的两种方式是外包和能力共享。其中，业余生产者与自我服务是指在"互联网+"条件下参与者的自我生产方式。在这种方式下，生产者与消费者的界限变得模糊；业余爱好者相互交流成为最廉价的生产方式。

10.1.4 生产能力方案决策

1. 确定能力计划的方法

确定能力计划的常用方法为基于预测结果做计划。首先，预测每条产品线上各种产品组的需求量；其次，计算满足预测量所需的设备数及工人数；最后，对计划期内的劳动力及设备做出规划。

2. 能力决策过程

企业配置何种水平的能力，主要取决于市场的需求。能力规划应根据企业的发展战略、产品市场定位、运作流程策略等因素做出，以此来选择配置何种水平的能力。企业的能力决策过程主要分为以下四个步骤。

（1）预测未来一段时期内的能力需求。

在进行产能规划和决策时，关键要掌握未来对企业能力的需求。由于能力需求是建立在产品需求的基础上的，同时又受到完成产品的技术因素影响，所以长期计划不仅与未来的市场需求有关，还与工艺技术的发展变化等多种因素相关。因此，需要综合考虑各种因素对企业的具体影响来确定未来的能力需求。

（2）确定未来需求量与现有能力之间的差额。

当预测的能力需求与现有能力之间的差额为正数时，表明现有能力不足，需要扩大产能。无论是制造业还是服务业，在扩大产能时都需要考虑到各工序能力的平衡。当企业的生产环节很多、设备多种多样时，各个环节所拥有的生产能力往往不一致，即存在瓶颈环节，而瓶颈环节又随着产品品种和制造工艺的改变而变化。因此，确定能力差额和能力瓶颈是制订能力计划的另一个关键。

（3）编制能力调整备选方案。

对于生产系统能力的扩大，基本需要解决两个问题：第一，扩大量，即一次增加多大产能；第二，扩大时间，即间隔多长时间扩大产能适宜。如果通过投资扩大能力规模，可以采取积极策略、消极策略或中间策略，另外也包括新设施布局，可以编制几个方案供选择。

（4）方案的评价与选择。

对于方案的评价包括两个方面，分别为定量评价和定性评价。定量评价主要从财务角度计算各种指标，比较各种方案给企业带来的收益，以及投资回收情况。主要方法有净现值法、盈亏平衡分析法、投资回收率法等，但前提是对未来收入、成本等数据的估算较为准确。定性评价主要考虑不能用财务分析来判断的其他因素，如是否与企业的整体战略相匹配、与竞争策略的关系、技术变化因素等，这些因素可通过经验来判断。

3. 决策树法

生产能力决策的一个难点在于，能力的配置是相对稳定的，而规划所依据的未来某个时期的市场需求是变动的、随机的，预测结果的不确定性也非常大。因此，能力决策往往是在对具有随机性的未来需求进行估计的基础上做出的，在这种情况下，使用决策树法来辅助决策会使分析思路更加明晰。

决策树法是确定生产能力方案的一条捷径，有助于决策者很好地理解和解决问题。决策树是一种通过图示罗列问题的关键步骤，以及各步骤发生的条件与结果的方法。决策树由决策节点、事件节点与节点间的分支连线组成，通常用方框表示决策节点，圆圈表示事件节点，分支连线表示决策者可做出的选择，从事件节点引出的分支连线对应的数字表示事件节点所示事件发生的概率。以下是运用决策树进行决策分析的例子。

【例 10-1】某企业准备在一个选定的新地区开设一个工厂，产品主要供应该地区的市场。现有两个关于新建工厂规模（能力水平）的方案，即大规模和小规模方案。根据预测分析，该地区的市场需求也有两种可能，即大需求和小需求，概率分别为 0.6 和 0.4。因此，可能的结果有以下四种。

（1）小规模方案，需求很大。在这种情况下，企业还需要进一步选择，是维持规模不变，还是进一步扩大规模。预计两种选择的经营结果分别是：维持规模不变，所获利润为 223 000 元；进一步扩大规模，利润为 270 000 元。

（2）小规模方案，需求也很小。在这种情况下，企业无须进一步选择。因此，预计经营利润为 200 000 元。

（3）大规模方案，需求很小。在这种情况下，有两种选择：不进行相应的促销活动，则相应的经营利润为 140 000 元；进行相应的促销活动，则相应的利润为 160 000 元。

（4）大规模方案，需求也很大。这是最理想的组合方式，在这种情况下，企业也无须进一步选择，预测的经营利润为 500 000 元。

决策树法是将各种可能的组合，以及各种状态发生的概率、收益等数据用一个树形结构图表示出来。图 10-4 为上述产能规划问题的决策树模型。在决策树模型中，需要对决策节点进行选择，确定其中一个方案。具体运用决策树模型的运算求解过程，应从右向左进行，运算步骤归纳如下。

（1）每个事件节点的经营结果期望值，等于每个事件的经营结果乘以其概率再求和。如小规模事件节点的期望值为：270 000×0.6+200 000×0.4=242 000（元）；而大规模事件节点的期望值为：500 000×0.6+160 000×0.4=364 000（元）。

（2）在决策节点，可以在几种可能的方案中选择经营结果最好的。如果一个决策节点向左通向一个事件节点，则将该决策节点可以选择的最好经营结果作为该事件的经营结果。如决策节点 2，我们选择的是扩大规模的方案，这样经营结果就是 270 000 元。

（3）未被选中的事件应该划掉。决策节点所得到的经营结果最后只与一条分支相连。如选择了决策节点 2 后的扩大规模方案，那么维持方案就应该被划掉。

（4）重复上述步骤，直到到达最后的决策节点，最后未被划掉的方案就是最佳决策方案。在例 10-1 中，采用大规模方案比小规模方案经营结果好，因此划掉小规模方案，大规模方案中的大需求比小需求预期经营结果好。因此，产能决策的最后结果是，选择大规模方案中的大需求，即扩大规模策略；当市场需求较小时，则选择促销策略。

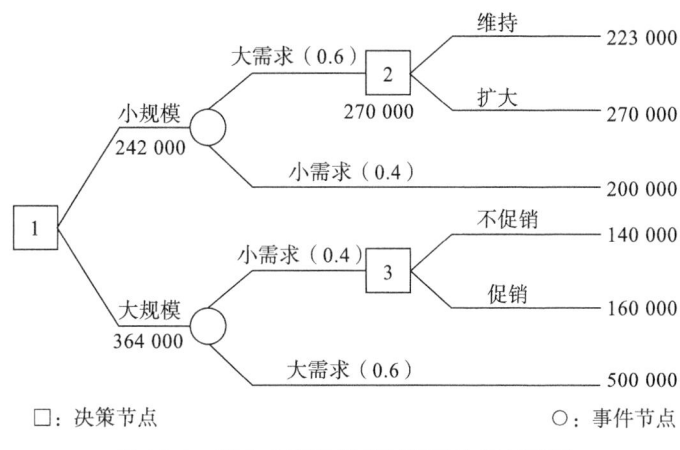

图 10-4　某企业产能规划问题的决策树模型

10.1.5　服务业的能力计划

1. 服务业与制造业能力计划的区别

由于服务业自身的特点，服务业能力规划问题与制造业生产能力规划问题相比，存在一定的差异，具体有以下几点。

（1）对时间的依赖性强。服务和物质产品不同，它无法储存，因此在顾客对服务有需求的时候，服务能力需要立刻转换成相应的服务，而不能存储过去时间的服务能力用于当前的需求。

（2）对场所的依赖性强。在制造业中，企业可以在某个地方进行生产，产地可能与实际顾客所在区域相距较远，通过分销商将产品运送到顾客所在地。服务业则不同，通常服务能力应该与顾客相距较近，这样才能完成服务活动。

（3）面临更大的需求易变性。服务系统面临的需求变化远比制造系统面临的更剧烈。制造业中可以采用库存来缓冲需求的变化，而服务业中则不行。顾客与服务系统直接接触，每位顾客的要求不同，对服务过程的体验不同，产生服务的时间也大不相同。此外，顾客行为容易受到外界情况的影响，而顾客行为的变化又直接影响到其对各种服务形式的需求。

2. 服务业的外包

制造业企业的产品的生产和销售等可独立于生产地，但大部分服务的生产与消费需要在同一地方完成。若服务业的业务可分解、可数字化，那么即可分解出可外包的业务。例如，餐厅就餐业务可分解为预订和就餐，其中的就餐业务可进一步分解，将生产和消费分开，如饿了么和美团等外卖平台的出现，实现了消费的外包。此外，医院的 CAT 检查服务可分解为为患者扫描检查和解读扫描报告两个部分，解读报告的工作可以根据时差外包给国外的机构及医生，如美国医院的 CAT 报告，将其数字化后通过网络外包给印度或澳大利亚的医生解读。

新闻媒体业务也可实现外包。以路透社为例，其业务的基本工作内容是派驻记者去当地搜集每时每刻公布的公司收益变化和相关商业信息，要求时效性高，其增值部分是接下来对该信息的 5 分钟评论。因此，可将公司的新闻业务分解为当地信息搜集和评论撰写两部分。由于要求信息搜集快,故可以将信息搜集外包给当地企业,例如,在印度的业务外包给印度本地企业,这样不仅可以得到及时的信息,而且由于印度的租金与工资低,还能进一步降低成本。

3. 服务能力利用与服务质量

服务能力的大小与服务的质量有着密切的关系。一般来说,服务能力利用率在80%左右,可以保持最好的服务质量。如果服务能力利用率超过80%,会造成企业满足服务的能力下降,服务质量也会随之下降。图10-5为某公司话务员座席服务利用率和服务质量之间的关系。其中,呼入率a指在给定的一段时间内,呼入电话的顾客的平均人数,服务率指的是服务系统以最高能力工作时,在相同时间内能服务的顾客的平均人数,服务利用率为两者之比。如果服务利用率很低,表明话务员大部分时间在等待服务的状态;反之,若服务利用率很高,为100%,则表明话务员工作时一直在接线。如果服务利用率一直很高,则意味着有顾客在线上等待服务,当等待时间变长时,服务质量就会下降。因此,最佳服务能力利用率有一个非常具体的范围。在不确定性和风险较高的情况下保持低利用率是比较恰当的选择。

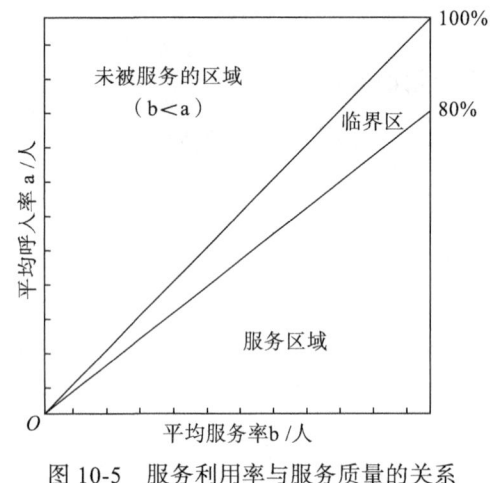

图 10-5　服务利用率与服务质量的关系

10.2　企业选址

在产能规划确定后,需要在全球范围内综合考虑企业整体竞争战略与运营战略,选择合适的位置进行生产与销售。选址是指对设施所在位置进行决策的过程,具体包括:位置决策,以及相应的产能决策。企业需要选址的原因各有不同,例如:随着企业经营规模扩大,为满足产品和服务需求的增长而需要建设新的设施;采矿业、渔业和伐木业企业会由于原有区域的资源耗尽而需要重新选址;银行、快餐连锁店和超市等经常通过建设新店来扩大市场和争取区位优势。企业管理者面临的选址决策主要有以下三种。

第一,新建。当需要开展新的业务或满足经营规模扩大的需要时,制造业企业就面临新建设施的选址决策。为了维持市场份额或防止竞争对手进入市场,零售业和服务业也经常需要进行建设新店的选址决策。

第二,迁址。当原有区域的成本过高、资源耗尽或因市场变动而导致别的区域更具吸引力时，企业就面临迁移新地的选址决策。企业管理者在决策时需要在迁址成本，以及由迁址而获得的利润或成本节约之间进行权衡。

第三，扩建。比较常见的是企业对工厂进行扩建。扩建的费用通常要低于新建设施，如果现有区域有足够的空间可供扩展，企业往往会选择在现有区域进行扩建。

企业选址属于战略性的决策范畴，企业的竞争力将直接受到选址决策的影响。对制造业企业而言，地理位置会影响原材料和产品的运输成本、劳动力成本和其他辅助设施的成本；对服务业企业而言，店面的布局会影响供需关系，例如影响客流量。选址对企业产生的影响是长期性的，一旦工厂或者商店已经建成，再发现选址决策不合理而进行改正会非常困难或需要付出高昂的成本。例如，将选址不合理的工厂搬迁至异地耗资巨大，如果不搬迁而继续维持运作也会不利于经营，甚至使工厂面临倒闭的命运。

10.2.1 企业选址的影响因素

1. 成本因素

成本因素包括劳动力成本、土地成本、物流成本、能源成本等。制造业企业的工厂选址需要考虑所在地区的劳动力条件，特别是劳动密集型企业，劳动力成本占总成本的比例很大。许多企业在进行选址决策时受到劳动力成本的影响。例如，富士康因我国沿海地区工资水平的逐年大幅上升而选择在中部和西部地区建厂，近年来正在将生产工厂向劳动力成本更低的境外迁移，2020年投资10亿美元在印度建厂，2021年又投资15亿美元在越南建厂。

土地成本也是在总成本中占比很高的一部分，随着大城市的土地和建筑成本逐年上涨，选择城郊或农村地区成为一种趋势。城郊地区会因低成本的土地、易于获得的劳动力，以及发展成熟的运输网络而具有很大的吸引力。例如，中国船舶工业集团的江南造船厂始于洋务运动时期，原址位于上海市黄浦江边的高雄路2号。由于高昂的土地成本和有限的扩展空间，江南造船厂于2008年搬迁至长江口的长兴岛，获得了更好的发展[一]。

物流成本在总成本中的占比相当大，物流成本高的问题在企业尤其是制造业企业中普遍存在。例如，2020年中国社会物流总费用为14.9万亿元，社会物流总费用与GDP的比率为14.7%[二]；按照物流供应链全成本口径，中国钢铁物流成本占产品总成本的13%～15%，而世界发达国家的钢铁物流成本仅为其产品总成本的8%～10%[三]。交通条件是企业运营必须考虑的重要因素，运输距离的远近、运输环节的多少、运输手段的不同都会对企业的选址决策产生很大影响。

能源成本的波动对任何全球化运营企业的利润都有显著的影响。例如，国际原油价格在俄乌冲突影响下一路狂飙，国际油价突破90美元/桶关口，对全球的市场都产生了冲击。我国2021年进口原油5.13亿吨，是世界第一大原油进口国，我国占俄罗斯原油出口总量的32.8%，受俄乌冲突影响，我国成品油价格也出现了上涨[四]。

[一] 资料来源：http://www.81.cn/jwsj/2018-06/15/content_8063165.htm。
[二] 资料来源：https://www.ciie.org/zbh/bqxwbd/20210224/25912.html。
[三] 资料来源：http://cumetal.org.cn/page/newsview.aspx?lmdm=gtwl&newid=2250。
[四] 资料来源：http://news.sohu.com/a/531530689_101032。

2. 原材料因素

在做出选址决策时，企业需要考虑生产过程对原材料的依赖性、原材料的用量大小及可运输性。企业选址距原材料产地很近或直接选择位于原材料产地主要出于三个方面的考虑，即必要性、易损坏性、物流成本。冶金、化工、建材、制药、造纸等需要大量原材料的行业中，企业选择厂址要尽可能靠近原材料供应地。肉类加工、奶制品加工等以易腐易变质原材料为加工对象的行业中，企业选择厂址也应当尽可能靠近原材料供应地。例如，宝钢集团的原材料铁矿石主要来源于澳大利亚，宝钢集团把厂址选在上海宝山，不但通过海洋运输拉近了与澳大利亚铁矿之间的距离，而且大量的成品钢材也可以通过水路运往世界各地。

3. 环境因素

宏观环境因素主要包括三点。第一，法制：法制环境对于全球运营的企业而言尤为重要，当地的法律和法规是否对企业有利，以及是否会对企业运营加以限制等，都是选址决策时必须考虑的因素。第二，政策：当地是否为吸引企业而制定了有利的政策，同样对选址决策有重要的影响。第三，税收：当地的税收直接影响企业的运营成本，也是必须考虑的重要因素。

企业还需要考虑竞争对手的战略、规模和布局，一个重要的决策是应将设施设置在靠近还是远离竞争对手的地点。选址靠近竞争对手可能会因竞争而损失一部分顾客，但对某些行业而言，与竞争对手毗邻而居反而可能因顾客聚集而受益。例如，旅游胜地的特色商品店总是聚集在一起，多家饭店或专卖店经常位于同一商业区之中或其附近。需要考虑的竞争对手也包括潜在竞争者，潜在竞争者可能会与现有企业发生原材料与市场份额的竞争，最终导致行业中现有企业的盈利水平降低。

4. 基础设施

基础设施包括水、电、能源、通信、"三废"处理等多个方面。工业园区对主要从事轻工业制造、装配和仓储的企业而言往往是非常优质的选择。工业园区的土地通常已得到开发，水、电、下水道都已经接通，基础设施条件较为完善。但工业园区也有可能对企业某些方面的活动产生限制，从而影响企业产品、服务及其未来的发展。例如，工业园区限制建筑物的规模、外形、风格的规章制度会限制企业管理者的决策空间，在工业园区建厂也可能出现没有足够的空地以备企业未来进行扩建的不利情况。

10.2.2 企业选址的基本原则

1. 制造业选址

制造业选址主要是企业工厂的选址，通常包括接近原材料和接近顾客两个原则。接近原材料原则的主要关注点是选址接近原材料产地或供应商，尽可能争取企业的外部物流成本达到较低的水平。接近原材料原则适用于大批量生产一种或一个系列产品的工厂，在接近原材料产地的同时，也需要关注产品生产和加工的工艺要求。例如我国的"西电东送"采用的坑口电站工程，将发电站建在煤矿区附近，发电所用的燃煤主要采用皮带运输，不占用国铁运力，具有良好的社会效益和经济效益⊖。

接近顾客原则的主要关注点是提高服务水平和响应市场需求的速度。接近顾客原则适用于经营多种产品的企业，这些产品的原材料获取较为容易或产品集中供应某一特定地区的市场。例如，西安市冰峰饮料公司主营冰峰汽水、酸梅汤等多种产品，该公司产品的消费者主要为西安市的居民，2020年冰峰汽水共销售约3亿瓶，其中在西安市销售近2亿瓶。汽水的生产原材料均为纯净水、白砂糖等易于获取的材料，为提高供应的速度，冰峰饮料公司将生产工厂设在西安市二环内⊖。

2. 服务业和零售业选址

服务业和零售业在选址时考虑的重点与制造业有明显的不同之处。对于服务业和零售业而言，与原材料的临近程度通常不是主要考虑因素，也不会重点考虑产品工艺的要求。为顾客提供便利往往是服务业和零售业需要考虑的首要因素，例如银行和超市的选址等。服务业和零售业需要更多地关注营业收入，因此在选址时需要考虑顾客的年龄、收入、受教育程度等人口统计数据，以及客流量、便利性、竞争性等因素。例如，诊所、理发店、美容店总是为一定区域内的顾客提供服务，需要把便利性作为最先考虑的因素；快餐店、加油站、酒店，以及药店常常需要依靠便利性来与提供同类产品或服务的对手竞争，其营业网点往往分布在人口密集或交通流量大的地点。

10.2.3 企业选址的决策方法

1. 因素评分法

因素评分法能够将多种因素整合成易于理解的数值形式，是一个应用最为广泛的选址决策方法。因素评分法为每个备选点设置各种影响因素的综合得分，为备选点的评估和比较提供了基础。同时，因素评分法也便于考虑大量信息，以及融入决策者的个人偏好。以表10-1为例，一家精炼厂在选址时需要考虑多种影响因素，并为各个影响因素赋予分值范围。采用因素评分法，在决策时首先依据每个影响因素对每个备选点进行评价并打分，然后比较每个备选点的总得分，选择总得分最高的地点即可。

表10-1 一家精炼厂在选址时考虑的影响因素和分值范围

影响因素	分值范围
能源可得性与可靠性	0~200
劳动力条件	0~100
运输条件	0~50
资源供应条件	0~10
气候环境	0~50
税收政策	0~20

类似表10-1的打分表存在的主要问题，是没有考虑每个影响因素可能产生的影响差别很

⊖ 资料来源：http://www.bala.cc/chengshi/jianzhu/2022/15165.html。
⊖ 资料来源：https://xw.qq.com/cmsid/20220519A0AI3400。

大。例如，某一个因素得分最高的备选点和得分最低的备选点对成本的影响可能只相差几万元，而对另一个因素而言可能相差几十万元。通过为每个影响因素设定权重可以解决这一问题，具体步骤如下。

（1）选择选址涉及的影响因素。
（2）赋予每个影响因素一个权重。
（3）为所有影响因素设定统一的分值范围（例如0～100）。
（4）对每个备选点进行打分。
（5）先将每个影响因素的得分与其权重相乘，再把各因素的乘积值相加得到备选点的总得分。
（6）选择总得分最高的备选点。

下面举例来说明以上步骤。一家企业计划建设一个工厂，表10-2是工厂选址时考虑的影响因素和4个备选点的得分。可见备选点C的总得分最高，应当选择在备选点C建设工厂。

表 10-2　一家企业在工厂选址时考虑的影响因素和备选点的分值

影响因素	权重	A	B	C	D
劳动力条件	7	2 / 14	3 / 21	4 / 28	1 / 7
地理条件	5	4 / 20	2 / 10	2 / 10	1 / 5
气候条件	6	3 / 18	4 / 24	3 / 18	2 / 12
资源供应条件	4	4 / 16	4 / 16	2 / 8	4 / 16
基础设施条件	3	1 / 3	1 / 3	3 / 9	4 / 12
产品销售	2	4 / 8	2 / 4	3 / 6	4 / 8
生活条件	6	1 / 6	1 / 6	2 / 12	4 / 24
环境保护	5	2 / 10	3 / 15	4 / 20	1 / 5
政治文化条件	3	3 / 9	3 / 9	3 / 9	3 / 9
扩展的空间	1	4 / 4	4 / 4	2 / 2	1 / 1
总得分		108	112	122	99

2. 重心法

重心法是一种追求运输成本或运输时间最小化的选址决策方法。应用重心法的前提是已知配送目的地之间的距离和需要配送的货物量，它经常用于仓库或配送中心的选址。下面结合一例来说明重心法的具体步骤。一家企业计划建设一个配送中心，表10-3给出的是需要配送给各个目的地的货物量。

表 10-3 一家企业需要配送给各个目的地的货物量

目的地	货物量
城市 A	1 000
城市 B	1 500
城市 C	1 200
城市 D	1 300

（1）绘制标有配送目的地所在位置的地图。

（2）为地图添加坐标系，并标注各个配送目的地的坐标，如图 10-6a 所示。添加坐标系的目的是表示各个配送目的地的相对位置，可以任意选择，通常用经纬度表示。

（3）计算重心位置的坐标。重心的计算公式为：

$$C_X = \frac{\sum_i X_i q_i}{\sum_i q_i}, C_Y = \frac{\sum_i Y_i q_i}{\sum_i q_i} \forall i$$

式中，C_X 表示重心的横坐标，C_Y 表示重心的纵坐标，X_i 表示第 i 个配送目的地的横坐标，Y_i 表示第 i 个配送目的地的纵坐标，q_i 表示需要配送给第 i 个目的地的货物量。

求得重心位置的坐标为：

$$C_X = \frac{116.42 \times 1\,000 + 121.43 \times 1\,500 + 114.07 \times 1\,200 + 115.42 \times 1\,300}{1\,000 + 1\,500 + 1\,200 + 1\,300} \approx 117.10$$

$$C_Y = \frac{39.92 \times 1\,000 + 34.50 \times 1\,500 + 22.62 \times 1\,200 + 32.67 \times 1\,300}{1\,000 + 1\,500 + 1\,200 + 1\,300} \approx 32.26$$

重心位置如图 10-6b 所示。

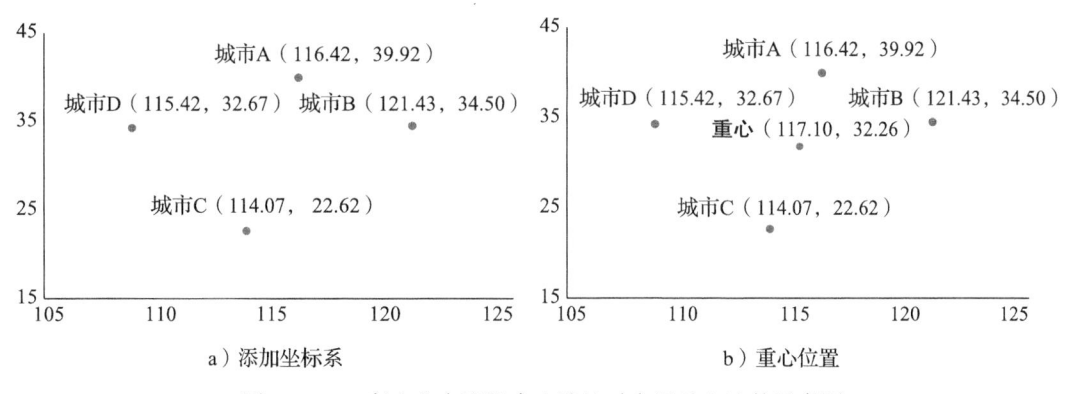

a）添加坐标系　　　　b）重心位置

图 10-6 一家企业在配送中心选址时应用重心法的示意图

3. 线性规划法

因素评分法和重心法均针对单个设施的选址决策，多个设施的选址问题一般采用线性规划法解决，即构建选址决策的线性规划模型并求解，得出选址方案。基本的选址模型主要包括中值模型、中心模型和覆盖模型。

（1）中值模型。

中值模型需要对 p 个设施的建设位置做出决策，优化目标是使所有需求点和设施之间的距离与需求量乘积之和最小。令 $\{i = 1, 2, \cdots, m\}$ 表示需求点集合，$\{j = 1, 2, \cdots, n\}$ 表示设施备选点集合，q_i表示需求点i的需求量，d_{ij}表示需求点i和设施备选点j之间的距离。设0-1决策变量y_j表示是否在备选点j建设设施，0-1决策变量x_{ij}表示需求点i是否由设施j提供服务。构建中值模型如下。

目标函数：

$$\min \sum_i \sum_j q_i d_{ij} x_{ij} \qquad (10\text{-}1)$$

约束条件：

$$\sum_j x_{ij} = 1 \quad \forall i \qquad (10\text{-}2)$$

$$x_{ij} \leqslant y_j \quad \forall i,j \qquad (10\text{-}3)$$

$$\sum_j y_j = p \qquad (10\text{-}4)$$

$$x_{ij}, y_j \in \{0,1\} \quad \forall i,j \qquad (10\text{-}5)$$

目标函数（10-1）表示所有需求点和设施之间的距离与需求量乘积之和最小。约束条件（10-2）表示每个需求点仅由一个设施提供服务。约束条件（10-3）表示每个备选点在建设设施后才可提供服务。约束条件（10-4）表示共建设p个设施。约束条件（10-5）是决策变量的取值范围。

（2）中心模型。

中心模型需要对共p个设施的建设位置做出决策，优化目标是使所有需求点和设施之间的最大距离最小。令D表示所有需求点和设施之间的最大距离。构建中心模型如下。

目标函数：

$$\min D \qquad (10\text{-}6)$$

约束条件：
式（10-2）~式(10-5)

$$D \geqslant \sum_j d_{ij} x_{ij} \quad \forall i \qquad (10\text{-}7)$$

目标函数（10-6）表示所有需求点和设施之间的最大距离最小。约束条件（10-7）表示所有需求点和设施之间的最大距离。

（3）覆盖模型。

覆盖模型需要对若干设施的建设位置做出决策，在设施服务范围有限的条件下，保证所有需求点都可以得到服务，优化目标是使建设设施的数量最小。令S表示设施的服务范围，$N_i = \{j \mid d_{ij} \leqslant S\}$表示服务范围可覆盖需求点$i$的设施备选点集合。构建覆盖模型如下。

目标函数：

$$\min \sum_j y_j \qquad (10\text{-}8)$$

约束条件：

$$\sum_{j \in N_i} y_j \geqslant 1 \quad \forall i \qquad (10\text{-}9)$$

$$y_j \in \{0,1\} \quad \forall j \tag{10-10}$$

目标函数（10-8）表示建设设施的数量最小。约束条件（10-9）表示每个需求点都可以得到服务。约束条件（10-10）是决策变量的取值范围。

10.3 供应链网络

供应链网络是为顾客提供产品和服务的物质基础，通常是指由工厂、车间、设备、仓库、配送中心等物质实体构成的一个有机体系。供应链网络设计是指确定供应链网络所涉及的各个设施的最佳位置，以及设施之间流动结构的决策。供应链网络设计通常需要考虑：设施作用，确定供应链网络中每个设施应该起什么作用；设施数量，确定适当的设施数量；设施布局，确定每个设施的位置；产能分配，确定每个设施提供何种服务，并分配产能、产品空间等；市场和供应分配，确定分销、运输方案等。

供应链网络设计会影响企业的战略布局、基础投资、生产经营规划、环境保护等多个方面，保证供应链网络设计的合理性和正确性是供应链正常运行的前提。供应链网络设计的目标是在满足顾客所需要的服务水平的条件下，尽可能最小化供应链总成本。以供应链网络设计中常见的库存决策为例，决策时需要在新建仓库的成本和接近顾客的优势之间进行权衡。增加仓库的数量会减少到达客户的平均运输时间，提高服务水平；为保证每个仓库应对顾客需求的不确定性而增加安全库存，从而增加了库存成本；增加了管理费用和准备成本；降低了外向运输成本（从仓库到顾客的运输成本）；增加了内向运输成本（从供货商/制造商到仓库的运输成本）。对于销售利润高、服务水平的重要性相对较低（或易于运输）、库存成本高于运输成本的产品（如药品），其库存往往采用集中式库存模式，仓库数量较少，且在地理位置上更接近制造商。对于销售利润低、服务水平的重要性高、外向运输成本高于内向运输成本的产品（如化工产品），其库存往往采用分布式库存模式，仓库数量比较多，且在地理位置上更接近顾客。

10.3.1 供应链网络设计

1. 供应链网络设计类型

供应链网络设计模型将供应链网络转化为一个抽象网络，即先将供应链网络中的各个设施或主体抽象为节点，再将各节点之间的关系，即物流、资金流或信息流等抽象为有向弧。一般以总成本最小化为优化目标构建供应链网络设计模型，并通过求解得出网络设计方案。主要的供应链网络设计类型，以及对应的模型包括以下几个。

（1）运输模型。

运输模型适用于不考虑设施成本的供应链网络设计。给定 n 个供应点，每个供应点的最大供应量为 s_j。给定 m 个客户，每个客户的需求量为 q_i。每个供应点至每个客户的单位运输成本为 c_{ij}。要求确定每个供应点为哪些客户提供物资，使每个客户得到的物资量满足其需求，优化目标为总运输成本最小化，如图 10-7 所示。设决策变量 x_{ij} 表示每个供应点 j 为每个客户 i 提供的运输量。构建运输模型如下。

图 10-7 运输模型

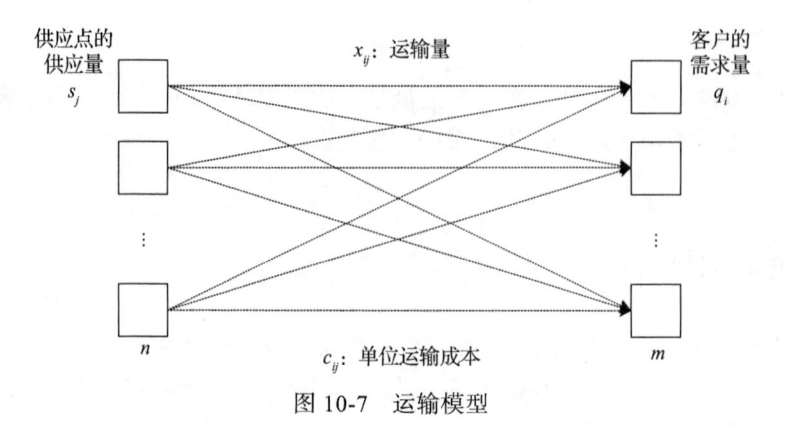

目标函数：

$$\min \sum_i \sum_j c_{ij} x_{ij} \tag{10-11}$$

约束条件：

$$\sum_j x_{ij} = q_i \quad \forall i \tag{10-12}$$

$$\sum_i x_{ij} \leq s_j \quad \forall j \tag{10-13}$$

$$x_{ij} \geq 0 \quad \forall i,j \tag{10-14}$$

目标函数（10-11）表示总运输成本最小化。约束条件（10-12）表示每个客户的需求都得到满足。约束条件（10-13）表示每个供应点提供的物资量不超过其最大供应量。约束条件（10-14）表示决策变量的取值范围。

（2）设施布局模型。

设施布局模型进一步考虑了选择备选供应点的决策。给定 n 个备选供应点，每个备选供应点的最大供应量为 s_j，固定成本为 f_j。给定 m 个客户，每个客户的需求量为 q_i。每个备选供应点至每个客户的单位运输成本为 c_{ij}。要求确定选择哪些备选供应点，以及每个备选供应点为哪些客户提供物资，使每个客户得到的物资量可以满足其需求，优化目标为备选供应点的固定成本和总运输成本最小化，如图 10-8 所示。设决策变量 x_{ij} 表示每个供应点 j 为每个客户 i 提供的运输量，0-1 决策变量 y_j 表示是否选择该备选供应点。构建设施布局模型如下。

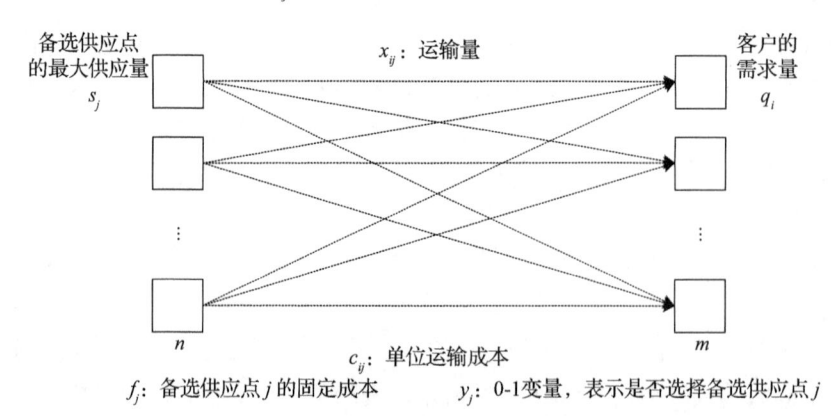

图 10-8 供应链网络设施布局模型

目标函数:

$$\min(\sum_j f_j y_j + \sum_i \sum_j c_{ij} x_{ij}) \quad (10\text{-}15)$$

约束条件:

约束条件(10-12)

$$\sum_i x_{ij} \leqslant s_j y_j \quad \forall j \quad (10\text{-}16)$$

$$x_{ij} \geqslant 0; \ y_j \in \{0,1\} \quad \forall i,j \quad (10\text{-}17)$$

目标函数(10-15)表示备选供应点的固定成本和总运输成本最小化。约束条件(10-16)表示只有已选择的备选供应点才可提供物资,且每个备选供应点提供的物资量不超过其最大供应量。约束条件(10-17)表示决策变量的取值范围。

(3)多级布局模型。

多级布局模型进一步考虑了多级的供应链网络。以一个3级供应链网络为例,给定供应量分别为s_j的共n个原材料供应商、产量分别为p_h的共l个生产工厂、储存量分别为w_k的共t个仓库、需求量分别为q_i的共m个客户。建设生产工厂和仓库的固定成本分别为f_h和f_k,从供应商至生产工厂、生产工厂至仓库、仓库至客户的单位运输成本分别为c_{jh}、c_{hk}、c_{ki}。要求确定生产工厂和仓库的选址方案,以及从供应商至生产工厂、生产工厂至仓库、仓库至客户的运输方案,使每个客户得到的物资量都可以满足其需求,优化目标为生产工厂和仓库的建设成本和总运输成本最小化,如图10-9所示。设决策变量x_{jh}、x_{hk}、x_{ki}分别表示供应链网络上的运输量,0-1决策变量y_h和y_k分别表示是否在该处建设生产工厂和仓库。构建多级布局模型如下。

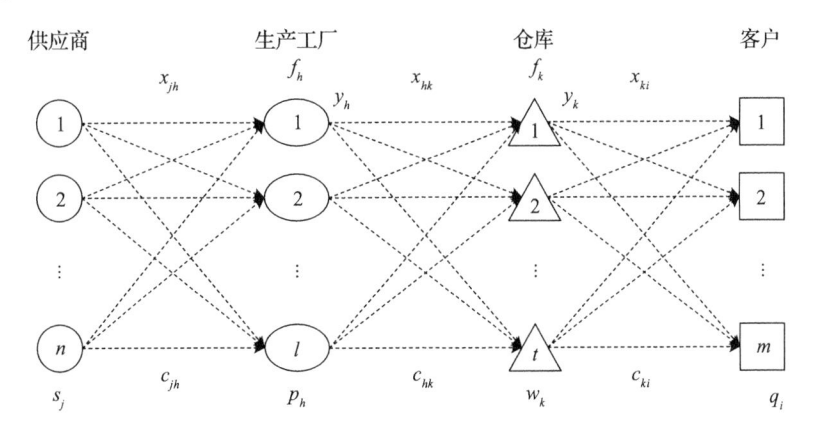

图 10-9 供应链网络多级布局模型

目标函数:

$$\min(\sum_h f_h y_h + \sum_k f_k y_k + \sum_j \sum_h c_{jh} x_{jh} + \sum_h \sum_k c_{hk} x_{hk} + \sum_k \sum_i c_{ki} x_{ki}) \quad (10\text{-}18)$$

约束条件:

$$s_j \geqslant \sum_h x_{jh} \quad \forall j \quad (10\text{-}19)$$

$$\sum_j x_{jh} = \sum_k x_{hk} \quad \forall h \quad (10\text{-}20)$$

$$\sum_k x_{hk} \leq p_h y_h \quad \forall h \quad (10\text{-}21)$$

$$\sum_h x_{hk} = \sum_i x_{ki} \quad \forall k \quad (10\text{-}22)$$

$$\sum_i x_{ki} \leq w_k y_k \quad \forall k \quad (10\text{-}23)$$

$$\sum_k x_{ki} = q_i \quad \forall i \quad (10\text{-}24)$$

$$x_{jh}, x_{hk}, x_{ki} \geq 0; \ y_h, y_k \in \{0,1\} \quad \forall h, i, j, k \quad (10\text{-}25)$$

目标函数（10-18）表示总建设成本和总运输成本最小化。约束条件（10-19）表示供应商的供应量约束。约束条件（10-20）和条件（10-21）表示生产工厂的产量约束。约束条件（10-22）和条件（10-23）表示仓库的储存量约束。约束条件（10-24）表示每个客户的需求都得到满足。约束条件（10-25）表示决策变量的取值范围。

2. 数据汇总

供应链网络设计涉及大量的数据，例如，顾客、仓库、分销商、配送中心、生产工厂、供应商等的位置，所有产品的数量、体积、运输模式，顾客对每种产品的需求量，运输费率，库存成本，顾客的服务需求等。收集涉及的所有数据效率低下且成本过高，通过数据汇总可以有效提高收集数据的效率并降低收集成本。涉及供应链网络设计中的数据汇总主要包括顾客与产品两大类数据。

（1）顾客数据。

顾客数据的汇总：通常通过网格或其他聚类方法将邻近的顾客汇总为顾客区，一个顾客区中的所有顾客可被位于此顾客区中心的单一顾客代替，常用的有效方法是根据邮政编码来进行汇总。大量研究表明，将顾客汇总为150～200个顾客区，总运输成本估算值的误差影响通常不超过1%。汇总的具体步骤如下。

- 将所有顾客汇总为150～200个顾客区。
- 确保每个顾客区的总需求量大致相等（每个顾客区的地理面积可能不相等）。
- 在顾客区的中心设置汇总点。

（2）产品数据。

企业提供的产品数据可以根据产品类型或运输模式进行汇总，即将产品汇总成合理数量的群组，也就是产品组（通常为20～50个）。其汇总策略如下。

- 考虑运输模式：将所有在一个源头分拣并送往一个市场的产品汇总成一类。
- 考虑物流特征：将库存的单位体积和重量相似的产品汇总为一个产品组。
- 考虑产品类型：不同的产品可能仅仅在型号、款式或包装形式上有所不同，这些产品也可汇总为一类。

数据汇总的最后一步工作是模型和数据的验证，即确保数据，以及模型能够正确反映供应链网络设计问题。通常利用模型和搜集的数据重构现有的供应链网络，并将模型的求解结果与现有的数据进行比较，最终确定构建的模型和收集的数据是否合理有效且符合实际状况。若不能满足要求，则需要对模型或数据进行调整。

3.供应链网络设计求解技术

（1）精确算法。

精确算法是借助于线性设计来寻找最优解的求解方法，通过枚举、迭代等方式，能找出问题的最优解。典型的精确算法包括表上作业法、分支定界法、割平面法、动态规划法等。精确算法通常适用于求解多项式时间复杂性的问题或小规模 NP 难问题，例如基于运输模型的网络设计问题。通常在建立供应链网络设计模型后，可利用求解软件，如 Lingo、CPLEX 等来计算出最优解。

（2）启发式算法。

启发式算法是供应链网络设计中最为常用的求解方法。启发式算法的主要优势在于可在短时间内找到一个令决策者较为满意的方案，即在一定的时间范围内找出较好的解，但未必是最优解。启发式算法追求高效地获得质量可接受的解，适用于求解 NP 难问题，例如基于设施布局模型的供应链网络设计问题。虽然在理论上的最坏情形下，启发式算法的计算时间可能很长或可能得到很差的解，但这样的优化问题和数据组合在现实中很罕见。许多启发式算法的设计思路源于生物、物理、社会和自然现象，常见的启发式算法有遗传算法、模拟退火算法、蚁群算法等。

我们通过一个例题进行说明。某企业拥有两个工厂 P_1 和 P_2，它们生产同一种产品且生产成本相同。假设工厂 P_1 的生产能力没有上限，工厂 P_2 的生产能力为 60 000 个。该企业还拥有两个仓库 W_1 和 W_2，它们的库存成本相同。该企业客户 C_1、C_2 和 C_3 的需求量分别为 50 000 个、100 000 个和 50 000 个。图 10-10 中各条线路上标出的数字代表单位运输成本。以企业的总成本最小化为优化目标，工厂 P_1 和 P_2 应分别生产多少个产品？各条线路的运输量应如何分配？

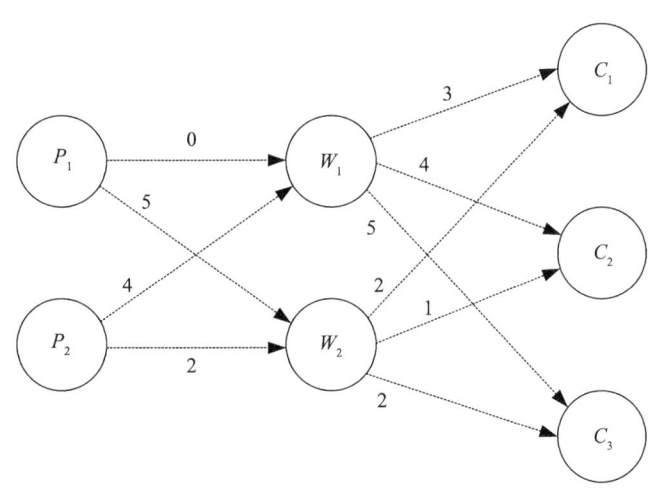

图 10-10 各条线路的运输成本

下面用两种简单的启发式算法对上述例题进行求解。第 1 种思路：选择仓库出库运输成本最低的方式满足需求。所得方案如图 10-11 所示，总成本为 1 120 000。

第 2 种思路：选择仓库进库和出库运输成本最低的方式满足需求。所得方案如图 10-12 所示，总成本为 920 000。

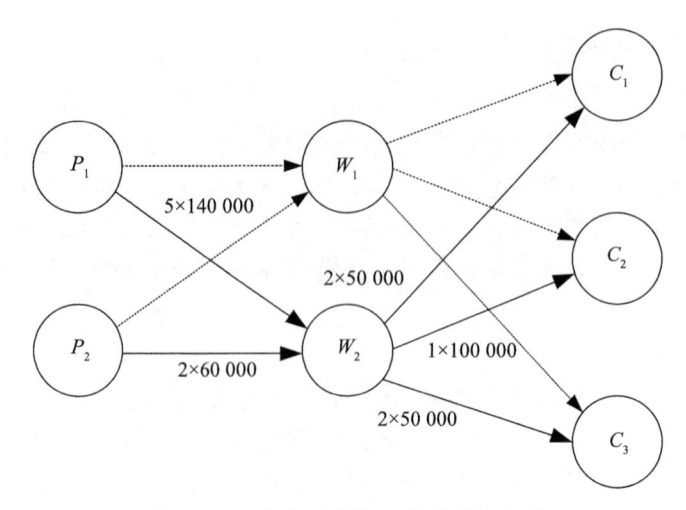

图 10-11 启发式算法 1 求解出的方案

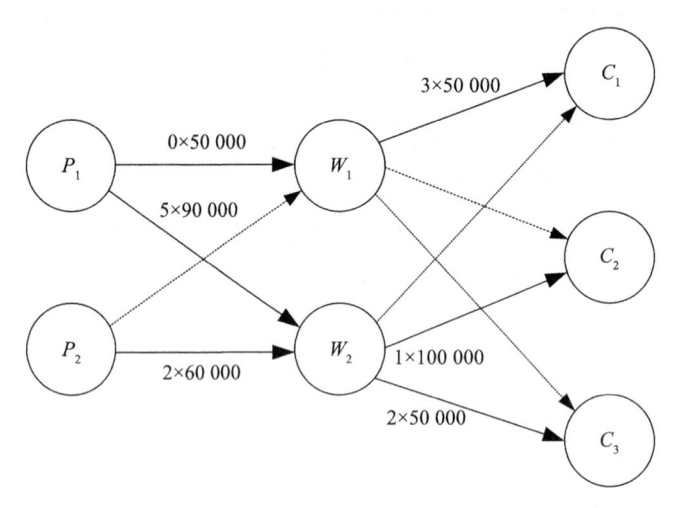

图 10-12 启发式算法 2 求解出的方案

上述两种启发式算法体现了从局部决策向全局优化的转变过程，启发式算法 1 更多是从局部决策来求解，启发式算法 2 则考虑了上下游的全局优化的决策准则。启发式算法的求解需要充分考虑：求解的速度，以及所得到的解的质量，即在决策者可以接受的决策精度范围内提升求解的速度；两者可以和精确算法对比后进行评价，如本例的精确求解可以采用线性规划求解的算法来实现，通过比较解的质量与求解的速度来分析所设计的启发式算法的效率与质量。

（3）系统仿真法。

精确算法和启发式算法均针对不考虑参数随时间变化的静态系统，而以系统模型为基础的仿真可以分析动态系统。系统仿真法是建立在系统理论、控制理论、相似理论、数理统计、信息技术和计算机技术基础之上的方法，以计算机或其他专用物理设备为工具，利用系统模型对真实或假想的系统进行仿真实验，并借助于专家经验知识、统计数据和系统资料对实验结果进行分析研究。系统仿真法可以先模拟真实系统的运行情况，再将实验结果应用到实际系统中。

系统仿真法只能仿真预定情景下的网络设计，例如，提供某一网络结构的仓库、供应商等数据，通过仿真可以估计出该网络结构的运作成本。如果考虑变换结构（例如有几位顾客要改换其他仓库提供服务），则需要重新运行模型。一个详细的仿真模型可能需要非常长的计算时间来让系统达到某一精确度，这使仿真模型通常只有非常少的方案可以选择。常见的系统仿真法包括蒙特卡罗仿真法、系统动力学仿真法等。

（4）多目标优化法。

一般的供应链网络设计是以成本最小化为目标的优化问题。现实中企业的供应链网络设计决策需要考虑诸多影响因素，一些因素之间可能存在明显的冲突，比如，企业在做出决策时既希望成本低，又希望环境污染小，这就形成了多目标优化问题。求解多目标优化问题的方法主要包括以下几个。

线性加权法是求解多目标优化问题的最常见方法。该方法赋予每个优化目标一个权重，将加权后的所有目标进行线性加总，形成一个整合的优化目标，从而将多目标优化问题转变为单目标优化问题进行求解。线性加权法通常将决策者对于各个目标重要程度的感知作为权重的考量因素，主要缺陷在于这种感知难以准确量化，得出的网络设计方法可能与实际目标相去甚远。此外，也可多次改变权重，得出多个决策方案以供选择，但多次改变权重会使求解过程花费很长的时间，效果也不尽如人意。

目标优先级法是将决策时需要考虑的多个目标按照重要程度进行优先级排序，以优先级最高的目标作为唯一目标，求出最优的网络设计方案。如果该方案是唯一方案，则选用该方案即可，否则将以优先级第二高的目标作为唯一目标，在前面选出的最优方案中进行选择。依此类推，最终可得出唯一的网络设计方案。该方法要求决策需要考虑的多个目标之间具备明显的重要程度上的区别，适用范围相对较小。

帕累托最优法是经济学家帕累托于1886年提出的。帕累托最优是指多目标优化问题中的一个目标提升一定会导致其他目标变坏的状态，满足这种状态的解称为帕累托最优解，所有的帕累托最优解组成帕累托前沿，如图10-13所示。帕累托前沿上的每个点都对应一个帕累托最优方案，决策者可在多个目标之间进行权衡，选择一个合适的方案。可求出帕累托前沿的方法主要是ε约束法。

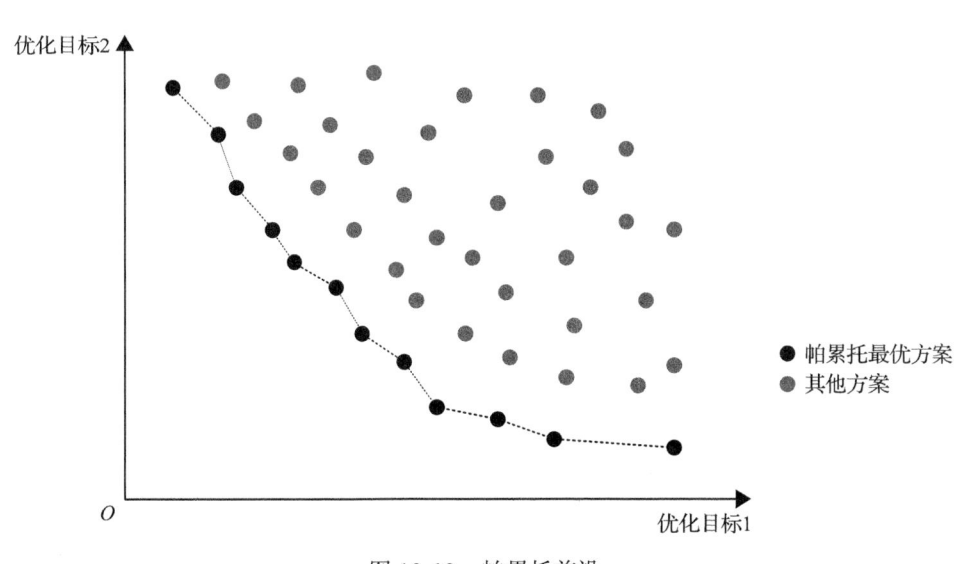

图10-13 帕累托前沿

10.3.2　在线销售与供应链网络

随着经济不断发展和信息技术的普及，大量的新模式不断涌现，对供应链网络设计提出了更高的要求。电子商务技术及在线平台日趋成熟，产品流通环节正在缩减，B2C、B2B 等使商品从工厂到最终用户无须经过中间商，加之以往的线下渠道难以满足当前消费者的需求，因此，越来越多的企业开始进行在线销售。例如，海澜之家通过线上代销渠道进行网络销售，使其迅速发展并成为中国"十大影响力服装品牌"之一。

1. 在线销售对供应链网络成本的影响

在线销售会影响到供应链网络中的设施、库存、运输及信息的成本，并且对各种成本未必都存在正向影响。

（1）设施成本。

设施成本主要包括两种：与供应链网络中设施的数量和位置相关的固定成本、设施的日常事务性成本。实施在线销售的企业能够通过将各种事务进行集中化处理，使企业所需的设施数量减少，从而降低供应链网络中设施的固定成本。对于日常事务的处理成本，顾客自己进行的选货和下单过程使实施在线销售的企业可以减少在门店所配备的人员数量，从而实现成本节约。比较特别的是食品业和杂货业，企业需要完成一些通常由顾客在门店做的工作。例如，顾客通常在面包店里自己挑选所需的产品，而在线订单却需要由企业的雇员从货架上拿取顾客订购的产品，甚至需要送到顾客的家中，因而企业需要承担更高的搬运和交付成本。

（2）库存成本。

如果大多数顾客愿意等待交付，在线销售就能够通过整合远离顾客的库存来降低库存水平。例如，当当、亚马逊等整合一些仓库里的图书库存；而线下实体书店则相反，必须将一大部分图书储存在门店里因而需要更多的库存。此外，顾客下达订单的时间与他们期望交货的时间之间的时差为实施在线销售的企业提供了一个实施延迟销售的机会。例如，当当和亚马逊会按需印刷一些订购量较小的图书，从而达到降低库存的目的。

（3）运输成本。

对于数字化产品，如电影、音乐和电子图书等，进行在线销售可以显著降低这些产品的"运输"成本。而对于非数字化产品，库存整合会增加外向运输成本，例如，对于实施在线销售的企业而言，可能会因外向运输成本增加而导致贯穿整条供应链的单位运输成本变得更高。

（4）信息成本。

实施在线销售的企业可以使需求信息在整条供应链得到共享，互联网也可以用来共享供应链内的计划和预测信息，从而进一步改进供应链的协调性。

2. 在线销售对服务水平的影响

在线销售会影响响应时间、产品多样性、顾客体验、面市时间、可退货性等多个方面。在线销售实体产品会涉及运输的时间，会比线下门店花费更长的时间来满足顾客的需求，那些对响应时间要求很高的顾客可能不会在线上购买实体产品。数字化产品不存在运输的时间，顾客可以即时获得数字格式的电影、音乐和图书等。在线销售的企业能够提供大量的产品选择，这比线下门店更加容易实现。例如，华润、沃尔玛等超市在它们的线上订购网站上提供了非常多的产品选择,而要在门店内提供同样的选择需要巨大的场地和大量的库存。大多数的线下门店只在营业时间内营业,而互联网可以让顾客在任何方便的时间进行购买。此外,在线销售也使企业能够接触到地理位置很远的顾客,顾客进行购买时可以不必离开家或是工作单位。相对于线下渠道,企业通过在线销售能够更快地推出新产品。一个通过线下渠道销售电子产品的企业在获得销售新产品的收入前,必须生产足够多的新产品并将它们摆放在货架上。而进行在线销售的企业在新产品准备就绪时就可以进行在线销售。例如,华为的新款手机、戴尔的新款计算机等总是首先在官方网站或京东旗舰店等推出,甚至开展预购促销活动。顾客在线上购买产品,直到产品到达顾客手中之前都不能触摸和感受这些产品。在线订单的退货比例会高于在线下门店购买产品的退货比例,即会增加逆向物流的成本。在线更改价格和分类非常容易,互联网使在线销售的企业能够比传统途径更有效地管理其产品组合。通过互联网,促销信息也能够快速地传达给顾客。互联网和手机能够显著提高收款的便利性并降低交易成本,特别是大批量的、相对小额的交易。例如,2021年"双十一"天猫的总交易额达到5 403亿元人民币[一],这些交易通过互联网和手机快速实现。

这里给出一种在线销售供应链网络设计的计分卡方法。企业可以通过该方法来总结在线销售对上述各个方面的影响。表10-4中的计分卡是在线销售计算机和图书对绩效的影响。虽然在线销售可以显著提高企业销售定制化计算机在响应性和成本控制方面的绩效,但是对标准化计算机而言,在线销售的优势相对较低,特别是具有较差的响应性和更高的运输成本。在现实中,结合在线销售和线下门店销售的线上线下双渠道模式会更为有效。线上渠道有助于销售新产品或需求难以预测的定制化产品,线下渠道有助于销售廉价或需求容易预测的标准化产品。例如,企业在销售计算机时可以在互联网上推出新型号计算机,当其中一些型号的计算机的需求量显著增长时,可将这些型号的计算机安排到线下门店进行销售。企业也可以在线下门店推出计算机的推荐配置,而在互联网上销售包含所有配置的定制化计算机。这样使企业能够实现按订单生产定制化产品,且大批量、低成本地生产标准化产品。这样的方式对于销售服务器、手机等产品的企业也是适用的。

表10-4 在线销售计算机和图书对绩效的影响

项目	定制化计算机	标准化计算机	实体图书	电子图书
响应性	−1	−2	−1	−1
产品多样性	+2	0	+2	+2
产品可获性	+1	+1	+1	+2
顾客体验	+2	+1	+1	+1
面市时间	+2	+1	+1	+2
订单可视性	+1	0	0	0
直销	+2	+1	0	+1
灵活的定价、产品组合和促销	+2	+1	+1	+1
库存成本控制	+2	+1	+1	+2
设施成本控制	+2	+1	+1	+1
运输成本控制	−1	−2	−2	+1
信息成本控制	+1	0	−1	−1

注:+2=非常正面;+1=正面;0=中性;−1=负面;−2=非常负面。

[一] 资料来源:http://www.52zpi.com/reyi/54697.html。

在线销售对于销售定制化计算机的优势大于销售实体图书。定制化计算机可以在顾客订单下达后再进行装配,但实体图书通常在销售之前就已经印刷出版;同时,对图书而言运输成本占比很高,而在计算机的成本中占比很小。虽然企业会按需印刷一些订购量较小的图书,但在线销售主要吸引的是为得到一本书愿意等上几天的顾客,而不是希望先浏览多种图书然后挑选的顾客。而电子图书属于非实体化的电子产品,互联网相对于传统的书店有着巨大的优势。顾客能够不用离开家或工作单位,在几秒钟内就下载一本书,对看重时间的顾客来说,这种体验远比在书店购买传统的图书要好。例如,亚马逊在推出电子阅读器 Kindle 后,在图书销售上获取了巨大的优势;腾讯也推出了墨水屏阅读器,并通过微信读书销售电子书。

本章小结

围绕产能规划与选址决策,本章首先介绍了生产能力规划的相关概念,探讨了提高生产能力的方法及产能变动和产能决策方法,并进一步讨论了服务业的能力计划。其次,介绍了企业选址基本框架与方法,探讨了企业选址的影响因素和基本原则,并给出企业选址决策方法。最后,介绍了供应链网络,分析了供应链网络设计的类型和数据汇总,并给出供应链网络设计求解技术,讨论了在线销售对供应链网络的影响。

思考题

1. 什么是生产能力?提高生产能力的方法有哪些?服务业与制造业能力计划的区别是什么?
2. 制造业和服务业选址的不同之处是什么?试结合实例进行说明。
3. 既然采用重心法得出的选址方案未必是最优方案,那么为何还要采用重心法进行选址?重心法适用的情形包括哪些?
4. 除成本最小化以外,供应链网络设计还可能考虑哪些优化目标?
5. 哪些类型的企业适合进行在线销售?如何影响供应链网络的成本和服务水平?

案例

理想汽车生产基地选址

理想汽车是我国新能源汽车制造商,于 2015 年 7 月创立,总部位于北京,当前生产基地位于江苏常州。理想汽车主营智能电动汽车的设计、研发、制造和销售,是成功实现增程式电动汽车商业化的先锋,2019 年 11 月开始量产首款也是目前唯一一款商业化的增程式电动汽车"理想 ONE"。根据理想汽车公布的数据,截至 2022 年 2 月底,理想 ONE 累计交付量已达 144 770 辆。理想汽车计划自 2023 年起,每年推出两款新的高压纯电车型。理想汽车 CEO 李想透露,要在 2025 年实现汽车销量达到 160 万辆的目标。

1. 理想汽车常州生产基地

理想汽车的首座生产基地位于江苏常州武进区,是理想汽车的自建基地,占地 50 万平方米。常州生产基地拥有领先的冲压、焊接、涂装和总装四大工艺,能实现高度自动化和高品质的生产制造,年产能为 10 万辆。

2021年交付的超9万辆理想ONE全部在常州生产基地生产。目前该生产基地正在建设新车间，完工后将达到20万辆的年产能。

2. 理想汽车北京生产基地

理想汽车的第二座生产基地位于北京市顺义区，原址为北京现代第一工厂。理想汽车收购该厂后，于2021年10月16日启动改建，改建面积约27万平方米，总投资超过60亿元。理想汽车北京绿色智能制造基地在改造后规划年产能为10万辆，用于生产纯电动车型，计划2023年年底投产。

3. 理想汽车重庆生产基地

距离北京生产基地开工建设不到半年的时间，理想汽车已开始谋划在重庆建设新的工厂。2022年1月27日，由理想汽车100%控股的重庆车之渝汽车工业有限公司以4.3069亿元的价格拿下重庆市两江新区水土组团A分区A16-8地块，该地块土地面积为113.34万平方米，土地用途为二类工业用地，使用条件中的产业类别为交通运输设备制造业。据测算，理想汽车重庆生产基地的投资额高达56.67亿元，预计于2025年建成。

资料来源：https://36kr.com/p/1610212542565120。

讨论题：

理想汽车的三座生产基地分别属于何种选址决策？其原因是什么？理想汽车的三座生产基地在选址时分别考虑了哪些影响因素？

参考文献

[1] HIMMELSBACH W，GEZORK K，KELLER W，et al. Economies of scale-agitator technology for world-scale plants[J]. Chemie ingenieur technik，2020，93（1）：71-80.

[2] AIDRIGHETTI R，BATTINI D，IVANOV D，et al. Costs of resilience and disruptions in supply chain network design models：a review and future research directions[J]. International journal of production economics，2021，235（3）：108103.

[3] ALEV S A，CAMPBELL J F，CONTRERAS I，et al. Perspectives on modeling hub location problems[J]. European journal of operational research，2020，291（1）：1-17.

[4] AUTRY C，GOLDSBY T，BELL J，et al. The definitive guide to modern supply chain management：collection [M]. London：FT Press，2013.

[5] FARAHANI R Z，BAJGAN H R，FAHIMNIA B，et al. Location-inventory problem in supply chains：a modelling review[J]. International journal of production research，2015，53（12）：3769-3788.

[6] FARAHANI R Z，REZAPOUR S，DREZNER T，et al. Competitive supply chain network design：an overview of classifications，models，solution techniques and applications[J]. Omega，2013，45：92-118.

[7] JOHNSON M E，WHANG S J. E-business and supply chain management：an overview and framework[J]. Production and operations management，2002，11（4）：413-423.

[8] MOMAYEZI F，CHAHARSOOGHI S K，SEPEHRI M M，et al. The capacitated modular single-allocation hub location problem with possibilities of hubs disruptions：modeling and a solution algorithm[J]. Operational research，2021，21（1）：139-166.

[9] POURNADER M，KACH A，TALLURI S. A review of the existing and emerging topics in the supply chain risk management literature[J]. Decision sciences，2020，51（4）：

867-919.

[10] 辛奇-利维 D，卡明斯基，辛奇-利维 E. 供应链设计与管理：概念、战略与案例研究：第 3 版 [M]. 季建华，邵晓峰，译. 北京：中国人民大学出版社，2010.

[11] 陈荣秋，马士华. 生产与运作管理 [M]. 5 版. 北京：高等教育出版社，2021.

[12] 雅各布斯，蔡斯. 运营管理：第 15 版 [M]. 苏强，霍佳震，邱灿华，译. 北京：机械工业出版社，2020.

[13] 马风才. 运营管理 [M]. 5 版. 北京：机械工业出版社，2019.

[14] 马士华，林勇，等. 供应链管理 [M]. 6 版. 北京：机械工业出版社，2020.

[15] 乔普拉. 供应链管理：第 7 版 [M]. 杨依依，译. 北京：中国人民大学出版社，2021.

[16] 王非，徐渝，李毅学. 离散设施选址问题研究综述 [J]. 运筹与管理，2006，5：64-69.

[17] 史蒂文森，张群，张杰，等. 运营管理：第 13 版 [M]. 北京：机械工业出版社，2019.

第 11 章
CHAPTER 11

生产运作系统与流程设计

核心要点

- 生产运作系统与流程的定义、产品-流程矩阵、服务-流程矩阵，以及生产类型与特征
- 流程的类型、流程设计的概念及影响因素
- 流程分析的方法、流程绩效的评价指标及流程分析的步骤

11.1 生产运作系统与流程

11.1.1 生产运作系统与流程概述

生产运作系统（production and operation management system，POMS）是由人和机器构成的，将一定输入转化为特定输出的有机整体。生产运作系统由输出决定。输出的"质"不同，则生产运作系统不同。生产运作系统是人的组织、物的配置和资金运筹的协调运作的统一体。根据生产运作的概念，可以构建一个生产运作系统模型，如图 11-1 所示。

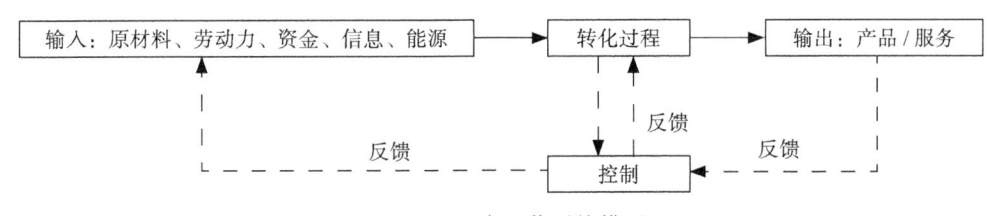

图 11-1 生产运作系统模型

输入（input）的生产要素一般包括劳动者，如工人、技术人员、管理人员和服务人员；劳动资料，如设施、机器、装备、工具和能源；劳动对象，如原材料、毛

坯、在制品、零部件、产品或者顾客；信息，如技术资料、图样、技术文件、市场信息、计划文档、统计资料和各种数据等。

转化过程（transformation），也称为价值增值过程。它包括两个过程：物质转化过程和管理过程。前者使物质资源转化为产品，而后者通过计划、组织、实施、控制等一系列活动使物质转化过程得以实现。通常有形产品的转化过程称为生产过程，而无形产品的转化过程称为服务过程。由于转化过程通常受到外部因素，例如环境规制、竞争者和自身能力资源，即人力、物力、财力等的限制和影响，因此，企业应采用经济合理的方式，对所生产的产品的品种、数量、质量、交货期、成本等各项因素进行计划。

输出（output）包括有形产品的输出和无形产品的输出。前者是指计算机、手机、发电机、食品、衣服等各种物质产品；后者是指某种形式的服务，如银行提供的金融服务、航空公司提供的交通运输服务、咨询公司提供的服务等。产品应包括所有能使消费者感到满意的功能，是产品功能、质量、价格、交货期、售后服务及信誉等的总和。生产运作系统的输入与输出的转化关系如表11-1所示。

表 11-1　输入与输出的转化关系

组织	主要输入	转化资源	价值转化方式	主要输出
制造企业	材料	工具、设备、工人	加工	产品
医院	患者	医疗设备、医生与护士	诊断与治疗	健康人
大学	高中毕业生	教材、教室、教师	教学	高级专业人才
运输公司	发货地物资	运输设备、工人	搬运	收货地物资
百货商场	购买者	商品、柜台、售货员	推销	满意的顾客

流程是指将输入转化为输出的相互关联或相互作用的一系列活动，其中包含顾客、资源、输入、活动、输出、价值等要素。有关流程的定义有很多，如表11-2所示。但无论将流程视为活动还是方法，流程最终的产出都是产品或服务。

表 11-2　流程的不同定义

作者	定义
埃尔津加（Elzinga, 1995）	流程管理是一种以提高产品和服务质量为目标，分析、改善、控制和维持流程系统化、结构化的方法
M. 哈默（M. Hammer, 2007）	流程是一个或多个输入转化为对顾客有价值的输出的活动
H.J. 约翰松（H. J. Johansson, 2010）	流程是把输入转化为输出的一系列相关活动的集合，它增加输入的价值并创造出对接受者更为有用和更为有效的输出
ISO 9000（2015）	流程是一组将输入转化为输出的相互关联或相互作用的活动

11.1.2　产品 – 流程矩阵

罗伯特·H. 哈耶斯（Robert H. Hayes）和史蒂文·C. 惠尔赖特（Steven C. Wheelwright）于1979年提出了产品 – 流程矩阵（product-process matrix）的概念，研究了产品生命周期与流程生命周期之间的内在联系，即产量和品种与市场需求之间的关系。该矩阵强调了生产制造（流程）与市场（产品）联合的重要性。如图11-2所示，在该矩阵中，流程分为5种，即项目流程、作业流程、批量流程、线性流程和连续流程，其中作业流程和批量流程是工艺专业化的细分，而线性流程和连续流程是对象专业化的细分。矩阵中从上到下的各行表示流程的生命周期阶段，从左到右的各列表示不同的产品生命周期阶段。从矩阵的左上角向右下角，沿着对角线方向选择，是流程与产品匹配的结果。大量案例表明，取得成功的企业一般都是沿着矩阵的对角线来进行产品－流程匹配的。

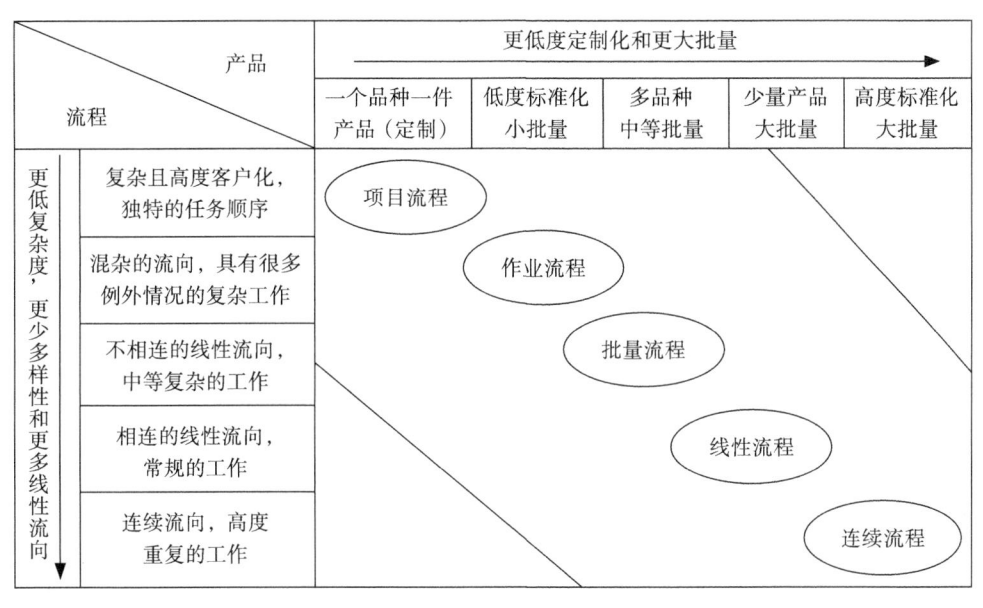

图 11-2　产品－流程矩阵

产品－流程矩阵说明了两个主要的观点。第一，根据产品的结构性质，沿着对角线选择和配置生产流程，可以达到最好的技术经济性。换言之，偏离对角线的产品结构－生产流程匹配战略，无法获得最佳的效益。第二，传统的根据市场需求变化仅仅调整产品结构的战略往往不能达到预期目标，因为它忽视了同步调整生产流程的重要性。产品－流程矩阵可以帮助管理人员选择生产流程，这对制定企业的生产战略有一定的辅助作用。

11.1.3　服务－流程矩阵

上述的产品－流程矩阵也可用于服务型企业的流程选择。另外，针对服务业的服务过程需要顾客参与的特点，根据与顾客的接触程度，以及劳动密集程度，罗杰·W. 施门纳（Roger W. Schmenner）于 1986 年提出了服务－流程矩阵，如图 11-3 所示，将服务型企业划分成 4 大类。

服务工厂：这类服务的资金投入较多，劳动密集程度较低，顾客接触和顾客化服务的程度也低，航空公司、运输公司、饭店、健康娱乐中心等属于这类服务行业。

服务车间：当与顾客的接触程度增加时，服务工厂就变成了服务车间，即多品种小批量生产的车间，如医院和各种修理业。

大量服务：劳动密集程度较高，顾客化服务程度较低，如学校、批发和零售业等。

专业型服务：当与顾客的接触程度提高时，大量服务就变成了专业型服务，如医生、律师、会计师、建筑设计师等都是针对不同的顾客提供完全不同内容的服务。

		与顾客的接触程度	
		低	高
劳动密集程度	低	服务工厂　Ⅳ • 航空公司 • 运输公司 • 饭店 • 健康娱乐中心	服务车间　Ⅲ • 医院 • 汽车修理业 • 其他修理业
	高	大量服务　Ⅱ • 零售业 • 批发业 • 学校 • 商业银行的分行	专业型服务　Ⅰ • 医生 • 律师 • 会计师 • 建筑设计师

图 11-3　服务 – 流程矩阵

由于服务业员工需要与顾客接触，因此服务业员工需要对顾客热情、有礼貌，还需要有较好的人际交往技能。对于处于矩阵Ⅱ和Ⅳ中的服务业企业，由于不需要专门技能，所以服务业企业能够培训自己的员工。对于处于矩阵Ⅳ中的企业，由于服务的复杂程度和顾客化程度都低，因此可以开发一种标准的工作程序，使每个员工都能可靠地、始终一致地工作，即使员工更换，也能保证服务质量。对于处于矩阵Ⅱ中的服务业企业，员工需要具有较广泛的技能，并能对顾客的指示做出灵活的响应。而对于在矩阵Ⅰ中服务的员工，则需要接受来自企业外的专门训练。由于解决问题和提供咨询服务是服务中的重要组成部分，因此需要员工有好的悟性和诊断能力。对于处于矩阵Ⅲ中的服务业企业，一般需要较大的投资，用于建设设施和购买设备，并需要对员工进行专门训练。

11.1.4　生产类型与特征

从管理对象的角度，可以将生产运作系统分成制造性生产和服务性运作两大类。不同行业、不同产品的生产与运作过程各有不同特点。

1. 制造业

生产类型有很多划分方法，包括：按工艺特征划分，按企业组织生产的特点划分和按产品的专业化程度划分。

（1）按工艺特征划分。

制造业企业的产品生产过程按照其基本工艺特征可分成流程型生产和加工装配型生产两大类。流程型生产又称连续型生产（continuous production），指的是物料均匀、连续地按一定工艺顺序运动，在运动中不断改变形态和性能，最后形成产品的生产，如化工、炼油、冶金、食品加工、造纸等。加工装配型生产又称离散型生产（discrete production），是指物料离散地按一定工艺顺序运动，在运动中不断改变形态和性能，最后形成产品的生产。由于产品通常是由许多零部件装配而成的，所以整个产品的生产活动过程是离散的，如汽车、机床、家具、电子设备、服装等产品的生产过程都属于这一类型。流程型生产与加工装配型生产在产品品种数量、生产设备、原材料等方面有着不同的特点，如表 11-3 所示。

表 11-3　流程型生产与加工装配型生产的比较

特征	流程型生产	加工装配型生产
产品品种数	较少	较多
产品标准化程度	较多的标准化产品	较多的差异化产品
资本/劳动力/材料密集类型	资本密集	劳动力、材料密集
自动化程度	较高	较低
设备布置的柔性	较低	较高
生产能力	可明确确定的	模糊的
扩充能力的周期	较长	较短
维修的性质	停产维修	局部维修
原材料的品种数	较少	较多
能源消耗	较高	较低
在制品库存	较少	较多
副产品	较多	较少

（2）按企业组织生产的特点划分。

按照企业组织生产的特点，可分成备货型生产（make to stock，MTS）与订货型生产（make to order，MTO）。

备货型生产是指在没有接到用户订单时，经过市场预测按已有的标准产品或产品系列进行的生产。生产的直接目的是补充成品库存，通过维持一定量的成品库存即时满足用户的需要。例如，轴承、紧固件、小型电动机等标准件，日常消费品中的粮油米面、洗涤用品等产品的生产，都属于备货型生产。这些产品需求量大，通用性强，标准化程度高，个性化要求较少。

订货型生产是指按用户特定的要求进行的生产。用户订单的要求包括产品性能、结构、质量、数量和交货期限等不同内容，据此组织设计和制造。例如，锅炉、船舶等产品的生产，属于订货型生产。这些产品的专用性强，大都是非标准化的，有特定的用户。表 11-4 列出了备货型生产与订货型生产的主要区别。

表 11-4　备货型生产与订货型生产的主要区别

特征	备货型生产	订货型生产
驱动生产的方式	预测驱动	订单驱动
产品	标准化产品	非标准化产品
生产过程	均衡	不稳定
风险	成品积压风险	交货期长风险
交货期	不重要，由成品库存随时供货，时间短	很重要，订货时确定，时间长
适应市场	供不应求的稳定市场	供过于求的变化市场
设备	多采用专用高效设备	多采用通用设备
人员	专业化人员	具有多种操作技能的人员

（3）按产品的专业化程度划分。

企业可以根据产品的专业化程度来划分生产类型。产品的专业化程度可以用产品的品种数多少、同一品种的产量大小和生产的重复程度来衡量。离散型生产按产品的专业化程度的高低，可以划分为大量生产、单件生产和成批生产三种生产类型，如图 11-4 所示。大量生产：产品品种单一，产量大，生产重复程度高；适用于社会需求量较大的产品生产。由于产量较大，生产可以稳定地、不断重复地进行，往往采用流水线的方式组织生产，因此又被称为流水生产，如汽车的生产。单件生产：品种繁多，每一品种生产的数量甚少，生产的重复程度低，如航空母舰的生产。这些产品往往需要根据用户的特定需求专门设计和生产。成批生产：介于上述两者之间，品种不单一，每种都有一定的重复性，如手机的生产等。

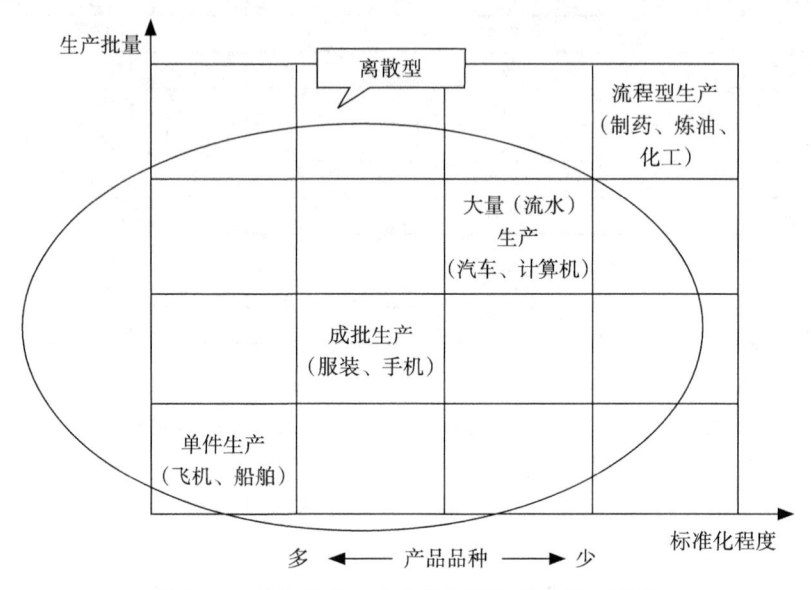

图 11-4　基于产品的专业化程度划分的生产类型

在现实生活中，单纯的大量生产和单纯的单件生产都比较少被采用，一般都是成批生产。由于成批生产的范围很广，因此通常将其分为"大批生产""中批生产"和"小批生产"。大批生产与大量生产的特点相近，因此两者合称为"大量大批生产"。类似地，小批生产的特点与单件生产的相近，因此两者合称为"单件小批生产"。处于两者之间的称为中批生产。三种生产类型的具体特征如表 11-5 所示。

表 11-5　单件生产、成批生产与大量生产的特征

特征	大量生产	成批生产	单件生产
产品顾客化程度	很低	低	高
产品品种	少	多	很多
产品批量	大	较多	单件
生产能力调整	困难	一般	容易
自动化程度	高	一般	低
劳动组织	简单	较复杂	复杂
工作标准化程度	高	一般	低
生产柔性	低	一般	高
生产效率	高	中等	低
单件成本	低	中等	高

2. 服务业

服务运作的基本特征是输出无形产品即服务，而不制造有形产品。对于以提供服务为主的企业来说，其运作过程可以进行以下划分。

（1）按顾客参与与否划分。

按顾客是否参与可将服务运作分成两种：顾客参与的服务运作和顾客不参与的服务运作。顾客参与的服务运作，如理发等；顾客不参与的服务运作，如货运等。顾客参与的服务运作管理较为复杂。

（2）按服务批量和标准化程度划分。

对于以提供服务为主的企业来说，其运作过程也可以进行与制造性生产类似的划分。按照服务批量和标准化程度可以分为：单件型、成批型、流水线型和流程型。如图11-5所示，前三者为离散型生产，流程型为连续型生产。

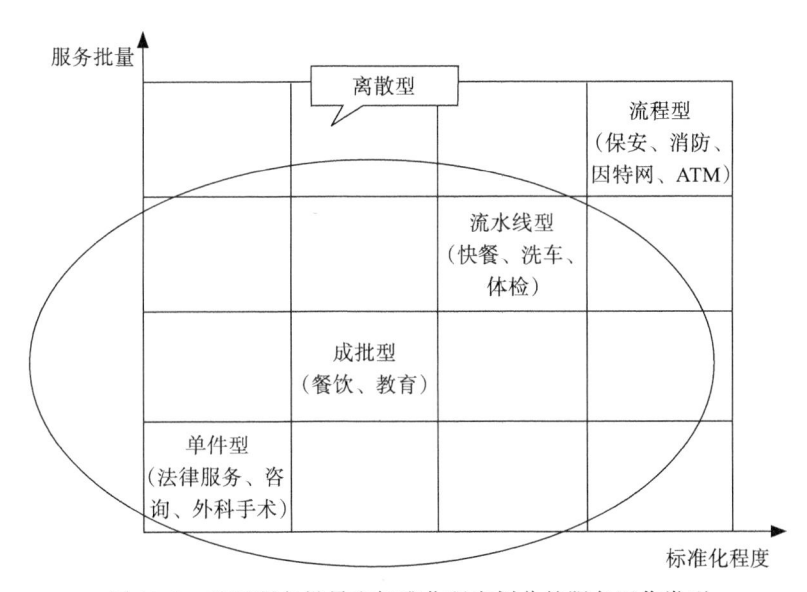

图 11-5　基于服务批量和标准化程度划分的服务运作类型

这四种服务运作类型的管理特征比较如表11-6所示。

表 11-6　基于服务批量和标准化程度划分的服务运作类型的管理特征比较

特征	单件型	成批型	流水线型	流程型
服务特性	个性化服务	多样化程度较高	多样化程度较低	多样化程度很高
人员和设备特性	人员密集，高知识、高技能水平人员	人员密集，人员具有一定技能，一定的设备密集	设备密集，一定的人员密集	设备密集或人员密集
服务周期	长短不一	较短	短	没有明显的开始和结束标志
成本	很高	中等	高低不一	较低
运作管理	柔性	均衡性	均衡性	持续性
目标	个性化	一定的柔性	稳定性	稳定性

（3）按运作系统特性和顾客需求特性划分。

服务运作的组织特点可以从两方面来考虑：一是服务运作系统的设备密集或劳动密集程度；二是服务过程中与顾客的接触程度，以及服务需求的个性化程度。按运作系统特性和顾客需求特性可以将服务运作组织方式分为服务工厂、服务车间、大量服务、专业服务。不同类型的服务运作有不同的管理特点，如表11-7所示。

表 11-7 基于运作系统特性和顾客需求特性划分的四种服务运作类型的管理特点比较

项目	服务工厂	服务车间	大量服务	专业服务
资本密集程度	高	高	低	低
流程模式	刚性较大	有一定的柔性	有一定的刚性	柔性很大
流程与设备的关联性	设备是流程的集成部分，选择性较低	设备对流程有很重要的意义，但存在多种利用方式	关联性不强，与设施及其布置有较强关联	与设施或设备的关联不强
日程计划难易程度	较难，高峰需求难以应对	一般	较易	较难
能力的度量	比较清楚，可度量	模糊，主要取决于需求组合	能力限制取决于设施，而不是流程时间	模糊，难度量
设施布置	流水线布置	专业化或固定布置	典型的固定布置，但可以改变	设施布置的影响不大
库存、物流的重要性	库存和物流都很重要	库存比物流更重要	库存很重要	不太重要
顾客参与程度	很低	较高	有一定程度的参与	很高
流程质量控制	质量容易控制	质量可以控制，容易确定检查要点，员工培训比较重要	不易控制，员工培训很重要	难以控制，员工培训非常重要
员工技能水平	较低	较高	多种多样，但通常较低	非常高

在数字化背景下，服务业也开始转型。例如在劳动密集程度较高的零售行业中，传统线下（门店）零售业开始转型为线上+线下的新零售商业模式，极大地推动了供应链的销售交付短链的数字化转型。构建新零售商业模式一般离不开数字化战略布局、全渠道思维和新零售系统性思维、线上线下渠道融合、统一标准化智能管理、大数据采集、云计算和物联网、智能物流等。例如，苏宁曾经是一个传统的电器零售商，它成功转型为"数字化平台+线下渠道"的新零售商。苏宁通过线上线下无缝协同和高度融合，使消费者可及时获得商家动态、商品的详细信息和买家购后评价等。苏宁的新零售从传统的"生产—销售—顾客"模式，演变为"顾客需求—销售端反馈—生产端—销售端—顾客"新模式。凭借科技工具，苏宁能够实现从反向定制、预测销售、库存补货、物流路线布局到最后一公里等整个供应链上的智能化运营。

下面以饿了么外卖平台为例说明 O2O 模式在服务业中的应用。

O2O（online to offline）是一种线上和线下渠道相结合的商业模式，它将线下的商务机会与互联网结合，让互联网成为线下交易的平台[一]。诸多服务行业都出现了 O2O 模式的电子商务平台，比如，专注外卖服务的饿了么和美团外卖、专注出行服务的网约车平台曹操出行、专注本地生活服务的美团和大众点评等。

其中，饿了么实践 O2O 模式与实体店结合，实现了对线下服务的补充，推动了整个餐饮行业的数字化发展进程，提高了顾客的满意度和忠诚度。饿了么建立了一个以自身为核心，包括商户、开放平台、第三方物流在内的价值网络[二]，如图 11-6 所示。

[一] 资料来源：SHEN C, CHEN M, WANG C. Analyzing the trend of O2O commerce by bilingual text mining on social media[J]. Computers in Human Behavior, 2019, 101：474-483.

[二] 资料来源：范慕晗，周洁如. 基于"互联网+"思维饿了么的商业模式创新研究[J]. 上海管理科学，2016, 38（6）：18-22.

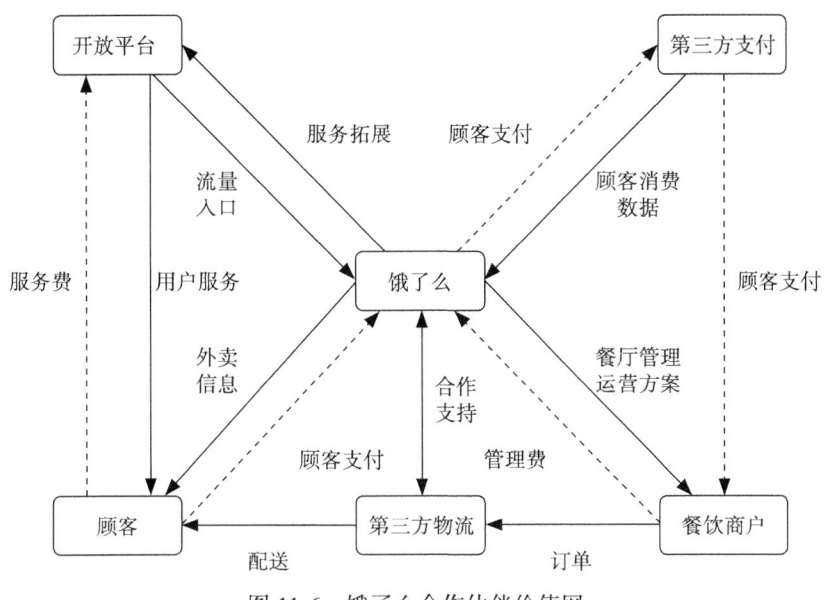

图 11-6 饿了么合作伙伴价值网

餐饮商户：通过将线下商户资源整合到线上，饿了么为顾客提供了多样化的外卖选择。商户的加入是外卖 O2O 闭环形成的关键。饿了么 O2O 模式帮助餐饮企业增加额外的收入来源、降低餐饮业成本、塑造商户品牌[⊖]，实现餐饮企业服务能力的提升。

开放平台：饿了么与腾讯、京东、去哪儿、大众点评等多个战略合作伙伴合作。这些平台帮助饿了么拓展更多线上流量和用户资源。同时饿了么也帮助合作伙伴拓展服务领域，进入 O2O 市场。

第三方支付：饿了么引入了在线第三方支付体系，使顾客和商户可以直接通过平台进行结算。与第三方支付机构的合作帮助平台完成资金流的传递，建立起 O2O 闭环。

第三方物流：配送效率是外卖 O2O 模式发展的关键，饿了么与第三方物流企业合作，构建了蜂鸟配送平台。现已有包括顺丰、京东、达达等在内的多个第三方物流团队加入。饿了么依靠大量订单所形成的规模效应分摊每单的配送成本，为合作价值网络里的伙伴创造了更多收入。

通过结合"互联网+"的思维，饿了么打破了传统外卖行业的常规，以新的价值主张实现了行业发展的新模式。因此，饿了么能整合各利益相关主体的资源，共同提高产业链的运作绩效。

11.2 流程设计

11.2.1 流程类型

1. 项目流程

项目流程是指资源的配置不固定，根据产品或服务的不同而采取不同的配置形式。在专

⊖ 资料来源：吕丽莉. 餐饮业电子商务 O2O 新运营模式研究 [J]. 中国市场，2014（10）：59-62.

业化分工生产之前，都是以项目流程为主，即一个人操作不同的工具，来完成一件产品所有生产过程。即便后来创建了专业化分工，但如果产品或服务差异化程度高且产量低，也会采用项目流程。

在制造型企业，固定式布置是项目流程中设备布置的典型方式。固定式布置是指加工对象位置固定，生产工人带着设备围绕产品进行加工，例如飞机、房屋等大型产品。对于要求在一定时间内完成的非常规性目标，则使用项目流程更为有利，因此，除了在制造型企业，项目流程在服务型企业的应用也十分广泛。如开拓一个新的市场等。

2. 间歇式流程

间歇式流程又称为工艺专业化，是指采用工艺专业化布置，将相同或相近的资源放置在一起。例如制造业的多种小批量产品的生产，为了提高设备利用率，将完成相同或相近工艺过程的设备配置在一起，构成集群式分布。很多服务行业也广泛采用工艺专业化布置，例如医院医疗器械的放置。

3. 线性流程

线性流程一般采用对象专业化布置，即根据产品或服务的操作，按顺序来布置资源。在制造型企业，对于品种少但批量大的产品生产，可以按照产品对象来组织生产过程，即按照产品制造或零部件加工的需要来按顺序配置设备，形成流水线布置。加工对象可以像流水般经过顺序安排好的各种不同的设备，最后变成成品零件或者产品，如政府的集中办公和医院的体检等。

4. 混合流程

线性流程布置生产效率高，但对产量要求比较高；而间歇式流程布置虽然要求的产量小，但是生产效率低。为了吸收两者的优点，出现了混合式布置的流程，即企业中某些部分按照间歇式流程布置，另外一些部分按照线性流程布置。混合式布置使用较多的就是成组技术和一人多机技术作业单元。

按间歇式流程布置生产和服务设施，很容易造成加工对象在生产单位之间交叉往返运输，不仅引起费用上升，而且延长了生产周期。而成组生产单元的形式很好地解决了这个问题。其基本原理是，首先根据一定的标准将结构和工艺相似的零件组成一个零件组，确定零件组的典型工艺流程，再根据典型工艺流程的加工内容选择设备和工人，由这些设备和工人组成一个生产单元。成组生产单元类似线性流程形式，因为也具有线性流程形式的优点。但成组生产单元更适用于多品种的批量生产，因而又比线性流程形式具有更高的柔性，是一种适合多品种中小批量生产的理想生产方式。

11.2.2 流程设计概述

1. 流程设计的定义

流程设计是指确定一个流程的基本要素，并对流程的绩效进行评估的过程。流程的基本要素包括流程的输入、处理、输出，完成流程的作业方法，人机组合方案，顾客参与流程的界面参与程度、关键控制点及控制标准等。

对有形的产品，工艺流程设计就是根据产品方案确定全部生产过程的具体内容和顺序。工艺流程设计的主要内容包括确定产品生产方法与工艺技术路线、工艺参数、设备选型及设备之间的连接方案、工艺操作条件、原料和公用工程、安全技术及劳动保护、产品质量、三废处理方案等，并对工艺流程进行技术经济分析。工艺流程设计的主要成果之一就是工艺流程图。工艺流程图就是用箭头、框图及文字描述从原料到目标产品的工艺过程的图形。

对服务或业务，业务流程设计就是根据顾客需求，从实现顾客价值出发，确定某一业务流程的基本模式和具体内容。业务流程优化就是对已有业务流程进行优化。业务流程设计与优化的主要内容包括确定业务流程的服务对象与核心目标、需要输入的主要资源、中间处理过程与基本步骤、具体输出形式。业务流程设计与优化的主要成果之一就是业务流程图。

相对于工艺流程图来说，企业会面临更多的全新的业务流程设计。另外，很少有一成不变的业务流程方案，企业需要经常对其进行优化重组。

2. 流程设计的影响因素

影响生产流程设计和优化的因素有很多，其中最主要的是产品与服务的构成特征，因为生产系统是为了生产产品或提供服务而存在的，离开了用户对产品的需求，生产系统就失去了存在的意义。

（1）产品与服务需求性质。

生产系统要有足够的能力满足用户需求。首先要了解产品与服务需求的特点，从需求的数量、品种、季节波动性等方面考虑对生产系统能力的影响，从而决定选择哪种类型的生产流程。有的生产流程具有生产批量大、成本低的特点，而有的生产流程具有快速适应品种变化的特点，因此，生产流程设计首先要考虑产品与服务的特征。

（2）自制－外购决策。

从产品成本、质量、生产周期、生产能力和生产技术等几个方面综合考虑，企业通常要决定构成产品的所有零件是自制还是外购，企业的生产流程主要受自制件的影响。企业自制加工的零件种类越多，批量越大，对生产系统的能力和规模要求就越高，不仅企业的投资额高，而且生产准备周期长。因此，现代企业为了提高生产系统的响应能力，通常会抓住关键零件的生产和整机产品的装配，而将大部分零件的生产外包出去，充分利用其他企业的力量。这样既可降低本企业的生产投资，又可缩短产品设计开发与生产的周期。自制－外购决策影响着企业的生产流程设计。

（3）生产柔性。

生产柔性是指生产系统对用户需求变化的响应速度，是对生产系统适应市场变化能力的一种度量，通常从品种柔性和产量柔性两个方面来衡量。所谓品种柔性，是指生产系统从生产一种产品快速地转换为生产另一种产品的能力。在多品种小批量生产的情况下，品种柔性具有十分重要的意义。为了提高生产系统的品种柔性，生产设备应该具有较大的适应产品品种变化的加工范围。产量柔性是指生产系统快速增加或减少所生产产品产量的能力。在产品需求数量波动较大或者产品不能依靠库存调节供需矛盾时，产量柔性具有十分重要的意义，在这种情况下，生产流程设计需要考虑具有快速且低成本增加或减少产量的能力。

（4）产品与服务质量水平。

产品与服务质量水平是市场竞争的有力武器。生产流程设计与产品或服务质量水平有着密切的关系。生产流程每个环节的设计都受到质量水平的约束，不同的质量水平决定了采用什么样的生产设备和方法。

（5）接触顾客的程度。

对于绝大多数服务业企业和某些制造业企业，顾客是生产流程的一个组成部分。因此，顾客对生产的参与程度也影响着生产流程设计。当企业提供的服务发生在顾客身上时，顾客就成为生产流程设计的中心，营业场所和设备布置都要把方便顾客放在第一位。而另一些服务业企业，如银行等，顾客参与程度低，企业的服务是标准化的，生产流程设计时应追求标准、简洁和高效。

11.3 流程分析

11.3.1 流程图的绘制

对一个流程进行分析的最好方法就是绘制流程图。所谓流程图就是以图形的方式来描绘流程，以帮助组织在案例分析或流程改善项目中收集信息。

流程图包括三个基本的组成部分：任务、流、存储区。如图11-7所示，任务包括活动、决策和检查，流包括物料流和信息流，存储区指库存区域。在某些时候，流程中的流根据具体情况的不同会指向多个方向。

活动：流程中有助于使原材料向产品转换的行动

库存：原材料、在制品和产成品的停滞与储存

检查：确认活动是否被有效执行

决策：引导其后流程的不同路径

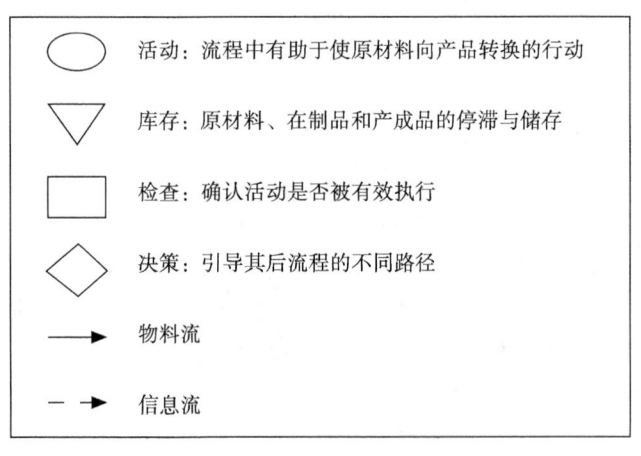

→ 物料流

⇢ 信息流

图11-7　流程图的组成元素

（1）椭圆形代表增加流程单位价值的活动。其依赖于选择的分析程度，一个工序本身也可以是一个流程。

（2）三角形代表库存或者等待区域。与活动不同，库存不增加价值，所以应尽量减少流程中的库存时间。

（3）矩形代表检查。与活动不同，活动通常是指有助于原材料向产品转换的行动，而检查只是确认活动是否被有效执行。

（4）菱形代表决策点。在该点，不同的决策会引导其后流程的不同路径。

（5）箭头线表示物料流或信息流。箭头线是连接活动、库存、检查和决策点之间的物料流和信息流。如果存在经过流程的不同路径的不同流程单位，则不同的路径应使用不同的颜色。

传统的流程绘制主要以单个流程为主，然而现实中企业拥有复杂的流程，且流程绘制的主体也有多个，因此往往存在沟通协作不充分的问题。基于"互联网+"的协同绘制模式，很好地解决了这个问题。"互联网+"技术的发展和应用，使流程图的开发和绘制可通过数据平台进行及时快速的更新、协作和共享，如 ProcessOn 等协同绘制软件的产生，实现了流程图的协同开发○。ProcessOn 是由北京大麦地信息技术有限公司开发的一种专业的可支持多人实时在线协作的流程图作图工具，专注于为作图人员提供价值。互联网和社交技术颠覆了人们梳理流程的方法及习惯，继而使商业用户获得比传统模式更高的效率和回报，改善了人们对流程图的创作过程，并有利于将全球的专家顾问、咨询机构、BPM（业务流程管理）厂商、IT 解决方案厂商和广泛的企业用户紧密地连接在一起。用户可与同事和客户协同设计，实时创建和绘制流程图，并可以实现更改的及时合并与同步。这意味着跨部门的流程绘制、优化和确认可以即刻完成。

11.3.2 流程绩效的评价指标

流程可以看作一个"黑箱"，其利用资源，即劳动力和资金，将投入的原材料或待服务的顾客，转换为产品或者已接受服务的顾客。

1. 流程绩效的三个主要评价指标

一般用以下三种基本流程的度量指标来评价流程绩效。

（1）单位时间产出率或生产率，是指流程生产产品的速度，如每天或每小时的产出量。流程所能达到的最大生产率称为流程的能力。例如，一家综合性医院的单位时间产出就是一天可以服务患者的人数，一家汽车制造厂的单位时间产出就是一天可以生产汽车的数量。

（2）流程时间，指的是一个流程单位通过流程所需要的时间。流程时间包括该流程单位可能等待加工的时间，因为其他在同一道工序上的流程单位（库存）也在争夺同样的资源。流程时间是一项非常重要的流程绩效度量指标，在服务业中应用广泛。比如，患者在医院就诊时，就非常关心流程时间，即患者从到达医院直至离开的时间，包括等待和就诊时间。

（3）库存，指流程中积累的流程单位的数量，在生产线上以在制品为表现形式。

2. 流程的利特尔定律

利特尔定律（Little's law）也称利特尔法则，由约翰·利特尔（John Little）于 1961 年提出并加以证明。利特尔定律揭示了流程绩效的三个指标之间的内在联系，具体公式如下：

$$I = R \times T$$

式中，I 为平均库存；R 为平均单位时间产出；T 为平均流程时间。从式中可以看出，当已知其中两个参数时，可以推算出另一个参数。表 11-8 是应用利特尔定律的三个实例。

○ 资料来源：https://www.processon.com。

表 11-8 单位时间产出、流程时间和库存的三个例子

项目	流程单位	单位时间产出	流程时间	库存
某白酒厂	瓶装白酒	3 000 万瓶/年	3.5 年（包括醇化时间）	10 500 万瓶
某大学 MBA 项目	MBA 学生	220 名学生/年	2.5 年（包括教育时间）	550 名学生
某计算机生产工厂	计算机	500 台/天	2 天	1 000 台

利特尔定律在任何情况下都成立。利特尔定律不受流程单位接受服务顺序的影响，也不受随机因素的影响。顾客数目的变化或接受服务时间的变化都不会对利特尔定律产生影响。

11.3.3 流程能力和瓶颈

流程能力（process capability）是指在给定的单位时间内能够生产多少产品或给多少顾客提供服务。值得注意的是，流程能力是指流程能够生产的数量，而不是流程实际生产的数量。如机器发生故障而没有任何产出时，其流程能力仍然不变，但是单位时间的产出为零。流程能力可以从整体流程层面度量，也可以从构成流程的个别生产设施层面度量。整体的流程能力由生产设施中能力最低的生产设施决定。这个生产设施能力最低的环节称为瓶颈（bottleneck），是指全部流程中最薄弱的环节，即流程能力就等于整个流程中最薄弱环节的能力。流程能力的计算公式如下：

流程能力 =min{生产设施 1 的能力，生产设施 2 的能力，…，生产设施 n 的能力}

如果需求小于供应的能力，流程就按需求生产，而与流程能力无关，这种情形称为需求约束；如果需求大于供应的能力，流程可能受到输入和输出两个方面的约束。输入约束是原材料输入不足，输出约束是流程能力不足。

瓶颈是流程链条中最薄弱的环节，是流程中生产节拍最慢的环节，流程能力取决于最薄弱环节能力的大小。一个流程的瓶颈是动态变化的，瓶颈无时不在，也无处不在。本节以一个例子进行流程中的流程能力计算和瓶颈分析。

【例 11-1】生产一只玩具熊的流水线共有 6 个不同的流程环节，每一个流程环节的特征如下：6 个人填充一只玩具熊耗时 1.5min，9 个人缝制身体耗时 2.4min，8 个人缝制外衣耗时 1.6min，4 个人粘贴五官耗时 0.8min，3 个人安装发声装置耗时 0.75min，2 个人负责包装耗时 0.33min。以上各流程环节完工后需晾干 2h 才能装箱，25 只玩具熊一箱。工人每天在岗工作 8h，有效工作时间按 7h 计算。每天可以销售玩具熊 1 500 只。

表 11-9 计算了每个流程环节的流程能力。根据瓶颈和流程能力的定义，可以确定缝制身体为生产玩具熊的瓶颈环节，为 1 575 只/天。

表 11-9 玩具熊的每个流程环节的流程能力计算

流程环节	流程能力计算过程	流程能力/(只/天)
填充	6×（7×60）/1.5	1 680
缝制身体	9×（7×60）/2.4	1 575
缝制外衣	8×（7×60）/1.6	2 100
粘贴五官	4×（7×60）/0.8	2 100
安装发声装置	3×（7×60）/0.75	1 680
包装	2×（7×60）/0.33	2 545
瓶颈环节	9×（7×60）/2.4	1 575

11.3.4 流程利用率和生产设施利用率

从例 11-1 可以看出，若每天按照一个班次 8h 工作时间，有效工作时间 7h 计算，该生产线每天具有 1 575 只玩具熊的生产能力，而市场需求每天只有 1 500 只，因此，需求和潜在供应能力（流程能力）不匹配。流程利用率就是量化这种不匹配情况的度量指标。流程利用率可由下式表示：

$$流程利用率 = 单位时间产出 / 流程能力$$

例 11-1 中的流程利用率为：1 500/1 575=95.2%。

一般来说，造成流程没有达到 100% 的利用率的原因有：第一，需求小于供应，流程不能满负荷运转，只是以需求的速度进行运转；第二，如果流程的输入不足，流程也不能全力产出；第三，设备检测维修时，有些工序不能运转，流程则处在不产出的状态。

就像流程能力既可以从整体流程层面度量，也可以从构成流程的个别生产设施的层面度量一样，生产设施利用率也可以从整体层面度量或从个别生产设施的层面度量。单个生产设施利用率可由下式表示：

$$单个生产设施利用率 = 单位时间产出 / 生产设施的能力$$

瓶颈是能力最低的生产设施，如果所有生产设施的单位时间产出相同，那么瓶颈就是利用率最高的生产设施或流程环节。在例 11-1 中，可以算出生产玩具熊各工序的利用率，见表 11-10。需要说明的是，瓶颈环节的产出能力就是整个流程的产出能力，在这个例子中，玩具熊的产出能力就是 1 575 只/天。

表 11-10 生产玩具熊的各流程环节利用率

流程环节	流程能力/（只/天）	流程环节利用率
填充	1 680	1 500/1 680=89.3%
缝制身体	1 575	1 500/1 575=95.2%
缝制外衣	2 100	1 500/2 100=71.4%
粘贴五官	2 100	1 500/2 100=71.4%
安装发声装置	1 680	1 500/1 680=89.3%
包装	2 545	1 500/2 545=58.9%
瓶颈环节	1 575	1 500/1 575=95.2%

在资本密集型行业中，度量设备利用率较为普遍，而度量工人利用率则在劳动密集型行业中常见。在例 11-1 中，给定有限需求为 1 500 只/天，在原料充足的情况下，玩具熊生产流程的瓶颈也只利用了 95.2%。如果有充足的市场需求和物流供应，在不允许有在制品库存的情况下，只有瓶颈环节能够达到 100% 的利用率。一般而言，企业追求利润最大化，这同生产设施利用率最大化是有区别的。若生产玩具熊的瓶颈环节利用率为 100%，那么可以得到整体单位时间产出为 1 575 只/天，对应的各流程环节的利用率见表 11-11。

表 11-11 生产玩具熊的瓶颈流程环节利用率为 100% 时各流程环节的利用率

流程环节	流程能力/（只/天）	流程环节利用率
填充	1 680	1 575/1 680=93.8%
缝制身体	1 575	1 575/1 575=100%
缝制外衣	2 100	1 575/2 100=75%
粘贴五官	2 100	1 575/2 100=75%

（续）

流程环节	流程能力/（只/天）	流程环节利用率
安装发声装置	1 680	1 575/1 680=93.8%
包装	2 545	1 575/2 545=61.9%
瓶颈环节	1 575	1 575/1 575=100%

从以上计算过程中可以看出，提高流程中瓶颈环节的产出能力才是提高生产线产出能力的关键，企业的资源应该投入瓶颈环节。当然，瓶颈环节是动态的，消除了某个瓶颈环节后，会出现新的瓶颈环节。

11.3.5 流程分析的步骤

虽然不同的公司、不同的行业各有不同的流程，但是流程分析的过程具有一般规律，通常运用六步分析法来进行流程分析，具体如下。

（1）画出流程图。通过对实际流程的观察，将关键步骤简化为流程的各种组成，如代表活动或工序的椭圆形、代表检查的矩形、代表决策点的菱形、代表存储区域或队列的倒三角形，最后用箭头线将各部分按照流程顺序依次连接，其中箭头的流向就表示信息流、物料流或顾客流的方向。

（2）确定每道工序的特征。在绘制出的流程图的基础上，详细收集各道工序的信息，如每道工序的机器设备数、人员安排、工序加工时间、具体运作等信息。

（3）确定工序间的特征。各工序通过信息流和物料流进行沟通与交流，因此需要确定前后相邻的两道工序之间的转运批量和转运时间。其中，流程的推拉方式是关键，其决定了信息和物料的传递方式。所谓推动（push）方式是指每道工序将自己生产的产品放在各自的库存中，并在该阶段工序与之后的一道工序之间充当"缓冲"，即后道工序从前道工序的库存中提取产品并进行加工，然后传送到下一个缓冲库存，这种方式能够减少意外事件对流程造成的干扰，使各道工序在不受干扰的情况下运作，从而提高工作效率，但是这种工序容易造成库存占用大量资金，使加工时间延长，从而导致反应速度较慢。而拉动（pull）方式是指每道工序的产品加工完成之后，直接交付给下一道工序进行加工，这种方式往往通过顾客的订单来拉动各道工序，因而效率很高，并且反应迅速。

（4）确定流程的瓶颈。由于流程中各道工序的流程能力没有加以平衡，因此流程中会存在瓶颈，需要通过分析计算各工序的流程能力找出瓶颈。

（5）分析流程的产能及每道工序的效率。通过对流程的产能及每道工序的效率的计算，可以确定影响整个流程绩效的关键点，以及需要改进和优化的具体操作。

（6）提出流程改善的措施及建议。根据流程的产能和效率的分析，提出相应的优化建议和措施，如在某个关键点或瓶颈，增减机器数量或者工作人员数量，或者引进新的设备来提高生产率等。

本章小结

围绕生产运作系统和流程设计与分析，本章首先介绍了生产运作系统和流程设计与分析的相关概念，探讨了制造业和服务业流程选择的方法（产品—流程矩阵和服务—流程矩阵)、生产类型及其特征。其次，介绍了流程类型、流程设计的影响因素。最后，介绍了绘制流程图的方法，流程绩效的评价指标及流程分析的步骤等。

思考题

1. 阐述生产运作系统的基本要素，如何确定合理的制造业和服务业流程？生产类型包括哪些？各自的特点是什么？
2. 什么是流程？流程的分类有哪些？什么是流程图？如何绘制流程图？流程绩效的评价指标有哪些？流程分析的一般步骤包括哪些？

案例

智慧口岸：基于 5G 网络的流程改善

中国是世界港口大国，"智慧口岸"建设是提升港口码头作业效率、促进跨境贸易便利化的重要途径。作为"全球首个 5G 试点口岸"的港珠澳大桥珠海口岸，依托大数据、云计算、物联网、人工智能等新一代信息技术，近两年来为通关旅客提供了更为便捷、高效、智慧的服务体验，实现了在一流口岸工程上实施一流运营管理的目标。

为了保证智慧口岸项目的推进，口岸运营公司成立了智慧口岸创新工作室。2019 年 3 月，港珠澳大桥珠海口岸开通 5G 基站，成为全球首个 5G 试点口岸，完成了 5G 网络覆盖。口岸大数据可视化分析系统借助技术手段，实时、动态、有效地监测和分析口岸运营情况，对珠海口岸客流、物流、车流、物联网等多个口岸业务系统数据进行融合，优化了口岸的管理与运营。具体应用包括无人驾驶、机械设备远程控制、智慧安防和智能理货等。下面以无人驾驶和智能理货为例进行介绍。

1. 无人驾驶

针对智慧港口相对封闭的应用场景，基于 5G 网络技术速率高、容量大、延时低的特性，结合车辆自动驾驶技术、智能传感技术等，能够实现智慧港口无人驾驶集卡远程遥控指令的高速发送，以及在异常情况下人工远程遥控无人驾驶集卡的需求，从而实现自动驾驶、自动导引、精准泊车、自动装载等集卡功能并实现远程监控、数据收集和模型优化。无人驾驶集卡与岸桥、场桥机械设备远程控制实现无缝衔接，通过应用无人驾驶技术实现水平运输自动化，进而实现码头全自动化作业。

无人驾驶集卡在智慧港口的应用包括在雨雪、夜间等特殊工况下，保持深度感知和精准有效，实现全天候作业，提高作业效率，减少人员配置，降低人的不安全因素，提高安全性，即通过合理的安排来实现流程优化。

2. 智能理货

智能理货系统主要分为前端识别系统、传输系统和后端管理系统。从实施情况来看，前端识别系统和后端管理系统只是存在技术层面实现方式上的差别，并不会成为智能理货流程的瓶颈。因此，传输系统是部署智能理货系统的关键一环。传统码头的岸桥多数都没有光纤，只能通过无线网络将前端识别系统的信号传到后端。

当前，可通过定制 5G 接入终端的方式在每台岸桥上安装定制的 5G 工业路由器，将岸桥上的数据通过 5G 网络传输到后端管理平台，从而大幅度提高全自动理货的效率，并减少传统理货系统中维护无线网络基站的成本等。

资料来源：http://www.sasac.gov.cn/n2588030/n2588934/c17505367/content.html。

讨论题：

新一代信息技术为流程设计与优化提供了哪些可能的创新路径？

参考文献

[1] GROSS S, STELZL K, GRISOLD T, et al. The business process design space for exploring process redesign alternatives[J]. Business process management journal, 2020, 27（8）: 25-56.

[2] KAYA I, COLAK M. A literature review on fuzzy process capability analysis[J]. Journal of testing and evaluation, 2020, 48（5）: 3963-3985.

[3] TINNILAM. A review of service frameworks analyzing strategic repositioning: the case of bank services[J]. International journal of information systems in the service sector, 2011, 3（1）: 21-38.

[4] LITTLE J D C. A proof for the Queuing Formula: $L = \lambda W$[J]. Operations research, 1961, 9（3）: 383-387.

[5] HAYES R M, WHEELWRIGHT S C. The dynamics of process-product life cycles[J]. Harvard business review, 1979, 57（2）: 127-136.

[6] SCHMENNER R W. How can service business survive and prosper[J]. Sloan management review, 1986, 27（3）: 21-32.

[7] SHARIFZADEHM. Integration of process design and control: a review[J]. Chemical engineering research and design, 2013, 91（12）: 2515-2549.

[8] SHEN CW, CHEN M, WANG CC. Analyzing the trend of O2O commerce by bilingual text mining on social media[J]. Computers in human behavior, 2019, 101: 474-483.

[9] 陈荣秋, 马士华. 生产与运作管理[M]. 5版. 北京: 高等教育出版社, 2021.

[10] 范慕晗, 周洁如. 基于"互联网+"思维饿了么的商业模式创新研究[J]. 上海管理科学, 2016, 38（6）: 18-22.

[11] 雅各布斯, 蔡斯. 运营管理: 第15版[M]. 苏强, 霍佳震, 邱灿华, 译. 北京: 机械工业出版社, 2020.

[12] 海泽, 伦德尔, 蒙森. 运作管理: 第12版[M]. 李果, 张祥, 等译. 北京: 中国人民大学出版社, 2020.

[13] 刘丽文. 生产与运作管理[M]. 5版. 北京: 清华大学出版社, 2016.

[14] 刘志, 王仁国. 5G技术在智慧港口中的应用分析[J]. 市场周刊·理论版, 2019（52）: 1-146.

[15] 吕丽莉. 餐饮业电子商务O2O新运营模式研究[J]. 中国市场, 2014（10）: 59-62.

[16] 马杰. 流程管理研究综述[J]. 技术经济与管理研究, 2020（5）: 5.

[17] 孟兆荣, 鲁晓兵, 郭红锋, 等. 国内外著名制造企业流程设计的特点与分析[J]. 中国管理信息化, 2019, 22（17）: 4.

[18] 潘春跃，杨晓宇，钟可，等.运营管理[M].2版.北京：清华大学出版社，2017.
[19] 任建标.生产与运作管理[M].4版.北京：电子工业出版社，2020.
[20] 唐隆基，潘永刚.数字化供应链：转型升级路线与价值再造实践[M].北京：人民邮电出版社，2021.
[21] 史蒂文森，张群，张杰，等.运营管理：第13版[M].北京：机械工业出版社，2019.

第 12 章
CHAPTER 12

生产过程组织

核心要点

- 生产布置、销售布置和物质系统布置的方法和其优缺点
- 制造业和服务业的作业计划方法
- 合理组织生产过程的原则和选择生产过程组织形式的方法

12.1 生产过程的空间布置

产品生产过程是指从原材料投入到成品出产的全过程,通常包括工艺过程、检验过程、运输过程、等待存储过程和自然过程。为了提高生产过程效率和实现生产的产品利润最大化,企业必须遵循一定的原则,实施生产布置、销售布置和物质系统布置。

12.1.1 生产布置

生产布置可分为多种布置形式,其影响企业内部的生产分工和协作关系,决定着物料流向、物流路线和运输量,是企业与车间平面布置中必须考虑的重要问题。根据工作流程可分为:产品原则布置、工艺原则布置、固定位置布置和混合布置。

1. 产品原则布置

产品原则布置是根据产品专业化原则(product focus,又称对象专业化原则),针对标准化程度高的产品或服务,按照加工的工艺过程布置设备。产品原则布置适合重复性生产,根据加工的对象设置和安排生产单位,重点在于提升效率。产品原则布置一般仅涉及一种或少数几种相似的产品或服务，每一个加工对象都按照同样的顺序加工，常常使用固定的物料运输设备和运输路线。在制造业，这些加工路线被称为生产线或装配线，高度连续的生产线或装配线称为流水线，流水线可使大量产品顺利且迅速地通过系统，如汽车制造厂、飞机制造厂、发动机车间等。服务业也可能会按照对象专业化原则建立生产单位，如专科医院等。这类医院的患者要治疗的都是同种疾病，即加工对象相同或相似。需要注意的是，由于顾客需求差异性大，故服务业按照产品原则布置的情况较少。按照产品专业化组织生产的优点是能够提高工作的专业化水平与工作效率，缩短生产周期，以及设备利用率高、生产管理简单等；其缺点是对需求变化的适应性差，因而比较适合大批量生产环境。表12-1总结了产品原则布置的优缺点。

表 12-1　产品原则布置的优缺点

优点	缺点
1. 布置符合工艺流程，物流顺畅	1. 设备发生故障时将引起整个生产线中断
2. 上下工序衔接，物料存放量少	2. 产品设计变化将引起布置的重大调整
3. 生产周期短	3. 生产线速度取决于最慢的机器
4. 物料搬运工作量小	4. 在生产线上部分机器负荷不满，投资相对较大
5. 可实现作业专业化，对工人的技能要求不高，易于培训	5. 在生产线上重复作业，单调乏味，易使工人产生厌倦感
6. 生产计划简单，易于控制	6. 维修和保养费用高
7. 可使用专用设备和机械化、自动化的搬运方法	

2. 工艺原则布置

工艺原则布置按照工艺专业化（process focus）原则，根据工艺的性质设置生产单位，把执行同一类功能的设施和人员组合在一起，安排在同一区域。工艺原则布置适用于间歇加工，加工作业的多样性要求频繁调整设备，造成工作流的不连续。工艺专业化原则可以体现在企业、组织的各个层次，比如工厂、车间、工段等。以制造业为例，以工艺专业化原则建立的单位有铸造厂、锻造厂、热处理工厂、机械加工车间、锻压车间等。又如，企业的各种职能部门像财务处、计划处、设备处等也是按工艺专业化原则建立的。在服务业，同样也可以以工艺专业化原则来建立生产单位。比如，医院的设施按照不同科室布置，如放射科、手术室、康复科、输液室等，每个科室就像工厂的车间一样完成特定的医疗服务。企业往往会使用多用途设备来保证满足一系列工艺要求所必需的柔性。工艺专业化形式的优点是企业具有灵活性，能够适应产品需求的变化，生产多种产品。但是工艺专业化也有一定的缺点，就是生产过程中物料的运输路线长，设备利用率低，管理复杂。表12-2总结了工艺原则布置的优缺点。

表 12-2　工艺原则布置的优缺点

优点	缺点
1. 机器利用率高，可减少设备数量	1. 流程较长，搬运路线不确定，运费高
2. 可采用通用设备	2. 生产计划与控制较复杂
3. 设备和人员的柔性程度高，更改产品品种和数量方便	3. 生产周期长
4. 设备投资相对较少	4. 库存量相对较大
5. 操作人员作业多样化，有利于提高工作兴趣和职业满足感	5. 由于操作人员从事多种作业，故需要较高的技术等级

3. 固定位置布置

固定位置布置往往用于大型建设项目，例如建设大楼、发电厂、大坝，制造船舶、飞机和火箭等。在固定位置布置中,加工对象保持不动,人、材、物按照需求进行移动。固定位置布置由产品本身的特点决定:重量、体积或其他一些因素使移动产品不现实或难度极大。表 12-3 总结了固定位置布置的优缺点。

表 12-3　固定位置布置的优缺点

优点	缺点
1. 物料移动少	1. 增加人员和设备的移动
2. 采用班组方式可提高作业连续性	2. 设备需要重复配备
3. 班组可以完成全部作业,可提高质量	3. 工人需要具备较高的技能
4. 具有高度的柔性,可适应产品和产量的变化	4. 增加面积和工序间的储存
	5. 生产计划需要加强控制和协调

4. 混合布置

在实践中,常见的布置是由上述三种基本的布置所组成的混合布置。使用这种组织方式的有服装、重型机械、食品、汽车修理企业等。大多数企业的流程形式实际上都属于混合形式。例如,超市布置整体上属于工艺原则布置,但超市大多使用固定路线的物料运输装置,如在存货间使用轴承式传送带和在收银台处使用带式输送带,这些物料运输装置属于固定位置布置。

一种典型的混合布置方式为单元布置,由于顾客需求的多样化,多品种、少批量的生产模式已成为当前生产的主流,单元布置是为适应这种需要而发展起来的。单元布置可认为是产品原则布置的缩影,将工艺原则布置系统转化为接近产品原则布置系统。相对于工艺原则布置,单元布置经过分组,使加工时间较短、物流效率较高、在制品量较低、准备时间较短,同时又具有工艺原则布置的柔性特点,是一种具有发展潜力的布置方式。

单元布置采用成组原则进行布置,利用成组技术,依据产品零部件的相似性将零件进行分类;一系列具有相似工艺要求的零件组成零件族,针对一个零件族的设备要求所形成的一系列机器,称作机器组,这些机器组即制造单元。它利用了工艺专业化与对象专业化的特点,适应多品种中小批量生产。成组布置有三种方式:成组加工中心、成组生产单元、成组流水线。

(1) 成组加工中心。这是一种初级的成组生产方式,是在一个工作地进行成组生产的生产组织形式。当一组零件的工艺可以在一台设备上完成时,就会采用这种布置方式。

(2) 成组生产单元。它是指按照一组或者几组工艺相似、零件相同的工艺路线配置与布置设备,它是完成相似零件全部工序的成组生产组织形式。

(3) 成组流水线。当产品的结构与工艺相似性较高时,即可采用成组流水线布置。成组流水线生产具有一般流水线生产的特征。表 12-4 总结了单元布置的优缺点。

表 12-4　单元布置的优缺点

优点	缺点
1. 产品成组,设备利用率较高	1. 需要较高的生产控制水平以平衡每个单元之间的生产流程
2. 流程顺畅,运输距离较短,搬运量少	2. 如果单元之间的流程不平衡,则需要中间储存,增加了单元之间的物料搬运
3. 有利于发挥班组合作精神	3. 班组成员需要掌握所有作业的技能
4. 有利于扩大工人的作业技能	4. 减少了使用专用设备的机会
5. 兼有产品原则布置和工艺原则布置的优点	5. 兼有产品原则布置和工艺原则布置的缺点

12.1.2 销售布置

销售布置的目标是实现单位面积上的利润最大化，销售布置的核心思想是方便顾客、有利于销售。以下将简要介绍通道布置、柜台布置和零售店布置。

1. 通道布置

当顾客沿着主通道行进时，为了更多地吸引顾客的注意力，可以按一定角度规划二级和三级通道，例如采用矩形布局和菱形布局两种方案，如图 12-1 所示。采用矩形布局能够降低固定设备的费用，并且可以得到更大的展示空间；如果仓储对商店管理非常重要，矩形布局是最合适的规划方式。采用菱形布局可使顾客更清楚地看见商品，在其他条件相同的情况下，菱形布局可形成更好的销售环境。

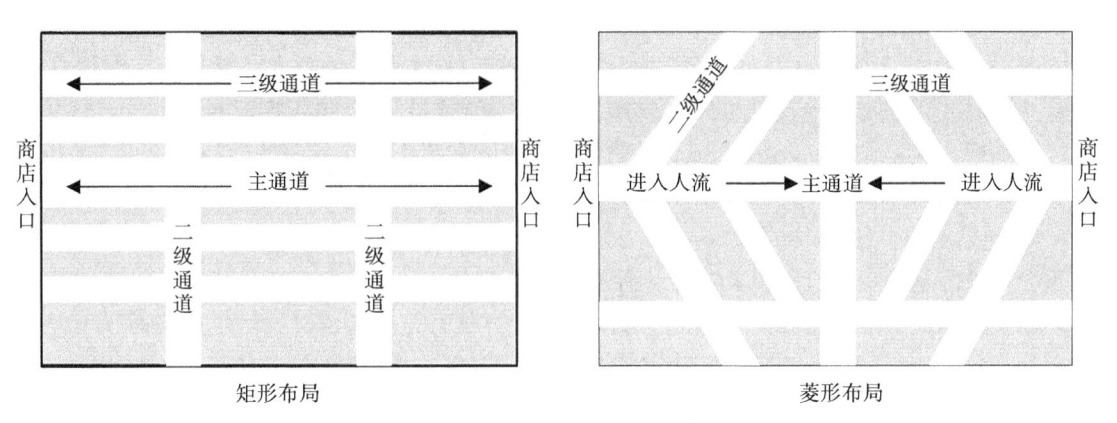

图 12-1 两种通道布置方案

2. 柜台布置

柜台布置通常可分为网络式、自由式和精品店式三种布置。网络式：以矩阵网格方式安排柜台，通道都是平行的。网络式布置能有效利用销售空间，创造整洁的环境，并且能够简化购物活动。自由式：采用不同形状和大小的柜台展示商品。自由式布置可以提供轻松、友好的购物气氛，能够鼓励顾客花费更长时间逗留，增加顾客冲动性购买的机会。精品店式：将商店划分为一系列相对独立的购物区，每一区域都有自己的主题，类似于在一个大店里布置一系列专卖店。

3. 零售店布置

零售店布置通常遵循以下原则：尽可能将商品展示得更为吸引人；保证充裕的展示空间，不仅可为顾客提供开放的视线范围，还能防止店内发生失窃事件；充分利用楼层区位价值进行布置；充分利用通道区位价值进行布置；可能发生冲动性购买的商品和方便货物应当摆放在零售店的前部；区分销售区与非销售区。其中楼层区位价值是指商店内空间的各部分在创造销售收入上作用并不相同，可以用空间价值来区分，通常来说一层商铺价值最高，楼层高度越高的商铺价值越低。通道的布置在吸引顾客方面也有很大的影响，沿主通道摆放的商品一般销量会更高。

12.1.3 物质系统布置

物质系统布置是指对业务部门、工作中心和设备进行布局,以确保系统中的工作有效运行的决策。物质系统布置最早起源于工厂设计,工厂总体布置设计需要规划工厂各个组成部分,包括生产车间、辅助生产车间、仓库、动力站、办公室、露天作业场地等各种作业单位和运输线路、管线、绿化和美化设施的相互位置,同时也要解决物料的流向和流程、厂内外运输的连接及运输方式等问题。车间布置设计需要规划各生产工段、辅助服务部门、储存设施等作业单位及工作地、设备、通道、管线之间的相互位置,同时也要解决物料搬运的流程及运输方式等问题。

物质系统布置涉及生产系统内各物质部分的最优安排,包括生产系统的目标、生产需求量预测、工艺要求、建筑物的总数或场地的有效空间总数等。物质系统布置的目标是合理规划部门的选址,以及部门内各工作组、工作站、机器的位置,确保工厂内或服务组织内的工作流程顺畅。物质系统布置需要大量的资金投入,事关企业长期运营目标的实现,影响着企业的运营效率和成本。据测算,物料搬运和布置相关的成本占总生产运营成本的20%~50%;而采用合理有效的布置方法,可使这些成本降低约30%甚至更多。

理查德·缪瑟(Richard Muther)认为有5项基本要素影响布置设计,分别为:产品(或材料服务)(production,P)、数量(或产量)(quantity,Q)、生产路线(或工艺过程)(routing,R)、辅助服务部门(supporting service,S)、时间(或时间安排)(time,T)。PQRST是解决物质系统布置问题的钥匙,其中P指生产什么,解决的是产品和材料相关问题;Q指每项产品生产多少,解决的是数量和产量相关问题;R指怎样进行生产,解决的是生产路线和工艺过程相关问题;S指用什么支持生产,解决的是辅助服务部门相关问题;T指产品何时生产,解决的是时间安排相关问题。物质系统布置方法可以分为企业整体布置方法(系统布置设计法、螺旋法、关系图法)和企业内部布置方法(从至表法)。

1. 系统布置设计法

在企业整体布置方法中,以理查德·缪瑟提出的系统布置设计(systematic layout planning,SLP)法最为著名,应用十分普遍,如图12-2所示。这种方法不仅适用于工厂和生产系统设计,还可以用于医院、学校、百货商店、办公楼等设施设计。根据PQRST的基本思路,系统布置设计的具体程序如图12-3所示。

2. 螺旋法

螺旋法包含五个基本步骤,分别为:统计单位之间的流量、计算流量级别、布置相邻位置、按实际面积调整、评价。

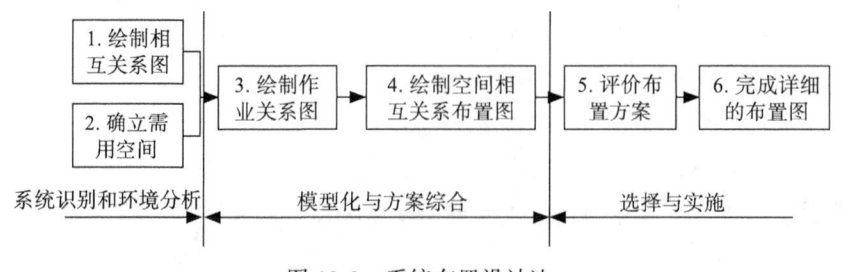

图 12-2 系统布置设计法

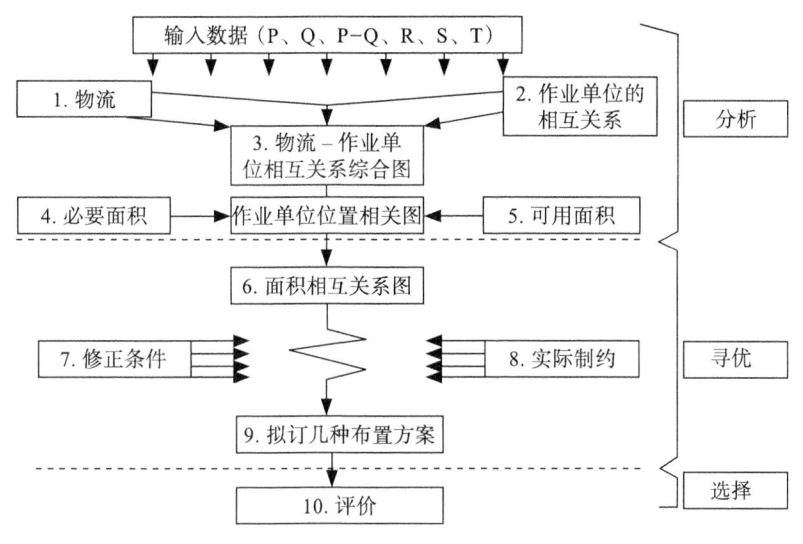

图 12-3 系统布置设计的具体程序

（1）统计单位之间的流量：统计各个单位之间物料往来数量并绘制从至表。某工厂产品 A 的生产物料从至表如表 12-5 所示。

表 12-5 某工厂产品 A 的生产物料从至表

从	至						
	01 备料车间	02 机加工车间一	03 机加工车间二	04 冲压车间	05 油漆车间	06 装配车间	07 仓库
01 备料车间		12	6	9	1	4	
02 机加工车间一					7	2	
03 机加工车间二		3			4		
04 冲压车间					3	1	
05 油漆车间		3	1			3	
06 装配车间	1						7
07 仓库							

（2）计算流量级别：根据统计出的物料从至表，计算各个单位间的流量，并按照流量大小排序，具体数据如下。

单向：01-02（12）、01-04（9）、02-05（7）、06-07（7）、01-03（6）、01-06（4）、03-05（4）、03-02（3）、04-05（3）、05-02（3）、05-06（3）、02-06（2）、01-05（1）、04-06（1）、05-03（1）、06-01（1）。

双向：01-02（12）、02-05（10）、01-04（9）、06-07（7）、01-03（6）、01-06（5）、03-05（5）、03-02（3）、05-06（3）、04-05（3）、02-06（2）、04-06（1）、01-05（1）。

根据双向流量绘制流量相关线图，如图 12-4 所示，图中实线表示 2 个单位流量，虚线表示 1 个单位流量。

（3）布置相邻位置：根据流量相关线图，依次按照流量级别布置相邻位置，如图 12-5 所示。

（4）按实际面积调整：根据实际情况对当前方案进行调整。

（5）评价：依照双向流量对调整后的布置方案进行评价。主要的评价方面如下：有流量而不相邻的部门有 01-06、04-05、05-06、01-05，总流量为 12；产品 A 的生产流量合计为

67，总失效率为 12/67=18%。

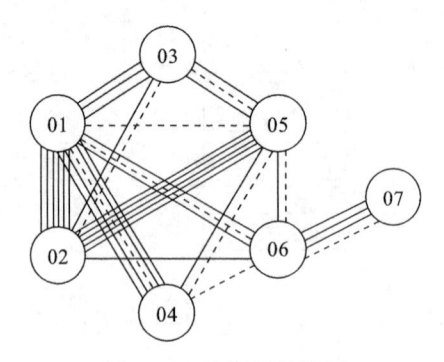

图 12-4 流量相关线图

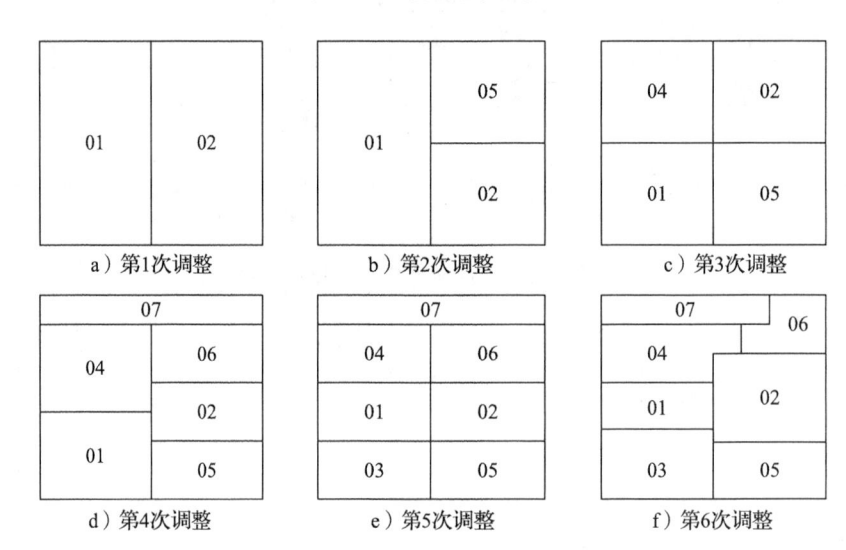

a）第1次调整

b）第2次调整

c）第3次调整

d）第4次调整

e）第5次调整

f）第6次调整

图 12-5 螺旋法过程演进

3. 关系图法

关系图法通过对影响布置的因素进行分析，确定各单位之间的关系及关系的重要程度，然后将这些信息汇集在如图 12-6 和图 12-7 所示的分析框架中，据此进行布置。具体步骤如下：①确定单位之间的关系；②列出各单位与其他单位间的有关数据；③按照发生的关系，以及关系的重要程度布置相对位置；④按实际面积调整；⑤评价。

关系重要程度	代码
绝对必要	A
很重要	E
重要	I
一般	O
不重要	U
不可接近	X

原因	代码
共用人员	1
共用设备	2
共用场地	3
共用信息	4
工艺流程连接	5
做类似工作	6
人员接触	7

图 12-6 关系重要程度和重要程度原因分类

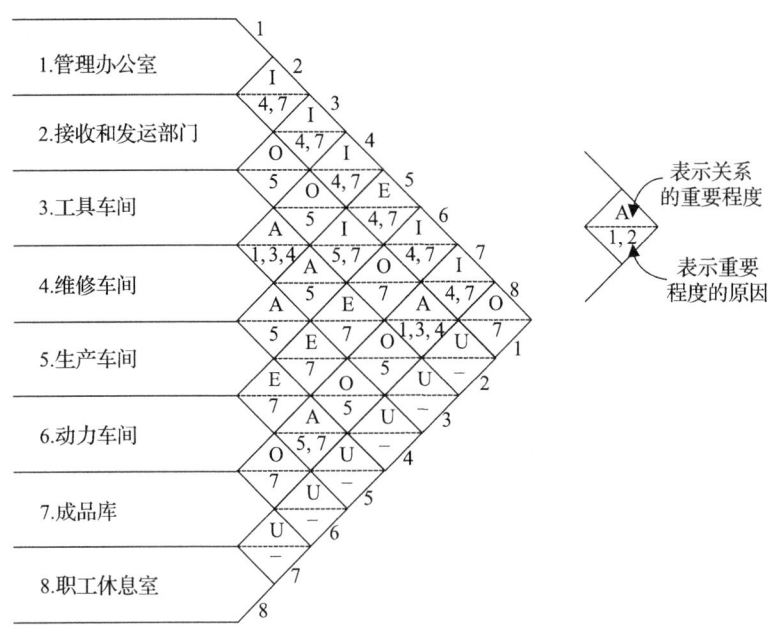

图 12-7　各单位之间的关系

4. 从至表法

从至表是指从一个工作地到另一个工作地搬运次数的汇总表。表的列为起始工序，行为终止工序，对角线右上方的数字表示按箭头前进的搬运次数之和，对角线左下方的数字表示按箭头后退的搬运次数之和。根据企业内部工作地的分布，从至表法可分为单行布置法和双行布置法。

（1）单行布置法。

当部门内部工作地成单行排列，且工作地之间往来密切程度的关系能定量表示时，一般使用单行布置法。下面结合一条生产线的布置的例子，说明从至表法的操作步骤。设一条生产线上加工 17 种零件，该生产线包括 8 种设备 10 个工作地，如图 12-8 所示，任意相邻两个工作地间的距离大体相等并记作一个单位距离。用从至表法的解决步骤如下。

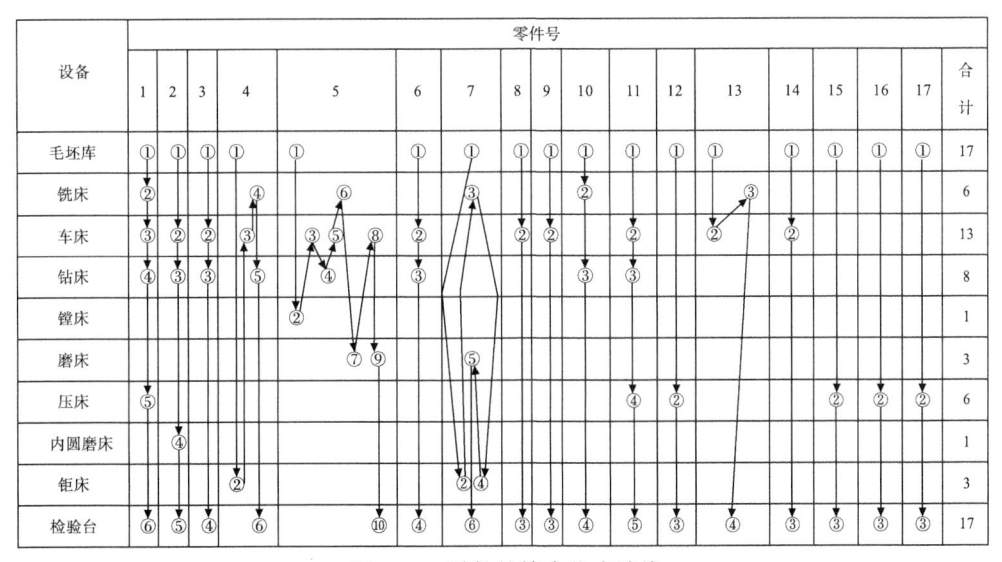

图 12-8　零件的综合往来路线

首先根据零件的综合往来路线图绘制初始零件从至表，如表12-6所示。从至数代表工作地之间的流量的大小；数据距对角线的格数是工作地之间的距离单位数，因而，越靠近对角线的方格，两工作地间的距离越小。最佳排列顺序应满足：从至次数最多的两台机床，应该尽可能地靠近。由上述对从至表的分析可以看出，这需要使从至表中越大的数字越靠近对角线。由此对工作地进行调整，可得最终零件从至表，如表12-7所示。

表 12-6　初始零件从至表

从	至										
	毛坯库	铣床	车床	钻床	镗床	磨床	压床	内圆磨床	锯床	检验台	合计
毛坯库		2	8		1		4		2		17
铣床			1	2		1			1	1	6
车床		3		6		1				3	13
钻床			1				2	1		4	8
镗床			1								1
磨床			1							2	3
压床										6	6
内圆磨床										1	1
锯床		1	1		1						3
检验台											
合计	6	13	8	1	3	6	1	3	17	58	58

表 12-7　最终零件从至表

从	至										
	毛坯库	车床	铣床	钻床	压床	检验台	锯床	镗床	内圆磨床	磨床	合计
毛坯库		8	2		4		2	1			17
车床			3	6		3				1	13
铣床		1		2		1	1			1	6
钻床		1			2	4			1		8
压床						6					6
检验台											
锯床		1	1							1	3
镗床		1									1
内圆磨床						1					1
磨床		1				2					3
合计	13	6	8	6	17	3	1	1	3	58	58

为了直观展示从至表法的效果，可以通过计算总的零件移动距离来评价优化结果。由于数据方格距对角线的距离表示两工序间的距离，而数据表示零件在两工序间的移动次数，所以可以用方格中数据与方格距对角线的距离之积的和，来表示零件总的移动距离：

$$L = \sum ij$$

式中，L表示零件总的移动距离；i表示两个工作地之间的距离；j表示这两个工作地的从至数。从至表法的改进效果如表12-8所示。

表 12-8 零件总的移动距离计算表

	前进	后退
	$i \times j$	$i \times j$
改进前	1 × (2+1+6)=9 2 × (8+2+1)=22 3 × (1+2+6)=27 4 × (1+1+1+2)=20 5 × 0=0 6 × (4+4)=48 7 × (1+3)=28 8 × (2+1)=24 9 × 0=0 合计 178	1 × (3+1)=4 2 × 1=2 3 × (1+1)=6 4 × 0=0 5 × 0=0 6 × 1=6 7 × 1=7 8 × 0=0 9 × 0=0 合计 25
	零件总的移动距离 $L = \sum ij = 178 + 25 = 203$	
改进后	1 × (8+3+2+2+6)=21 2 × (2+6+4)=24 3 × (1+1)=6 4 × (4+3+1)=32 5 × 1=5 6 × 2=12 7 × 2=14 8 × 1=8 9 × 0=0 合计 122	1 × 1=1 2 × 1=2 3 × 1=3 4 × (1+2)=12 5 × 1=5 6 × 1=6 7 × 0=0 8 × 1=8 9 × 0=0 合计 37
	零件总的移动距离 $L_1 = \sum ij = 122 + 37 = 159$	
	零件总的移动距离改进前后之差 $\Delta L = L - L_1 = 44$	
	总距离相对减少程度 $\Delta L/L = 44/203 = 21.7\%$	

（2）双行布置法。

当部门内部成双行布置时，采用双行布置法。双行布置法涉及以下几个概念。相邻从至线：处于相邻位置的工作地之间的从至线。超邻从至线：处于不相邻位置的工作地之间的从至线。极限标准：当追求总移动距离为最短时，要使所有有流量往来关系的工作地处于相邻位置，此时总移动距离最短，该总距离称为极限标准。超极限标准数：方案的总移动距离与极限标准之间的差额：

$$\Delta \sum_{i=1}^{m} \sum_{j=i+1}^{n} (x_{ij} - 1) y_{ij}$$

式中，x_{ij} 表示 i、j 两个工作地之间的距离；y_{ij} 表示 i、j 两个工作地之间的从至数。

双行布置法的具体步骤为：首先根据表 12-9 整理出零件移动次数的排序表，如表 12-10 所示，将其按照从大到小的顺序排列；然后根据排列做出调整，把移动次数多的相关工作地相邻安排，直至把全部工作地安排完为止。初始布置方案及优化后的两种布置方案如图 12-9 所示。

表 12-9 从至表

从	至 1	2	3	4	5	6	合计
1		2	8		1		11
2			1	2		1	4
3		3		6		1	10
4		1					1
5		1					1
6		1					1
合计		5	12	8	1	2	28 / 28

表 12-10 零件移动次数的排序表

次序	相关设备	次数	次序	相关设备	次数
1	①—③	8	7	②—③	1
2	③—④	6	8	②—⑥	1
3	③—②	3	9	③—⑥	1
4	①—②	2	10	④—③	1
5	②—④	2	11	⑤—③	1
6	①—⑤	1	12	⑥—③	1

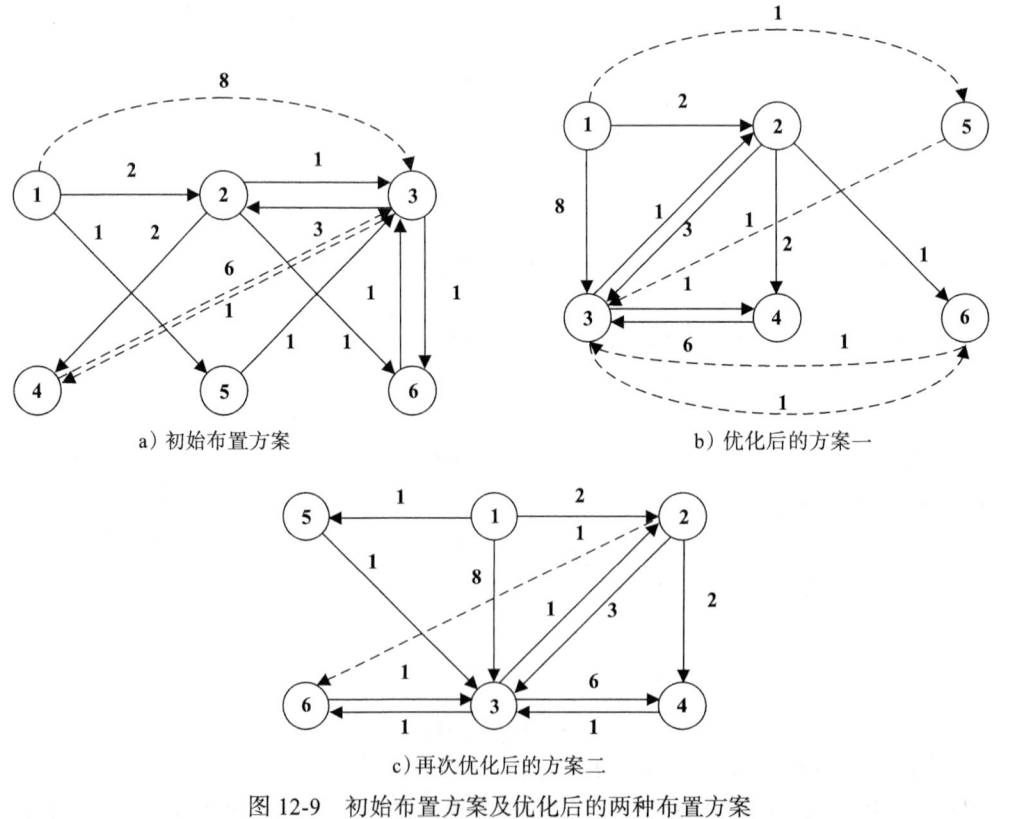

a) 初始布置方案

b) 优化后的方案一

c) 再次优化后的方案二

图 12-9 初始布置方案及优化后的两种布置方案

在初始布置方案中，相邻从至线有 9 条，超邻从至线有 3 条，超极限标准数为 15；优化后的方案一中相邻从至线有 8 条，超邻从至线有 4 条，超极限标准数为 4；再次优化后的方案二中相邻从至线有 11 条，超邻从至线有 1 条，超极限标准数为 1。

12.2 生产过程的时间组织

12.2.1 制造业的作业计划

生产过程的时间组织，指的是设定有效的作业计划（job scheduling）为各工作中心分配工作量，以及确定各工序的执行顺序等。在竞争环境下，如果企业的作业计划做得比竞争对手更好，就能缩短顾客订单等候时间，给企业带来竞争优势。企业的生产作业计划在生产运作计划系统中属于执行层面的操作计划。作业计划决策处于转换过程中，是实际产出之前的最后一步。它以综合生产计划、主生产计划及物料需求计划为依据，对每个生产单位，如车间、工段、班组等，在每个具体时期内的生产任务做出详细规定，使生产计划得到落实。制造业的作业计划在很大程度上与系统产出的批量有关。本节主要介绍大量、批量和单件小批量生产系统的作业计划。

1. 大量生产系统的作业计划

大量生产系统采用的是标准化的设备，实行高度专业化的劳动分工。大量生产系统往往是一种流系统（flow system），在这类系统中所有工件的加工路线完全相同，其作业计划称为流水车间排程（flow-shop scheduling）。在大量生产环境下，生产作业计划的主要决策问题在设计生产线时就已经基本确定，包括生产节拍、工作地负荷分配、产品投产顺序、在制品定额等。

大量生产系统作业计划的工作要点如下。

（1）合理的流程与产品设计。保证系统能平稳运行。

（2）预防性维护。使设备维持在良好的运作状态，将引发工作中断的故障降到最小。

（3）故障发生时的快速修理。需要一定的修理人员和关键备件的库存。

（4）最佳产品组合。确定生产产品的比例和类型，以最小的成本获得期望的产出。

（5）减少质量问题。质量问题的影响极大，往往需要停产直到问题解决。

（6）供应的可靠性与时间安排。缺乏供应会明显中断生产，但囤积供应物会产生很高的库存成本。缩短供应提前期、制定可靠的供应进度安排、合理预测需求等都是有效手段。

2. 批量生产系统的作业计划

多品种中小批量生产是成批生产类型中最典型和最主要的部分。它与大量生产的流水线、自动线相比，在制品的物流路线复杂，在制品周转等待的时间长，因此生产周期大为延长，生产中的在制品大大增加，从而使产品成本也大幅度提高。但与单件小批量生产相比，其运营规模比较大。批量生产的产品有食品、油漆、化妆品等。

其生产过程中存在同一生产线要在不同产品的生产任务之间来回转换等问题，因此多品种中小批量生产作业计划的工作要点是确定生产批量、生产周期与间隔期、生产提前期等。企业可以利用经济生产批量模型解决作业批量的问题，使采购成本和库存成本降至最低。

3. 单件小批量生产系统的作业计划

单件生产与大量生产、批量生产不同，它每一次只生产一种或者少数几种产品，因此生产工艺路线复杂，生产作业计划编制的难度高。其需要解决的关键问题是：保证交货期、保证各生产环节之间的相互衔接。由于单件生产的各项生产活动的时间或生产提前期是不精确的，因此编制生产作业计划的关键是制定一个合理的生产进度表，并在生产过程中经常调整作业的资源分配与生产进度。单件生产一般采用甘特图编制作业计划。

在图 12-10 中，作业中心 3 在整整一个星期中都处于负荷或维修状态，故不能再指派任务到该作业中心。自星期二开始，随时可向作业中心 4 指派任务。另外两个作业中心的空闲时间则分散在不同的时段。根据这种直观的图形，计划人员就可以把作业任务分配到各个作业中心。

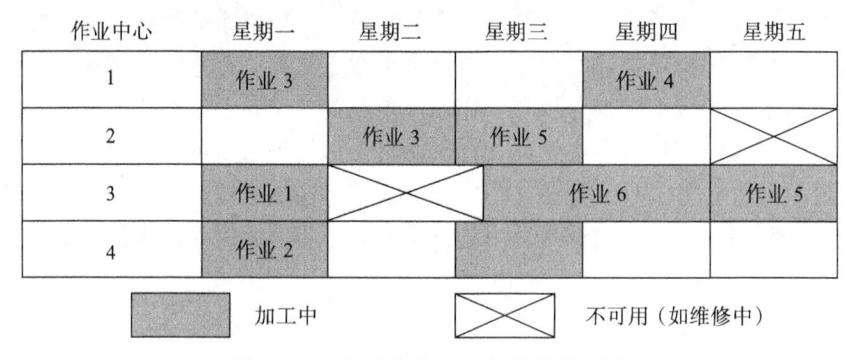

作业中心	星期一	星期二	星期三	星期四	星期五
1	作业 3			作业 4	
2		作业 3	作业 5		✕
3	作业 1	✕		作业 6	作业 5
4	作业 2				

▨ 加工中　　✕ 不可用（如维修中）

图 12-10　表示作业中心负荷的甘特图

4. 作业排序

一般来讲，对于 n 种工作，每一种需要在 m 台机器上加工，则可能的排序方案共有 $(n!)^m$ 种。例如，三种零件在两台机器上加工，共有 36 种可能的排序方法。由于工艺上的限制，以及零件间的相互关系，有些排序方案是不可行的。但即使如此，仍然有相当数量的可能方案。在选择之前，首先需要确定选择、评价的标准。

（1）作业排序方案的评价标准。

1）工件流程时间。从工件可以开始加工至完工的时间。它还包括转换时间、等待时间，以及由于机器故障、质量等问题引起的延迟时间等。

2）全部完工时间。完成一组作业所需的全部时间。

3）延迟。用比预定完工时间延迟的时间来表示。

4）在制品库存。正在被加工或放置于零件库中的产品，都可看作在制品库存。

5）总库存。计划入库量和现有库存量的总和为总库存。

6）利用率。用一台机器或一个工人的有效生产时间占总工作时间的百分比来表示。

（2）作业排序的优先规则。

在确定某台设备上或工作地上应该先加工工件的顺序时，需要采用作业排序的优先调度规则。企业常用的几类规则如下。

1）最短加工时间规则——SPT（shortest processing time）或 SOT（shortest operation time），优先选择加工时间最短的工件。

2）最短交货期规则——EDD（earliest due date），优先选择完工期限最早的工件。

3）先到先加工规则——FCFS（first come first served），优先选择最早进入排序集合的工件，按照作业到达的先后顺序进行加工。

4）最小临界比规则——SCR（smallest critical ratio），优先选择临界比最小的工件，临界比 =（交货期 - 当前期）/ 余下的加工时间。

5）最短剩余作业时间规则——LWKR（least work remaining），优先选择余下加工时间最短的工件。

6）最长剩余作业时间规则——MWKR（most work remaining），优先选择余下加工时间最长的工件。

在以上几种规则中，SPT 规则可使工件的平均流程时间最短，从而减少在制品数量；FCFS 规则对服务对象最公平；MWKR 规则使不同工作量的工件的完工时间尽量接近；LWKR 规则使工作量小的工件尽快完成；EDD 和 SCR 规则可使工件的最长延误时间达到最小。优先规则有许多种，排序时采用哪一种，应根据具体的目标确定。

（3）n 个工件在一台机器作业排序。

【例 12-1】6 个工件需要在某台设备上加工，各工件的加工时间如表 12-11 所示（工件编号代表工件到达工作地的先后次序），比较 SPT 和 EDD 排序规则哪种更合理。表 12-12 是按照最短加工时间规则（SPT）排序的结果。表 12-13 是按照最短交货期规则（EDD）排序的结果。

表 12-11　工件的加工时间与交货期　　　　　　　　时间单位：h

工件编号	加工时间	交货期
1	7	14
2	8	12
3	10	20
4	2	10
5	5	15
6	6	18

表 12-12　按照最短加工时间规则（SPT）排序　　　时间单位：h

作业编号	工件编号	加工时间	等待时间	完成时间	交货期	拖延时间
1	4	2	0	2	10	0
2	5	5	2	7	15	0
3	6	6	7	13	18	0
4	1	7	13	20	14	6
5	2	8	20	28	12	16
6	3	10	28	38	20	18

总拖期工件数为 3 件，平均拖延时间为（0+0+0+6+16+18）/ 6=6.7 h，平均流程时间为（2+7+13+20+28+38）/6=18 h。

表 12-13　按照最短交货期规则（EDD）排序　　　时间单位：h

作业编号	工件编号	加工时间	等待时间	完成时间	交货期	拖延时间
1	4	2	0	2	10	0
2	2	8	2	10	12	0
3	1	7	10	17	14	3

(续)

作业编号	工件编号	加工时间	等待时间	完成时间	交货期	拖延时间
4	5	5	17	22	15	7
5	6	6	22	28	18	10
6	3	10	28	38	20	18

总拖期工件数为4件，平均拖延时间为（0+0+3+7+10+18）/6=6.3 h，平均流程时间为（2+10+17+22+28+38）/6=19.5 h。

通过比较表12-12和表12-13可以看出，用SPT规则排序，其平均流程时间更短，在制品库存更少。而用EDD规则排序，其平均延迟时间和总延迟时间均较少，可以给顾客提供更好的服务。对比后可以发现，两种排序方案均有相同的完工时间：38小时。在单工作地、固定工件数的排序问题中，无论采用什么优先规则都会有相同的完工时间，因为在任何两个工件之间，工作地或机器都没有空闲。

（4）n个工件在两台机器作业排序。

假设有许多工件要经过两台机器的加工来完成，并且所有工件的加工路线都相同。在这种情况下，全部完工时间是一个重要的评价标准。在一组工件、单一机器的排序问题中，无论选择何种次序，全部完工时间都是相同的。但这个结论对于两种或两种以上机器的作业排序问题不再适用。

1954年，S.M.约翰逊（S. M. Johnson）提出了一个有效算法，用于解决一组工件经过两台机器加工的流水车间排序问题，其目标函数是使全部完工时间最短。这就是著名的约翰逊规则（Johnson's rule）。该规则的使用需要满足以下几个条件：①各项作业在各工作中心的作业时间（包含换产与加工时间）是已知且固定的；②作业时间需要独立于作业顺序；③作业在两个工作中心的排序是相同的；④没有工作优先级；⑤在作业被移送到第2个工作中心之前，其在第1个工作中心的所有工作内容都应完全结束。约翰逊规则的步骤如下所述。

1）列出全部作业及其在各个工作中心的作业时间。

2）选取时间最短的作业，如果最短时间在第1个工作中心，就将该作业排在第1位，如果在第2个工作中心，则将其排在序列的最后一位；如果有两个相同的最小值，则任选一个。

3）从加工时间矩阵中划去已排序工件，然后重复步骤1和2，直至全部工件被安排完。若最短加工时间有多个，则任选一个。

【例12-2】有6个作业要经过两台机器的流水车间进行加工。第一步操作涉及清洁工作，第二步则是喷漆。为这组作业排序，使总的完成时间最短。加工时间如表12-14所示。

表12-14 作业在两个工作中心的加工时间

作业	加工时间/h	
	工作中心1	工作中心2
A	5	5
B	4	3
C	8	9
D	2	7
E	6	8
F	12	15

解：为了应用约翰逊规则，首先给出一个空白序列。

```
1  2  3  4  5  6
□  □  □  □  □  □
```

1）选出加工时间最短的作业，即作业 D，耗时 2h。

2）由于这段时间在第一个工作中心，因此把 D 放在第一位。同时把 D 消除不再考虑。

```
1  2  3  4  5  6
D  □  □  □  □  □
```

3）下一个加工时间最短的是作业 B。但由于它在第二个工作中心，故把它往后排，排在了最后一位。同时消除 B 不再考虑。

```
1  2  3  4  5  6
D  □  □  □  □  B
```

4）剩下的作业及其时间如下。

作业	加工时间 /h	
	工作中心 1	工作中心 2
A	5	5
C	8	9
E	6	8
F	12	15

现在选加工时间最短的，为作业 A，但作业 A 在两个工作中心的时间是相等的。因此，可以把它放在序列开头，也可以放在序列结尾。假设把它放在了结尾，现在的排序如下。

```
1  2  3  4  5  6
D  □  □  □  A  B
```

5）剩下的时间最短的是 E，即在第一个工作中心加工 6h，因此把它放在前边，D 之后。

```
1  2  3  4  5  6
D  E  □  □  A  B
```

6）剩余的两项作业中，C 具有最短时间。由于它在第一个工作中心，故将 C 排在序列的第三位。最后把剩下的作业 F 放在第四位。可以得到最终排序如下。

```
1  2  3  4  5  6
D  E  C  F  A  B
```

构造甘特图来观察通过时间和空闲时间的信息。特别要注意，对任何作业，在工作中心 1 的工作完成之前不能开始工作中心 2 的安排。也就是说，应该等工作中心 1 完成后才能流入工作中心 2，这可能导致计划中的工作中心 2 产生空闲，如图 12-11 所示的情形。

因此，完成这组作业需要 51h。第二个工作中心花了 2h 等待第一个作业，完成 C 后还得再等 2h。工作中心 1 在 37h 后结束工作。

而对于一般的 n 个工件、m 台机器（$m \geq 3$）的流水车间排序问题，虽然可以用分支定界法保证得到最优解，但随着问题规模的扩大，计算量相当大，甚至连计算机也难以求解，因此带来巨大的时间成本。为了做到求解的最优性与经济性的统一，学者们提出了多种启发式算法，以便以较小的计算量得到足够好的结果，因而在生产实际中较实用。

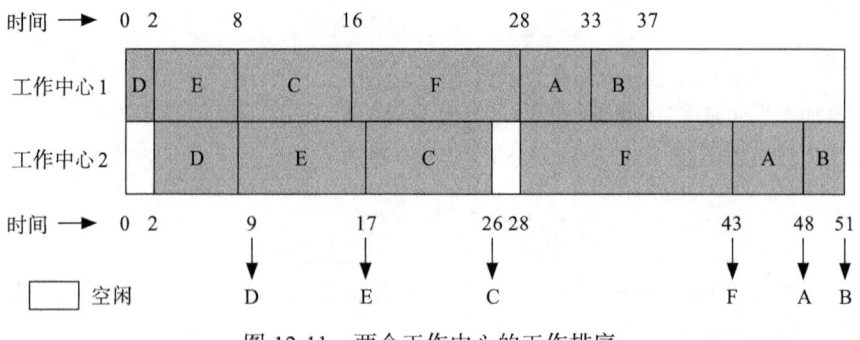

图 12-11　两个工作中心的工作排序

5. 数字化与智能化生产作业

先进的信息技术进一步推动了生产作业计划与控制技术的发展。云系统、大数据、5G 技术、物联网技术等都运用到生产作业计划与控制中。我国一些先进的制造企业，如美的、海尔、伊利等，通过数字化和智能化改造与升级，使企业生产率水平得到了大幅提升，市场竞争力及综合经济效益和社会效益都得到提高。智能制造环境下的生产作业计划和控制技术手段实现了以下创新。

（1）基于云平台的工业互联网信息沟通和共享平台。云技术的发展为工业生产控制提供了很好的平台，通过云技术，企业可以大幅提升其信息沟通和共享能力，工业互联网使企业不同部门的信息能及时传递，有效提高了企业的现场生产管理信息和高层生产计划、销售计划和交货信息等的同步化。

（2）基于制造执行系统的作业计划与控制的数字化监控技术。目前越来越多的企业运用各种先进的数字化生产计划和控制技术，而电子看板和电子监控技术的使用，大大改善了企业生产控制的技术手段，帮助企业及时和有效地处理生产过程中出现的各种问题，提高企业精准控制的能力。

（3）基于 5G 移动互联网技术和手机移动端的生产信息监控系统。传统的生产控制主要依靠手工统计报表数据进行现场生产监控，信息反馈比较慢。然而，随着移动互联网技术的发展和应用，现在已经有一些管理者借助移动互联网技术将手机作为移动终端，这样车间生产信息可以随时随地被车间生产管理者掌控，从而确保他们拥有及时敏捷的生产控制能力。

（4）基于物联网技术的生产信息跟踪工具。RFID 等物联网技术的应用，使企业可以把每个零件和每个产品的生产信息快速传输到企业的数字化平台，通过数字化平台，企业生产进度信息（包括完工数量、交货时间、质量状况等）都可以得到及时的跟踪和反馈。

（5）基于大数据分析的生产控制策略。大数据技术，包括机器学习、神经网络等可以为生产控制提供有效的帮助，通过对生产数据进行大数据分析，企业可以精准判断订单流特征、生产质量的动态、设备健康状况等，从而为及时跟踪生产进度、提高生产控制精准性提供科学的依据。

12.2.2　服务业的作业计划

服务业作业排序和制造业作业排序的本质区别在于：服务不能像产品一样被储存，服务无法进行预先生产，以及顾客需要服务的随机性。在制造业中，生产作业排序对产品的最终客户没有直接影响。而在整个服务过程中，顾客需要参与，因此服务业的作业排序对顾客有直接影响。顾客参与会影响服务作业实现标准化，从而影响服务效率。同时由于顾客的需求各异，从而使服务时间难以预计，因而导致所需服务人员的数量难以确定。

因此，服务业作业排序的一个重要目标在于使顾客流与服务能力相匹配。服务业作业排序要从顾客需求和服务能力两方面来安排，涉及两种基本的排序方式：①将顾客需求分配到各时间段内；②将服务人员安排到顾客需求的不同时间段内。

1. 安排顾客需求

这种方式是根据不同时间内可利用的服务能力为顾客排序。在此情况下，服务能力保持一定，而顾客的需求被适当安排，帮助企业提供准时服务和充分利用能力。通常有三种方法：预约系统、预订系统和排队等待。

（1）预约系统。

预约系统的目的是控制顾客到达时间，在实现顾客等候时间最短的同时，使服务能力利用率最大化。医生、律师和汽车修理厂是使用预约系统的典型例子。然而，即使采用预约方式，仍然会由于顾客的不准时、取消预约、无法控制服务时长而出现一些问题，如牙医在补牙时遇到并发症，应为这个患者花额外时间而顺延排在后面的预约。这个问题可以通过为每个顾客安排足够的时间，而不是仅仅设计相等的时间间隔来解决。

（2）预订系统。

预订系统类似于预约系统，但它通常被用于顾客接受服务时需占据或使用相关服务设施的情况。例如，顾客预订旅馆房间、火车或飞机座位、汽车租赁，以及音乐会购票等。预订系统的主要优点在于，它给予服务管理者一段提前期来计划设施的充分利用，管理人员可以分散顾客，使需求与服务能力匹配。而且这种方式通常要求预付一定款项，这样可减少爽约的情况。

（3）排队等待。

由于能力是有限的，而顾客需求是随机的，因此不可避免地会出现顾客等待接受服务的排队现象。例如，餐馆、银行、零售商店、理发店等通常使用这种方式。在这种方式中，顾客到达服务系统后不知道何时轮到为自己服务，提出服务要求后就等待着。各种优先规则可用来决定服务顺序，通常的规则是先到先服务，体现了顾客之间的平等性。在一些特殊情况下，也允许某些顾客有特殊优先权。如医院对急诊患者给予优先治疗，有些服务窗口对军人、老人等给予优先服务。采用这种服务方式的一个重要问题是，应尽量使顾客等待时间缩短。例如，通过排队论等方法研究顾客的到达规律，以确定提供服务的服务人员数或服务台数。

2. 安排服务人员

服务作业排序的另一种方法是将服务人员安排到顾客需求不同的时间段内。当需要快速响应顾客需求且需求总量大致可以预测时，通常使用循环排程方法。从服务型企业的角度来分析，服务人员排序的目的在于降低成本，提高服务水平，也就是说安排尽可能少的员工来满足尽可能多的服务需求。采用这种方式的典型例子有银行、医院、酒店和超市的工作日以及休息日的安排等。

【例12-3】某邮局有10名员工，每名服务人员都连续工作5天，然后有连续2天的假期，且尽量安排在周末。每天对员工的需求量如表12-15所示。要求制订一个服务计划，要保证每天的需求量得到满足，以及使用的服务人员最少。

表12-15　一周内每天的人员需求量　　　　　　　　单位：人

人员需求量						
周一	周二	周三	周四	周五	周六	周日
6	4	8	9	10	3	2

1）首先可以从一周的人员需求量中，找出连续两日需求量总和最小者。最少人员需求量是2，发生在周日。全部具有最少人员需求量的两个连续日是周六至周日，周日至周一。其中两日需求量总和最小者是周六和周日，这两日的需求量分别是3和2。如有相同的两个最小总需求量，则可任选其一。指定一名人员在找出的两日需求量总和最小的日期休息，即A在周六和周日休息。

人员	人员需求量/人							说明
	周一	周二	周三	周四	周五	周六	周日	
A	6	4	8	9	10	3 ×	2 ×	安排具有最少总需求的周六、日两天休息

2）除了画×的日期以外，每天的需求量都减一。周一至周五每天的人员需求量分别变成5、3、7、8和9。安排下一个员工，继续安排两个连续最低需求的日期作为假日，即B的休假日也为周六、周日。

人员	人员需求量/人							说明
	周一	周二	周三	周四	周五	周六	周日	
A	6	4	8	9	10	3 ×	2 ×	安排具有最少总需求的周六、日两天休息
B	5	3	7	8	9	3 ×	2 ×	安排具有最少总需求的周六、日两天休息

3）重复步骤1）和2），直至全部需求被满足，或所有人员的工作都被分配。但是，如果值为0就不要再减了。表12-16为人员排班表。

表12-16　人员排班表

人员	人员需求量/人							说明
	周一	周二	周三	周四	周五	周六	周日	
A	6	4	8	9	10	3 ×	2 ×	安排具有最少总需求的周六、日两天休息
B	5	3	7	8	9	3 ×	2 ×	安排具有最少总需求的周六、日两天休息
C	4	2	6	7	8	3 ×	2 ×	安排具有最少总需求的周六、日两天休息
D	3 ×	1 ×	5	6	7	3	2	安排具有最少总需求的周一、二两天休息
E	3	1	4	5	6	3 ×	1 ×	安排具有最少总需求的周六、日两天休息
F	2 ×	0 ×	3	4	5	2	1	安排具有最少总需求的周一、二两天休息
G	2	0	2	3	4	1 ×	0 ×	安排具有最少总需求的周六、日两天休息
H	1	0	1	2	3	1 ×	0 ×	安排具有最少总需求的周六、日两天休息
I	0	0	0	1	2	1 ×	0 ×	任意安排具有最少需求的两天休息
J	0	0	0	0	1	0 ×	0 ×	安排具有最少总需求的周六、日两天休息
在岗人数	7	8	10	10	10	3	2	合计50
实际需要人数	6	4	8	9	10	3	2	合计42
空闲人员数	1	4	2	1	0	0	0	合计8

注：×表示员工休息。

要找到每个员工在哪些天工作，可以沿着各个员工所在的行寻找没有画×的非零值，这表示这名员工在这些天工作。类似地，要知道某一天安排了哪些员工工作，可以顺着日期所在的列寻找没有画 × 的非零值。

表中的排序不是唯一结果。例如，员工 I 可以任意安排在周日至周一、周一至周二或周二至周三休息，随机选择一个即可，都不会造成能力短缺。此外，还需要注意的是，员工 J 将仅工作 1 天。实际上，由于富余能力是 8 人，故该部门只要有 9 人就够用。只有周五一天，所需人是 10 人。如果经理在周五工作一天，或者让人轮流在那天加班，就不需要员工 J。

3. 数字化与智能化服务作业

比较流行的数字化和智能化服务系统主要有如下几种模式。

（1）数字化、无纸化办公服务系统。通过手机或者计算机网络打造无纸化自助式服务系统。比如，网上购物、网络授课等，均可以减少需要的服务人员的数量，节省顾客现场排队时间。

（2）人机协同自助服务系统。这种服务系统一般在户外的服务机器上运行，需要机器和人的配合才能完成。比如，加油站的自助加油机、公路自助收费系统、银行的自助存取款机、餐厅自助点餐系统、无人超市的自动售货机、学校里的校园卡自助充值服务系统等。

（3）自动化服务系统。自动化服务系统一般不需要顾客参与，或者只需要顾客做简单的辅助即可完成服务过程。这种服务系统一般利用人工识别等智能技术，例如人脸识别过关和安检、人脸识别门禁系统、人脸识别付款系统。

（4）机器人自动化服务系统。这种服务系统可以代替人类从事重复性的、简单的服务作业。例如，博物馆和会议展览馆的机器人讲解员、旅游景区的机器人导游等。

（5）高级智能服务机器人。比如医院的智能诊疗系统、无人驾驶智能汽车、家庭智能服务机器人、酒店客房服务机器人等，这种机器人具有比较好的深度学习、推理和判断能力，以及一定的自主决策和行动能力。

12.3 生产过程选择

12.3.1 合理组织生产过程的原则

合理组织生产过程是指把生产运作过程在空间、时间上有机结合起来，使产品以最短路线、最快速度通过生产运作过程各阶段，并且使人、财、物得到充分利用，从而达到高效、低耗、优质、安全与环保的目的。合理组织生产过程的原则包括以下内容。

1. 连续性

连续性是指加工对象一旦被投入生产过程，就能连续地经过各道工序和各加工阶段，极少出现不必要的等待加工或处理的情况。它包括时间上的连续性和空间上的连续性。时间上的连续性指产品和零部件在生产过程各环节的运动始终处于连续状态，减少出现不必要的中断、停顿和等待等现象；空间上的连续性要求生产过程各个环节在空间布置上合理紧凑，使物料的流程尽可能短，没有迂回往返现象。

实现生产过程的连续性，需要考虑布置、组织结构、生产计划、现场控制、设备管理、质量管理、生产技术准备等方面。例如，要求合理地布置企业各个生产单位的设备，使之符合工艺流向，相互之间保持尽可能短的距离，以使生产过程的运输路线缩短，减少或消除迂回和往返交叉运输；采用合理的生产组织形式，避免由于组织结构设置不合理而使物流不通畅；制订合理的生产计划，使上下工序紧密衔接，减少各种等待时间；要有科学的设备管理和质量管理体系，使生产过程不会由于设备故障和质量问题而中断；此外，还要做好生产技术准备工作和生产服务工作，减少停工待料、等待工具等时间损失。对于服务业来说，实现生产过程的连续性就是要减少顾客等待时间，提高顾客满意度。

2. 平行性

生产过程的平行性是指生产过程的各阶段、各工序同时进行作业。当企业生产的品种较多时，平行地进行各种产品的生产，可以满足市场或用户对多种产品的需求。提高生产过程的平行性，可以大大缩短产品的生命周期，同时也是保证连续生产的必要条件。零件在加工过程中采取的移动方式不同，会导致同一批零件的加工周期不同。多个零件加工时，若采用顺序加工方式，即一个零件加工完后再加工另一个零件，则周期为全部零件的加工时间与机器装配时间之和；而如果平行加工，则周期为劳动量最大的那个零件的加工时间和机器装配时间之和。零件在加工过程中可以采用三种典型的移动方式，即顺序移动、平行移动和平行顺序移动，如图12-12所示。

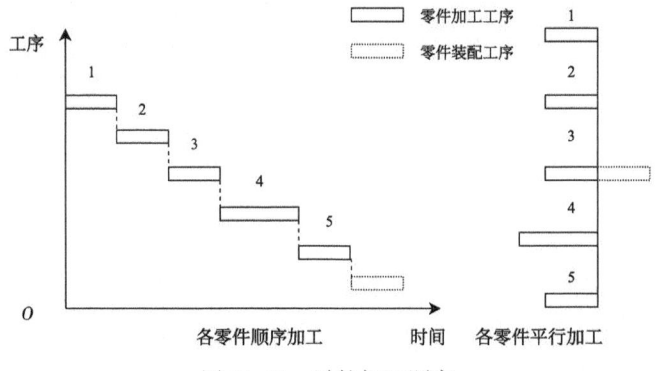

图12-12 零件加工顺序

（1）顺序移动方式。

顺序移动方式指的是一批零件在上道工序全部加工后才整批地转移到下道工序继续加工。采用顺序移动方式时，一批零件的加工周期 T_p 为：

$$T_p = n \sum_{i=1}^{m} t_i$$

式中，n 为零件加工批量，t_i 为第 i 道工序的单件工序时间，m 为零件加工的工序。

【例12-4】如图12-13所示，有4批要加工的零件（$n=4$），每批零件需要4道工序（$m=4$），4道工序的单件作业时间依次为 $t_1=10$，$t_2=5$，$t_3=15$，$t_4=10$，则生产总共所需的时间：

$$T_p = nt_1 + nt_2 + nt_3 + nt_4 = 4 \times (10+5+15+10) = 160 \text{min}$$

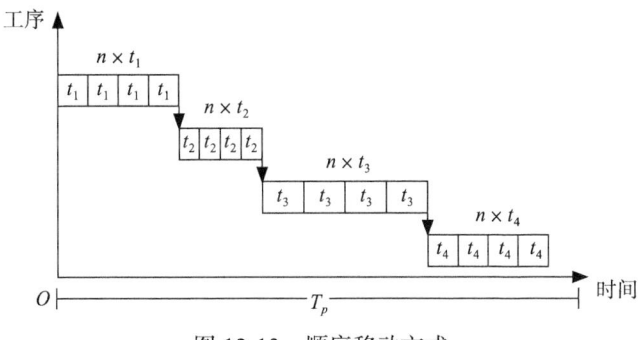

图 12-13 顺序移动方式

在顺序移动方式下，零件整批移动，零件运输次数少，工作紧凑，设备利用率高，管理简单，但加工周期长。

（2）平行移动方式。

平行移动方式指的是每个零件在前道工序加工完毕后，立即转移到后道工序继续加工，形成前后工序交叉作业。采用平行移动方式时，一批零件的加工周期 T_o 为：

$$T_o = \sum_{i=1}^{m} t_i + (n-1) t_L$$

式中，t_L 为最长的单件工序时间。

如图 12-14 所示，将例 12-4 中的单件工序时间代入，可得加工周期 $T_o = t_1 + t_2 + t_3 + t_4 + (n-1) t_3 = 10 + 5 + 15 + 10 + (4-1) \times 15 = 85 \text{min}$。

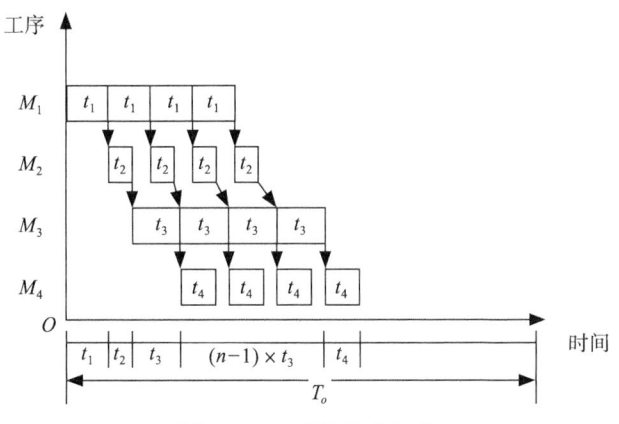

图 12-14 平行移动方式

在平行移动方式下，加工周期 85min 明显小于顺序加工方式下的 160min，因此其具有加工周期短的优点，但零件搬运频繁，设备间歇性加工，不便于利用。

（3）平行顺序移动方式。

为了综合两者的优点，可采用平行顺序移动方式，如图 12-15 所示。平行顺序移动方式要求每道工序连续进行加工，但又要求各道工序尽可能平行加工。具体做法是：

1）当 $t_i < t_{i+1}$ 时，按平行移动方式加工；

2）当 $t_i \geq t_{i+1}$ 时，以第 i 道工序最后一个零件的完工时间为基准，往前推移 $(n-1) t_{i+1}$ 作为零件在（$i+1$）道工序的开始加工时间。

$$T_{op} = n\sum_{i=1}^{m}t_i - (n-1)\sum_{j=1}^{m-1}\min(t_j, t_{j+1})$$

将例 12-4 中的数值代入，得到：

$$\min(t_1, t_2) = 5$$
$$\min(t_2, t_3) = 5$$
$$\min(t_3, t_4) = 10$$
$$T_{op} = 4 \times (10+5+15+10) - (4-1) \times (5+5+10) = 100 \min$$

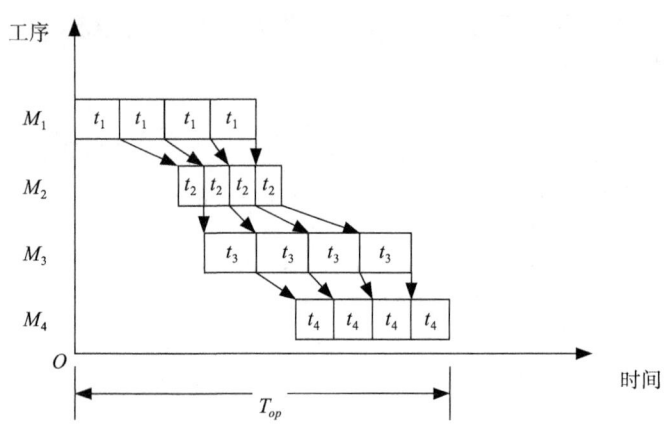

图 12-15 平行顺序移动方式

三种移动方式特征的比较如表 12-17 所示。

表 12-17 三种移动方式特征的比较

特征	平行移动方式	平行顺序移动方式	顺序移动方式
加工周期	短	中	长
运输次数	多	中	少
设备利用	差	好	好
管理组织	中	复杂	简单
生产批量	大量大批	大量大批	单件小批
设施布置	对象专业化	对象专业化	工艺专业化

3. 比例性

生产过程的比例性是指在生产过程的各工艺阶段、各工序之间，生产能力的配置要与产品制造的要求成比例。比例性保证生产过程协调进行，即加工对象不会由于某一个环节能力不够而等待，或者某些环节的能力不会由于负荷不足而闲置。例如，各个生产环节的工人人数、设备数、生产速率、开动班次等需要互相协调。这种合理的生产能力比例关系既可以保证设备、生产面积和劳动力的充分利用，又是保证连续性的必要条件。

要实现生产过程的比例性，首先，在设计和建立生产系统时应根据市场的需求，确定企业的产品方向，从而根据产品的制造要求确定生产系统内各阶段、各工序之间能力的比例；其次，在日常的生产组织与管理工作中，要加强计划管理，做好生产能力的综合平衡工作；

再次，当产品结构、品种及生产技术条件发生较大变化时，须及时调整各种比例不协调现象，调整的方法除了在数量上对某些环节的能力进行增减之外，还可以针对瓶颈采取若干措施，以实现生产过程的比例性。

4. 节奏性

生产过程的节奏性又称均衡性，是指产品的生产从原材料投入到产品完工入库，能够按计划有节奏地进行，保持在相等的间隔时间（如每月、每日）内所生产的产品数量大致相等或稳定上升，使工作地和工作人员能够达到均匀负荷，保证均衡地完成生产任务。

有节奏地进行生产，能够充分地利用人力和设备，有利于保证和提高产品质量，缩短生产周期，降低产品成本，并有利于安全生产。组织均衡生产，可以从企业内外两方面着手。从企业内部角度考虑，要不断提高生产管理水平，制订好生产作业计划，加强生产调度工作和在制品管理等；从企业外部角度考虑，要争取各方面的支持和配合，建立起比较稳定的供应渠道和密切的协作关系，保证原材料、外购件等能够按质、按量地及时供应。企业可以采用均衡率和均衡能力指数作为均衡生产的评价指标。

（1）均衡率。

均衡率（equality rate）是以实际完成情况与计划要求的比率来说明实现均衡的程度，是评价企业管理水平的重要综合指标。

$$均衡率 = \frac{\sum 每日完成该日计划产量的百分比}{生产日数}$$

其中，当完成计划产量超过 100% 时按 100% 计算。

（2）均衡能力指数。

均衡能力指数（equality capability index）是评价生产能否稳定地创造出标准质量的产品的指标。从生产过程来看，企业各生产环节在等量时间内应生产出等量的产品，保证生产过程的均衡性。但实际上，由于种种原因（如设备故障、质量等原因），每天生产的产量往往不相等。从管理的要求来看，某生产线的日产量的离差（标准差 σ）应该是越小越好。

对于大量或大批生产的企业，产量较为稳定，因此均衡能力指数（CP_i）可按以下公式计算：

$$产量定额：CP_i = (\bar{X} - S_e)/3\sigma_n$$

式中，S_e 为日计划产量，σ_n 为 n 个日产量的标准差，$\bar{X}$ 为产量均值。

对于单件或者小批量生产的企业，可用生产周期的波动或者单件产品所需要的期数或者工时数，来衡量产品的均衡情况。均衡能力指数可以按以下公式计算：

$$时间定额：CP_i = (S_u - \bar{X})/3\sigma_n$$

式中，S_u 为单位产品计划工期日或者工时，σ_n 为 n 件产品的时间标准差，$\bar{X}$ 为时间均值。

σ_n 和 $\bar{X}$ 的计算公式为：

$$\sigma_n = \sqrt{\frac{\sum_{i=1}^{n}(X_i - \bar{X})^2}{n}} = \sqrt{\frac{\sum_{i=1}^{n}X_i^2 - n\bar{X}^2}{n}}$$

$$\bar{X} = \frac{\sum_{i=1}^{n} X_i}{n}$$

根据均衡能力指数可以判断企业的生产是否处于均衡状态：①当 $CP_i < 0$ 时，表示没有完成月生产计划；②当 $0 \leqslant CP_i < 0.67$ 时，表示完成月生产计划，但不够均衡；③当 $0.67 \leqslant CP_i < 1$ 时，表示完成了月生产计划，并且较为均衡；④当 $1 \leqslant CP_i < 1.33$ 时，表示较为均衡地完成了月生产计划，并且有超额；⑤当 $1.33 \leqslant CP_i < 1.67$ 时，表示较为均衡地完成了月生产计划，并且超额较多；⑥当 $CP_i \geqslant 1.67$ 时，表示较为均衡地完成了月生产计划，并且超额很多。

5. 适应性

适应性又称柔性，是指企业的生产过程对市场的变动应具有较强的应变能力，包括对市场需要的品种、数量的应变能力，以及对时间、质量、成本等要求的应变能力。要提高生产过程的适应性，需要提高企业管理的现代化水平，运用柔性制造技术、成组技术、多品种混合流水生产等先进的生产组织形式，提高企业生产预测的准确性，不断提高企业产品品种和产量的柔性。

6. 准时性

准时化生产是指将需要的零部件，在需要的时间，按需要的数量供给后道工序，以实现零库存、无缺陷、低成本的目标。JIT 通过实施适时适量生产，只在市场需要的时候生产市场需要的产品，最大限度地减少库存并提高效率，减少库存费用；有利于提高产品质量，减少次品、返工等带来的成本费用；及时暴露产品生产线上的弊端；增强企业与供货商之间的合作和联系等。

然而，JIT 并不适用于所有企业的所有情境。在全球零部件持续短缺之际，德国芯片巨头英飞凌敦促汽车制造商重新考虑准时制战略，转向建立半导体库存战略[一]。全球芯片短缺已经对多个行业的供应链造成了冲击，其中汽车行业中最为短缺的芯片是 20～100 nm 的逻辑芯片，这类芯片可嵌入汽车的微控制器中。由于芯片等半导体的交货时间很长，而且需要很长时间才能建立额外的产能，因此，汽车供应链中应拥有合理数量的库存以缓冲额外需求，否则容易出现供应链中断问题。

7. 安全性

安全性是指在生产经营活动中，为了避免造成人员伤害和财产损失的事故而采取相应的事故预防和控制措施，使生产过程在符合规定的条件下进行，以保障从业人员的人身安全与健康，确保设备和设施免受损坏、环境免遭破坏，从而保证生产经营活动得以顺利进行。安全性主要包括生产过程中人员、设备的安全，以及产品使用安全。企业在组织生产的过程中，劳动条件要符合国家有关规定和要求。企业的工作场所可能存在各种污染，如噪声、粉尘、毒气、辐射等，对员工的身心健康会产生一定的影响，因此企业要改善劳动条件，减少对员工健康的危害。

⊖ 资料来源：https://laoyaoba.com/n/796385。

8. 环保性

环保性旨在使产品从设计、制造、包装、运输、使用到回收处理的整个产品生命周期，对环境负面影响最小，资源利用率最高，使企业经济、环境和社会效益协调优化。它主要包括绿色设计、绿色材料、绿色工艺、绿色包装和绿色处理等方面。

由于消费者绿色偏好和严厉的环境规制等因素的驱动，企业开始推行生产者责任延伸（extended producer responsibility，EPR）制度，强调生产者对产品的整个生命周期，特别是对产品的回收、循环和最终处置等环节负责。我国出台了一系列环保管理办法来推动产品回收处理，如 2007 年《电子信息产品污染控制管理办法》生效（即"中国 RoHS 认证"），2011 年《废弃电器电子产品回收处理管理条例》施行（即"中国版 WEEE"）等。此外，"互联网+"平台的出现推动了回收行业由传统的商业模式向数字化的商业模式转型。回收的模式不再是依靠零散的实体回收网点，而是形成了线上线下相结合的回收与交易渠道体系。如快收网、淘绿网、爱回收等产品回收平台，通过互联网能即时精确地实现回收供给和需求的匹配，建立了线上线下相结合的回收与交易渠道体系。

9. 节能性

节能性指的是尽可能地减少能源消耗量，生产出与原来同样数量、同样质量的产品；或者是以原来同样数量的能源消耗量，生产出比原来数量更多或数量相等但质量更好的产品。节能性要求企业采用耗能低、耗材少、无废弃物、无污染、无公害、资源综合利用率高的工业生产工艺。在选择工艺方案时要分析对环境影响比较大的因素，如加工方法以及机床、刀具和切削液的选择；尽量根据车间资源信息生成具有可选择性的多工艺路线，达到节约能源、减少消耗、降低工艺成本和污染处理费用等目标。例如，纳爱斯在节能方面拥有先进的油脂工艺，掌握了先进的高压水解技术，产品综合能耗仅为传统工艺的一半；皂化废水回收工艺升级，综合能耗比传统工艺减少 10% 以上；全面推进包装轻量化设计，塑料原料年使用量减少 3 000 多吨，原纸年使用量减少 2000 多吨等[⊖]。

12.3.2 生产过程组织形式的选择

1. 加工路线和批量

企业可以根据加工路线和批量选择生产过程的组织形式。图 12-16 给出了三种组织形式。该矩阵表明了生产组织形式、产品批量和加工路线特性之间的一定的规律性。

大量大批生产（流水线生产）通常采用对象专业化的流程形式，例如，汽车、家电等。但并不是只有单一品种大批量

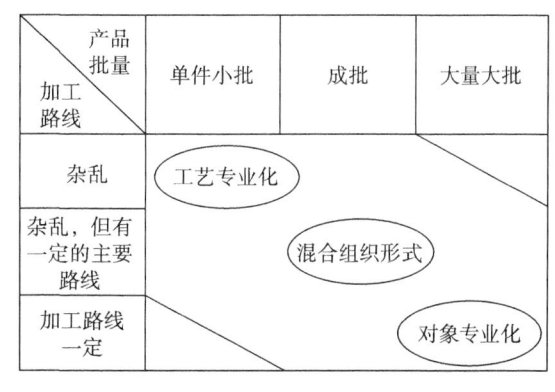

图 12-16 生产过程组织形式与加工路线和批量的关系

⊖ 资料来源：https://news.qq.com/a/20191213/010878.htm。

生产才可以使用这种方式。当多种产品具有类似的生产过程时，也可以采用对象专业化形式，其加工路线一定，可以利用流水线的优势。例如，一条灌装线可灌装多种饮料，一条汽车生产线可组装多种车型。

成批生产的企业以混合组织形式为主，它们既可以生产标准产品，也可以按顾客订货要求组织生产。虽然加工路线在某种程度上仍较杂乱，但能够有一条主线。在工厂的某些部分，可适度为某种产品或某一类零件集中资源。使用这种组织方式的企业有服装厂、食品厂、汽车修理厂等。

而服务运作组织形式可以按制造性生产的组织方式进行选择，但服务业的特殊性在于与顾客的接触。与顾客接触多，服务复杂性高，服务企业就必须考虑每一位顾客的需要，其结果会导致生产顾客化、小批量，因此更适合工艺专业化的生产组织形式，如医院、咨询和律师事务所。与顾客接触少，企业提供标准化大批量服务，则更适合采用对象专业化原则，如电厂、洗车、洗衣服务部等。当与顾客面对面服务和后台工作各占一定比例时，须采用混合组织形式，如银行柜台与顾客接触多，后台可批量处理业务。

2. 品种和批量

企业可以根据品种和批量选择生产过程的组织形式。图 12-17 给出了不同品种和批量水平下生产组织形式的选择方案。一般而言，随着图 12-17 中的 A 点到 D 点的变化，单位产品成本和产品品种数量都是不断增加的。在 A 点，对应的是单一品种的大量生产，在此情况下，采用由高效自动化专用设备组成的流水线是最佳方案，它的生产效率最高、成本最低，但品种类最少，柔性最差。随着品种的增加及产量的下降（B 点），采用对象专业化形式的成批生产比较适宜，品种可以在有限范围内变化，系统有一定的柔性，尽管操作上的难度较大。另一个极端是 D 点，它对应的是单件生产情况，采用工艺专业化形式较为合适。C 点表示多品种中小批量生产，采用成组生产单元的混合形式较好。

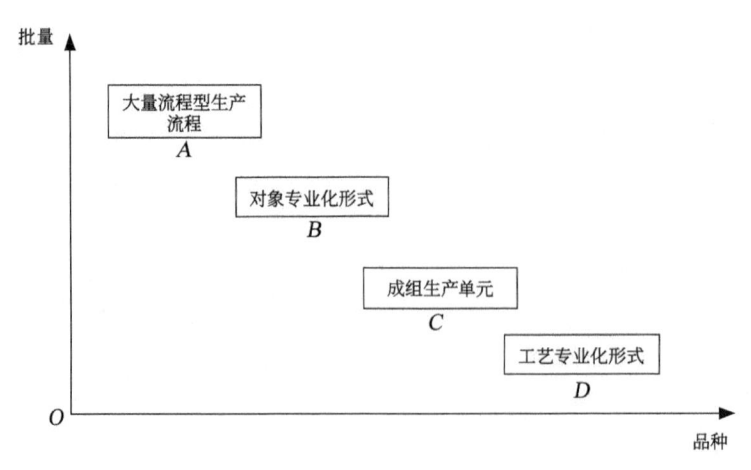

图 12-17　生产组织形式与品种和批量之间的关系

3. 生产费用

图 12-16 和图 12-17 给出的是定性分析的示意图，根据这一概念确定生产流程方案后，还应从经济上做进一步分析，如图 12-18 所示。每一种形式的生产单位的构造都需要一定的

投资，在运行中还要支出一定的费用，要充分考虑这些费用对生产流程设计的影响。

图 12-18 中的纵轴表示费用，横轴表示产量。产量等于 0 时的费用是固定费用，通常指生产系统的初始投资。从图 12-18 中可以看出，对象专业化生产过程方案的固定费用最高，这是因为对象专业化生产系统一般采用较为昂贵的自动化加工设备和自动化物料搬运设备。由于对象专业化生产系统的生产效率很高，单位时间的产量很大，劳动时间消耗少，因此单位产品的变动费用相对最低（费用曲线最平缓）。以图 12-18 中的数字为例，生产同一种产品的对象专业化系统投资额为 225 万元，成组生产单元为 111 万元，工艺专业化系统为 50 万元。当产量在 10 万件以下时，选择工艺专业化系统最经济；当产量在 10 万～25 万件时，成组生产单元最经济；当产量在 25 万件以上时，对象专业化系统最经济。当采用以上几种方案都不能得到满意的投资回报时，应放弃该产品的生产。

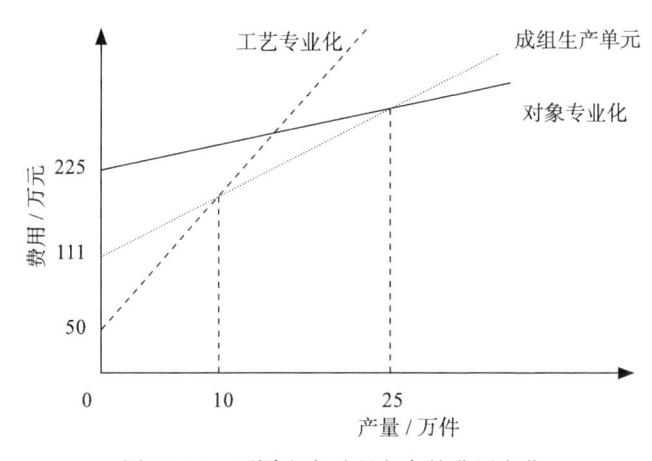

图 12-18　不同生产过程方案的费用变化

4. 经营杠杆

企业还可以使用经营杠杆对不同生产过程方案进行经济分析。经营杠杆（operating leverage），又称营业杠杆或营运杠杆，是指由于企业经营成本中固定成本的存在而导致息税前利润变动率大于营业收入变动率的现象。经营成本包括营业成本、税金及附加、销售费用、管理费用等。企业的营业成本可分为变动成本和固定成本两部分。其中，变动成本是指随着营业收入总额的变动而变动的成本；固定成本是指在一定的营业规模内，不随营业收入总额变动，而保持相对固定不变的成本。企业可以通过扩大营业收入总额来降低单位营业收入的固定成本，从而增加企业的营业利润，如此形成企业的经营杠杆。企业利用经营杠杆可以获得一定的经营杠杆利益。但企业也承受着相应的风险，即企业在经营活动中利用经营杠杆而导致息税前利润下降的风险。由于经营杠杆的作用，当营业收入总额下降时，息税前利润下降得更快，从而给企业带来营业风险。可见，经营杠杆是一把"双刃剑"。

因此，企业可以引入经营杠杆系数（degree of operating leverage，DOL）来刻画这种变化，具体体现为息税前利润变动率和销售量变动率的比值：

$$\text{DOL} = \frac{\Delta \text{EBIT} / \text{EBIT}}{\Delta Q / Q}$$

式中，ΔEBIT 是息税前利润变动额；ΔQ 为销售量的变动额；息税前利润（EBIT）= 销售收入－变动成本－固定成本。

一般来说，在其他因素不变的情况下，固定成本越高，经营杠杆系数越大，经营风险越大。企业可以通过增加销售金额、降低产品单位变动成本、降低固定成本比重等措施使经营杠杆系数下降，降低经营风险。

经营杠杆在选择生产系统方案时也可以发挥一定的作用。经营杠杆代表了在一定的情况下年总费用中成本与销售收入的关系，即成本函数和销售收入之间的夹角。夹角小，经营杠杆的作用小，利润或亏损的变化率也小，如成组生产单元的经营杠杆小于对象专业化生产的经营杠杆；夹角大，则反之。如果对所要生产的产品预测的不确定性很大，则以选用经营杠杆作用小的生产过程方案为佳。如图12-19所示，产品产量达到一定水平，超过盈亏平衡产量EP（即销售收入等于成本时的产量）后，如图12-19所示的EP_1点，经营杠杆作用越大，销量的变动能够带来越高的息税前利润，生产系统的利润越会增加；如果产量下降到盈亏平衡产量以下，如图12-19所示的EP_2点，经营杠杆作用越大，则亏损越会增加；经营杠杆作用越大，未来预期利润的不确定性也越高；销售预测的不确定性越高，经营杠杆作用大的生产系统产生损失的风险越大。

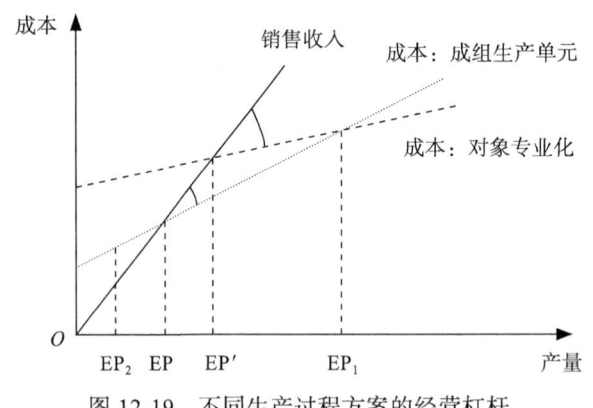

图 12-19 不同生产过程方案的经营杠杆

本章小结

本章首先从空间布置角度出发，介绍了生产布置、销售布置和物质系统布置的方法；其次，介绍生产过程的时间组织，包括制造业和服务业的作业计划的分类、排序规则、排序方法、数字化和智能化的生产作业及服务作业。最后，介绍了合理组织生产过程的原则，以及生产过程组织形式的选择方法，为企业合理高效地组织生产过程提供了路径。

思考题

1. 对制造业与服务业中的大量大批生产与单件小批生产各举一例，并说明其特点。
2. 服务运作与产品生产有哪些不同？生产作业排序和服务作业排序的本质区别是什么？
3. 大量流水作业的排序问题与单件车间作业的排序问题各有什么特点？

案例

联想数字化与智能化生产

智能制造（intelligent manufacturing）是一种由智能机器和人类专家共同组成的人机一体化智能系统。2021年12月，工业和信息化部等八部门联合印发的《"十四五"智能制造发展规划》中提出加快构建智能制造发展生态，持续推进制造业数字化转型、网络化协同、智能化变革。智能制造日益成为未来制造业发展的重大趋势和核心内容，也是新常态下打造新的国际竞争优势的必然选择。其中联想是智能制造的标杆企业。

1. 联想智能计划及排程解决方案

联想借助大规模且集成的数据优势，结合机器学习算法，提出了联想智能计划及排程解决方案（intelligent planning & scheduling）。该方案旨在通过高集成、自动化的需求和供应计划，将全部计划内容转变为一个柔性、连续的过程，如图12-20所示。在借助数字化转型提高组织内部运营效率的同时，该方案增强了企业和上下游合作伙伴之间数据的互联互通。

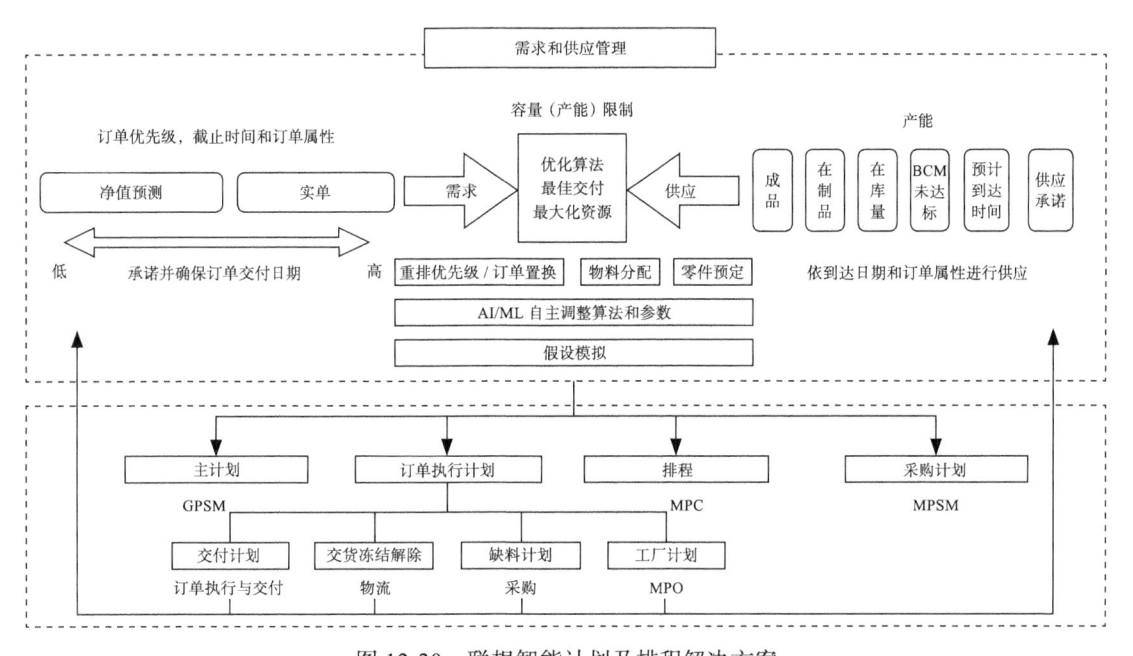

图 12-20　联想智能计划及排程解决方案

2. 生产线自动化

联想惠阳工厂自动化线体根据订单类型分为三种模式，如图12-21所示，即小批量、高自动化、高柔性、高效率的闪电线模式；中批量、高自动化、高效率的雷霆线模式；大批量、高自动化的火星线模式。这三种模式分别对应不同的订单体量进行针对性匹配，实现订单的高效生产，以及线体的高效利用，从而实现整体效益的优化。

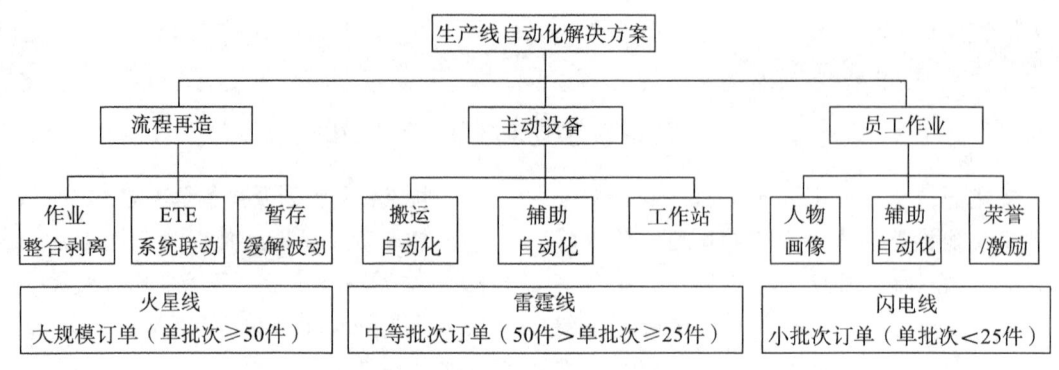

图 12-21 联想生产线自动化解决方案

资料来源：唐隆基，潘永刚.数字化供应链：转型升级路线与价值再造实践[M].北京：人民邮电出版社，2021.

讨论题：

联想如何通过智能计划及排程解决方案实现供需匹配？联想生产线自动化如何实现？

参考文献

[1] JAVID AA, ARDESTANI-JAAFARI A. The unequal area facility layout problem with shortest single-loop AGV path: how material handling method matters[J]. International journal of production research, 2020, 59（8）: 2352-2374.

[2] HE B, BAI K J. Digital twin-based sustainable intelligent manufacturing: a review[J]. Advances in manufacturing, 2020, 9（6）: 1-21.

[3] JOHNSON S M. Optimal twoand threestage production schedules with set-up times included[J]. Naval research logistics quarterly, 1954, 1（1）: 61-68.

[4] PÉREZ-GOSENDE PA, MULA J, DÍAZ-MADROÑERO M. Facility layout planning: an extended literature review[J]. International journal of production research, 2021, 59（4）: 1-40.

[5] 陈荣秋，马士华.生产运作管理[M].5 版.北京：机械工业出版社，2017.

[6] 陈志祥.生产与运作管理[M].4 版.北京：机械工业出版社，2020.

[7] 程国平，袁付礼，邬庆路.生产运作管理[M].2 版.北京：人民邮电出版社，2017.

[8] 雅各布斯，蔡斯.运营管理：第 15 版[M].苏强，霍佳震，邱灿华，译.北京：机械工业出版社，2020.

[9] 黄燕.关于 JIT 管理的优势和适用性分析[J].中国商贸，2011（28）: 141-142.

[10] 卡桑，特维施，任建标.运营管理：供需匹配的视角：第 2 版[M].北京：中国人民大学出版社，2013.

[11] 刘丽文.生产与运作管理[M].5 版.北京：清华大学出版社，2016.

[12] 刘培基，刘飞，王旭，等.绿色制造的理论与技术体系及其新框架[J].机械工程学报，2021，57（19）: 165-179.

[13] 马风才.运营管理[M].6 版.北京：机械工业出版社，2021.

[14] 齐二石，田青，宋宁华．物流系统规划设计方法综述 [J]．天津大学学报：社会科学版，2003，3：225-228．

[15] 任建标．生产与运作管理 [M]．4 版．北京：电子工业出版社，2020．

[16] 唐隆基，潘永刚．数字化供应链：转型升级路线与价值再造实践 [M]．北京：人民邮电出版社，2021．

[17] 史蒂文森，张群，张杰，等．运营管理：第 13 版 [M]．北京：机械工业出版社，2019．

第 13 章
CHAPTER 13

外包与采购管理

核心要点

- 外包出现的原因及外包的收益和风险
- 外包与自制决策
- 数字化采购的应用和实施
- 采购绩效评估方法

13.1 外包与采购

13.1.1 外包收益和风险

1. 外包的概念

外包（outsourcing）这一概念最早由 G. 哈默（G. Hamel）和 C. K. 普拉哈拉德（C. K. Prahalad）(1990) 在《企业核心竞争力》一文中提出。20 世纪 90 年代以来，全球市场竞争日趋激烈、市场需求快速多变，使企业面临不断缩短交货期、提高质量、降低成本和改进服务的压力，企业仅靠内部资源和能力已难以满足市场需求的多变性。企业通过外包方式，借助价值网络上各环节与企业自身战略定位和竞争力相匹配的外部合作伙伴为企业发展提供所需的资源和能力。外包是指企业基于契约形式将一些非核心、临时性、可替代性比较强的功能或业务的持续管理责任转移给供应商，从供应商处采购中间件、制成品或服务，以更好地利用自身专长或优势来提高企业整体效率和竞争力。从劳动分工角度看，企业通过外包方式既能简化自身的管理复杂性，又能提高供应商的专业化水平；企业将价值链中的薄弱环节外包给更专业的供应商，可提高价值链整体的活动质量。可见，合理的外包策略能够帮助企业节省成本、提高核心竞争力、增强灵活性、提高创新和产品质量，最终实现核心竞争力的提高。

2. 外包出现的原因

（1）快速变化的市场导致竞争要素发生改变。

企业采取外包方式的原因之一是客户要求企业能够以有竞争力的价格，及时提供其所需要的定制产品。以市场需求为导向的生产项目通常具有独特性、复杂性和不连续性的特点，一个企业单靠自身的资源和能力难以快速响应市场变化。基于时间的竞争，以及快速反应对企业提出了更高要求，迫使企业利用外部资源、实行业务外包，使各企业并行协调工作，缩短产品开发时间，快速响应市场需求。

（2）建立核心竞争力的需要。

通过外包，企业在控制其核心业务的同时，与外部组织签订合同以有效地交付其非核心业务活动。在市场波动下，外包可以增强企业应对变化的灵活性，帮助企业利用外部资源和能力、风险共担机制增强核心竞争力。企业通过与供应商建立战略合作伙伴关系，能够节省时间和成本，获得专业知识和提高效率，增加用于核心活动的时间，实现质量改进和提高获得新技术的灵活性。

（3）科学技术的迅速发展。

科技的发展使产品不断被推向高科技化和复杂化，一种产品的生产需要涉及多个领域的技术和知识，生产过程和技术的复杂性要求企业外包。新一代信息技术的发展使企业能够快速寻找与其资源互补的合作伙伴，为企业塑造了管理和发展异地工作关系的能力，为企业外包提供了坚实的技术基础。如海尔依托"互联网+"、大数据技术打造的COSMOPlat工业互联网平台，将具有不同优势资源的企业汇聚在平台上，将用户需求集并化，形成一定规模的订单，通过社会化外包，使这些资源从用户交互到设计，一直到服务都能为用户提供大规模定制的解决方案，再加上互联工厂的模块化、数字化和智能化，可以有效解决效率和成本的问题[一]。

3. 外包的收益和风险

（1）外包的收益。

第一，规模经济。通过外包降低成本的基本原理在于规模经济，供应商将不同企业的外包订单集成后进行规模化和专业化生产，可以创造规模效益。此外，制造业本质上是资本密集型的，外包使企业减少了对开发和维护内部生产基础设施与人员的需求，可以节省更多的内部成本。

第二，风险共担。企业通过与供应商签订外包合约，能够将零部件制造和技术开发所承担的投资风险分摊给供应商，而供应商通过订单集并降低不确定性风险。

第三，增强柔性。供应商拥有大量的专业资产，可以帮助企业完成单靠自身资源无法实现的生产任务。企业通过外包能够提高自身业务的延展性和可扩展性，通过简化流程和缩减业务规模，将更多的时间和精力用于提高生产柔性、缩短产品研发周期、提高获得新技术及创新的能力，能够对客户需求做出快速响应。

第四，专注于增强核心竞争力。外包可以给企业带来更大的基于资源的好处，其允许企业将释放的资源重新分配给更具生产力或价值创造能力的任务，集中有限的资源和精力于自

[一] 资料来源：https://www.cosmoplat.com。

身核心业务,充分发挥特有的竞争优势。

第五,减少资本投资。企业进行外包的重要原因之一是外包能将除需求不确定性以外的资本投入也转嫁给供应商。而供应商能在几家客户之间分摊这部分费用,所以愿意进行投资。

(2)外包的风险。

第一,知识的丧失。外包需要企业与供应商共享企业需求信息,有时还需要共享知识和能力,如果供应商也为其他竞争者服务,就会有泄露信息的风险。外包还会导致企业丧失对产品开发的控制和自主权,增加了企业对供应商的依赖,增强了供应商讨价还价的能力。随着外包时间的延长,企业会逐步失去自己独立完成相关业务的能力。

第二,目标冲突。企业和供应商的目标往往是不同且互相冲突的。企业强调灵活性,而供应商强调长期、稳定和平稳订货等。例如,企业把各种零件外包出去的主要目的是增强柔性,为客户提供快速灵活的服务。这个目的和供应商希望企业可以承诺长期、稳定的订单相冲突。此外,在产品设计问题上,企业坚持提高柔性,以尽快解决设计问题;而供应商关注的焦点在于降低成本,这会降低其对设计改变的响应速度。

13.1.2　外包与自制决策

1. 外包与自制

尽管外包会给企业带来诸如降低成本、分散风险、获取外部稀缺资源、增强柔性等优势,但由于在外包过程中企业会面临许多不确定因素,会增加企业经营风险,因此,充分考虑外包的影响因素对于利用外包优势、降低外包风险来说至关重要。影响企业外包与自制决策的因素包括如下几个。

(1)商业战略。

商业战略是一个公司指导其在自己所在行业如何竞争的战略总和。企业制定自制或外购决策需要以支持其商业战略为出发点。例如,小米公司业务层国际化战略选择了成本领先战略和差异化战略相结合的战略,为此小米公司向夏普采购屏幕、向高通采购芯片、向索尼采购摄像头,同时,将这些非核心业务所需要的人力资源、技术和资本转移到小米公司的品牌开发、小米论坛建设、软件系统研发等核心业务上,培育公司的竞争力,形成自己的特色,支持其实现制定的国际化战略目标[一]。

(2)需求不确定性。

需求不确定性高的业务通常意味着其规模较小,如果企业自制,难以形成规模经济,订单处理成本高;而如果企业外包该业务,则能通过供应商的订单集并降低需求不确定性,并形成规模经济。例如,富士康对全球范围内多个手机品牌的组装活动的集并,一方面提高了预测的准确性,降低了其面临的需求不确定性,另一方面可以使富士康获得手机组装活动的规模经济[二]。

(3)业务重要性。

不同业务活动对企业竞争优势的重要程度不同。核心业务对企业竞争优势具有关键性作

[一] 资料来源:https://www.163.com/dy/article/GP3SSQTD0552O6TB.html。

[二] 资料来源:https://baijiahao.baidu.com/s?id=1715037502726011042。

用,如果将核心业务外包,就有可能导致企业核心能力的丧失;而非核心业务对企业竞争优势的重要程度相对较低,可以根据需要将这类业务外包。

(4) 资产专用性。

如果某项业务所需的资产专用性较强,则外包双方就有很强的相互依赖性,交易费用也较高。同时,由于资产专用性较强,供应商难以将该业务与其他业务聚集起来形成规模效益,故企业通过外包难以实现收益增加。

(5) 业务处理能力。

如果某项业务对企业非常重要,并且企业具备开展这项业务的能力,那么,这项业务就应自制;相反,即使某项业务非常重要,但企业没有能力开展这项业务,那么企业在具备开展这项业务的能力之前也应该考虑外包这项业务。

2. 外包与自制决策框架

市场所需要的产品日趋复杂,以至于大多数企业不具备自行生产或设计产品所必需的全部知识和能力。大多数企业需要依赖于具备所需产品生产和设计要素的其他企业。那么,企业如何确定哪些业务应该由自己来完成,哪些可以从外包供应商那里采购呢? C.H. 法恩(C. H. Fine)和 D.E. 惠特尼(D. E. Whitney)(1996)提出了外包与自制决策的思路。

从企业生产产品的供给侧来看,企业生产产品或提供服务需要具备相应的产能和知识,企业在生产产品或提供服务的过程中或者因为产能不够,或者因为其相应的知识不够,需要寻找外部的合作伙伴来提供,也或者是因为虽然自身具备相应的产能与知识,但由外部的合作伙伴来提供更具有成本优势。企业依赖供应商有两个主要原因。第一,对产能的依赖性。在这种情况下,企业可能具备生产部件的知识和技能,但由于时间、资金、空间或管理重点等限制,因此选择通过供应商来扩大其产能。第二,对知识的依赖性。在这种情况下,企业不具备生产所需部件的人力、技能和知识,因此需要依靠供应商获取这些资源。例如,奇瑞公司具备生产发动机的知识和能力,因而奇瑞汽车的发动机由公司自己生产。对于变速箱,奇瑞拥有112项变速器专利技术,但公司需要依靠第三方企业的产能,因而其将变速箱技术及生产设备剥离至浙江万里扬公司[一]。此外,奇瑞公司不具备汽车电子软件开发的技术和能力,故将汽车电子软件外包给东软集团[二]。

从企业为顾客提供其终产品或服务所需的资源和能力,即从需求侧来看,可以根据其需要生产的产品的结构,将产品分为整体性产品和模块化产品。产品结构是从系统工程角度对产品进行划分的,其基本思想是对产品自上而下进行细分,将产品整体设想为由一系列不同级别的零部件构成,并以客户需求为基准定义对不同级别零部件的需求。

(1) 整体性产品。

整体性产品是指采用系统化的设计,由各个彼此紧密相关的零部件结合而成的产品。企业可以通过系统绩效对整体性产品进行评价。整体性产品的特征:第一,整体性产品并非由独立的部件组合而成的;第二,整体性产品是用统一的从上到下的设计方法按系统进行设计的;第三,对整体性产品的评价应建立在整个系统上,而不能单独对某一部件进行评价;第四,整体性产品的部件功能具有多样性。

[一] 资料来源:http://auto.China.com.cn/news/domestic/20151126/669377.shtml。

[二] 资料来源:http://news.10jqka.com.cn/20130724/c526786494.shtml。

（2）模块化产品。

模块化产品是指通过组装不同零部件所制造出来的产品。模块化产品的特征：第一，零部件之间互相独立；第二，零部件是可以更换的；第三，使用标准化的接口；第四，零部件可以在几乎不考虑其他部件的情形下升级；第五，顾客偏好决定产品配置。

现实中，几乎没有100%的整体性或模块化产品，大多是落在两端之间：一端是高度模块化产品（如智能手机）；另一端则是高度整体性产品（如发动机）。

表13-1是根据产品类型得到的自制与外包决策架构。此架构包含两个维度：模块化和整体性产品，以及企业对生产该产品所需要的知识和产能的依赖性。

表13-1 自制与外包决策架构

产品	依赖知识和产能	不依赖知识但依赖产能	不依赖知识和产能
模块化产品	外包有风险	外包是一个机会	外包有降低成本的机会
整体性产品	外包有非常大的风险	可外包，可不外包	继续原来的自制决策

对于模块化产品，掌握知识是重要的，企业是否具备自制产能显得次要。例如，对一家智能手机生产商来说，应当了解不同部件的设计特性。如果企业具备这种知识，将生产过程外包出去就能降低成本。如果企业既不具备相关知识，也不具备产能，外包就是十分危险的战略，因为由供货商所发展出来的知识，很有可能会转移到竞争对手的产品上。对于整体性产品而言，如果企业既有知识又有产能，则企业自制这种产品是最好的选择。如果企业不具备知识和产能，那可能是因为进入了一个错误领域。

虽然自制与外包决策架构给出了企业是外包还是自己制造产品的总体框架，但是这个架构无法回答零部件采购战略层面的问题，对于零部件的外购或自制决策，可使用分层模型。分层模型就是从不同方面、不同层次考虑零部件具有的特性。具体来说，可以分为以下五个层面。

第一，客户的重要性。

企业竞争优势来源于企业为客户所创造的价值，产品生产应以客户需求为导向。企业在制定外包与自制决策时，首先需要考虑该零部件对顾客来说是不是重要的。这关系到最终产品功能的实现。其次，还要考虑该零部件对顾客的体验有什么影响。顾客体验直接影响老顾客的再次购买及新顾客的转换。最后，需要考虑该零部件是否会影响顾客选择。顾客选择直接影响产品的市场销量，是企业生存的关键。

第二，零部件的更新速度。

科学技术的飞速发展和客户需求的日趋多元化与差异化使产品更新速度加快。产品更新换代速度需要以零部件的更新速度为基础。为了能够快速响应市场需求，企业需要考虑该零部件与系统中其他零部件相比，其技术更新速度如何，以及企业自身能力能否满足市场对产品更新速度的要求。

第三，竞争优势。

竞争优势是企业区别于竞争对手的独特优势所在。企业在制定外包与自制决策时需要分析自身的核心业务和核心竞争力究竟是什么，是否具有制造这些零部件的优势。

第四，供应商可选择范围。

供应商选择是供应链合作关系运行的基础，供应商业绩对企业的影响越来越大。选择优秀且合适的供应商是一项非常重要的工作。企业在制定外包与自制决策时需要考虑有多少有能力的供应商可供选择。

第五，产品结构类型。

不同结构类型的产品对供应商知识和产能的依赖性不同，企业要在考虑产品结构类型的基础上，结合产品类型的外包与自制决策模型进行最终决策。

根据上述分析，企业在制定零部件的外包与自制决策时，需要从零部件对客户的重要性、零部件的更新速度、企业竞争优势、供应商可选择范围、产品结构特性等方面进行考虑，进而分情况做决策。

在零部件对客户非常重要、零部件的更新速度快、企业具有竞争优势的情况下，企业自己生产是合适的，而该决策与供应商的数量，以及产品的结构无关。

在零部件对客户不重要、零部件的更新速度慢、企业不具有竞争优势的情况下，将零部件外包是合适的，而该决策与供应商的数量，以及产品的结构无关。

在零部件对客户重要、零部件的更新速度快、企业不具有竞争优势的情况下，企业可能采取的战略包括：自己生产、获取供应商的产能、与供应商建立战略合作伙伴关系，这项策略取决于市场供应商的数量。

在零部件对客户重要、零部件的更新速度慢、企业不具有竞争优势的情况下，企业的决策取决于产品的结构。当产品的结构是模块化的时，外包是合适的；当系统是一个难以分割的整体时，与其他企业共同研发或自己研发是合适的。

13.1.3　采购方式决策

1. 采购战略对利润的重要性

采购战略是指企业通过分析自身的采购需求、市场状况、竞争状况和采购品类的变化状况，制定的基于现实和未来的、指导采购工作的长远规划。以前，采购被认为是一个无关紧要的功能，为企业带来的价值较低。但是，企业的经营管理实践表明，采购是企业的一个重要竞争手段，可帮助企业建立竞争优势。一般来说，在企业经营的成本构成中，采购的原材料及零部件成本占企业总成本的比重会因行业的不同而不同，在30%～90%之间，平均水平在60%。以制造型企业为例，采购成本（包括采购原材料和零部件）一般要占60%[⊖]。采购金额直接影响公司绩效，宫迅伟在其《如何专业做采购》一书中提到，各行业采购金额占销售金额的比例平均为54.3%，采购成本每降低10%，资产收益率或利润率就可以翻一番。美国高德纳咨询公司（Gartner Group）调查的结果是：采购成本每下降1%，相当于业绩提高10%～15%[⊖]，可见企业成本控制的重点和源头都是从采购成本开始的。采购成本占总成本的比率越大，降低采购成本对利润的贡献就越大。采购部门不仅仅是发生成本的部门，更是企业利润来源的中心，合理制定采购战略对企业意义重大。

不同的采购项目具有不同的特性，比如，风险的大小、技术水平、可以利用的能力、需要的初始投资、物流需求等。恰当的采购战略取决于企业采购产品的类型和风险，以及不确定性水平，比如在汽车行业，电子系统的采购战略明显应该和传动系统，以及磨具设备的采

⊖　资料来源：https://new.qq.com/rain/a/20221210A00O3W00。
⊖　资料来源：https://zhuanlan.zhihu.com/p/208309534?utm_source=wechat_session。

购战略有所不同。企业应该怎样制定有效的采购战略呢？为实现成功采购，企业需要具备什么能力呢？什么是成功采购战略的驱动力？企业如何在不增加风险的情况下保证原材料的持续供应？彼得·卡拉杰克（Peter Kraljic）在其论文《采购必须变成供应管理》中回答了这些问题。

2. 卡拉杰克供应矩阵

1983年，彼得·卡拉杰克创建了卡拉杰克供应矩阵，其具有两个维度：一是利润，可以用采购数量、采购成本占总采购的比例、对产品质量的影响，以及业务增长等因素来衡量；二是供应风险，包括供应商可依赖程度、供应商数量、相关需求、制造–采购机会、储存风险和替代机会等因素。根据这两个维度可将采购产品分为四个类型，企业可根据采购产品隶属的类型而采用不同的采购策略和相应的供应商关系管理方法。

卡拉杰克供应矩阵将每次采购或者每组采购归并为四个类型：瓶颈项目、战略项目、非重要项目及杠杆项目，如图13-1所示。

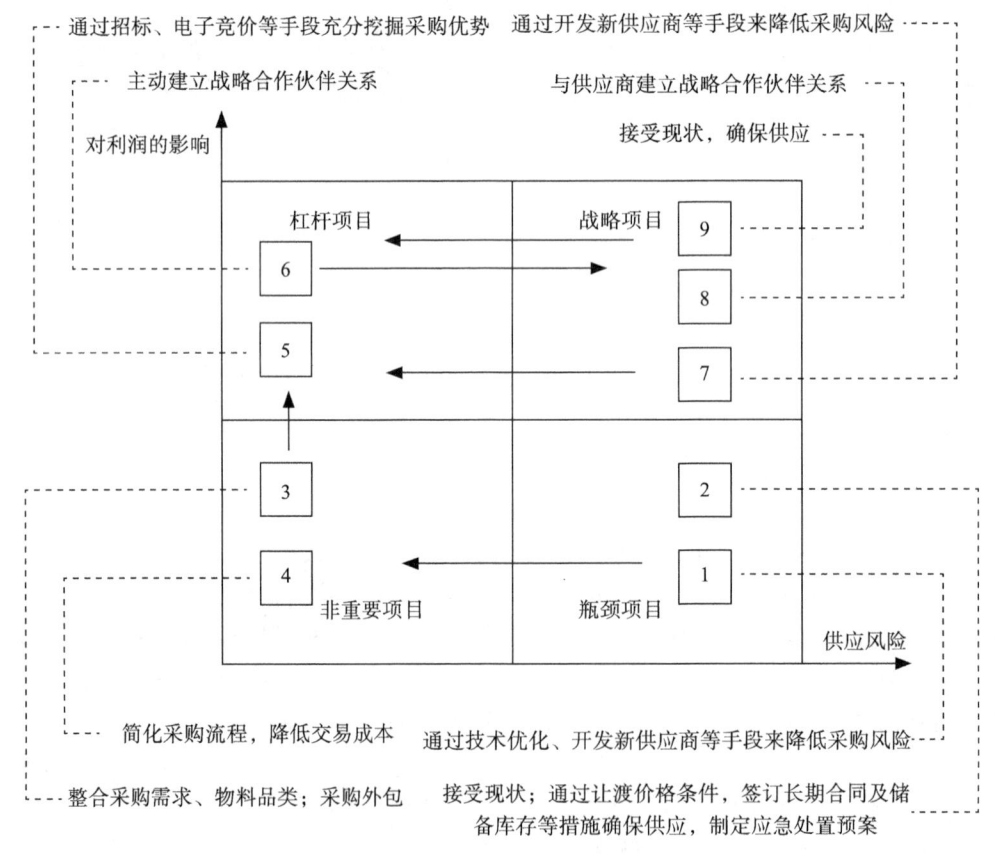

图 13-1　卡拉杰克供应矩阵

（1）瓶颈项目。

瓶颈项目的特征是供应风险高但对企业利润的影响小。这类产品对企业的成本或利润影响不大，但只能从少数几个供应商处获取，短缺的风险很高。例如，企业所需的某些零部件供不应求，缺货会对企业造成影响，这些零部件就属于瓶颈项目。瓶颈项目的主要特征：第一，供应风险高；第二，潜在的供应商很少；第三，产品为非标准件；第四，项目的年度支出额较低。

瓶颈项目管理困难且耗时，管理人员需要设法把产品从一个区域转移到另一个更容易管理的区域。比如，企业可以开发替代物料和供应商，降低供应风险，使这类项目转移到矩阵左侧的类别中。如果短期内无法做到，则要采取适当措施确保供应，比如与供应商签订长期合同、储备库存等。

（2）战略项目。

战略项目对企业的利润影响很大，一个采购产品的位置越靠近矩阵中的右上角，它对企业的影响力就越大，同时提供这些产品的供应商非常有限。体现企业产品核心价值与竞争力的零部件或原材料等都是战略型产品。战略项目的主要特征：第一，供应风险高；第二，潜在的供应商很少；第三，产品为非标准件；第四，替代品很少或没有；第五，项目的年度支出额高。

对于战略项目，一是开发供应商的能力，在不断改进和开发新产品的过程中逐步让合作的供应商参与进来；二是通过开发新供应商等手段，降低采购风险；三是通过签订长期合同与供应商建立战略合作伙伴关系，并以协作的方式管理供应商关系以尽可能降低成本、改进产品和服务，并推动创新。

（3）非重要项目。

非重要项目的影响力、机会、风险级别和支出水平都很低。这类产品的数量往往占到企业采购整体数量的80%左右，而采购总支出一般只占支出的20%左右。这类项目可供选择的供应商很多，更换供应商的成本相对较低，导致较低的采购价格成为采购决策的驱动因素。

这类产品的最佳采购策略是减少采购过程中花费的时间和成本。具体可以通过以下途径来实现：第一，简化采购、收货和付款的处理过程，尽可能实现这些过程的自动化；第二，行政管理最简化，如通过电子商务平台让供应商直接登录企业的计算机采购系统；第三，尽量减少对供应商的干涉；第四，授予员工一定权限，使他们可以直接决定是否订购。

（4）杠杆项目。

虽然杠杆项目对企业利润有较大影响，但给企业带来的风险并不高。杠杆项目的主要特征：第一，存在许多潜在的供应商，产品或服务容易获得；第二，产品为标准件；第三，供应风险低；第四，项目的年度支出额较高。

由于这类项目的支出额较高，所以质量和成本管理是关键，采购战略在于最大限度地降低成本。这需要平衡数量和支出，或者将业务集中在更少的供应商处，从而创造更具竞争力的环境。采购者可以采用诸如竞争性投标和反向拍卖等措施，由于市场上提供杠杆项目的供应商较多，因而激烈的竞争会使价格降低。这类项目的需求数量增加时，企业与供应商的关系要比在非重要项目中的关系更具协作性，企业和供应商能够共同努力寻找节省成本和改进流程的方法。

3. **产品类型**

产品类型也会影响采购策略。根据客户对产品需求的特点分类，M.L. 费希尔（M. L. Fisher）（1997）将产品分为功能性产品和创新性产品，不同类型的产品需要不同的供应链。费希尔认为许多供应链出现问题，根本原因是产品类型与供应链类型不匹配。

（1）功能性产品。

功能性产品如纸尿裤、汤料、牛奶、轮胎等，具有以下特点。第一，能满足基本需求，因而需求稳定且可以预测。但是，稳定性会引起竞争，进而导致利润率较低。第二，生命周期长。第三，生产功能性产品的企业可以集中几乎所有的精力去使总成本最小化。第四，功能性产品更加重视物质功能。

对于功能性产品，恰当的供应链战略是推式战略，这种战略注重效率、成本最低和供应链的可计划性。采购功能性产品时，应该将目标集中于减少总成本，也就是说，减少采购成本，以及将货物送到最终目的地的物流成本，包括单位货物成本、运输成本、库存持有成本、搬运成本、财务成本、税费等。因此，企业可将需要的功能性产品外包给能以更低成本提供这些产品的供应商，从而以最低的成本获取这些产品。

（2）创新性产品。

创新性产品如时尚品、化妆品、高科技产品等，具有以下特点。第一，需求不可预测。第二，生命周期短。第三，具有高边际利润、不稳定需求的特点，因而，其市场具有不确定性，这增加了供求不平衡的风险。

对于创新性产品，更适合的供应链战略是拉式战略，这种战略注重反应速度、服务水平，以及订单满足水平。在采购创新性产品时，减少总成本的采购战略可能是一个错误的战略。由于这类产品具有更新换代速度快、需求难以预测和利润率较高等特点，因此，采购重点应该放在缩短提前期和提高供应柔性方面。为此，企业可把创新性产品外包给离市场最近区域的供应商，或者采用空运等速度快的配送方式，但需要平衡提前期与运输成本。

4. 采购战略的整合框架

以上分析主要适用于产成品的采购，这对于零售商、分销商，以及原始设备制造商都是适用的，它们可以将所有的制造活动都外包给制造商。但是如果采购的是零部件，采购战略又该如何决定呢？费希尔的框架侧重于产成品需求方面，卡拉杰克供应矩阵的重点则在供应方面，综合费希尔和卡拉杰克的理论成果可以获得采购战略的综合框架，包括四个标准：零部件预测的准确性；零部件的供应风险；零部件对财务的影响；零部件的更新换代速度。

需要关注的是零部件预测的准确性，它和产品预测的准确性的含义不同。比如，如果在几种产成品中都用到某种零部件，那么根据风险分担的概念，在零部件的层次上可以达到更高的预测准确性。根据四个标准，采购战略的重点包括降低总成本、缩短提前期、增加柔性。比如，当零部件预测准确性较高、供应风险较低、对财务的影响较大、更新换代的速度较慢时，基于成本的采购战略可能是合适的，在这种情况下，采购战略的重点在于减少总成本。相反，当零部件预测准确性较低、财务风险较高、产品更新较快时，采购战略则关注缩短提前期。另外，如果供应风险高，那么多源采购、柔性化管理、缩短提前期是采购战略的重点。

联想集团成立于1984年，经过30多年的发展，已成为国内计算机行业的领军企业之一。在供应商和采购策略方面，联想根据采购金额和物料风险确定了不同策略。例如，考虑到大部分客户来源于中小企业和个人，联想采用了一种将安全库存与按单生产相结合的"弹性生产供应模式"，通常企业保留两天以内的安全库存，且安全库存中的产品通常是用户经常大量采购的品种；除此之外，大多数产品是依据用户订单来迅速做出反应并进行生产的，对于这类产品的零部件，需要采用最小化提前期和最大化柔性的采购策略。为了进一步节约成本、保证柔性生产、提高产品质量和保护自主创新，联想实行自主生产和外包相结合的生产方式。㊀联想集团对价格变化快的进口元器件，如 CPU 等交由国际采购中心统一负责，通过与相关供应商签订长期合同建立战略合作伙伴关系。而对于一些辅助物料，如外壳件、包装材料等器件，联想推行了由供应商根据订单需求，负责将物料及时运到生产线上的方式。㊁联想通过采购的组合战略，保证了零部件供应的及时性，降低了采购风险。

图 13-2 总结了上面讨论的框架，提供了一个评估零部件采购战略的定性方法。为了说明这个框架，可以考虑汽车行业采购座椅的例子：汽车座椅的预测准确性较高，由于有很多座椅供应商，所以供应风险较小，但是对利润的影响较大，技术更新速度较慢。供应风险和对利润的影响水平说明了座椅属于杠杆项目，采购策略应以成本最低为目标。

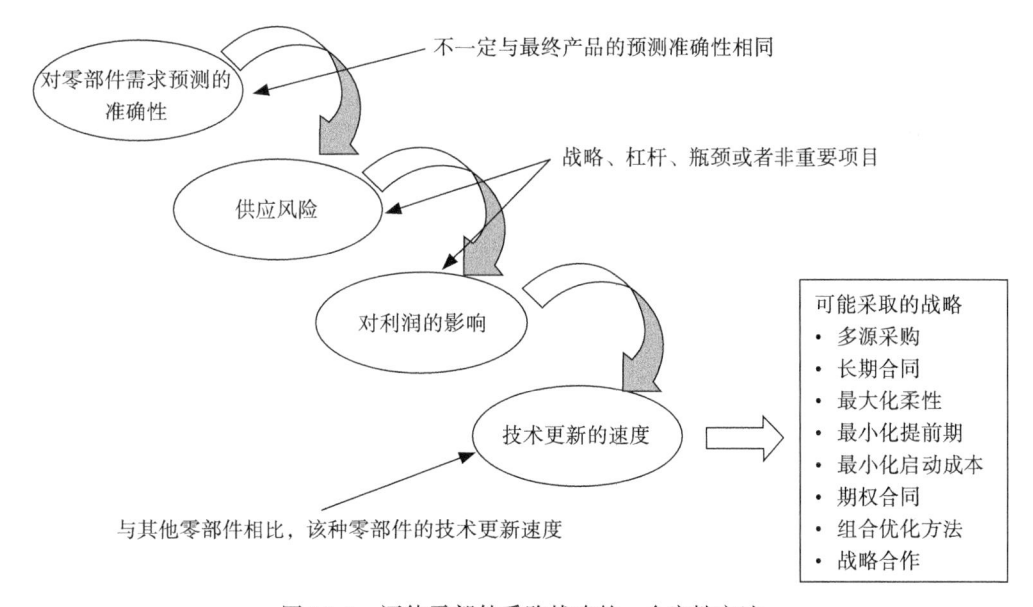

图 13-2　评估零部件采购战略的一个定性方法

13.1.4　数字化采购

1. 数字化采购的概念

新一轮科技革命和产业变革下，"云物移大智"（云计算、物联网、移动互联网、大数据、人工智能）推动了企业采购方式的变革。其中，云计算通过网络"云"将巨大的数据计算处理程序分解成无数个小程序，然后，通过多台服务器组成的系统来处理和分析这些小程序，得到结果并返回给用户，它可以帮助企业基于互联网进行相关服务的增加、使用和交付；物联网帮助企业实现在任何时间、任何地点，人、机、物的互联互通，并帮助企业进行信息交换，实现智能化识别和管理；移动互联网提高了企业员工之间及员工与顾客、供应商之间的协同性；对大数据的挖掘和分析能帮助企业精准把握用户需求，合理制定采购决策；企业借助人工智能的前瞻性预测和智能化管理，使采购决策的效率和合理性大幅提升。

㊀ 资料来源：https://baijiahao.baidu.com/s?id=1668274527372998719&wfr=spider&for=pc。

㊁ 资料来源：https://haoyun56.com/news/912.html。

新技术推动了相较于传统采购的新型采购方式的出现。数字化采购就是指通过云计算、物联网、移动互联网、大数据、人工智能等数字化技术，打造数字化、网络化、智能化、生态化的采购管理，使采购部门成为企业的价值创造中心。

2. 数字化采购的应用场景

（1）目录化采购。

数字化采购可以通过目录化采购，构建基于品类的自动化采购流程，帮助企业加强对全过程的控制并进行差异化品类分析，使企业在繁杂的支出类别中找到节省成本的机会。首先，根据最佳实践和采购品类进行自定义编码，实现全品类目录化采购，从而规范采购流程；其次，基于采购目录进行精细的品类管理，实现差异化品类分析，优化不同采购品类的管理策略。最常见的是网上商城模式，如京东商城、震坤行、西域采购平台等。

（2）从采购到发票管理自动化。

数字化采购可以通过批量完成重复性任务、自动触发请购及审批流程，实现从采购到发票管理的自动化和标准化，帮助企业大幅提高采购效率、持续降低采购管理成本。企业通过自动化技术，消除员工的重复性手动操作，使其专注于高附加值工作，为企业和员工自身创造更大价值；实时感知物料需求，并自动触发补货申请，使采购流程趋向简化和智能化；根据最佳实践和企业现有流程自动分配审批任务，有助于缩短审批周期，提高效率。

（3）阳光采购和风险管理。

在阳光采购系统中，采购信息会在系统全程留痕，便于审计和跟踪。数字化采购应用数字技术，自动追踪采购行为和异常情况，帮助决策制定者实时洞察采购风险与合规性；通过自动监控各环节采购行为和审计追踪，帮助企业快速发现风险与机遇，有效控制采购风险。

（4）付款与供应链金融。

数字化采购能够应用智能合约技术自动执行合同条款，实现精准触发付款，使付款管理更加安全与高效。根据企业需求提供供应链金融服务，实现按需融资，增加企业自由现金流，释放运营资本；结合动态折扣功能，最大限度地享受供应商折扣，从而降低采购成本，实现更高的收益率。

3. 数字化采购4.0转型路径

数字化转型已经起步，企业应如何进行整体思考，从战略角度进行顶层设计呢？企业可以参考采购数字化转型的四个发展阶段。

（1）1.0电子化阶段。

这个阶段的目标是所有过程和每个零件都能被记录和可视化，便于统计和追溯。如早期发展起来的"会计电算化"，将手工记账转为计算机记账；很多公司开展的"档案电子化""无纸化办公"等。但是，数字化追求的目标不仅是实现无纸化记录，还要实现电子化呈现，以便实时监控，从而能够在发现异常时及时采取措施，寻求改善。

（2）2.0系统化阶段。

这个阶段的目标是使电子化阶段记录的信息流动起来，通过IT技术实现某一流程、某一功能的系统化和信息化，如采购管理系统、供应商寻源系统、电子招标系统、合同管理系统、发票管理系统等。其业务逻辑是优化现有业务流程，实现业务数据化，也就是说，以前是流程,未来是"流程+数据",即系统除了解决一个流程、一个功能的问题外,还会记录数据,为后续智能化发展做准备。

(3) 3.0 集成化阶段。

这个阶段的目标是打通信息孤岛,实现互联互通,连接各个节点,实现整条供应链的可视化,实现网络协同。信息孤岛是指相互之间在功能上不关联互助,信息不共享、互换,以及信息与业务流程和应用相互脱节的计算机应用系统。信息孤岛有很多类型,企业内各环节和企业间都存在着信息孤岛。企业不仅要消除企业内部孤岛,而且要消除企业外部孤岛,最终形成闭环。这要求供应链成员间实现信息互联互通和资源共享。

(4) 4.0 智能化阶段。

这个阶段的目标是通过数据挖掘和分析实现智能决策。信息化能够将企业的生产过程、物料移动、事务处理等业务过程数字化,通过各种信息系统加工生成新的信息资源,使各层次的工作人员了解所需的业务信息。数字化以信息化技术为基础,以数据为核心,通过对数据的深入挖掘和分析让管理人员实时了解情况,甚至实现流程自动化、决策智能化。数字化通过数据推动企业向智能化发展。

4. 数字化采购的实施

企业在推行数字化采购之前,要全面考虑,做好顶层架构,设计好完整路线。以下将重点介绍企业实施数字化采购的八个步骤,按照这八个步骤落地数字化采购,可提升项目的成功率。其中,前四个步骤的目的是帮助企业站在未来的角度看现在,洞察机会;后四个步骤是深度推进,用专业方案保障实施效果。

第一步,制定数字化采购的战略和目标。为利用数字化采购帮助企业降本增效、加快响应、提高竞争力,企业需要明确数字化采购的战略与目标。一方面,数字化采购战略要能够支撑企业战略和供应链战略;另一方面,企业的数字化采购规划要有利于实现采购管理绩效。

第二步,分析企业信息化现状与最佳实践之间的差距。明确了战略规划与目标后,需要分析企业信息化现状。首先,企业要对目前的信息化系统分布、端到端的流程、信息化集成程度、已实现和缺失的功能进行盘点。盘点内部现状后,要看其他企业的具体实践,包括行业竞争对手和行业之外的最佳实践,明确企业与最佳实践的差距。在这个阶段,企业要向业界标杆企业学习,学习标杆企业的心得、经验与教训。

第三步,洞察外部趋势变化。洞察外部趋势变化是企业最容易忽视的步骤,如果缺失这一环节,容易造成系统快速过时、重复投入的问题。所以数字化采购规划要立足当下,洞察未来,适度超前。

第四步,了解前沿技术与应用。技术创新能够帮助企业创造和释放价值、提高效率,推动企业的商业模式创新。如果企业能够前瞻性地将诸如 5G 技术、人工智能、工业互联网等前沿技术应用在数字化采购系统中,就会使采购系统更透明、高效与敏捷。

第五步,基于采购场景进行业务梳理。企业的采购业务场景是相当复杂的,无法用一套流程解决所有采购业务场景问题。比如,物资采购方式可分为直接采购与间接采购,采购又涉及是采用可预测的精益供应链,还是采用不容易预测的敏捷型供应链的问题,且同一类型采购项目中的不同子类型也有不同的特点。这些特点使企业需要以品类为基础定制不同的场景化流程。

第六步，设计蓝图与实施方案。在设计数字化采购实施方案时，需要重点关注四个方面。①组织架构：企业要成立数字化采购转型管理小组，对该项目进行统筹管理；同时企业也需要根据转型规划调整内部组织结构。②核心资产：先分析企业进行数字化转型的关键差距，然后制订缩小差距的具体方案。③生态系统：企业应充分挖掘市场资源和技术资源，挖掘潜在的合作机会并识别合适的合作伙伴，通过生态系统推动数字化。④落地规划：企业应明确各个关键措施的实施计划和阶段性目标，识别风险并做出预案，最后对蓝图与实施方案进行评审。

第七步，项目实施。在项目实施阶段，要成立领导小组、配备合格的项目经理，以完成项目启动、需求调研、系统设计、系统功能与接口开发、系统测试、人员培训、项目初始化、试运营等工作。

第八步，实施后的系统运营。运营架构包括业务运营、平台维护、业务支持。业务运营的主体对象是采购商城使用者，运营内容包括定商、定品、定价等；平台维护由平台管理员负责；业务支持方的工作内容包括根据公司流程制度审核业务规则、物资编码等。在运营过程中还需要建立一个由各领域专家组成的跨职能团队，团队中一般包括品类专家、IT专家和系统设计专家。

13.2 总拥有成本

13.2.1 总拥有成本的概念和特点

1. 总拥有成本的概念

总拥有成本（total cost ownership，TCO），又称所有权总成本，既是用于成本分析的工具，又是一种管理理念。传统的成本管理以价格为导向，这种导向偏重短期局部利益，使采购成本管理缺乏对生命周期及总拥有成本的全面思考。总拥有成本包括与采购商品或服务相关的所有活动及这些活动发生所带来的成本；从以价格为导向转变成全面成本管理的思想，要求企业从全局出发，不仅要考虑交易过程中发生的购入、运输、检验成本，也需要考虑因发生这笔交易而产生的研发、设计成本，以及前期为达成此交易而发生的一切相关成本和交易完成后因出售产品而可能产生的安装、维护和更换成本等。

2. 总拥有成本的特点

总拥有成本具有如下特点：第一，总拥有成本是一种全面成本管理方法，在评估一项采购活动时，不仅要考虑价格因素，还要考虑与产生此项活动有关的因素，如获取信息、产品设计分析，以及使用后的维修服务；第二，运用总拥有成本管理方法时，应考虑基于长期的稳定的合作伙伴关系，而不是从短期的、当前的利益出发，在评估一项采购活动时要测算所有辅助采购活动所带来的成本影响；第三，由于总拥有成本涉及采购全过程和全生命周期的成本，所以总拥有成本管理理念特别适用于多次反复采购的原材料或产品，数据的重复性可以减少企业必要的开支；第四，总拥有成本管理方法使持续重复发生的数据变得容易管理，总拥有成本循环工具可以对供应商进行持续管理与改进。

13.2.2 采购总拥有成本构成分析

总拥有成本关注采购或服务的相关活动,采购管理者对采购总拥有成本进行分配时,需要全面了解采购成本的整个构成。依照交易前后顺序可将其划分为:交易前、交易中,以及交易后三个方面成本的总和。交易前的成本是指企业为了完成采购活动而进行相关准备的费用;交易中的成本是指企业购买材料所支付的资金,以及其他相关费用;交易后的成本是指企业购买材料或产品并将产品运往企业后所发生的储存、维修,以及采购过程中发生的因质量问题而引起的相关费用。用图 13-3 可以表示总拥有成本的详细构成。

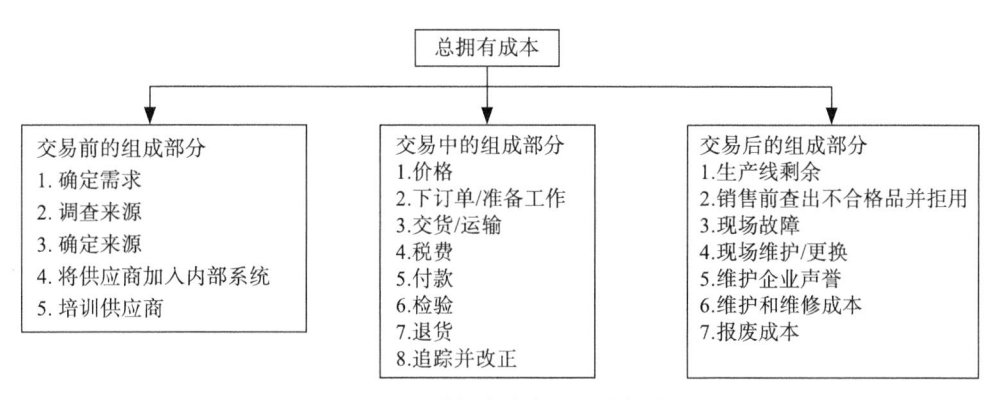

```
                        总拥有成本
         ┌──────────────────┼──────────────────┐
    交易前的组成部分      交易中的组成部分      交易后的组成部分
    1. 确定需求           1. 价格              1. 生产线剩余
    2. 调查来源           2. 下订单/准备工作    2. 销售前查出不合格品并拒用
    3. 确定来源           3. 交货/运输          3. 现场故障
    4. 将供应商加入内部系统 4. 税费              4. 现场维护/更换
    5. 培训供应商          5. 付款              5. 维护企业声誉
                         6. 检验              6. 维护和维修成本
                         7. 退货              7. 报废成本
                         8. 追踪并改正
```

图 13-3　总拥有成本的组成部分

企业要想控制好采购总成本,需要从交易前、交易中及交易后三个环节着手。

(1)交易前的成本控制。

交易前的成本控制要做到:首先,企业的采购管理者或企业领导要从思想上意识到采购成本管理的重要性,让员工参与到对采购成本管控的各项实际行动中;其次,提高企业采购成本预算的准确性;最后,加强对供应商的管理,这不但会直接影响采购价格,还会间接影响因采购而付出的机会成本和转换成本。

(2)交易中的成本控制。

交易中的采购成本控制要做到:首先,建立一套完整规范的采购流程及体系;其次,在各项活动发生时,企业要加强对采购成本的管控,要具体分析此项活动成本产生的动因。

(3)交易后的成本控制。

交易后的采购成本控制要做到:首先,要加强对购入产品的保管与维护,以免造成不必要的损失;其次,针对每个部门建立合理的采购成本控制考核指标,以部门为单位进行年度评审,评选出年度优秀部门,最终纳入个人及部门年终考核指标。

13.2.3 总拥有成本的计算方法

总拥有成本的计算步骤分为以下三个。

第一步,确认主要作业和作业中心。将作业中心分为获得、接收、储存、使用和报废处置五个分作业中心,每一个分作业中心内部包含若干个主要作业。在作业成本计算法下,作业的确认和成本动因的分析极为重要。表 13-2 列示了总拥有成本计算中的一些典型的作业和成本动因。

表 13-2　主要作业和成本动因

主要作业	成本动因
供应商审查	审查的时间与数量
发出订单	购货订单的数量
生产计划	不按时送货所造成的生产延误的次数
接收货物	送货的次数
质量检查	检查次数
固定资产的安装	安装的人工工时数
存货管理	存货的数量
人员培训	培训人数
停止生产	生产停止的次数
资产维护	维修的次数

第二步，将投入的成本或资源分配到各个分作业中心的成本库中，每个成本库所代表的是它所在的那个分作业中心的作业成本。

第三步，将各个分作业中心的成本分配到采购的物资上。这时计算出来的成本就是向某一供应商采购某一项物资所发生的总拥有成本。

上述计算步骤可以用图 13-4 表示。

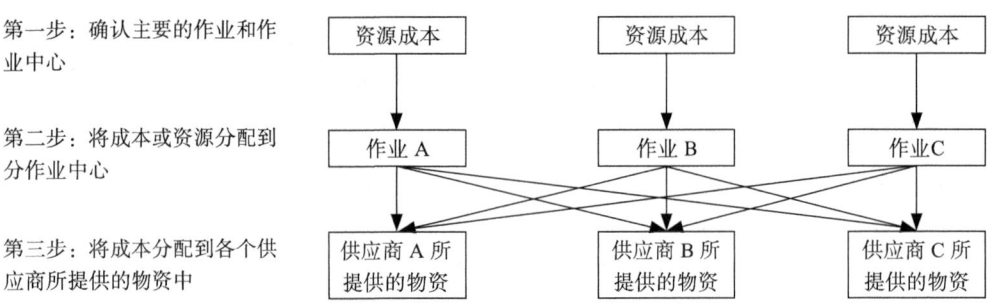

图 13-4　总拥有成本的计算步骤

在作业成本计算法下，需要确认一项采购在不同作业层次所产生的各项成本。同样，在总拥有成本的计算中，也有必要确认在一项采购中不同作业层次所产生的各项成本。可以将采购作业划分为以下三个层次。

第一层次为供应商作业：发生的与某一供应商相关的作业。属于这一类作业的成本主要有：供应商调查成本、合同签订成本、供应商管理成本等。

第二层次为订单作业：每向一个特定的供应商发出一次订单时所发生的作业。属于这一类作业的成本主要有：订单成本、运输成本、接收货物成本、质量检查成本等。

第三层次为单位作业：一次订单中发生的与每一单位商品相关的作业。属于这一类作业的成本主要有：安装成本、存货管理成本、停工成本、维护成本等。

由此可得出总拥有成本的计算公式：

总拥有成本 = 供应商作业层次的成本 + 订单作业层次的成本 + 单位作业层次的成本
　　　　　 = 获得成本 + 接收成本 + 储存成本 + 使用成本 + 报废处置成本

当计算生产物资和经营物资的总拥有成本时，由于这些物资往往能被使用很多年，其所耗费的成本随着时间的推移而逐步累积起来，不同时点发生的成本在经济上不具有可比性，因此，为了使计算出来的总拥有成本具有可比性，有必要通过折现率把它们统一换算为现值。

【例 13-1】总拥有成本分析。

以复印中心进行复印机采购时的成本做分析。复印机的初始成本为 120 000 元，预计每年末可以带来 40 000 元的收入。机器每年需要的物资供应为 7 000 元，且机器在第 3 年末的时候要进行大修，成本是 9 000 元。机器在第 6 年末会被卖出，那时复印机的残值为 7 500 元。

考虑到这些成本发生的时期，要使用净现值方法进行分析。如表 13-3 所示，每年的现金流入都被折算成了现值。可以看出，通过现值分析得出的结果是复印机成本的现值为 129 555 元。

表 13-3 办公室复印机采购分析　　　　　　单位：万元

时期	初始成本	大修费用	每年收入	物资供应	残值	现金流	折现系数	每年现值	现值
目前	−12					−12	1.000	−12	−1.295 5
第 1 年末			4	−0.7		3.3	0.833	2.750 0	
第 2 年末			4	−0.7		3.3	0.694	2.291 7	
第 3 年末		−0.9	4	−0.7		2.4	0.579	1.388 9	
第 4 年末			4	−0.7		3.3	0.482	1.591 4	
第 5 年末			4	−0.7		3.3	0.402	1.326 2	
第 6 年末			4	−0.7	0.75	4.05	0.335	1.356 3	

注：折现率 =20%。

13.3 采购绩效评估

13.3.1 采购绩效评估指标

1. 采购绩效评估概述

采购的一系列作业程序完成之后，企业需要考核与评估采购工作是否达到预期目标。采购绩效评估是指通过建立科学、合理的评估指标体系，全面反映和评估采购功能目标和经济有效性目标实现程序的过程。

采购绩效评估一般具有以下特征：第一，具有客观性，能够在明确的目标指导下，采用科学的测量、评估工具进行客观的测量；第二，具有广泛性，其包括完成业绩的各个领域；第三，是一个组织过程，是由确定目标、搜集信息、形成判断、指导行动等环节构成的连续活动；第四，是一个价值判断过程，用一定的价值观对业绩进行判定。

通过采购绩效评估不仅可以了解采购部门和个人的表现，还可以发现其中存在的差距，从而有针对性地进行解决问题，最终促进采购目标的实现。具体来说，采购绩效评估会给企业带来以下益处：第一，确保采购目标的实现；第二，提供改进绩效的依据；第三，作为个人或部门奖惩的参考；第四，协助甄选采购人员和开展培训活动；第五，改善部门之间的关系；第六，增强业务的透明度；第七，产生良好的激励效果。

2. 采购绩效评估的基本要求

（1）采购主管要具备评估采购人员绩效的能力。采购主管具有管理和监督采购工作的责任，其道德素质和专业化水平对采购部门绩效有重要影响，能够对采购人员的工作能力进行有效评估是合格的采购主管需要具备的基本能力。

（2）采购绩效评估需要遵循的基本原则：第一，持续性，评估工作要持续开展且要定期检查目标达成情况；第二，整体性，绩效评估要以企业整体目标为基础；第三，开放性，在进行采购绩效评估时，不但要衡量绩效，而且要考虑各种外来因素的影响；第四，评估尺度，可以将过去的绩效作为评估基础，也可以与其他企业的采购绩效进行对比。

（3）采购绩效评估制度的要求：第一，公开化，以公正公开的原则来制定采购绩效评估制度；第二，符合企业特性，依据企业整体目标建立评估制度；第三，评估的目的需要明确化，保障企业利益最大化。

3. 采购绩效评估指标体系

常见的采购绩效评估指标包括质量绩效指标、数量绩效指标、时间绩效指标、价格绩效指标、采购效率绩效指标和计划绩效指标。

第一，质量绩效指标。质量绩效指标包括供应商质量体系、来料质量、错误采购次数等。第二，数量绩效指标。数量绩效指标包括储存费用指标，呆料、废料处理损失指标等。第三，时间绩效指标。时间绩效指标包括紧急采购费用，停工断料损失，订单处理时间等。第四，价格绩效指标。价格绩效指标包括实际价格与标准成本的差额、实际价格与过去移动平均价格的差额、使用时的价格与采购时的价格之间的差额、物资采购比价等。第五，采购效率绩效指标。采购效率绩效指标包括年采购金额、年采购金额占销售收入的百分比、订购单的件数、采购人员人数、采购部门的费用、新供应商开发数、采购计划完成率、订单处理时间等。第六，计划绩效指标。计划绩效指标涉及采购运作、交货周期，以及交货可靠性的表现。

13.3.2 采购绩效评估方法

1. 平衡计分卡法

平衡计分卡是一套用于衡量及评价与企业经营战略有关的财务和非财务要素的指标体系，是一种绩效管理工具。平衡计分卡法从客户、内部运营、学习与成长、财务四个角度，将组织的战略落实为可操作的衡量指标和目标值。

第一，客户的角度。在平衡计分卡的客户层面，管理者确立了其业务单位将竞争的客户和市场，以及业务单位在这些目标客户和市场中的业绩衡量指标。客户层面的指标通常包括客户满意度、客户保持率、客户获得率、客户盈利率，以及业务单位在目标市场中所占的份额。

第二，内部运营的角度。平衡计分卡法重视的不是单纯的现有经营过程的改善，而是以满足客户和股东的需求为目标的内部经营过程的改善。管理者要确认组织必须擅长的关键流程，这些流程能够帮助企业提供价值，以吸引和留住目标市场的客户，并满足股东对财务回报的期望。

第三，学习与成长的角度。平衡计分卡法注重分析现有能力与满足需求的能力之间的差距，它确立了企业要实现长期的成长和改善就必须建立的基础框架，确立了未来成功的关键因素。一般来说，企业的实际能力与实现突破性业绩所必需的能力之间往往存在较大的差距，为了弥补这个差距，企业必须鼓励创新、投资于员工的能力提升、投资于技术研发，从而推动企业内部流程的持续改善。

第四，财务的角度。财务业绩指标可以显示企业的战略及其实施和执行是否对改善企业盈利做出贡献。财务目标通常与获利能力有关，其衡量指标有营业收入、资本报酬率、经济增加值等，也可能是销售额或创造的现金流量。

2. 关键绩效指标法

关键绩效指标（key performance indicator，KPI）是通过对组织内部流程输入端、输出端的关键参数进行设置、取样、计算、分析，衡量流程绩效的一种目标式量化管理指标，其能够把企业的战略目标分解为可操作的工作目标。作为衡量各职位工作绩效的指标，KPI 所体现的衡量内容依公司的战略目标而定。当关键绩效指标构成公司战略目标的有效组成部分或支持体系时，它所衡量的职位便以实现公司战略目标的相关部分为自身主要职责。如果 KPI 与公司战略目标脱离，则它所衡量的职位的工作方向将与公司战略目标的实现产生分歧。关键绩效指标是对真正驱动公司战略目标实现的具体因素的发掘，是公司战略对每个职位的工作绩效要求的具体体现。

3. 层次分析法

层次分析法（analytic hierarchy process，AHP）是一种有效处理那些难以抽象为解析形式数学模型的问题或难以完全用定量方法来分析的复杂问题的手段。其基本原理是根据具有递阶结构的目标、子目标（准则）、约束条件、部门等来评价方案，先采用两两比较的方法确定判断矩阵，然后把判断矩阵的最大特征值相对应的特征向量的分量作为相应的系数，最后综合得出各方案的权重（优先程度）。该方法要求评价者对照相对重要性函数表，给出因素两两比较的重要性等级，因而其可靠性高、误差小，不足之处是遇到因素众多、规模较大的问题时，容易出现困难，比如当判断矩阵难以满足一致性要求时，往往难以进一步对其分组。

4. 模糊综合评价法

模糊综合评价（fuzzy comprehensive evaluation，FCE）是一种对受到多种因素影响的事物做出全面综合评价的方法。它的基本思想是利用模糊线性变换原理和最大隶属度原则，考虑与被评价事物相关的各个因素，对其做出合理的综合评价。模糊综合评价能够将那些原本不易定量、边界不清的因素进行定量化处理，然后通过多个影响要素来对被评价对象的隶属等级状况进行综合全面评价，其对多因素、多层次的复杂问题评价效果较好，具有别的数学模型难以代替的优越性。

本章小结

企业的外包决策应该支持其商业战略并有利于提高核心竞争力，企业应根据产品结构、企业自身具有的知识和产能做出外包与否的整体判断，并结合分层模型做出战略层面的判断。如果企业决定外包，可以根据产品类型和卡拉杰克供应矩阵对不同产品制定不同的采购策略。传统采购方式过程复杂、效率低且成本高，随着新一代信息技术的发展，数字化采购方式出现，这为企业的采购转型提供了新思路。采购系统一要降低成本，二要提高绩效，从成本角度看，企业应从采购全过程和全生命周期来考虑成本管控；从绩效角度看，企业要建立合理的绩效评估体系，采取合适的绩效评估方法，提高采购工作绩效。

思考题

1. 企业应如何制定自制与外包决策？
2. 产品类型如何影响采购策略？
3. 卡拉杰克供应矩阵不同象限的采购策略是什么？
4. 怎样理解总拥有成本的概念？
5. 采购绩效评估具有哪些特征？

案例

奇瑞汽车的采购策略

奇瑞汽车股份有限公司（简称奇瑞汽车）是一家从事汽车生产的国有控股公司，于1997年1月8日注册成立，总部位于安徽省芜湖市。该公司以打造"国际品牌"为战略目标，经过25年的创新发展，现已成为国内最大的集汽车整车、动力总成，以及关键零部件的研发、试制、生产和销售于一体的自主品牌汽车制造企业，以及中国最大的乘用车出口企业。

1. 以质量为中心的成本领先采购策略

奇瑞汽车的采购管理经历了从关注成本到以质量为中心的供应链成本领先策略的转变。奇瑞汽车的零部件战略是集并零部件技术战略、质量战略、成本战略、供应商战略的一体化战略，其追求QCDD（质量、成本、交付、开发）综合平衡后的最佳组合优势，其中，特别注重质量表现。结合零部件战略及自身现状，奇瑞汽车在核心/关键系统、模块、零部件方面形成竞争优势，并与全球主要零部件供应商开展战略合作，充分利用成熟技术、先进技术、创新技术，实现采购的平台化、标准化、通用化、模块化，全面提升各方面能力，使零部件采购成为奇瑞汽车的核心竞争力之一，同时使零部件质量也得到明显提升。

2. 培育供应商竞争力

奇瑞汽车的零部件品类被划分为战略品类、瓶颈品类、杠杆品类及一般品类。基于品类划分，奇瑞汽车形成了针对不同零部件的采购策略，如战略品类的采购策略是深度技术和资源共享，形成核心竞争力并确保供货；杠杆品类是利用竞争环境，通过整合供应链资源来实现规模效益。目前，奇瑞汽车已建立核心供应商培育机制，以支撑公司战略和产品战略落地。此外，为了提升供应商能力，奇瑞汽车还成立了专业化跨部门团队，深入供应商现场，从QCDDM（质量、成本、交付、开发、管理）五大维度对供应商能力进行系统提升。

3. 采购数字化转型

奇瑞汽车自2002年开始启动公司信息化建设。结合历年IT建设成果，实现了从传统IT架构向工业互联网平台1.0新架构的改造升级，推动公司从信息化向数字化迈进。2021年，奇瑞汽车与海尔集团签订合作协议，依托海尔卡奥斯工业互联网平台，共同探索打造奇瑞集团的汽车"灯塔工厂"，以期在数字化供应链和数字化采购、汽车轻量化和新材料应用等方面为中国汽车工业转型提供样本。此外，通过美云智数采购云 SRM，奇瑞汽车从提升效率、规范管理、优化成本、数据驱动四个方面入手改造传统采购模式，搭建起一站式协同服务平台系统。通过平台上完整的过程数据驱动，能便捷地进行数据分析和有效预警，并且能实现采购价格的精细管理。在采购过程中，平台辅助可实现在线沟通、效率匹配和过程追溯，能让采购更加便捷高效。总的来说，奇瑞汽车通过美云智数采购云 SRM，实现了面向采购的业务赋能、风险管控、大数据分析等，改善了业务能力，打通了信息孤岛，提高了协同效率。

资料来源：
[1] https://www.sohu.com/a/273950590_765855。
[2] https://www.sohu.com/a/125599507_492530。
[3] https://xingongye.cn/cms/mycase/1138.html。
[4] http://www.aqsiqauto.com/newcars/info/8126.html。
[5] https://new.qq.com/rain/a/AUT2020112600927200。

讨论题：
1. 奇瑞汽车采购战略的重点是什么？
2. 奇瑞汽车是怎样推行数字化转型的？

参考文献

[1] PRAHALAD C K, HAMAL G. The core competence of corporation[J]. Harvard business review, 2006, 69（3）：275-292.

[2] SAYED M, HENDRY L, BELL M Z. Sustainable procurement：comparing in-house and outsourcing implementation modes[J]. Production planning and control, 2020, 32（2）：145-168.

[3] ROSAR F. Strategic outsourcing and optimal procurement[J]. International journal of industrial organization, 2016, 11：91-130.

[4] NIU BZ, MU ZH. Sustainable efforts, procurement outsourcing, and channel co-opetition in emerging markets[J]. Transportation research part e：logistics and transportation review, 2020, 138：1-27.

[5] LAHIRI S, KARNA A, Kalubandi SC, et al. Performance implications of outsourcing：a meta-analysis[J]. Journal of business research, 2022, 139（3）：1303-1316.

[6] LIN Y T, CHEN Y J. Competitive outsourcing：choosing between value-added services and key component supplying capability[J]. International journal of production research, 2015, 53（11-12）：3635-3650.

[7] ASATIANI A, PENTTINEN E, KUMAR A. Uncovering the nature of the relationship between outsourcing motivations and the degree of outsourcing：an empirical study on finnish small and medium-sized enterprises[J]. Journal of information technology, 2019, 34（1）：39-58.

[8] CRISTINA B, DIANA. Outsourcing：benefits vs. risks[J]. Revista perspectiva empresarial, 2018, 5（2）：101-111.

[9] FINE C H, WHITNEY D E. Is the make-buy decision process a core competence?[C]. International Center for Research on the Management of Technology, Sloan School of Management, Massachusetts Institute of Technology, 1996.

[10] FINE C, VARDAN R, PETHICK R, et al. Rapid-response capability in value-chain

design[J]. Mit sloan management review, 2002, 43（2）: 69-75.
[11] FISHER M L. What is the right supply chain for your product?[J]. Harvard business review, 1997, 75（2）: 105-116.
[12] KRALJIC P. Purchasing must become supply management[J]. Harvard business review, 1983, 61（5）: 109-117.
[13] ELLRAM L M E. Total cost of ownership: an analysis approach for purchasing[J]. International journal of physical distribution & logistics management, 1995, 25（8）: 4-23.
[14] KAPLAN R S, NORTON D P. The balanced scorecard: measures that drive performance[J]. Harvard business review, 2005, 83（7-8）: 71-79.
[15] 辛奇－利维 D, 卡明斯基, 辛奇－利维 E. 供应链设计与管理: 概念、战略与案例研究: 第 3 版 [M]. 季建华, 邵晓峰, 译. 北京: 中国人民大学出版社, 2010.
[16] 宫迅伟. 如何专业做采购 [M]. 北京: 机械工业出版社, 2015.
[17] 宫迅伟. 采购 2025: 数字化时代的采购管理 [M]. 北京: 机械工业出版社, 2018.
[18] 姜宏锋, 张喆, 程序. 数智化采购: 采购数字化转型的方法论与实践 [M]. 北京: 机械工业出版社, 2021.
[19] 杨卓凡. 我国产业数字化转型的模式、短板与对策 [J]. 中国流通经济, 2020, 34（07）: 60-67.
[20] 沈小静, 刘若阳, 姜旭. 新中国 70 年采购管理发展历程、阶段特征及未来展望 [J]. 管理世界, 2019, 35（10）: 39-49.
[21] 乔普瑞, 梅因得尔. 供应链管理: 战略、规划与运营: 第 2 版 [M]. 李丽萍, 译. 北京: 社会科学文献出版社, 2003.

第 14 章
CHAPTER 14

生产与运作计划、物料需求计划与企业资源计划

核心要点

- 企业的生产与运作计划体系的基础内容及制定方法
- 物料需求计划的内容及其发展
- 企业资源计划的内容及其发展
- 企业资源计划与企业业务流程优化

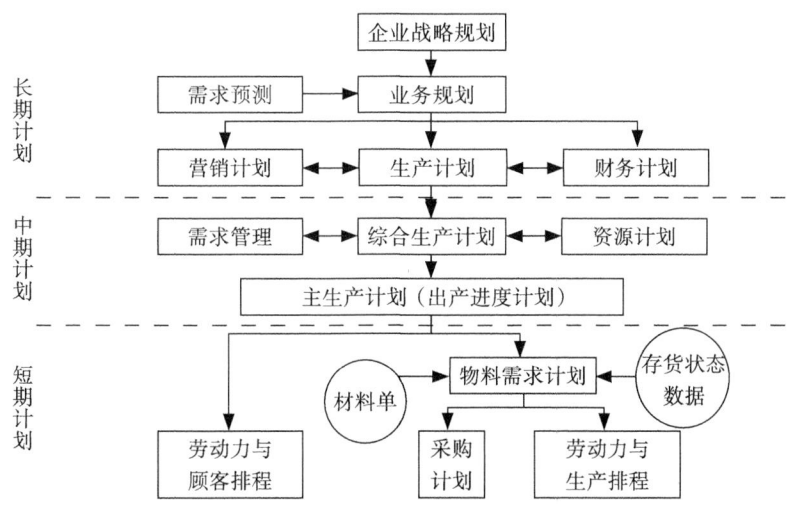

14.1 生产与运作计划体系、内容与策略

计划是管理的首要职能,企业需要按照计划管理其生产经营活动。如图 14-1 所示,生产与运作计划体系分为三个层次:长期计划(战略层),中期计划(战术层),短期计划(作业层)。

图 14-1 生产与运作计划体系

其中，长期计划与产品和服务选择、设施规模和选址、设备决策，以及设施布置有关，它实质上决定中期计划的生产能力限制。中期计划与员工、产出、库存的一般水平有关，是生产经营应该达到的目标，为短期生产能力决策的制定定义了边界。短期计划是在长、中期决策限定的范围内对日常生产经营活动的安排，包括批量确定、任务分配、作业排序等。表14-1阐述了各类生产与运作计划对应的特点。从表14-1中可以看出，从战略层到作业层，计划期越来越短，计划的时间单位越来越细，空间范围越来越窄。

表 14-1 各类生产与运作计划的不同特点

项目	长期计划（战略层）	中期计划（战术层）	短期计划（作业层）
计划总任务	制定总目标，获取资源	有效利用现有资源	适当配置资源、能力
管理层次	企业高层管理者	中层管理者	基层管理者
计划期	3～5年	1年左右	1年以内
详细程度	高度综合	概略	详细、具体
不确定性	高	中	低
空间范围	公司	工厂	车间、班组
时间单位	年	季、月	周、日、班
决策变量	产品线、企业规模、设施选择、供应渠道	生产速率、库存水平、工作时间、外协量	生产品种、数量、质量、顺序、单位

企业的生产与运作计划包括三部分。①生产大纲，即综合计划（aggregate planning，AP）：根据企业所拥有的生产能力和需求预测对企业的产出内容、产出量、劳动力水平、库存等问题所做的决策性描述，用于确定生产计划指标。②主生产计划（master production schedule，MPS）：确定每一具体的产品在每一具体时间段内的生产数量，包括进行商品产出进度安排等。③物料需求计划（material requirement planning，MRP）：在主生产计划确定后，要依靠物料需求计划保证主生产计划所规定的最终产品所需的全部物料及其他资源的及时性。

14.1.1 生产与运作计划的指标及指标确定

确定生产与运作计划的指标是编制生产计划的重要内容。该计划的指标包括四个方面。①产品品种指标：生产什么类型的产品。②产品质量指标：生产的产品质量好不好。③产品产量指标：要生产多少产品。④产值指标：用货币形式表示的产量指标，包括商品产值、总产值、净产值。确定品种和产量后就可以计算产值。产品品种指标的确定可以通过产品销售利润率法。

销售利润率是指销售收入和利润之间的关系，其计算公式为：

$$销售利润率 = (利润总额 / 营业收入) \times 100\%$$

企业可选取利润率达到要求的产品品种进行生产，例如以10%的利润基线为例。

在产品品种确定后，需要确定每个品种的产量指标。当企业生产多品种产品时，为充分利用有限的生产能力和生产资源，以达到满意的经济效益，需要进行综合平衡，通常可采用线性规划的方法来解决整体目标最优的问题。利用线性规划方法求解的步骤包括：第一，建立数学模型；第二，数学模型求解；第三，验证分析。

14.1.2 企业商品出产进度安排及生产运作能力核算

1. 出产进度安排概述

用线性规划方法确定的产品产量指标，是一定时期内（以一年为例）的产品产量，还需要安排每种产品的出产期，即把全年的生产计划任务按品种、规格、数量、交货期具体地分配到各季、各月，并确定各产品出产的先后顺序。不同生产类型的企业有不同的特点，主要分为以下三类。

（1）大量大批生产同类型产品的企业。这类企业生产的特点是品种少、产量大、生产重复性高。它的生产目标是补充库存，因此可以使生产率均匀，保证生产的节奏。其平均日产量有平均分配、分期递增、小幅度连续增长、抛物线形递增等类型，如图 14-2 所示。

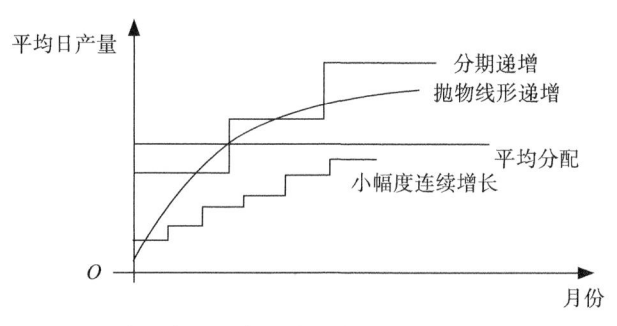

图 14-2 大量大批生产同类型产品企业的出产进度安排

其中，平均分配是指将全年的计划产量平均地分配到各季、各月，适用于市场需求量比较稳定的产品。分期递增是指全年计划产量分期、分阶段均匀递增地分配到各季、各月，适用于市场对该种产品的需求量不断增加，而企业的劳动生产率稳步提高的情况。抛物线形递增是指全年的计划产量按照年初增长较快，以后增长较慢而形成的"抛物线"分配到各季、各月的产量中的方法，适用于新投产的、市场对该产品的需求量不断增长的情况。

（2）多品种成批生产的企业。其特点是产品品种较多，而各种产品的产量大小不一。要考虑如何组织好各种产品的合理搭配，以减少每季、每月生产的品种数，增大每种产品的批量，同时要使设备、劳动力的负荷比较均衡，以便合理利用人力、物力，提高经济效益。其出产进度安排如图 14-3 所示。

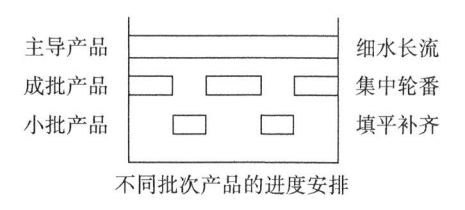

图 14-3 多品种成批生产企业的出产进度安排

对于产量大、季节性需求变动小的主导产品，可按"细水长流"方式安排。

对于产量小的成批产品，需要权衡库存费用与生产准备费用，实行"集中轮番"生产的安排方式，确定投产批量，这样可以减少每月同时生产的品种数，加大产品的生产批量，在较短时间内完成一种产品，再轮换生产别的产品实现经济效益。

对于小批的精密产品与一般产品、高档产品与低档产品、复杂产品与简单产品、大型产品与小型产品，均应合理搭配生产，以"填平补齐"的方式安排，以使各工种、设备及生产面积得到均衡负荷。

安排新老产品出产进度时，应有一定的交叉时间。在这段时间内，新产品产量逐步增加，老产品产量逐步减少。这样可以避免由于产量的过大波动，造成生产技术准备工作时松时紧，也有利于工人逐步提高生产新产品的熟练程度。

总的来说，安排各种产品的品种搭配和先后顺序时，应当考虑生产技术准备工作的完成期限、技术组织措施的完成期限，以及关键原材料、元器件和外协件的供应期限等因素。

（3）单件小批生产的企业。这类企业的特点是产品品种多，每种产品的数量很少，而且不重复或很少重复生产，是典型的订货型生产。其出产进度安排的特点为：先安排已经明确的订货项目，其中第一季度的任务要规定得比较具体。单件生产的产品、新产品和需要关键设备加工的产品，应尽可能按季分摊，分期、分批交错安排。小批生产的产品可参照多品种成批生产企业安排小批产品的做法。

2. 生产能力概述

编制生产计划大纲的主要任务之一就是使生产任务和生产能力协调。生产能力是企业在一定时间和一定的技术组织条件下所能生产的一定种类和一定质量的最大产品（服务）数量或能加工处理的原材料的最大数量。根据企业所处时期和侧重点的不同，生产能力可以分为三类。第一类，设计能力：企业在基本建设时，设计任务书和技术文件中所规定的生产能力。第二类，核定能力：当原来的设计能力已不能反映实际情况时，重新调查核定的能力。第三类，计划能力：企业在计划期内充分考虑了已有的生产条件和能够实现的各种措施后，实际可达到的生产能力。设计能力是确定生产规模、编制长期规划、安排基建和技术改造的依据，而计划能力则是编制生产计划的依据。

决定生产能力的结构因素主要包括三方面。①固定资产数量：计划期内用于生产的全部固定资产数量。②固定资产的有效工作时间，包括：设备的有效工作时间——连续生产、间断生产；生产面积的有效工作时间。③固定资产的生产效率，包括：产量定额——单位时间内生产的产品数量；时间定额——生产单位产品所需的设备时间。

3. 生产能力的综合平衡

对于企业来说，提高生产能力十分重要，企业需要明确其生产能力所处的状态。此处引入生产能力的负荷系数这一概念，其表示的是生产能力与生产任务的比值。当负荷系数 >1 时，表示生产能力负荷不足；当负荷系数 =1 时，表示生产能力满负荷；当负荷系数 <1 时，表示生产能力超负荷。

提高生产能力的核心要点为：发现生产过程中的薄弱环节和富余环节，采取措施，改善薄弱环节，提高企业的生产能力。平衡生产能力的两种基本思路如下。①稳妥应变型：将预测的市场需求视为给定条件，通过改变人员水平、加班、安排休假、改变库存水平、外协等方式来应对市场需求。②积极进取型：通过调节需求模式，影响、转移需求，调节对资源的不平衡要求来达到有效、低成本满足需求的目的。主要途径包括五个：降低单位产品劳动量的消耗（或增加单位时间内的产量）；充分利用工作时间；增加设备和生产面积；转移设备负荷；安排外协任务。

14.1.3 综合生产计划与主生产计划的制订

1. 综合生产计划概述

综合生产计划是企业的整体计划，是根据企业所拥有的生产能力和需求预测对企业未来较长一段时间内的产出内容、产出量、劳动力水平、库存投资等问题所做的描述。企业提前对自身生产能力需求（如劳动力、库存等）和成本进行评估，这就是编制综合生产计划的过程。

综合生产计划是一种针对中期生产能力的计划，时间跨度通常为 1 年左右，有些公司甚至会延长到 18 个月。如图 14-4 所示，综合生产计划包括外部投入和内部投入两个大的方面。综合生产计划的目标是制订一个能够有效使用企业资源的生产计划来满足预期需求。其制订程序如图 14-5 所示。

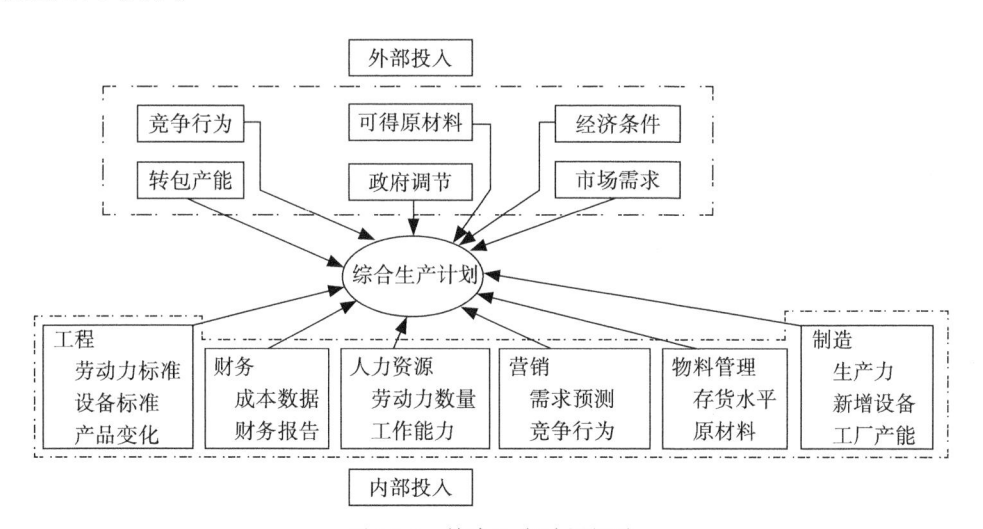

图 14-4 综合生产计划概览

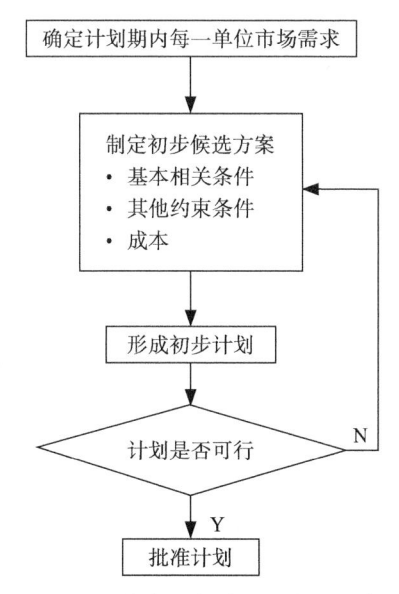

图 14-5 综合生产计划的制订程序

2. 综合生产计划工作表

下面将详细介绍编制综合生产计划工作表的方法。根据企业内外部条件的变化和计划的实施情况，综合生产计划每隔一段时间（通常是每个月）需要更新一次，这就形成了滚动计划制订期间。

【例 14-1】制造几种不同型号拖拉机的某公司的管理者需要制订历时 6 期的综合生产计划。现收集了以下数据，如表 14-2 所示。

表 14-2 数据表

预测需求量 / 台						
第 1 期	第 2 期	第 3 期	第 4 期	第 5 期	第 6 期	总计
200	200	300	400	500	200	1 800

产出成本
  正常成本 = 2 美元 / 台
  加班成本 = 3 美元 / 台
  转包成本 = 6 美元 / 台
  存货成本 = 1 美元 / (台·期)，即平均存货水平
  延迟交货 = 5 美元 / (台·期)

假定正常情况下的稳定产出是每期生产 300 台，共有 15 名工人，每人生产效率相同。计划在第 1 期持有零库存，制订综合生产计划并对该计划进行评估。该计划提倡在正常时间内保持稳定的产出，主要依赖存货平抑需求的波动，并允许积压订单延迟交货的情况存在。方案一的综合生产计划如表 14-3 所示。

表 14-3 方案一的综合生产计划

项目	时期						
	第 1 期	第 2 期	第 3 期	第 4 期	第 5 期	第 6 期	总计
预测需求量 / 台	200	200	300	400	500	200	1 800
产出量 / 台							
正常产量	300	300	300	300	300	300	1 800
加班产量							
转包合同							
剩余产出量预测 / 台	100	100	0	−100	−200	100	0
存货 / 台							
期初	0	100	200	200	100	0	
期末	100	200	200	100	0	0	
平均	50	150	200	150	50	0	600
延迟交货 / 台	0	0	0	0	100	0	100
成本 / 美元							
产出方式							
正常	600	600	600	600	600	600	3 600
加班							
转包							
存货	50	150	200	150	50	0	600
待发货订单	0	0	0	0	500	0	500
成本总计 / 美元	650	750	800	750	1 150	600	4 700

考虑以上计划之后，管理者决定重新编制一份可选方案，利用加班时间的工作来弥补产出损失。下降后的正常情况下的产出是每期 280 台，加班工作的最大产出则是每期 40 台。方案二的综合生产计划如表 14-4 所示。

表 14-4　方案二的综合生产计划

项目	第 1 期	第 2 期	第 3 期	第 4 期	第 5 期	第 6 期	总计
时期							
需求量预测 / 台	200	200	300	400	500	200	1 800
产出量 / 台							
正常产量	280	280	280	280	280	280	1 680
加班产量			40	40	40		120
转包合同							
剩余产出量预测 / 台	80	80	20	−80	−180	80	0
存货 / 台							
期初	0	80	160	180	100	0	
期末	80	160	180	100	0	0	
平均	40	120	170	140	50	0	520
延迟交货 / 台	0	0	0	0	80	0	80
成本 / 美元							
产出方式							
正常	560	560	560	560	560	560	3 360
加班			120	120	120		360
转包							
存货	40	120	170	140	50	0	520
待发货订单	0	0	0	0	400	0	400
成本总计 / 美元	600	680	850	820	1 130	560	4 640

除了通过已有员工加班（增加工作时长），第三种选择方案是增加人员数量，利用临时工满足高峰期需求。假设每聘用和培训一名临时工需要耗资 100 美元，而每名临时工只能以每期 15 台的生产率进行生产。把所需生产数分配给生产率为每期 15 台的临时工，需要在第 4 期和第 5 期各聘请 4 名临时工。方案三的综合生产计划如表 14-5 所示。

表 14-5　方案三的综合生产计划

项目	第 1 期	第 2 期	第 3 期	第 4 期	第 5 期	第 6 期	总计
时期							
需求量预测 / 台	200	200	300	400	500	200	1800
产出量 / 台							
正常产量	280	280	280	340	340	280	1 800
加班产量							
转包合同							
剩余产出量预测 / 台	80	80	−20	−60	−160	80	0
存货 / 台							
期初	0	80	160	140	80	0	
期末	80	160	140	80	0	0	
平均	40	120	150	110	40	0	460
延迟交货 / 台	0	0	0	0	80	0	80

（续）

项目	时期						
	第1期	第2期	第3期	第4期	第5期	第6期	总计
成本/美元							
产出方式							
正常	560	560	560	680	680	560	3 600
加班							
聘用/解聘				400	400		800
存货	40	120	150	110	40	0	460
待发货订单	0	0	0	0	400	0	400
成本总计/美元	600	680	710	1 190	1520	560	5 260

总的来说，有三种策略来应对变异性的需求：改变库存水平、改变员工数量和改变生产率。这三种方法可以任意组合形成混合策略，混合策略的效果一般好于单一策略[⊖]。企业可以通过上述例题中的方法进行计算试验，从而决定最终采取的策略。

3. 主生产计划的制订

（1）制订程序及约束条件。

主生产计划是在综合生产计划的基础上制订的，将综合生产计划分解为每个品种产品的产量及进度安排，用于确定企业要生产的产品型号、规格和出产时间。例如，一个家具企业的综合生产计划确定它下个月或下个季度计划生产的床垫总数，主生产计划则进一步确定床垫的规格、质量及型号。主生产计划也是按照周期（通常是每周）来确定所需床垫类型的数量和时间。图14-6为主生产计划（MPS）的制订程序，可以看出，主生产计划确定的生产总量等于综合生产计划的生产总量；同时综合生产计划确定的生产总量应有效分配在计划期内的不同时间段生产；在决定批量和生产时间时，应当考虑资源的约束条件。

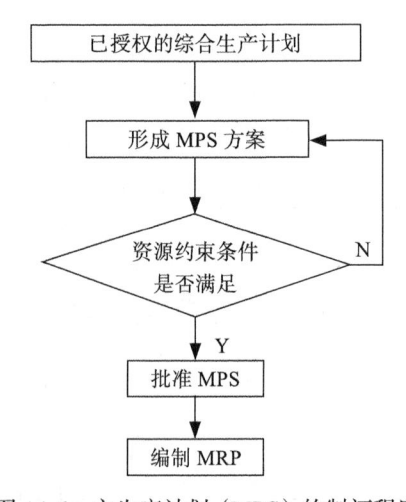

图14-6 主生产计划（MPS）的制订程序

所有生产系统的能力和资源都是有限的，对由计算机得出的主生产计划需要检查其可行性。一旦产品需求变化，一个可行的主生产计划仍可能需要额外的资源。此时，主生产计划

⊖ 资料来源：陈荣秋，马士华. 生产运作管理[M]. 5版. 北京：机械工业出版社，2017.

就需要根据这些条件做出调整。制订合理的主生产计划需要管理者了解销售部门的所有需求、仓库补给量、多余数量与厂际需求情况，并结合综合生产计划，考虑顾客订单的满足情况。

（2）制订主生产计划的基本模型。

制订主生产计划的过程中，企业在决定批量和生产时间时，需要考虑资源的约束条件，如安全库存、对原材料的考虑等。主生产计划（MPS）的输出项包含计划库存量（POH）、主生产批量的时间与数量的确定，以及可用量承诺（ATP）。下面主要介绍计划库存量和待分配库存量。

1）计划库存量。

计划库存量（projected on-hand inventory，POH）：也称预估在手量，它表示实际所能够拥有的存货预期量，是指每周的需求被满足后，剩余的库存量。其计算公式如下：

$$本周末计划库存量 = 上周末计划库存量 + 本周 MPS 生产量 - \max\{本周预计需求量，实际订货量\}$$

其中，max 是指取本周预计需求量和实际订货量两者中的最大值，是为了最大限度地满足需求。

2）可用量承诺。

可用量承诺（available-to-promise inventory，ATP）：将主生产计划中现有的产品数量与确定的客户订单区别开来，是指可以用于承诺给客户的新订单的库存或产能，即没有被征用的库存或者生产能力。这里需要注意，第一周与以后各周的 ATP 计算方式不太一样，以后各周的 ATP 只在有 MPS 生产量时才计算。其计算公式如下：

第一周：

ATP = 期初库存量 + 本周 MPS - 直至下一期（不包括该期）MPS 生产量到达为止的全部订货量

以后各周：

ATP = 该周 MPS - 从该周至下一周（不包括该期）MPS 生产量到达为止的全部订货量

需要注意的是，在确定 MPS 的生产量和出产时间时，制订的 MPS 生产量和出产时间应保证 POH 是非负的。如果 POH 有可能为负，就应通过 MPS 来补上。

14.2 物料需求计划基础知识

传统的库存控制方法是订货点法。订货点法为需求的每种物料事先估计一个最大库存量和安全库存量，以及供货周期，并假设物料的供应到货时，物料的消耗刚好达到安全库存量。这类方法适合需求比较稳定的物料。在实际生产中，随着市场环境发生变化，需求常常是不稳定的、不均匀的，在这种情况下使用订货点法会暴露出以下明显的缺陷。

第一，盲目性。由于需求的不均匀，以及对需求的情况不了解，企业不得不保持一个较大数量的安全库存来应付这种需求。这样盲目地维持一定量的库存会造成资金积压，形成浪费。

第二，高库存水平与低服务水平。传统的订货点法使低库存与高服务水平两者不可兼得。服务水平越高，则库存水平越高，还常常会造成零件积压与短缺共存的局面。

第三，形成"块状"需求。在制造过程中形成的需求一般都是非均匀的，不需要的时候为零，一旦需要就是一批。在产品的需求率均匀的条件下，采用订货点法会造成对零件和原材料的需求率不均匀，形成"块状"。"块状"需求与"锯齿状"需求相比，平均库存水平几乎提高一倍，因而占用更多的资金。块状需求示意图如图 14-7 所示。

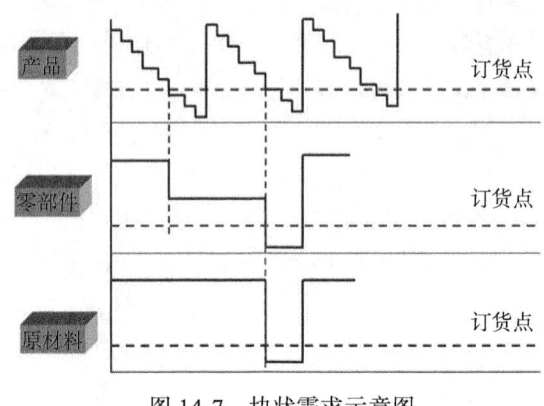

图 14-7 块状需求示意图

订货点法之所以有这些缺陷，是因为它没有按照各种物料真正需用的时间来确定订货日期，而是通过维持一定量的库存来保证需要。物料需求计划就是为弥补传统库存控制方法的不足，在不断探索新的库存控制方法的过程中产生的。

14.2.1 物料需求计划概述及基本原理

1. 物料需求计划概述

物料需求计划（MRP）于 1970 年被约瑟夫·奥尔利茨基（Joseph Orlicky）等三人在"美国生产与库存控制协会"第 13 次国际会议上首次提出。随着信息技术的快速发展和先进管理方法的不断改进，MRP 解决方案逐渐流行起来，并且目前仍在 MRP Ⅱ（制造资源计划）和 DRP（分布资源计划）等系统中使用和改进。

物料需求计划是一种存货控制方法，也是一种时间进度安排方法。MRP 始于主生产计划，主生产计划规定了组装产品（通常指最终细项）的数量和完成时间。MRP 解决订什么、订多少、何时订的问题。MRP 的主要思想包括：①打破产品品种之间的界线，把企业生产过程中涉及的所有产品、零部件、原材料、中间件等，在逻辑上视为相同的物料，称为元件；②把所有物料分成独立需求和相关需求两种类型；③根据产品的需求时间和需求数量，按时间段确定不同时期各种物料的需求；④围绕物料转化组织制造资源，实现按需要准时生产；⑤强调以物料为中心组织生产；⑥MRP 处理的是相关需求；⑦将产品制造过程看作从成品到原材料的一系列订货过程。

2. 物料需求计划的基本原理

MRP 的制订是围绕非独立需求的物料，实现按需准时生产的。其特点包括：①反工艺顺序，即后向拉动式；②围绕物料，以销定产；③准时，即上下工序间保持服务关系，不提前完工，不延迟。图 14-8 为 MRP 概览图，包括 MRP 的输入、制订过程和输出。

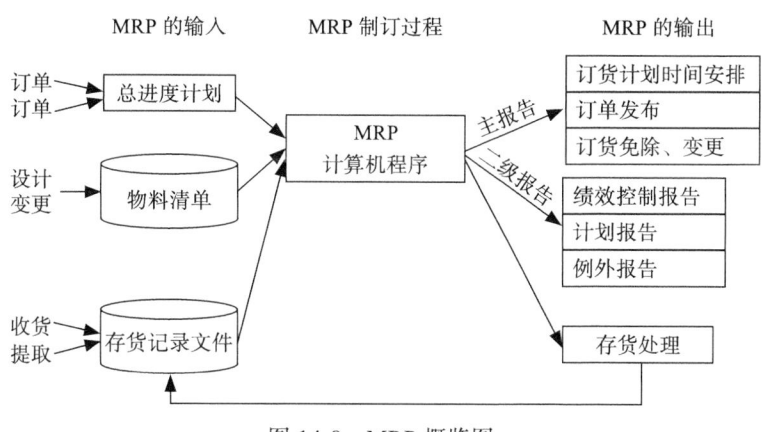

图 14-8 MRP 概览图

MRP 输入内容来自于以下三方面。

第一，总进度计划（主生产计划、主生产进度计划）。主要表明生产哪些最终产品、何时需要，以及需要多少数量等。其数据来源包括客户订单、预测，以及仓库补充季节性库存的需求。

第二，物料清单（bill of materials，BOM），通常也被称为产品结构文件或产品树。物料清单是一张列表，包含着生产每单位产成品需要的所有部件、组件、零件与原材料等，以及产品生产的顺序，每件产成品都有自己的物料清单，如图 14-9 所示。

第三，存货记录文件（inventory records），也叫库存记录文件，通常按照时间存储各细项的状态信息，包括需求总额、预期收货量，以及期望持有量，也包含各细项的其他细节，诸如供应商、生产提前期、订货批量等。由于收发而形成的库存变化、订单取消，以及类似事件都记录在此文件中。

制订 MRP 时，从物料清单的最顶层自上而下计算，母产品的需求被用于计算组成部件的需求，现有库存与计划将要收到的货物也考虑进来，以确定计划期间各个时点的净需求。MRP 中的计算过程如下。

（1）先依据总进度计划列明最终产品需求量，再利用组件、部件、原材料的物料清单抵消生产提前期，确定各时期的需求。

（2）剖析物料清单所得出的数量是总需求，它尚未考虑持有库存量与在途订货量等因素。

（3）决定净需求是 MRP 方法的核心：

$$t\text{期净需求} = t\text{期总需求} - t\text{期计划存货} + \text{安全存货}$$

（4）根据订货政策，计划发出订货可以是指定数量的倍数，也可以恰好等于当时的需求量。

其中，总需求是指不考虑持有量时，某细项或原材料在各时期的期望总需求。在途订货量是指各期初始从卖主或供应链上其他地点接受的公开订货量。计划持有量是指各期初始期望的存货持有量，即在途订货量加上期末存货。净需求是指各期实际需求量。计划收到订货是指各期初始显示的期望接收量。计划发出订货是指各期计划订货量，等于抵消生产提前期影响后的计划收到订货。

MRP 系统能够向管理者提供输出信息，这些输出信息通常被分为主报告与二级报告（可选输出）。生产、库存的计划与控制是主报告的重要组成部分。主报告通常包括：①订货计划时间安排，指明了未来订单的数量与进度安排；②订单发布，授权执行计划订单；③订货免除、变更,包括预计日期、订货数量的改变与取消订单等。

绩效控制报告、计划报告和例外报告都属于二级报告,其中:①绩效控制报告评价系统运作状况,帮助管理者衡量实际偏离计划的程度,包括送货遗漏与缺货,此外还提供用于评定成本绩效的信息;②计划报告有助于预测未来的库存需求,包括采购约定,以及其他用于评价未来物料需求的信息;③例外报告能唤起人们对重大差异的注意,重大差异包括最新订单与到货延迟、过多的残次品、报告失误、对不存在部件的需求等。

14.2.2 物料需求计划编制

订货的时间选择与批量规模(即企业开工时机与向供应商订货的情况)由计划订单下达所决定。接收特定货物的时间选择由计划订单入库所决定。尽管还有其他可能性,但是计划订单下达为指定需求量的倍数或恰好等于指定需求量是运用最为广泛的两种订货政策。例14-2说明了在MRP中采用这两种订货政策的区别,以及分时物料需求的基本概念。在例14-2中,除非特别指出,否则假设安全库存和分配给其他细项的库存均为0。

【例14-2】生产木制百叶窗和书架的某厂商收到2份百叶窗订单:一份要100扇百叶窗;另一份要150扇百叶窗。在当前时间进度安排中,100扇的订单应于第4周开始时运送,150扇的订单则于第8周开始时运送。每扇百叶窗包括4个木制板条部分和2个框架。木制部分是工厂自制的,制作过程耗时1周。框架需要订购,生产提前期是2周。组装百叶窗需要1周。第1周(即初始时)的在途订货数量是70个木制部分。为了使送货满足条件,求解计划发出订货的订货规模与订货时间。

解:
(1)首先制订主生产计划,如表14-6所示。

表14-6 百叶窗的主生产计划   单位:扇

每周产出数量							
第1周	第2周	第3周	第4周	第5周	第6周	第7周	第8周
			100				150

(2)制作产品结构树,如图14-9所示。

```
         百叶窗
        /      \
    框架(2)   木制部分(4)
```

图14-9 百叶窗的产品结构树(物料清单)

(3)利用主生产计划求解百叶窗总需求,然后计算净需求。表14-7为配套批量订货条件下百叶窗的MRP时间进度安排。

表14-7 配套批量订货条件下百叶窗的MRP时间进度安排   单位:扇

每周产出数量							
第1周	第2周	第3周	第4周	第5周	第6周	第7周	第8周
			100				150

		第1周	第2周	第3周	第4周	第5周	第6周	第7周	第8周
百叶窗/扇 LT=1周	总需求				100				150
	已在途订货								
	计划持有量								
	净需求				100				150
	计划收到订货				100				150
	计划发出订货			(100)				(150)	
框架/个 LT=2周	总需求			200				300	
	已在途订货								
	计划持有量								
	净需求			200				300	
	计划收到订货			(200)				(300)	
	计划发出订货	(200)					(300)		
木制部分/个 LT=1周	总需求				400				600
	已在途订货	70							
	计划持有量	70	70	70					
	净需求				330				600
	计划收到订货				(330)				(600)
	计划发出订货			(330)				(600)	

计算过程是自上向下、逐层处理的过程。主生产计划显示需要运送100扇百叶窗,在第4周开始时没有预期库存,根据净需求=总需求-预期库存,因此净需求也是100扇。于是,第4周的计划接受数量等于100扇百叶窗。由于装配百叶窗耗时1周,则计划订单下达在第3周开始时。同理,150扇百叶窗只有在第7周组装,才能在第8周运送出去。

在第3周开始时100扇百叶窗的计划订单下达,由于每扇百叶窗包括2个框架,故框架的总需求为200个。因为没有预期持有量,净需求就是第3周开始时的200个框架,以及200个框架的计划订单入库。交货周期为2周意味着厂商必须在第1周开始时订购200个框架。同理,第7周时150扇百叶窗计划订单的下达产生了第7周300个框架的总需求与净需求,以及相应的订单入库。2周的交货周期表示厂商必须在第5周开始时订购框架。木制部分的计算同理。

在进货批量订货条件下,唯一的不同点就是计划接受数量可能超过净需求,超过部分记为下一期计划存货。如表14-8所示,第3周的订货批量是320个,第3周的净需求是200个,超过量为320-200=120个,这120个成为下一周的计划库存量。类似地,框架的净需求180个比订货批量320个少了140个,这140个变为第8周的计划库存量。木制部分的计算同理,第3周与第7周计划接受数量的超过部分加到了第4周和第8周。注意,订货批量必须是批量规模的倍数;第3周是5乘以70,第7周是9乘以70。进货批量订货条件下的MRP时间进度安排如表14-18所示。

表14-8 进货批量订货条件下百叶窗的MRP时间进度安排　　　　　单位:扇

每周产出数量								
第1周	第2周	第3周	第4周	第5周	第6周	第7周	第8周
			100				150

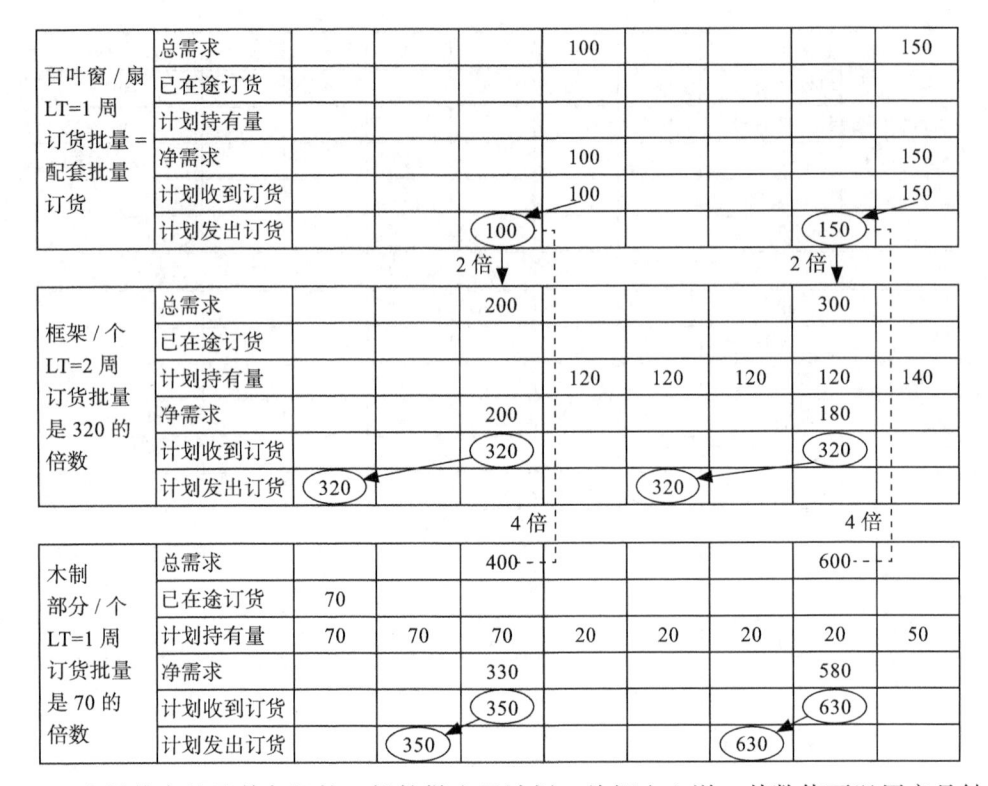

百叶窗/扇 LT=1周 订货批量= 配套批量 订货	总需求				100			150	
	已在途订货								
	计划持有量								
	净需求				100			150	
	计划收到订货				100			150	
	计划发出订货			100			150		

2倍 ↓　　　　　　　　2倍 ↓

框架/个 LT=2周 订货批量 是320的 倍数	总需求			200			300		
	已在途订货								
	计划持有量			120	120	120	120	140	
	净需求			200			180		
	计划收到订货			320			320		
	计划发出订货	320				320			

4倍 ↓　　　　　　　　4倍 ↓

木制 部分/个 LT=1周 订货批量 是70的 倍数	总需求			400			600		
	已在途订货	70							
	计划持有量	70	70	70	20	20	20	20	50
	净需求			330			580		
	计划收到订货			350			630		
	计划发出订货		350			630			

MRP 为最终产品及其各组件、部件做出了计划。从概念上说，其数值可以用产品结构树描述出来。但实际上，即便是比较简单的产品的部件数量，也足以生成宽度令人无法控制的表格。因此，产品结构树对于追踪各部件之间的关系来说，显得极为重要。虽然例 14-2 对描述 MRP 的主要特性非常有用，但是没有考虑同一个组件、部件、原材料为多个产品或上层元件所用的情形，在该情形下的元件总需求量必须考虑多个需求源。

14.2.3　物料需求计划的实施条件与评价体系

1. MRP 的实施条件

MRP 在装配式生产的企业中是最有价值的，而对流程型企业价值不大。表 14-9 罗列出了不同的行业类型及其对应的从 MRP 中获得的预期收益。

实施高效的 MRP 系统，必须具备的条件如下。①计算机及必备软件，用于计算和维护记录。②准确且及时地输入信息：总进度计划；物料清单；存货记录。③完整的文件数据。准确的数据对 MRP 系统来说非常重要，企业应当有一套标准的流程来维护和更新物料清单（BOM）数据。其他常见的问题包括提前期的不确定、不按照物料清单生产，以及在按客户需求定制产品时没有相应地变更物料清单等。同样，不准确的预测会带来严重的后果。如果预测过于乐观，则库存的持有成本会相对增加，这些库存要么是成品，要么是原材料。相反，如果预测数量过低，则导致原材料不足以保证生产。

表 14-9　MRP 在各行业的运用及其期望收益

行业类型	例子	期望收益
面向库存装配	将一个复杂元件组装到最终产品中，例如手表、家电	高

(续)

行业类型	例子	期望收益
面向库存生产	产品由机器制造而成，而不是由零件组装而成，例如活塞环、电子手表	中等
面向订单装配	根据顾客选择的标准进行最终的组装，例如卡车、发电机、发动机	高
面向订单制造	根据顾客订单用机器生产产品，通常是一些工业订单，例如轴承、齿轮	低
面向订单生产	产品完全根据顾客的特定要求进行加工或组装，例如水轮发电机组	高
流程型	包括玻璃、橡胶和塑料、特种纸张、化工、油漆、药品、食品的加工等	中等

2. MRP 系统评价

MRP 的基本目的是使生产环节中的各个过程能够互相衔接，让生产过程保持连续性。MRP 的优点发挥依赖于计算机的使用。对于典型的制造型或者装配型运作过程来说，其优点包括：①在产品存货水平低；②能够追溯物料需求；③能够根据给定的总进度计划估计生产能力需求；④生产时间的分配方法合理。

对于 MRP 系统的评价，IBM 公司的怀特提出 MRP 系统按实施状况可以分为 A、B、C、D 四个等级，即 ABCD 检测表。该方法是用四个方面共 25 个项目进行检测，按系统表现好坏打分（每项 0～4 分）。这 25 个项目是的内容如下。

（1）技术方面。

1）主生产计划或者物料需求计划的编制周期应当是周或者更短时间。2）每周或更频繁地运行主生产计划与物料需求计划。3）系统包含确认计划订单和反查功能。4）以直观的方式管理主生产计划，而不是自动处理。5）系统包括能力需求计划的编制。6）系统包括日调度单。7）系统包括输入/输出控制。

（2）数据完整性方面。

8）库存准确性达 95% 以上。9）物料清单准确性达 98% 以上。10）工艺路线准确性达 95% 以上。

（3）教育方面。

11）全体职工 80% 以上接受了初步教育。12）有长期的教育计划。

（4）系统的使用方面。

13）已取消了缺件单。14）供方按期交货率达 95% 以上。15）供方的计划编制在规定的提前期之前完成。16）车间交货计划完成率达 95% 以上。17）主生产计划完成率达 95% 以上。18）定期召开由总经理、工程设计、生产与库存管理、现场管理、市场和财务人员参加的生产计划会议（至少每月一次）。19）有成文的、必须遵循的主生产计划编制原则。20）系统包括排产和制定订单。21）制造、市场、工程设计、财务和上层管理部门的关键人员对 MRP 有深入的理解。22）管理人员确实用 MRP 进行管理。23）产品工艺改变时，能及时变更作业计划。24）在下述三个领域中至少有两个领域能同时得到改进：①库存；②生产率；③用户服务水平。25）已用于财务计划的编制。

14.3 物料需求计划的发展

14.3.1 闭环 MRP 与 MRP II

MRP 是开环的需求计算，没有信息反馈。仅仅通过 MRP 计算出各种物料的需求量和需要时间是不够的，如果企业不具备相应的生产能力，则会导致生产计划落空。基于此，MRP 发展到了闭环 MRP。闭环 MRP 是在 MRP 的基础上引入了能力需求计划（capacity requirement planning，CRP）和执行及控制与反馈等功能。闭环 MRP 可以根据可用的产能来评估一个计划。其中，能力需求计划用于确定短期生产能力需求，如果计划不可行，则需要重新修订，从而加强了对计划执行情况的监控。闭环 MRP 的"闭环"包含两层含义：一方面，将 MRP 及与 MRP 相关的能力需求、生产计划和采购等考虑进去，形成"闭环"；另一方面，在计划制订与实施之后，获得反馈信息，从而修改和控制计划。

20 世纪 80 年代，在闭环 MRP 系统的基础上将经营、财务和生产管理子系统相结合，形成了制造资源计划，即 MRP Ⅱ。从考虑物料和能力到考虑所有制造资源，是 MRP Ⅱ 对闭环 MRP 的改进。在 MRP Ⅱ 系统中，对物料的需求转化成对资源的需求。MRP Ⅱ 与 MRP 系统之间的联系与区别包括：MRP Ⅱ 没有替换 MRP，它所表示的只是扩展生产资源范围；MRP 依旧是 MRP Ⅱ 过程的核心，只是 MRP Ⅱ 不再是生产部门的 MRP，而是整个企业的 MRP，MRP Ⅱ 能够为企业提供一个完整详尽的计划，协调企业内各部门的活动。

MRP Ⅱ 系统也具有一些局限性：MRP Ⅱ 是以面向企业内部业务为主的管理系统，不能适应市场竞争全球化、管理整个供需链的需求；多数 MRP Ⅱ 软件主要是按管理功能开发设计的，不能随着业务流程变化而灵活调整；MRP Ⅱ 的一些假定（如批量、提前期）不灵活，例如提前期以周为单位计算，这样做虽然简化了计算，但是不能满足实时应答需求。尽管 MRP Ⅱ 存在缺陷，但成功实施 MRP Ⅱ 给企业带来的效益也是明显的。据美国运营管理协会（APICS）统计，成功实施 MRP Ⅱ 可帮助企业实现：库存资金下降 15%～40%；资金周转速度上升 50%～400%；短缺件下降 60%～80%；成本下降 7%～12%；利润上升 5%～10%。

14.3.2　ERP 与 ERP Ⅱ

20 世纪 90 年代，美国——高德纳咨询公司首次提出企业资源计划（enterprise resource planning，ERP）的概念。ERP 系统通常被大公司用于支持供求计划和控制，其主要的软件提供商包括 SAP、Oracle 和 SSA Global。

ERP 由 MRP 和 MRP Ⅱ 发展而来，是第三代制造资源软件。ERP 建造于一套集成的软件模块和一个中央数据库之上，致力于企业过程的集成。图 14-10 为 ERP 系统架构的示意图。

ERP 是一套全面的、用于支持企业制定与当前业务计划和控制一致的经营策略的软件，涵盖并整合了企业各部门的计划，在技术上通过全部功能和数据处理应用共享同一个数据库，从而提高工作效率，为企业的运营提供指导性意见。表 14-10 给出了一些在 ERP 中广泛使用的模块。ERP

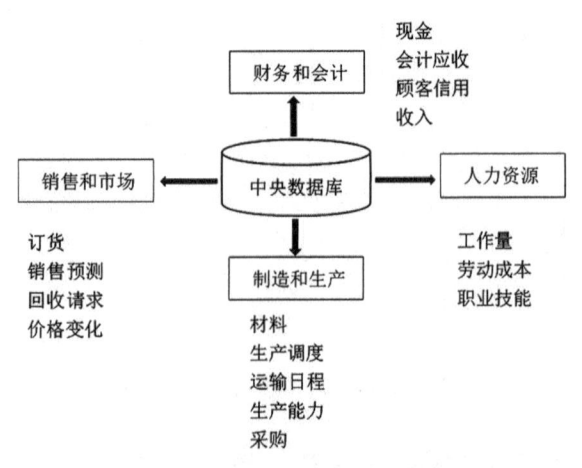

图 14-10　ERP 系统架构的示意图

也是一种管理思想,它实现了企业内部资源和企业相关的外部资源的整合。通过软件把企业的物流、信息流、资金流、管理流、增值流等紧密地集成起来,实现资源优化和共享,这些信息也给企业提供了过程改进的机会。

表 14-10　ERP 软件模块一览表

项目	作用
会计/财务	ERP 的核心部分,提供一系列财务报告,包括总账、应付账款、工资的财务报告和利润表等
营销	支持顾客开发流程、目标营销、直接邮寄广告
人力资源	完整雇员信息数据库的维护,如聘用日期、工资、合同信息、绩效评估结果等
物料管理	包括原材料购买、供应商评价、发票管理、库存与仓储管理等环节
质量管理	质量控制和保障工作
生产计划	包括产能指标、订单、物料需求计划、产品结构清单、在制品库存与生产提前期等
配送	包括第三方物流提供商的约束信息、货运和交货计划、交货跟踪
销售	有关订单、货单、订单跟踪和货运的信息
项目管理	针对大型复杂项目的计划、管理与评价
供应链管理	帮助企业进行供应商和客户管理,实现供应链可视化,以及事件管理

公司采用 ERP 主要有三个原因。①整合财务数据。企业资源计划产生的财务报告是统一的单一事实形式,便于管理者了解整个公司的经营状况。②制造流程标准化。将制造流程标准化,并且使用单一、综合的计算机系统,可以节约时间,提高生产率,减少所需职工总数。③人力资源信息标准化。特别是在有多个部门的公司中,企业资源计划可以做到统一管理,例如追踪雇员的生产时间,将收益和服务联系起来。

ERP 系统的集成使制造可以准确执行,包括按顾客的订购量生产产品,严格按照订单所需的部件和原材料进行采购,并按部就班进行生产。例如,可口可乐公司通过 SAP 公司提供的 ERP 系统实现了在 200 多个国家中标准化和协调重要的企业过程。美国铝业公司(Alcoa)通过 ERP 系统简化了许多冗余的企业过程。ERP 系统可以帮助公司验货和自动生成支付单据,缩短了顾客从产生需求到付款的周期,帮助公司在全球范围内降低了 20% 的成本。

随着计算机技术的发展和 ERP 实践的深入,高德纳公司在 2000 年提出了 ERP Ⅱ (enterprise resource planning Ⅱ)的概念。ERP Ⅱ 是通过支持与优化企业内部和企业之间的协同运作及财务过程,来创造客户和股东价值的一种商务战略及一套面向具体行业领域的应用系统。图 14-11 归纳总结了从 MRP 到 ERP Ⅱ 的功能拓展。

如图 14-11 所示,MRP 为大多数的 MRP Ⅱ 和 ERP 系统所利用。MRP Ⅱ 增加了应用软件,用来更好地管理整个生产制造过程,包括财务和营销,以及生产能力计划。

ERP 在 MRP Ⅱ 的基础上增加了对企业内部制造资源的管理,涵盖了所有职能,包括订单输入和财务管理的选择。它整合财务、制造和人力资源系统之间,以及供应链等更深层次的联结。ERP 的核心思想包括:第一,ERP 是在 MRP Ⅱ 的基础上发展起来的,以供应链管理思想为基础,以先进计算机及网络通信技术为运行平台,将供应链上合作伙伴之间的物流、资金流、信息流进行全面集成的管理信息系统;第二,ERP 面向企业供应链的管理,是对供应链上的所有环节进行有效管理,把客户需求和企业内部的制造活动,以及供应商的制造资源整合在一起,体现了完全按用户需求制造的思想。

ERP Ⅱ 继承了 ERP 的管理模式,在 ERP 的基础上把管理对象扩展到企业之间的管理任务、管理模型、管理算法和管理数据,使企业之间的管理模式呈现继承、复用的特点,并在原有 ERP 的基础上引入了"协同商务"的概念。协同商务（collaborative commerce 或 C-commerce）是指企业内部人员、企业与业务伙伴、企业与客户之间的电子化业务的交互过程[1]。

MRP	MRP II	ERP	ERP II
			协同商务 CRM/APS/BI 电子商务 Internet/Intranet
		多行业、多地区、 多业务 供需链信息集成	
		法制条例管控 流程工业管理 运输管理 仓库管理 设备维修管理 质量管理 产品数据管理	法制条例管控 流程工业管理 运输管理 仓库管理 设备维修管理 质量管理 产品数据管理
	物流、资金流 信息集成		
	销售管理 财务管理 成本管理	销售管理 财务管理 成本管理	销售管理 财务管理 成本管理
库存计划 物料信息集成			
MPS、MRP、CPR 库存管理 工艺路线 工作中心 BOM	MPS、MRP、CPR 库存管理 工艺路线 工作中心 BOM	MPS、MRP、CPR 库存管理 工艺路线 工作中心 BOM	MPS、MRP、CPR 库存管理 工艺路线 工作中心 BOM
20 世纪 70 年代	20 世纪 80 年代	20 世纪 90 年代	21 世纪

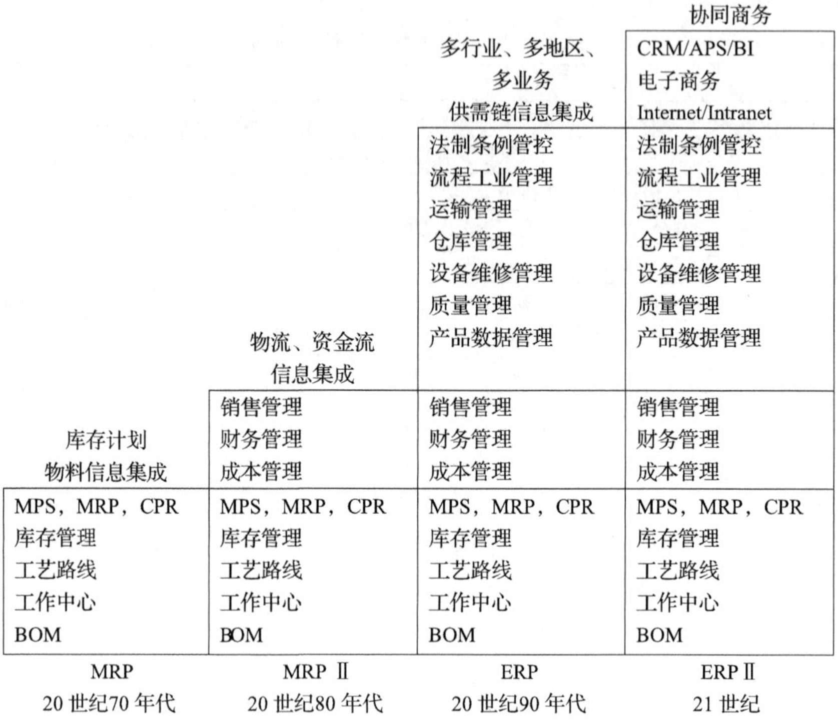

图 14-11　从 MRP 到 ERP II 的功能拓展

14.3.3　ERP 云

早期的 ERP 系统采用本地部署模式，即部署在客户数据中心的服务器上。如今，客户希望加快产品和服务的交付速度，企业通常需要突破自身的界限，不断提升产品和服务质量，在提高可靠性的同时降低成本，才能确保为客户创造最大价值，而本地 ERP 系统需要不断更新和维护以跟上最新趋势，难以适应持续性的变革。企业需要借助合适的软件，帮助其处理越来越复杂的内部流程，同时管理全球业务网络。21 世纪以来，随着云技术和数字化技术的发展，ERP 云的问世掀起了颠覆性变革。

2010 年，SAP 公司推出针对中小企业的 ERP 云解决方案 Business By Design，成为世界上第一款基于云计算的 ERP 系统[2]。ERP 云是指可以通过互联网访问的 ERP 软件。ERP 云托管在提供商的云平台上，由提供商的 IT 团队进行管理。本地 ERP 则安装在企业自己的硬件和服务器上，由企业自己的 IT 团队或合作伙伴负责管理[3]。作为企业的 IT 中枢或"大脑"，ERP 云能够为企业内部的所有核心流程提供高级功能。虽然本地 ERP 系统为公司提供了更多

---

[1] 资料来源：https://www.igi-global.com/dictionary/erp-ii/10182。
[2] 资料来源：https://news.sap.com/china/2010/05/052400/。
[3] 资料来源：https://www.sap.cn/insights/what-is-cloud-erp.html。

的自定义选项，但它往往会比基于云服务的 ERP 系统更为昂贵。相比基于云服务的 ERP 软件，使用本地软件来实施企业资源规划要花更长时间。

企业可根据其业务需要将 ERP 系统局部功能迁移上云或整体系统迁移上云，以降低 ERP 运营成本，提升管理运作效率。通常，企业的规模和类型决定了其使用 ERP 系统的类型。相对较新的小型企业，若没有明确的业务流程或复杂的 IT 设施，就比较适合快速、高效的 ERP 云解决方案。相反，较老的大型企业可能需要可自定义的解决方案，也有更充足的实施时间，则可以考虑本地 ERP 解决方案。根据最近的调查报告，63% 的企业选择采用 ERP 云系统。通过将 ERP 系统迁移上云，可以降低企业的管理运维成本，提高信息化管理的效率，同时借助最新的云技术突破业务瓶颈，实现企业数字化转型。

此外，企业大量的经营数据信息都储存在 ERP 系统内，如上下游客户、财务核算、物料管理、生产运营等模块中的数据；同时 ERP 系统内的数据具备高增长性，系统内的数据量庞大，如果企业能够通过数据挖掘技术对其进行充分利用，就能发挥这些数据信息的价值，给企业带来收益。

14.4　ERP 与业务流程优化

14.4.1　ERP 与业务流程整合

企业希望通过 ERP 系统提高供应链计划和控制的效率，从而提高绩效。另外，ERP 系统提供的实时信息也能提高企业对于用户需求的灵敏性。相关研究表明，IT 策略（ERP 的实施）与有效的业务流程和供应链绩效之间存在着很紧密的联系。

各部门在处理业务的时候应当使用一套通用的定义，以便各个环节的顺利交接和信息的共享，这是实施 ERP 的基本条件。此外，传统的软件管理最容易给人的误导是公司一旦安装软件以后就能从中获得利益。但实际情况是，大多数 ERP 系统直到在公司已经运行一段时间，并且能够集中使系统可以影响的业务流程做出改进以后才显示出自己的价值。甚至 ERP 的安装会给公司带来损失，普华永道咨询公司的一次调查显示，在 64 个行业的 500 家公司里，有 1/4 的公司承认在 ERP 运行以后它们的经营效果反而有所下降，而实际的比例可能更高。其中最常见的一个原因是，在安装了 ERP 系统以后，当雇员们不能按照熟悉的方式工作又未能完全掌握新的工作方式时，公司就会陷入困境。因此，企业资源计划（ERP）与业务流程再造（business process reengineering，BPR）的有效整合是十分重要的。ERP 系统的实施需要企业高层明确企业战略目标和企业愿景，清楚认识到实施 ERP 系统的最终目标是什么，哪些业务流程（business process，BP）可寄希望于 ERP 系统来解决，只有明确目标才能保证实际业务流程与信息系统流程的一致性。

14.4.2　ERP 有效性评价

企业实施 ERP 系统后，企业高层要想知道 ERP 系统能给企业带来多大的价值，必然需要面对应用效果评价的问题，不同的人处在不同的角度会产生不同的判断标准，通过定性分析、定量计算和客观公正的评价来衡量 ERP 的应用效果是十分有必要的。

平衡计分卡最早由罗伯特·卡普兰和戴维·诺顿提出。平衡计分卡将与企业经营相关的要素归纳为四个维度，并设计出相应指标来反映企业状况，服务于企业战略。借助平衡计分卡理论对 ERP 系统应用效果进行评价，主要包含两个方面：一是体现收益能力的财务指标；二是体现发展潜力的非财务指标。ERP 系统主要模块与平衡计分卡四个维度的对应关系如表 14-11 所示。

表 14-11　ERP 系统应用效果评价指标

平衡计分卡	ERP 系统模块	关键指标	关键指标的测算
财务指标	总账、资产、应收、应付、成本	盈利能力	净资产报酬率、总资产报酬率、销售净利率、成本费用利润率
		营运能力	库存周转率、应收账款周转率、流动资产周转率、固定资产周转率、总资产周转率
		偿债能力	流动比率、速动比率、资产负债率
		发展能力	总资产增长率、利润增长率、销售收入增长率、资本积累率
客户指标	销售、售后、客户管理	客户满意度	质量、服务、价格满意度，产品交货及时率，订货满足情况，客户保留率，新客户获得率
		市场份额	市场占有率、相对市场占有率
		客户忠诚度	重复购买率、新产品购买率、产品推荐率
		客户利润率	客户盈利率
内部运营指标	计划、制造、质量、物流、采购、库存	计划控制	物料清单，工艺路线，库存记录准确率，主生产计划实现率，成本、材料、工时差异率
		生产制造	完工准时率、产品合格率、生产均衡率、生产能力利用率、生产柔性
		售后服务	交货准确率、客户平均等待时间、售后产品故障排除率、客户投诉率
		内部管理	基础数据、成本核算准确率、供应商评审规范度、用料控制完成率
学习与成长指标	人力资源	科教投入	员工平均培训费、员工培训费用率、科教投入比率、科教投入增长率
		创新能力	研究开发费用率、新产品开发成功率、新产品销售率、自主知识产权率
		员工方面	员工生产率、员工受教育程度、员工挽留率、员工满意度

企业可定期借助上述指标来评估实施 ERP 系统后的当前经营状况，从而尽早发现问题，帮助员工加强工作的目的性，促使企业不断完善自身的经营，增强在市场竞争中的优势。

14.4.3　海尔集团的业务流程再造

公司常常会忽略这样的事实——ERP 系统只是一个典型公司业务流程的表达方式，ERP 系统的应用要求实现以业务流程为中心的管理模式，打破企业部门之间的相对独立性和等级性，实现从"高耸式"组织结构向"扁平式"组织结构的转变，只有这样才能确保信息传递的畅通无阻，缩短信息的沟通传递时间，最大限度地避免信息传递过程中产生的信息弱化和失真现象。企业需要和不同的 ERP 提供商共同修改核心的 ERP 程序以适应自己的需求，使 ERP 程序与公司自身的业务流程相契合。其中，流程是指"达到某种特定的管理经营目标而需要的由不同的人共同完成的一系列动作和步骤"。企业的所有业务都是在流程中运作的，只有流程落实到位，才能真正符合企业的发展需求。

为适应进军"世界 500 强"的战略目标，海尔集团于 1999 年开始对企业全面进行以市场链为纽带的业务流程再造工程。业务流程再造是要通过组织和管理模式上的变革把被职能割裂的流程重新连接起来，使其成为一个连续的流程，并通过对流程的整合与优化，实现对顾客服务、企业运行成本和效率的全局优化。业务流程再造（BPR）的核心思想是打破企业按职能设置部门的管理方式，代之以业务流程为中心，重新设计企业管理过程。

海尔的第一次流程再造是针对企业业务流程的再造，主要是指把市场链和业务流程再造有机集成，以索酬、索赔和跳闸为手段，以流程再造为核心，以追求顾客满意度最大化为目标，以"订单"为凭据，重新整合管理资源与市场资源，形成每一个流程都有自己的顾客、每一个流程都与市场零距离、每一个流程的收入都由市场来支付的管理运营模式。从表面上看，海尔似乎只是对组织内部进行了调整，但实际上却形成了一条与市场紧密联系的大市场链。企业以往是根据专业化分工而形成固定的职能模式结构，没有任何人有权利去负责整个工作过程，也没有指定的人需要向顾客负责，这样会使企业流程处于一个无人管理的状态，致使这个过程中所涉及的部门机构人员重复，企业运作成本的负担过重，从而削弱企业的市场应变能力。而海尔形成的市场链恰好把终端客户的满意度无差异地传递给每一个业务流程和岗位，使每一个流程都有自己的直接"顾客"，从而实现每一个流程与"市场"的零距离。

海尔第二次流程再造的理念是其提出的人单合一模式：将员工从管理的客体变为管理的主体，成为主体后，员工不再被动地接收指令、完成任务、再等待下一个指令的发出，而是成为经营者，主动发现并满足用户的需求，为用户创造价值。同时员工也从自主经营中获得报酬，实现自己的价值增值。人单合一模式的核心是利用物联网、互联网、大数据等技术，更好地满足用户需求，更适应技术革命背景下的供应链整合、全渠道供应链管理和平台经济的商业生态系统。与人单合一模式相匹配的是海尔进行的对企业内部组织架构的调整，即由传统的上级命令下级的"正三角"模式转变为上级为下级提供资源支持的"倒三角"模式。

海尔的企业流程再造是在企业规模和资本扩张的情况下，有效地发挥大企业规模经济的企业内部管理战略创新，在有效地突破瓶颈的同时，进一步解决管理创新团队合作精神和员工参与回报机制的内在问题。从理论到实践，深度挖掘和参考，有很多值得总结和能够促进创新的地方。

本章小结

本章对生产与运作体系的内容进行了全面的介绍，具体包括如何定量地确定生产计划指标，如何制订主生产计划，并通过例题讲解了如何制订物料需求计划 MRP，总结了 MRP 的运用场景和评价体系。在此基础上详细介绍了从物料需求计划（MRP）到企业资源计划（ERP）的发展，具体包括闭环 MRP、MRP Ⅱ，以及 ERP 和 ERP Ⅱ，并介绍了 ERP 的评价方法。读者要理解这几种系统之间的区别和联系。本章最后通过海尔的案例重点讲述了 ERP 与业务流程整合的重要性。

思考题

1. 什么是企业的生产与运作计划？生产与运作计划的层次如何划分？
2. 企业的出产进度安排包括哪几种类型？分别对应的特点是什么？
3. MRP系统有哪些输入和输出？MRP系统的处理过程是什么？与MRP II的区别与联系是什么？
4. ERP系统如何为企业提供价值？

案例

首钢集团的ERP实施与业务流程再造

首钢集团始建于1919年，是我国钢铁工业的缩影、改革开放的一面旗帜，参与和见证了中国钢铁工业从无到有、从小到大、从大到强的历史跨越。目前已发展成为跨行业、跨地区、跨所有制、跨国经营的综合性企业集团，全资、控股、参股企业600余家，总资产5 000多亿元，职工近9万人。首钢通过上百年的努力，已成为全国同行业的领先者之一。

首钢实施信息化管理的努力由来已久，由于各种历史和外在的因素，虽取得了一些成就，但和大多数企业一样，局限于部门和个别流程的优化，局限于一个个信息孤岛，系统之间的信息未能集成，系统维护工作量大。进入21世纪，特别是在加入WTO后国内外竞争加剧，市场需求快速增长，信息技术迅猛发展的大背景下，首钢集团开始反思信息化建设的经验和教训，希望利用世界上已经成功运行的成熟的管理信息系统软件探索新的信息化建设道路。首钢公司实施ERP项目具有重要的现实意义。

1. 首钢ERP项目的目标与内容

2003年，首钢公司选择经验丰富的SAP公司作为合作伙伴，选定了SAP公司的SAP R/3作为ERP系统，并正式启动了ERP项目，拉开了企业管理变革的序幕。首钢实施信息化建设的目标是：以钢铁主流程实施ERP为突破口，在继承和发扬企业已有的先进管理经验的基础上，通过引入现代科学管理思想和模式及手段，保证和促进全集团大幅度降低成本，提高效率和效益，提高企业管理水平和核心竞争力。

该项目共分三期，从2003年7月到2004年5月为一期工程。一期工程主要完成钢铁主流程的IT总体规划，进行钢铁主流程的业务流程重组调研和蓝图设计，打造ERP基本框架，通过进行销售管理，完成生产计划、质量管理、物资供应管理和财务成本管理模块的系统配置，实现厂级以上的资金流、物流和信息流的集中与集成。二期工程是在此后一年时间通过实施设备维护管理、人力资源管理、项目管理等模块，深化财务管理模块来实现钢铁主流程的ERP体系的完善，进行广域网建设，建立集团的数据信息平台，初步形成整个集团的高效指挥和管理体系。三期工程是在此基础上再用一年时间，在ERP稳定运行的条件下，全面构建供应链管理系统和集团的数据仓库。在此期间，首钢还要启动和完成与管理信息系统无缝连接的车间（分厂）级制造执行系统。

整个项目完成后，首钢将在SAP应用平台的基础上，在底层连接基础自动控制系统，在顶层通过业务数据仓库，上下游引入优化需求预测，实现最佳生产和库存的供应链管理系统，同时在SAP的R/3系统和供应链管理等系统的基础上配置为企业决策层提供战略决策支持的企业战略管理。首钢计划经过大约三年在管理信息化建设上的努力，在2006到2007年，使首钢集团的整个管理，从动态和连续的生产计划与详细排产，从财务管理和深入到各工作中心的成本控制，到动态长流程的质量管理，到库存管理，到设备维护和人力资源管理，到数据中心的数据挖掘与分析，到决策层的决策支持，使管理的诸多方面和具体执行业务流程的各个角色均通过SAP的统一、集成、稳定、安全和功能强大的软件应用平台实现。

2. 首钢ERP项目与业务流程再造

（1）业务模式优化与流程设计。

遵循BPR的基本原则，结合首钢公司各系统的业务流程的实际情况，新流程的设计主要针对旧流程的三类缺陷：一是在结构上存在但没有实际输出的流程；二是输出对顾客需求未能满足或只是部分满足的流程；三是重叠型流程，即两个或多个在功能上相同或部分相同的流程。

其业务模式优化和流程设计的解决思路包括：①产销一体化，建立产销协调机制，实现客户价值最大化、生产资源利用率最大化；②财务集中、集成，实现"一级核算、集中管理、分层控制"，实现财务与业务的高度一体化，加强财务监督、控制、分析职能；③销售集中，实现客户资源、营销网络、产品资源的集中整合，资源充分共享；④生产计划、调度系统高度集中、集成；⑤备件采购高度集中管理，原燃料、材料采购高度集中管理；⑥备件仓储集中管理，原燃料、材料仓储集中管理；⑦设备维修集中化、专业化管理；⑧项目投资集中管理；⑨主辅分离，焦化副产品、废次材销售剥离主流程；⑩信息的动态集成与共享，其中，产销协调与财务控制是目前首钢公司日常运营管理的瓶颈环节，也是一期工程ERP系统配置的重点。

（2）组织结构变革与职能优化。

ERP系统的应用要求实现以业务流程为中心的管理模式，打破了企业部门之间的相对独立性和等级性，实现从"高耸式"组织结构向"扁平式"组织结构的转变。

首钢公司的组织结构从三个方向进行调整。一是集中一贯。集中一贯符合钢铁生产客观规律。目前国内外浦项、新日铁、宝钢等先进钢铁企业都采取高度集中管理。集中一贯制发展已成为首钢公司众多员工的共识。二是扁平化、流程化。垂直职能式的组织结构已不适合新的竞争环境的要求，扁平化、流程化发展是首钢公司未来实现组织结构创新、提高反应速度、创造竞争优势的重要途径。首钢公司的组织结构需要围绕新的流程运行要求进行优化调整。三是市场化。国企走向市场化是大势所趋，首钢公司也不例外。走向市场化就意味着在机构设置上取消、弱化与生产经营无关的机构。

（3）关键绩效指标体系的建立。

企业关键绩效指标（KPI）的概念在本书13.3.2小节中已给出解释。KPI体系设计是首钢公司业务流程再造的主要工作内容之一。

借鉴平衡计分卡的基本思想与方法，首钢KPI指标分为公司、部门及员工三个层次，指标根据首钢公司的战略目标从上至下层层分解，具体要遵循以下四个原则。①与首钢公司的发展战略相结合。KPI指标体系的设计要与首钢公司的结构调整等战略重点结合起来，使公司中长期发展目标与短期目标相结合。②突出关键业绩指标。在KPI指标体系的设计中，力求抓住对管理与运营流程起关键作用的业绩指标，避免因考核体系"大而全"而引起的可控性和可操作性差的问题。与集中一贯的管理模式相结合，KPI指标体系的设计要与前期销售集中、产销一体化等方案相结合，将管理模式与部门职责的变化体现到新的指标体系中。③与ERP系统的有机结合。KPI指标体系的设计一方面要确保ERP系统的顺利运行；另一方面，部分KPI指标数据来源于ERP系统，在设计中需要考虑哪些数据能由ERP系统提供。④全面均衡。平衡财务指标与非财务指标，关注效益，兼顾长期发展。

首钢公司在ERP项目实施中辅以业务流程再造，适合首钢公司自身的管理和信息化基础。另外，首钢公司通过实施ERP，实现渐进性变革和跨越式发展，探索出一条信息化工程实现管理变革，从而带动工业化的新型信息化道路。

资料来源：

[1] https://www.shougang.com.cn/sgweb/html/gywm/。

[2] https://news.sap.com/china/2003/07/072500/。

[3] 强伟，黄小原，晏妮娜.首钢公司ERP实施中的业务流程再造[C]// 2005中国控制与决策学术年会论文集.沈阳：东北大学出版社，2005：1880-1884。

讨论题：

首钢集团实施ERP项目的总体思路是什么？首钢集团在实施业务流程再造的过程中需要注意哪些问题？

参考文献

[1] 陈荣秋，马士华.生产运作管理[M].5版.北京：机械工业出版社，2017.

[2] 史蒂文森，张群，张杰，等.运营管理：第13版[M].北京：机械工业出版社，2019.

[3] 陈伯成，叶伟雄.ERP软件中的组织结构与BPR的实现[J].计算机集成制造系统，2002，8（5）：404-408.

[4] 梅绍祖，冯建中.BPR与信息技术[J].系统工程理论与实践，2003，23（2）：45-50.

[5] KOCH C. BPR and ERP: realising a vision of process with IT[J]. Business process management journal, 2001, 7（3）: 258-265.

[6] 王能民，王梦丹，任贺松，等.海尔人单合一模式：基于数据驱动的大规模定制[J].工业工程，2022，25（1）：1-10.

[7] KAPLAN R S, NORTON D P. The balanced scorecard: measures that drive performance[J]. Harvard business review, 1992, 70（1）: 71-79.

[8] 雅各布斯，蔡斯.运营管理：第15版[M].苏强，霍佳震，邱灿华，译.北京：机械工业出版社，2020.

[9] 卡桑，特维施，任建标.运营管理：供需匹配的视角：第2版[M].北京：中国人民大学出版社，2013.

[10] BEATTY R C, WILLIAMS C D. ERP II [J]. Communications of the ACM, 2006, 49（3）: 105-109.

[11] KOH S C L, GUNASEKARAN A, RAJKUMAR D. ERP II: the involvement, benefits and impediments of collaborative information sharing[J]. International journal of production economics, 2008, 113（1）: 245-268.

[12] MEZGHANI K, ALOULOU W J. Business transformations in the era of digitalization [M]. Hershey, USA: IGI Global, 2019.

[13] PENG G C A, GALA C. Cloud ERP: a new dilemma to modern organisations[J]. Journal of computer information systems, 2014, 54（4）: 22-30.

[14] CHEN C S, LIANG W Y, HSU H Y. A cloud computing platform for ERP applications[J]. Applied soft computing, 2015, 27（1）: 127-136.

[15] Panorama Consulting Group. The 2020 ERP report[R]. Denver：Panorama Consulting Group, 2020.

[16] 叶强, 方安儒, 鲁奇, 等. 组织因素对ERP使用绩效的影响机制：基于中国数据的实证研究[J]. 管理科学学报, 2010, 13（11）: 77-85.

第 15 章
CHAPTER 15

质量管理

核心要点

- 质量与质量管理的内涵
- 质量管理的发展阶段
- 全面质量管理的基础内容
- 统计质量管理的七大手法
- 大数据时代下的质量管理

15.1 质量管理概述

15.1.1 质量管理的发展历程

1. 质量的含义

（1）质量的定义。

国际标准化组织所制定的 ISO 8402—1994 标准对质量（quality）进行了如下的定义：质量是反映实体满足明确或隐含需要能力的特征和特征的总和[⊖]。具体包括：产品本身的质量、工作（服务）质量及过程（工序）质量。现代质量管理强调从用户角度对质量进行定义，约瑟夫·M.朱兰（Joseph M. Juran）认为质量就是适用性，适用性是指产品或服务的特性在使用期间满足顾客需求的程度。

爱德华兹·戴明将适用性这一概念刻画为 8 个方面的属性。①性能：产品主要功能达到的技术水平和等级。②附加功能：为顾客方便、舒适而增加的功能。③可靠性：产品或服务完成规定功能的准确性和概率。④一致性：产品或服务符合说明

⊖ 资料来源：International Organization for Standardization, ISO/TC 176/SC. 8402：1994 Quality management and quality assurance —— Vocabulary, 1994-03. https://www.iso.org/standard/20115.html.

和服务规定的程度。⑤耐久性：达到规定使用寿命的概率。⑥维护性：是否易于维护和修理。⑦美学性：外观的吸引力和艺术性。⑧感觉性：是否使人产生美好联想。

理查德·舍恩伯格（Richard Schoenberg）认为上述8个属性偏重于描述制造业及其产品，对于服务类企业，他对质量的属性做出了如下5点补充。

①价值：最大限度地满足顾客期望。②响应速度：对顾客要求的及时反应。③人性：对顾客的尊重、理解、体谅及有效沟通。④资格：具有必备的能力和知识以提供要求的服务。⑤安全性：无任何风险、危险。

上述属性就是顾客用来判断产品或服务的质量水平的根据，可以看出顾客对产品和服务质量的要求越来越高，质量这一概念也具有越来越丰富的内涵。正确理解这些属性有助于组织通过努力来满足或超过顾客的期望，从而实现质量水平的提升。

（2）质量的决定因素。

从产品和服务质量的形成过程来看，其质量水平是否达到预期的目标主要取决于以下四个因素。

1）设计质量。设计就是规定有关一件产品或一项服务的诸如大小、形状和位置等的特殊性能。设计阶段是达到最终质量水平的起点，设计阶段所体现的质量即产品设计符合质量特性要求的程度。设计质量最终通过图样和技术文件质量来体现。

2）制造过程质量。这是指按照设计要求进行生产制造所达到的实物质量。制造过程质量是设计质量的实现，也被称为质量符合设计的程度，即产品或服务符合（实现）设计人员意图的程度。这一程度受到诸如所用设备的能力，工人的技能、培训和激励，设计所考虑的生产过程的范围（程度），确保产品质量符合设计的监控过程，以及必要时（例如解决出现的问题）所采取的纠正措施等因素的影响。

3）使用过程质量。这是指实际使用过程中所表现的质量，即产品质量与质量管理水平的最终体现。

4）服务过程质量。这是指产品进入使用过程后，企业采取必要的措施使产品或服务达到规定的标准。其中补救的措施包括收回并修理产品、更换或回购，或者改善服务水平。

2. 质量管理的含义

质量管理（quality management）是确定质量方针、目标和职责，并通过质量体系中的质量方针、质量控制、质量保证和质量改进来使其实现所有管理职能的全部活动。质量管理是发现、定义质量问题，寻找原因和确定整改方案的方法论；是对企业宗旨的深刻理解和认识的思想；是一种全员参与的永无止境的改进活动的实践。

质量管理的内容包括四个方面。

第一，制定质量方针和目标。质量方针是指由组织的管理者发布的该组织总的质量宗旨和方向，是企业质量行为的工作指南。质量目标一般依据组织的质量方针制定，是质量管理的预期成果。

第二，建立质量体系。质量体系是质量管理的组织保证，具体是指实施质量管理所需的组织机构、职责、程序、过程和资源的整合。质量体系是一个有机的整体，包括质量手册、文件控制、记录控制等。

第三，开展质量控制和质量保证活动。质量控制是为满足质量要求所采取的作业技术和活动；质量保证是企业在质量方面为用户提供的担保。

第四，持续的质量改进。持续改进是为提高和改善活动与过程的质量的各种行动。

质量控制和质量保证活动、持续的质量改进是企业实施质量管理的途径。质量方针和目标，以及质量体系是质量管理的组织、过程与资源的规范。

不同的质量管理大师对于质量管理强调的内容有所区别。表 15-1 归纳了三位对现代质量管理影响很大的质量管理大师的观点。

表 15-1 质量管理大师观点的比较

项目	菲利普·克劳士比	爱德华·戴明	约瑟夫·朱兰
质量定义的要点	符合需要	在低成本和适应市场情况下的可预测的一致性与可靠程度	适用性（满足顾客需要）
高层管理责任制度	对质量负有责任	对 94% 的质量问题负责	遵循 80/20 法则，管理可以控制大约 80% 的质量缺陷的发生，工人对质量问题负不到 20% 的责任
行为标准/动机	零缺陷	质量有很多等级；运用统计方法可度量各个领域的表现；零缺陷是关键	质量三元论：质量计划、质量控制、质量改进
基本方法	事先预防而非事后检验	通过持续改善减少变异，停止靠一次性的大批量事后检验来提升质量	对质量进行全面管理，尤其重视人的因素
结构	质量改进的 14 步法则	质量管理的 14 个要点	质量改善的 10 个步骤
统计过程控制（SPC，也称统计工序管理）	拒绝统计可接受的质量水平（要求 100% 完美质量）	必须运用质量控制的统计方法	建议使用 SPC，但这种方式可能导致工具驱动方法
改进基础	分析已有偏差，改进工作流程，预防缺陷产生	持续不断地改善生产系统，废除不良操作	确定改进项目，组织项目团队，设立质量计划目标
团队	质量改进团队；质量委员会	雇员共同参与决策制定；打破部门之间的界限	团队和质量环方法
质量成本	不符合的成本，质量是免费的	不存在最优，持续改进	质量不是免费的，不存在最优
采购和验收	对供应商提出零缺陷工作标准，强调预防过程管理	采购部门必须采用统计工具来判断供应商及其产品的质量	向供应商反馈书面化的供应质量数据
供应商评价	进行供应商评级，认为质量审计是没用的	不进行供应商评级，但对供应商的许多体系严格要求	进行供应商评级，帮供应商改进其质量

3. 质量管理的发展过程

（1）传统质量检验阶段（20 世纪前至 20 世纪初期）。

传统质量检验阶段开始于工业革命之前，由操作者本人参与工艺品生产的全过程，一件完整产品的质量由一个人或少数几个人负责，被称为"操作者的质量管理"。

20 世纪初，科学管理理论产生，代表人物是弗雷德里克·泰勒，他引入了产品检验的概念，并在其生产管理基本原理的三个标准中确立了产品检验的地位，质量管理的重要性得到了进一步的强调。同时伴随着工业的发展，劳动分工产生，多数组织设立全职检验部门，检查最终产品的工作变成由少数工人来承担，质量控制的责任交由所在部门负责人来承担。这一阶段的特点是按照标准规定对成品进行检验,即从成品中挑出不合格品,它也被称为"检验人员的质量管理"。上述两种做法均是事后检验。

(2)统计质量控制阶段(20世纪四五十年代)。

统计质量控制(statistical quality control,SQC)阶段是利用统计方法控制生产过程,及早发现问题,减少对检验的依赖,弥补事后检验的不足,它也被称为"统计学家的质量管理"。1924年,美国统计数理专家休哈特制定了可用于监控生产过程的统计控制表。大约在1930年,道奇和罗米格编制了抽样数表,提出了统计抽样检验方法。1939年,休哈特出版了《质量控制中的统计方法》一书,提出了统计过程控制理论。

20世纪40年代,事后检验无法满足第二次世界大战对大量生产(特别是军需品)的需要,美国国防部基于休哈特、道奇和罗米格的理论开始应用统计质量控制方法,并在军需品供应商中推行这一方法。几乎同时,专业质量管理组织在全美国范围内出现,其中之一便是美国质量管理协会(ASQC,即现在的美国质量协会(ASQ)的前身)。这一阶段的特点是利用数理统计原理,预防产生废品并检验产品的质量,相关工作由专职检验人员转为专业质量控制工程师和技术人员来承担。

(3)全面质量管理阶段(20世纪60年代至今)。

20世纪50年代以来,科学技术和工业生产的发展对质量的要求越来越高。大型、精密、复杂产品对产品的安全性、可靠性、经济性的要求也越来越高,质量问题更为突出。单纯运用统计质量控制已经难以保证产品质量水平,也无法满足社会发展的需求。这些变化促使人们从"系统工程"的角度进行质量管理,从而促使全面质量管理理论形成。

1961年,阿曼德·V·费根鲍姆(Armand V. Feigenbaum)出版了《全面质量控制》一书,提出全面质量管理的概念,标志着全面质量管理时代的开始。他强调质量职能是全体人员的责任,全面质量管理将质量管理的重点从早期集中于生产制造过程扩展到产品设计和原材料采购。全面质量管理理论符合质量管理发展的客观需求,这一理论的详细介绍将在15.1.2节中展开。几乎在同一时期,质量管理专家菲利普·B. 克劳士比(Philip B. Crosby)提出"零缺陷"的概念,方法侧重于提高员工的工作动机和报酬,强调预防系统控制和过程控制。零缺陷运动首先在美国推行,提升了全员对产品质量和业务质量的责任感,随后在日本的制造业中全面推广,使其产品质量迅速提高。

(4)ISO 9001质量管理体系(20世纪80年代至今)。

为消除技术性贸易壁垒,增强国际技术经济合作,ISO/TC 176(国际标准化组织质量管理和质量保证委员会)于1987年制定了质量管理与保证的国际标准——ISO 9000族标准,也被称为质量管理体系标准。质量管理体系是指在质量方面指导和控制组织的管理体系,ISO质量管理体系标准包括ISO 9000、ISO 10000、ISO 14000三个系列。ISO 9000标准明确了质量管理和质量保证体系,适用于生产型及服务型企业;ISO 10000标准为从事与审核质量管理和质量保证体系提供了指导方针;ISO 14000标准明确了环境质量管理体系。其中,ISO 9000系列标准是指导企业建立质量保证体系的标准,是有关质量的标准体系的核心内容,ISO 9001质量管理体系发展历史如图15-1所示。该系列标准可以帮助组织建立、实施并有效运行质量管理体系,是质量管理体系通用的要求和指南。它不受具体的行业或经济部门的限制,可广泛用于各种类型和规模的组织,在国内和国际贸易中促进相互理解和信任。

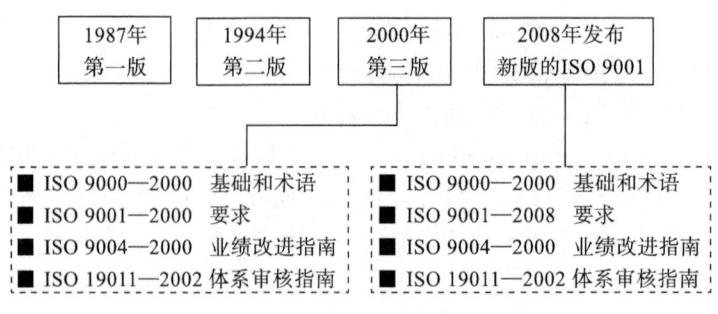

```
┌─────────┐  ┌─────────┐  ┌─────────┐  ┌──────────────┐
│ 1987年  │  │ 1994年  │  │ 2000年  │  │ 2008年发布    │
│ 第一版  │  │ 第二版  │  │ 第三版  │  │ 新版的ISO 9001│
└────┬────┘  └────┬────┘  └────┬────┘  └──────┬───────┘
     └────────────┴────────────┘              │
                  │                           │
    ┌─────────────────────────────┐  ┌─────────────────────────────┐
    │ ■ ISO 9000—2000  基础和术语 │  │ ■ ISO 9000—2000  基础和术语 │
    │ ■ ISO 9001—2000  要求       │  │ ■ ISO 9001—2008  要求       │
    │ ■ ISO 9004—2000  业绩改进指南│ │ ■ ISO 9004—2000  业绩改进指南│
    │ ■ ISO 19011—2002 体系审核指南│ │ ■ ISO 19011—2002 体系审核指南│
    └─────────────────────────────┘  └─────────────────────────────┘
```

图 15-1　ISO 9001 质量管理体系发展历史

ISO 9001 最新版标准是 ISO 9001 的 2015 标准，于 2015 年 9 月发布。该标准延续了 ISO 9001 的 2008 标准的基本体系结构和特点，将 2008 年旧版的八项原则简化为七项，并新增了组织环境，以及风险和机遇的应对措施；2015 标准的通用性更强，能更好地与其他业务活动整合，下放权力让组织上下均负有质量管理体系责任，让最高管理者更多地参与质量管理体系，为质量管理体系引入基于风险的思考方式，更为强调绩效监控。

七项质量管理原则是 ISO 9000 体系的重要基础。①以顾客为关注焦点：我们依存于顾客，体系的目的是实现顾客满意，以获得效益。②领导作用：质量管理是一把手工程，宗旨和方向从上往下传达与贯彻。③全员参与：质量是全员的事情，人人都是质量管理的主角。④过程方法：过程是输入转化成输出，以及有效配置资源，得到高效产出的活动。⑤改进：充分理解和运用戴明环（PDCA 循环），保持改进，PDCA 循环将在 15.1.2 节详细介绍。⑥循环决策：决策是一个复杂的过程，并且总是包含一些不确定因素。它经常涉及多种类型和来源的输入及其解释，而这些解释可能是主观的。重要的是理解因果关系和潜在的非预期后果，基于数据和信息的分析及评价更加客观。⑦关系管理：为了持续获得成功，组织需要管理与供方等相关方的关系，强调与供应商的合作共赢，以最大限度地发挥其在组织绩效方面的作用，不能只讲控制。

目前 ISO 9000 标准的认证形式有三种，包括：第一方认证，公司按照 ISO 9000 标准对自身进行评审；第二方认证，客户审核供应商；第三方认证，由一个具有认证权威资质的国家标准或国际标准认证机构充当评审。一个企业的最佳认证方式是通过第三方审核。一旦通过了第三方审核，企业就可以获得认证，可以注册和登记成为 ISO 9000 达标企业。第三方认证在欧洲共同体中具有法律上的优势。比如，一个制造商被起诉其产品对使用者造成了伤害，但只要该制造商表明它在生产过程中采用了适当的标准，并且把仔细选择供应商包含在采购要求中，那么它可以免于承担责任。因此，企业都强烈希望选择通过 ISO 认证的供应商。

图 15-2 描述了以过程为基础的质量管理体系模式，涵盖了 ISO 9001 质量管理体系——要求的内容。该内容包括：①范围；②规范性引用文件；③术语及定义；④质量管理体系（总要求、质量手册、文件控制、记录控制）；⑤管理职责（管理承诺、以顾客为关注焦点、质量方针和目标、职责权限和沟通等）；⑥资源管理（人力资源、基础设施、工作环境等）；⑦产品实现（识别顾客需求、设计开发、采购、生产过程、标识、产品防护、监测设备控制等）；⑧测量、分析和改进（顾客满意、内部审核、产品监视和测量、不合格品控制、纠正和预防等）。

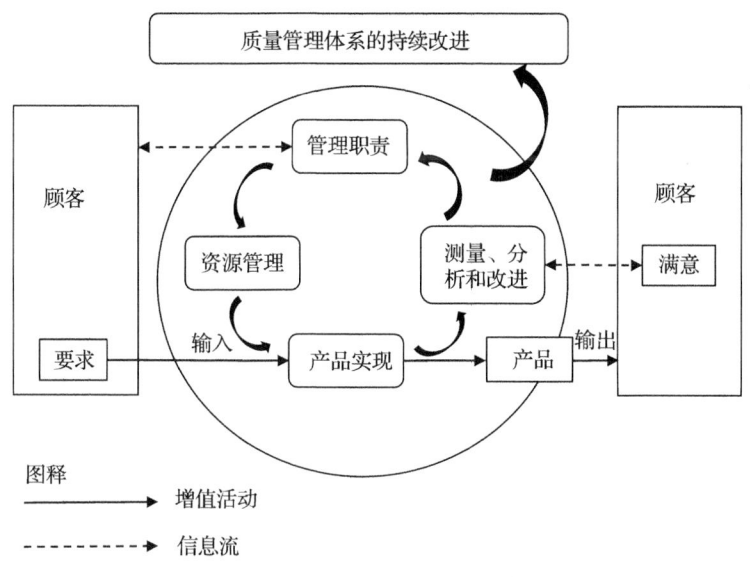

图 15-2 以过程为基础的质量管理体系模式

（5）六西格玛质量标准（20 世纪 80 年代至今）。

"六西格玛"（six sigma，6σ）最初由在摩托罗拉任职的工程师比尔·史密斯（Bill Smith）于 1986 年提出，后来经通用电气推广，六西格玛于 1995 年成为通用电气的核心管理思想，至今广泛应用于很多行业中。六西格玛的中心理念是：测量一个流程产生的缺陷数量，并应用系统方法消除这些缺陷，从而实现接近"零缺陷"的过程。从统计学意义上看，六西格玛意味着对工艺、产品或服务的某一特性值，其不合格率不超过百万分之 3.4，换句话说，偏离分布均值超过 6 个标准偏差（σ）分布的百分率是 0.000 34%。从概念上理解，其含义更加广泛，六西格玛是一个严格的流程，强调统计技术和管理科学工具的应用，其最终目标是提升所有的流程，从而提高质量水平。

六西格玛质量管理是全面质量管理的一种形式，6σ 质量标准关注的是质量波动 σ 的数值，σ 水平如图 15-3 所示，表示的是规格限内所包含的 2σ 的个数，计算公式为 σ 水平=$(T_U - T_L)/2\sigma$，其中，T_U 表示规格上限的值，T_L 表示规格下限的值。6σ 水平表示的是产品质量特性均值与目标值之间还存在一点偏离（1.5σ），不合格品率逼近百万分之 3.4。σ 过去用于代表质量的均值。一些企业经常用平均值来衡量和描述其业绩，例如平均成本、平均周期、平均运输量等。

实施六西格玛包括两种方法：六西格玛 DMAIC（define-measure-analyze-improve-control）和六西格玛 DMADV（define-measure-analyze-design-verify）。六西格玛 DMAIC 是对当前低于六西格玛规格的项目进行定义、度量、分析、改善，以及控制的过程。六西格玛 DMADV 则是对试图达到六西格玛质量的新产品或项目进行定义、度量、分析、设计和验证的过程。近年来，企业开始将六西格玛的方法与精益生产方法相结合，创建了一套名为精益六西格玛的管理方法。精益六西格玛将改善生产流程、减少浪费的精益生产和注重减少质量和设计偏差的六西格玛法相结合，成为一种用于实现"商业流程优化"的新方法。例如，IBM 等已经使用精益六西格玛进行流程再造，以提高产量。这是组织的一种创新方法，可以覆盖从生产到软件开发，从销售到服务配送等各个领域。

图 15-3　σ 水平

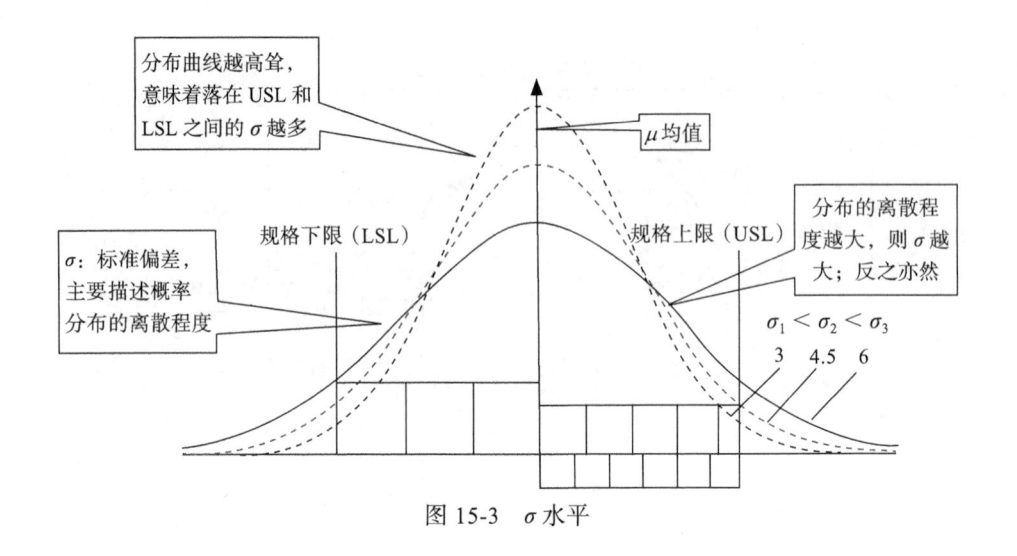

15.1.2　全面质量管理

1. 全面质量管理的内涵

20 世纪 80 年代，全面质量管理（TQM）开始成为美国的关注焦点，当时美国人注意到日本在汽车制造业和其他耐用品（比如室内空调）生产上的质量优势，意识到美国在质量管理上与日本的巨大差距，于是将提升工业质量作为国家优先发展战略。著名质量管理大师克劳士比、戴明和朱兰都认为，若想实现杰出质量，需要高层的质量领导、对顾客的关注、全员参与、基于过程分析的持续改进。

全面质量管理是指企业全体员工和各部门参与，综合运用现代科学和管理技术，控制影响质量形成的全过程，以通过经济的手段研制、生产和提供用户满意的产品和服务为目的的系统管理活动。全面质量管理的基本思想为：为用户服务；以预防为主；用数据说话。为用户服务体现在需要明确用户的需要，例如采取用户调查、特殊用户群体调查访问或一些别的方法，把用户的想法纳入公司的决策过程之中，做到将内部用户（下道工序）与外部用户（顾客）同等对待。预防则是在设计生产过程中判断有无差错发生，并努力防止其发生。全面质量管理的任务之一就是通过收集和分析数据，依据事实而不是个人主观判断做出决策。

全面质量管理的特点就在"全面"上，其基本特点体现在：一切以用户为中心，管理内容是全面的，管理范围是全面的，管理方法是全面的，全员参与质量管理。全面质量管理要达到的两个基本运营目标如下。第一，产品或服务精心设计。第二，确保组织系统能够生产或提供与设计保持一致的产品或服务。为了实现这两个目标，整个组织都要以它为导向，体现全面质量管理的理念。全面质量管理的工作内容主要包括四个方面：①设计试制过程的质量管理——起点；②生产制造过程的质量管理——重点；③辅助与服务过程的质量管理——保证；④使用过程的质量管理——归宿点和出发点。为了实现全面质量管理，需要做的基础工作包括：①质量教育工作；②标准化工作；③计量检测工作；④质量信息工作；⑤质量责任制。

全面质量管理强调以下几项内容。

（1）持续改进。持续改进（continuous improvement）就是谋求投入产出转换过程中所有因素持续不断地改善。转换过程中的因素包括设备、方法、原材料和人员。相比于传统的"如果它没有损坏,就不要修理它"的观点,持续改进认为工作总是存在值得改进的地方。

(2)标杆(竞争对手)法。确认在某一方面做得最好的公司或其他组织,通过学习及掌握它们的做法来改进自己的经营管理。

(3)员工授权。这种做法就是把决策权力交到一线员工,以及那些对问题及其解决方案有深刻认识的员工手中,赋予其为完成改进任务而采取必要行动的权力。让员工承担一定的质量改进责任,能激发员工在质量改进方面的积极性。

(4)发扬团队协作精神。解决问题时发挥团队的作用,实现意见及行动的一致,让大家都积极参与质量管理,并发扬协作精神,在员工中树立公司的价值观。

(5)掌握质量管理工具,对员工和管理者进行应用质量管理工具的技术培训。

(6)供应商的质量保证。供应商必须建立与实行质量保证制度,并努力实现质量改进,以确保能够及时地交付符合要求的零部件和原材料。

(7)强调"源头质量"(quality at the source)的概念,就是要让每一位员工对自己的工作负责,这体现了"第一次就做对"的理念。这一理念寄希望于员工能够制造出满足质量标准的产品或服务,同时能够发现并纠正出现的差错。实际上,每个员工都是他自己工作的质量检查员。当他所完成的工作成果传递到整个过程的下一道工序(内部用户),或者作为整个流程的最后一步传递到最终顾客时,员工要保证它能够满足质量标准要求。

(8)供应商是公司整个生产过程中的合作伙伴,应提倡与其建立一种长期的友好伙伴关系,这实际上是一种有价值的重要投资。通过这种方式,可促使它们供应高质量的产品和服务。同时,希望供应商也要通过贯彻"源头质量"这一观念,来保证并改进质量。这样就可以很少或完全不用检验它们提供的货物。表 15-2 说明了贯彻全面质量管理的公司和坚持传统质量管理的公司之间的差异。

表 15-2 贯彻全面质量管理的公司和坚持传统质量管理公司的比较

项目	传统质量管理	全面质量管理
总使命	使投资得到最大的回报	达到或超过用户的期望
目标	强调短期效益	在长期效益和短期效益之间求得平衡
管理方式	不常公开,有时与目标不一致	公开,鼓励职员参与,与目标一致
管理者的作用	发布命令,强制推行	提供指导、消除障碍,建立用户信任
用户需求	并非至高无上,可能不清晰	至高无上,必须被识别和理解
解决问题的方式	责备、处罚	识别并解决
解决问题的理念	不系统,个人行为	系统,团队精神
改进	时断时续	持续不断
供应商关系	抵触	合作伙伴
工作特点	狭窄,过于专业化,强调个人努力	广泛,更全面,更着重发挥团队作用
定位	产品取向	流程取向

2. PDCA 循环

PDCA 循环是实施全面质量管理的工作方法,最早由美国质量管理专家休哈特博士提出,随后由戴明采纳、宣传,并获得普及,所以又称休哈特循环或戴明环。PDCA 循环的含义是将质量管理分为四个阶段,即计划(plan)、实施(do)、分析(check)和处理(act)。这一工作循环是质量管理的基本方法,也是企业管理各项工作的一般过程。图 15-4 说明了这一循环，用圆周来代表改进过程，强调了质量改进的连续性特征。

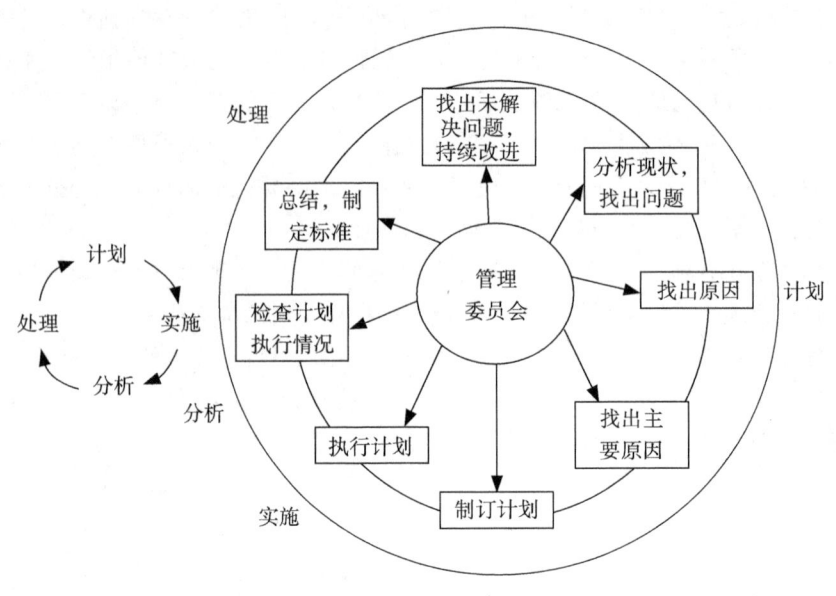

图 15-4　PDCA 循环

PDCA 循环的内容包括四个阶段，8 个步骤，具体内容如下。

第一阶段，计划：首先对现有工序进行研究并以书面形式描述工序，搜集数据以明确所要解决的问题；然后分析数据并制订改进计划；最后详细说明如何评价计划。总结为 4 个步骤：①分析现状，找出问题；②找出产生问题的原因；③找出主要原因；④制订计划。

第二阶段，实施：书面描述在这个阶段发生的所有变化；全面收集数据，对计划实施效果做出评价。总结为 1 个步骤：执行计划。

第三阶段，分析：分析在实施阶段所收集到的数据。检查计划实施结果是否符合在计划阶段所制订的最初目标。总结为 1 个步骤：检查计划执行情况。

第四阶段，处理：如果结果达到预期目标，则质量改进项目就取得了成功。将新方法予以标准化，并在与该工序有关的所有人员当中贯彻，同时就新方法开展培训工作。如果质量改进项目未取得成功，就要修订计划并重复上面的步骤或者中断这一项目。总结为 2 个步骤：①总结，制定标准，以巩固提高；②找出未解决问题，进入下一循环，持续改进。

在解决问题的过程中，常常不是一次 PDCA 循环就能完成的，需要将 PDCA 循环持续下去，直至彻底解决问题，如图 15-5 所示。结合图 15-4 和图 15-5，可知 PDCA 循环的特点包括 3 点：①大环套小环，互相促进；②不断循环，阶梯式上升；③处理阶段为关键阶段。每经过一个循环，质量管理就达到一个更高的水平；不断坚持 PDCA 循环，就会使质量管理不断取得新的成果。

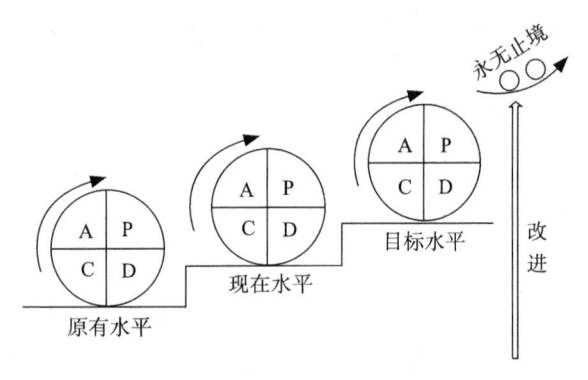

图 15-5　PDCA 循环的持续改进

3. 成功实施全面质量管理的关键要素

实施全面质量管理过程中存在的阻碍因素主要包括以下几个。①缺少在全公司范围内对质量概念的理解：各部门之间交流不够，缺乏合作，不能共同努力。②缺乏改进规划：不强调改进的战略意义，无法有效动员公司全员参与其中。③不能以顾客为关注点：增加了顾客不满的概率。④授权不够：不相信了解问题本身的员工能解决所遇到的问题；制度累赘。⑤急功近利：认识不到提高质量水平的长期性和持续性。⑥过于看重成本：过度在意因改善产品质量所发生的费用，不愿意花时间实施质量改进计划。⑦表面文章大于实际操作：劳民伤财。⑧激励不足：管理者不能科学合理地采取措施以激发员工提高质量水平的热情。⑨领导作用不足。

在实施全面质量管理时，也要注意以下工作误区。①盲目追求全面质量管理，当公司有更为优先、更为重要的需要解决的问题时，将注意力集中在质量问题上。②未能有效地将全面质量管理与公司的战略计划相结合。③在实施全面质量管理时没有仔细考虑市场作用，例如顾客期望可能已经得到超常满足，致使公司再致力于质量保证和管理的成本超过收益，即边际收益下降。④未能分辨清楚改进的类型，例如当需要突破性改进时实施了增量性改进。⑤质量管理的效果并不是与结果密不可分的。

15.2 统计质量管理七大手法

运用统计质量管理七大手法，可以从经常变化的生产过程中，系统地收集与产品质量有关的各种数据，并用统计方法对数据进行整理、加工和分析，进而绘制各种图表，计算各项指标，从中找出质量变化的规律，实现对质量的控制。

15.2.1 统计质量管理七大手法的内容

在 20 世纪中叶，以石川馨（Ishikawa Kaoru）为代表的日本质量专家总结出了统计质量管理七大手法，包括：查核表（check sheet）；分层法（tratification）；柏拉图法（pareto analysis）；特性要因图（cause-and-effect diagram）；散布图（scatter diagram）；直方图（histogram）；控制图（process control chart）。质量专家认为运用这七大手法可以有效地解决企业品质管理工作中 95% 以上的问题。这七大手法运用的侧重点有所不同，具体总结归纳如表 15-3 所示。

表 15-3 统计质量管理七大手法运用的侧重点

手法类型	内容
查核表、散布图	根据事实、数据记录
特性要因图	分析原因与结果的关系，以探讨潜在性问题
直方图、控制图	不能单独用平均值来做出判断，应了解事物都有变差存在，结合平均值与变异性来做出判断
分层法	不可仅考虑所有数据的平均值，须根据数据的来龙去脉考虑适当分层
柏拉图法	并非对所有问题采取措施，而是先从影响较大的 2～3 项入手，采取措施，即所谓的管理重点

1. 查核表

查核表又称检查表或调查表，它是一种按一定的要求系统来实施检查的工具。常用的查核表有点检用和记录用两大类。点检用查核表只记录结果的是否或好坏，如表 15-4 所示；记录用查核表用以收集计算或计数数据，如表 15-5 所示。查核表的应用包括五个步骤：第一，明确要查核的范围及具体要求；第二，依据查核项目和相关要求的性质设计表单；第三，实施查核，将结果记录到表单上；第四，分析和总结记录的查核结果；第五，针对结果实施改进。

表 15-4 点检用查核表

项目	星期一	星期二	星期三	星期四	星期五	星期六	星期日
计划	√	×	√	√	×	√	×
产量	√	√	√	√	×	√	√
人员	√	√	×	√	√	√	√
机器	√	√	×	√	√	√	√
材料	√	√	√	√	×	√	√
工具	√	√	×	√	√	×	√

表 15-5 记录用查核表

缺点项目	件数	备注
整理	一一	
整顿	正一	
清扫	一	
清洁	正一一	
素养	正	
节约	一	
安全		
速度	正正	

2. 分层法

分层法又叫分类法、分组法等。它是把汇集在一起的不同类型的数据按一定的性质、范围或目的进行分类，将同类数据归纳在一起从而制成可以分析的数据表的方法。分层法的应用步骤一般包括：第一步，收集原始数据（或识别需要整理的数据）；第二步，确定数据的性质、范围或要求的目的；第三步，将数据分层归类；第四步，根据分层结果进行处理或采取改进措施。

3. 柏拉图法

柏拉图法又称重点管理法、ABC 分析法或主次因素排列图。20 世纪 40 年代，约瑟夫·朱兰发现了一条各领域通用的原则，并把它叫作"关键的少数和次要的多数"（vital few and trivial many）。这条原则指出 20% 的事情常常对 80% 的结果负责。柏拉图法的原理就是引用"关键的少数和次要的多数"的思想，通过在众多的影响产品质量的因素中找到关键的因素，从而对问题加以解决。应用步骤如下。第一步，选择项目，分析问题。针对所选择的项目收集、处理数据，并按其占有量进行排列。第二步，制作图表。图表的组成结构一般为矩形。

按照该方法的标准，将影响质量的因素划分为主要因素、次主要因素和次要因素。其中，A类因素：0%～80%，为主要因素。B类因素：80%～90%，为次主要因素。C类因素：90%～100%，为次要因素。在划分因素时需要注意：①正确选择分类标志；②主要因素最多不超过3项；③当C类因素较多时，可归入"其他"因素；④在找出主要因素，采取措施解决后，要重新绘制柏拉图，以检查实施效果。

4. 特性要因图

特性要因图又称因果分析图、鱼骨图或羽状图，它通过图解的方式表示出某种特征与其可能形成原因之间的关系，如图15-6所示，因其为石川馨于1952年首先使用，故又叫石川图。

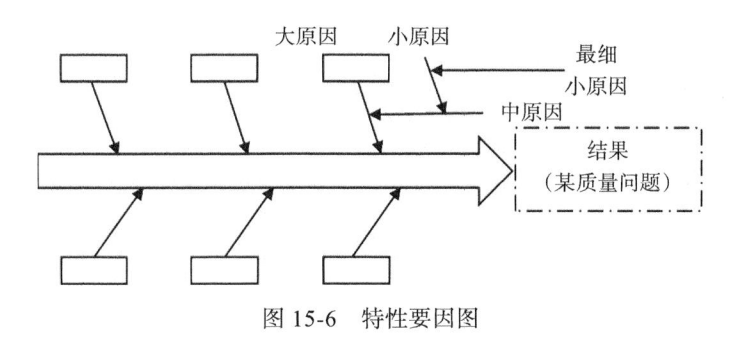

图 15-6 特性要因图

特性要因图一般按以下步骤进行制作：第一步，确定项目，即需要解决的是什么问题；第二步，从4M1E(人、机器、物料、方法和环境)五个方面分析原因，包括大原因、中原因、小原因和最细小的根本原因；第三步，展开确定的原因，绘制图表；第四步，筛选主要原因；第五步，针对主要原因优先采取措施；第六步，确认实施措施的效果。在制作过程中要全面了解工作过程，对各种原因要分析到可以采取具体措施为止。

5. 散布图

散布图法又称相关图法、简易相关分析法，是把两个变量之间的相关关系用直角坐标系表示的图表。它将表示质量特性因素的各对数据，标记在直角坐标图上，以观察并判断两个质量特性值之间的关系，从而对产品或工序进行有效控制，如图15-7所示。

应用散布图的步骤包括：第一步，收集数据，这种数据应该是具有对应或关联性质的成对的数据，而且数量不宜太少，一般要有25组以上；第二步，建立二维坐标系统，根据变量的值设定坐标的刻度，在坐标系上标出坐标点；第三步，根据坐标点的阵群分布状况，判定变量之间的关系，然后确定判定结果，实施对策。

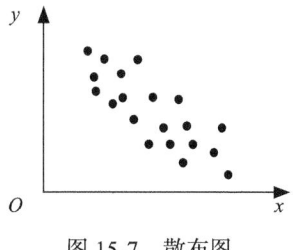

图 15-7 散布图

6. 直方图

直方图也叫柱状图，在图中用一系列宽度相同、高度各异的矩形(柱子)的排列状态表示数据分布状况，使用者可以比较直观地看出产品质量特性的分布状态，从而判断工序是否处于受控状态，并对总体进行推断。直方图的频数分布是有不同特点的。用 T 表示公差，公差是指工序产品的设计规定标准，表示可被接受的差异，公差是根据工程设计或用户需要确定的。B 代表实际的尺寸分布范围。常见的直方图有以下几种。

（1）标准型：如图15-8所示，标准型直方图以中间为顶峰，呈现中间高两边低的特点，有集中趋势，左右大体对称，呈"山"形。

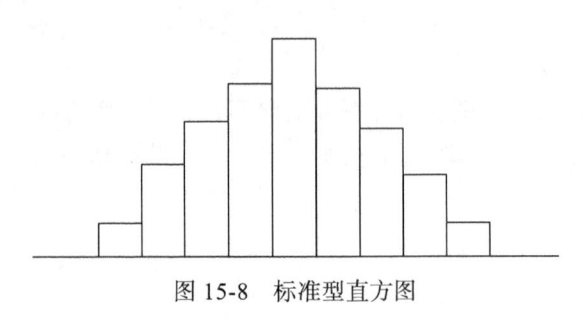

图15-8　标准型直方图

（2）缺齿型：直方图的柱子无规则且长短不一，就像断裂的牙齿一样，如图15-9所示。其表明的结论：可能是分组过细或数据不真实。另外，测量值有误、换算方法有偏差、次数分配不当、测量员对数据有偏好现象或采用假数据、测量仪器不精密、组数的宽度不是倍数等均有可能出现缺齿型直方图。

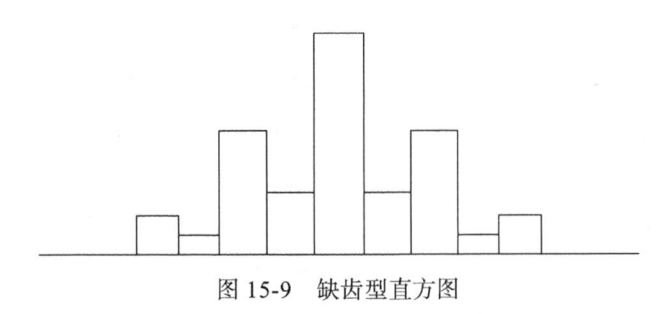

图15-9　缺齿型直方图

（3）偏态型：偏态型分为左偏态和右偏态两种。直方图的柱子在最高点的左右不均匀分布，左边少右边多时称右偏态，反之则为左偏态。如图15-10所示，其呈现高处偏向一边，拖长尾巴，而另一边低的状态。其表明的结论：多由工具磨损、松动及加工习惯引起。实践中，在加工孔时往往尺寸偏小，造成左偏态；在加工轴时往往尺寸偏大，造成右偏态。

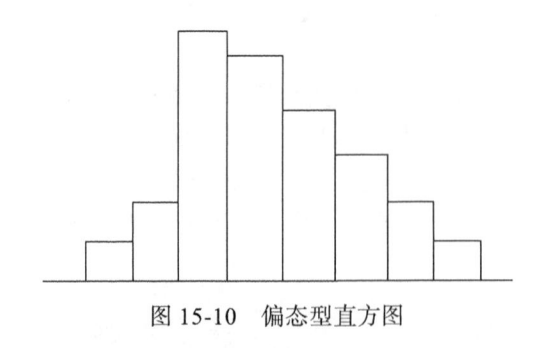

图15-10　偏态型直方图

（4）孤岛型：如图15-11所示，在右端或左端形成小岛。其表明的结论：测定有错误、工程调节错误或由使用不同原料所引起。通常去除加工过程中出现的异常变动，即可合乎制程要求，制出符合规格的制品。

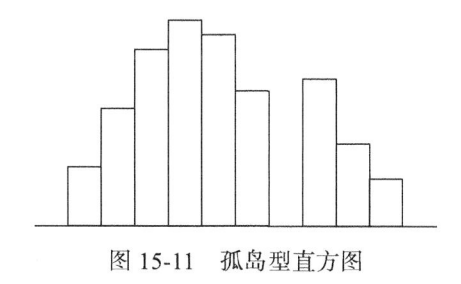

图 15-11　孤岛型直方图

（5）高原型：如图 15-12 所示，其平顶且高。其表明的结论：抽样时将不同均值的几种对象混合在一起，或者生产过程中存在缓慢变化的因素（如刀具磨损）。

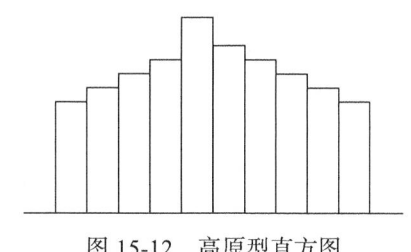

图 15-12　高原型直方图

（6）双峰型：如图 15-13 所示，左右两边各有较高的柱子，而中间的柱子较低。其表明的结论：对数据没有进行适当的分层，使均值相差较大的两种分布相混，应先加以合理的分层。

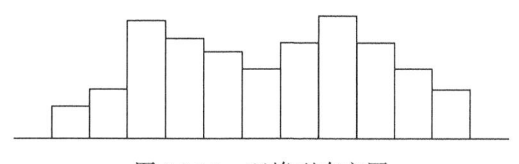

图 15-13　双峰型直方图

（7）切边型：如图 15-14 所示，图形有一端被切断。直方图的柱子从左到右呈现先高后低依次排列的形态称为左绝壁型；反之，称为右绝壁型。也就是说，与常态的直方图比较，切边型直方图只有常态直方图的左半边或右半边。其表明的结论：当产品质量较差时，为了剔除不合格品进行全数检查，剔除不合格品之后的数据。

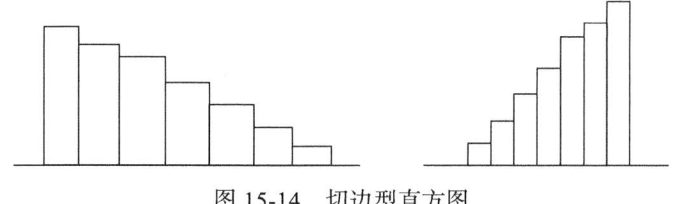

图 15-14　切边型直方图

以上各种类型的直方图，除了标准型，其余的都属于异常型直方图。应用直方图的步骤包括：第一步，绘图；第二步，图形分析；第三步，质量波动分析；第四步，参数计算。

7. 控制图

控制图由休哈特提出，又称管理图、管制图。它是一种有控制界限的图，是对过程（或制程）中的各特性值进行测定、记录、评估，监察过程是否处于控制状态的一种用统计方法设计的图。利用控制图可以区分引起质量波动的原因是偶然性的还是系统性的，并获得系统性原因存在的信息，从而判断生产过程是否处于受控状态。

控制图上有控制中心线 CL、控制上限 UCL 和控制下限 LCL，并有按时间顺序抽取的样本统计量数值的描点序列。若控制图中的描点落在 UCL 与 LCL 之外或描点落在 UCL 与 LCL 之间的排列有趋势性，则表明过程异常。通常以样本平均值 x 为控制中心线，以上下各取 3 倍的标准差（$x \pm 3\sigma$）为控制界限，因此用这样的控制界限做出的控制图也叫作 3σ 控制图。控制图是直接对工序进行控制的方法。其基本样式如图 15-15 所示。

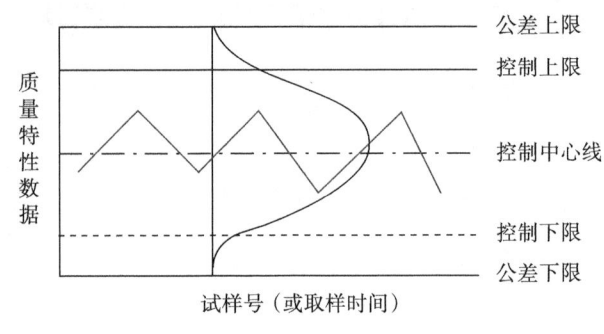

图 15-15 控制图的基本样式

控制图主要应用在：①关键过程、特殊工序；②经常被客户投诉或制程不稳定的产品工序；③历史遗留下来的"老问题"；等等。控制图分为三类，具体内容如表 15-6 所示。

表 15-6 控制图的分类

数据类型	分布	控制图名称
计量值数据	正态分布	单值控制图
		均值—极差控制图
		中位数—极差控制图
		均值—标准差控制图
计数值数据	二项分布	不合格品率控制图
计点值数据	泊松分布	缺陷数控制图
		单位缺陷数控制图

其中，计量值控制图是指控制图所依据的数据是由量具实际测量而得到的，如长度、重量、成分特性等均为连续性的。计数值控制图是指控制图所依据的数据均属于以单位计数者，如不良数、缺点数等不连续性的数据。计量值控制图和计数值控制图将在 15.2.2 节中更为深入地介绍。

控制图存在两类错误：α 类错误和 β 类错误。α 类错误是指当只呈现随机性差异时误认为有非随机性误差。即使范围再大的界限也会留下一定区域的"尾巴"分布。界限范围越大，犯 α 类错误的可能性越小。β 类错误是指非随机性差异存在却没表现出来，即工序脱离控制状态，却推定过程处在控制状态。当界限范围增大时，就会出现难以检测到可能出现的非随机性差异的状况。

15.2.2 统计质量管理七大手法的图表绘制及应用

本小节将通过具体的例题展示统计质量管理七大手法的图表如何绘制，其中查核表的绘制方法已经在上一小节中给出。

1. 直方图

【例 15-1】某罐头厂生产罐头，罐头质量规格为（310±8）g，今抽检 50 罐，数据如表 15-7 所示。

表 15-7 罐头抽检数据 单位：g

308	317	306	314	308
315	306	302	311	307
305	310	309	305	304
310	316	307	303	318
309	312	307	305	317
312	315	305	316	309
313	307	317	315	320
311	308	310	311	314
304	311	309	309	310
309	312	316	312	318

根据表 15-8 的抽检数据，按照直方图的绘制步骤进行绘制。

第一步，确定基本内容：样本数 $N=50$。

第二步，确定组数：$K=7$（参考经验数值，样本数据数目在 50～100 时，组数一般设为 6～10；样本数据数目在 100～250 时，组数一般设为 9～12；样本数据数目在 250 以上时，组数一般设为 10～20）。

第三步，计算全距 R：最大值 $L=320$，最小值 $S=302$，全距 $R=320-302=18$。

第四步，计算组距 H：$H=R/K=18/7=2.5$；取 H 为 3（为测定值最小单位的整数倍）。

第五步，确定组的界限：第一组下限值 =S- 测定最小位数 /2=302-0.5=301.5，第一组上限值 = 第一组下限值 + 组距。

第六步，计算中心值，整理频数表：中心值 =（上组界 + 下组界）/2，绘制频数表，如表 15-8 所示。

表 15-8 频数表

组号	组界	中心值	标记	F（频数）
1	301.5～304.5	303	正	4
2	304.5～307.5	306	正正	10
3	307.5～310.5	309	正正下	13
4	310.5～313.5	312	正正	9
5	313.5～316.5	315	正下	8
6	316.5～319.5	318	正	5
7	319.5～322.5	321	一	1

根据频数表作直方图，如图 15-16 所示。

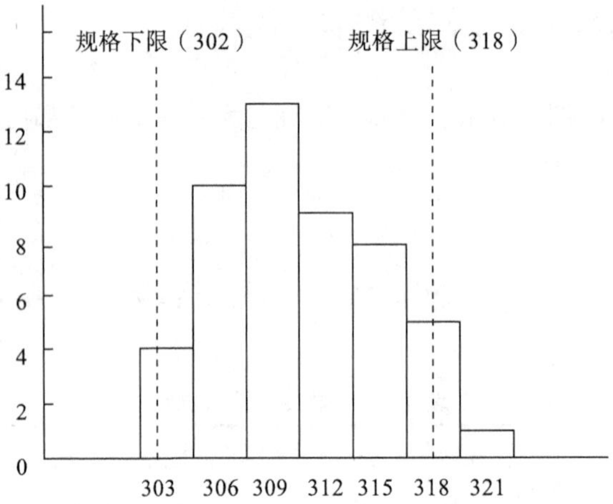

规格下限（302） 规格上限（318）

图 15-16 频数分布直方图

直方图的参数计算及参数含义归纳总结如下。

平均数（$\bar{X}$）：决定正态分布曲线的位置，代表一般水平。

$$\bar{X}=\frac{\sum_{i=1}^{n}f_ix_i}{\sum_{i=1}^{n}f_i}$$

幅度（R）：衡量平均数的代表程度，确定数据分布范围。

$$R=\text{最大值}-\text{最小值}$$

$\bar{X}$ 与 R 的关系：R 越小，$\bar{X}$ 的代表性越强；R 越大，$\bar{X}$ 的代表性越弱。

标准偏差（σ）：衡量数据的离散程度，确定正态分布曲线形状。

$$\sigma=\sqrt{\frac{\sum_{i=1}^{n}f_ix_i^2}{\sum_{i=1}^{n}f_i}-\left(\frac{\sum_{i=1}^{n}f_ix_i}{\sum_{i=1}^{n}f_i}\right)^2}$$

标准偏差 σ 表示工序产品固有差异，反映了工序的自然或固有（随机性）变化。通过工序能力分析可以判断工序产品固有差异是否落在可被接受的差异范围之内。

2. 帕累托图法

【例 15-2】表 15-9 展示了某公司一周内 XLY 型产品的不良记录，根据统计数据，运用帕累托图法进行分析。

表 15-9 XLY 型产品不良记录

项目	星期					合计
	星期一	星期二	星期三	星期四	星期五	
作业员技术水平不足	10	11	8	12	9	50
作业员经常不在	15	18	16	14	17	80
原料品质欠佳	4	5	5	6	2	22
机器故障	4	4	3	4	3	18

（续）

项目	星期					
	星期一	星期二	星期三	星期四	星期五	合计
作业流程不当	3	2	2	3	4	14
其他	3	3	4	3	3	16
不良数	39	43	38	42	38	200
检查数	800	800	800	800	800	800

绘制帕累托图的步骤如下。

第一步，按发生次数的顺序（由大至小，有其他项者无论是否为最小，一律置于最后）将项目及次数记入不良统计表中，如表 15-10 所示。

表 15-10 不良统计表

项目	不良数
作业员经常不在	80
作业员技术水平不足	50
原料品质欠佳	22
机器故障	18
作业流程不当	14
其他	16
合计	200

第二步，计算累计不良数（累计次数、累计损失额）、百分比及累计百分比，如表 15-11 所示。

表 15-11 帕累托分析表

项目	不良数	累计不良数	百分比（%）	累计百分比（%）
作业员经常不在	80	80	40	40
作业员技术水平不足	50	130	25	65
原料品质欠佳	22	152	11	76
机器故障	18	170	9	85
作业流程不当	14	184	7	92
其他	16	200	8	100

第三步，建立坐标系，以左纵轴表示不良数，右纵轴表示百分比，横轴表示不良项目，根据累计不良数绘制出柱形图，将累计不良数或百分率以直线连接。图 15-17 为 XLY 型产品的帕累托图。

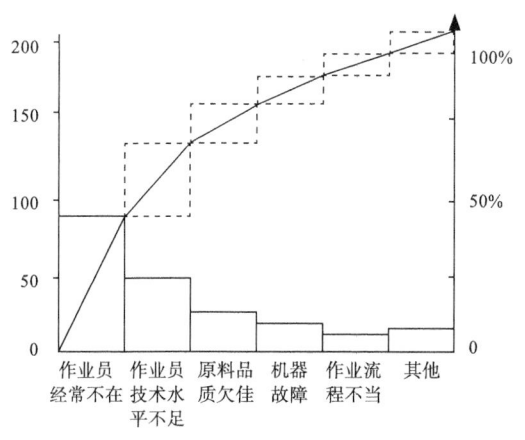

图 15-17 XLY 型产品的帕累托图

3. 分层法

【例 15-3】装配车间为了提高产品直通率，对 A、B、C、D 四种不同的产品分别加以统计，结果如表 15-12 所示。

表 15-12　产品不良记录

项目	产品 A	产品 B	产品 C	产品 D	合计
产量	1 000	600	500	800	2 900
性能不良数	12	8	9	7	36
外观不良数	9	5	10	6	30
总不良数	21	13	19	13	66
不良率	2.10%	2.17%	3.80%	1.63%	2.28%
直通率	97.90%	97.83%	96.20%	98.37%	97.72%

研究分析发现：产品 C 的直通率最低，而且主要是由外观方面不良品居多造成的。分层法经常与下述的统计分析表结合使用。统计分析表又称调查表、检查表，是利用统计表对数据进行整理和初步分析的一种工具，其格式多种多样，表 15-13 是其中之一。这种方法虽然较简单，但实用有效。

表 15-13　统计分析表

品名：	工厂：
工序：最终检验	班组：
不合格项目：缺陷、加工不良、形状不良等	检察员：
检查总数：2 530	批号：
备注：全数检查	合同号：

不合格项目	件数	合计
表面缺陷	正正正正正下	32
砂眼	正正正正下	23
加工不良	正正正正正正正下	48
形状不良	正	4
其他	正下	8
总计		115

上述七种统计质量管理工具通常都被整合在企业的管理系统之中。这七种质量管理工具的关注焦点各有不同：查核表用于收集数据，柏拉图法用于抓住重点，特性要因图用于调查原因，散布图用于观察变量间的相关性，直方图用于显示频数分布，分层法用于解析数据，控制图用于找出异常。通过运用这些管理工具可以帮助公司解决质量问题及实现工序的改进。

15.2.3　统计质量管理工具

无论是在服务活动还是在制造活动中，商业的持续稳定都是成功的关键，然而制造和服务流程的输出结果通常会出现一些波动，有多种因素会导致这种波动，其中有些因素是可以控制的。通过统计质量管理可以更好地控制波动。统计过程控制（statistical process control，SPC）是指应用统计技术对过程中的各个阶段进行监测和评估，及时发现和修正偏差，从而保证过程满足要求的均匀性和稳定性，即对一个过程的随机抽样进行测试，判断其是否在预设的范围内生产。统计过程控制可以通过控制图实现，控制图包括计量型数据控制图和计数型数据控制图。

1. 计量型数据控制图

计量型数据控制图包括以下内容。

（1）均值 – 极差图（$\bar{X}-R$），它是过程现场最常用的控制图，广泛运用于控制长度、重量、强度、纯度、时间等。

（2）均值 – 标准差图（$\bar{X}-S$），适用于过程数据自动采集和计算，其子组样本容量较大。

（3）中位数 – 极差图（$\tilde{X}-R$），适用于过程现场不便进行大量计算的情况，便于现场工人直接在控制表上找到中位数值。

（4）单值 – 移动极差图（$X-MR$），适用于过程数据测量成本很高，或测量是破坏性的情况，其输出的数据相对比较稳定。

2. 计数型数据控制图

计数型数据控制图包括以下内容。

（1）不合格品率 p 图，适用于过程的不合格率为一常数 p 且各产品的生产都是独立的情况。可用于测量在一批检验项目中不合格品（不符合标准或有缺陷）占样本的百分比，不管其不合格的特性是单值还是多值。

（2）不合格品数 np 图，适用于控制对象为不合格品数且样本大小相同的场合。可用于测量在一批检验项目中不合格品出现的实际数量，不区分其不合格的特性是单值还是多值。

（3）不合格数的 c 图，适用于控制一个样本容量不变时，在特定单位内所出现的相同检查项目的不合格点数。可用于测量在一个连续的产品流上检验样本的容量相等（如等长、等积、等量）的同一个检验项目的不合格点数。

（4）单位产品不合格数的 u 图，适用于控制一个特定单位内的样本大小发生变化时，了解平均单位所出现的相同检查项目的不合格点数。可用于测量子组样本容量不同时，子组内（单位产品）的不合格点数。

控制图的使用流程如图 15-18 所示。控制图的详细绘制步骤可参考 F. 罗伯特·雅各布斯与理查德·B. 蔡斯撰写的《运营管理》中相关章节的内容。合理使用控制图的好处包括：有助于过程在质量和成本上保持稳定；可预测该过程在未来阶段发展的趋势；为讨论过程的性能和特性提供共同语言；区分变差的特殊原因和普通原因，作为采取局部措施或对系统采取措施的指南。

15.3 大数据与质量管理

质量管理离不开数据，没有数据就无法知道产品是否合格，过程是否稳定，绩效是否达到计划的结果。在互联与共享经济的时代背景下，互联网、大数据、云计算等现代信息技术正在深刻地改变着人们的生活与生产方式。同时，大量信息的飞速产生和通信技术的快速发展，为应用大数据思维、大数据技术，发挥大数据资源在提高产品质量方面的价值，提供了客观条件。

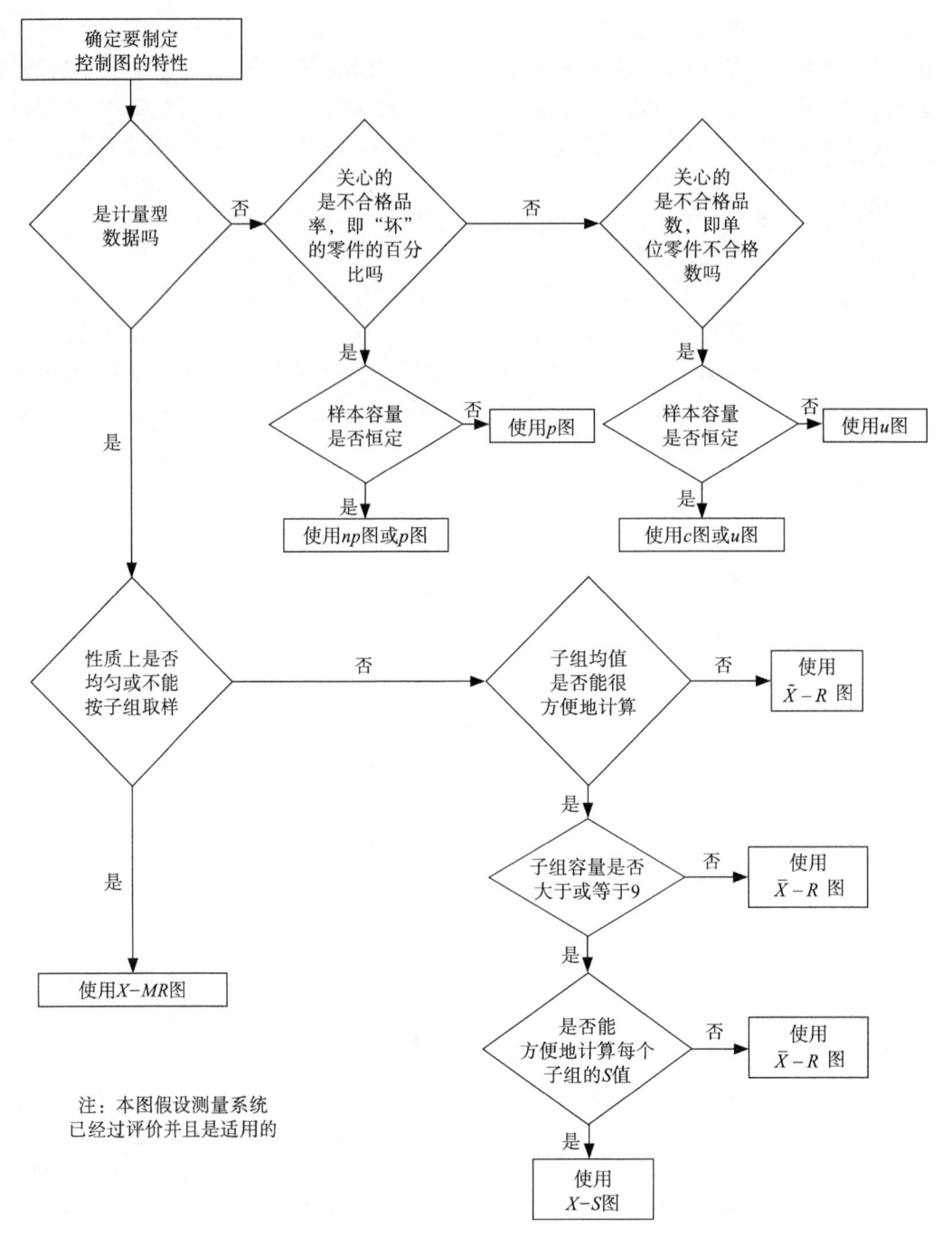

图 15-18 控制图的使用流程

15.3.1 大数据技术给质量管理带来的变化

大数据是具有规模性、高速性、多样性、价值稀疏性的新型数据集合。大数据技术可以收集足够多的产品信息,经过数据处理后,根据不同的目的建立相应的产品质量数据平台,对产品质量的控制过程进行真实且完善的监测,强化产品数据的相关分析和预测。大数据技术在质量管理领域的应用主要体现在以下几个方面。

(1)质量预测、预警和智能诊断。预测是基于模型进行的,是大数据的典型应用场景之一。通过大数据技术,可以对模型不断进行调整,以实现更为精准的预测。在质量管理领域,对于基于生产过程的大数据,如物料信息数据、设备状态数据、关键测试参数数据、制造方法和工艺监控数据等,通过分析其相关性和趋势性,能够预测产品质量的输出水平,并提前对可能产生的变异进行预警与纠正。除此之外,大数据的存在使数据可以被追溯,从而使生产过程变得可追溯,对于质量问题的定位和诊断将更加快速和智能。2020年3月2日,中国煤炭科工集团与山西综改示范区签约"全国智慧矿山创新基地(一期)示范生产线建设项目",计划建设智慧矿山电液控制系统及安全检测系统示范生产线,通过工业大数据制订生产计划,实时操控工程装备协同工作,同时,获取装备的工况数据,实现装备状态预测与维护。

(2)产品生命周期管理。产品生命周期是产品的市场寿命,即一种新产品从开始进入市场到被市场淘汰的整个过程。在大数据技术背景下,产品的生命周期除了体现在实物层面以外,数字层面也会用"数字孪生"来反映生命周期。数字孪生是指充分利用物理模型、传感器更新、运行历史等数据,集成多学科、多物理量、多尺度、多概率的仿真过程,在虚拟空间中完成映射,从而反映相对应的实体装备的全生命周期过程。数字孪生最早由美国国防部提出,用于航空航天飞行器的维护与保障。大数据是数字孪生技术的基础,数字孪生技术重点关注依据数据解决具体问题的算法和模型。通过数字孪生的大数据分析,能够有效监控、追溯产品的生命周期全过程,对产品制造、售后服务质量,甚至客户需求习惯监测、备品备件等增值服务的推进都起到巨大的数据支撑决策作用。数字孪生建设的最终目标是模拟真实物理世界的运行,从而服务于真实物理系统的优化与决策。

(3)提升服务质量管理的水平。如今,企业不能只依赖产品来开拓市场,还应关注高质高效的客户服务。同时,随着电子商务的发展,顾客在完成购买行为后可以进行评论,交流其购物体验,这为服务质量管理提供了可用的数据。客户服务不仅要关注售前、售中、售后等过程,还要关注客户评论信息,而客户评论信息及其价值分析离不开数据挖掘与数据分析。通过应用大数据技术挖掘市场和客户数据,企业可以加强服务过程的数据监控和收集,细化服务过程的标准化程度及控制措施,更全面地了解服务过程中每个环节存在的优缺点,从而促进其服务质量的持续改善,最终提升企业销售水平和增加企业收入。

(4)大数据给企业管理带来了数据驱动的管理与决策模式。在质量管理的过程中,从传统的小样本抽样数据到通过大数据展示规律和趋势,大数据技术为产品质量过程控制、产品质量评定甚至产品质量改进等领域,提供了一种更加科学、严谨的数据分析手段。通过对产品质量的相关信息数据进行深入挖掘,可以帮助企业质量管理人员发现隐匿在数据背后的一些规律性、趋势性关系,从而对指导产品质量管理工作提供更加科学的建议。数据驱动的思维模式有助于促进企业管理效率的提升。

与传统质量管理模式相比,大数据技术在提高质量监督效率、优化质量管理效率、提升风险预警效率、促进服务质量提升等方面有着相当大的优势。通过大数据技术,质量管理人员可以运用信息化手段得到更为精确的质量信息,从而将这些信息转化为正确的质量决策。

15.3.2 数据驱动的质量管理的发展趋势

大数据技术的落地离不开大数据平台的支撑。当今云技术飞速发展，云计算平台的分布式文件系统、分布式运算模式和分布式数据库管理技术为解决大数据问题提供了新的思路和平台。云技术数据还可以实现同传、共享，提高全社会的资源优化配置，因此，企业应推进大数据技术的平台建设，从而深化大数据技术的应用。

在质量预测诊断方面，当前质量管理主要应用于质量自动检测、提高工艺认识等。未来基于质量大数据的质量管理体系将朝着智能化、精确的质量控制方向发展。在风险预防方面，大数据技术可用于制造业的数字化转型过程中，可以对不确定因素进行实时监控，应用质量数据，通过对比分析、仿真分析等技术，分析产品研制生产过程中的质量状况，发掘风险源，消除潜在隐患，尽可能地协助企业的生产运行规避风险，将实时检测数据反馈给智能工厂，提升研制过程中的产品质量。在服务质量方面，现阶段质量评价主要是运用用户满意度和基于标准规范测评的方法，它们是基于主观角度来发现和解决质量问题的质量管理工具，不能全面反映包括服务组织的提供过程和提供能力在内的客观的产品质量水平。未来，可以在大数据收集技术的支撑下，将原本仅通过主观评价的方法拓展到主客观评价相结合的方法，应用大数据的手段可以更好地解决统计调查中存在的精度和系统性误差问题，真实客观地反映产品质量水平。此外，随着大数据的发展和应用，保证大数据的自身数据质量也具有重要的现实意义。

本章小结

首先，本章介绍了质量及质量管理的含义等相关概念，阐述了质量管理的发展阶段，包括传统质量检验阶段、统计质量控制阶段、全面质量管理阶段。其次，详细介绍了全面质量管理的定义、思想和特点，实施全面质量管理的PDCA循环，以及成功实施全面质量管理需要避免的误区。然后，介绍了统计质量管理的含义，以及实施统计质量管理的工具——QC七大手法的具体内容和图表绘制方法，简要介绍了计量值控制图和计数值控制图的内容及其应用场景。最后，介绍了大数据给质量管理带来的机会和挑战。

思考题

1. 质量管理的发展包括哪几个阶段？分别有哪些特点？
2. 什么是全面质量管理？它有哪些特点？PDCA循环的含义是什么？实施PDCA循环的步骤有哪些？
3. 统计质量管理七大手法包括什么内容？每种手法的主要用途分别是什么？

案例

国机集团数据驱动的质量管理

中国机械工业集团有限公司（简称国机集团）成立于1997年1月，是一家多元化、国际化的综合性装备工业集团，致力于提供全球化优质服务。面对世界制造业格局大发展、大变革、大调整的历史性机遇,国机集团通过新一代信息技术与机械工业的深度融合,提高工业数据利用效能,推进供给侧结构性改革,赋予机械工业新动能,实现企业高质量发展,助力科技服务创新。

1. 数字孪生技术的应用

数字孪生技术和工业互联网不断融合,推动了制造业的数字化转型发展。过去传统的研制方式是根据蓝图来造产品,维护维修也是依据纸制的技术手册,由人利用零件来完成。现在数字化的研制方式则是用现代设计方法,用大量软件进行设计仿真。例如,如果把整个研制过程细化,30t的飞机研制的数字化孪生就有几百万个对应关系。一个复杂产品对应的数字化孪生成千上万,不但有上下关联关系,还有前后关联关系。越复杂的产品,关联关系也越复杂。国机集团探索车辆制造过程的"数字孪生"技术,构建了和真实生产线相互映射的数字仿真系统,满足了设计与工艺、工艺与物流等方面的协同需要,大幅度提高了设备利用率、产品质量,降低了仓储、物流成本。

数字孪生有助于产品研制、工艺、生产制造、交付、运行维护和回收过程等全生命周期的能力提升。数字孪生最大的价值是使制造业走上零成本试错之路。大量的工艺、产品开发都是不断试错、不断调试的过程,数字孪生给整个制造体系提供了一种新的方法论,从而降低创新的成本,提高创新的效率,提升产品的设计质量和制造质量。

2. 提高工业数据在质量管理中的利用效能

(1)重大装备润滑安全数字化运维平台。装备制造是国机集团重点发展的主体业务之一。结合基础试验与工业现场大数据资源丰富、含金量高的特点,国机集团建立了数据的高效利用渠道,以实现重大装备安全、环保、智能、高效的润滑目标。国机集团针对重大装备安全监测预警需求,构建了润滑安全数字化运维平台。该平台与专用数字化系统对接,已实现8 000余家企业接入,链接60万个样品数据及其诊断、评估结论与决策建议。通过企业门户接入,满足润滑咨询、对外服务、离线与在线数据查询展示和报告查询等需求,实现智能化润滑安全大数据分析、故障隐患辨识和风险评估与预警。

该平台实现了"云平台+数据资源+评价预警+工业应用"的智能运维模式,已应用于国家重大电力装备和军用装备的故障隐患辨识、风险评估与预警,取得了良好效果,经济价值显著。

(2)石化装置关键承压设备与转动机械数字化运维平台。

除此之外,国机集团基于数十年来积累的检维修相关数据库,构建了石化装置关键承压设备与转动机械数字化运维平台。初步实现了危险源自动识别、风险实时评价、安全状况实时诊断等功能,正在石化、煤化工企业多套装置上进行示范应用。

资料来源:
[1] http://www.rmlt.com.cn/2021/0118/605446.shtml。
[2] http://www.sasac.gov.cn/n2588030/n2588934/c17505367/content.html。

讨论题:

国机集团是如何通过大数据技术进行质量管理的?你从国机集团利用大数据进行质量管理的案例中获得了什么启示?

参考文献

[1] 史蒂文森,张群,张杰,等. 运营管理:第12版[M]. 北京:机械工业出版社,2015.
[2] 雅各布斯,蔡斯. 运营管理:第15版[M]. 苏强,霍佳震,邱灿华,译. 北京:机械工业出版社,2020.

[3] 卡桑，特维施，任建标. 运营管理：供需匹配的视角：第 2 版 [M]. 北京：中国人民大学出版社，2013.

[4] 陈荣秋，马士华. 生产运作管理 [M]. 5 版. 北京：机械工业出版社，2017.

[5] 李永飞. 供应链质量管理前沿和体系研究 [M]. 北京：机械工业出版社，2016.

[6] 马杰. 质量管理研究综述：基于框架、历程、借鉴的视角 [J]. 江苏商论，2020，12：114-131.

[7] WALSHEK，HARVEYG，JASP. Connecting knowledge and performance in public services：from knowing to doing[M]. Cambridge：Cambridge University Press，2010.

[8] 刘海佩，刘维忠. 企业全面质量管理思考 [J]. 合作经济与科技，2021，2：94-95.

[9] 苏秦，张涑贤. 质量管理 [M]. 2 版. 北京：中国人民大学出版社，2019.

[10] 曾欣. 基于 ISO 9000 标准的质量管理体系有效性评价综述 [J]. 化学工程与装备，2017（4）：172-175.

[11] 刘卫卫. 大数据在质量管理中的应用 [J]. 上海质量，2021，1：55-57.

[12] 陈刚. 大数据时代的质量管理 [J]. 管理创新，2016，12：17-19.

[13] 缪娟，徐磊，楼超群，等. 大数据应用提升质量管理 [J]. 中国检验检测，2020，28（3）：45-48.

[14] 胡本立. 数据驱动与以人为本的统一：关于质量管理上的几点思考 [J]. 上海质量，2015，1：21.

[15] 谢克强，聂国健，胡宁. 质量大数据驱动的智能制造 [J]. 中国工业和信息化，2021，9：44-49.

[16] JURAN J M.Critical evaluations in business and management [M]. London：Psychology Press，2005.

第 16 章
CHAPTER 16

库存管理

核心要点

- 库存管理的基础知识
- 单周期和多周期的库存订购决策
- 风险共担思想下的库存管理

16.1 库存管理概述

16.1.1 库存

1. 库存的概念

库存（inventory）是指为了满足未来需要而暂时闲置的有价值的资源，通常可分为三类：原料库存（raw material）、在制品库存（work-in-process）和制成品库存（finished goods）。1996 年，詹姆斯·沃麦克和丹尼尔·琼斯在《精益思想》一书中提出：库存是万恶之源。一方面，库存带来卖不出去的风险，提前生产出来的库存不是顾客所需要的产品，是典型的浪费；另一方面，库存占据了资金的时间成本。

库存的存在主要是由供需双方在时间、空间和数量上的不确定性或矛盾所引起的。库存管理的目标不是增加库存，而是在保证满足顾客服务水平的基础上降低库存水平，即节约成本、改善服务。以丰田为代表的精益生产以改善库存为直接出发点，通过精益的思想和方法逐步减少及改善库存水平、消除各种浪费，从而为企业创造更多利润。在复杂的供应链中，管理库存是相当困难的，且可能对顾客服务水平及供应链整体系统成本有显著的影响。

经济订货批量模型（economic lot size model）是最基础的库存管理模型。由福特·哈里斯（Ford Harris）于1913年提出，该模型主要应用于产品需求是恒定不变的、补货是瞬时完成的这一情况。每次订货都会产生一定的固定成本，即准备成本，而持有的库存则会产生一定的库存费用，该模型的目标则是确定最优的订货批量来降低无限周期内的平均成本。经济订货批量模型的最优策略平衡了单位时间库存持有成本和单位时间准备成本。增加订货批量会增加单位时间库存持有成本，同时会减少单位时间准备成本。此外，总库存成本对于订货批量并不敏感，即改变订货批量对长时期内准备成本和库存持有成本的影响不大。经济订货批量模型解决的是无限周期、确定性需求情况下的库存管理问题，但企业通常面临需求不确定的情况，本章16.2节将对不确定性需求情况下的库存管理问题进行详细介绍。

2. 库存的重要性

库存是维持正常生产、保持连续运营、应付意外需求所必需的。

（1）采购。企业可以获得经济订货规模效益。通常供应商为了刺激需求，对于达到一定订货量的采购方会提供一定的价格折扣，订货量越大，折扣幅度越大，这种情况在大宗原料的供销中最为常见。此外，企业还可以通过批量采购来分摊订货费用。

（2）生产。首先，提高生产的均衡性。经历季节性需求模式的企业总是在淡季积累库存，来满足特定季节的过高需求。其次，保证生产的连续性。供应数量和质量、供应商的成本和配送时间等因素往往存在不确定性。企业需要持有库存以保障面临供应不确定性时的生产连续性。最后，获得生产规模效益。通过规模经济降低生产成本是企业采取推式生产的重要原因，尽管库存成本有所上升，但节约了生产成本。

（3）运输。首先，从运输提前期方面考虑，即使供应与需求皆无不确定性，但由于运输提前期的关系，仍有必要持有库存。其次，从运输规模效益方面考虑，货运量越大，单位运输成本就越低。运输公司提供的规模经济，鼓励企业运输大量货品，因此也持有大量的库存。

（4）销售。首先，满足顾客需求的非预期变动。产品生命周期越来越短，使企业难以通过历史数据对需求进行准确预测；产品种类越来越多，使企业对某一特定型号产品的需求预测变得更加困难。为应对不能准确预测的需求，企业要持有安全库存以抵消变动。其次，缩短提前期，即订单发出与物资到达之间的时间间隔。当制造商维持一定量的成品库存时，顾客就可以很快地采购到他们所需的物品，从而缩短了响应顾客订单的时间，使供应商更容易争取到顾客。

在正确的时间、正确的地点持有正确数量的库存是非常困难的，而对库存的无效控制会导致库存不足或过剩。库存不足将错过交货时间、失去销售额、使顾客产生不满、致使生产中断等；而库存过剩则会占用过多资金，影响在其他方面的投资。不同形式的库存需要不同的库存管理机制，要通过企业不同环节乃至供应链不同层次之间的相互影响来确定有效的生产、配送和库存管理策略，从而降低系统成本，改善服务水平。有效的库存管理机制所带来的好处也将是巨大的。

比如，沃尔玛和凯马特采用两种运营策略：凯马特在特定的时间段采取促销策略，引导消费者在促销时大量购物，平时则控制流量；沃尔玛则采用每日低价策略赚取薄利，消费者可日常采购而不用等促销活动。两种策略导致不同的库存管理结果：凯马特的库存往往处于很高水平，占用了大量资源；沃尔玛利用有效的库存管理，使商品快进快出，逐步建立自身优势，成为零售业的奇迹。

拉夏贝尔是曾被过多库存影响的典型。2017年9月，拉夏贝尔拥有各类网点9 066个，其营收达到104.46亿元，成为国内营收最高的女装上市企业。但时至2019年6月，拉夏贝尔库存的账面价值高达21.6亿元，而其净利润已经降至半年亏损5.65亿元。其网点的数量降至6 799个，在半年内锐减2400多个，缩水约27%，平均每天就有13家店铺关闭。拉夏贝尔亏损的重要原因之一，正是其库存居高不下，占据了企业的庞大资源。㊀

丰田通过有效管理库存取得了竞争优势。丰田开创了精益生产管理模式，对应零库存的库存管理理念，以实现在生产过程中基本没有积压的原材料或半成品，有效降低生产过程中库存和资金的积压。丰田集团2020年营收27.214 5万亿日元（约折合人民币1.61万亿元），盈利2.197 7万亿日元（约折合人民币1 299亿元），而大众集团2020年营收2 228.84亿欧元（约折合人民币1.77万亿元），盈利88.24亿欧元（约折合人民币701.51亿元）。虽然丰田的营收低于大众，但利润却是大众的近两倍，其关键点在于大众年存货周转率只有4.4，而丰田为9.1，这正是得益于有效的库存管理。㊁

16.1.2 有效库存管理

库存管理基于两点考虑：一个是顾客服务水平，即在正确的地点、正确的时间，有足够数量的合适商品；另一个是订货成本与库存持有成本。库存管理的目标是降低成本，改善服务，即在库存成本的合理范围内达到满意的顾客服务水平。为实现该目标，管理者要确定库存水平、库存补充时机与订货量。可靠地预测需求数量与时机非常关键，此外，库存持有成本和订货成本之间的权衡也是要考虑的问题。需求预测和订购决策是库存管理最关键的两个问题。

评价库存管理有效性的绩效测量指标包括两个方面。其一：顾客服务水平，经常使用的指标是顾客满意度，可用订货不足数量或顾客抱怨数量来测量。其二：库存水平，对库存管理而言，经常需要考虑的是库存周转率，即商品年销售额与平均库存水平之比，这意味着库存周转率的增加可能代表平均库存水平的下降。同时库存水平需要综合考虑更多的因素，如所处行业的竞争状态和产品的特征，一般来说，行业平均交货期水平决定了企业需要调整库存水平以满足其达到行业竞争导致的平均交货期水平的要求，对于高价值的产品，企业需要考虑通过集并库存的管理方式来降低整体的库存水平。

1. 有效库存管理的必要条件

为了有效管理库存，除可靠的需求预测和订购决策外，还要具备下列条件：建立系统来记录和跟踪库存细项；对库存持有成本、订货成本与缺货损失成本的合理估计；建立库存细项的分类系统。

（1）库存记录系统。

企业需要库存记录系统来明确各种物品的库存数量，以便决定何时发出订货和订货批量。

㊀ 资料来源：https://www.chinairn.com/hyzx/20200122/151938975.shtml。
㊁ 资料来源：
　[1] http://www.toyota.com.cn/upload/news/2021/download/0512.pdf。
　[2] https://www.cqn.com.cn/auto/content/2021-03/02/content_8669798.htm。

库存记录系统可以是周期性系统，也可以是连续性系统。

周期性库存记录系统（periodic review model）按一定时间间隔对货架上和仓库里的物品进行盘点，随后根据对每种物品的需求情况和盘点数量决定每种物品的订货数量。周期性库存记录系统的优点是一次性对所有物品进行处理、发出订货，节省了订货费。其缺点是不能随时了解物品库存变化的情况；为了防止缺货，往往需要过量的库存；此外，每次订货都要按照每种物品的盘点数量决定它们的订货批量，工作量较大。

连续性库存记录系统（continuous review model）可以随时提供当下的库存情况，凡是到达订货点的物品都要发出订货，根据预先确定的经济订货批量决定每次的订货量，使计算简化。连续性库存记录系统的缺点是随时要清点每种物品，工作量较大。同时，随时清点也避免不了定期盘点，因为在物品存放过程中不可避免地会发生丢失和损耗。

（2）库存成本权衡。

库存成本主要包含订货成本、库存持有成本和缺货损失成本。通常订货成本包含两个组成元素：产品成本及运输成本。库存持有成本包含：仓储设施及管理费用；税及库存保险；维修成本；过时成本，即由于商品可能因市场改变而失去部分价值；机会成本，即投资库存以外的其他标的物，可能获得的投资报酬。高持有成本使企业倾向于保持低库存水平和频繁供给。缺货损失成本是因需求量大于持有的库存量，失去了销售机会或导致供应中断而造成的损失。只有明确了这些成本，才能更好地进行库存控制优化。对库存进行有效管理时，需要考虑库存成本之外的更多的成本因素，如物流成本、服务水平等，在供应链全局最优的条件下实现库存成本与其他因素的权衡。

（3）ABC分类管理（activity based classification）。

1879年，意大利经济学家维尔弗雷多·帕累托在研究个人收入的分布状态时，发现少数人的收入占全部人收入的大部分，而多数人的收入却只占一小部分，由此提炼出帕累托分析法。其核心思想是：在决定一个事物的众多因素中分清主次，识别出少数的但对事物起决定作用的关键因素和多数的但对事物影响较小的次要因素。1951年，H.F.戴克（H.F.Dickie）将其应用于库存管理，命名为ABC分类法。戴克根据库存的销售数量、现金流量、提前期和缺货损失成本将其分为三类：A类库存为重要的产品，B类库存为次重要的产品，C类库存为不重要的产品，并对这三类库存品采用不同的管理方法。

A类产品包括所有高回报产品，这类产品的库存种类可能只占全部库存总品种数的20%左右，但其销售额大约要占总销售额的80%，因此这类产品是库存管理的重点，应当对其使用高频率定期检查策略，尽量避免缺货或较高的库存水平。B类产品占总销售额的15%，对B类产品也可使用定期检查策略，但其检查频率要低于A类产品，以节省仓储和管理成本。而C类产品代表低回报产品，只占总销售额的5%左右，对这类量大价低的产品，一般采用较为简单的方法进行管理，由于它们的库存成本相对较低，所以可以适当增大单次订货数量，降低年度的订货频次。

2. 影响库存策略的主要因素

为了制定有效的库存策略，要考虑供应链的许多特性。①顾客需求。可能预先得知或具有随机性，在随机情况下，可用预测工具估计平均顾客需求，以及顾客需求的变异性。②订货提前期。提前期越长，潜在的变化越大，为降低物资到达之前发生缺货的风险而需要的额外库存就越多。③产品存储数目，即仓库中不同产品储存的数目。这些产品在预算或空间上相互竞争，因此它们的库存策略相互影响。④计划期的长度。⑤成本。高持有成本使企业倾向于保持低库存水平和频繁供给。⑥服务水平要求。在顾客需求不确定的情况下，通常不可能每次都满足顾客的订购要求，需具体指定一个可接受的服务水平。

3. 最佳实践

根据一项对库存经理的调查报告，有效降低库存的最佳实践策略包括：第一，实施周期库存检查策略，这使确定滞销和过时产品成为可能，从而有利于管理层持续降低库存水平；第二，使用率、提前期和安全存量的严格管理，这使公司可以确保库存保持在合适的水平；第三，降低安全库存水平；第四，实施周期盘点作业，系统每天对部分库存进行盘点，每种产品在一年中都将被盘点数次，以取代每年的库存实物盘点；第五，运用 ABC 分类法；第六，转移更多的库存或库存所有权给供货商；第七，运用定量方法，主要关注库存持有成本和订货成本之间的权衡。

16.2 需求预测与订购决策

16.2.1 需求预测

由于库存是用于满足需求的，因此可靠地预测需求数量与时机非常关键。预测是库存管理工具箱中一个关键的工具。预测工具和方法可归纳为以下四大类：判断法（judgment method）、市场研究法（market research method）、时间序列法（time-series method）、因果关系法（causal method）。

1. 判断法

判断法是以系统性的方法综合不同专家的意见：一组专家可以组合起来以获取共识，典型的例子如德尔菲法，由美国兰德公司（Rand corporation）在 1948 年提出，是在专家会议的基础上发展起来的一种预测方法。该方法可在不聚集专家到同一个地方的情况下，得到专家的一致意见。具体做法为：对专家组的每个成员进行意见调查，汇总并整理调查结果，每个成员在看到整理的调查结果后调整自己的意见。这个过程将反复进行数次直至最后达到一致。此技术的设计是为避免决策过程中的风险和个人偏好。

2. 市场研究法

市场研究法涉及顾客行为的定性研究，主要包括市场测试（market testing）和市场调查（market survey），该法可以有效地建立预测，尤其是对新产品而言。在市场测试法中，潜在顾客的焦点群体被集合起来试用新产品，其反应情况可以用来推断整个市场对产品的需求；市场调查法从不同潜在顾客中收集这些资料，主要通过当面访谈、电话抽访、问卷调查等方式。

3. 时间序列法

时间序列法以时间为独立变量，利用过去的需求随时间变化的关系来估计未来的需求，即利用过去相关数据来预测未来数据。以下为几种常被使用的方法。第一，移动平均（moving average）法：每个预测值是在此之前一定数量实际需求的平均值，运用该方法的关键是选择多少个需求点进行处理，从而最小化不规则效应。第二，指数平滑（exponential smoothing）法：每个预测值是前一个预测值和前一个实际需求的加权平均，越是近期的数据权重越大。通过对多期观测数据取平均值的方法，可以有效地消除或减少随机成分的影响，使预测结果较好地反映平均需求水平。第三，趋势性数据的预测（methods for data with trends）法：如果数据具有趋势性，通常采用回归分析方法或霍氏方法。其中回归分析方法是将数据点拟合成一条直线，霍氏方法则结合了指数平滑与跟踪线性趋势的能力。第四，季节性数据的预测（methods for data with seasonality）法：典型的方法有季节分解方法和温特方法。其中季节分解方法是指从数据中除去季节性模式的部分，并对这些处理过的数据应用上面列出的预测方法；温特方法是在指数平滑中考虑趋势和季节性因素的方法。

4. 因果关系法

因果关系法利用变量之间的相关关系，通过一种变量的变化来预测另一种变量的未来变化。该法所基于的不是历史数据值，而是根据其他非预测资料产生预测值，也就是说预测值是其他非预测数据的函数。例如，下一季销售情况的因果预测值可能是这一季通货膨胀率、国民生产总值、失业率、气候等销售情况以外信息的函数。

可从以下几个方面考虑，选择恰当的预测技术。首先，预测目标。如果预测销售总额可以用简单的技术，更详细的销售情况则需要更复杂的技术。其次，系统动态性。如果对某类经济数据敏感，则可以采用因果关系法；此外，还可以考虑需求是否包含季节性因素、数据是否有上升或下降趋势等。然后，过去对将来的影响。如果过去对将来影响大，则可以采用时间序列法；如果系统具有突变，则选择判断法或市场研究法更合理。最后，产品的生命周期。在测试与导入阶段，适合采用判断法和市场研究法等方法；在成长阶段可以采用时间序列法；在成熟阶段，时间序列法和因果关系法都较为适用。此外，复合预测的结果质量通常大大超过单一估计、预测技术和专家分析，即通过结合使用不同技术，预测的质量通常会得到改善。

16.2.2 订购决策

1. 单周期模型（single period model）

公司决策时往往将世界看成是可以预测的，基于预测结果进行生产和库存决策，但预测总是不准确的，且技术变革等因素提高了需求的不确定性，如产品生命周期变短，产品品种可选择范围扩大等。单周期模型又称报童问题（newsvendor problem），解决的是单周期、随机需求情况下的订货问题。

报童问题最初描述的是一个报童面临第二天不确定的报纸需求，如何决定最优的报纸订货量，其目标是使期望利润最大化。一方面，如果他预订了过多的报纸，那么虽然满足了所有的需求，但剩余的报纸到了后天就会无人问津，浪费了订购报纸所花费的成本；另一方面，如果报童预订了过少的报纸，那么可能使一部分的需求无法满足，损失了潜在的利润。因此，他需要在满足顾客需求和降低残值之间取得平衡,从而最大化其期望利润。

学者们从中提炼出在不确定性条件下的单周期库存管理模型:对于生命周期短的产品,公司只有一次订货机会,在需求产生之前公司须决定库存量,以便能满足需求。如果需求大于订购的产品数量,就会因缺货而丧失部分潜在利润。如果需求小于订购的数量,那么周期末会有剩余的库存,要承担低价卖出过时商品的风险。依据历史数据,公司可以预测各种情景发生的概率及各种情景下的需求量大小,采用特定的库存策略,估计与每种需求情况相关的利润。给定一个订货批量,公司可以对每种情况下的利润根据其可能发生的概率加权,从而计算出特定订货量下的期望利润。公司一般采用平均利润最大化的订货量。

考虑一个生产与销售泳装的公司,为了开始生产,制造商需要先投资 10 万美元,即固定生产成本。单件泳装的可变生产成本为 80 美元,在夏季每件泳装的售价为 125 美元。没有在夏季售出的泳装将在折扣店以 20 美元一件的价格出售。基于可能的天气状况和竞争者行为,公司对销售季估计了几种可能的销售情况,并为每种情况设定了概率。例如,需求为 8 000 件的情况发生概率为 12%,图 16-1 显示了不同销量的概率。这些预测的概率加权平均需求为 13 000 件,但是实际需求可能不等于平均需求。

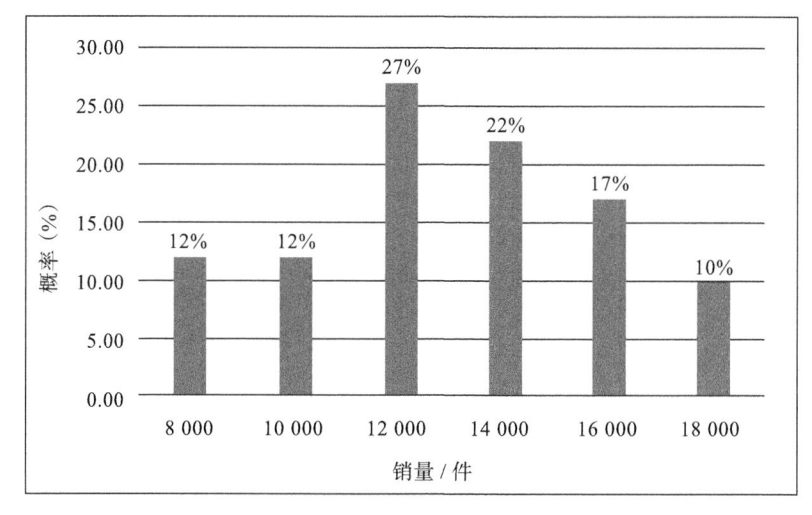

图 16-1 不同销量的概率预测

为了确定最优生产量,公司需要了解生产数量、顾客需求和利润之间的关系。假定制造商生产 10 000 件,而实际需求是 12 000 件,利润等于夏季的销售收入减去可变生产成本和固定生产成本,即

利润 $=125 \times 10\,000 - 80 \times 10\,000 - 100\,000 = 350\,000$(美元)

如果公司生产 10 000 件泳装而需求仅有 8 000 件,利润等于夏季销售收入加上残值减去可变生产成本和固定生产成本,即

利润 $=125 \times 8\,000 + 20 \times 2\,000 - 80 \times 10\,000 - 100\,000 = 140\,000$(美元)

根据概率预测图,计算出每种给定情况下生产 10 000 件泳装的利润,从而可以确定生产 10 000 件的期望利润,即所有情况下的利润分别乘以各种情况对应的概率,然后相加而成。

图 16-2 绘出了作为产量函数的平均利润。期望利润最大的产量大约为 12 000 件。有意思的是,期望利润最大时的订货量不一定等于平均需求。例如在该案例中,期望利润最大时

的订货量是 12 000 件，而平均需求是 13 000 件。

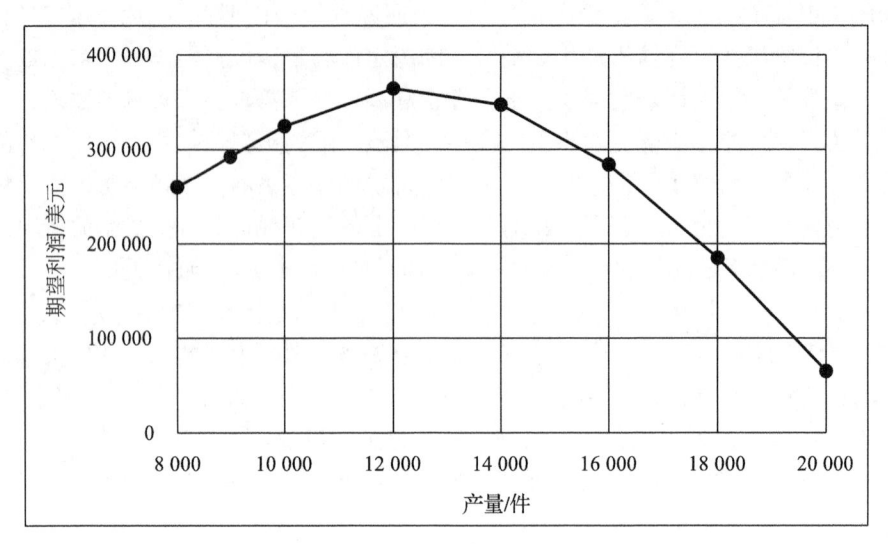

图 16-2　作为产量函数的平均利润

那么最优生产量（或订货批量）与平均需求之间存在什么关系？假设再多生产一件泳装，且这件泳装是在夏季卖出的，则边际利润为每件售价与生产泳装的单位可变成本之差。如果该泳装在夏季未能售出，则边际成本为可变生产成本与残值之差。因此，如果在夏季未能销售这件多生产泳装的成本大于在夏季销售这件泳装所获得的利润，则最优产量一般小于平均需求。如果情况相反，最优产量通常大于平均需求。

计算可得，生产 8 750 件的期望利润为 284 300 美元，生产 16 000 件的期望利润为 284 000 美元，两种产量的期望利润近乎相同。如果出于某种原因，制造商要在 8 750 件和 16 000 件之间选择，该选择哪个？为了回答这个问题，需要更好地理解决策规则，以及风险与报酬的规律。

表 16-1 提供了 8 750 件和 16 000 件两种给定产量的潜在利润。当产量为 16 000 件时，利润的分布并不是对称的：损失 220 000 美元的概率为 12%，获得至少 410 000 美元利润的概率为 49%。当产量为 8 750 件时只有两种可能的情况：利润为 215 000 美元时的概率是 12%，利润为 293 750 美元时的概率是 88%。因此，虽然生产 16 000 件和 8 750 件具有近似的平均利润，但在增加产量后可能发生的风险和可能获得的回报都会增加。

表 16-1　不同产量的利润与概率

产量 / 件	利润 / 美元	概率
8 750	215 000	12%
	293 750	88%
16 000	−220 000	12%
	−10 000	12%
	200 000	27%
	410 000	22%
	620 000	17%
	620 000	10%

通过上述案例分析，得出管理启示如下。首先，最优产量不一定等于预测或平均需求。事实上，最优产量是根据多出售一单位的边际利润及边际成本间的关系决定的。其次，当产量增加时，平均利润也会增加，直到产量达到某一个数值，在此数值之后，平均利润开始减少。最后，当增加产量时，风险即产生大额损失的可能性通常也会增加，同时产生大额利润的可能性也会增加，这就是风险与报酬间的互抵效果。

现实情况中，为了不承担库存超过销售量的风险，制造商希望零售商尽可能多订货，而零售商基于风险考虑会控制订单数量，缺货概率会随之增加。如果制造商愿意并能够同零售商分担风险，则对于零售商来说，订购更多产品可能会带来更高利润，即允许风险共担的各种供应合同可以降低缺货概率并增加制造商和零售商双方的利润。以下这些合同可以将零售商的部分风险转移给供应商，从而促成双方利润的提升。

（1）回购合同。供应商同意以高于残值的协议价买回采购方卖不出去的商品。回购合同给予采购方订购更多产品的动机，因为回购合同降低了卖不掉产品的风险。同时，供应商的风险明显增加。因此，回购合同的设计要使采购方订货量的增加，以及由此产生的缺货概率的降低，足以补偿供应商增加的风险。

（2）收益共享合同。采购方将自己的一部分收入与供应商分享，作为获得批发价折扣的回报。在无合同协调时，批发价过高是采购方只订购有限数量产品的一个重要原因。如果采购方可以说服供应商，使其降低批发价，则采购方将会有增加订购量的动机。当然，如果不能售出更多数量的产品，降低批发价将会造成供应商利润的降低。而收益共享合同可以帮助买卖双方确定一个合适的批发价。

（3）数量柔性合同。供应商对未超过某一数量的退回（未售出）产品，提供全额退款。和回购合同不同的是，数量柔性合同提供某一数量内的退货的全额退款，而回购合同则提供所有退货的部分退款。

（4）销售回扣合同。采购方在销售超过一定数量后，每多销售一件将获得供应商提供的一定的佣金，这样的方法可以直接激励采购方增加销售。

（5）数量折扣合同。这是企业对大量购买产品的客户给予的一种减价优惠。一般购买量越多，折扣也越大，以鼓励客户增加购买量，或集中向一家企业购买，或提前购买。

表 16-2 对这些合同的特性进行了总结。

表 16-2 供应合同的特性

合同	特性
回购合同	返还所有未售出产品的部分销售款
收益共享合同	对由价格折扣所获得的回报，由采购方与供应商分享
数量柔性合同	返还部分未售出产品的全部销售款
销售回扣合同	达到销售目标后给予激励
数量折扣合同	按照订购数量给予不同的价格折扣

在实际应用中，回购合同存在一定的局限性。它要求供应商拥有有效的逆向物流系统，这样实际上会增加物流成本。此外，因为零售商对于没有回购合同的产品会承担很大风险，所以在销售竞争性的产品时，零售商会倾向于采取一些激励措施去推动没有回购合同的产品的销售。因此，虽然回购合同在直觉上是吸引人的，但过去只应用于图书和杂志行业，这是因为在图书和杂志行业中，零售商不具备使需求在不同产品中转移的影响力。

同样，收益共享合同也具有很大的局限性。它要求供应商监测采购方的收入，从而增加了管理费用。此外，因为部分收入将转移给供应商，因而收益共享合同通常会降低采购方的边际利润。而由于采购方对具有较高边际收益的竞争性产品会投入更大努力以实现销售的目标，因此如果在同时存在有收益共享合同产品与没有收益共享合同的竞争性产品的情景下，采购方对没有签订过收益共享合同的其他竞争性产品会投入更大的努力去销售。

考虑零售商向制造商订购泳装的案例。零售商使用过去5年的历史数据，结合当前的经济状况和其他因素建立泳装需求的概率预测模型，也如图16-1所示。在夏季，客户购买每件泳装的零售价为125美元。零售商向制造商支付的批发价是每件80美元。夏季销售不掉的泳装，以每件20美元的价格出售给折扣店。制造商的固定生产成本为100 000美元，可变生产成本为每件35美元。

无合同协调下，为了最大化自身利润，零售商确定最优订购量为12 000件。此时，零售商获得464 000美元的期望利润，制造商获得440 000美元的期望利润。

若存在回购合同，制造商同意以45美元的价格从零售商处购买销售不掉的泳装。此时，零售商的边际利润为45美元（125-80），边际损失为35美元（80-45），零售商愿意增加订货量到14 000件，并获得490 800美元的平均利润，而制造商的平均利润增加到486 500美元。因此，双方的总平均利润从无合同协调下的904 000美元增加到采用回购合同的977 300美元。

若存在收益共享合同，制造商同意将批发价由80美元降至60美元，同时零售商将产品销售收入的15%退还给制造商。此时，零售商将会增加订货量到14 000件，并获得492 205美元的利润，尽管批发价降低，但增加的订货量同时使制造商的利润增至485 095美元。双方的总平均利润从无合同协调下的904 000美元增加到采用收益共享合同的977 300美元。

若存在一个无偏见的决策制定者来确定整个供应链的最优策略，决策者只需要关注外部的成本和收入即可，相关数据包括泳装售价125美元，残值20美元，可变生产成本35美元，以及固定生产成本100 000美元。此时，供应链边际利润为90美元（125-35），边际损失为15美元（35-20），供应链产量将高于平均需求。此时采用全局优化策略，最优产量为16 000件，这意味着整个供应链的期望利润为1 004 000美元。

有效的供应合同激励着供应链合作伙伴策略取代传统的策略。传统的策略中的每一方都以自己的利润最大化为目标，而在供应链全局优化中，整个供应链的利润是最大化的。但全局优化的困难在于，它需要公司将决策制定权交给一个无偏见的决策制定者。而供应合同通过允许采购方与供货商共同承担风险和分享潜在收益，可帮助企业达到全局优化，不需要借助一个理性决策者合理设计供应合同，就可获得与全局优化同样的利润。如泳装生产案例中，若将回购合同调整为制造商以75美元的批发价卖给分销商，以65美元的回购价购买销售不掉的泳装，分销商会增加订购量到16 000件，此时分销商的期望利润为608 000美元，制造商的期望利润为396 000美元，整个供应链的期望利润也为1 004 000美元。从实施的观点看，全局优化只提供最优的信息，不提供在供应链伙伴之间分配利润的机制；供应合同不但提供了供应链伙伴之间分配利润所采用的方式，而且使任一伙伴不可能通过偏离最优行动而获得更大利润。

2. 多周期模型（multi period model）

多周期模型的特点是在长时间内需求反复发生，库存需要不断订购补充，这种需求现象在实际生活中较为多见。考虑一个电视机分销商，该分销商面对产品的随机需求，从制造商处获得产品供应，但制造商无法实时满足分销商的订购要求，因为无论何时，分销商下订单后，运送都要有一个固定的提前期。因为需求是随机、无规则的，且制造商有一个固定的运送提前期，所以即使订购产品无须支付固定的准备成本，分销商仍需持有库存。为了有效地管理库存，分销商需要进行库存决策，即决定何时订货，以及订购多少。下面对两种策略进行分析：持续检查策略（continuous review policy），即每天检查库存水平，并做出是否订购及订购多少的决定；定期检查策略（periodic review policy），即每隔一个固定期间检查一次库存水平，并确定合适的订购量。

（1）持续检查策略。

假设有一个可以持续检查库存的系统。持续检查系统与定期检查系统相比，提供了一种反应性更强的库存管理策略。每日需求是随机的，其概率预测符合钟形正态分布曲线，且可以通过平均值和标准差对所预测的正态分布进行全面的描述；分销商每次向制造商订购产品，需要支付固定订购成本 K，以及与订购数量成比例的费用；库存持有成本按单位时间内每单位产品来计算；假如接到顾客订单时，供货商手中没有库存，将失去此订单；分销商规定一个要求的服务水平，即在提前期内不缺货的概率。例如，分销商希望确保提前期内能至少满足 95% 的顾客需求。

此外，需要对库存状态（inventory position）进行定义。在任何时间点的库存状态是仓库中实际库存加上分销商已订购但未送达的产品。相关变量定义如下。

$\begin{cases} \text{AVG：分销商的平均日需求。} \\ \text{STD：分销商日需求的标准差。} \\ L：\text{从供应商到分销商的补货提前期（天数）。} \\ h：\text{分销商持有单位库存一天的成本。} \\ \alpha：\text{服务水平，即缺货概率为} (1-\alpha)。 \end{cases}$

用 (s, S) 策略来表述持续检查策略。该策略的含义是当库存水平降到 s 时，订购产品时的库存水平达到 S。(s, S) 策略的一种简化方法为 (Q, R) 策略，即无论何时库存降到订货点 R，都订购 Q 单位产品。

如图 16-3 所示，s 代表的库存水平称为订货点（reorder point），S 称为最大库存水平（order-up-to level）。其中订货点 s 由两部分组成，第一个是补货提前期内的平均库存，即补货提前期与平均日需求的乘积：$L \times \text{AVG}$，确保直到下一次的订购送达前，将有足够的库存使用。第二个组成元素为安全库存，即分销商需在仓库及供应链渠道中维持的库存数量，用于应对提前期内平均需求的误差：$z \times \text{STD} \times \sqrt{L}$，式中，$z$ 是一个常数，称为安全系数。这个常数与服务水平相关。因此，订货点水平为：

$$s = L \times \text{AVG} + z \times \text{STD} \times \sqrt{L}$$

安全系数 z 从统计表中查找，以确保在提前期的缺货概率为 $(1-\alpha)$。这意味着订货点要满足：

$$\text{prob}\{\text{提前期需求} \geq L \times \text{AVG} + z \times \text{STD} \times \sqrt{L}\} = 1 - \alpha$$

当库存状态下降到订货点水平 s 时，分销商发出批量为 Q 的订单。Q 可根据经济订购批量公式计算：

$$Q = \sqrt{\frac{2K \times \text{AVG}}{h}}$$

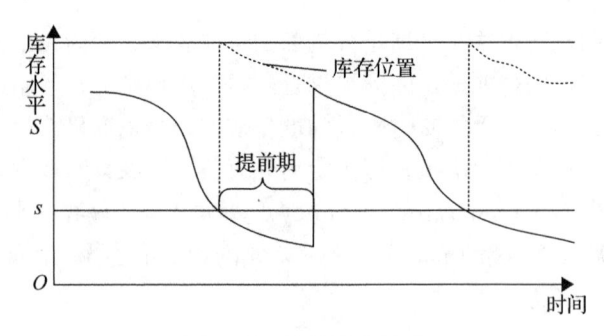

图 16-3 持续检查策略

其中，K 为订货固定成本。

最大库存水平为：

$$S=Q+s$$

当使用 (s, S) 策略时，库存状态可能低于订货点，此时分销商就要订购足够多的数量，以使库存状态达到最大库存水平，显然这一订货量要大于 Q。

在两次相邻订货之间，最小库存水平是在收到订货前的期望库存水平，即等于安全库存：

$$最小库存水平 = z \times STD \times \sqrt{L}$$

最大库存水平是订货到达之际的期望库存水平：

$$最大库存水平 = Q + z \times STD \times \sqrt{L}$$

平均库存水平为上述两者之和的平均值：

$$平均库存水平 = Q/2 + z \times STD \times \sqrt{L}$$

从上式可以看出：降低平均库存水平的方式包括减少订购量、缩短提前期、减少需求波动。集并供应链不同行为主体的需求，以及借助信息共享等方式可以有效减少订购量、提前期、需求波动。

在许多实际情况下，"交货提前期固定且事先已知"这一假设不一定成立，即到仓库的提前期可以是随机的或事先不能确定的。在这些情况下，假定提前期满足正态分布，平均提前期为 AVGL，标准差为 STDL，则订货点水平和最大库存水平计算如下。

订货点水平为：

$$s = AVG \times AVGL + z \times \sqrt{AVGL \times STD^2 + AVG^2 \times STDL^2}$$

最大库存水平为：

$$S = Q + s = \sqrt{\frac{2K \times AVGL}{h}} + s$$

【例 16-1】某电视机分销商试图对仓库中某型号的电视机制定库存策略。假定分销商发出订单需要支付一笔固定订货费用 4 500 美元，分销商购买电视机的成本为 250 美元/台，平均库存年持有成本为产品成本的 18%，补货提前期为 2 周。表 16-3 提供了过去 12 个月的销售数据。分销商希望保证 97% 的服务水平，那么订货点水平和最大库存水平应该为多少？

表 16-3　销售数据　　　　　　　　　　　　　　　　　　　　　　单位：台

月销售量										
9月	10月	11月	12月	1月	2月	3月	4月	5月	6月	7月	8月
200	152	100	221	287	176	151	198	246	309	98	156

由表 16-3 可得平均月需求为 191.17 台，月需求的标准差为 66.53 台，故平均周需求为 191.17/4.3=44.46 台，平均周需求的标准差为：

$$66.53/\sqrt{4.3} \approx 32.08（台）$$

提前期内的平均需求为 $44.46 \times 2=88.92$ 台。由于服务水平为 97%，查表可得安全系数为 1.88，故安全库存为：$1.88 \times 32.08 \times \sqrt{2} \approx 85.30$（台）

订货点水平为：$s = 85.30 + 2 \times 44.46 \approx 174$（台）

平均每台电视机每周的库存持有成本为：$\dfrac{250 \times 0.18}{52} \approx 0.87$（美元）

因此订货批量为：$Q = \sqrt{\dfrac{2 \times 4\,500 \times 44.46}{0.87}} \approx 678$（台）

最大库存水平为：$S=Q+s=678+174=852$（台）

平均库存水平为：$678/2 + 85.30 \approx 424$（台）

这意味着分销商平均保持着约 10 周（424/44.46）的库存。

（2）定期检查策略。

在很多情况下，库存水平的检查是周期性的，且检查间隔期是固定的，每次检查后都要订购合适的数量。在这种情况下通常使用定期检查策略，仓库先设定一个目标库存水平，即基本库存水平及检查周期，再定期检查库存状态，并订购足够数量的货物，将库存状态提升到基本库存水平。相关变量定义如下。

AVG：分销商的平均日需求。
STD：分销商日需求的标准差。
L：从供应商到分销商的补货提前期（天数）。
r：库存检查周期。

有效的基本库存水平应该是多少？由于 r 是库存检查周期，即每隔长度为 r 的时间发出一次订货。在仓库发出订货的时候，订货要使库存量上升至基本库存水平，在下一批订货到来之前，这一水平的库存应能防止仓库出现缺货。由于下一批订货在（$r+L$）天后到来，故当前的订货要足以满足（$r+L$）天内的平均需求。基本库存水平应包含两部分：（$r+L$）天内的平均需求；安全库存，即用来应对（$r+L$）天内平均需求的误差，计算公式为：

$$安全库存 = z \times \text{STD} \times \sqrt{r+L}$$

基本库存水平的计算公式为：

$$基本库存水平 = (r+L) \times \text{AVG} + z \times \text{STD} \times \sqrt{r+L}$$

图 16-4 显示了采用这种策略时随时间变化的库存水平。最大库存水平是订货到达之际的期望库存水平，即：

$$最大库存水平 = r \times \text{AVG} + z \times \text{STD} \times \sqrt{r+L}$$

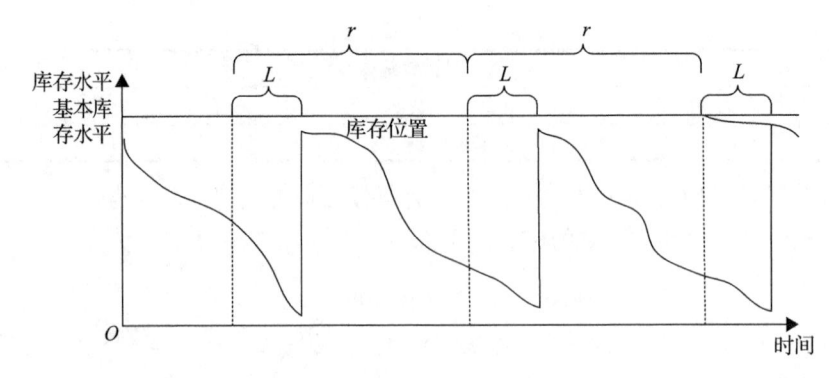

图 16-4　定期检查策略

最小库存水平是在收到订货前的期望库存水平，即安全库存：

$$最小库存水平 = z \times \text{STD} \times \sqrt{r+L}$$

平均库存水平的计算公式为：

$$平均库存水平 = \frac{r \times \text{AVG}}{2} + z \times \text{STD} \times \sqrt{r+L}$$

从上式可以看出：降低平均库存水平的方式包括减少盘点的时间间隔、减少提前期、减少需求波动；减少盘点的时间间隔可以通过采用新一代信息技术实现对库存管理的可视化来完成，集并供应链不同行为主体的需求、信息共享等方式可以有效减少提前期和需求波动。

库存优化的目标是基于特定服务水平优化其库存策略。库存和服务水平之间的权衡关系如下。首先，其他条件相同的情况下，服务水平越高，库存水平越高。其次，相同的库存水平下，提前期越长，则提供的服务水平越低。最后，对服务水平的边际影响随着库存水平提高而降低，即库存水平越低，每单位库存对服务水平的影响就越大，进而影响期望利润。

零售商在决策每个单品库存单位的服务水平时，可采用使所有或部分产品的期望利润最大化的策略，即给定所有产品的某一服务水平，决策每个单品库存单位的服务水平，从而使期望利润最大化。其他情况都相同时，对于具有高边际利润、高产量、低变动性、较短的提前期的产品，应保证其服务水平比较高。如给定所有产品的库存目标服务水平为95%，对于高边际利润、高产量和低变动性的产品，可将其服务水平控制在更高的服务水平，如大于99%；对于低边际利润、低产量和高不稳定性的产品，可将其服务水平控制在较低的服务水平，如小于95%。

【例 16-2】仍考虑前面的电视机分销案例，但假定分销商每3周发一次订单。那么分销商的平均库存水平将会是多少？

由于提前期是2周，因而基本库存水平要满足5周的需求。该时期的平均需求为$44.46 \times 5 = 222.30$ 台。

由于服务水平为97%，故安全库存为：$1.88 \times 32.08 \times \sqrt{5} \approx 134.86$（台）

基本库存水平为：$222.30 + 134.86 \approx 357$（台）

平均库存水平为：$\dfrac{3 \times 44.46}{2} + 1.88 \times 32.08 \times \sqrt{5} \approx 202$（台）

这意味着经销商平均保持5（202/44.46）周的库存。

16.3 库存管理策略

正如本章16.1节所述，库存管理基于两点考虑：一个是顾客服务水平，即在正确的地点、正确的时间，有足够数量的合适商品；另一个则是订货成本与库存持有成本的权衡。但需求的不确定性使管理者很难做出最优决策。

史蒂文·纳米亚斯（Steven Nahmias）（1997）指出预测有三条原则。第一，预测总是不准确的。第二，预测的期限越长，预测误差越大。第三，汇总可以提高预测的准确性，即综合的需求数据变动性更小。该原则是风险共担概念的理论基础。风险共担（risk pooling）的原理为重新设计供应、生产流程或产品以降低或者避免不确定性，减小不确定性对企业造成的影响。风险共担能够在不降低服务水平的同时降低库存。基于风险共担思想，库存管理要解决的四个主要问题如下：生产成本与库存成本的权衡；服务水平与库存成本的权衡；物流成本与库存成本的权衡；个体决策与全局优化的权衡。

16.3.1 生产成本与库存成本的权衡

生产成本与库存成本的权衡的有效途径是大规模定制。考虑到对终产品的预测误差要大于对中间部件的预测误差，对于高度不确定性的终产品可采用拉式生产、个性化定制，将产品的差异化放到最后，降低由不确定性导致的库存卖不出去的风险；对于不确定性低的中间产品、零部件等可采用推式生产、大规模生产，保证生产的均衡性、降低生产成本，对应的生产方式即为大规模定制。

16.3.2 服务水平与库存成本的权衡

1. 集中库存

集中库存主要解决的是提高服务水平则库存水平随之增加的矛盾。它针对的是：集中库存还是分散库存的选择，即库存尤其是不同产品特性的库存放在哪个仓储中心的问题。把不同地点的需求汇总起来，需求变动性将会降低：因为当把不同地点的需求汇总时，来自某一位顾客的低需求将更可能被另一位顾客的高需求弥补。变动性的降低能够允许安全库存的减少，从而减少平均库存。因此，对于生产提前期长的产品，可以在大的配送中心保留较多的库存，即集中库存（centralized inventory）。

集中库存思想起源于20世纪50年代，早期的学者如T.M.怀廷（T.M.Whitin）在著作中有论述。制造商利用配送中心发挥"风险共担"的优势，能够有效降低需求的变动性，从而降低库存水平，且快速将产品送到顾客手中。在集中化的系统中，决策是由中央供应网络所决定的，通常目标是最小化系统总成本，集中式的控制可以导致整体最优化。在一个分布式系统中，对每一个设施采取最有效率的策略，而不会考虑对供应链中其他设施的影响，通常分布式系统会导致局部最优化。理论上，一个集中式的分销网络会比一个分布式的分销网络有效率，其原因如下。第一，可以充分利用信息科技的好处：在一个集中式的系统中，所有的设施可以存取相同的信息。第二，集中式组织允许信息共享，更重要的是，这些信息的利用方式能在一定程度上消除牛鞭效应及改善预测效果。第三，集中化组织允许供应链整体采用协调策略。该策略可减少系统成本，也可改善服务水平。

做出集中式和分布式库存决策时，需要对以下因素进行权衡。第一，安全库存：作业越集中化，安全库存水平就越低。第二，管理成本：相对于运作很多小型仓库，运作较少数的大型仓库可导致较低的总管理成本。第三，规模经济：在相同的总产能下，运作很多小型设施通常比运作几个大型设施要昂贵许多。第四，提前期：分布式系统通常拥有为数众多的位于市场附近的仓库，可以减少到市场的提前期。第五，服务：集中化的仓储可以利用风险共担的观念，即更多的订单可以较低的库存水平来满足，然而从仓库到零售商的运送时间会变长。第六，运输成本：仓库数量增加，从生产设施到仓库间的运输成本也会增加，因为运送的总距离变长，然而从仓库到零售商之间的运输成本会下降，因为仓库会设在市场附近。

在一个有效率的库存管理策略中，一些商品可能会被存放在中央仓库中，而另一些商品会被存放在几个不同的地方仓库中，其中：单价高但顾客需求低的商品储存在中央仓库中；单价低但顾客需求高的商品储存在许多临近顾客的地方仓库中。库存管理策略有可能同时采用集中式与分布式两种方式，而不是非此即彼的决策，原因在于二者都各自有一定程度的优点和缺陷。

在应用集中库存模式时需要考虑以下几点。第一，集中库存减少了系统中的安全库存和平均库存。在集中式系统中，当一个市场区域的需求高于平均需求，而另一个市场区域的需求低于平均需求时，仓库中原来分配给一个市场的库存可以重新分配给另一个市场。而在分布式系统中，在不同市场的仓库之间重新分配库存需要协调不同仓库所有者的利益，同时也增加了信息搜索成本以及物流配送成本。第二，变异系数越高，从集中式系统中所获得的利益就越大。平均库存包括两部分：与平均需求成比例的部分；与需求标准差成比例的部分，即安全库存。由于平均库存的减少主要通过安全库存的减少来实现，故变异系数越高，安全库存对库存降低的影响就越大。第三，基于"风险共担"思想获得的效益，取决于一个市场区域和另一个市场区域需求行为的相关性。如果一个市场的需求增大使另一个市场的需求也增大，则称两个市场的需求是正相关的。相应地，如果两个市场的需求正相关，则一个市场需求减小，另一个市场需求也会减小。两个市场需求的正相关度越高，风险共担所能获得的利益越少。

2. 集中库存与网络设计

网络设计当中的一个重要难点就是如何评估网络变化对于总体库存特别是节点库存的影响。一般的公司倾向于在靠近顾客的地方保有大量的库存，在每一个设施点持有库存，并且乐于囤积尽量多的原材料。显然这种战略是基于局部最优化做出的决策，每个部分只考虑局部的最优化，这往往会带来下述不利的后果：低收益率；低库存周转率；设施和产品设计不合理，导致不一致的服务水平；需要用快速运输方式，导致运输成本增加。

考虑一个两级供应链，产品主要从制造商运往一级仓库，再从一级仓库运往二级仓库和零售网点。为在新的供应链中更好地分配库存，需要考虑以下问题：每一种产品都需要同时存放在一级仓库和二级仓库吗？还是一类产品存放在一级仓库而另外一些只存放在二级仓库？

考虑一家拥有单级库存供应链的公司。该公司产品从制造厂流向仓库，再流向零售店。

虽然其供应链上现有 17 个仓库，但运行效率较低，卡车的利用率仅有 63%。公司将供应链的单级库存改进为二级库存，产品从制造厂先运往一级仓库，再从一级仓库运送到各个二级仓库，最后运送到各个零售店。新的方案使仓库数量从 17 个减少到 14 个，其中 5 个为一级仓库，9 个为二级仓库。这使卡车利用率提高了 82%，运输成本也因此降低了约 13%。

为了有效实施库存管理，对不同类型的产品应当运用不同的库存策略。根据需求变动和需求量的不同，产品主要分为三大类型。其一：变动很多、需求量很少的产品。由于库存风险是这类产品的主要风险，因此应当将其放在分销中心，将各零售店的需求集中起来实现风险共担，从而降低库存。其二：变动很少、需求量很多的产品。这类产品应放在二级仓库以靠近终端消费者，利用规模经济效益尽可能降低运输成本。其三：变动很少、需求量很少的产品。这类产品的库存决策需要考虑更多因素，如利润水平、体验感等，例如奢侈品应放在实体店。

3. 库存策略与网络设计的协调

生产策略包括按照订单生产和面向库存生产两类，前者对应的库存策略为拉式策略，后者对应的则为推式策略。在提供终产品和服务的各个业务活动环节中，需要充分考虑不同行为主体的库存策略与网络设计策略，以实现供应链的全局优化。

现考虑多个设施属于一家公司的情况，优化目标是管理库存以使其系统成本最小化，我们需要考虑多个设施之间的相互作用，以及这种作用对单独设施内库存策略的影响。为此应综合考虑所需要的服务水平、供应网络、提前期等因素，同时确定哪些设施用来按订单生产，以及应在何处存放库存这两个关键问题。

首先考虑一个单产品、单设施的库存模型。令 SI 为从发出订单到该设施接收货物的时间，即到达服务时间；S 为该设施向顾客做出的承诺服务时间；T 为该设施内的加工时间。该设施的净提前期为 $SI+T-S$。假设 $SI+T>S$（反之，则不需要库存），z 是与服务水平有关的安全库存因子；h 是库存持有成本。假设没有准备成本，该设施对库存实行定期检查策略，需求满足正态分布。给定确定值 SI、S 和 T，则该设施需要的安全库存为 $zh\sqrt{SI+T-S}$。

现在考虑两阶段供应模型，设施 2 向设施 1 提供产品，设施 1 向最终顾客提供产品。定义 SI_1、S_1、T_1 分别为设施 1 的到达服务时间、承诺服务时间和设施加工时间；设施 2 的各个变量有相应含义。注意，S_1 为对顾客的承诺服务时间，S_2 表示设施 2 对设施 1 的承诺服务时间，因此有 $S_2=SI_1$，SI_2 为供应商对设施 2 的承诺服务时间。上述这些关系如图 16-5 所示。

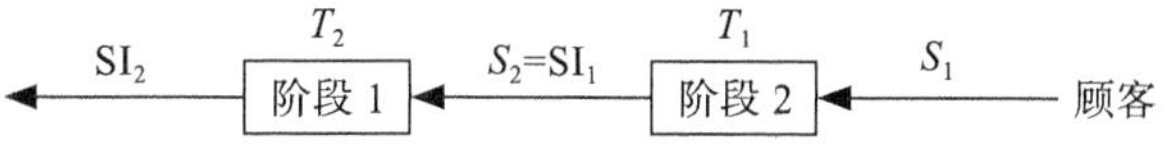

图 16-5　模型中两个设施之间的关系

两阶段供应库存管理的目标是：在没有要求外部供应商提供新的服务承诺的前提下使供应链成本最小化。如果减少从设施 2 到设施 1 的承诺服务时间，则能优化设施 1 和设施 2 的库存量，这时设施 1 的库存量会减少，设施 2 的库存量会增加。因此，整体目标是通过选择每个设施合适的承诺服务时间，从而选择存放位置和存放量，以减少系统安全库存成本。

Tech 公司是一家生产电路板和其他高科技零部件的制造商。这些产品的生命周期相对较短，行业竞争使 Tech 公司需要向顾客承诺比较短的交货提前期，然而其生产过程非常复杂，包括不同阶段的复杂组装，因此制造提前期较长。基于此，Tech 公司备有较多的产成品库存，通过预测长期需求来管理库存，也就是推式生产。这种情况导致公司备有很大的安全库存量，并带来了相应的财务负担和缺货风险。然而由于具有较长的生产提前期，Tech 公司也不适用基于订单的拉式生产。基于此，Tech 公司对库存重新进行规划，在生产和装配的多个设施之间设立合理的库存位置，对每个设施的每种零部件计算出合理的安全库存量。

通过对库存管理的优化，Tech 公司能够显著降低库存成本，同时可以保证预期服务时间不变甚至显著降低，其关键点如下。①确定推拉界限，即确定需要按库存生产的设施并存放安全库存。其余的设施按订单生产，不存放安全库存，从而可以将库存放在成本较低的设施内。②利用"风险共担"的理念。③将传统的局部供应链优化策略转换为总体的供应链最优策略。

图 16-6 显示了 Tech 公司原本采用的局部最优和改进后的全局最优的对比。Tech 公司通过全局优化确定了推拉界限，使曲线向下移动，其中：对于相同的提前期，优化后可以显著降低安全库存成本；对于相同的安全库存成本，优化后可以显著缩短提前期。需要注意的是，优化前的曲线平滑，优化后的曲线有很多跳跃点，跳跃之处表示推拉界限对成本的显著改变。

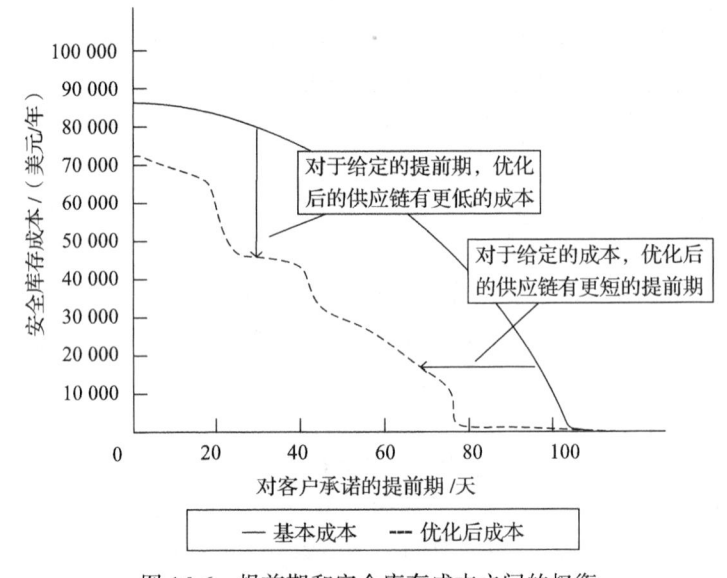

图 16-6　提前期和安全库存成本之间的权衡

16.3.3　物流成本与库存成本的权衡

物流成本与库存成本的权衡主要解决的是物流规模化运输导致的库存管理的单次订购量大、订购间隔时间长导致的库存成本占有量大的问题，具体的实现路径为通过前文提到的集并思想降低订购量和缩短订购周期，通过延迟制造保证整车运输，以及采用直接转运战略即越库作业（cross docking operation）。

直接转运战略指货物到达仓库后进行分拣与组配，直接送至货车装载区，省去其间上架、存储等程序，立刻把货物转运至不同消费点，以缩短提前期，减少货物流通成本，降低库存量。相比于传统仓储模式将仓库当作储存点，直接转运战略把仓库当作周转中心，通过合理调配节省仓库存储过程中所浪费的时间和空间，从而提高货物与资金的周转率。在此过程中，产品在仓库的停留时间很短,通常不会超过10小时,通过缩短储存时间而限制了库存成本并缩短了提前期。

直接转运战略的主要目的是实现快速转运,并提供足够的能力以满足货运吞吐量的要求。在传统的库存战略中,配送中心和仓库持有库存,并且为下游客户提供所需货物。在直接转运战略中,仓库用于接收并拆分大批货物,按订单重新包装后配送到制造地点或零售中心,其核心在于平衡库存成本和物流成本。

在库存成本方面,管理人员的目标是最大限度地减少将货物移动所需的物料搬运工作量,规划适当的劳动力和材料处理设备,在有限的时间内有效地处理所有园区内的货运工作。由于在操作开始和结束时,暂存区的货物很少或没有,故需要考虑详细的时间安排和顺序问题,以便尽量减少现场装运和拖车的等待时间,将货物分配给出站拖车。

总体来说,直接转运战略的操作系统需要大量初期投资,在管理上难度较大。在运输成本方面,有关货品数量的预测对于直接转运系统非常关键。此外,配送中心、零售商和供应商需用先进的信息系统连接起来,达成供应链信息共享,保证在要求的时间内完成产品的分拣和配送。这样的快速反应运输系统需要巨大的启动投资和强大的管理能力。

出于以上原因,直接转运战略只有在大型的分销系统中才有效。因为在这样的快速响应系统中,大量车辆随时可在直接转运站中配送及取货,随时可提供足够的整车载运容量,同时该系统包括许多供应商,有足够数量的产品来实现从供应商到仓库的满载运输,所以商品在运抵直接转运站时,可以根据订单需求,以满载的数量立即运往零售点,即需求量与运输能力共同保证了到达直接转运站的产品能够迅速地以整车运输到零售商处,从而节省了时间,加快了响应速度。

直接转运战略因沃尔玛而闻名。[一]在该战略中,商品不断发送到沃尔玛的仓库,在这里基本不作停留就分送到各店面,大幅度降低了沃尔玛的销售成本,并使其向顾客提供"天天低价"成为可能。直接转运战略使沃尔玛通过整车采购获得了规模经济,同时也减少了所需的安全库存,并且使沃尔玛的销售成本较行业平均水平下降3%,是其获得高利润率的重要因素。

总体来说,直接转运战略具有以下特征。第一,商品在仓储中心最多不超过48小时,降低了库存成本和持有成本,同时采用商店触发产品订单模式。第二,该战略难以管理,需要先进信息技术辅助,供应链成员要以先进信息系统连接,以保证所有订单都能有效处理。如沃尔玛的私有卫星信息系统,该系统向沃尔玛供应商发送销售点数据,使供应商能清楚了解商店的销售情况。第三,快速响应的运输系统,如沃尔玛设置专用卡车车队,为其各个仓库服务,在48小时内把货物从直接转运点送到门店。

16.3.4 个体决策与全局优化的权衡

这种权衡解决的是供应链环境下的库存管理问题。前文所述的库存管理假定单一设施管理自己的库存,企业之间不会共享库存信息,库存也不会在企业之间自由流通、协调配置,仅在企业自身范围内进行库存管理,目标是本企业的利润最大化。在供应链中管理库存则需要考虑多设施组成的供应链,其目的为管理其库存以降低供应链整体系统成本。

㊀ 资料来源:https://walmart.cn/newsroom/164.html。

1. 供应商管理库存（vendor managed inventory）

（1）供应商管理库存的基本思想。

迈吉（J.F.Magee）于 1958 年提出供应商管理库存的概念。供应商管理库存是指供应商等上游企业基于其下游顾客的生产经营、库存信息，对下游顾客的库存进行管理与控制，是一种订货商和供应商之间的合作性策略，通常需双方协商后签订一个协议，并经常进行修正和持续改进。其目标是通过供应链上下游的合作，降低供应链的总库存。

供应商管理库存的主要思想是：供应商在用户允许的情况下设立库存，确定库存水平和补给策略，拥有库存控制权。该项策略主要体现了以下原则。第一，合作原则。在实施供应商管理库存策略时，相互信任与信息透明体现了供应商与顾客之间的合作精神。第二，互惠原则。供应商管理库存策略主要是关于减少成本而不是分配成本的问题，最终使双方的成本都得以减少。第三，目标一致原则。供应商管理库存策略使供应商与顾客双方都明白自己的责任，在观念上达成一致，并且体现在框架协议中。第四，连续改进原则。供应商管理库存策略使供需双方能共享利益和消除浪费，不断改进，提高供应链效益。

（2）供应商管理库存的实施方法。

库存状态透明性是实施供应商管理库存策略的关键。它使供应商能够随时跟踪和检查销售商的库存状态，从而快速响应市场的需求变化，对企业的生产或供应状态进行相应的调整。在供应商和批发商共同确定供应商的订单业务过程所需要的信息和库存控制参数时，需要建立基于标准的托付订单处理模式，把订货、交货与票据处理等各个业务功能集成在供应商处。一般来说，在以下情况下适合实施供应商管理库存策略：零售商或经销商的 IT 系统或基础设施无法有效管理它们的库存；制造商实力雄厚且比零售商的市场影响力大；有较高的直接存储交货水平，因而制造商可有效规划运输。

供应商管理库存策略的实施步骤如下。第一，建立顾客需求管理信息系统。第二，建立销售网络管理系统。其中需要注意：保证商品条码的可读性和唯一性；解决商品分类、编码的标准化问题；解决商品存储与运输过程中的识别问题。第三，建立供应商与分销商或批发商的合作框架协议。第四，变革组织机构以适应供应商管理库存的需要。无锡地铁运营分公司对自行采购的非备件物资采用供应商管理库存模式，做到物资的当月送货、当月入库、当月出库，即入随出，提高了库存物资周转率。截至 2020 年年底，无锡地铁自行采购的非备件库存相较于 2016 年降幅达 76%，库存管控效果明显。[⊖]

2. 联合库存管理（jointly managed inventory）

（1）联合库存管理的基本思想。

联合库存管理是供应商与顾客同时参与、共同制订库存计划，实现利益共享与风险共担的供应链库存管理策略。其目的是解决供应链系统中由于各企业相互独立运作的库存管理模式所导致的需求放大现象，提高供应链的效率。联合库存管理强调双方同时参与，共同制订库存计划，使供应链中每个库存管理者都从相互之间的协调性考虑，确保供应链相邻的两个节点之间的库存管理者对需求的预期一致，从而消除需求变异放大现象。任何相邻节点需求的确定都是供需双方协调的结果，库存管理不再是各自为政的独立运作过程，而成为供需连

⊖ 资料来源：https://new.qq.com/omn/20220218/20220218A08V1Q00.html。

接的纽带和协调中心。

基于协调中心的库存管理和传统的库存管理模式相比，有如下几个方面的优点。首先，为实现供应链的同步化运作提供条件和保证。其次，减少供应链中的需求扭曲现象，降低库存的不确定性，提高供应链的稳定性。再次，为实现零库存管理、准时采购，以及精细供应链管理创造了条件。最后，体现了供应链管理的资源共享和风险共担的原则。

通用汽车公司计划实施联合库存系统，因为研究显示其因没有及时交货而丢失 10%～11% 的需求。这一计划是为了改善顾客的服务水平以促进销售。通用汽车公司在奥兰多建立了区域配送中心，该配送中心拥有 1 500 辆凯迪拉克等待运送到全美国 24 小时内可达范围的汽车经销商处。

在联合库存系统中，一方面，对于同样的库存水平，集中式库存系统服务水平更高，因此具有更高的销售量；另一方面，通过采用推-拉混合式供应链，即由经销商先于需求下订单的推式供应链，转化为经销商由区域配送中心拉动的推-拉混合式系统，让终产品的顾客享受到更好的服务，因为有更多的汽车可供顾客选择。但通用汽车公司是否能提高销售量的答案并不确定：经销商订购的汽车总数不一定会增加，甚至服务水平也不一定能提高。

对于经销商而言，一方面，经销商会获得更多库存，其库存越多，可能卖出的产品也更多。另一方面，集中式库存系统划分了经销商之间的竞争领域：小经销商由于拥有 24 小时可为顾客供货的大量库存而偏好这一系统；大经销商通常有库存优势，而集中式库存会使其丧失优势。

考虑两个完全相同的经销商，面对同一产品的随机需求会采用两种系统：集中式库存系统，即经销商一起经营一个联合库存中心，并利用这个联合库存中心满足顾客需求；分散式库存系统，即每一个经销商单独给制造商下订单来满足需求，库存由经销商拥有，如图 16-7 所示。每件产品的批发价、零售价、残值和生产成本分别为 80 美元、125 美元、20 美元和 35 美元。图 16-8 显示了每个经销商面对的不同销量及其概率。通过分析可得出以下结果：在分散式库存系统中，每个经销商将订购 12 000 件产品，期望利润为 464 000 美元，期望销售量为 11 280 单位，制造商的利润为 1 080 000 美元。在集中式库存系统中，基于"风险共担"的概念，两个经销商将一起订购 26 000 件产品，它们的总期望利润是 1 009 392 美元，总期望销量为 24 470 件，制造商的利润增加至 1 170 000 美元。

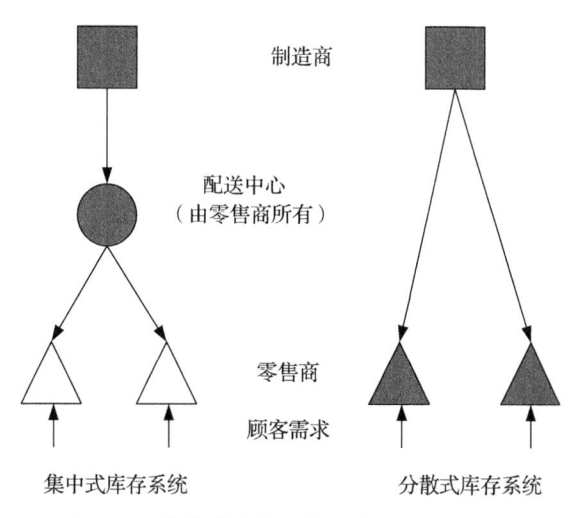

图 16-7　集中式库存系统和分散式库存系统

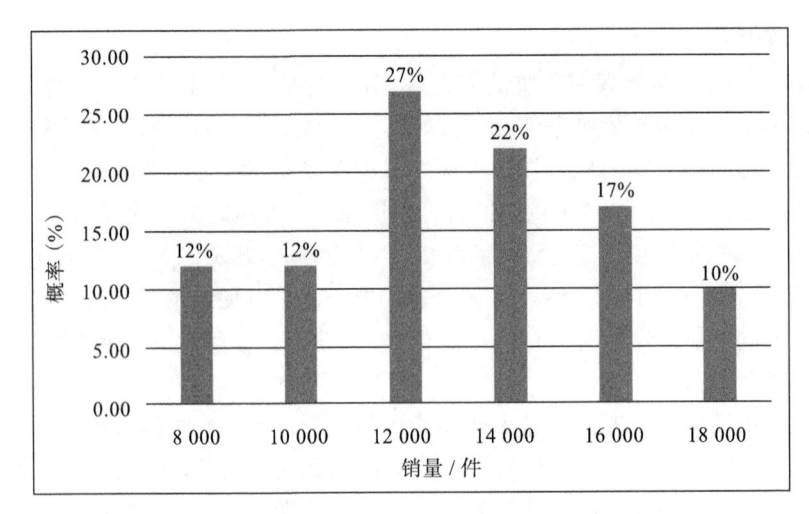

图 16-8　每个经销商面对的不同销量及其概率

该案例表明制造商和经销商通过集中式库存系统能获得更高收益。但这里做了一个不符合实际的重要假设：如果一个顾客订单到达时，经销商没有库存，则会失去该顾客及这部分需求。但事实上，忠诚的顾客面对经销商没有库存的情况，可能会搜索其他经销商是否有库存，即顾客搜索（customer search），对于制造商来说，这一行为将有助于销售更多的产品。在有顾客搜索行为的条件下，如果都使用联合库存，则顾客搜索对联合库存模式没有影响；如果使用分散式库存系统，则顾客搜索对经销商存在影响。

对于经销商而言，其战略依赖于对手的战略。如果经销商知道对手没有足够的库存，则会提高库存水平以满足自己的需求，以及顾客在其他经销商处不能满足的需求；如果经销商知道对手有足够的库存，则会降低库存，因为经销商不可能再拥有从竞争对手那里转过来的顾客。但经销商往往不清楚对手的战略，不知道对手的库存水平是多少，也不清楚顾客搜索会给制造商产生什么影响。

博弈论中的纳什均衡（Nash Equilibrium，game theory）可解释这个现象。如果两个经销商正在做决策，在它们做完决策后，都认为达到纳什均衡：两者都已经确定各自的订购数量，且如果其对手没有改变订购数量，则任何一个经销商都不能通过改变订购数量来提高期望利润。考虑案例如下：α 为搜索水平，表示愿意搜索系统中其他经销商库存的顾客所占百分比；每个经销商在其对手订购特定数量的产品后，能决定其有效需求为多少，即最初需求加上搜索需求；在给定对手任意订购数量的情况下，经销商能确定其订购数量，即所谓的最佳反应（best response）。

考虑 α 为 90% 的情况，对于分散式库存系统而言，在图 16-9 中，实线代表经销商 2 相对经销商 1 的订购数量的最佳反应，虚线则代表经销商 1 相对经销商 2 的订购数量的最佳反应。当经销商 1 订购 20 000 件时，经销商 2 则会订购 12 000 件，此时经销商 1 会降低其订购数量。当达到以下条件时，经销商没有动机去改变其策略：两条曲线的交点，即均衡解（nash equilibrium of the system）。此时经销商最佳的订购数量为 13 900 件，经销商的利润为 489 460 美元，总利润为 978 920 美元，各经销商的期望销售量为 12 604 件，总期望销售量为 25 208 件，总订购数量为 27 800 件，制造商利润为 1 251 000 美元。而对于采用集中式库存系统而言，经销商总利润为 1 009 392 美元，制造商利润为 1 170 000 美元，集中式库存并没有明显优势，其中经销商更喜欢联合库存，而制造商的利润在分散式库存系统中更高。

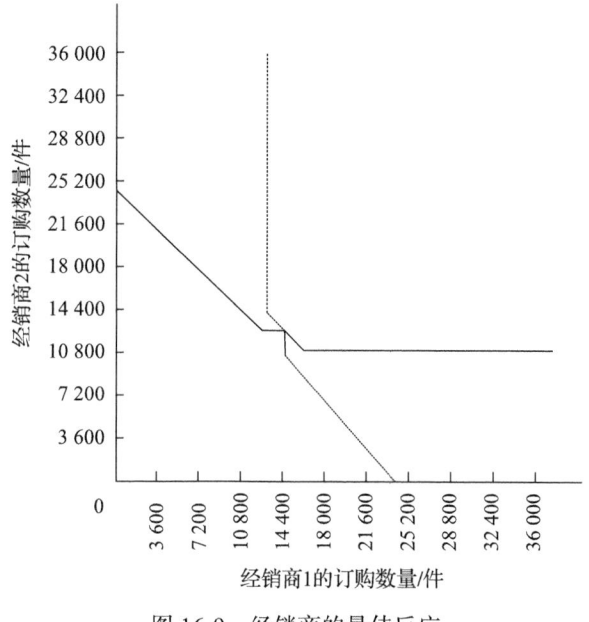

图 16-9 经销商的最佳反应

上述案例表明了该类型系统的通用结论：经销商订购意愿更强，则经销商在联合库存系统中利润更高。图 16-10 显示了一定搜索水平下经销商的订购数量。具体而言，当有较高的顾客搜索水平时，在分散式库存系统中，经销商订购意愿较强，制造商偏好分散式库存系统而经销商偏好联合库存；当顾客搜索水平较低时，在分散式库存系统中，经销商的订购意愿减弱，经销商与制造商都偏好联合库存的集中式库存系统。

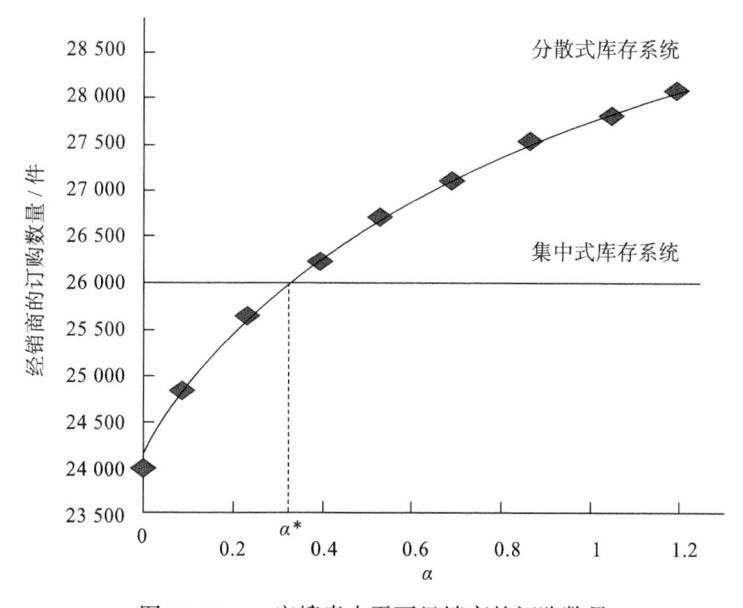

图 16-10 一定搜索水平下经销商的订购数量

通过分析可知，存在一个关键搜索水平（critical search level），低于该值时制造商偏好联合库存，否则制造商则偏好分散式库存系统。在业界实践中，制造商偏好更高的搜索水平。提高搜索水平的两个关键点如下。第一，品牌忠诚度。如果品牌忠诚度提高了，则顾客更有可能有较高的搜索水平，制造商可选择为老顾客再一次购买提供优惠等措施。第二，信息技术。信息技术为经销商之间，以及经销商与顾客之间的交流提供了便利，从而提高了顾客在系统中搜索的便捷性，使顾客更有可能在系统中进行搜索。

（2）联合库存管理的实施策略。

为了发挥联合库存管理的作用，保证供应链管理有效进行，需要采取以下措施。第一，建立供需协调管理机制。包括建立共同合作目标，建立联合库存协调控制方法，建立信息沟通与共享系统，建立利益分配和激励机制等加强供需双方协作。第二，发挥制造资源计划系统和企业配送需求计划系统的作用。在供应链库存管理中应充分利用目前比较成熟的两种资源管理系统：制造资源计划系统和企业配送需求计划系统。第三，建立快速响应系统。快速响应系统是供应链管理中有效的管理工具，经历了商品条码化、内部业务处理自动化和供应链整体管理等三个阶段，减少了供应链中从原材料到用户过程的时间和库存，最大限度地提高供应链的运作效率。第四，发挥第三方物流系统的作用。第三方物流系统是供应链集成的一种技术，主要为用户提供各种服务，把库存管理的部分功能外包给第三方物流系统管理，使企业更加关注自己的核心业务，在供应商和用户之间建立起联系的桥梁。

3. 多级库存优化（multi-level inventory optimization）

要进行供应链的全局性优化，需要采用多级库存优化与控制，它是在单级库存控制的基础上形成的。供应链管理的目的是使整个供应链的库存最少，在单一企业内部无法使供应链整体库存达到最优化，而多级库存优化方法能达到这个目的。对此有两个重要且合理的假设：库存决策由单一决策者制定，且决策者的目标是使整体系统成本最小化；决策者能够获取各分销商和仓库的库存信息。下面从成本优化和时间优化的角度探讨多级库存的优化与控制问题。

（1）基于成本优化的多级库存优化。

基于成本优化的多级库存优化以整个供应链为研究对象，优化库存检查期、订货点和订货量等参数，目标是使总成本最低，其中总成本包括库存持有成本、订货成本和缺货损失成本。基于成本优化的多级库存优化策略主要包括中心化和非中心化两种库存控制策略。

中心化库存控制是将控制中心放在核心企业中，由核心企业对供应链系统的库存进行控制，协调上游与下游企业的库存活动，全面掌握整个供应链系统的运行情况。因此，核心企业在供应链上成为数据中心，担负着数据的集成、协调功能。中心化库存控制的目标是使供应链上总的库存成本最小化，可以采用级库存控制策略。在分销系统中，每一阶段或层级被视为一级，任何阶段或层级的级库存等于此级中现有的库存，再加上所有的下游库存，如图16-11所示。例如，仓库中的级库存等于在仓库的库存，再加上所有在途库存和各分销商储存的库存。仓库的级库存状态则是仓库中的级库存加上那些仓库已订但尚未送达的商品，再减去缺货量。级库存控制策略是在完全清楚节点企业及其下游企业的库存状态的情况下，利用网络和EDI技术保证供应链信息快速、准确传递，避免信息扭曲，实现资源共享。

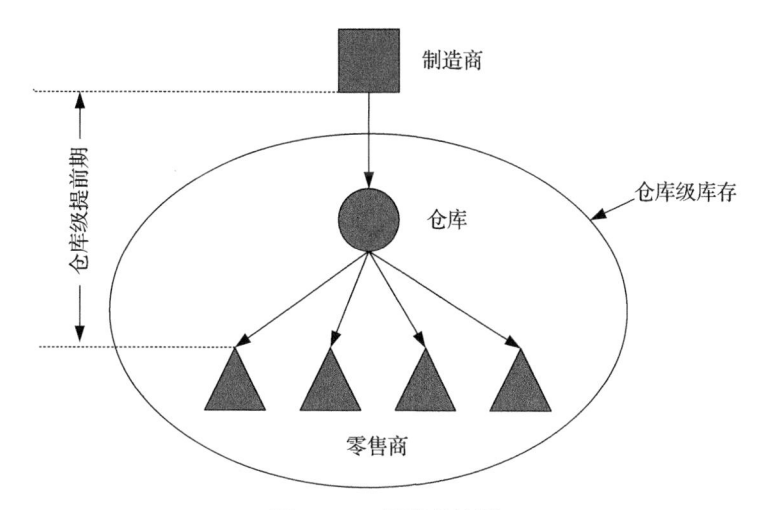

图 16-11 级库存控制

在该策略下，零售商采用前面介绍的(Q, R)策略，其对应的订货点和订货量分别为：
$R = L \times \text{AVG} + z \times \text{STD} \times \sqrt{L}$，$Q = \sqrt{\dfrac{2K \times \text{AVG}}{h}}$。

假设零售商的平均需求为 AVG，零售商需求的标准差为 STD，则分销商的订货点应为：
$R = L^e \times \text{AVG} + z \times \text{STD} \times \sqrt{L^e}$。

式中，L^e 为级提前期（echelon lead time），也就是零售商和分销商之间的提前期加上分销商和它的供应商即批发商之间的提前期。

非中心化库存控制实际上是介于完全松散和中心化之间的多中心库存控制，也就是没有一个基于整个供应链的核心企业，但又不是各自为政的松散状态，可以把整个供应链的库存控制分为制造商成本中心、分销商成本中心和零售商成本中心三个成本归结中心，各自根据自己的库存成本制定优化控制策略。为了取得供应链整体优化效果，需要实现信息共享，但每个库存点根据自己库存的变化，独立决定库存控制策略，这样有利于根据自己的实际情况发挥独立自主性和灵活性。

（2）基于时间优化的多级库存优化。

前面探讨了基于成本优化的多级库存优化方法。随着市场变化，时间成为竞争的关键因素之一，因此供应链的库存优化不能仅简单地优化成本，还应该考虑对时间的优化，比如库存周转率的优化、供应提前期的优化、平均上市时间的优化等，从而有利于减少库存量，增强库存控制，提高用户服务水平。库存时间过长对于产品的竞争力不利，供应链系统应从提高用户响应速度的角度提升供应链的库存管理水平。

本章小结

库存管理是企业运营的重要环节之一。有效的库存管理可以降低企业运营成本、提高利润率、提升企业竞争力。本章首先对库存管理进行简要介绍，其次讨论几种典型的订购策略，包括单周期订购策略、持续检查策略和定期检查策略，最后阐述了利用"风险共担"思想来降低库存水平的方法，包括集中库存和供应链环境下的库存管理。

思考题

1. 什么是库存？怎样认识库存的作用？
2. 为什么说预测不是一种精确的科学方法？
3. 风险共担的原理是什么？
4. 供应链环境下的库存管理常用方法有哪些？

案例

美的库存管理

美的集团在 1968 年成立于佛山顺德，是一家集消费电器、暖通空调、机器人与自动化系统、智能供应链、芯片产业、电梯产业于一体的科技集团，是中国最具规模的白色家电生产基地和出口基地之一。美的持续改善库存管理这一运营管理核心环节，力求用供应商管理库存模式形成整合竞争优势。

美的将企业资源计划系统与供应商管理库存系统进行对接，在全国范围内构建产销信息共享平台。供应商只要通过自己的供应商端就可以进入系统平台，看到美的的订单内容，包括订单材料种类、采购数量、材料规格及交货时间，供应商在网上进行确认后，这张订单即生效且可执行。通过企业资源计划系统，美的可提前告知供应商需要的材料品种、数量，供应商一般备足 3～5 天的需求量即可。美的通过采用信息化管理系统，由原来 100 多个仓库减少为 8 个仓库，使库存流通环节的成本降低了 20% 左右。

美的作为供应链里的核心企业，其产业链上游且较为稳定的供应商共有 300 多家。其中 60% 的供应商在美的顺德总部周围，还有部分供应商与其距离在 3 天以内车程，只有 15% 的供应商距离较远。对于这 15% 的远程供应商，美的在顺德总部建立多个仓库，将其划分为多个区域，远程供应商可以在仓库里租赁一个区域，并把零配件放到区域里储备。美的需要用到这些零配件时，就会通知供应商，随后进行资金划拨、取货等工作。此时零配件的产权才由供应商转移到美的手上，而在此之前，所有的库存成本都由供应商承担，即在零配件交易之前，美的一直把库存成本转嫁给供应商。

在对前端供应体系进行优化的同时，美的也在加紧对后端销售体系的管理。空调、风扇等季节性强的产品，可能会经常出现断货或压货的情况。各事业部上千种型号的产品分散在全国各地的众多仓库里，给调货环节造成了巨大成本；且因为信息传导渠道不畅，传导链条过长，市场信息常常失真，从而误导工厂的生产计划，造成生产过量或紧缺。故美的公开了与经销商的部分电子化往来，由以前半年一次的手工性繁杂对账，改为业务往来实时对账和审核，运用这些信息，并通过合理预测来制订其生产计划和安排配送计划，以便补货，即美的作为经销商的供应商，为经销商管理库存，从而有效削减销售渠道中的库存成本。

此外，美的通过将库存管理与物流管理相结合，有效降低公司库存管理的成本。美的一般把产品直接运送到指定的二级经销商或零售商处，从而缩短了与市场的距离。同时，美的对仓储网络进行优化，使仓储网点由分散到相对集中，以应对市场需求的波动。

资料来源：https://zhuanlan.zhihu.com/p/402936642。

讨论题：

1. 相比于传统家电企业，美的库存管理的优势在哪里？
2. 美的库存管理方式能否有效应对风险和不确定性？可能存在什么问题？

参考文献

[1] 齐普金. 库存管理基础 [M]. 马常松，译. 北京：中国财政经济出版社，2013.

[2] BEHZADI G, O'SULLIVAN M, OLSEN T L, et al. Agribusiness supply chain risk management: a review of quantitative decision models[J]. Omega, 2017, 79（1）: 21-42.

[3] 陈荣秋，马士华. 生产运作管理 [M]. 5 版. 北京：机械工业出版社，2017.

[4] GLOCK C. The joint economic lot size problem: a review[J]. International journal of production economics, 2012, 135（2）: 671-686.

[5] 辛奇-利维 D，卡明斯基，辛奇-利维 E. 供应链设计与管理：概念、战略与案例研究：第 3 版 [M]. 季建华，邵晓峰，译. 北京：中国人民大学出版社，2010.

[6] HARRIS F W. How many parts to make at once[J]. Factory, the magazine of management, 1913, 10（2）: 135-136; 152.

[7] GAO D, WANG N, HE Z, et al. The bullwhip effect in an online retail supply chain: a perspective of price-sensitive demand based on the price discount in e-commerce[J]. IEEE transactions on engineering management, 2017, 64（2）: 134-148.

[8] GAO D, WANG N, JIANG B, et al. Value of information sharing in online retail supply chain considering product loss[J]. IEEE transactions on engineering management, 2020, 69（5）: 2155-2172.

[9] GUO S, CHOI T M, SHEN B, et al. Inventory management in mass customization operations: a review[J]. IEEE transactions on engineering management, 2018, 66（3）: 412-428.

[10] 卡桑，特维施，任建标. 运营管理：供需匹配的视角：第 2 版 [M]. 北京：中国人民大学出版社，2013.

[11] 马风才. 运营管理 [M]. 6 版. 北京：机械工业出版社，2021.

[12] MAGEE J F. Production planning and inventory control [M]. New York: McGraw Hill, 1958.

[13] NAHMIAS S. Production and operations analysis[M]. 3rd ed. Burr Ridge, USA: Irwin/McGraw-Hill, 1997.

[14] 戴维斯. 需求驱动的库存优化与补货 [M]. 柯晓燕，黎帧静，译. 北京：人民邮电出版社，2015.

[15] 史蒂文森，张群，张杰，等. 运营管理：第 12 版 [M]. 北京：机械工业出版社，2015.

[16] WHITIN T M. Inventory control in theory and practice[J]. Quarterly journal of economics, 1952, 66（4）: 502-521.

第 17 章
CHAPTER 17

运营与财务

核心要点

- 资产负债表和利润表,以及企业偿债能力、营运能力和盈利能力的绩效指标
- 投资回报率树的方法评价与管理运营绩效
- 收益管理的基本思想、收益管理应用对象的特征和收益管理方法

17.1 财务报表

17.1.1 财务报表概述

财务报表是指企业对外提供的反映企业某一特定日期的财务状况和某一会计期间的经营成果、现金流量等会计信息的文件。本节主要介绍和运营相关的财务报表:资产负债表和利润表。

1. 资产负债表

资产负债表是反映企业在某一特定日期财务状况的财务报表。它以"资产=负债+所有者权益"这一会计等式为依据,反映企业在某一特定日期资产、负债及所有者权益的基本状况。表 17-1 为某企业的资产负债表。

从资产负债表的结构来看,它主要包括资产、负债与所有者权益三大类项目。
(1) 资产。
资产可以分为流动资产(current assets)和非流动资产(non-current assets)。
1) 流动资产是企业可以在一年或者超过一年的一个营业周期内变现或者运用的资产。流动资产主要包括以下内容。①货币资金:库存现金、银行存款和其他货币资金三个项目的期末余额。②应收账款:企业因销售商品、提供劳务等经营活动应收取的款项。③存货：投产前的原材料、生产中的在制品及完工后的产成品。④预付款项：企业按照供货合同规定而预付给供应单位的款项。

表17-1 资产负债表　　　　　　　　　　金额单位：万元

资产	金额	占比（%）	负债和所有者权益	金额	占比（%）
流动资产			流动负债		
货币资金	1 720	18	短期借款	5 100	54
应收账款	1 300	14	应付账款	800	8
预付款项	150	1.5	应付职工薪酬	0	
存货	500	5	流动负债合计	5 900	62
流动资产合计	3 670	38.5	非流动负债		
非流动资产			长期借款	0	
长期股权投资	0	0	应付债券	0	
固定资产	5 700	60	非流动负债合计	0	
无形资产	150	1.5	所有者权益		
			股本	3 200	34
			资本公积	0	
			盈余公积	0	
			未分配利润	420	4
非流动资产合计	5 850	61.5	所有者权益合计	3 620	38
资产总计	9 520	100	负债和所有者权益合计	9 520	100

2）非流动资产主要包括以下内容。①长期股权投资：包括能够对被投资单位实施控制，或者与合营单位共同对被投资单位实施控制，或者对被投资单位具有重大影响的权益性投资。②固定资产：包括厂房及设备，这些资产使用时间长且具备较高的价值。③无形资产：专利权、非专利技术、商标权、著作权、土地使用权等。

（2）负债。

负债可以分为流动负债（current liabilities）和非流动负债（non-current liabilities）。

1）流动负债主要包括以下内容。①短期借款：一年内（含一年）要偿还的各种借款。②应付账款：企业因购买材料、物资和接受劳务供应等而应该付给供货单位的账款。③其他应付款：企业在商品交易业务以外发生的应付和暂收款项，即指企业除应付账款、应付职工薪酬、应付利润等以外的应付及暂收其他单位或个人的款项。④预收款项：买卖双方协议商定，由购货方预先支付一部分货款给供应方而发生的一项负债。

2）非流动负债主要包括以下内容。①长期借款：企业从银行或其他金融机构借入的期限在一年以上的借款。②应付债券：企业为筹集资金而对外发行的、期限在一年以上的长期借款性质的书面证明。

（3）所有者权益。

所有者权益（shareholder's equity）又称股东权益，它说明了企业资金的来源情况，即有多少来源于债权人，有多少来源于企业所有者的投资。所有者权益包括以下内容。

1）股本：股东在公司中所占的权益，多用于股票。

2）资本公积：企业收到的投资者超出其在企业注册资本中所占份额，以及直接记入所有者权益的利得和损失等。

3）盈余公积：企业按照规定从净利润中提取的各种积累资金。

4）未分配利润：企业未作分配的利润。

2. 利润表

利润表也称损益表，是反映企业在一定期间生产经营成果的财务报表。利润表以"利润＝收入－费用"这一会计等式为依据编制而成。通过利润表可以考核企业利润计划的完成情况，分析企业的盈利能力，以及利润增减变化的原因，预测企业利润的发展趋势，为投资者及企业管理者等提供决策有用的财务信息。表17-2 为某企业的利润表。

表17-2　利润表　金额单位：万元

项目	金额	占比（%）
一、营业总收入	4 300	100
二、营业总成本	3 680	86
其中：营业成本	3 100	72
税金及附加	0	0
销售费用	250	6
管理费用	200	5
财务费用	130	3
三、营业利润	620	14
加：营业外收入	0	0
减：营业外支出	0	0
四、利润总额	620	14
减：所得税费用	100	2
五、净利润	520	12

利润表主要包括以下五个方面的内容。

（1）营业总收入：由营业收入（销售收入）、公允价值变动收益、投资收益，以及营业外收入组成。

（2）营业总成本：由营业成本（销售成本）、销售费用、管理费用、财务费用、税金及附加、资产减值损失，以及营业外支出等组成。

企业的利润根据收入与费用的不同配比，可以分为三个层次：营业利润、利润总额（税前利润）和净利润。

（3）营业利润：营业收入减去营业成本，再扣除税金及附加、销售费用、管理费用、财务费用、资产减值损失，加上公允价值变动收益、投资净收益等得到的利润。营业利润主要反映企业的经营所得。

（4）利润总额：营业利润加上营业外收入减去营业外支出的净额，是计算所得税的基础。

（5）净利润：利润总额扣除所得税费用后的余额，是企业所有者可以得到的收益。

17.1.2　绩效指标

企业的管理者经常要评价企业的运营状况，在原始的报表数据不能充分描述企业状况的时候，企业就需要通过财务报表计算财务数据之间的相互联系，得到一些关键指标来分析企业的业绩，包括偿债能力（企业偿付债务的能力）、营运能力（企业运营资产的能力）和盈利能力（企业的盈利水平）。

1. 偿债能力分析

偿债能力是指企业偿还各种到期债务的能力。偿债能力分析是企业财务分析的一个重要方面，通过这种分析可以揭示企业的财务风险。企业管理者、债权人及股权投资者都十分重视企业的偿债能力分析。偿债能力分析主要分为短期偿债能力分析和长期偿债能力分析。

（1）短期偿债能力分析。

短期偿债能力是指企业偿付流动负债的能力。在资产负债表中，流动负债与流动资产形成一种对应关系。一般来说，流动负债需要以现金直接偿还，因而流动资产就成为偿还流动负债的一个安全保障。因此，可以通过分析流动负债与流动资产之间的关系来判断企业的短期偿债能力。通常评价短期偿债能力的财务指标主要有流动比率、速动比率等。

1）流动比率。

流动比率是企业流动资产与流动负债的比值。其计算公式为：

$$流动比率 = 流动资产 / 流动负债$$

从公式可知，企业的流动比率越高，短期偿债能力越强；但是，流动比率越高，不等于企业有足够的现金或存款用来及时足额地偿债，因为这可能是存货积压或滞销的结果。通常认为，企业流动比率的下限为1。如果一家企业的流动比率恰好为1，那么这家企业的流动资产恰好能够偿还所有的流动负债。流动比率没有统一的上限标准，一般来说，流动比率达到2时较为适当。银行在对企业做信用评价时尤其重视此指标。债权人希望企业的流动比率越高越好，这样债权就会得到偿还的保障；经营管理者不希望企业的流动比率过高，因为过高的流动比率意味着占用大量的流动资产，机会成本随之增加，从而导致企业的获利能力下降。

2）速动比率。

速动资产是指能够快速变现的流动资产。由于流动资产中的存货变现能力差，应收账款存在坏账等风险，有时企业的流动比率虽然很高，但是流动资产中易于变现、具有即刻支付能力的资产却很少，企业的短期偿债能力仍然很差，因此，流动比率有时不能很好地反映企业短期偿债能力，需要引入速动比率，将存货、预付款项、一年内到期的非流动资产等流动性较差的资产予以剔除。

速动比率是指企业用速动资产除以流动负债所计算的比率，即：

$$速动比率 = 速动资产 / 流动负债$$

式中，速动资产 = 流动资产 − 存货 − 预付款项 − 一年内到期的非流动资产 − 其他流动资产。

一般情况下，速动比率越高，说明企业偿还到期流动负债的能力越强。通常认为，速动比率等于1时较为适当。当企业的速动比率小于1时，企业面临很大的偿债风险；如果速动比率大于1，虽然企业偿还流动负债的保障程度很高，但是企业会占用大量现金及应收账款，导致企业的机会成本增加，从而降低了企业的获利能力。速动比率是流动比率分析的一个重要辅助指标。

（2）长期偿债能力分析。

长期偿债能力是指企业偿还长期负债的能力，是衡量企业长期经营实力的重要标准。企业长期偿债能力的衡量指标主要有资产负债率和产权比率等。

1）资产负债率。

资产负债率是指企业负债总额与资产总额的比率，也称为负债比率。它反映了企业的资产总额中有多大比例是通过举债而得到的。其计算公式为：

$$资产负债率 = 负债总额 / 资产总额$$

资产负债率反映了企业偿还债务的综合能力。这个比率越高，企业偿还债务的能力越差，财务风险越大；反之，企业偿还债务的能力越强。在现实情况中，资产负债率的高低和企业经营的环境、管理模式、筹资能力、获利能力等都有很大的关系。资产负债率的高低应当根据企业自身的情况综合考虑。但是，负债也有一定限度，负债比率过高，企业的财务风险将增大,一旦资产负债率超过1,则说明企业资不抵债,有濒临倒闭的危险。

2)产权比率。

产权比率是负债总额与股东权益总额的比率,反映了企业所有者权益对债权人权益的保障程度,即:

$$产权比率 = 负债总额 / 股东权益总额$$

一般情况下,企业产权比率越低,企业的长期偿债能力就越强,债权人权益的保障程度越高,财务风险越小。产权比率实际上也是资产负债率的另一种表现形式,更侧重于企业资本结构的稳健程度及对偿债风险的承受能力。

2. 营运能力分析

营运能力反映了企业资金周转状况、企业的营业状况及经营管理水平。在供、产、销各环节中,销售有着特殊的意义。因为产品只有销售出去,才能实现其价值,收回最初投入的资金,顺利地完成一次资金周转。因此,可以通过产品销售情况与企业资金占用量来分析企业的资金周转状况,评价企业的营运能力。衡量企业营运能力的指标主要包括以下几个。

(1)应收账款周转率。

应收账款周转率是指企业一定时期内的赊销收入净额与应收账款平均余额的比率。应收账款周转率反映的是应收账款转化为现金的平均次数,是衡量应收账款变现速度的一个重要指标。其计算公式为:

$$应收账款周转率(次数)= 赊销收入净额 / 应收账款平均余额$$

$$应收账款平均余额 =(期初应收账款 + 期末应收账款)/ 2$$

$$应收账款平均账期 = 360 / 应收账款周转率$$

式中,赊销收入净额是指销售收入净额扣除现销收入之后的余额,而销售收入净额是指销售收入扣除销售退回、销售折扣及折让后的余额。在资产负债表中,营业收入就是销售收入。

一般情况下,应收账款周转率越高越好。它表明企业收账速度越快,坏账发生的概率越小,反映了企业的信用政策。但该指标过高,表明企业对收款的速度要求过高,对债务人的信用政策过于苛刻,这样可能会限制企业扩大销售规模,影响企业长远的盈利能力。而该指标过低,表明实际收回账款的天数超过了企业规定的天数,说明债务人拖欠时间长、企业催收账款不力,有可能发生坏账。在分析应收账款周转率时,应与企业的历史水平和同行业平均水平相比较,对其做出客观评价。

(2)存货周转率。

存货周转率也称存货利用率,是企业一定时期内销售成本与存货平均余额的比率。它反映了一定时期内产品销售成本与存货之间的关系,是衡量企业生产经营各环节中企业销售能力的强弱和存货是否过剩的重要指标。其计算公式为:

$$存货周转率(次数)= 销售成本 / 存货平均余额$$

$$存货平均余额 =(期初存货余额 + 期末存货余额)/ 2$$

$$存货周转天数 = 360 / 存货周转率$$

一般情况下,存货周转的速度越快越好。存货周转率越高,说明存货周转速度越快,周转天数越少,企业的销售能力越强,库存积压越少;反之,存货周转率低,常常表明库存管理不当,销售状况不好,造成存货积压,说明企业在产品销售方面存在一定的问题,应当采取积极的销售策略,提高存货的周转速度。但是,有时企业出于特殊的原因会增大存货储备量,如在通货膨胀或者供应链中断比较严重的情况下,企业为了降低存货采购成本并保证供应,可能会提高存货储备量。

(3)固定资产周转率。

固定资产周转率也称固定资产利用率,是企业销售收入与固定资产平均净值的比率。它是衡量固定资产利用效率的一项指标。其计算公式为:

$$固定资产周转率(次数)=销售收入/固定资产平均净值$$

$$固定资产平均净值=(期初固定资产净值+期末固定资产净值)/2$$

$$固定资产周转天数=360/固定资产周转率$$

一般情况下,固定资产周转率越高越好。固定资产周转率主要用于分析企业对厂房、设备等固定资产的利用效率。该比率越高,说明固定资产的利用率越高,管理水平越高。如果固定资产周转率与同行业平均水平相比偏低,说明企业的生产效率较低,可能会影响企业的盈利能力。

(4)总资产周转率。

总资产周转率也称为总资产利用率,是企业销售收入与资产平均总额的比率,反映了企业全部资产的利用效率。其计算公式为:

$$总资产周转率(次数)=销售收入/资产平均总额$$

$$资产平均总额=(期初资产总额+期末资产总额)/2$$

$$总资产周转天数=360/总资产周转率$$

一般情况下,总资产周转率越高越好。若总资产周转率高,说明企业能有效地运用资产创造收入;若总资产周转率低,则说明企业没有充分利用资产的效能,因而需要提高销售收入或削减部分资产。

3. 盈利能力分析

盈利能力是指企业获取利润的能力。衡量盈利能力的指标通常分为两类:一类是以销售为基础的利润率指标,如销售毛利率、销售利润率,以及销售净利率等;另一类是以资产或股权为基础的收益指标,如股东权益报酬率和资产报酬率等。

(1)销售毛利率。

销售毛利率(gross profit margin)也称毛利率,是销售毛利与营业收入净额的比率。其计算公式为:

$$销售毛利率=销售毛利/营业收入净额$$

$$销售毛利=营业收入净额-营业成本$$

式中,营业收入净额等于营业收入扣除销售退回、折扣、折让后的净值。

在一定时期内,毛利率越高越好。企业的销售毛利率越高,利润空间越大,在市场上的竞争力越强。企业可以通过将销售毛利率与同行业平均水平或竞争对手的水平进行比较,来评价经营业务盈利空间的优劣势。

(2）销售利润率。

销售利润率反映了公司经营活动创造的利润，即息税前利润（earnings before interest and tax，EBIT）与营业收入净额之间的比率。其计算公式为：

$$销售利润率=息税前利润/营业收入净额$$

式中，息税前利润等于利润总额与利息之和。

一般情况下，销售利润率越高，公司的盈利能力越强。在产品销售价格不变的条件下，利润的高低主要受产品成本和产品结构等影响。分析、考核销售利润率，对改善产品结构、降低成本等有积极作用。

（3）销售净利率。

销售净利率（profit margin on sales）是指企业净利润与营业收入净额之间的比率。其计算公式为：

$$销售净利率=净利润/营业收入净额$$
$$净利润=利润总额-所得税费用$$

一般情况下，销售净利率越高越好。一家企业的销售净利率较高，说明从销售收入到利润的转化过程中损耗较少，有更多的收入可以转化为盈利。因此，销售净利率是一个与运营绩效有关的概念。通过对销售净利率水平的分析，可以了解企业的整体盈利水平，从而为投资决策提供帮助。

（4）净资产收益率。

净资产收益率（return on equity，ROE）也称为股东权益报酬率，是企业一定时期内的净利润与股东权益平均总额的比率，反映了企业自有资本的投资收益水平，能衡量公司运用自有资本的效率。其计算公式为：

$$净资产收益率=净利润/股东权益平均总额$$
$$股东权益平均总额=（期初股东权益总额+期末股东权益总额）/2$$

一般情况下，净资产收益率越高越好。该指标越高，说明给所有者带来的收益越高；该指标越低，说明企业所有者的获利能力越弱。它是评价企业自有资本及其积累获取报酬水平的最具综合性与代表性的指标，反映了企业资本运营的综合效益。该指标通用性强，适用范围广，不受行业局限，在国际上的企业综合评价中使用率非常高。通过对该指标进行综合对比分析，可以看出企业获利能力在同行业中所处的地位，以及与同类企业的差异。

（5）资产报酬率。

资产报酬率（return on assets，ROA）又称资产收益率，是企业一定时期内的利润额与资产平均总额的比率，用以衡量企业运用其全部资产获取利润的能力。在实践中，可以运用息税前利润、利润总额或者净利润进行计算。以运用息税前利润为例，其计算公式为：

$$资产息税前利润率=息税前利润/资产平均总额$$
$$资产平均总额=（期初资产总额+期末资产总额）/2$$

一般情况下，资产报酬率越高越好。资产报酬率越高，表明企业资产利用率越高，获利水平越高；反之，则表明资产利用效果差或者是企业正在大规模地进行设备更新或新增固定资产。资产报酬率反映了全部资产的收益率，全面地揭示了资产可获得的平均收益。全部资产是由投资人和债权人提供的资金所组成的，因此，投资人和债权人都很关心这个指标。不论是投资人还是债权人都希望资产报酬率高于借入资金的成本，否则投资人会遭受损失，而债权人的债权也不安全。

【例 17-1】对比蔚来汽车、小鹏汽车、理想汽车 2021 年的财务数据[1]，对三者绩效进行分析。

根据财报数据，如表 17-3 所示，2021 年蔚来汽车营收为 361.36 亿元，同比增长 122.3%；小鹏汽车营收为 209.88 亿元，同比增长 259.1%；理想汽车营收为 270.10 亿元，同比增长 185.6%。三家造车"新势力"都呈现出营收增长态势。

表 17-3 2021 年全年及各季度营收情况 单位：亿元

企业	第一季度	第二季度	第三季度	第四季度	总计
蔚来汽车	79.82	84.48	98.05	99.01	361.36
小鹏汽车	29.51	37.61	57.20	85.56	209.88
理想汽车	35.75	50.39	77.75	106.21	270.10

从 2021 年全年营收规模来看，蔚来汽车营收最高，但其 2021 年交付量却并非最高。根据上述三家公司公布的交付数据，如表 17-4 所示，蔚来汽车、小鹏汽车、理想汽车在 2021 年分别交付约 9.14 万辆、9.82 万辆和 9.05 万辆新车，小鹏汽车销量第一，蔚来汽车紧随其后。蔚来汽车的高营收主要是因为其产品的高平均成交价。中国汽车技术研究中心发布的数据显示，2021 年 5 月高端品牌平均成交价排名中，蔚来汽车以 43.29 万元/辆排在第四位，前三名是保时捷、路虎和奔驰。

表 17-4 2021 年全年及各季度交付情况 单位：万辆

企业	第一季度	第二季度	第三季度	第四季度	总计
蔚来汽车	2.01	2.19	2.44	2.50	9.14
小鹏汽车	1.33	1.74	2.57	4.18	9.82
理想汽车	1.26	1.76	2.51	3.52	9.05

随着规模效应逐渐显现，三家公司 2021 年的毛利润和毛利率均有所提升，但表现各不相同。财报数据显示，在 2021 年的四个季度中，小鹏汽车和理想汽车的营业毛利润均呈环比增长态势，蔚来汽车的营业毛利润虽在第四季度出现环比下滑，但仍领跑全年数据，如表 17-5 所示。

表 17-5 2021 年全年及各季度营业毛利润 单位：亿元

企业	第一季度	第二季度	第三季度	第四季度	总计
蔚来汽车	15.55	15.74	19.93	16.99	68.21
小鹏汽车	3.30	4.48	8.21	10.24	26.23
理想汽车	6.17	9.53	18.11	23.80	57.61

在毛利率方面，三家造车新势力均呈现出第四季度环比下滑态势，如表 17-6 所示。其中，原材料成本尤其是电池成本上升，以及大宗品价格上涨给毛利率带来了负面影响。对比来看，理想汽车连续两个季度实现毛利率超过 20%，蔚来汽车也在 2021 年第三季度实现毛利率达 20.3%，而小鹏汽车在此方面暂时落后。此项数据的差距很大程度上源于小鹏汽车的"低价"，其成交价约为 25 万元/辆，理想汽车均价为 34 万元/辆，蔚来汽车的成交价则在

---

[1] 资料来源：http://www.nbd.com.cn/articles/2022-03-29/2190930.html。

43万元/辆以上。

表 17-6　2021 年全年及各季度营业毛利率

企业	第一季度	第二季度	第三季度	第四季度
蔚来汽车	19.5%	18.6%	20.3%	17.2%
小鹏汽车	11.2%	11.9%	14.4%	12.0%
理想汽车	17.3%	18.9%	23.3%	22.4%

从财报数据来看，尽管三家造车新势力全年的毛利润和毛利率整体都有好转，营收也实现不同程度的增长，但均未走到盈利临界点。数据显示，2021 年，蔚来汽车、小鹏汽车、理想汽车的净亏损分别为 40.17 亿元、48.63 亿元和 3.21 亿元。其中，蔚来汽车亏损主要是因为在研发上长期投入。2021 年蔚来汽车的研发投入突破 40 亿元，为 45.91 亿元，相比 2020 年增幅达 84.6%。小鹏汽车原计划 2021 年的研发投入翻倍（计划达 35 亿元），而实际研发费用投入为 41.14 亿元，超额完成全年研发计划；理想汽车 2021 年的研发投入为 32.96 亿元，同比增长 198.8%。由此可见，三家造车新势力已经在为下一阶段的竞争进行储备。

17.2　运营绩效改善分析工具

投资回报率（return on invested capital，ROIC）是指投资返回的价值，即投资者从一项投资活动中得到的经济回报。它是衡量一个公司运营绩效的一项综合性指标。

17.2.1　ROIC 树的定义和计算

1. ROIC 的绩效指标

企业的生产目的是创造经济价值、提高 ROIC。但是 ROIC 本身并不直接受到管理控制。构建 ROIC 树有利于将高层次财务指标转换成关键的运营指标，为管理者提高 ROIC 提供可以具体实施的手段。

ROIC 的基本公式为：

$$ROIC = \frac{利润}{投入资本}$$

这个公式可以拓展为：

$$ROIC = \frac{利润}{投入资本} = \frac{利润}{收入} \times \frac{收入}{投入资本}$$

式中，$\frac{利润}{收入}$ 为公司的利润率，$\frac{收入}{投入资本}$ 为公司的资本周转率。

通过拆分，可以把 ROIC 分解成 17.1 节所涉及的利润率（盈利能力）和资本周转率（营运能力）。这种方法叫杜邦分析法，是 20 世纪 20 年代杜邦公司首先采用的衡量表现的标准，目前广泛应用于企业财务综合分析。杜邦分析法是指利用公司各项主要财务比率指标之间的内在联系，对企业财务状况及经济效益进行综合分析和判断的方法。

2. 影响 ROIC 的相关指标

可以进一步将利润率和资本周转率进行分解，找到和实际运营相关的指标。利润可以分解为：

$$利润 = 收入 - 固定成本 - (产量 \times 可变成本)$$

因为 收入=产量×价格，所以可以得到：

$$利润率 = \frac{利润}{收入} = \frac{收入 - 固定成本 - (产量 \times 可变成本)}{收入}$$

$$= 1 - \frac{固定成本}{产量 \times 价格} - \frac{可变成本}{价格}$$

资本周转率可以分解为：

$$资本周转率 = \frac{收入}{投入资本} = \frac{产量 \times 价格}{投入资本}$$

因此，ROIC 可以表示为：

$$ROIC = \left(1 - \frac{固定成本}{产量 \times 价格} - \frac{可变成本}{价格}\right) \times \frac{产量 \times 价格}{投入资本}$$

本节通过一个例子来分析 ROIC 树是如何构建的。

【例 17-2】 家具厂生产活动费用主要包括以下内容。

（1）设施费用：加工设备（固定资本）350 000 美元，机械设备折旧费用 80 000 美元，厂房租金 150 000 美元，销售费用 100 000 美元，管理费用 180 000 美元，质检费用 60 000 美元。

（2）存货费用：20 000 美元的原材料存货，公司在收到货物前一个月的时间内向其供应商付款。此外，还有 50 000 美元的在制品库存。

（3）工人费用：该公司雇用了 12 名员工，每年需要工作 220 天左右，平均每天 8 小时，工资是每小时 20 美元。工人完成一款家具大概需要 40 小时。在实际操作中，工人需要进行生产准备，大概需要 15% 的总工作时间用以安装夹具和机械设备。另外，工人会把大概 10% 的时间浪费在等待某一个特定的加工设备上，所以一张桌子所需要的总工作时间 =40/（1-15%-10%）=53.3h。

（4）生产成本：一件产品大概需要 30kg 的木材，以及需要额外 25% 的木材来弥补一些废料损失。材料成本大约是 10 美元 /kg。

（5）销售价格：产品售价为 3 000 美元。顾客会付 50% 作为预付款，并在三个月后收到家具。产品预订代表消费者的需求大于工厂的生产能力。

通过 ROIC 树可以将财务指标转换成与运营相关的指标，如产量、固定成本、可变成本等，如图 17-1 所示。

（1）分析可变成本。家具厂的可变成本主要是木材的消耗所造成的。其可变成本为：

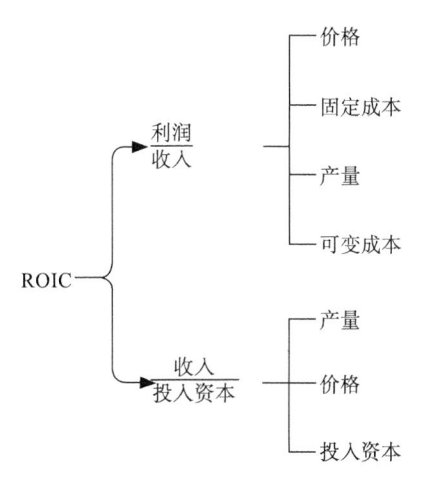

图 17-1 ROIC 树

$$可变成本 = 木材价格 \times 家具的木材量$$
$$= 木材价格 \times (成品家具的木材量 + 切割损耗)$$

（2）分析产量，可以得到：

$$产量 = \min\{需求, 产量\}$$

因为是家具定制，需求大于供给，因此假设有足够多的市场需求，产量由流程能力（process capacity）决定。其 ROIC 树如图 17-2 所示，流程能力即每年能够生产的家具数量，取决于：

1）可用时间，这是由工人人数与每年的工作时间相乘所决定的；

2）每件产品所用时间，即一个工人制造一套家具所需要的时间，包括等待时间、准备时间，以及实际生产时间等。

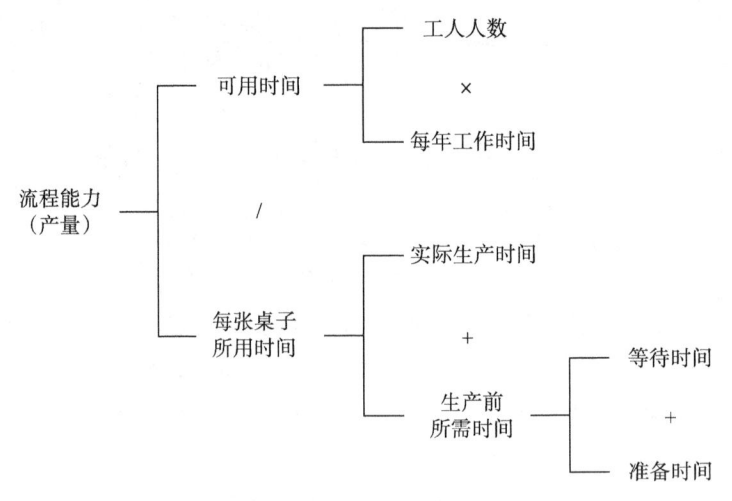

图 17-2　流程能力（产量）的 ROIC 树

（3）分析固定成本。固定成本包括营销成本、厂房租金、机器折旧费用等。固定成本的 ROIC 树如图 17-3 所示。

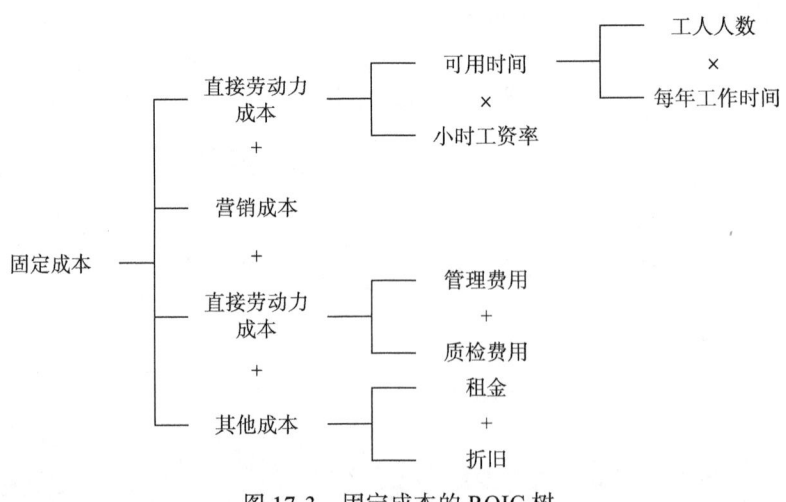

图 17-3　固定成本的 ROIC 树

同样，资本周转率可以采用类似于利润率的分支拓展。投入资本包括固定资本，如厂房、设备等费用，以及三种形式的营运资本：①库存，包括原材料库存，以及在制品库存；②预付款项，向供应商提前预订原材料所预付的款项；③预收款项，如顾客的定金，它属于一种流动负债。

图 17-4 总结了投入资本的 ROIC 树的各组成部分。

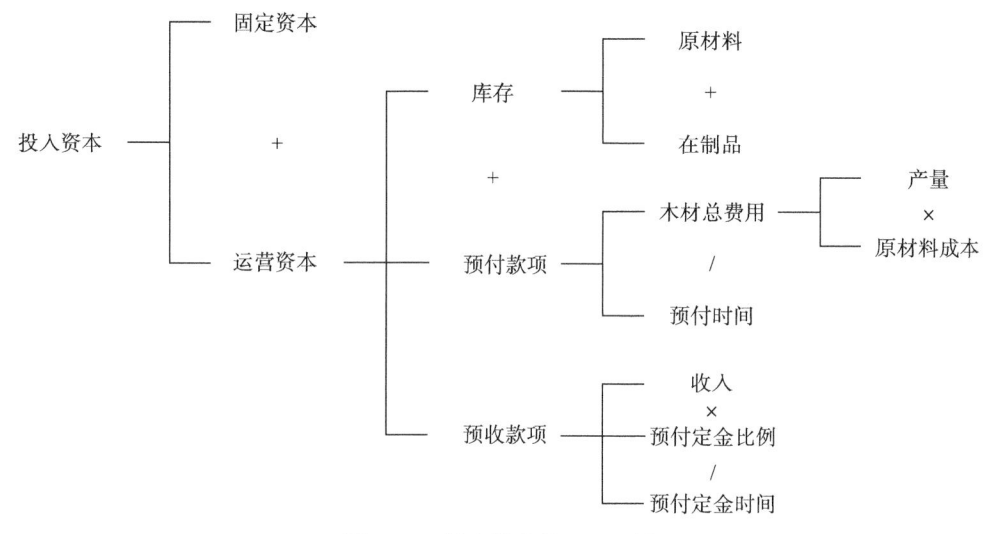

```
投入资本 ── 固定资本
          +
          运营资本 ── 库存 ── 原材料
                              +
                              在制品
                    +
                    预付款项 ── 木材总费用 ── 产量
                                /          ×
                                预付时间    原材料成本
                    +
                    预收款项 ── 收入
                                ×
                                预付定金比例
                                /
                                预付定金时间
```

图 17-4 投入资本的 ROIC 树

17.2.2 构建 ROIC 树的步骤

构建 ROIC 树的七个步骤如下。第一，确定目标变量：在树的左边写上目标变量，如利润率、资本周转率等。第二，分解各变量：如各变量之间的关系可能是 $a+b$、$a-b$、$a \times b$、a/b。第三，确定影响 ROIC 的因素：确定树上哪些分支是重要的，会对 ROIC 造成影响。例如，哪些是主要的成本驱动因素，哪些投入最可能改变等。第四，拓展重要分支（回到步骤二）。第五，拓展到与运营战略相关联的变量。第六，在树上标注时间数据。第七，重新思考构造：基准绩效，绩效敏感度分析。

分析某个运营变量调整会给 ROIC 树带来何种变化时，需要使用 Excel。图 17-5 表示家具厂的 ROIC 树。

从 ROIC 树中可以清楚地看到，改变 ROIC 树上的某个变量会使 ROIC 值发生改变。表 17-7 是改善后的 ROIC。

将生产准备时间的占比从 15% 降为 10%，会带来更多的产量，这会对 ROIC 产生极大的影响。当产出不变时，该公司每年不得不支付 570 000+422 400=992 400 美元的固定成本，如租金、管理费用、劳动力费用等；148 500 美元变动成本，如原材料费用等。考虑到这笔固定成本，如果生产家具数超过了盈亏平衡产量 992 400/2 625=378 件，则每多生产一件产品就会带来 2 625 美元的利润增加额。从图 17-6 中的阴影区可以看出，产量的增加会带来利润的大幅增加。这种情况对所有高固定成本运营系统来说收益特别大，如宾馆、航空公司和许多其他服务业。下一节将会进一步讨论这个问题。

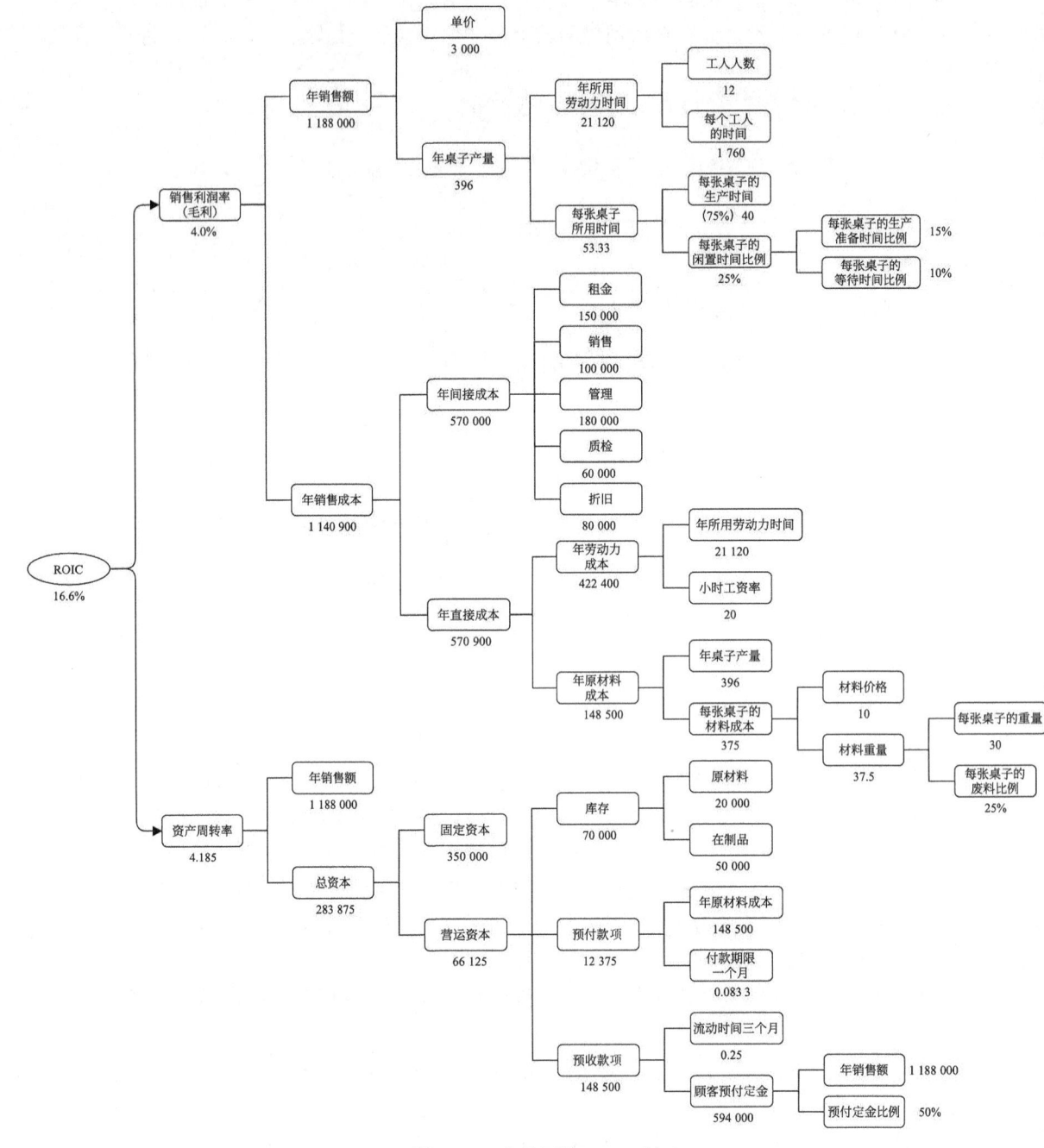

图 17-5 家具厂的 ROIC 树

表 17-7 改善后的 ROIC　　　　　　　　　　　　　　　　　　　　　　　（%）

指标	初始值	每小时工资降低1美元	生产准备时间减少5个百分点	每年租金降低1万美元	销售价格提高100美元	废品率降低5个百分点
ROIC	16.6	24.0	42.4	20.1	31.1	18.7

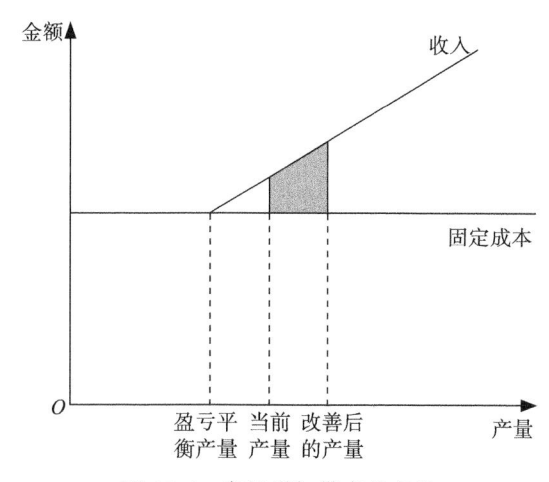

图 17-6 产量增加带来的变化

17.3 运营绩效与收益管理

17.3.1 收益管理的基本思想

1972 年,时任美国航空公司总裁的李特伍德(Littlewood)在航空联盟会议上最早提出收益管理(revenue management)的概念,指出收益管理是以市场为导向,通过市场细分,对各个子市场的消费者行为进行分析、预测,确定最优价格和最佳存量分配模型,实现收益最大化的过程。收益管理的理论与方法最早起源于航空运输业,后期被推广到宾馆、铁路、租赁等行业,并得到了长足的发展。1987 年,美国航空公司发布的本年度报告中将收益管理定义为:在合适的时间,将合适的产品,以合适的价格卖给合适的顾客。

【例 17-3】某酒店拥有 100 间客房。以前该酒店对每间客房收取一样的费用,每晚 150 元。每间客房的变动费用很低,只需要 15 元,包括打扫清洁、使用空调,以及沐浴露、洗发露等物品的消耗费用。客房的平均出售率为 50%。

目前,客房收费情况如图 17-7 所示。该酒店采用单一价格时每晚的销售收入为:销售收入 =(价格 - 成本)× 售出房间数 =(150-15)×50=6 750(元)。

但事实上,一些收入高的客人原本愿意每晚支付高于 150 元的价格,而有些客人则愿意支付低于 150 元。据估计,100 元一间的客房每晚可以销售约 30 间,而 200 元一间的客房每晚也可以销售 30 间。总的收益是(100-15)×30+(200-15)×30=8 100(元)。其中,100 元的房价带来收入 2 550 元,200 元的房价带来收入 5 550 元。这比只设置一种价格的收入高 8 100-6 750=1 350(元)。

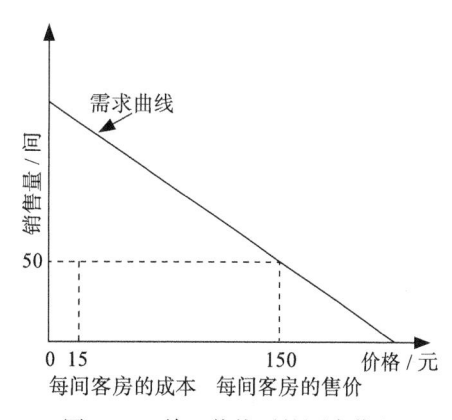

图 17-7 单一价格下的酒店收入

从上面的例子中可以看到，收益管理在企业自身能力不变的前提下，通过设置更多的价格档次，可以带来更多的收入。

17.3.2 收益管理的应用对象

为了充分发挥收益管理的优势，一般来说，适用于收益管理的企业需要具备下列特点。

1. 产品或服务具有时效性

产品或服务具有很强的时效性，它们不能够存储以满足顾客未来的需要，在有效期内未利用则价值将消失，如航空和铁路的客票。当航班起飞后，航空公司就不能再出售该航班的机票，该航班空闲的座位就失去了其潜在的价值。因此，企业需要合理地刺激需求，最大限度地减少生产或服务能力的闲置。

2. 相对固定的生产能力

企业追加新的产品或服务能力需要较长的时间或大量投资，在短期内无法根据市场的供需关系改变产量。能力有限的企业需要通过收益管理来提高能力利用率。例如，当某航班的所有座位都已售出时，乘客需求就只能通过下一次航班来满足。

3. 需求随时间变化且顾客偏好不同

收益管理可以起到平衡需求的作用。在需求高峰期，企业可以通过提高产品或服务的售价来增加总收入，而在需求低迷的时候，通过适当降低产品价格刺激需求，可以提高能力的利用率。管理者可以根据历史数据准确地预测需求高峰和低谷的出现。在响应速度这一维度，顾客往往存在不同的偏好：部分顾客对时间很敏感，需要企业快速响应，部分顾客对时间不敏感，企业可以将其产品或服务供给时间延后，从而解决需求高峰期产能不足的问题。企业可以根据顾客需求偏好的不同进行细分，需求偏好的维度包括响应速度、服务水平、价格因素等，可通过对不同类型的顾客实行差别定价来调整需求。

4. 固定成本高，可变成本低

这类企业的成本结构是固定成本很高而可变成本很低，其净收益直接与销量相关。可变成本低意味着销售产品的边际收入远远大于边际成本，产品销售量的增加并不会在很大程度上增加支付的成本。例如，酒店不同等级的房间的可变成本相对各房间的房价（固定成本）而言是很低的。因此，一旦酒店客房的销售收入超过了由固定成本决定的盈亏平衡点，多售出的每间客房的售价与可变成本之间的差异就是酒店的利润。

5. 产品和服务可以预订

收益管理通过差别定价来调节需求以适应生产或服务能力的供给，实现收益最大化。由于顾客需求随时间不断变化，因此，企业可以根据需求变化在提高销售数量和提高平均销售价格之间进行权衡。收益管理的价格细分与市场锁定主要是通过预订能力来实施的，即只对提前预订的顾客提供价格优惠，设置一定的预订限额。此外，企业可以为愿意出高价的顾客保留一定数目的房间或者座位,这个数目即保留水平。

17.3.3 收益管理的实施步骤

收益管理的实施步骤包括进行市场细分,开发针对各细分市场的产品并确定价格,以及通过预订控制来确定保留水平和预订限额。

1. 市场细分

在一个特定的时期内,企业对不同产品进行不同的设计和定价,来适应不同的细分市场。企业可以将顾客按职业、收入水平、消费特点、对价格的敏感程度等因素划分为不同的类型,并进行市场细分。不同类型的顾客可以以不同的价格接受无差异或者差异很小的产品或服务。

在航空业,价格差异化和收益管理的关键是将顾客区分为休闲型旅客和商务型旅客两个细分市场。休闲型旅客对于价格是高度敏感的,但是,一般来说对于旅行时间并不敏感,因此他们可能愿意提前预订不可退款的机票。而对于商务型旅客来说,他们对于价格并不是很敏感,但是对于旅行时间是高度敏感的。而且与休闲型旅客相比,商务型旅客对灵活性的需求也更高,从而能够根据需要来调整旅行计划。这就体现了杜阿戴尔(Duadel)和维亚勒(Vialle)关于对消费者进行差异化管理的理论框架,航空业的市场细分如图17-8所示。

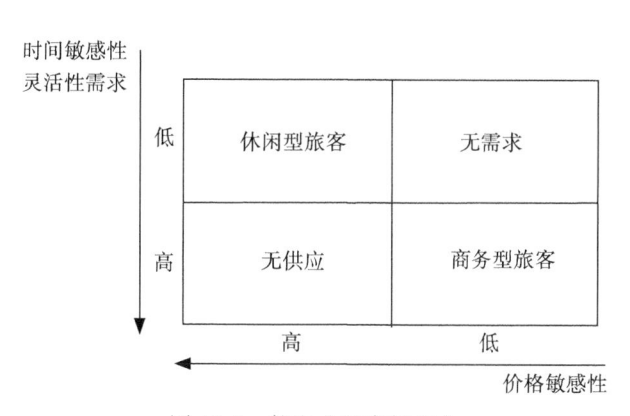

图 17-8 航空业的市场细分

可见航空公司力求向不同的消费者提供不同的机票类型(根据不同的价格、时间和灵活性来区分)。换言之,航空公司筑了一道"壁垒",即价格屏障(rate fences),也称为价格限制或价格附带的条款和条件,来阻挡商务型旅客从图17-8中的右下格转移到左上格,这主要是通过提出周末搭乘和提前预订的要求来实现的。价格屏障一般包括:物质基础,例如一间可以看见海景的房间,顾客会为能看到海景而支付更多的费用;非实体的基础,例如对数据库访问或软件产品使用的权限。因此,屏障用来对消费者愿意支付的价格做出区分。常见的屏障有提前订购要求、取消费用、变更费用、工作日和周末的选择等。

图17-8显示了休闲型旅客和商务型旅客的不同特点。航空公司利用这些特征来细分市场,并创造出针对不同细分市场的有效产品。表17-8展示了这一方法的一个典型的例子。在这个例子中,航空公司发现了5个细分市场,包括3个商务型旅客类型和2个休闲型旅客类

型。每个细分市场至少有一种相对应的产品。休闲类产品有各种限制（早期购买、周六晚驻留等），这些限制使这些产品对于多数商务型旅客是没有吸引力的。

表 17-8 航空公司细分市场消费者的特点

项目	市场细分			
	面向商务型旅客			面向休闲型旅客	
价格敏感性	低	中等	高	中等	很高
行程灵活性	非常重要	重要	比较重要	偏爱	不偏爱
库存	临出发前最后的座位	某种程度上受人数等条件限制的座位	受行李额、退改签费用等条件限制的座位	受行李额、退改签费用等条件限制的座位	非常受限（如无免费行李额、不可退改）的座位
产品	不受限的全价商务型机票	团体折扣型机票	折扣商务型机票（商务经济座）	常规休闲型机票（经济座）	仅通过特定渠道售票的机票（特价经济座）

2. 预订控制

给定产品和价格后，预订控制系统对可提供的座位进行票价分类，通常是通过为较低价格的座位设置预订限额来实现的。预订限额（booking limit）是指为低价格预订设置的最大限额。保留水平（protection level）是指为较高价格购买留存的数量。高价的保留水平和低价的预订限额存在以下关系：

高价的保留水平=设施能力−低价的预订限额

成功的收益管理决策要求在三个层次上贯彻执行，如表 17-9 所示。一旦确定了产品和价格，就可以利用收益管理策略来设置在某一时段（比如一天或一周），针对每一细分市场，应有多少特定产品销售。预订控制是针对哪个预订请求被接受，以及哪个预订请求该被拒绝的连续实时决策。

表 17-9 收益管理决策的三个层次

层次	描述	频率
战略层面	市场细分与差别定价	每季度或每年
战术层面	计算与更新预订限额	每天或每周
预订控制层面	决定接受或拒绝哪些预订	实时

例如，航空公司首先通过市场细分区分旅客的不同类型，然后通过预订控制使收益管理战略转化为对每一种机票应该提供的数量，以及每种机票的价格制定。例如，一家航空公司收到某航班的 5 个座位的 B 等级预订，该航班将于两周后从北京飞往成都。目前 B 等级预订限额为 3，因为没有足够的可用数量，因此这个预订请求被拒绝。

3. 收益管理实施过程中的其他策略

在实际中，收益管理往往更为复杂，因此需要采用更专业的优化和仿真方法，以及专用的软件包来辅助求解。更复杂的策略主要包括以下几个。

（1）差别定价。

差别定价的目标就是依据不同消费者对价格敏感程度的不同来制定不同的价格，以进行市场区隔。罗伯特·菲利普斯（Robert Phillips）在其《定价与收益优化》一书中指出：差别定价是零售商在销售完全相同的产品或者同一产品具有细微差别的不同款式时，对不同顾客制定不同价格的行为。罗伯特·菲利普斯对为相同或相似产品制定不同价格提出了几项策略。

1）群体定价。

在许多行业，对特定群体的顾客给予折扣是很常见的。例如，乘坐公交车可以使用老年卡，在电影院及一些旅游景区持学生证可以半价购票。前者是按照年龄对市场进行细分，后者则是按照消费者的职业类型进行细分。这种折扣只对特定群体起作用，因为只有群体成员才与价格敏感性相关。

2）渠道定价。

渠道定价是指向不同销售渠道的相同产品收取不同的价格。例如，许多企业在网络上和在零售实体店里分别以不同的价格销售相同的产品。这种策略也只有在采用不同渠道的消费者具有不同的价格敏感性时才具有可行性。

3）区域定价。

区域定价利用了不同场所内消费者的不同价格敏感性。例如，啤酒在酒吧等娱乐场所卖得比超市更贵，但是销量依旧很高。

4）基于时间的差异化。

基于时间的差异化是指相似的商品可以根据时间来进行差异化。例如，亚马逊根据不同配送时间收取不同的价格，提供当日达、次日达、数小时送达等各种服务，利用配送价格的差异化将对价格更敏感或对配送时间更敏感的消费者进行细分。

5）产品版本。

如果对于同一种产品不能进行差别定价，为了区别不同价格敏感性的消费者，通常可以通过品牌化的形式对产品进行微小的改变。例如，家用电器和电子产品制造商经常创建相关产品的生产线，从而在较高端产品的生产线上给产品增加一些附加的特性，以提供给高端消费者。

6）优惠券和回扣。

生产商和零售商为了扩大市场份额，吸引更多的新顾客和留住老顾客，会采用发放优惠券的形式来进行促销，以实现利润的最大化。市场上优惠券的发放根据发放主体不同可以概括为三类，即上游的生产商发放，下游的零售商发放，以及像肯德基、麦当劳这类集生产和销售于一体的商家自行发放。而回扣是指顾客先按全价购买产品，企业再将之前承诺的一定比例的金额还给顾客，例如网购好评返现等。

（2）动态定价。

动态定价是指在需求不确定的情况下，根据变化的市场情况动态调整价格以获得收益的定价方法。动态定价允许企业根据实时需求为商品或服务设置灵活的价格。价格将根据供需变化、竞争对手的价格，以及其他市场情况进行调整。研究表明（根据实际数据和模型假设的不同），采用动态定价带来的利润增长率可达2%～6%。这样的利润增长率对于利润率本身较低的行业的帮助是相当显著的，如零售业。

企业采取动态定价策略主要用于清理多余库存。例如，时装零售商在销售旺季即将结束时通过大减价来减少积压库存。这种降价在一定时间内对所有的消费者一视同仁。除了清理库存，动态定价在其他方面也表现出有利的地方，例如帮助企业洞察消费者行为，拥有相关消费者行为的大量数据可以使企业了解他们的客户。此外，动态定价也有利于企业获益，与只有一个价格点相比，引入多个价格点会为企业带来更多的利润。

在航空服务、运输服务和电子商务这类行业中经常用到动态定价。例如，航空企业根据需求调整机票价格，如果需求很高，它们会提高票价以创造更多收益；如果在预订航班出发前，仍有许多座位未售出，机票价格往往会下跌。电子商务行业也经常采用动态定价来控制供需。动态定价策略通常要考虑多种因素，包括库存水平、竞争对手的价格，以及消费者的地理位置。主要的动态定价策略如表17-10所示。

表 17-10 动态定价类型及其特点

动态定价类型	特点
分段定价	将顾客分组，为每个组设置价格
基于时间的定价	根据服务的紧急程度更改价格
基于变化市场的定价	根据市场需求改变价格
高峰定价	在高峰时段收取更多费用
渗透定价	先将价格设置为低于市场平均价格，然后逐渐提高价格

采用动态定价策略也面临一些挑战，例如消费者满意度降低的问题。尤其是在大数据时代背景下，数据搜集更容易、方式更多、内容也更加丰富，进而更容易掌握消费者的消费习惯，有利于企业实施动态定价策略。但同时，互联网市场信息不对称程度逐渐降低，消费者也可以根据产品规格与质量等方面的信息综合评价不同企业的产品，最终选择出高性价比的产品。由于这些信息获取简单并且付出的成本低，大多数消费者会货比三家后再做决定，因此企业如果在产品品质和价格上无法取胜，顾客可能会发现它不公平，从而出现满意度降低的情况，并会选择其他品牌。解决这一问题的关键是保持动态定价透明度，消费者欣赏诚信的商家，同时希望有更多自由选择的权利。

（3）智能定价。

智能定价是指通过分析产品的定价影响因素，运用科学的理论建立产品智能定价模型，并借助计算机技术实现定价模型的系统化，从而对产品定价进行指导。同时，根据市场及企业自身的情况，确立快捷高效的应变机制，以实现对产品价格的即时反馈和动态调整。智能定价的一个新的研究趋势是与互联网技术相结合。定价的决策可以借助互联网、人工智能等技术，互联网技术也越来越多地融入定价的过程中，使定价智能化，这成为定价的一大发展趋势。

二手交易平台转转平台利用交易"大数据＋智能定价"系统[⊖]，帮助用户把手机卖出高于行业平均水平15%～20%的高价。基于平台的二手商品成交、发布和浏览数据，转转平台推出了AI智能估价和动态调价系统。其中包括：AI估价模型，基于B2B和B2C的历史成交数据进行商品价值评估；AI动态调价，基于B2C场景下的市场供需情况、用户点击率、价格走势预测、利润目标、风险空间动态调整商品价格。在此智能定价系统上推出的转转保卖服务，能够给予卖家更合理和准确的"保卖价"，手机的卖出价格也高出行业其他竞争对手。

利用互联网技术优化产品定价，可以根据季节、往期销售数据、用户关注度、未来趋势等综合数据，为当前的产品制定销售价格。企业需要收集基于顾客行为的数据，例如，顾客浏览的产品种类，顾客在浏览该产品上花费了多少小时，顾客购买的产品种类和准备购买的

⊖ 资料来源：http://fashion.chinadaily.com.cn/a/202012/14/WS5fd701f0a3101e7ce973503a.html?from=timeline。

产品,以及顾客的位置等信息。这些实时数据将被传输到互联网后台,用于对其需求进行预测。当然,主要预测的是顾客愿意花多少钱购买产品。为了完成这些复杂的工作,技术工作人员需要具备足够的专业知识。采用互联网和人工智能技术在以下方面体现出优势,使许多智能定价技巧和方法得以实现。

第一,选单成本。零售商在互联网上更改报价的成本要远远小于在现实中更改报价的成本。这使在线销售的商家能够每天更新产品的价格。过去,许多企业发行年度的产品目录,这也就成了它们更改价格的唯一机会。

第二,购买者搜寻产品的成本。购买者在寻找所需商品的过程中付出的成本降低,这就引发了商家之间的竞争,并导致对智能定价策略的关注。

第三,供应链末端的可见性。可见性使定价、库存和生产决策的协调成为可能。也就是说,信息的通畅有助于提高供应链的管理水平,也有助于智能定价的实施。

第四,顾客区隔。利用购买者的历史记录进行顾客细分在互联网上是能够实现的,但在传统的门店却很难实现。当消费者用个人账号登录互联网消费平台时,平台企业能便捷地调出这个消费者以前购买记录的清单,并提供与其偏好相符合的产品来使收入最大化。

第五,测试能力。由于选单成本很低,因此互联网可以用来对定价策略进行实时测试。例如,采用在线销售的企业可以对其网站的一部分访问者设置较高的价格来进行测试,然后根据测试数据进行定价决策。

(4)超售管理。

超售(overbooking)指出售的产品或服务的数量超过了所能提供的最大限额。企业实施超售管理可以在很大程度上减少由于顾客取消订购(no-show)等造成的产品或服务损失。如果最终预订总数超过其能力,企业可能会取消部分顾客订单并给予补偿,如即时返还现金或给予免费升舱的权力等。下面通过一个例题对超售管理方法进行介绍。

【例 17-4】北京通达汽车租赁公司专营轿车租车业务。[一]通达公司以对外出租中型轿车为主。为应对临时需求,公司还拥有少量的小型车和大型车。对于汽车租赁公司而言,需要确定主营业务中型车的超额签约量:如果签约量太小,顾客取消了预约的车辆,那么每空闲一辆轿车,通达公司就损失 800 元;如果签约量太大,即履约的顾客超过了签约量,那么通达公司需要以中型车的价格向顾客提供一辆大型车。而这些大型车本来可以以更高的价格出租,所以通达公司将损失由于出租这辆大型车而可能得到的额外收益。如果连大型车也不能提供给顾客,公司就会面临赔偿风险。假设每使用一辆大型车代替中型车带来的损失为 2 000 元。表 17-11 说明了顾客取消的概率。

表 17-11 顾客取消的概率

取消人数	概率	累计概率	取消人数	概率	累计概率
0	0.04	0.04	6	0.11	0.81
1	0.06	0.10	7	0.07	0.88
2	0.10	0.20	8	0.06	0.94
3	0.15	0.35	9	0.04	0.98
4	0.20	0.55	10	0.02	1
5	0.15	0.70			

[一] 资料来源:马风才. 运营管理 [M]. 6 版. 北京:机械工业出版社,2021.

通达公司引入了收益管理系统,根据近五年的历史数据,估算出"十一黄金周"期间一定数量的顾客爽约的概率和相应的成本,如表17-12所示。通达公司需要在已有的中型车的基础上,确定多签约多少辆车是最优的。

表17-12 超额签约成本计算

取消人数/人	概率	不同数量下的超额签约成本/元									
		0	1	2	3	4	5	6	7	8	9	10
0	0.04	0	2 000	4 000	6 000	8 000	10 000	12 000	14 000	16 000	18 000	20 000
1	0.06	800	0	2 000	4 000	6 000	8 000	10 000	12 000	14 000	16 000	18 000
2	0.10	1 600	800	0	2 000	4 000	6 000	8 000	10 000	12 000	14 000	16 000
3	0.15	2 400	1 600	800	0	2 000	4 000	6 000	8 000	10 000	12 000	14 000
4	0.20	3 200	2 400	1 600	800	0	2 000	4 000	6 000	8 000	10 000	12 000
5	0.15	4 000	3 200	2 400	1 600	800	0	2 000	4 000	6 000	8 000	10 000
6	0.11	4 800	4 000	3 200	2 400	1 600	800	0	2 000	4 000	6 000	8 000
7	0.07	5 600	4 800	4 000	3 200	2 400	1 600	800	0	2 000	4 000	6 000
8	0.06	6 400	5 600	4 800	4 000	3 200	2 400	1 600	800	0	2 000	4 000
9	0.04	7 200	6 400	5 600	4 800	4 000	3 200	2 400	1 600	800	0	2 000
10	0.02	8 000	7 200	6 400	5 600	4 800	4 000	3 200	2 400	1 600	800	0
期望超额签约成本/元		3 560	2 872	2 352	2 112	2 292	3 032	4 192	5 660	7 324	9 156	11 100

其中,当超额签约数量为0辆时,期望超额签约成本为:

0.04×0+0.06×800+0.10×1 600+0.15×2 400+0.20×3 200+0.15×4 000+0.11×4 800+

0.07×5 600+0.06×6 400+0.04×7 200+0.02×8 000=3 560(元)

余者类推。根据表17-12,当超额签约数量为3辆时,成本最低,为2 112元。

本章小结

本章主要讨论财务与运营管理之间的关系。首先,介绍公司不同类型的财务报表、不同报表中指标的含义,以及如何通过各类指标分析企业偿债能力、营运能力和盈利能力。其次,阐述综合指标投资回报率与运营指标之间的关系,通过构建投资回报率树来改善运营绩效。最后,介绍收益管理的概念和方法,能力固定的企业运用市场细分、预订控制、差别定价、动态定价、智能定价,以及超售管理等策略,通过收益管理来提高运营绩效。

思考题

1. 企业资产负债率的高低对债权人和股东会产生什么影响?
2. 在评价公司的盈利能力时,哪个财务指标应当作为核心指标?为什么?
3. 实施收益管理的企业有什么特征?分析除航空、酒店之外的行业运用收益管理的实例。
4. 简述超售管理的基本思路。

案例

锦江国际集团的收益管理

锦江国际集团以酒店、餐饮服务、旅游客运业为核心产业，并设有酒店、旅游、客运物流、地产、实业、金融六个部门。集团旗下品牌有锦江之星快捷酒店、金广快捷酒店、百时快捷酒店、锦江白玉兰、锦江都城等。锦江之星连锁酒店总数已超过1 300家，分布在全国340余个城市。面对日趋饱和的酒店行业所带来的竞争压力和新冠疫情下消费者需求下降的局面，锦江集团通过有效的收益管理最大限度地获取利润。其收益管理主要包括以下几个方面。

1. 准确的客户细分，提供多元化产品

锦江集团对顾客做了细致的分类，出于对不同顾客收入水平的考量，集团采用品牌多元化战略进行市场细分，旗下品牌覆盖了低、中、高端市场，酒店主要分为：经济型酒店，锦江之星；商务型酒店，锦江白玉兰、锦江都城；高档酒店，昆仑等一系列品牌，通过对顾客身份、兴趣爱好、酒店选址和规模大小等划分档次，为顾客提供周到的酒店服务，从而极大地提升了其在酒店市场的占有率。

2. 进行需求预测和定价

以锦江之星酒店为例，基于互联网、大数据和人工智能等技术，锦江之星酒店借助客户在线活动产生的数据，包括购买行为分析、取消预订、预订但未入住、预订模式等，来改善营销和动态定价策略。通过分析历史取消率等数据，酒店可以预测入住率和确定房间价格，通过深入分析客户行为可以在不同分销渠道之间为不同客户群体实施个性化定价。锦江之星采用了IDeaS、HiYield RMS等收益管理系统，旨在协助酒店提供准确的预测、改进的定价决策，更好地管理客房利用率，从而实现收入的增加。收益管理系统的功能主要包括以下几个。

（1）差别定价：提供多种定价方法，如连续定价、每日定价和按入住时长定价，以满足顾客的多种需求。利用产品与房型之间的关系，以最佳方式为每种关键产品进行差别定价，满足了顾客的个性化需求，提高了顾客满意度。

（2）动态定价和智慧定价。①挖掘需求信息数据：收益管理系统自动获得酒店所在市场每天影响酒店市场需求的事件的相关有用信息，如展会、文体活动、节假日活动、气象报告等。解决人工搜集成本高、数据不全及数据更新不及时等问题，把握市场供求关系和精准定价。②价格监测：自动抓取竞品酒店在各大在线旅行社（online travel agency, OTA）、官网等的价格数据，如自动爬取携程、美团、Booking、飞猪上的数据等。数据每4小时更新一次，企业可以随时掌握竞品动态。③自动定价：自动计算并提供每天的最高现付价、最低尾房价，以及各细分市场的目标平均房价，有效帮助酒店实施动态定价。

（3）超额预订功能：对满房情况下超额预订的客房总数、各房型的超额预订数等自动提出建议，并记录、统计超额预订的结果和收益。合理处理超额预订，确保高入住率日期达到满房。

资料来源：https://m.traveldaily.cn/article/99614。

讨论题：

简述锦江国际集团实施收益管理的基本策略，分析其如何进行需求预测和定价。

参考文献

[1] GUILLET BD, GUO YY, Law R. Segmenting hotel customers based on rate fences through conjoint and cluster analysis[J]. Journal of travel & tourism marketing, 2015, 32（7）: 835-851.

[2] DUADEL S, VIALLE G. Yield management: applications to air transport and other service industries[M]. Paris: ITA, 1994.

[3] HAN C H, JEON S, Shim S, et al. Smart pricing in action: the case of asset pricing for a rent-a-car company[J]. Asia pacific journal of information systems, 2019, 29（4）: 673-689.

[4] KOCABIYKOGLU A, GÖĞÜŞ C I, HEKIMOĞLU M H. The impact of decision types on revenue management decisions: an experimental study[J]. Decision sciences, 2017, 49（4）: 225-249.

[5] MOU D, LI WZ, LI JY. A network revenue management model with capacity allocation and overbooking[J]. Soft computing, 2019, 23（4）: 12833-12842.

[6] PHILLIPS R. Pricing and revenue optimization[M]. Palo Alto: Stanford University Press, 2005.

[7] 陈荣秋, 马士华. 生产运作管理[M]. 5版. 北京: 机械工业出版社, 2017.

[8] 辛奇-利维D, 卡明斯基, 辛奇-利维E. 供应链设计与管理: 概念、战略与案例研究: 第3版[M]. 季建华, 邵晓峰, 译. 北京: 中国人民大学出版社, 2010.

[9] 雅各布斯, 蔡斯. 运营管理: 第15版[M]. 苏强, 霍佳震, 邱灿华, 译. 北京: 机械工业出版社, 2020.

[10] 科特勒. 营销管理: 分析、计划、执行和控制: 第9版[M]. 梅汝和, 梅清豪, 张桁, 译. 上海: 上海人民出版社, 1999.

[11] 蹇明. 供应链管理理论与方法[M]. 成都: 西南交通大学出版社, 2015.

[12] 卡桑, 特维施, 任建标. 运营管理: 供需匹配的视角: 第2版[M]. 北京: 中国人民大学出版社, 2013.

[13] 荆新, 王化成, 刘俊彦. 财务管理学[M]. 8版. 北京: 中国人民大学出版社, 2018.

[14] 蓝伯雄, 周晓鸥. 收入管理略说及其在酒店管理中的应用前景分析[J]. 社会科学家, 2002（04）: 31-35.

[15] 李根道, 熊中楷, 李薇. 基于收益管理的动态定价研究综述[J]. 管理评论, 2010, 22（04）: 97-108.

[16] 李新宜. 大数据背景下的差别定价分析[J]. 经营与管理, 2021（09）: 48-53.

[17] 刘淑莲. 财务管理[M]. 5版. 大连: 东北财经大学出版社, 2019.

[18] 马风才. 运营管理[M]. 6版. 北京: 机械工业出版社, 2021.

[19] 宋鸿芳. 基于供应链管理的动态定价与库存控制研究综述[J]. 现代管理科学, 2018,（05）: 106-108.

[20] 宋晓兵, 何夏楠. 人工智能定价对消费者价格公平感知的影响[J]. 管理科学, 2020, 33（05）: 3-16.

[21] 史蒂文森, 张群, 张杰, 等. 运营管理: 第13版[M]. 北京: 机械工业出版社, 2019.